KLAUS OBERT

Alltags- und lebensweltorientierte Ansätze als Grundlage sozialpsychiatrischen Handelns

KLAUS OBERT

Jahrgang 1953, Dr. rer. Soc., Diplom Sozialpädagoge. Seit 1982 in Stuttgart tätig: Auf- und Ausbau Sozialpsychiatrischer Dienste sowie weiterer Bausteine des gemeindepsychiatrischen Verbundes und deren Koordination in der Praxis wie in der fachpolitischen Umsetzung.
Leiter der Gemeindepsychiatrischen Hilfen im Caritasverband für Stuttgart e. V. und Sprecher der Sozialpsychiatrischen Dienste sowie der Psychosozialen Arbeitsgemeinschaft in Stuttgart; stellvertretender Bundesvorsitzender von »Psychiatrie in der Caritas e. V.«; Lehrbeauftragter am Institut für Erziehungswissenschaft der Eberhard-Karls-Universität in Tübingen.
Publikationen vor allem in Fachzeitschriften zur sozialpsychiatrischen Struktur- und Methodenentwicklung.

KLAUS OBERT

Alltags- und lebensweltorientierte Ansätze als Grundlage sozialpsychiatrischen Handelns

Ein Beitrag zur sozialpsychiatrischen Methodik
am Beispiel eines Sozialpsychiatrischen Dienstes

Forschung für die Praxis – Hochschulschriften

Psychiatrie-Verlag

Die Deutsche Bibliothek – CIP-Einheitsaufnahme
Obert, Klaus: Alltags- und lebensweltorientierte Ansätze als Grundlage sozialpsychiatrischen Handelns : Ein Beitrag zur sozialpsychiatrischen Methodik am Beispiel eines Sozialpsychiatrischen Dienstes /Klaus Obert. – Bonn : Psychiatrie-Verl., 2001
    (Forschung für die Praxis - Hochschulschriften)
    Zugl.: , Univ., Diss., 2000
    ISBN 3-88414-264-X

1. Auflage
© Psychiatrie-Verlag gGmbH, Bonn 2001
Alle Rechte vorbehalten. Kein Teil dieses Werkes darf ohne Zustimmung des Verlags vervielfältigt oder verbreitet werden.
Umschlaggestaltung: Dorothea Posdiena, Dortmund
Satz: Marina Broll, Dortmund
Druck: WB-Druck, Rieden am Forggensee
Psychiatrie-Verlag im Internet: http://www.psychiatrie.de/verlag

Inhalt

Vorwort   13

Vorwort   15

A Einführung

1. Einleitung: Hypothesen, Ziele und Aufbau der Studie   18
2. Ziele und (Rahmen-)Bedingungen der Arbeit
   des Sozialpsychiatrischen Dienstes   23
   2.1. Stand der Psychiatriereform in Stuttgart   23
   2.2. Bewertung des aktuellen Standes der psychiatrischen Versorgung
        für die (chronisch) psychisch kranken Menschen in Stuttgart   26
   2.3. Der Sozialpsychiatrische Dienst Bad Cannstatt   27
   2.4. Sozialpsychiatrische Leitlinien in theoretischen Ansätzen und in den
        Rahmenbedingungen der Arbeit des SpDs   31
3. Die Lebenslage chronisch psychisch kranker Menschen   35
4. Allgemeine Anmerkungen zum methodischen Vorgehen in der Studie   40

B Erster empirischer Teil: Eine quantitative Untersuchung

5. Zahl und Dauer stationärer Behandlungen bei den KlientInnen des
   Sozialpsychiatrischen Dienstes im Vergleich: Vor und seit Beginn
   der Betreuung durch den SpD   44
   5.1. Fragestellung und Hypothese   44
   5.2. Gründe für die Erhebung   44
   5.3. Blick auf bisherige Untersuchungen zu dieser Fragestellung   46
   5.4. Methodisches Vorgehen und Begründung   48
   5.5. Aufbau der Untersuchung   50
   5.6. Darstellung und Diskussion der Ergebnisse der statistischen Erhebung   53
       *5.6.1. Statistik der 1996 langfristig betreuten Menschen im SpD Bad Cannstatt
              und des in der vorliegenden Arbeit untersuchten Personenkreises*   53
           5.6.1.1. Langfristig betreute Menschen im Sozialpsychiatrischen Dienst
                    Bad Cannstatt 1996 und die Untersuchungspopulation   54

5.6.1.2. Stationäre Aufenthalte bei den KlientInnen
des SpDs Bad Cannstatt … 56

*5.6.2. Stationäre Aufenthalte, Behandlungsdauer und Unterbringungen
bei der Untersuchungseinheit* … 57

*5.6.3. Stationäre Aufenthalte, Behandlungsdauer und zwangsweise Unterbringungen
für den gleich langen Zeitraum vor und seit Beginn der Betreuung durch den SpD* … 59

*5.6.4. Stationäre Aufenthalte, Behandlungsdauer, Unterbringungen in den letzten drei
Jahren vor Beginn der Betreuung durch den SpD* … 60

*5.6.5. Stationäre Aufenthalte, Dauer der Behandlung und Unterbringungen beim Personenkreis,
der sich seit Beginn der Einrichtung des SpDs in dessen Betreuung befindet* … 63

*5.6.6. Stationäre Aufenthalte beim Personenkreis mit einer kumulierten
Behandlungsdauer von mehr als einem Jahr* … 65

*5.6.7. Stationäre Aufenthalte, Behandlungsdauer und Unterbringungen
bei Männern und Frauen* … 66

*5.6.8. Stationäre Aufenthalte, Behandlungsdauer und Unterbringungen
bei unterschiedlichen Diagnosegruppen* … 66

*5.6.9. Stationäre Aufenthalte, Behandlungsdauer und Unterbringungen
bei verschiedenen Alterseinteilungen* … 67

*5.6.10. Stationäre Aufenthalte, Behandlungsdauer und Unterbringungen
bei Menschen mit hoher sozialer Randständigkeit* … 68

*5.6.11. Stationäre Aufenthalte, Behandlungsdauer und Unterbringungen
bei KlientInnen, die vom Sonderpflegedienst »Häusliche Pflege für
psychisch kranke Menschen« mitbetreut wurden* … 69

5.7. Zusammenfassung der Ergebnisse und Prüfung der Hypothese … 70

5.7.1. Ausgangspunkt und Begründung des Vorgehens … 70

5.7.2. Variablen mit möglichem Einfluß auf das Untersuchungsergebnis … 70

5.7.3. Prüfung der Variablen … 73

5.7.3.1. Die unterschiedliche Verteilung von Männern und Frauen … 73

5.7.3.2. Verlauf der Erkrankung … 74

5.7.3.3. Erhöhung der Compliance durch die Entwicklung
neuer Medikamente (atypische Neuroleptika) … 77

5.7.3.4. Veränderung der durchschnittlichen Belegungstage in der
psychiatrischen Klinik während des Erhebungszeitraums … 78

5.7.3.5. Veränderungen von wichtigen an Lebenslagen orientierten
Merkmalen während des Untersuchungszeitraums … 80

5.7.3.6. Änderungen im Versorgungssystem während
des Untersuchungszeitraums … 82

5.7.3.7. KlientInnen mit kurzer Betreuungsdauer im
Sozialpsychiatrischen Dienst … 83

5.8. Diskussion … 84

C Zweiter empirischer Teil (Qualitative Untersuchungen): Fallstudie und -erörterungen mit methodischen Schlussfolgerungen für alltags- und lebensweltorientiertes, sozialpsychiatrisches Handeln

6. Theoretische Erörterung	88
6.1. Fragestellung und Hypothese	88
6.2. Theoretische Grundlagen einer alltags- und lebensweltorientierten, sozialpsychiatrischen Arbeit	88
6.2.1. Einleitung	88
6.2.2. Sozialpsychiatrische Bewegung und Ansätze – Entstehung und Entwicklung, Ziele und Leitlinien	90
6.2.2.1. Die Entstehung der »psychiatrischen Ordnung« im Zeitalter der Aufklärung	91
6.2.2.2. Die Entstehung der sozialpsychiatrischen Bewegung: Die praktisch ethische Wiederentdeckung des Subjekts	96
6.2.2.3. Übergreifende Ziele und Leitlinien der sozialpsychiatrischen Bewegung	97
6.2.2.4. Konkrete Ziele und Leitlinien sozialpsychiatrischer Praxis	99
6.2.2.5. Exkurs zur Praxis der Sozialpsychiatrie in verschiedenen Länder	103
6.2.2.6. Aktueller Stand der sozialpsychiatrischen Diskussion	115
6.2.3. Alltags- und lebensweltorientierte Theorien – Grundpositionen, -begriffe, Ziele und Leitlinien	121
6.2.3.1. Einführung	121
6.2.3.2. Grundpositionen und -begriffe alltags- und lebensweltorientierter Ansätze	123
6.2.3.3. Alltag und Alltagshandeln	123
6.2.3.4. Alltäglichkeit und Alltags-/Lebenswelten	124
6.2.3.5. Alltag, gesellschaftliche Entwicklung und (unzulängliche) Bewältigungsmuster	125
6.2.3.6. Konservatives und kritisches Alltagskonzept	127
6.2.3.7. Konkrete Ziele und Leitlinien alltagsorientierter Sozialpädagogik	129
6.3. Lebensweltorientierte und sozialpsychiatrische Ziele und Leitlinien im Vergleich	133
6.4. Ergebnisse der theoretischen Ausführungen	137
6.5. Methodisches Vorgehen und Begründung	138
7. Fallstudie	146
7.1. Hinführung zur Fallstudie	146
7.2. Einführung von Frau W.: Bin ich verrückt?	147
7.3. Biografische Anmerkungen und die psychische Erkrankung als Teil ihres Alltags	148
7.3.1. Biografische Anmerkungen	148
7.3.2. Die psychische Erkrankung – scheinbar Unverständliches aus heiterem Himmel	150
7.3.2.1. Der Beginn der psychischen Erkrankung	150

7.3.2.2. Erste Erfahrungen mit der Psychiatrie … 153
7.3.3. Der weitere Verlauf bis 1992: Bewältigung des Alltags und
der Umgang mit der psychischen Erkrankung … 155
7.4. Frau W. und der Sozialpsychiatrische Dienst »begegnen sich« … 156
7.4.1. Erste Anfragesituation: Frau W. (in der Klinik) lehnt eine Betreuung kategorisch ab … 157
7.4.2. Zweite Anfragesituation: Die Kontaktaufnahme gelingt … 158
7.4.3. Erste Verabredung – Unterstützung beim Umgang und Regelung der Schulden … 159
7.4.4. Frau W. lernt den SpD und dessen Angebote kennen –
Der SpD lernt Frau W. kennen … 160
7.4.5. Abschließendes Fazit der Anfangssituation: Eine stabile Vertrauensbeziehung
zwischen Frau W. und dem SpD … 161
7.5. »Klassische Nachsorge« im Lebensfeld – auf dem Weg zum gelingenderen Alltag
oder die Wiederherstellung einer »strukturierten Komplexität« … 163
7.5.1. Zu Hause in der eigenen Wohnung leben: Ein Leben ohne stationäre
Psychiatrie und ein anderer Umgang mit der psychischen Erkrankung … 163
7.5.2. Die Bedeutung ihrer Wohnung und des Wohnumfeldes: Von der Wohnung
als Heimat und Ort des Rückzugs bis nach Wien (die sukzessive Erweiterung
ihres Lebensraumes) … 168
7.5.2.1. Ihre Wohnung: My home is my castle … 168
7.5.2.2. Die Erweiterung ihres Lebensraumes … 171
7.5.3. Tätigsein, Arbeit, Beschäftigung, Freizeit, Tages- und Wochengestaltung:
Die Strukturierung der Zeit und der sinnstiftenden Elemente des Tätigseins … 174
7.5.3.1. Bedeutung und Entwicklung der Arbeit und Beschäftigung
bei Frau W. im Rückblick … 174
7.5.3.2. Frau W., die Strukturierung ihrer Zeit und die Rolle des SpDs … 175
7.5.4. Von der Bedeutung, Funktion und dem Umgang mit Geld:
Frau W., ihr Geld und der SpD … 179
7.5.5. Kommunikation, Kontakte, Beziehungen: Das Arrangement mit dem
Alleineleben und Alleinesein – Die Strukturierung ihrer Beziehungen … 181
7.5.5.1. Alleinleben: Gewollt oder ungewollt? … 181
7.5.5.2. Umgang und das Zurechtkommen mit dem Alleinsein … 182
7.5.5.3. Kontakte und Beziehungen zur Familie … 183
7.5.5.4. Beziehung und Kontakte zu den Nachbarn: Fremd unter Fremden … 184
7.5.5.5. Kontakt mit der Kirchengemeinde … 185
7.5.6. Alltagspraktische Hilfen – Konkrete Unterstützung oder die Strukturierung
des »Banalen« zwischen Versorgung und Autonomie … 186
7.5.7. Auf welche Ressourcen kann zurückgegriffen werden? Welche werden
neu erschlossen? Wie werden sie koordiniert? … 190
7.6. Beendigung einer Betreuung zwischen Chronifizierung und Verwahrlosung:
Bei Frau W. kein Thema … 194
7.7. Der aktuelle Tagesablauf bei Frau W. und der aktuelle Stand der Betreuung … 196
7.8. Perspektiven: Die kontinuierliche Fortsetzung des begonnenen Weges
(der sich täglich verändern kann) … 201

8. Das Spektrum der Arbeit des SpDs — 204
8.1. Einführung — 204
8.2. Anfragen an den SpD mit Versorgungsverpflichtung — 204
  8.2.1. KlientIn meldet sich selbst — 205
  8.2.2. Anfragen und Anfangssituationen: Vermittelt und »eingefädelt« über »Dritte« — 207
    8.2.2.1. Anfragen aus der psychiatrischen Klinik — 207
    8.2.2.2. Anfragen über das Amt für öffentliche Ordnung, die Polizei und das Sozialamt — 209
    8.2.2.3. Anfragen von Privatpersonen: Angehörige, Nachbarn, Bekannte — 213
  8.2.3. Der Kontakt kommt wegen Ablehnung nicht zustande — 225
  8.2.4. Methodische Schlussfolgerungen für Anfangssituationen im SpD — 235
    8.2.4.1. Erste Stufe: Die Anfragesituation – Das Erfassen und erste Strukturieren der Situation mit ersten Vereinbarungen — 236
    8.2.4.2. Zweite Stufe: Die Anbahnung eines Kontaktes — 244
    8.2.4.3. Dritte Stufe: Entstehen einer Beziehung – »Erstes Vertrauen« — 250
8.3. Der Umgang mit der psychischen Erkrankung im Alltag – Ein Leben mit und ohne stationäre Psychiatrie — 256
  8.3.1. Konstruktive Auseinandersetzung und Akzeptanz der psychischen Erkrankung als Bestandteil des Alltags — 257
  8.3.2. Brüchige Akzeptanz: Unsicherer Umgang mit der psychischen Erkrankung im Alltag — 260
  8.3.3. Wechselnde Einsichten: Der Weg in akute Krisensituationen (und zurück) — 264
  8.3.4. »Dauerkrise« – Chronifizierte Wahngebäude – Notdürftigste Arrangements — 271
  8.3.5. »Systemsprenger«: Zwischen Hilflosigkeit und der Suche nach notdürftigsten Arrangements — 276
  8.3.6. Methodische Schlussfolgerungen für den »Umgang mit der psychischen Erkrankung« — 288
    8.3.6.1. Selbstverantwortlicher Umgang mit der psychischen Erkrankung — 289
    8.3.6.2. Unsicherer Umgang mit der psychischen Erkrankung — 293
    8.3.6.3. Wechselnde Einsichten und sich verändernde Umgangsformen — 297
    8.3.6.4. Menschen mit »chronifizierten Wahngebäuden« und »Systemsprenger« — 301
8.4. Erhaltung und Gestaltung des Wohnraums sowie die Erweiterung des Lebensraumes – Die Strukturierung des Raumes — 306
  8.4.1. Erhalt, Gestaltung der Wohnung und Erweiterung des Lebensraumes entwickeln sich positiv — 306
  8.4.2. Erhalt und Gestaltung der Wohnung als ständige Herausforderung – Die Erweiterung des Lebensraumes tritt in den Hintergrund — 307
  8.4.3. Verlust der Wohnung – Was dann? — 311
    8.4.3.1. Der Verlust der Wohnung wird vom SpD mitgetragen — 312
    8.4.3.2. Der SpD mit geringem Einfluß auf die Erhaltung des Wohnraums: Die Straße als letzte Instanz — 315

8.4.4. Methodische Schlußfolgerungen für den Bereich Wohnen   321
8.5. Tätigsein, Arbeit, Beschäftigung, Tages- und Wochengestaltung –
Die Strukturierung der Zeit   326
8.5.1. »Normale« Erwerbstätigkeit als Grundlage für die Strukturierung der Zeit   327
8.5.2. Abkoppelung vom ersten Arbeitsmarkt: »Alternativen« und erste Konflikte mit der Tages- und Wochengestaltung   329
8.5.3. Tätigsein und Strukturierung des Tages werden zum Problem   331
8.5.4. Strukturierung der Zeit, Tätigsein und Sinnfindung als ständiges Problem   335
8.5.5. Methodische Schlussfolgerungen für den Bereich Tätigsein, Arbeit, Beschäftigung, Tages- und Wochengestaltung   341
8.6. Kontakte, Kommunikation und soziales Gefüge:
Die Strukturierung der Beziehungen   345
8.6.1. Kontakte und Beziehungen im Lebensfeld sind noch oder wieder von Bedeutung   345
8.6.2. Kontakte und Beziehungen sind auf die Psychiatrieszene begrenzt   348
8.6.3. Kontakte und Beziehungen sind vorrangig auf (psychiatrisch) Professionelle beschränkt   350
8.6.4. Methodische Schlußfolgerungen für den Bereich »Kontakte, Kommunikation und soziales Gefüge«   354
8.7. Der Umgang mit Geld – ein schwieriges Thema   359
8.7.1. Beratung und Unterstützung in Geldangelegenheiten und bei Schulden   360
8.7.2. Freiwillige Geldverwaltung durch den SpD   363
8.7.3. (Un-)Freiwillige Geldverwaltung mit Vermögensbetreuung   365
8.7.4. Schwieriger Umgang mit Geld, ob mit oder ohne Vermögensbetreuung   368
8.7.5. Methodische Schlussfolgerungen für den Bereich Umgang mit Geld   372
8.8. Alltagspraktische Hilfen: Konkrete Unterstützung im Alltag –
Die Strukturierung des Banalen   375
8.9. Die Erschließung, Aufrechterhaltung und Koordination von Ressourcen   379
8.10. Fortsetzung, Pausierung oder Beendigung der Betreuung   384
8.10.1. Fortsetzung des Kontaktes und der Betreuung   385
8.10.2. Betreuungspause – die zeitlich befristete Unterbrechung des Kontaktes   390
8.10.3. Die Beendigung des Kontaktes   392

D Zusammenfassung

9. Ergebnisse der qualitativen Untersuchung	400
9.1. Alltags- und lebensweltorientierte, sozialpsychiatrische Handlungsregeln	400
9.1.1. Handlungsregeln für Anfrage- und Anfangssituationen (8.2.4.)	400
9.1.2. Handlungsregeln für den Umgang mit der psychischen Erkrankung im Alltag der Betroffenen (8.3.6.)	404
9.1.3. Handlungsregeln für die Strukturierung des Raumes: Erhalt und Gestaltung der Wohnung sowie die Erweiterung des Lebensraumes (8.4.4.)	408
9.1.4. Handlungsregeln für die Strukturierung der Zeit: Tätigsein, Arbeit, Beschäftigung, Tages- und Wochengestaltung (8.5.5.)	410
9.1.5. Handlungsregeln für die Strukturierung der Kontakte, Beziehungen, Kommunikation und des sozialen Gefüges (8.6.4.)	413
9.1.6. Handlungsregeln für die Fortsetzung, Pausierung oder Beendigung des Kontaktes zwischen SpD und Betroffenen (8.10.)	416
9.2. Übergreifende Handlungsweisen und Haltungen	419
9.3. Schaubild: Alltagsorientiertes, sozialpsychiatrisches Handeln im gesellschaftlichen Kontext	422

E Anhang

10. Literatur	424
11. Tabellen	432
12. Soziodemographische Merkmale der Klientel des Sozialpsychiatrischen Dienstes	433
13. Fallregister	439

Für
Hermann-Josef Jhle

Vorwort

Der Inhalt des vorliegenden Buches erinnert mich an meine Tätigkeit als Psychiater im Sozialpsychiatrischen Dienst am Gesundheitsamt in Hamburg-Altona und weckt in mir gute Erinnerungen. Nicht in der Klinik, sondern dort, wo die psychisch kranken Menschen leben, habe ich »meine Psychiatrie« gelernt, d. h. die selben Grundhaltungen und Handlungsstrategien, wie sie hier vorzufinden sind, obwohl der Sozialpsychiatrische Dienst in Hamburg damals nur spärlich ausgestattet war.
Diese Zeit muss bei mir so nachhaltige Spuren hinterlassen haben, dass ich die Erfahrungen und Erkenntnisse in die Ausbildung der Assistenzärzte in Gütersloh intensiv und kontinuierlich eingebracht habe. Aufgrund der emotionalen und inhaltlichen Affinität konnte ich bei der Lektüre des vorliegenden Buches die Gedankengänge von innen umfassend nachvollziehen und bestätigen.
Als Erstes möchte ich darauf verweisen, dass Klaus Obert eine gut gelungene Einbettung der Sozialpsychiatrie in die Alltags- und Lebenswelttheorien vorgenommen hat. Dies zeigt sich u. a. im konsequenten Durchhalten des Spagats von Hilfe und Kontrolle oder in der zwischenzeitlich eher aus der Mode gekommenen Betonung, dass Vertrauen und Beziehungen zu psychisch kranken Menschen fast immer auch ohne anfängliche Freiwilligkeit zustande kommen, wenn eben die Haltung stimmt und die in den meisten »Fällen« dringend erforderlichen materiellen Handlungsanteile am Anfang der praktischen Arbeit stehen.
Wichtig in diesem Zusammenhang ist mir der Hinweis auf die Gefahren der sonst so hilfreichen systemischen Therapie durch ihr Handeln auf Auftrag und des damit verbundenen Risikos der Selektion.
Von zentraler Bedeutung ist m. E., dass das Buch »die Systemsprenger« nie draußen vor gelassen hat und diese »Nichtbegehrenswerten« als zentrale Zielgruppe und Bestandteil sozialpsychiatrischer Arbeit berücksichtigt werden, genauso wie der Erfindungsreichtum für Elemente des Arbeitens im SpD als das »Für-andere-etwas-Bedeuten«.
Beruhigend und Mut machend ist die Haltung, die sich wie ein roter Faden durchzieht, dass nichts ewig ist. Alles ist endlich und ändert sich – selbst das Schlimmste.
Jenseits der beschriebenen, dokumentierten und in sozialpsychiatrischen Handlungsregeln zusammengefassten Haltungen und Handlungsweisen sprechen die Ergebnisse der statistischen Untersuchung zur Verringerung der Anzahl stationärer Aufenthalte, der zwangsweisen Unterbringungen und der stationären Behandlungsdauer für sich. Schließlich wurde damit fundiert und präzise, zumindest für den untersuchten sozialpsychiatrischen Dienst eine Frage aus der Anfangszeit sozialpsychiatrischen Denkens und Handelns eindeutig beantwortet.
Zusammenfassend möchte ich festhalten, dass bislang kaum eine derart dichte und dezidierte Beschreibung und Diskussion ambulanter sozialpsychiatrischer Arbeit vorgenommen wurde.
Somit dient das Buch von Klaus Obert nicht nur für Berufsanfänger zum Nachschauen, Nachschlagen, zur Orientierung und auch als Hilfestellung in der täglichen Arbeit. Eben-

so können fortgeschrittene und erfahrene »Psychiatrieprofis« die eigene Arbeit damit kritisch reflektieren; dies vor allem auch unter dem Blickwinkel, die offen angelegten Handlungsregeln orientiert an den Erfordernissen der Alltagsarbeit weiterzuentwickeln.

Klaus Dörner

Vorwort

Mit seinen Untersuchungen zum sozialpsychiatrischen Dienst verhandelt Obert ein Arbeitsfeld, das zwischen Psychiatrie und Sozialer Arbeit angesiedelt ist. Hervorgewachsen aus dem sozialen Umbruch der 70er Jahre und den darin gegründeten Reformkonzepten aus der Psychiatrie und Gemeindepsychiatrie und aus der Sozialen Arbeit hat sich hier – so scheint mir jedenfalls – ein theoretisch und praktisch gleichermaßen tragfähiges und weiterführendes Arbeitskonzept entwickelt.
Die Aufgabe des sozialpsychiatrischen Dienstes ist es, Menschen, die Psychiatrieerfahrungen haben und von Rückfällen bedroht sind, außerhalb der Klinik in der Normalität des Alltags zu betreuen. Diese Arbeit ist neben anderen, etablierteren Arbeitsfeldern in der Psychiatrie und in der Sozialen Arbeit noch relativ neu und deshalb nicht unumstritten. So stellt sich zunächst die Frage nach ihrem Ergebnis. – Vor dem Hintergrund schon vorliegender Untersuchungen zur Effektivität berichtet Obert über eine eigene, exemplarische Untersuchung des gemeindepsychiatrischen Dienstes Bad Cannstatt; er untersucht Krankheits- und Betreuungsgeschichten aller Klienten eines Jahrgangs, also einer unausgelesenen und vollständigen Population, daraufhin, ob und wie sich Dauer und Anzahl von Klinikaufenthalten verändert und vor allem verringert haben. Fundiert in einer klugen Bestimmung der Vergleichzeiträume und vor allem einer sehr differenzierten Verhandlung all der Einwände, die in der bisherigen Diskussion bestimmend waren, kann Obert die Effektivität der Arbeit des sozialpsychiatrischen Dienstes eindrucksvoll bestätigen.
Dieser Erfolg ist Ergebnis eines spezifischen, professionellen Arbeitskonzepts. Gewicht und Bedeutung der Arbeit Oberts scheinen mir vor allem darin zu liegen, dass es ihm gelingt, dieses Konzept in seiner theoretischen Konsistenz ebenso wie in seinen praktisch-kasuistischen Differenzierungen darzustellen, und so gleichsam eine Handlungslehre für den sozialpsychiatrischen Dienst zu entwerfen.
Oberts Konzept scheint mir vor allem unter drei Aspekten ergiebig.
Er geht von einer pointiert akzentuierten Darstellung der aus der Reformpsychiatrie entwickelten sozialpsychiatrischen Handlungsdirektiven und vergleicht sie mit den Maximen des Konzepts einer lebensweltorientierten Sozialen Arbeit. Dabei ergeben sich in den Intentionen hohe Übereinstimmungen und vielfältige Parallelen in der Formulierung konkreter Aufgaben und Handlungsformen. Obert entscheidet sich für seine Darstellung für das Konzept Lebensweltorientierung, in dem er die vielfältigen sozialpsychiatrischen Tätigkeiten verankert und dem praktizierten Eklektizismus gegenüber in ihrem Zusammenhang und in ihren konkreten Ausformungen deutlich machen kann. Mit dieser theoretischen Rekonstruktion und der Konkretisierung für Aufgaben der Sozialpsychiatrie erweitert und differenziert Obert das Konzept Lebensweltorientierung; zugleich verdeutlicht er mit dieser Rekonstruktion die Dignität – also die Eigensinnigkeit und anspruchsvolle Schwierigkeit eines alltagsorientierten Arbeitens, das ja immer noch weithin den unaufwendig selbstverständlichen Kompetenzen des gesunden Menschenverstands zugeschlagen wird –, zumal im Vergleich zu der vom Status her so viel ausgewiesneren Psychi-

atrie. Obert schafft – so scheint mir – überzeugende Begründungen für ein stabileres und belastbareres Selbstbewusstsein in der Arbeit.

Obert entwickelt ein Handlungskonzept des sozialpsychiatrischen Dienstes in Falldarstellungen, einer ersten, ausführlichen, in dem die Zusammenhänge der unterschiedlichen Aufgaben deutlich werden und in einer Systematik unterschiedlicher Aufgaben, die er mit Erfahrungen aus 38 Fällen belegt. Sozialpsychiatrisches Handeln ist fundiert – so Obert – im unbedingten Respekt vor der Eigenheit von Erfahrungs- und Deutungsmustern der Klienten, ebenso aber im Willen, Ressourcen zu aktivieren und zu organisieren, umso weit wie möglich Voraussetzungen für ein selbstständiges, selbstbestimmtes Leben zu schaffen. Sozialpsychiatrisches Handeln – anders formuliert: sozialpsychiatrische Interventionen – repräsentieren sich in den mühsamen Anstrengungen, ein tragfähiges, vertrauensgeschütztes Arbeitsbündnis herzustellen, zu unterstützen, zu beraten und zu begleiten. Dieses Handeln realisiert sich in den Dimensionen der Lebenswelt, also in der Strukturierung des Raums, der Zeit, der sozialen Beziehungen und des Managements der materiellen (und vor allem auch finanziellen) Probleme und des Umgangs mit Krankheit. Obert verhandelt besonders auch Probleme, die sich am Beginn der Arbeit und zur Beendigung des Arbeitsverhältnisses ergeben. Er untersucht sie vor allem in der Unterschiedlichkeit der Dramatik zwischen leichten und schweren Konstellationen. – Die Darstellungen sind im Einzelnen nicht nur hoch differenziert, sondern vor allem sehr sensibel in Bezug auch auf die Uneindeutigkeiten, in denen der Sozialarbeiter agieren muss und die darin notwendigen offenen, oft schwierigen und riskanten Entscheidungen. Obert unterschlägt die Grenzen und Hilflosigkeiten im sozialpsychiatrischen Arbeiten nicht.

So ist die Arbeit ein Beitrag zu einer konkreten, lebensweltorientierten Handlungslehre, wie sie nach Zeiten einer eher allgemeinen Diskussion und einer eher abstrakten Professionalisierungsdebatte überfällig ist und zunehmend eingeklagt wird. Neben den eher etablierten Fallgeschichten zur Entwicklung von Schwierigkeiten der Klientel fehlen weithin Fallgeschichten zu Unterstützungs- und Lernprozessen.

Damit aber bietet Obert ein Material, das ebenso hilfreich ist, um in der Praxis Problemkonstellationen gleichsam im Spiegel zu klären und um in der Vorbereitung auf Praxis sich – wie es bei Herbart, einem pädagogischen Klassiker hieß –, »geschmeidig zu machen« für die zu bewältigenden Aufgaben.

Hans Thiersch

A Einführung

1. Einleitung:
Hypothesen, Ziele und Aufbau der Studie

In der vorliegenden Studie wird die Leistungsfähigkeit eines Sozialpsychiatrischen Dienstes (SpD) untersucht. Dabei handelt es sich um den Sozialpsychiatrischen Dienst Bad Cannstatt mit seinen spezifischen Rahmenbedingungen (Kap. 2). Die Untersuchung bezieht sich auf die zwei wesentlichen Ziele des SpDs: Verringerung stationärer Aufenthalte und Förderung von Lebensqualität/gelingender Alltag. Es soll überprüft werden, ob und wie der SpD die Umsetzung dieser Ziele und Aufgaben erreicht und welche methodischen Schlussfolgerungen für sozialpsychiatrisches Handeln getroffen werden können.

Der Nachweis einer in dieser Richtung erfolgreichen Arbeit des SpDs soll über zwei empirische Untersuchungen erbracht werden. In einem **ersten empirischen Teil** erfolgt eine **quantitative Erhebung**. Sie untersucht das Ziel, ob Anzahl und Dauer stationärer Aufenthalte in psychiatrischen Kliniken sowie die Zahl zwangsweiser Unterbringungen durch die Arbeit des SpDs verringert werden. Im **zweiten empirischen Kapitel** wird eine **qualitative Untersuchung** durchgeführt. Sie hat zum Ziel, die Arbeit des SpDs selbst zu untersuchen. Die zentrale Leitlinie sozialpsychiatrischer Arbeit besteht darin, zu einem »gelingenderen Alltag« (alltags- und lebensweltorientierte Ansätze) bzw. zu »mehr Lebensqualität« (sozialpsychiatrische Ansätze) für den Personenkreis der chronisch psychisch kranken Menschen beizutragen. Die Umsetzung dieses Zieles wird am Beispiel des gesamten Spektrums der Arbeit eines SpDs über eine ausführliche Fallstudie und einen repräsentativen Querschnitt der im SpD auftretenden Fallsituationen untersucht.

Die empirischen Untersuchungen diskutieren und prüfen die beiden **Hypothesen**:

1. Die Arbeit des SpDs trägt zur Verringerung von Anzahl und Dauer stationärer Aufenthalte in der psychiatrischen Klinik sowie zur Reduktion zwangsweiser Unterbringungen des Personenkreises der chronisch psychisch kranken Menschen bei.

2. Die alltags- und lebensweltorientierte Handlungsweise (Methodik) des SpDs fördert einen gelingenderen Alltag sowie die Lebensqualität des o. g. Personenkreises und trägt wesentlich mit dazu bei, dass der Verbleib im Gemeinwesen weitgehend gewährleistet werden kann.

Die **quantitative Untersuchung der ersten Hypothese** bezieht sich auf Theorien, Ansätze und Erhebungen, auf die in der aktuellen (sozial-)psychiatrischen Diskussion bezüglich dieser Thematik zurückgegriffen wird. Die Ergebnisse der quantitativen Erhebung sollen einen Zusammenhang zwischen der Veränderung der stationären Aufenthalte des vom SpD betreuten Personenkreises und der Arbeit des SpDs herstellen. Die Diskussion der Ergebnisse erfolgt über die Prüfung von Alternativhypothesen. Mit der abschließenden Bewertung der Ergebnisse können jedoch keine Aussagen zur Qualität der Arbeit des SpDs getroffen werden, also dazu, »was der SpD tut, wie er arbeitet und mit welcher Begründung er handelt«. Dies ist mit der zweiten Untersuchung beabsichtigt.

Die **qualitative Untersuchung der zweiten Hypothese** im zweiten empirischen Teil der Studie bezieht sich auf zwei theoretische Ansätze und orientiert sich an diesen. **Sozial-**

psychiatrische Ansätze und die sozialpsychiatrische Bewegung als Antwort auf die »klassische, traditionelle Psychiatrie« bildeten die Grundlage für die Entstehung und Entwicklung sozialpsychiatrischen Handelns. Jedoch reichen diese m. E. nicht aus, um eine methodische Konkretisierung sozialpsychiatrischen Handelns in Richtung eines gelingenderen Alltags für die Betroffenen und ihre Umgebung mit entsprechenden methodischen Schlussfolgerungen leisten zu können. Dafür greife ich auf die zentralen Kategorien der **alltags- und lebensweltorientierten Ansätze** zurück. Lebenswelt meint nach Thiersch im Unterschied zum Alltag die Rahmenbedingungen, in denen Menschen leben und handeln. Sie bezeichnet die Welt, welche biografisch, räumlich und zeitlich tendenziell offen und variabel ist. Alltagsorientierung meint hingegen mehr das spezifische Verstehens- und Handlungskonzept darin (THIERSCH 1995, S. 46; Achter Jugendbericht, S. 85 ff. u. 167 ff.; BÖHNISCH 1994, S. 216). Aufgrund dieser Interpretation verwende ich beide Begriffe, um das Gesamte (Lebenswelt als Rahmen und Alltag als spezifisches Verstehens- und Handlungskonzept) nicht aus den Augen zu verlieren.

Mit diesem Rückgriff möchte ich in Verbindung mit der zweiten Hypothese Folgendes erreichen:

- Es soll aufgezeigt werden, dass **alltags- und lebensweltorientiertes, sozialpsychiatrisches Handeln die Ziele eines SpDs zielgenau umsetzen** kann.
- Sozialpsychiatrische Praxis soll eine **explizitere** und **profiliertere** Sprache finden. Die bisher vermutete implizite Orientierung sozialpsychiatrischer Ansätze und Arbeit an den alltags- und lebensweltorientierten Ansätzen soll explizit ausformuliert werden, letztlich eine dezidierte Sprache finden können.
- Sozialpsychiatrische Arbeit soll darüber in den alltags- und lebensweltorientierten Ansätzen eine **theoretische Verankerung** finden.

Damit soll – wie in der zweiten Hypothese schon formuliert – nachgewiesen werden, dass sozialpsychiatrisches Handeln in die Kategorien der alltags- und lebensweltorientierten Ansätze eingebettet werden kann und daraus **methodische Schlussfolgerungen (sozialpsychiatrische Handlungsregeln)** abgeleitet werden können. Der Rückgriff auf die **zentralen Kategorien der alltags- und lebensweltorientierten Ansätze** wie die **Strukturierung des Raumes, der Zeit, der Beziehungen, des sozialen Gefüges** bezieht sich auf das gesamte Spektrum der Fallsituationen.

Über eine **ausführliche Fallstudie** und einen **repräsentativen Querschnitt der Fallsituationen** eines SpDs soll in der vorliegenden Studie die **gesamte fallbezogene Arbeit des SpDs** dargestellt und erörtert werden.

Die beiden empirischen Kapitel (B und C) sind die zentralen Bestandteile der Studie. Die weiteren Elemente werden um diese beiden Kapitel gruppiert. Dementsprechend gestaltet sich ihr Aufbau:

Als Erstes werden die **Ziele und Aufgaben des SpDs** sowie die **Rahmenbedingungen**, unter denen er arbeitet, beschrieben (Kap. 2). Mit diesem Kapitel werden die objektiven Möglichkeiten und Grenzen der Arbeit des SpDs benannt. Anschließend wird die **Lebenslage chronisch psychisch kranker Menschen** umrissen (Kap. 3). Es handelt sich um den Personenkreis, für dessen ambulante Betreuung, Begleitung und Unterstützung der SpD in seinem Einzugsgebiet zuständig ist und die Versorgungsverpflichtung innehat. Damit soll das Profil des Personenkreises und dessen Lebenslage vermittelt werden. Gleichzeitig ist dadurch eine Matrix der Aufgabenfelder für den SpD zu erkennen, die sich aus den mehrheitlich randständigen und defizitären Lebensbedingungen der Betroffenen ergeben. Wie zu sehen sein wird, entsprechen diese Felder wiederum den zentralen Kategorien alltags- und lebensweltorientierter Ansätze (Kap. 6.2.).

In der Begründung des methodischen Vorgehens für die Studie beziehe ich mich in erster Linie auf das Konzept von Lamnek (LAMNEK 1995 Band 1 und 2). Dort wird u. a. begründet, weshalb im Sinne des Konzeptes der übergreifenden Forschungsmethoden (LAMNEK Band 1, S. 245–261), themen- und gegenstandsbezogen jeweils auf quantitative und qualitative Forschungsmethoden zurückgegriffen wird. Aufgrund dieser Vorgehensweise erfolgt weder die Festlegung auf die eine noch die andere Forschungsrichtung, sondern die Orientierung an einer übergreifenden Anwendung. Jeweils die eine oder andere Forschungsrichtung zu nutzen, ergibt sich aus den spezifischen Anforderungen des zu untersuchenden Gegenstandes. In der hier vermehrt pragmatischen, aus der täglichen Arbeit herkommenden Haltung und Ausrichtung besteht ein Übergewicht in der Berücksichtigung qualitativer Methoden. Auch die statistische Untersuchung wird mehrheitlich mit qualitativ orientierten Bewertungsinstrumenten diskutiert (Kap. 5.4. und 5.7.). Aufgrund des unterschiedlichen methodischen Vorgehens in den beiden empirischen Kapiteln (**eine quantitative und qualitative Untersuchung**) wird das Kapitel »**Methodisches Vorgehen und Begründung für diese Studie**« aufgeteilt. Jede der beiden empirischen Untersuchungen enthält die Darstellung ihrer eigenen methodischen Vorgehensweise (5.4. und 6.5.).

Das **erste empirische Kapitel** ist eine **statistische Erhebung** zu einer »alten« sozialpsychiatrischen Fragestellung. Es ist ein »Thema der ersten Stunde« sozialpsychiatrischer Bemühungen: Wie wirken sich ambulante Hilfen auf die Anzahl, zwangsweisen Unterbringungen und die Dauer stationärer Aufenthalte aus? In der hier vorgenommenen Untersuchung werden alle KlientInnen untersucht, die innerhalb eines Jahres (1996) von einem SpD kontinuierlich betreut wurden (Kap. 5). In der Diskussion der Ergebnisse dieser statistischen Erhebung werden verschiedene Alternativhypothesen formuliert und behandelt, umso weit wie möglich die Untersuchungsfragestellung prüfen und bewerten zu können: Trägt der SpD zur Verringerung von Zahl und Dauer stationärer Behandlungen sowie der zwangsweisen Unterbringungen seiner Klientel bei? Üben die Alternativhypothesen, d. h. weitere das Ergebnis möglicherweise beeinflussende Variablen, einen Einfluss auf die Fragestellung aus?

Die Ergebnisse der Erhebung sollen zum einen für die Arbeit des SpDs selbst eine wichtige Bedeutung im Hinblick auf die Ergebnisqualität einnehmen. Zum anderen sollen sie eine wichtige psychiatriepolitische Funktion in der Auseinandersetzung um die Wirksamkeit der Arbeit eines SpDs übernehmen.

Jedoch geben die Ergebnisse und deren Diskussion noch keinen Aufschluss darüber, wie und mit welcher Begründung der SpD handelt und wie dessen Arbeit letztlich wirkt. Es können über die Statistik keine Aussagen zur Qualität der Arbeit des SpDs und demzufolge auch nicht zum Handlungsansatz und zur Methode gemacht werden. Dies erfolgt in der **qualitativen Durchleuchtung der Arbeit des SpDs** und ihrer **Wirksamkeit** in Kapitel C (v. a. 7 u. 8).

Die Fragestellung in diesem Kapitel lautet daher: Wie arbeitet der SpD? Wie begründet er sein Handeln und welche methodischen Schlussfolgerungen lassen sich für das sozialpsychiatrische Handeln ableiten?

Damit soll eine in **alltags- und lebensweltorientierten Ansätzen begründete sozialpsychiatrische Handlungslehre** (Methodik) beschrieben werden, in der gleichzeitig die Grenzen des Handelns mit den schwierigsten Fällen deutlich werden. Die Auseinandersetzung mit schwierigen und positiv verlaufenden Fallbeispielen bilden dafür die Grundlage in Verbindung mit der Miteinbeziehung und Nutzung aktueller (sozial-)psychiatrischer Erfahrungen und Erkenntnisse.

Vor der Durchführung der qualitativen Untersuchung werden die dafür erforderlichen theoretischen Grundlagen formuliert und diskutiert (Kap. 6.2.). Die Ziele und Leitlinien der »alltags- und lebensweltorientierten« und der »sozialpsychiatrischen Ansätze« werden aus ihrem jeweiligen Kontext heraus entwickelt. Bei den alltags- und lebensweltorientierten Ansätzen erfolgt die Ableitung der Ziele und Leitlinien aus theoretischen Abhandlungen, während die sozialpsychiatrischen Ziele und Leitlinien aus ihrer Geschichte als praktische Antwort auf die Ergebnisse der traditionellen, somatisch orientierten Psychiatrie beschrieben und diskutiert werden. Das Kapitel »Theoretische Grundlagen« endet mit einer vergleichenden Gegenüberstellung der Ziele und Leitlinien der beiden genannten Ansätze. Sie bezieht sich auf die fünf Dimensionen: Haltung und Menschenbild, Verständnis von Gesundheit und Krankheit, Methoden und Herangehensweisen, strukturelle Konsequenzen sowie gesellschaftlich-ethische Erwägungen. Damit soll gezeigt werden, dass trotz unterschiedlicher Herkunft und Geschichte zwischen beiden Ansätzen ein enger Zusammenhang besteht. Letztlich können die Wurzeln beider Ansätze im geisteswissenschaftlichen Paradigma festgemacht werden. Damit soll zweierlei erreicht werden. Sozialpsychiatrische Leitlinien und Ziele sollen erstens in den Bezugsrahmen alltags- und lebensweltorientierter Ansätze Eingang und darin eine Heimat finden. Darüber soll lebensweltorientiertes, sozialpsychiatrisches Handeln einen theoretischen Rahmen erhalten. Zweitens bilden ihre zentralen Kategorien den Rahmen für die Gliederung der ausführlichen »**Fallstudie**« (Kap. 7) und das »**Spektrum der Arbeit des SpDs**« (Kap. 8).

Die **Durchführung der qualitativen Untersuchung** erfolgt in zwei Stufen. Zuerst wird eine ausführliche Fallstudie ausgearbeitet. In der zweiten Stufe – de facto das zentrale Kapitel der Studie – wird das gesamte Spektrum der Arbeit des SpDs durchleuchtet. In der **ausführlichen Fallstudie** wird der Frage nachgegangen, ob und wie mit lebensweltorientiertem Handeln des SpDs eine schwierige Fallsituation sukzessive positiv verändert werden kann und Selbsttätigkeit und Alltagskompetenz in allen Lebensbereichen wieder zunehmen. Die Gliederung der Fallstudie folgt den zentralen Kategorien lebensweltorientierter Ansätze und integriert weitere Kategorien, die für das sozialpsychiatrische Handeln eines SpDs von Bedeutung sind:

- Anfangssituationen, das Stiften von Kontakten und Entstehen von erstem Vertrauen,
- Nachsorge und Betreuung, d. h. das Strukturieren von Raum, Zeit, Kontakten und Beziehungen,
- die Erschließung und Vernetzung von Ressourcen im Lebensfeld,
- die Gestaltung des so genannten Banalen im Alltag,
- der Umgang mit Geld,
- die Frage nach der Fortsetzung oder Beendigung der Betreuung und ein Spezifikum, das sich aus dem Feld der Psychiatrie heraus ergibt:
- die Wahrnehmung, das Erleben und der Umgang der Betroffenen mit der psychischen Erkrankung und den sich daraus ergebenden Handlungsanforderungen an den SpD.

In der ausführlichen Fallstudie werden bezogen auf die einzelnen Kategorien methodische Schlussfolgerungen für das sozialpsychiatrische Handeln abgeleitet. Sie reichen jedoch nicht aus, um das gesamte Spektrum der Arbeit des SpDs abzudecken und entsprechende Schlussfolgerungen zu ziehen.

Deswegen wird im Kapitel 8 das **gesamte Spektrum der Arbeit des SpDs** mit weiteren 38 Fallschilderungen analog zur Gliederungsstruktur der Fallstudie durchleuchtet. In jeder Kategorie wird ein Bogen vom einfachen bis zum jeweils schwierigsten Fall gespannt. In den Fallbeispielen wird die Handlungsweise des SpDs erörtert. Daraus lassen sich dann innerhalb der jeweiligen Kategorie Typologisierungen bilden, die zwischen der einfachsten und schwierigsten Situation bestehen. Damit soll zweierlei erreicht werden: Zum Ersten soll darüber die gesamte Arbeit des SpDs abgebildet werden. Zum Zweiten können methodische Schlussfolgerungen für die einzelnen Stufen (Typen) in den jeweiligen Kategorien abgeleitet werden.

In **Kapitel 9 (Zusammenfassung) werden alltags- und lebensweltorientierte, sozialpsychiatrische Handlungsregeln** aus den methodischen Schlussfolgerungen der einzelnen Bereiche (Kategorien der alltags- und lebensweltorientierten Ansätze) abgeleitet und in einem Schaubild komprimiert dargestellt. Damit soll dem Anspruch dieser Studie Rechnung getragen werden, auf der Grundlage der Diskussion und Erörterung der Arbeit eines SpDs sozialpsychiatrische Handlungsregeln zu formulieren, die in den alltags- und lebensweltorientierten Ansätzen verankert sind.

2. Ziele und (Rahmen-)Bedingungen der Arbeit des Sozialpsychiatrischen Dienstes

Die Ziele und (Rahmen-)Bedingungen des Sozialpsychiatrischen Dienstes Bad Cannstatt bilden die Grundlage und den Hintergrund seiner Arbeit. Möglichkeiten und Grenzen sind durch diesen Rahmen bestimmt. Die Verallgemeinerung der methodischen Schlussfolgerungen für das sozialpsychiatrische Handeln kann nicht losgelöst von den strukturellen, finanziellen, organisatorischen und fachpolitischen Rahmenbedingungen, in die der SpD eingebettet ist, vorgenommen werden.
Der Stand der Psychiatriereform in Stuttgart in Verbindung mit den verschiedenen Bausteinen des Gemeindepsychiatrischen Verbundes wird nur spiegelstrichartig aufgeführt. Gleiches gilt für die Kooperation und Vernetzung der Angebote wie auch für die Defizite und Mängel, die in der Realisierung der Versorgungsverpflichtung und der Förderung von Lebensqualität der chronisch psychisch kranken Menschen in Bad Cannstatt und in Stuttgart insgesamt noch bestehen.
Auf die verschiedenen Bausteine, Bereiche und Merkmale der gemeindepsychiatrischen Hilfen in Stuttgart wird in den folgenden empirischen Kapiteln immer wieder Bezug genommen.

2.1. Stand der Psychiatriereform in Stuttgart

Stuttgart hat aktuell 553.535 EinwohnerInnen mit seit Jahren sinkender Tendenz (Stand: 31.12.1998). Anfang der 70er Jahre waren es fast 640.000 EinwohnerInnen. Der Ausländeranteil beträgt ca. 25 %. Die kontinuierliche Abnahme der Bevölkerung hat Auswirkungen auf die Sozialstruktur. Wer es sich leisten kann, zieht aus der Stadt hinaus. Es gibt in der Innenstadt und in einigen Außenbezirken soziale Brennpunkte mit einer Verdichtung so genannter Randgruppen, zu denen auch der Personenkreis der chronisch psychisch kranken Menschen zählt (Kap. 3).
Stuttgart ist das industrielle Zentrum des mittleren Neckarraumes, bekannt vor allem durch die Automobilindustrie. Die Arbeitslosigkeit beträgt 8,8 %. Dies entspricht 21.996 Personen (Arbeitsamtsbezirk Stuttgart, März 1999).
Der bisherige wirtschaftliche Wohlstand in Verbindung mit einer engagierten Kommunalpolitik über die Parteigrenzen im Gemeinderat hinweg führte dazu, dass trotz aller Einschnitte und Sparmaßnahmen in den vergangenen Jahren eine verantwortungsbewusste Sozialpolitik umgesetzt wurde.
Das Einzugsgebiet des SpD Bad Cannstatt (der größte Stadtteil Stuttgarts) mit 84.916 EinwohnerInnen (Stand 31.12.1998) hat eine heterogene Bevölkerungsstruktur. Sozial integrierte Gebiete im Kern des Stadtteils wechseln sich ab mit kleinbürgerlichen Regionen und sozialen Brennpunkten. Mit dem Hallschlag verfügt das Einzugsgebiet über einen der bekanntesten und größten sozialen Brennpunkte Stuttgarts. Insgesamt betrachtet, unterscheidet sich das Einzugsgebiet sonst kaum von den anderen Stadtgebieten.

Die psychiatrische Versorgung in Stuttgart

Die stationären und ambulanten Hilfen in Stuttgart sehen wie folgt aus:[1]

Der klinisch-stationäre Bereich
Zwei psychiatrische Kliniken übernehmen die stationäre Vollversorgung für das gesamte Stadtgebiet. Die größere Klinik verfügt über 253 vollstationäre Betten und 25 Tagesklinikplätze. Sie ist zuständig für ein Einzugsgebiet von ca. 430.000 EinwohnerInnen. Die kleinere Klinik verfügt über 70 vollstationäre Betten und 34 Tagesklinikplätze. Ihr Einzugsgebiet bezieht sich auf ca. 125.000 EinwohnerInnen.
Mit 0,64 Betten pro Tausend EinwohnerInnen[2] verfügt Stuttgart im Vergleich zu anderen Großstädten (Köln 0,9 p. T., München 1,2 p. T.) und zum gesamten Bundesgebiet über eine geringe Bettenmessziffer (siehe 6.2.2.5.). Trotz der geringen Bettenmessziffer für eine Großstadt kommt es (fast) nicht mehr vor, dass aus Gründen der Überbelegung psychisch kranke Menschen außerhalb Stuttgarts stationär behandelt werden. Psychotherapeutische und psychosomatische Kliniken können unberücksichtigt bleiben, da sie für den Personenkreis der chronisch psychisch kranken Menschen nicht von Bedeutung sind.

Der ambulante Bereich
Bausteine:
- Acht Sozialpsychiatrische Dienste mit einem Personalschlüssel von 1: 20.000 EinwohnerInnen mit Pflichtaufgaben und Versorgungsverpflichtung.
- Ambulant und stationär betreutes Wohnen:
  120 Plätze in Wohngemeinschaften – vom betreuten Einzelwohnen bis zu Wohngemeinschaften mit sechs BewohnerInnen. Davon sind 49 Plätze intensiv betreut mit einem Personalschlüssel von 1: 3,5 und 71 ›normal‹ betreut mit einem Personalschlüssel von 1: 10.
  Vier Wohnheime, davon drei mit Tagesbetreuung mit insgesamt 75 Plätzen. Dies entspricht insgesamt einer Platzzahl von 0,35 Wohnplätzen pro 1.000 EinwohnerInnen.
- Arbeitshilfen:
  Stundenweise Arbeitshilfen in den SpDs als Zuverdienstmöglichkeit und zur Tagesgestaltung.
  Werkstatt für Behinderte mit 200 Plätzen und »Arbeitshilfen nach § 19 BSHG«, die jedoch beide weniger vom Personenkreis der SpDs genutzt werden.
- Häusliche Pflege für psychisch kranke Menschen
  Sonderpflegedienst (Modellprojekt) nach SGB V und SGB XI in Einzugsgebieten zweier SpDs (154.000 EinwohnerInnen). Bis 2001 soll der Pflegedienst auf das

---

1 Die Zahlen stammen aus: »Bestandsaufnahme Gemeindepsychiatrischer Verbund«: Referat für Soziales, Jugend und Gesundheit, Stuttgart 1997 und von ARMBRUSTER/MÖHRLE/OBERT in: Kerbe 3/1997, S. 11 ff. Die seitherigen Veränderungen wurden vom Verfasser aktualisiert (Stand 31.12.1998).
2 Die Tagesklinikplätze wurden als halbe vollstationäre Plätze gezählt: 59 Plätze = 30 vollstationäre Plätze.

gesamte Stadtgebiet in räumlicher und inhaltlicher Vernetzung mit den SpDs ausgeweitet werden. Aufgabe der ambulanten psychiatrischen Pflege ist die intensive Betreuung (chronisch) psychisch kranker Menschen zur Vermeidung oder Verkürzung stationärer Behandlungen und zur Förderung der Lebensqualität in enger Vernetzung mit den anderen Bausteinen des Gemeindepsychiatrischen Verbundes (GÖPFERT-DIVIVIER 1998).

- Tageszentren
  Bei diesem Baustein existieren in erster Linie improvisierte Angebote, die von den SpDs organisiert und durchgeführt werden. Eine Aufgabe der Tageszentrums ähnlichen Angebote ist die Gestaltung und Strukturierung des Tages und der Woche für den vom SpD betreuten Personenkreis. In den nächsten zwei Jahren soll ein Auf- und Ausbau erfolgen, finanziert durch den Landeswohlfahrtsverband (LWV). Bislang gibt es in Bad.-Württ. für diesen Baustein noch keine Regelfinanzierung.
- Krisen- und Notfallversorgung
  Es besteht ein psychosozialer und sozialpsychiatrischer Notfalldienst am Wochenende. Die Planung sieht vor, diesen mit dem medizinisch-psychiatrischen Notfalldienst der Nervenärzte unter Einbeziehung der SpDs und des betreuten Wohnens zu verbinden. Damit sollen auch die Nächte von Montag bis Freitag abgedeckt werden können.
- Psychiatrische Familienpflege
  Ein zusätzliches Angebot für einige KlientInnen der SpDs, bei denen die Unterbringung in einer Gastfamilie angezeigt ist. Dieses Angebot ist an einen Dienst angekoppelt. (Nähere Informationen zur psychiatrischen Familienpflege siehe KONRAD/ SCHMIDT-MICHEL 1993 und Jahresbericht 1997 der Gemeindepsychiatrischen Hilfen/Sozialpsychiatrische Dienste Stuttgart, S. 33/34.)
- Niedergelassene Nervenärzte
  »In Stuttgart gibt es ... 120 niedergelassene Ärzte für Neurologie und Psychiatrie sowie Ärzte mit der Zusatzbezeichnung Psychotherapie« (Referat für Soziales, Jugend und Gesundheit, Stadt Stuttgart 1997, S. 16). Diese sollen die medizinisch-psychiatrische Behandlung im ambulanten Bereich sicherstellen. Für den Personenkreis der chronisch psychisch kranken Menschen wird diese Aufgabe jedoch nur teilweise erfüllt. Darauf wird im Bericht der Expertenkommission (Bundesminister für Jugend, Familie, Frauen und Gesundheit 1988, S. 121) hingewiesen. Des weiteren belegen 20 % des Personenkreises der SpDs, die trotz medizinisch-psychiatrischen Hilfebedarfs nicht in ärztlicher Behandlung sind, dieses Defizit. Ein Lösungsweg besteht u. E. in einem eingeschränkten Behandlungsrecht für die SpDs (Referat für Soziales, Jugend und Gesundheit, Stadt Stuttgart 1997, S. 16/17 und 85). Für den von den SpDs betreuten Personenkreis haben Psychotherapeuten, die in den o. g. 120 Nervenärzten enthalten sind, keine Bedeutung.
- (Zentrale) Gremien der Planung und Koordination[3]
  Psychiatriearbeitskreis (PAK): Vorrangige Aufgabe ist die Konzeptionalisierung,

---

[3] Es handelt sich in dieser Aufstellung um die wichtigsten Gremien. Zur Vervollständigung verweise ich auf die »Bestandsaufnahme Gemeindepsychiatrischer Verbund« (Referat für Soziales, Jugend und Gesundheit, Stuttgart 1997) und ARMBRUSTER/MÖHRLE/OBERT (Kerbe 1997, S. 11 ff.).

Planung und Koordination des Auf- und Ausbaus der Gemeindepsychiatrischen Verbunde in Stuttgart, bzw. der psychiatrischen Hilfen in Stuttgart insgesamt. Der PAK ist ein Unterausschuss des Gemeinderates der Stadt Stuttgart. Die TeilnehmerInnen setzen sich zusammen aus dem Kernfeld der Psychiatrie (Leitungsebene), der Politik, Verwaltung, den Kostenträgern, VertreterInnen der MitarbeiterInnen, den Psychiatrieerfahrenen, Angehörigen und BürgerhelferInnen. Der PAK trifft sich zu ca. vier Sitzungen jährlich. Er setzt nach Bedarf themenbezogene, i. d. R. zeitlich befristete, Unterarbeitskreise zur Erstellung von Konzepten etc. ein.

Psychosoziale Arbeitsgemeinschaft (PSAG): Vorrangige Aufgabe ist Information, Koordination, ›Zuarbeit‹ für den PAK sowie die Feststellung und weitere Bearbeitung von Mängeln und Defiziten in der psychiatrischen Versorgung. In der PSAG sind vorrangig BasismitarbeiterInnen der psychiatrischen Einrichtungen vertreten sowie (teilweise) VertreterInnen des Gemeinderates, der Kostenträger, Psychiatrieerfahrenen, Angehörigen und BürgerhelferInnen. Die PSAG ist mit Sitz und Stimme im PAK vertreten. Sitzungshäufigkeit: ca. sechsmal pro Jahr.

Beschwerdestelle der PSAG: Vorrangige Aufgabe ist die Bearbeitung von Beschwerden und Klagen psychisch kranker Menschen über die Behandlung in stationären und ambulanten Einrichtungen. Ziel ist die einvernehmliche Herstellung eines Arrangements ›unterhalb‹ des Rechtsweges. Die Beschwerdestelle setzt sich zusammen aus Psychiatrieerfahrenen, Angehörigen, BürgerhelferInnen, in der Psychiatrie tätigen Professionellen und Juristen.

Psychiatrieerfahrene, Angehörige und BürgerhelferInnen sind in Stuttgart seit langem als Vereine organisiert und in allen relevanten Gremien und Planungsprozessen vertreten.

Gemeindepsychiatrischer Verbund (GPV): In Stuttgart wurde schon ein beträchtlicher Teil des Weges in Richtung GPV zurückgelegt. Dies bedeutet, dass die ambulanten und stationären Hilfen, Dienste und Einrichtungen bedarfsorientiert aufgebaut, verbindlich vernetzt und koordiniert werden, damit allen chronisch psychisch kranken Menschen der jeweiligen Region ein erträgliches Leben im Gemeinwesen ermöglicht werden kann (Versorgungsverpflichtung und Lebensqualität). Die SpDs in Stuttgart übernehmen darin, wie konzeptionell vorgesehen, die Funktion der fallbezogenen Koordination und Vernetzung der Hilfen.[4]

2.2. Bewertung des aktuellen Standes der psychiatrischen Versorgung für die (chronisch) psychisch kranken Menschen in Stuttgart

Insgesamt hat sich seit 1982 (Beginn des Modellprojektes der SpDs) eine positive Entwicklung durchgesetzt. 1982 gab es bis auf niedergelassene Nervenärzte fast keine weiteren ambulanten Hilfen in Stuttgart. Die oben aufgeführten wurden fast ausnahmslos in diesem Zeitraum von den Trägern der SpDs (Caritasverband für Stuttgart e. V., Evange-

---

4 Nähere Informationen zum GPV sind u. a. zu finden in: Bundesminister für Jugend, Familie, Frauen und Gesundheit 1988, S. 295 ff.; Ministerium für Arbeit, Gesundheit und Sozialordnung Bad.-Württ. 1994; Psychiatriearbeitskreis Stuttgart, 30.11.1994.

lische Gesellschaft Stuttgart e. V. und Gesundheitsamt der Stadt Stuttgart) in enger Kooperation mit der Sozialplanung, der Verwaltung und dem Gemeinderat der Stadt Stuttgart aufgebaut. In der ›Bestandsaufnahme Gemeindepsychiatrischer Verbund‹ wird der Stand der Entwicklung des GPV festgehalten (Referat für Jugend, Soziales und Gesundheit, Stuttgart 1997, S. 3–7 und S. 74 ff.). Gleichzeitig werden die Defizite und die Maßnahmen ihrer schrittweisen Überwindung aufgezeigt (S. 74–88; zur weiteren Bewertung siehe auch: ARMBRUSTER/MÖHRLE/OBERT in: Kerbe 3/1997 und Jahresberichte der Gemeindepsychiatrischen Hilfen/SpDs in Stuttgart 1997, S. 5–9 und 1998, S. 4–6).
Im Vergleich zu anderen Regionen des Landes Bad.-Württ. gilt Stuttgart als Modellregion, zumindest was die Entwicklung im ambulanten Bereich betrifft (Sozialminister Repnik in: Stuttgarter Nachrichten vom 20.4.1999); wenn auch über die Defizite in den Feldern Krisen-/Notfallversorgung, der ambulanten ärztlichen Behandlung, der fehlenden Ressourcen für Tageszentren und der Vernetzung mit dem stationären Bereich nicht hinweg gesehen werden darf.
Eindrucksvoll ist die lange Tradition der Bewegung der Psychiatrieerfahrenen, Angehörigen und der BürgerhelferInnen. Seit langer Zeit gestalten sie kritisch, konstruktiv und engagiert den Reformprozess mit. Die Beschwerdestelle, die von diesen drei Gruppen mitinitiiert, -aufgebaut und -gestaltet wird, ist Ausdruck der Anstrengung, einen praktizierten Trialog zwischen ihnen und den in der Psychiatrie professionell Tätigen zu führen.
Der SpD verfolgt in den Gremien und im Stadtteil ein Konzept der offensiven Einmischung, um auf die fach- und sozialpolitischen Rahmenbedingungen der Lebenslage und der Hilfen für die chronisch psychisch kranken Menschen der Stadt Einfluss zu nehmen. Die Arbeit in den Gremien, mit der Politik, den Kostenträgern und im Stadtteil stellt für uns einen unabdingbaren Bestandteil sozialpsychiatrischer Arbeit dar.
Insgesamt kann – mit einigen Abstrichen – von einem positiven Reformklima auf dem Weg in Richtung Gemeindepsychiatrische Verbunde mit der Leitlinie ambulant vor stationär und der Versorgungsverpflichtung für alle chronisch psychisch kranken BürgerInnen der Stadt gesprochen werden.

2.3. Der Sozialpsychiatrische Dienst Bad Cannstatt

Ziele, Aufgaben und Auftrag:
Die Ziele, Aufgaben und der Auftrag des SpD Bad Cannstatt sind in den Richtlinien des Sozialministeriums und in Gemeinderatsdrucksachen der Stadt Stuttgart festgelegt und gelten für alle acht SpDs in Stuttgart. Vorrangige Aufgabe ist die ambulante Betreuung der chronisch psychisch kranken Menschen des jeweiligen Einzugsgebietes.
»Aufgabe der sozialpsychiatrischen Dienste ist es, für einen bestimmten Einzugsbereich ambulante Leistungen für psychisch Kranke und seelisch Behinderte anzubieten, deren Versorgungsbedürfnisse weder vom medizinischen noch von anderen sozialen Diensten allein ausreichend befriedigt werden können.« (Ministerium für Arbeit, Gesundheit, Familie und Frauen 1991, S. 355)
Für die Stuttgarter Dienste wurde diese Aufgabe weiter präzisiert:
»Die Hilfe des Ambulanten Sozialpsychiatrischen Dienstes (ASpD) ist auf diejenigen

psychisch kranken Menschen im Einzugsbereich ausgerichtet, die vom bestehenden ambulanten System medizinischer und psychosozialer Hilfsangebote nicht oder nur unzureichend unterstützt werden können. Der gemeindenahe Arbeitsansatz des ASpD zielt auf ein umfassendes Hilfsangebot vor allem für chronisch psychisch Kranke« (Landeshauptstadt Stuttgart: Gemeinderatsdrucksache Nr. 338/1986, Anlage 2, S. 2).

Durchführung und Umsetzung der Aufgaben und Ziele sind geregelt in einem Kooperationsvertrag der Stadt mit den drei o. g. Trägern (Landeshauptstadt Stuttgart: Gemeinderatsdrucksache 320/1989, Anlage 4: Kooperationsvertrag über den sozialpsychiatrischen Dienst in Stuttgart).

Die Finanzierung erfolgt über eine pauschale Mischfinanzierung mit festgelegten Prozentanteilen durch das Land, die Stadt Stuttgart, die Krankenkassen und einem Eigenanteil des jeweiligen Trägers. Der bessere Personalschlüssel in Stuttgart wird von der Kommune finanziert (Ministerium für Arbeit, Familie, Gesundheit, Familie und Frauen Bad.-Württ., 1991, a. a. O., S. 354–355 und der Landeshauptstadt Stuttgart: Gemeinderatsdrucksache 320/1989, S. 2/3).

Der Personalschlüssel beträgt für alle acht SpDs 1: 20.000 EinwohnerInnen (Vergleich zu den SpDs in Bad.-Württ.: 1: 50.000 Einw.). Den Diensten in Stuttgart wurden deswegen zusätzliche Aufgaben übertragen.

Erstens ist die Zuständigkeit hinsichtlich des Personenkreises erweitert:

»Im Blick auf die Zielgruppen ist hervorzuheben, dass der Stuttgarter Dienst ebenfalls mit ›überwiegend chronisch psychisch Kranken und seelisch Behinderten‹ arbeitet. Nach den Erfahrungen des Modellprojekts muss ein Sozialpsychiatrischer Dienst aber auch für andere psychiatrische Krankheitsbilder bzw. Zielgruppen zuständig sein, so insbesondere für Neurosen sowie andere Persönlichkeitsstörungen und Depressionen, immer dann, wenn Krankheitsgrad und -verlauf eine soziale Destabilisierung und Ausgrenzung erkennen oder befürchten lassen.« (Landeshauptstadt Stuttgart Gemeinderatsdrucksache 338/1986, S. 3)

Zweitens haben die Stuttgarter Dienste im Unterschied zu den SpDs im Land Pflichtaufgaben zu erfüllen und die Versorgungsverpflichtung für die chronisch psychisch kranken Menschen ihres Einzugsgebietes zu gewährleisten (Anlage 2 zur Gemeinderatsdrucksache der Landeshauptstadt Stuttgart 338/1986, S. 11/12). Freiwilligkeit in der Beziehung und selbstständiges Handeln der Betroffenen werden in diesen Situationen eingeschränkt sowie Kontakt und Betreuung unter Ausübung von Druck hergestellt unter der Vorgabe, im öffentlich-gesellschaftlichen Auftrag zu handeln. Dies bedeutet für den SpD, sich dem Auftrag zu stellen, ihn zu bewältigen, zumindest jedoch für alle Beteiligten aushaltbar zu gestalten. Es war innerhalb der Stuttgarter SpDs eine bewusste Entscheidung, so zu verfahren und nicht zu trennen zwischen einem SpD, der nur mit dem Leitziel der Freiwilligkeit arbeitet, und dem Gesundheitsamt, welchem – wie sonst in Baden-Württemberg üblich – die Pflichtversorgungsaufgaben überlassen bleiben. Durch die Eindeutigkeit des Auftrages für den SpD besteht in Einzelfällen zudem eine weitere Zugangs- und Kontaktmöglichkeit zu einigen Menschen im Einzugsgebiet, die sonst weiter verrandständigen würden. Die Aufhebung der institutionellen Trennung von Hilfe und Kontrolle und damit auch die Übernahme von Pflichtaufgaben im Rahmen der Pflichtversorgung führte bislang in der Arbeit des SpDs nicht zu längeren Beziehungsabbrüchen und auch nicht zur Verhinderung von Beziehungsaufnahmen. Bei den Berufsgruppen in den SpDs handelt es sich vorrangig um SozialpädagogInnen/-arbeiterInnen, vereinzelt auch um PsychologInnen. NervenärztInnen sind beratend tätig.

Struktur, Berufsgruppen und die Organisation des Dienstes
Im SpD Bad Cannstatt sind vier Stellen mit vier SozialpädagogInnen/-arbeiterInnen und einem Diplompädagogen besetzt. Hinzukommen eine Verwaltungsfachkraft sowie PraktikantInnen, zwei Zdls und ehrenamtlich Tätige. Die MitarbeiterInnen verfügen über langfristige (ambulante und stationäre) psychiatrische Erfahrungen und Kenntnisse. Ein Nervenarzt ist über einen Honorarvertrag angestellt und gestaltet mit ca. zehn Stunden pro Monat die Fallkonferenzen mit und bearbeitet im Rahmen der Pflichtaufgaben Anfragen vom Sozialamt. Das Arbeitsprojekt »stundenweise Arbeitshilfen« in Verbindung mit tageszentrumsähnlichen Angeboten verfügt über eine weitere halbe Stelle (Sozialarbeiterin). Ca. sechsmal wöchentlich findet Supervision statt.
Wie die anderen SpDs in Stuttgart ist der Dienst werktags von 8.30–17.00 geöffnet. Während dieser Zeit ist er durchgängig erreichbar. Die Telefonpräsenz wird vorrangig von der Verwaltungsfachkraft, den Zdls und PraktikantInnen durchgeführt. Weiter besteht eine Hintergrundpräsenz durch eine sozialpädagogische/-arbeiterische Fachkraft. Außerdem wird darauf geachtet, dass immer zwei MitarbeiterInnen anwesend sind. Aufgrund nicht vorhersehbarer Krisensituationen, in denen sofort gehandelt werden muss oder Zuspitzungen in den Räumlichkeiten des SpDs, sind solche Maßnahmen erforderlich.
Zweimal wöchentlich finden organisatorische und konzeptionelle Teambesprechungen statt; einmal pro Woche zusammen mit dem Nervenarzt eine dreistündige Fallkonferenz. Die Teilnahme an den Teamsitzungen ist für alle MitarbeiterInnen (auch für Zdls und PraktikantInnen) obligatorisch. In den Fallkonferenzen werden die wöchentlich eingehenden Neuanfragen besprochen und geklärt, ob die Zuständigkeit vorliegt oder eine Weitervermittlung möglich ist. In der Fallarbeit gilt das Prinzip der Fallverantwortung, d. h. der/die jeweilige KollegIn übernimmt die ganzheitliche Betreuung. Nur in Ausnahmefällen findet eine Aufsplitterung von Zuständigkeiten für bestimmte Bereiche statt. Zudem muss des Öfteren geklärt werden, ob aufgrund der vorliegenden Situation ein Kollege oder eine Kollegin erforderlich ist.
Die vor kurzem bezogenen neuen Räumlichkeiten ermöglichen vor allem in den Bereichen Tagesgestaltung, Cafébetrieb und ›stundenweise Arbeitshilfen‹ aufgrund der zur Verfügung stehenden Fläche und großzügigen Ausgestaltung eine bedarfsorientiertere Arbeit. Durchschnittlich halten sich täglich zwischen 13 und 20 Personen, abhängig vom jeweiligen Angebot, in den Räumen des SpDs auf. Die Hausordnung ist sehr niedrigschwellig angelegt. Die Aufenthaltsmöglichkeit findet ihre Grenze in aggressivem und gewalttätigem Verhalten. Sehr selten kann vorkommen, dass ein zeitlich befristetes Hausverbot ausgesprochen werden muss.
Der SpD ist bemüht, das Prinzip der offenen Türen anzuwenden. Dieses beinhaltet u. a. die Haltung und das Handeln, psychisch kranken Menschen mit Klarheit, Offenheit, Ernstnehmen, Sicherheit, Freundlichkeit, Höflichkeit, kritischer Solidarität, der Achtung und dem Respekt vor dem Anderssein, der Vermittlung von Normalität, der nötigen professionellen Distanz und Reflexivität im Team, positiver Routine etc. zu begegnen (siehe 6.2.2.4. und 6.3. sowie die »methodischen Schlussfolgerungen« in Kap. 8 und 9). Der

Anspruch besteht darin, zusammen mit den anderen Bausteinen ein Gemeindepsychiatrisches Zentrum im Einzugsgebiet des SpDs bereitzustellen.

Im Haus selbst sind noch weitere soziale Dienste, eine öffentliche Bücherei, Kindergärten und ein ökumenisches Zentrum untergebracht, zu denen eine enge Verbindung besteht.

Das Haus befindet sich zwar etwas am Rande des Einzugsgebietes. Jedoch besteht ein sehr guter und direkter Anschluss an das öffentliche Nahverkehrssystem (vier Minuten Fußweg).

Die Einzelfallarbeit des SpDs

Die Einzelfallarbeit ist der Kern der Arbeit des SpDs. Diese ist auch Hauptuntersuchungsgegenstand der vorliegenden Studie (Kap. 7 und 8).

Offizielle Vorgabe der Einzelfallarbeit ist das Leistungsprofil, welches von den SpDs gemeinsam ausgearbeitet und vom Landesarbeitskreis Psychiatrie verbindlich für alle SpDs in Bad.-Württ. beschlossen wurde (Landesarbeitskreis Psychiatrie, 11.11.1992). Das Leistungsprofil enthält einen umfassenden Leistungskatalog zum methodischen Vorgehen, zu Sichtweisen und Haltungen. Es dient als Richtschnur für das Handeln der SpDs in Bad.-Württ. und ist in folgende Bereiche gegliedert: Beratung, Begleitung und Betreuung, Krisenintervention, sozialanwaltschaftliche Tätigkeiten, individuelle Hilfen zur Alltagsbewältigung und zur Gestaltung von Freizeit, Arbeit und Wohnen, Zusammenarbeit, Herstellung von Akzeptanz in der Öffentlichkeit, Mitarbeit in der Planung und beim Aufbau bedarfsgerechter Hilfen und zu Arbeitsweisen. Die verschiedenen Leistungsdimensionen sind jeweils mit konkreten Leistungsmerkmalen beschrieben.

Das Leistungsprofil basiert auf den Erfahrungen der SpDs. Zudem steht es in enger Verbindung mit weiteren Vorgaben für sozialpsychiatrische Dienste, wie z. B. das »Memorandum Psychiatrie« (Ministerium für Arbeit, Familie, Gesundheit und Sozialordnung 1989). Darin steht der lebensweltorientierte Ansatz als Richtschnur für das Handeln der SpDs im Zentrum.

Hinweise auf weitere Bausteine und Hilfen im SpD Bad Cannstatt

Der psychiatrische Pflegedienst hat seinen Sitz im SpD und arbeitet eng vernetzt mit diesem zusammen (GÖPFERT-DIVIVIER 1998; Stadt Stuttgart: Referat für Jugend, Soziales und Gesundheit, Stuttgart 1997, S. 17; sowie Kapitel 5.6.11. in der vorliegenden Studie). Der Bereich des ambulant und stationär betreuten Wohnens erfolgt in enger Abstimmung mit den in der Region aufgebauten Wohngemeinschaften und einem Wohnheim (Jahresbericht der Gemeindepsychiatrischen Hilfen 1998, S. 6–13 und Stadt Stuttgart: Referat für Jugend, Familie und Gesundheit, Stuttgart 1997, S. 38–51). Die Aufnahme ins betreute Wohnen ist verbindlich über die regionalen Aufnahmegremien geregelt. Darin sind die SpDs, Wohngemeinschaften, Wohnheime und psychiatrischen Kliniken vertreten. Ziel der regionalen Aufnahmegremien ist die verbindliche Absprache und Aufnahme ins betreute Wohnen. Damit soll eine weitere Lücke geschlossen werden, um Fehlplatzierungen, gemeindeferne Unterbringungen außerhalb Stuttgarts oder Obdachlosigkeit zu vermeiden.

Des Weiteren ist ein künstlerisches Projekt für psychisch kranke Menschen in den Räumen untergebracht.

Zu einem weiteren wichtigen Baustein wurde die Angehörigenselbsthilfegruppe im SpD Bad Cannstatt. Sie wird geleitet von einer Angehörigen. Die Gruppe trifft sich einmal monatlich. Kern der inhaltlichen Arbeit ist der Austausch von Erfahrungen und dabei zu erleben, unter seinesgleichen und nicht allein zu sein. Zusätzlich werden regelmäßig Informationen zu speziellen Themen vermittelt.

2.4. Sozialpsychiatrische Leitlinien in theoretischen Ansätzen und in den Rahmenbedingungen der Arbeit des SpDs

In einem Schaubild wird der Zusammenhang zwischen den Zielen und Leitlinien der theoretischen Ansätze dargestellt. Diese Ziele sind die Grundlage für die Alltagsarbeit des SpDs. Die Einteilung folgt den fünf Dimensionen, wie sie in den »Theoretischen Grundlagen alltags- und lebensweltorientierter, sozialpsychiatrischer Arbeit« näher ausgeführt sind (6.2.2.).
Die im folgendenSchaubild aufgeführten Ziele der Arbeit eines SpDs sind ein Vorgriff auf die theoretischen Erörterungen in späteren Kapiteln (6.2. ff.). Sie dienen hier der Orientierung für die Kapitel 3 bis 5.

32 A Einführung

	Übergreifende und konkrete Ziele und Leitlinien (Kap. 6.2.2.3, 6.2.2.4. u. 6.3.)	Ziele, Auftrag und Aufgaben des SpDs (Sozialministerium und Gemeinderatsdrucksache der Stadt Stuttgart)[5]
Menschenbild und Haltung	Wiederherstellung des Subjekts und der Menschenwürde (Subjektorientierung). Der Mensch ist ein Wert an sich. Ziel, Ganzheitlichkeit Lebenswelt und Lebenslage sind wesentliche Ausgangsbedingungen und Ziele sozialpsychiatrischen Handelns. Psychosoziale Dimension, Kommunikation und Beziehung sind konstitutive Elemente und Vorgaben; Normalisierung und Wahrung von Individualität im Gemeinwesen, unabhängig vom Grad der Behinderung.	»Ziel der Dienste ist es, chronisch psychisch Kranken, die nicht mehr oder noch nicht zu einer selbstständigen Lebensführung in der Lage sind, durch spezifische Hilfen ein erträgliches Leben in der Gemeinschaft zu ermöglichen.« (Ministerium für Arbeit, Individuum im sozialen Kontext als grundlegendes Gesundheit, Familie und Frauen, 1991, S. 355) »Der gemeindenahe Arbeitsansatz ... zielt auf ein umfassendes Hilfeangebot vor allem für chronisch psychisch Kranke. Die subjektive Problemlage des Klienten bildet den Ausgangspunkt therapeutischen Handelns und der Koordination von Hilfeleistungen, doch findet diese Hilfe nicht ausschließlich oder überwiegend in einer vom Alltag des Klienten abgehobenen Beratungs- und Behandlungssituation statt. Charakteristisch für den gemeindenahen Ansatz ist es, den Klienten in seinem psychischen Leiden in seinen Alltagsstrukturen kennen zu lernen und Entwicklungs- und Veränderungsmöglichkeiten in seinen konkreten Lebenszusammenhängen wahrzunehmen.« (Gemeinderatsdrucksache 338/1986 Anlage 2, S. 1)
Vorstellungen zu Gesundheit/Krankheit	Zusammenwirken von bio-psycho-sozialen Faktoren in Verbindung mit erhöhter Vulnerabilität; Bio-psycho-soziale Sichtweise ist die ganzheitliche Antwort auf das reduktionistische traditio-	»Aus dem Grundsatz der Sozialpsychiatrie, möglichst umfassend alle Lebensbereiche eines Klienten in die Beratung/Behandlung miteinzubeziehen, ergibt sich somit notwendig ein multidisziplinäres Arbeiten. D. h., dass die Hilfestellung in den

---

5 Die Richtlinien des Sozialministerium sind knapp abgefasst und enthalten weniger dezidierte Äußerungen zu sozialpsychiatrischen Leitlinien. Es handelt sich eher um Extrakte, hinter denen sozialpsychiatrische Ziele stehen (Ministerium für Arbeit, Gesundheit, Familie und Frauen, 1991). Ausführlichere Anmerkungen zu sozialpsychiatrischen Leitlinien enthalten das »Memorandum Psychiatrie« (Ministerium für Arbeit, Gesundheit, Familie und Sozialordnung, 1989) und die beiden Gemeinderatsdrucksachen der Landeshauptstadt Stuttgart mit den dazugehörigen Anlagen (Gemeinderatsdrucksache Nr. 338/1986 und Nr. 320/1989).

	nelle medizinische Modell. Die psychosoziale und somatische Dimension in der Zielbestimmung der Behandlung sind gleichwertig. Unzulängliche Bewältigungsstrategien in der Beziehung zur Umgebung führen in fließendem Übergang zu Erkrankungen, die im jeweiligen Kontext der Lebenswelt definiert und angegangen werden. Orientierungen an Ressourcen und Fähigkeiten, ohne den Blick auf die Defizite zu verlieren.	Lebensbereichen: soziale Beziehungen, Arbeit, Wohnen, psychische und physische Gesundheit gleichwertig wichtig ist für den Prozess der Besserung bzw. der Gesundung einer psychiatrischen Erkrankung.« (Gemeinderatsdrucksache 338/1986, Anlage 2, S. 2)
Strukturelle Ziele	Ambulant vor stationär für alle chronisch psychisch kranken Menschen einer Region: Gemeindepsychiatrischer Verbund mit Versorgungsverpflichtung Kooperation, Koordination und Vernetzung der Bausteine untereinander (Gemeindepsychiatrischer Verbund) und mit den ›natürlichen‹ hilfen, Ressourcen und Netzen.	»Erklärtes Ziel der Landesregierung ist es, außerstationäre psychiatrische Einrichtungen und Dienste weiterzuentwickeln.« (Ministerium für Arbeit, Gesundheit, Familien und Frauen, 1991, S. 354) Der SpD »hat stadtteilorientiert die sozialpsychiatrischen Aufgaben der Nachsorge, Krisenintervention und Prävention wahrzunehmen. Darin eingeschlossen sind Koordination und Kooperation mit anderen sozialen Diensten und Einrichtungen sowie Öffentlichkeitsarbeit«. (Gemeinderatsdrucks. 338/1986, S. 2)
Methodische Vorstellungen und Kernaussagen	Hilfe zur Selbsthilfe; Ganzheitlichkeit, Offenheit, Anpassung der Hilfen an den individuellen Bedarf; Gewährleistung der Versorgungsverpflichtung und Förderung der Lebensqualität. Gewährleistung/Wiederherstellung der materiellen und sozialen Existenzbedingungen (gesellschaftliche Vertragsfähigkeit): Wohnen, Geld, Tätigsein, Beziehungen, soziale Kontakte etc.	»Der Sozialpsychiatrische Dienst betreut im Rahmen von Vorsorge, Nachsorge und Krisenintervention überwiegend chronisch psychisch Kranke ... und vermittelt ihnen soziale Hilfen.« (Ministerium für Arbeit, Gesundheit, Familien und Frauen, 1991, S. 335) »Wichtigste Voraussetzung für die Arbeit eines ASpD ist ein Arbeitsansatz, der einen hohen Grad an Flexibilität im Hinblick auf Ort, Zeit und Inhalt der Hilfsangebote aufweist. Sozialpsychiatrische Arbeit ist ›praktische psychiatrische Arbeit‹ in dem Sinn,

dass sie den Betroffenen bei der Lösung ihrer Probleme, die aus dem Wechselspiel zwischen Krankheit und sozialem Umfeld resultieren, behilflich ist.« (Gemeinderatsdrucksache 338/1986, Anlage 2, S. 9)

In dieser Anlage werden unter den Spiegelstrichen: Behandlung, Beratung, Begleitung, Betreuung, therapeutische Angebote, Sicherstellung pflegerischer Anteile, Maßnahmen im Zusammenhang mit beruflicher Rehabilitation, psychosoziale Maßnahmen, Pflichtaufgaben und Weitervermittlung, Merkmale des methodischen Handelns und Vorgehens ausgeführt, die mit den in den theoretischen Ansätzen beschriebenen Zielen quasi identisch sind (S. 9-12).

Offenes situatives Herangehen und Handeln, fantasievolles und kreatives Vorgehen; aber auch: strukturieren, ordnen, planen, organisieren, Erhalt und Stabilisierung der ›natürlichen‹ Ressourcen und der normalen Lebenswelt; reflexives Handeln im Team etc.
Die ausführliche Auflistung der Merkmale methodischen Handelns ist in Kapitel 6.4. aufgeführt.

Gesellschaftliche Dimensionen	Fallbezogene Veränderung von Strukturen im Lebensfeld und sozialpolitisches Engagement zur Veränderung gesellschaftlicher Rahmenbedingungen. Förderung der Teilnahme am gesellschaftlichen Leben; Förderung von Lebensqualität; Ethisch-moralische und gesellschaftskritische Verankerung des Handelns; Doppelmandat von Hilfe und Kontrolle; Gesellschaftliche Bedeutung der Bewegung der Psychiatrieerfahrenen, Angehörigen und BürgerhelferInnen im alltäglichen und sozialpolitischen Kontext; Gleichstellung von psychisch und somatisch kranken Menschen; Humanisierung der Lebensbedingungen für chronisch psychisch kranke Menschen im Gemeinwesen.	»Erklärtes Ziel der Landesregierung ist es, außerstationäre psychiatrische Einrichtungen und Dienste weiterzuentwickeln ... Um eine adäquate Betreuung dieses Personenkreises sicherzustellen, hält die Landesregierung sozialpsychiatrische Dienste für notwendig.« (Ministerium für Arbeit, Gesundheit, Familien und Frauen 1991, S. 354) Ausführlich sind Inhalte mit den dazugehörigen Merkmalen gesellschaftlicher Dimensionen in der sozialpsychiatrischen Tätigkeit in der Anlage 2 zur Gemeinderatsdrucksache 338/1986 der Stadt Stuttgart im Abschnitt »Arbeitsweise des SpDs« beschrieben (S. 2-9): Ziele und Zielgruppen (S. 2-4), Nachsorge – Nachbetreuung, Kriseninterventation, Prävention, Förderung von freiwilligen MitarbeiterInnen und Selbsthilfegruppen, Kooperation und Öffentlichkeitsarbeit (S. 4-9)

3. Die Lebenslage chronisch psychisch kranker Menschen

Als Erstes erfolgt eine **Anmerkung zum Begriff und zur Definition von chronisch psychisch krank**. In vielen Konzepten, Programmen und Vorgaben ist von chronisch psychisch kranken Menschen die Rede. Es existiert jedoch keine medizinisch-psychiatrische gültige Begriffsbestimmung oder Definition. Der Begriff wird eher psychosozial oder mit institutionellen Merkmalen umschrieben.

Einigkeit besteht darüber, dass es keine gültige medizinisch-psychiatrische Definition gibt (Bundesminister für Jugend, Familie, Frauen und Gesundheit 1988, S. 105 ff.; KAUDER 1997, S. 19–21). Die Definitionsversuche orientieren sich entweder an der Dauer der Erkrankung. Oder die kumulierte stationäre Behandlungsdauer wird als Maßstab dafür herangezogen, ab wann jemand als chronisch psychisch krank bezeichnet wird. Oder es werden Untersuchungen zitiert, dass bei ca. 20 % der psychisch kranken Menschen die Erkrankung einen chronischen Verlauf nimmt und damit die Dauer der Erkrankung wieder ausschlaggebend wird (RÖSSLER 1995, S. 13).

Dabei wird deutlich, dass der Begriff »chronisch psychisch krank« auf die Tradition des somatisch orientierten medizinischen Modells zurückgeht. Dieses geht bei dauerhaftem Verlauf von der »Nicht-Heilbarkeit« der Erkrankung aus und impliziert genetisch bedingte Unveränderbarkeit (6.2.2.1.).

Wenn heute von chronischem Verlauf der psychischen Erkrankung die Rede ist, wird versucht, aus der einseitigen Tradition herauszutreten. Nach und nach setzt sich analog zur »bio-psycho-sozialen« Sichtweise (ZUBIN/SPRING 1977) die Auffassung durch, dass die längere oder dauerhafte psychische Erkrankung nichts Statisches ist und wechselseitig mit psychischen und sozialen Faktoren und der Beziehung zur Umwelt zusammenhängt. Die Orientierung am bio-psycho-sozialen Konzept kann (muss) deshalb folgerichtig auch auf länger andauernde psychische Erkrankungen ausgeweitet werden. Gerade hier gilt, dass die psychosoziale Seite und darin die Beziehung zur Umgebung eine zentrale Dimension in der professionellen Betrachtungs- und Handlungsweise einnimmt (KAUDER 1997, S. 19-21; FINZEN 1998, S. 65 ff.; hier: Kap.: 6.2.2.6.). Es handelt sich bei chronisch psychisch kranken Menschen um einen Personenkreis mit krankheitsbedingten Einschränkungen, die mit großer Wahrscheinlichkeit durch eine genetisch bedingte Verletzlichkeit mitbestimmt werden. Von zentraler Bedeutung für das Leben dieser Menschen ist jedoch ihre individuelle und soziale Situation. Über längere Zeit hinweg findet ein Prozess der Verrandständigung mit einem wechselseitigen Ineinandergreifen der drei Faktoren statt. Chronische Verläufe sind somit auch immer soziale und beziehungsgeleitete Verläufe. Eine solche Orientierung folgt dem Menschenbild und der Haltung, dass der Mensch ein soziales Wesen und eingebunden ist in die Dialektik von Individuum und Umfeld, von Mensch und Gesellschaft (Kap. 6.3.). Daraus folgt die handlungsleitende Konsequenz, weniger auf die Dauer der Erkrankung als vielmehr auf die Wechselwirkung mit den sozialen und individuellen Dimensionen des Lebens zu blicken. Damit rückt wiederum die Lebenslage der betroffenen Menschen in den Vordergrund der Diskussion, weshalb die

Verankerung sozialpsychiatrischer Arbeit in einem Lebenslagen orientierten Konzept nahe liegend ist.

Kern der Psychiatriereform in den industrialisierten Ländern ist,
- den Personenkreis der chronisch psychisch kranken Menschen ins Zentrum der Arbeit zu rücken und
- dessen Lebenslage und -qualität zu verbessern und zu fördern. (Kap. 6.2.2.5.).

Die Lebenslage chronisch psychisch kranker Menschen lässt sich wie folgt charakterisieren: Das übergreifende Merkmal besteht darin, am **Rande des gesellschaftlichen Alltags** ausgegrenzt und isoliert, verbunden mit einem geringen gesellschaftlichen Status ein relativ armes Dasein zu fristen. Das Herausfallen aus vielen »normalen« gesellschaftlichen Bezügen verbindet sich in nicht wenigen Fällen mit dem Risiko drohender Wohnungslosigkeit oder dauerhafter gemeindeferner Unterbringung (Institut für kommunale Psychiatrie 1996; FICHTER et al. in: Psychiatrische Praxis 2/1999, S. 76–84; Bundesminister für Jugend, Familie, Frauen und Gesundheit 1988, S. 105–114).

Konkreter heißt dies: Der »durchschnittliche chronisch psychisch kranke Mensch« lebt aufgrund der Wechselwirkung von **psychischer Erkrankung und sozialer Ausgrenzung in relativer materieller Armut** von Sozialhilfe oder einer kleinen Erwerbsunfähigkeitsrente oder ist materiell abhängig von Angehörigen. Häufig ist der Umgang mit dem wenigen Geld in Verbindung mit der Erkrankung erschwert. Nicht selten kommt es zu Mittellosigkeit, und/oder es liegen Schulden vor. Allein schon die materielle Lage stellt ein objektives Hindernis dar. Aufgrund mangelnder materieller Ressourcen kann nur sehr begrenzt über gesellschaftlich übliche und »normale« Güter verfügt und nicht oder nur in sehr begrenztem Rahmen an alltäglichen (kulturellen etc.) Ereignissen teilgenommen werden.

Von den 1998 vom SpD Bad Cannstatt langfristig betreuten Menschen (216 Personen) lebten
31,5 % (24,5 %)[6] von Sozialhilfe,
29,6 % (27,4 %) von Erwerbsunfähigkeitsrente,
14,3 % (15,3 %) von Altersrente,
11,5 % (10,6 %) von Arbeitslosengeld, -hilfe und Krankengeld,
8,3 % (9,4 %) von Angehörigen.
Nur 4,8 % (9,2 %) bestritten ihren Lebensunterhalt über eine sozialversicherungspflichtige Beschäftigung.

In wechselseitigem Zusammenhang geht damit i. d. R. **Langzeitarbeitslosigkeit** einher ohne oder nur mit äußerst geringen Chancen, ein sozialversicherungspflichtiges Beschäftigungsverhältnis zu erreichen. Entweder konnte krankheitsbedingt der Weg in kontinuierliche Arbeit oder in einen Beruf nie beschritten werden. Oder das spätere Herausfallen aus dem Arbeitsprozess führte nach und nach zu einer langfristigen Arbeitslosigkeit mit Frühberentung (fast) ohne Aussicht auf eine Rückkehr in den ersten oder zweiten Arbeitsmarkt.

Wie oben erwähnt, waren 1998 95 % der langfristig betreuten Menschen im SpD Bad Cannstatt arbeitslos bzw. nicht sozialversicherungspflichtig beschäftigt.

Mit der fehlenden Perspektive, »normale Arbeit« zu erhalten, ist auf zwei weitreichende

---

6 Die Zahlen in den Klammern beziehen sich auf die acht SpDs in Stuttgart.

Folgen hinzuweisen. Die Ausgrenzung aus dem Arbeitsprozess in einer immer noch weitgehend über Lohnarbeit definierten Gesellschaft bedeutet für jeden Einzelnen, gesellschaftlich nicht mehr gebraucht zu werden, keine Aufgabe mehr zu haben, im gesellschaftlichen Abseits zu stehen und die Existenz nicht mehr über ein erarbeitetes Einkommen zu bestreiten.[7]

Arbeitslosigkeit bedeutet, unfreiwillig über viel freie Zeit zu verfügen. Die **Strukturierung der Zeit** durch einen geregelten Arbeitstag entfällt. Zeit haben, diese zu strukturieren und zu gestalten, werden zum Problem. Rückzug, Isolierung, Alleinsein, Scham- und Schuldgefühle, fehlende Gelegenheiten, sich mit anderen zu treffen und mit ihnen Zeit zu verbringen, sind nicht nur Begleiterscheinungen. Es handelt sich dabei um Merkmale und Faktoren, welche die Lebenslage bestimmen. Im Unterschied zum »normalen« arbeitslosen Menschen kommt bei dem vom SpD betreuten Personenkreis die **psychische Erkrankung als weiteres, bestimmendes Merkmal** hinzu. Die Wechselwirkung von Symptomen und (fehlende) Wahrnehmung der Erkrankung vor dem Hintergrund langfristiger Arbeitslosigkeit erschweren und verschärfen die randständige und von permanenter Ausgrenzung bedrohte Lebenslage zusätzlich.

Die Tatsache, dass 72 % (69 %)[8] der langfristig betreuten Menschen an einer psychotischen Erkrankung leiden, 21,3 % (30,4 %) schon länger als zehn Jahre in medizinisch-psychiatrischer Behandlung sind, 48,6 % (51,5 %) schon häufiger als zweimal in stationärer Behandlung waren, 14,3 % (10,5 %) mehr als zehnmal, ist ein weiterer Indikator für die randständige und ausgegrenzte Lebenslage des Personenkreises.

Ausgrenzung, Alleinleben, krankheits- und gesellschaftlich bedingter Rückzug korrespondieren mit **Isolierung und Vereinsamung**. Von Kontakten und Beziehungen zu Angehörigen oder Bekannten aus der Psychiatrieszene abgesehen, bestehen kaum noch Beziehungen zum normalen Alltag. Dies heißt allerdings nicht, das Single-Dasein in einer bewussten Entscheidung frei ausgewählt zu haben, im Gegenteil. In der Mehrzahl der Fälle steht der Wunsch nach einer eigenen Familie an vorderer Stelle und führt zu zusätzlichem Leid, wenn der Widerspruch zwischen Wunsch/Anspruch und realer Lage wahrgenommen und erlebt wird. Es handelt sich dabei um Prozesse, deren Entstehungsbedingungen in der Verbindung von krankheitsbedingten Ereignissen und gesellschaftlichen Ausgrenzungs- und Stigmatisierungsmechanismen zu suchen sind. Zum Beispiel können misstrauisch bis wahnhafte Verarbeitungen von Handlungen der Umgebung durch den Betroffenen verstärkend auf die Abwendung und Ablehnung durch das Umfeld wirken. Dieses Verhalten und die Haltung der Umgebung wiederum kann paranoide Wahrnehmungen und Rückschlüsse begünstigen. Haltung und Handeln der Umgebung entstehen selten oder zumindest nicht allzu häufig aus der Ablehnung gegenüber psychisch kranken Menschen. Sie sind öfters Resultat von Unsicherheit und Hilflosigkeit, wie mit derartigen Situationen umgegangen werden kann. Kontinuierliche Unterstützung und Begleitung von professionellen Diensten und Einrichtungen können hier häufig Abhilfe schaffen. Diese Feststellungen können mit den Daten zu **Lebens- und Familienverhältnissen** der Klientel des SpDs untermauert werden:

---

7 Über die schädlichen Auswirkungen dieses Prozesses auf die Lebenslage und das Selbstwertgefühl siehe BÖHNISCH 1994, S. 66 ff. und HONNETH 1994, vor allem S. 100-110.

8 Die Zahlen in den Klammern beziehen sich auf die acht SpDs in Stuttgart.

59 % (59,6 %)⁹ der langfristig betreuten Menschen leben allein,
54 % (55,8 %) sind ledig,
19,9 % (18,6 %) sind geschieden und
7,4 % (8,3 %) verwitwet.
Nur 14,8 % (13,3 %) sind verheiratet und 16,6 % (15 %) leben mit Angehörigen zusammen.

Das letzte wichtige Merkmal für die Lebenslage des Personenkreises stellt die Basis für das Leben im Gemeinwesen her: Das **Verfügen über eine Wohnung, deren Gestaltung, die Wohnlage und der nähere Lebensraum**. Wohnen ist für alle Menschen ein Grundbedürfnis als Basis für die Entfaltung eines gelingenderen Alltaglebens. Eine eigene Wohnung bedeutet Privatsphäre, Rückzugsmöglichkeit und Kraft tanken für die Anforderungen, die der Alltag »draußen« stellt.

Wie bedeutsam diese Feststellung ist, zeigt sich dann, wenn die eigene Wohnung zu einem unsicheren Ort wird und bedroht ist. Bei einem beträchtlichen Teil der chronisch psychisch kranken Menschen treten verschiedenste Probleme und Konflikte im Bereich des Wohnens auf. Von vorrangiger Bedeutung sind die Situationen, in denen der Erhalt der Wohnung durch Kündigung und Räumungsklage in Gefahr gerät. Die Gründe dafür können z. B. in rückständigen Mietzahlungen liegen oder in heftigeren Konflikten und Reibereien mit anderen Mietparteien im Haus oder in der Verwahrlosung der Wohnung, die der (private oder öffentliche) Vermieter nicht mehr toleriert. Drohender (und realer) Verlust der Wohnung führen zu enormen psychischen Belastungen, die nicht selten zur Eskalation von Krisen und Verschärfung der psychischen Erkrankung beitragen. Diese Fluchtreaktionen können auf der Grundlage der Erfahrungen des SpDs in Verbindung mit dem Vulnerabilitätskonzept (ZUBIN/SPRING 1977) als Ergebnis von Verunsicherung und Gefährdung eines sicheren, selbstverständlichen und gewohnten Raumes verstanden werden. Der (drohende) Verlust der Wohnung stellt gleichzeitig den näheren Lebensraum in Frage, wenn dieser auch nicht immer eine große Bedeutung zu haben scheint, z. B. bei Rückzug in die Wohnung, die kaum noch verlassen wird. Aussehen und Gestaltung der Wohnung stehen in engem Zusammenhang mit (krankheitsbedingten) Defiziten, z. B. bei Antriebsminderung oder intensiverer Verstrickung in wahnhaftes Geschehen, das den Blick auf die Routineaufgaben im Alltag verstellt. Die Erfahrungen der SpDs in Stuttgart können diesbezüglich nicht mit genauen Zahlen unterlegt werden. Es kann jedoch davon ausgegangen werden, dass bei ca. 70 % der betreuten Menschen in unterschiedlicher Intensität und Kombination relevante Probleme im Bereich Wohnen bestehen. Die Prozentangabe ergibt sich aus dem Blick auf die KlientInnen, die vom SpD Bad Cannstatt 1998 betreut wurden.

Es handelt sich bislang um die Darstellung objektiver soziodemographischer Daten und Merkmale, welche das Profil der Lebenslage des Personenkreises beschreiben. In den Ansätzen zur Lebenslage geht es auch um die **subjektive Wahrnehmung, das Erleben und die Be- und Verarbeitung der eigenen Situation**. Darauf können keine verallgemeinernden Antworten gegeben werden. Zwischenzeitlich gibt es jedoch fundierte Äußerungen, Rückmeldungen und Forderungen, wie Betroffene ihre Lebenslage in Verbindung mit der Erkrankung wahrnehmen und mit ihr adäquat umzugehen versuchen. Dies

---

9 Die Zahlen in den Klammern beziehen sich wieder auf die acht SpDs in Stuttgart.

zeigt sich sowohl in den Forderungen der Bewegung der Psychiatrie-Erfahrenen als auch der Angehörigenverbände. Sie sind geprägt von der Verbesserung der sozialen und individuellen Situation und vor allem davon, den Status von Randständigkeit und Ausgrenzung aus dem gesellschaftlichen Leben zu verändern. Teilhabe und Teilnahme am gesellschaftlichen Leben, Gleichstellung mit somatisch kranken Menschen sind grundlegende Themen der Psychiatrie-Erfahrenen und der Angehörigen (Psychosoziale Umschau 4/1992, S. 4–21). Bezogen auf den Einzelfall der chronisch psychisch kranken Menschen, die vom SpD betreut werden, ist diese übergreifende Orientierung nicht mehr in dieser Klarheit festzustellen. Das Spektrum der Wahrnehmung und Verarbeitung der Lebenslage wird in der ausführlichen Fallstudie (Kap. 7) und im Kapitel 8 (Spektrum der Arbeit des SpDs) in seiner Vielfalt deutlich.

Der vom SpD betreute Personenkreis der **chronisch psychisch kranken Menschen** befindet sich – zusammengefasst – in einer Lebenslage, die eindeutig mit der Lebenslage der gesellschaftlichen Gruppen vergleichbar ist, welche am **Rande des gesellschaftlichen Lebens** stehen. Die Gefährdung zentraler Kategorien des Alltags wie materielle Ressourcen, Wohnen, Arbeit und Beschäftigung, Kontakte und Beziehungen, Freizeit, Teilhabemöglichkeiten am gesellschaftlichen Leben in wechselseitigem Zusammenhang mit der psychischen Erkrankung, die Wahrnehmung und das Erleben der eigenen Lage belegen eindeutig, dass die Lebenslage chronisch psychisch kranker Menschen prekär ist und weitgehend abgetrennt vom »normalen« gesellschaftlichen Leben verläuft. Unter Umständen kann sie einhergehen mit Wohnungslosigkeit oder Dauerunterbringung in einer Einrichtung, welche die polarisierten Extremformen auf dem Kontinuum von Ausgrenzung darstellen.

Selbstverständlich treten nicht alle Merkmale in gleicher Intensität, statisch und gleichzeitig bei allen betreuten Menschen auf. Wie unterschiedlich die Kombinationen, Intensitäten und auch Veränderungen sein können, belegen detailliert die Fallstudie (Kapitel 7) und das »Spektrum der Arbeit« (Kapitel 8). Es wird u. a. auch aufgezeigt, dass Lebenslagen nach der einen wie der anderen Seite hin veränderbar sind, nicht zuletzt durch das beschriebene und diskutierte sozialpsychiatrische Handeln des SpDs.

4. Allgemeine Anmerkungen zum methodischen Vorgehen in der Studie

Es handelt sich hier – wie in der Einleitung erwähnt – um eine empirische Arbeit, aus der methodische Schlussfolgerungen für sozialpsychiatrisches Handeln abgeleitet werden sollen. Ausgangspunkt sind die Ziele, Leitlinien und Aufgaben sozialpsychiatrischer Arbeit. Mit der Beschreibung und lebensweltorientierten Diskussion der Arbeit eines SpDs soll geprüft und belegt werden, ob die Ziele umgesetzt werden. Dabei soll das gesamte Spektrum der Arbeit des SpDs berücksichtigt werden.

An dieser Stelle erfolgen einige allgemeine Anmerkungen zum methodischen Vorgehen, um aufzuzeigen, wie der beschriebene Anspruch der vorliegenden Arbeit umgesetzt werden kann. Das spezifische methodische Vorgehen und dessen Begründung für die beiden Untersuchungen wird jeweils in den beiden empirischen Kapiteln beschrieben und diskutiert (5.4.: Methodisches Vorgehen und Begründung für die quantitative Untersuchung; 6.5.: Methodisches Vorgehen und Begründung für die qualitative Untersuchung).

Die **Studie enthält zwei Untersuchungsebenen**. Die erste Ebene (Kapitel 5) besteht aus einer statistischen Erhebung, die vorrangig mit quantitativen Instrumenten durchgeführt wurde. Die zweite (Kapitel 6 bis 8) besteht aus der Darstellung, Diskussion und Systematisierung von 38 Einzelfallerörterungen (Kap. 8) und einer ausführlichen Einzelfallstudie (Kap. 7). Diese Ebene ist mit den Instrumenten der Einzelfallstudie und Fallerörterungen in der qualitativen Sozialforschung verankert.[10]

Das methodische Vorgehen in der Studie folgt der Forderung, dass sich die **Instrumente** sowie die Art und Weise des Vorgehens aus den **Bedingungen des jeweiligen Untersuchungsbereiches** ergeben (LAMNEK 1995 Band 1, S. 21–30). Dafür ist eine grundsätzliche Offenheit gegenüber Forschungsrichtungen und -methodologien erforderlich im Unterschied zur Festlegung auf eine bestimmte, die zur Ausgrenzung der jeweils anderen führt.

Die Anpassung der Untersuchungsmethoden an ihren Gegenstand entspricht wiederum der offenen und pragmatischen Haltung mit dem dahinter stehenden Menschenbild der sozialpsychiatrischen Alltagsarbeit selbst. Dies wird in der Einleitung sowie in Kapitel 6.2.2.4. und 6.3. beschrieben. Lamnek stellt dementsprechend fest,

> »dass keine eindimensionalen, abstrakten Beurteilungen und Entscheidungen möglich und sinnvoll sind. Vielmehr muss konkret das Netzwerk von Erkenntnisziel, Gegenstand und Methode als Einheit gesehen werden, aus dem sich der mögliche Erkenntnishorizont definiert. Deswegen haben wir ... für Triangulation (multimethodisches und/oder multitheoretisches Vorgehen) und prinzipielle Offenheit gegenüber allen Methoden plädiert, weil die Kombination von allgemeinen Stärken und Schwächen der Paradigmen (quantitatives und qualitatives) unter Bezug auf eine bestimmte Forschungsfrage den Erkenntnishorizont zu erweitern vermag« (LAMNEK 1995 Band 1, S. 260).

---

[10] Ich beziehe mich in der methodischen Orientierung vor allem auf die Ausführungen von Lamnek (LAMNEK 1995, Band 1 und 2).

Von Lamnek wird u. a. die Annäherung beider Forschungsrichtungen mit einem Rekurs auf die Infragestellung des naturwissenschaftlichen Weltbildes durch die Einsteinsche Relativitätstheorie und die Heisenbergsche Unschärferelation (LAMNEK a. a. O., S. 246) begründet. Er zieht mit Vorsicht und Zurückhaltung unter Zitierung von Bammé und Martens die Konsequenz, dass der Methodengegensatz von einem
> »Kontinuum zwischen den Polen Quantität und Qualität und von der Prämisse (ausgeht und) kein Verfahren von sich behaupten könne, wissenschaftlicher zu sein als das andere« (LAMNEK a. a. O., S. 246).

Unabhängig davon gelten die über quantitative Untersuchungsmethoden gewonnenen Ergebnisse in der (traditionellen) medizinisch-psychiatrischen Forschung und Praxis immer noch als die genaueren, abgesicherteren und wissenschaftlich ernster zu nehmenden Erkenntnisse. Zumindest lässt sich die Behauptung aus der Beobachtung ableiten, dass sich die Mehrheit der Untersuchungen, die vor allem in der klinischen Psychiatrie Gehör sowie in Forschung und Lehre wissenschaftliche Anerkennung finden, auf quantitative Methoden stützen. Die von Lamnek konstatierte und geforderte Annäherung von quantitativer und qualitativer Sozialforschung in Richtung Gleichberechtigung, die vor allem in der Soziologie festzustellen ist (LAMNEK a. a. O., S. 245 ff.), trifft m. E. für die psychiatrische Forschung und Lehre noch nicht zu. So sind z. B. die in Kapitel 5 zitierten Untersuchungen zur dort aufgeworfenen (sozial-)psychiatrischen Fragestellung ausnahmslos mit quantitativen Methoden durchgeführt. Untersuchungen, die mit qualitativen Methoden erhoben wurden, nehmen in der offiziellen (sozial-)psychiatrischen Diskussion noch eine zu geringe Rolle ein, von einigen Untersuchungen zur Lebenszufriedenheit von KlientInnen, (selbst-)evaluativen und alltagsorientierten Erhebungen abgesehen. Allerdings sind diese im »mainstream« der psychiatrischen Forschungsdiskussion ohne einen (bisherigen) sichtbaren Einfluss geblieben.

Diese Arbeit berücksichtigt – unabhängig von diesem Tatbestand und abhängig vom Untersuchungsgegenstand – qualitative und quantitative Methoden. Damit versucht sie der von Lamnek beschriebenen Tendenz in der aktuellen forschungsmethodologischen Diskussion Rechnung zu tragen.

B Erster empirischer Teil:
Eine quantitative Untersuchung

5. Zahl und Dauer stationärer Behandlungen bei den KlientInnen des Sozialpsychiatrischen Dienstes im Vergleich: Vor und seit Beginn der Betreuung durch den SpD

Veränderungen bei der Zahl und der Dauer der Behandlungen seit Beginn der Betreuung durch den SpD im Vergleich zum Zeitraum vor der Betreuung

5.1. Fragestellung und Hypothese

Die Fragestellung der Erhebung ist, ob sich beim Personenkreis der chronisch psychisch kranken Menschen des SpDs Bad Cannstatt die Zahl der stationären Aufenthalte, die Behandlungsdauer und der Status der Unterbringung (freiwillig oder zwangsweise) seit Beginn der Betreuung durch den SpD im Vergleich zum entsprechenden Zeitraum vor der Betreuung verändert haben.
Die damit verbundene Hypothese lautet:
Zahl, Dauer und Status der stationären Behandlungen und Aufenthalte der Zielgruppe des SpDs haben sich seit der Betreuung durch den SpD verringert bzw. verkürzt.
Es werden alle stationären Aufenthalte, die Dauer der Behandlung und der Status der Einweisung des Personenkreises der chronisch psychisch kranken Menschen, die 1996 vom SpD Bad Cannstatt betreut wurden, in die örtliche psychiatrische Klinik mit Versorgungsverpflichtung aufgezeichnet, untersucht und diskutiert.

5.2. Gründe für die Erhebung

Inhaltliches Interesse an der Fragestellung
Von Beginn der Arbeit (1982) bis heute stellt sich die Frage, was Sozialpsychiatrische Dienste und die um sie herum gruppierten Bausteine gemeindepsychiatrischer Hilfen leisten und welche Auswirkungen die Arbeit in Bezug auf die Aufgabenstellung und Zielvorgaben hat. Darin sind die Förderung von Lebensqualität für die Betroffenen in und durch gemeindenahe(r) Arbeit sowie die Vermeidung und Verkürzung stationärer Behandlungen zwei wesentliche Ziele sozialpsychiatrischer Arbeit (siehe Einleitung und Kapitel 2). Dies wiederum korrespondiert mit dem Anliegen der MitarbeiterInnen, letztlich zu wissen und zu zeigen, dass ihre Arbeit zur Umsetzung der o. g. Ziele und somit auch zur eigenen Arbeitszufriedenheit und zu einer wachsenden professionellen Identität beiträgt (siehe Jahresberichte der SpDs, vor allem 1992 zum zehnjährigen Bestehen der SpDs in Stuttgart wie auch die landesweiten Auswertungen der Arbeit Sozialpsychiatrischer Dienste in: Liga der freien Wohlfahrtspflege 1998).

Erwartungen der Fachöffentlichkeit
Immer wieder taucht aus der Fachöffentlichkeit die Erwartung an ambulante Einrichtungen auf, nachzuweisen, ob und wie SpDs zur Vermeidung und Verkürzung von stationären Behandlungen beitragen. Diese Fragen stellen sich nicht nur verschiedene Psychiatrie-Fachverbände (Veemb 1994, Caritasverband 1995 etc.) oder Kliniken, niedergelassene Ärzte, sondern auch Angehörige und Betroffene selbst.
Konkret wurde von der örtlichen psychiatrischen Klinik vor allem in Gremien (Psychiatriearbeitskreis, PSAG etc.) darauf hingewiesen, dass die Arbeit der SpDs in Stuttgart trotz des relativ guten Personalschlüssels nicht unbedingt zur Verringerung der Inanspruchnahme klinischer Hilfen geführt habe. Von der Klinik aus wurde nie präzise und differenziert benannt, ob es sich bei der unveränderten Inanspruchnahme der stationären Behandlungen überhaupt um den Personenkreis der chronisch psychisch kranken Menschen handelt. Darin drückt sich m. E. die Erwartung oder zumindest die Annahme aus, dass durch die Arbeit Sozialpsychiatrischer Dienste eine Verringerung stationärer Behandlungen zu erwarten sei. Die Fragestellung war und ist nicht nur in Stuttgart Teil der fachpolitischen Diskussion.

Wachsender ökonomischer Druck und sozialpolitisch bedingte Kürzungen
Die ökonomische Krise der letzten acht Jahre und die damit einhergehende Kürzungspolitik im Sozial- und Gesundheitsbereich führten zu einer neuen Dimension in der Diskussion um die Ausgabe und Verteilung von Ressourcen.[11] Bis zum Ende der 80er Jahre waren die Diskussionen um die gemeindepsychiatrische Leitlinie »ambulant vor stationär« fachlich bestimmt. Die unterschiedlichen Meinungen und Haltungen ließen sich an den jeweiligen fachpolitischen Orientierungen festmachen (z. B. die Auseinandersetzung mit der italienischen Psychiatrie, die Auseinandersetzungen in der DGSP etc.), ebenso die Diskussion um die Umverteilung von Ressourcen aus dem stationären in den ambulanten Bereich. Sowohl der Hintergrund als auch die Ebenen dieser Auseinandersetzung änderten sich mit Beginn der ökonomischen Krisenlage Ende der 80er Jahre.
Die Fachleute stritten nicht mehr alleine unter sich, abhängig vom jeweiligen Standpunkt und der jeweiligen »Schule« über eine fachlich begründete Verlagerung von stationären Ressourcen. Die Kostenträger und die Politik selbst brachten die Themen der Budgetierung, der Verlagerung und Umverteilung von Ressourcen nicht aus fachlichen oder ethischen, sondern aus Gründen der Einsparung auf die Tagesordnung und bestimmen die aktuelle Diskussion wesentlich mit (siehe Literaturangaben in der unten stehenden Fußnote).
Die inhaltlich bestimmte Ausgangsfrage führte für die SpDs zu einem ökonomisch bestimmten, wachsenden Legitimationsdruck:

---

11 Viele Beiträge zu diesem Thema drehen sich (aus unterschiedlichen Blickwinkeln) letztlich um die Fragen: »Verknappung der Mittel und Erhaltung des qualitativen Niveaus«, »Fachlichkeit und betriebswirtschaftliches Denken«, »Markt und Sozial-/Gesundheitspolitik«, »Wie viel Markt vertragen die Hilfen für chronisch kranke Menschen?« etc.; z. B.: DÖRNER in: Soziale Psychiatrie 3/1993, S. 22–27; FINK 1996; BEUTEL/ KNÄPPLE in: Kerbe 3/1993, S. 5-8; ARMBRUSTER/BEUTEL/OBERT in: Kerbe 1/1994, S. 6–9; Jahresberichte der SpDs in Stuttgart 94/95/96.

Diese Entwicklung verstärkte schließlich die Auseinandersetzung mit der Frage nach der Auswirkung der Arbeit auf die Reduktion von Anzahl und Dauer stationärer Behandlungen des betreuten Personenkreises und gewann dadurch wieder an Bedeutung.

Die folgende statistische Untersuchung ist somit aufgrund ihrer inhaltlichen und ihrer politischen Implikationen überfällig.

5.3. Blick auf bisherige Untersuchungen zu dieser Fragestellung

Die Wirksamkeit ambulanter Hilfen auf die Reduktion der Hospitalisierungsrate ihrer Klientel nimmt seit Beginn der sozialpsychiatrischen Bewegung national wie international eine wichtige Stellung in der psychiatriepolitischen Auseinandersetzung ein.

Wenn auch die Einrichtungstypen und -strukturen in den einzelnen Ländern und Regionen aufgrund der spezifischen Bedingungen unterschiedlich ausgeprägt sind (ELGETI in: Sozialpsychiatrische Informationen 3/1998), lässt sich die Fragestellung auf die einfache Formel »reduzieren«, ob und wie der ambulante Bereich die Hospitalisierungsrate senkt und damit letztlich auch zur Senkung der Kosten (oder zumindest nicht zu einer weiteren Steigerung) beiträgt.

Die Untersuchungen kommen zu unterschiedlichen Ergebnissen aufgrund der Unterschiede im methodischen Ansatz und in den verschiedenen strukturellen, finanzierungsrechtlichen und länderspezifischen Gegebenheiten (SALIZE 1996, S.10).

In ihrem Aufbau und ihrer wissenschaftlichen Begründung sind die Untersuchungen fast ausschließlich mit Methoden der quantitativen Sozialforschung durchgeführt.

Aus Gründen der Übersicht und als Hintergrund für die hier durchgeführte Erhebung werden einige Untersuchungen vorwiegend aus dem mitteleuropäischen Raum erwähnt und ihre Ergebnisse in aller Kürze zusammengefasst:

Blickt man auf die Ergebnisse, kann festgehalten werden, dass sie keine einheitlichen, sondern teilweise sogar gegensätzliche Tendenzen aufweisen. Mit Sicherheit bestätigen sie in der Übersicht nicht die Hoffnung auf die Senkung der Hospitalisierungsrate, die mit der Einrichtung ambulanter Hilfen verbunden wurde. RÖSSLER (1992, S. 445) weist sowohl auf einige Untersuchungen in England, in den USA, Dänemark und der BRD hin, die zu unterschiedlichen Ergebnissen kommen, als auch auf einige Gründe, welche die Unterschiedlichkeit erklären können. Er nennt methodische Probleme:

- Die nicht mögliche exakte Definition und Diagnostizierung von »Chronizität« als objektiv zu vergleichendes Faktum,
- die Unterschiedlichkeit der ambulanten Strukturen (strukturell, inhaltlich, finanzierungs-rechtlich) zwischen den Ländern und sogar in den einzelnen Bundesländern (RÖSSLER 1992 a),
- die Tatsache, dass ambulante Einrichtungen vor allem in den ersten Jahren ihrer Arbeit dazu beitragen, psychisch kranke Menschen erst einmal (ambulanten und stationären) psychiatrischen Hilfen zuzuführen und damit auch zu einer bedarfsorientierten Versorgung beitragen, zumindest dann, wenn im ambulanten Bereich eine Rund-um-die-Uhr-Versorgung fehlt (PROGNOS 1984, Modellprogramm Psychiatrie).

RÖSSLER (1992 a/1993) setzt sich u. a. mit dem Organisationsmodell Sozialpsychiatrischer Dienste und deren Wirkung (auch auf die Hospitalisierungsrate) auseinander. In einer Untersuchung von vier SpDs stellt RÖSSLER (1993) fest, dass sich die Arbeit dieser SpDs nicht auf die Verringerung der Hospitalisierungsrate auswirkt, ein Ergebnis, das auch schon tendenziell dem Abschlussbericht der Modellprojekte (RÖSSLER/HÄFNER 1987) zu entnehmen war.

Häufig sind die Untersuchungen mit Kosten-Nutzen-Analysen oder zumindest mit der Fragestellung verbunden, ob die Senkung der Hospitalisierungsrate auch zu einer Senkung der Kosten insgesamt führt (DAUWALDER/CIOMPI 1993, RÖSSLER/HÄFNER 1987, SALIZE 1996).

SALIZE (1996) untersucht die Gesamtkosten der gemeindenahen psychiatrischen Versorgung von 66 an Schizophrenie erkrankten Menschen in Mannheim über ein Jahr und kommt zum Ergebnis, dass sich eine umfassende gemeindepsychiatrische Versorgung um 57 % kostengünstiger erweist als eine Langzeit-Unterbringung.

Weitere Untersuchungen zu dieser Thematik aus dem deutschen Sprachraum liegen aus der Schweiz (Bern und Lausanne) vor (DAUWALDER/CIOMPI s. o.; CIOMPI 1992). Auch hier besteht das wesentliche Ergebnis der Untersuchungen darin, dass die ambulanten Hilfen für die untersuchten chronisch psychisch kranken Menschen um rund 40 % kostengünstiger sind als stationäre Behandlungen.

Zu ähnlichen Ergebnissen kommen auch Untersuchungen aus Finnland (KELLER 1996). Die Entwicklung im Rahmen der italienischen Psychiatriereform ist nur schwer mit den anderen Untersuchungen zu vergleichen, bedingt durch die andere Gesetzeslage und aufgrund der sukzessiven Verlagerung der stationären Ressourcen in den ambulanten Bereich. Die entsprechenden Erhebungen kommen aber zu ähnlichen Ergebnissen wie die aus den anderen Ländern:

Erhebungen aus Triest (GALLIO 1983; CREPET/DE PLATO/DE SALVIA/GIANNI-CHEDDA 1982), aus Arezzo (DE LEONARDIS 1981; CREPET/PROSPERI 1982), eine Gesamtschau zum Stand der Entwicklung der Psychiatriereform in Italien (DE SALVIA/CREPET 1982, Zeitschrift »ESPRESSO« 1996) sowie PIRELLA (1998) belegen, dass die alternativen psychiatrischen Strukturen effektiver und kostengünstiger, vor allem aber humaner arbeiten als die traditionellen Anstalten, wie sie vor Beginn des Reformprozesses vorzufinden waren. Die Untersuchungen weisen darauf hin, dass die ambulante Behandlung kostengünstiger ist als die stationäre Unterbringung, ohne jedoch Aussagen treffen zu können, welche ambulante Hilfen mit welchen Wirkfaktoren stationäre Behandlungen vermeiden oder abkürzen. RÖSSLER (1992, S. 448) bezweifelt, ob die Fragestellung: »Senkt Casemanagement die Rehospitalisierungsrate die richtige ist, weil sie in erster Linie aus wirtschaftlichen Gründen und zu wenig aus fachlichen Gesichtspunkten heraus gestellt wird« (Übersetzung aus dem englischen vom Verfasser).

Die Arbeit der SpDs in Stuttgart wurde bislang noch nicht durch eine in diese Richtung weisende Untersuchung unterzogen. Die wissenschaftliche Begleitung durch das Zentralinstitut für seelische Gesundheit in Mannheim während der Modellzeit (82-86) thematisierte diese Fragestellung nicht. Die Ergebnisse finden sich wieder im Abschlussbericht von 1987 (RÖSSLER/HÄFNER 1987).

In einer Diplomarbeit wurde u. a. die Häufigkeit stationärer Behandlungen insgesamt aus einem Einzugsgebiet eines Sozialpsychiatrischen Dienstes in Stuttgart erhoben (KRIEG/ WIDMANN 1986). Untre anderem wurde festgestellt, wie viel Menschen mit welcher Behandlungsdauer insgesamt aus dem Einzugsgebiet eines SpDs im Jahr vor Beginn und drei Jahre nach Beginn der Arbeit stationär behandelt wurden. Es konnte festgestellt werden, dass die durchschnittliche Verweildauer aller eingewiesenen Menschen aus der untersuchten Region im Vergleichszeitraum (vier Jahre) um vier Tage (12,37 %) zurückging. Allerdings muss darauf hingewiesen werden, dass die Daten einer ganzen Station in der psychiatrischen Klinik nicht ausfindig gemacht werden konnten und sich die Erhebung auf sämtliche Einweisungen bezog, unabhängig von der Diagnose und der Zuständigkeit durch den SpD. Deswegen ist dieses Ergebnis bezogen auf die Fragestellung äußerst vorsichtig zu bewerten.

Ebenso vorsichtig zu bewerten sind die Ergebnisse aus der Erhebung des Wohngruppenverbundes Stuttgart Nord (ARBTER et al. 1993). Zwar konnte ein enormer Rückgang der stationären Behandlungsdauer der erhobenen Bewohner (13) für das erste Jahr der Betreuung in den Wohngemeinschaften im Vergleich zum Jahr vor dem Einzug festgestellt werden. Doch lassen sich durch die geringe Anzahl (13 Bewohner) und durch den kurzen Zeitraum (ein Jahr vor Einzug im Vergleich zu einem Jahr nach Einzug in die Wohngemeinschaft) ohne qualitative Fallanalysen keine verallgemeinernden Folgerungen in Verbindung mit der sozialpsychiatrischen Arbeit ableiten.

Abschließend kann festgehalten werden, dass bezüglich der hier gestellten Frage zwischenzeitlich viele Untersuchungen vorliegen. Jedoch konnte keine Erhebung ausfindig gemacht werden, welche die gesamte Klientel eines SpDs mit den vorliegenden Rahmenbedingungen untersucht, wie dies hier der Fall ist.

5.4. Methodisches Vorgehen und Begründung

Mit der **statistischen Erhebung** wird die Fragestellung behandelt, ob die Arbeit des SpDs zur Verkürzung und Vermeidung stationärer Aufenthalte führt. Es wurde eine Untersuchung der gesamten Klientel mit stationären Aufenthalten des SpDs Bad Cannstatt durchgeführt. Um die Fragestellung adäquat untersuchen zu können, war es erforderlich, Anzahl und Dauer der stationären Aufenthalte sowie die zwangsweisen Unterbringungen der gesamten Klientel eines SpDs zu erheben. Die Daten wurden von der betreffenden psychiatrischen Klinik zur Verfügung gestellt. Einschränkungen der Vollständigkeit durch Aufenthalte außerhalb Stuttgarts, die nicht alle erhoben werden konnten, sind genannt und wurden entsprechend bewertet (5.5.).

Anschließend musste ein Vorgehen entwickelt werden, welches die Vergleichbarkeit bezogen auf die Fragestellung stationäre Aufenthalte ohne und mit Betreuung durch den SpD ermöglichen sollte. Die Bildung von Kontrollgruppen fiel dabei für mich aus zwei Gründen aus: Erstens ist es de facto nicht mehr möglich, eine analoge Gruppe in dieser Anzahl (N = 135 Personen) aufzutun. Aufgrund der Entwicklung der sozialpsychiatrischen Versorgung in den letzten 15–20 Jahren gibt es keine ähnlichen Merkmale aufweisende Gruppe mehr, die nicht von einem SpD oder anderen ambulanten Einrichtungen betreut wird. Zweitens wären damit ethische Probleme verbunden gewesen, selbst wenn eine Kontrollgruppe hätte aufgetan werden können (EICKELMANN 1991, S. 69 ff.). Eikelmann zufolge ist es ethisch und moralisch nicht zu rechtfertigen, aus wissenschaftlichen Interessen einer Gruppe von Menschen Hilfen und Dienste vorzuenthalten, die zur Verbesserung ihrer Gesundheit, Lebenslage und -qualität führen.

Ich musste mich deshalb für ein Vorgehen entscheiden, welches sich längsschnittartig auf die Untersuchungsgruppe bezog. Ich legte gleich lange Zeiträume vor und seit Beginn der Betreuung durch den SpD für jede(n) KlientIn fest. In diesen gleich langen Zeiträumen wurden Zahl, Dauer und zwangsweise stationäre Aufenthalte verglichen. Die Feststellung des gleich langen Zeitraums bei jedem(r) KlientIn (Betreuungszeit durch den SpD und den gleich langen Zeitraum vom Beginn der Betreuung an zurückgerechnet) bildete einen Weg zum Vergleich der stationären Aufenthalte bei jedem(r) einzelnen KlientIn. Damit war jedoch eine große zeitliche Spanne verbunden. Sie reichte von einem halben Jahr bis zu fast acht Jahren (5.5.). KlientInnen, die sich kürzer als ein halbes Jahr in Betreuung befanden (Juli bis Dezember 1996) wurden in der Erhebung nicht berücksichtigt. Auf der Basis unserer Erfahrungen ist davon auszugehen, dass i. d. R. mindestens ein halbes Jahr benötigt wird, um eine tragfähige Beziehung aufzubauen. Diese trägt wiederum dazu bei, auf die Fragestellung (Betreuung durch den SpD und Reduktion stationärer Aufenthalte) Einfluss zu nehmen (vgle. 5.7.3.7. – »KlientInnen mit kurzer Betreuungsdauer im SpD« und 8.2. – »Anfangssituationen«).

Ich erweiterte diesen Zugang mit einem weiteren Vorgehen, um die Ergebnisse genauer prüfen und kontrollieren zu können. Im Unterschied zu den einzelfallbezogen definierten Zeiträumen wurde ein gleich langer Zeitraum insgesamt festgelegt. Es wurde exakt der Zeitraum ›drei Jahre seit‹ mit ›drei Jahren vor‹ Beginn der Betreuung durch den SpD verglichen und dies aus zwei Gründen: Drei Jahre stellen erstens einen verhältnismäßig langen Zeitraum dar. Immerhin entspricht er fast der Hälfte der Zeit, seit der SpD überhaupt besteht (4/1989). Es ist davon auszugehen, dass sich innerhalb eines solchen Zeitraums Schwankungen bei den stationären Aufenthalten wieder ausgleichen. Zweitens konnte mit diesem Zeitraum noch eine entsprechend große Gruppe aus der gesamten Erhebungspopulation erfasst werden, um valide Aussagen treffen zu können. So befanden sich noch 67 von 135 Personen mindestens drei Jahre und länger in Betreuung des SpDs.

Gleichzeitig wurde eine weitere Überprüfung vorgenommen, immer mit der Frage verbunden, ob die Ergebnisse den Gesamtergebnissen ähnlich sind oder signifikant davon abweichen. Während im eben beschriebenen Vorgehen exakt die stationären Aufenthalte drei Jahre vor und seit Beginn der Betreuung durch den SpD verglichen wurden, erhob ich bei dieser Gruppe zusätzlich alle stationären Aufenthalte seit Beginn der Betreuung, da sich ein nicht unbeträchtlicher Teil davon länger als drei Jahre in Betreuung befand.

Zur Prüfung und Bewertung der Ergebnisse bezogen auf die Untersuchungshypothese wurden Alternativhypothesen formuliert und diskutiert. Die Alternativhypothesen stammen aus der Literatur (RÖSSLER 1993 und hier: 5.7.2.) und den Expertengesprächen. Für jede Variable wurde ein ihr adäquater Weg der Bearbeitung vorgenommen (5.7.2. und 5.7.3.). Zur Kontrolle und Prüfung wurden verschiedene Expertengespräche mit einem Mitarbeiter des Zentralinstitutes für seelische Gesundheit in Mannheim, dem ärztlichen Direktor der örtlichen psychiatrischen Klinik, der Planungsstelle für psychisch Kranke in Stuttgart, Trägervertretern und MitarbeiterInnen der SpDs in Stuttgart durchgeführt.

Die Ausgrenzung, Vernachlässigung oder Berücksichtigung der verschiedenen Alternativhypothesen ergibt sich aus der Diskussion und Bewertung der Hypothesen selbst (5.7.3.1 bis 5.7.3.7.). Damit wird eine nachvollziehbare und generalisierbare Bewertung der Untersuchungshypothese angestrebt (5.8.).

Mit der **statistischen Erhebung und ihrer Diskussion** können **quantitative Aussagen** zum Verlauf der stationären Aufenthalte in Zusammenhang mit der Arbeit des SpDs gemacht werden. Daraus ergibt sich für die Untersuchung folgender Aufbau.

5.5. Aufbau der Untersuchung

1. Es wurden die gesamten stationären Aufenthalte und die stationäre Behandlungsdauer der gesamten Klientel eines Sozialpsychiatrischen Dienstes in der dafür verantwortlichen psychiatrischen Klinik mit Versorgungsverpflichtung und damit auch zum großen Teil der sozialpsychiatrisch betreuungsbedürftigen chronisch psychisch kranken Menschen des Einzugsgebietes erhoben (vgle. Kap. 2 u. 3). Stationäre Aufenthalte außerhalb Stuttgarts vor Beginn der Betreuung sind nur rudimentär in der Statistik enthalten und beruhen auf Angaben der KlientInnen.
2. Die stationären Aufenthalte für den Zeitraum vor Beginn der Betreuung durch den Sozialpsychiatrischen Dienst und seit Beginn der Betreuung werden miteinander verglichen und durch unterschiedliche Einteilungen näher beleuchtet. Zur genauen Vergleichbarkeit werden für jede(n) KlientIn gleich lange Zeiträume vor und seit Beginn der Betreuung gebildet. Die Bildung gleich langer Zeiträume vor und seit Beginn der Betreuung durch den SpD ist nahe liegend, da keine Kontrollgruppenuntersuchung vorgenommen wurde (5.4.). Der Vergleich wird mit der vom SpD betreuten Klientel vorgenommen, welches stationäre Aufenthalte aufweist. Dabei stellt die Unterscheidung vor und seit Beginn der Betreuung durch den SpD die Grundlage für den Vergleich dar.
Wenn z. B. ein Klient seit 1/1992 (fünf Jahre) in Betreuung des SpDs ist, stellt von 1/1992 zurückgerechnet 1/1987 (fünf Jahre) der Beginn des Erhebungszeitraums dar. Innerhalb der beiden Zeiträume werden dann, wie beschrieben, Anzahl, Dauer und Status der stationären Behandlungen verglichen.
Damit können innerhalb der beiden gleich langen Zeiträume Anzahl, Dauer und Status der stationären Behandlungen vor und seit Beginn der Betreuung durch den SpD miteinander verglichen werden.
3. Um kurze und damit weniger repräsentative Betreuungszeiten auszugleichen wird noch eine weitere Untersuchung vorgenommen. Es werden alle KlientInnen aus der Untersuchungsgruppe erfasst, die mindestens drei Jahre und länger in Betreuung des SpDs sind.
Im Unterschied zum gleich langen Zeitraum werden hier Zeiteinheiten gebildet, die sich bei jedem(r) KlientIn auf genau drei Jahre (jeweils vor und seit Beginn der Betreuung durch den SpD) beziehen, während er im vorherigen Abschnitt von mindestens einem halben Jahr bis max. sieben Jahre und neun Monate reichte. Während bei den gleich langen Zeiträumen die Erhebungszeiten im Vergleich zwischen den KlientInnen sehr unterschiedlich sein können, abhängig von der jeweiligen Betreuungszeit, wird der Zeitraum vor und seit der Betreuung hier unabhängig von der gesamten Betreuungszeit abgebildet.
Es werden somit Zahl, Dauer und Status der stationären Aufenthalte genau drei Jahre vor Beginn der Betreuung durch den SpD und die ersten drei Jahre nach Beginn der Betreuung gezählt und miteinander verglichen.

Als Kontrolle erfolgt zusätzlich die Erhebung aller Aufenthalte, da sich ein großer Teil der Gruppe schon erheblich länger als drei Jahre in Betreuung des SpDs befindet, um anschließend einen Durchschnittswert bezogen auf drei Jahre auszurechnen.

Ich habe mich deshalb für den Zeitraum von drei Jahren entschieden, weil diese Dauer einerseits einen klar abgegrenzten Zeitraum im Unterschied zu den gleich langen Zeiträumen bildet. Zum anderen sind drei Jahre ein entsprechend langer Zeitraum bei den einzelnen KlientInnen, wodurch zufällige Schwankungen i. d. R. wieder ausgeglichen werden. Damit soll festgestellt werden, ob sich die Zahlen beider Zugangsweisen gleichen oder voneinander abweichen.

4. Es werden zusätzliche Gruppierungen gebildet. Bei diesen Einteilungen wird immer nur der Parameter »gleich langer Zeitraum« zum Vergleich herangezogen. Diese Einteilungen stehen nicht in direktem Zusammenhang mit der Untersuchungshypothese. Sie übernehmen mehr die Funktion, zusätzliche Informationen zu bestimmten Gruppen zur Verfügung zu stellen.

Folgende Gruppen werden berücksichtigt:
- Geschlecht
- Alter
- Spezifische Diagnosen
- Materiell-soziale Randständigkeit, analog zur Einteilung in der Dokumentation der SpDs in Bad.-Württ.: Einkommen, Lebensverhältnisse, Familienstand, Betreuungszeit im SpD
- Die Personengruppe, die seit 89 und 90, d.h. seit Beginn der Arbeit des Dienstes in Betreuung ist und als *die* Kernklientel des SpDs bezeichnet werden kann. Diese Gruppe wurde vorrangig vom Gesundheitsamt und von der psychiatrischen Klinik an uns vermittelt.
- Die Personengruppe mit einer kumulierten Behandlungsdauer von länger als einem Jahr.
- Der Personenkreis, der vom Sonderpflegedienst Häusliche Pflege für psychisch kranke Menschen mitbetreut wurde (Beginn des Modellprojektes: 1.7.1995).

Folgende Fragen stehen hinter diesen Einteilungen:
Welche KlientInnengruppen waren seit Beginn der Betreuung durch den SpD weniger und kürzer sowie mit weniger Zwangseinweisungen in stationärer Behandlung? Gleichzeitig richtet sich die Frage aber auch in die umgekehrte Richtung.

Bestehen Unterschiede zwischen der sich schon länger in Betreuung befindenden Gruppe im Vergleich zur Gesamtgruppe, ebenso zwischen den zusätzlich vom psychiatrischen Pflegedienst betreuten KlientInnen im Vergleich zur Gesamtgruppe? Es handelt sich dabei um KlientInnen, die schon in Betreuung des SpDs sind, aufgrund ihrer gesundheitlichen Situation jedoch zusätzlich ambulanter psychiatrischer Pflege bedürfen.

Können des weiteren Aussagen dazu gemacht werden, ob Unterschiede hinsichtlich der Inanspruchnahme stationärer Hilfen bestehen z. B. zwischen Männern und Frauen, oder zwischen unterschiedlichen Diagnosegruppen, oder bei Menschen mit unterschiedlichem sozialen Hintergrund oder zwischen unterschiedlichen Altersgruppen auch immer im Vergleich zur Gesamtgruppe?

Durchführung der Untersuchung
Der gesamte Personenkreis, der vom Sozialpsychiatrischen Dienst Bad Cannstatt 1996 langfristig betreut wurde und schon in stationärer Behandlung in der örtlichen psychiatrischen Klinik war, geht in die Erhebung ein. Dabei handelt es sich um 135 Personen. Insgesamt wurden 1996 vom SpD 209 KlientInnen langfristig betreut (s. Kap. 5.6.1.). Damit liegt eine Vollerhebung der stationären Aufenthalte des angegebenen Personenkreises vor: Es wurden alle stationären Aufenthalte, die jeweilige Behandlungsdauer sowie der Status der Einweisung/Behandlung (freiwillige Behandlung oder zwangsweise Unterbringung) erhoben. Stationäre Aufenthalte in Kliniken mit Vollversorgung außerhalb Stuttgarts konnten nur in einigen Fällen erhoben werden und sind dementsprechend gekennzeichnet. Vereinzelt waren sie über die Informationen von den Betroffenen selbst zu erfahren. Hin und wieder gingen sie aus unseren Unterlagen hervor. Vor allem werden jedoch jene stationären Aufenthalte der KlientInnen nicht erfasst, die vor ihrem Zuzug nach Stuttgart oder durch die räumliche Nähe des Einzugsgebietes zu Winnenden und dem dortigen Zentrum für Psychiatrie, vor Beginn der Betreuung durch den SpD, in stationärer Behandlung waren. Stationäre Behandlungen nach Beginn der Betreuung durch den SpD außerhalb Stuttgarts konnten aufgrund der Unterlagen des SpDs zum großen Teil erfasst werden. Die Aufnahmerate von Stuttgarter BürgerInnen in die umliegenden Zentren für Psychiatrie sank jedoch seit Ende der 80er Jahre rapide, da diese Zentren wegen der Überbelegung aus der eigenen Region und aus gemeindepsychiatrischen Erwägungen heraus nur noch im Notfall PatientInnen aus Stuttgart aufnahmen. Die Aufnahmerate des untersuchten Personenkreises in Kliniken außerhalb Stuttgarts verlor deshalb zunehmend an Bedeutung.
Behandlungen in psychotherapeutisch/psychosomatischen Einrichtungen wurden nicht festgehalten. Hier interessiert vor allem die Unterbringung in der so genannten harten Psychiatrie.
Allerdings taucht die »Klinik der offenen Tür« in Stuttgart mit insgesamt vier Aufenthalten und einer Behandlungsdauer von insgesamt 494 Tagen in der Erhebung auf. Die Entscheidung, diese Aufenthalte miteinzubeziehen, erfolgte, weil sie sich in Stuttgart befindet und in den vergangenen Jahren zunehmend enger mit der psychiatrischen Klinik des Bürgerhospitals und den Sozialpsychiatrischen Diensten zusammenarbeitete. Trotz ihres tiefenpsychologischen Ansatzes war die Klinik bestrebt, sich mehr und mehr auf die stationäre Basisversorgung einzulassen. Die Gründe dafür ergaben sich aus der ständigen Überbelegung der psychiatrischen Klinik des Bürgerhospitals als einziger Klinik in Stuttgart mit Versorgungsverpflichtung und gleichzeitig als Vorbereitung für die Übernahme der Vollversorgung für einen bestimmten Sektor Stuttgarts (125.000 Einwohner) ab 01.04.1996 durch die »Klinik der offenen Tür« (jetzt Furtbachkrankenhaus).
Bei der Durchführung der Erhebung wurde das Personenverzeichnis mit allen PatientInnen mit Geburtsdatum erstellt, da die psychiatrische Klinik die PatientInnendaten dementsprechend die Akten archiviert hat. Des Weiteren enthielt das Verzeichnis das Datum des Beginns der Betreuung durch den SpD.
Der Klinik wurden pro KlientIn zwei Erhebungsblätter zur Verfügung gestellt und von dort ausgefüllt. Die von der Klinik zur Verfügung gestellten klientInnenbezogenen Daten erlaubten sowohl die Zusammenfassung der gesamten Daten bezüglich Zahl, Dauer und Status stationärer Aufenthalte als auch die jeweilige Verwendung für die vorgenomme-

nen Einteilungen nach Zeiträumen und weiteren, nicht zeitbezogenen Merkmalsgruppen. Überprüft und festgestellt wurde weiter, dass 1996 kein(e) vom SpD betreute(r) KlientIn nach außerhalb verlegt wurde und somit der Erhebung nicht mehr zugänglich gewesen wäre. Während dieses Jahres wurden zwei Personen in das Wohnheim für psychisch kranke Menschen innerhalb der Region unseres Gemeindepsychiatrischen Verbundes verlegt. Diese Personen sind ebenfalls in der Erhebung enthalten.

Zahl und Dauer der stationären Aufenthalte wurden tagesgenau erhoben.

Der Beginn der Betreuungszeit durch den SpD ließ sich nur monatsgenau feststellen, da in der freiwilligen Dokumentation der SpDs der Beginn der Betreuung mit dem jeweiligen Monat festgehalten wird.

Wenn der Beginn der Betreuung durch den SpD mit einem stationären Aufenthalt zusammenfällt, wird dieser Aufenthalt als vor Beginn der Betreuung gezählt, da die Kontaktaufnahme durch den SpD während der stationären Behandlung erfolgte und somit noch kein langfristiger Kontakt bestanden hat. Die Fallverantwortung lag zu diesem Zeitpunkt bei der psychiatrischen Klinik. Der/die KlientIn war beim SpD noch nicht anhängig.

Teilstationäre Behandlungen in der Tagesklinik werden in ihrer Dauer nur halb gezählt. So tauchen z. B. 100 Tage Behandlung in der Tagesklinik in der Erhebung mit 50 Tagen vollstationärer Behandlung auf. Der Beweggrund für diese Vorgehensweise liegt zum einen im ungefähr halben Tagessatz, den die Behandlung in der Tagesklinik im Vergleich zur vollstationären Behandlung ausmacht. Zum anderen leitet er sich ab aus der Vorgehensweise des Sozialministeriums Baden-Württemberg, bei der Einrichtung von tagesklinischen Plätzen nach der Rechnung 1 : 2 vorzugehen, d. h. einen vollstationären Platz durch zwei tagesklinische Plätze zu ersetzen (Ministerium für Arbeit, Gesundheit und Sozialordnung Bad.-Württ. 1994).

5.6. Darstellung und Diskussion der Ergebnisse der statistischen Erhebung

Die Darstellung und Diskussion der Daten enthält die Gesamtgruppe und deren Unterteilung in verschiedene Untergruppen. Am Ende der Darstellung jeder einzelnen Gruppe erfolgt eine Diskussion der »auffälligen« Ergebnisse innerhalb der jeweiligen Gruppierung im Vergleich zur gesamten oder zu anderen Gruppierungen. Abschließend erfolgt eine zusammenfassende Interpretation und Bewertung der statistischen Ergebnisse.

5.6.1. Statistik der 1996 langfristig betreuten Menschen im SpD Bad Cannstatt und des in der vorliegenden Arbeit untersuchten Personenkreises

Zum Vergleich werden eingangs die soziodemographischen Merkmale der gesamten Gruppe der chronisch psychisch kranken Menschen, die vom SpD Bad Cannstatt 1996 langfristig betreut wurden (5.6.1.1.), denen der Erhebungspopulation gegenübergestellt. Diese Zahlen sind wiederum eingebettet in den Vergleich mit der Statistik des SpD Bad Cannstatt von 1995 und aller acht SpDs in Stuttgart 1996 (Anhang, S. 433).

5.6.1.1. Langfristig betreute Menschen im Sozialpsychiatrischen Dienst Bad Cannstatt 1996 und die Untersuchungspopulation

Der SpD Bad Cannstatt betreute 1996 langfristig 209 KlientInnen. Dies entspricht bei einer Einwohnerzahl von 84.597 (Statistisches Amt: Stand 31.12.1996) einer Zahl von 2,47 KlientInnen pro Tausend Einwohner (Vergleich mit allen acht SpDs: 2,46 p. T. Einw.).[12] Mit dem Vergleich zwischen der Gesamt- und der Untersuchungsgruppe des SpDs Bad Cannstatt soll festgestellt werden, ob sich die Zahlen und die soziodemographischen Daten der Erhebungspopulation von denen des langfristig betreuten Personenkreises des SpDs Bad Cannstatt relevant unterscheiden.

Das für alle SpDs in Bad.-Württ. gültige freiwillige Dokumentationssystem umfasst u. a. die wichtigsten soziodemographischen Merkmale des betreuten Personenkreises.[13] Mit den in der Dokumentation erhobenen Merkmalen wird verdeutlicht, dass es sich beim Personenkreis der Sozialpsychiatrischen Dienste um chronisch psychisch kranke Menschen mit starken Tendenzen zur sozialen Randständigkeit und Ausgrenzung handelt (Ministerium für Arbeit, Gesundheit und Sozialordnung 1991; Liga der Freien Wohlfahrtspflege 1998).

Die aus Sicht dieser Arbeit wichtigsten Merkmale sind:
- Die Altersstruktur ist für beide Populationen fast identisch und entspricht ungefähr der Altersstruktur in der Bevölkerung. Unterschiede bestehen nur in der Gruppe der 21–30-Jährigen und der über 70-Jährigen. Diese Differenz erklärt sich dadurch, dass beim gesamten Personenkreis in diesen Altersgruppen Personen vertreten sind, die noch ohne stationäre Aufenthalte sind.
- Die Verteilung von Männern und Frauen entspricht ebenfalls den beiden anderen Erhebungen: ca. 41,5 % Männer und 58,5 % Frauen.
- Beim Familienstand ist nur der Anteil der geschiedenen Menschen in der Erhebungspopulation um 6 % höher. Alle weiteren Items sind fast identisch. Zur gesamten Statistik aller SpDs bestehen ebenfalls keine nennenswerten Unterschiede: 54 % sind ledig, 12 % verheiratet, 6 % verwitwet, 2 % leben getrennt, 26 % sind geschieden (Zahlen der Erhebungspopulation).
- Beim Merkmal Lebensverhältnisse sind ebenfalls keine Unterschiede festzustellen: 55,5 % der Erhebungspopulation leben alleine, 20,7 % mit Angehörigen, 5,2 % in einer privaten Wohngemeinschaft, 17 % mit (Ehe-)Partner/in, 2 % in einer betreuten Wohnform.
- Bei der Finanziellen Situation/Überwiegende Einnahmequelle nimmt der Anteil der Menschen mit Erwerbsunfähigkeitsrente in der Erhebungspopulation einen größeren Raum ein (35 % gegenüber 27 %). Die weiteren Items der Erhebungspopulation wie Erwerbstätigkeit (5,9 %), Unterhalt durch die Familie (4,4 %), Unterhalt durch den Ehepartner (3 %), Arbeitslosengeld (4,4 %), Arbeitslosenhilfe (6,6 %), Krankengeld (1,8 %), Altersrente (12,6 %), Sozialhilfe (25,2 %) sind wieder fast identisch mit dem gesamten Personenkreis des SpDs.

---

12 Zur Definition der langfristig betreuten KlientInnen siehe Kapitel 2 und 3.
13 Freiwillige Dokumentation der Sozialpsychiatrischen Dienste in Baden-Württemberg; Integra e. V. 12/93

- Hinsichtlich der Diagnosestruktur fällt auf, dass der Anteil der an einer schizophrenen Psychose erkrankten Menschen in der Erhebungspopulation deutlich höher liegt: 73,3 % gegenüber 58,9 % bei allen KlientInnen des SpDs. Bei den anderen Diagnosegruppen sind die Veränderungen weniger ausgeprägt: Affektive psychotische Erkrankungen (14,8 %), Borderline-Erkrankungen (3,7 %), Neurotische Erkrankungen (8,1 %). Der Rest verteilt sich auf gerontopsychiatrische Erkrankungen und kurzfristige psychische Auffälligkeiten. Der erhöhte Anteil der an einer schizophrenen Psychose erkrankten Menschen erklärt sich daraus, dass diese Personengruppe die häufigsten und auch längsten stationären psychiatrischen Aufenthalte aufweist, wie auch der Blick auf die Literatur bestätigt (RÖSSLER 1996, Bundesministerium für Gesundheit 1983). Sowohl bei den »gleichzeitig bestehenden gravierenden körperlichen Erkrankungen« (25,2 % bei der Erhebungspopulation) als auch bei »gleichzeitig bestehender Suchtproblematik« (24,4 %) bestehen kaum Unterschiede zur Gesamtpopulation.
- Bezüglich des Beginns medizinischer/psychiatrischer ambulanter Behandlung unterscheiden sich die Zahlen bei den einzelnen zeitlichen Einteilungen wenig voneinander. Der Beginn der Behandlung bei der Erhebungspopulation verschiebt sich im Vergleich zum gesamten Personenkreis leicht nach hinten, ein Hinweis auf den tendenziell noch länger zurückliegenden Krankheitsbeginn bei der Erhebungspopulation. Zum Beispiel liegt der Beginn vor über zehn Jahren bei 29,6 %, vor über fünf Jahren bei 25,2 %. Dies bedeutet, dass bei über 50 % der Erhebungspopulation der Beginn der ambulanten psychiatrischen Behandlung schon länger als fünf Jahre zurückliegt.
- Bei der Erhebungspopulation befinden sich 18,5 % (beim gesamten Personenkreis des SpDs 21 %, bei allen acht SpDs ebenfalls 20 %) nicht in regelmäßiger (nerven-)ärztlicher Behandlung, obwohl ein großer Anteil davon dringend behandlungsbedürftig ist. Dieses Defizit und mögliche Lösungswege (z. B. ein begrenztes Behandlungsrecht in den SpDs in Verbindung mit Institutsambulanzen) taucht an verschiedenen Stellen in der vorliegenden Arbeit auf.

In allen Parametern der soziodemographischen Merkmale drückt sich die soziale Randständigkeit und Chronizität des Personenkreises aus. Dabei handelt es sich um eine Erkenntnis, welche durch die Dokumentation der SpDs in den letzten zehn Jahren nachhaltig belegt wurde und stellt ein weiteres Indiz für den eher schlechten Verlauf der Erkrankung beim betreuten Personenkreis dar (vergleiche Kapitel 3). Die hier noch einmal festgehaltene Bestätigung des schwierigen und sozial randständigen Personenkreises, der vom SpD betreut wird, verweist auf die in der Variable »Verlauf der Erkrankung« geführte Diskussion (5.7.3.2.), dass es sich in der Erhebungspopulation fast nur noch um chronisch psychisch kranke Menschen mit prognostisch schwierigen Verläufen handelt (RÖSSLER 1993, S. 13 ff.).

Abschließend ist festzuhalten, dass der SpD entsprechend den Vorgaben die Zielgruppe erreicht. Mit 2,47 pro Tausend Einwohnern bei der Gesamtgruppe und 1,6 bei der Untersuchungspopulation kennt und betreut der SpD in hohem Maße die chronisch psychisch kranken Menschen des Einzugsgebietes.

Solche Einschätzungen werden von verschiedener Seite für die SpDs in Bad-Württ. insgesamt getroffen (RÖSSLER 1993; Ministerium für Arbeit, Gesundheit und Sozialordnung

1991; Liga der Freien Wohlfahrtspflege 1998). Sie treffen für die SpDs in Stuttgart im Allgemeinen und den SpD Bad Cannstatt im Besonderen bei der vorliegenden Rate pro Tausend Einwohnern und die für diese Einwohnerzahl zu erwartende Zahl an chronisch psychisch kranken Menschen (RÖSSLER et al. 1987, S. 11) in hohem Maße zu.

5.6.1.2. Stationäre Aufenthalte bei den KlientInnen des SpDs Bad Cannstatt

Die Zahl der langfristig betreuten Menschen mit stationären psychiatrischen Aufenthalten, die erhoben werden konnte, beträgt **135 Personen (64,6 %)**.

Die **74 Personen (35,4 %)**, die nicht in die Erhebung Eingang fanden, setzen sich hinsichtlich ihrer stationärer Aufenthalte wie folgt zusammen:

28 (12,9 %) Personen waren bis zum Stichtag (31.12.1996) noch nie in stationärer Behandlung.

Neun (4,3 %) Personen befanden sich nur in psychotherapeutisch/psychosomatisch stationärer Behandlung außerhalb Stuttgarts.

Sieben (3,3 %) Personen hatten zwar stationäre Behandlungen außerhalb Stuttgarts in Einrichtungen der Vollversorgung. Jedoch konnte die präzise Aufenthaltsdauer nicht mehr erhoben werden, oder der Aufenthalt lag schon mehr als zehn Jahre zurück.

Zehn (4,8 %) Personen hatten sich stationäre Aufenthalte in der psychiatrischen Klinik mit Versorgungsverpflichtung in Stuttgart. Der Aufenthalt lag aber mehr als zehn Jahre zurück. Diese Krankengeschichten sind noch einmal besonders archiviert. Da die Aufenthalte für diese Gruppe für die Untersuchung nicht mehr relevant waren (keine stationären Aufenthalte während des gesamten Untersuchungszeitraums), wurde auf die Erhebung der zehn Personen verzichtet.

Acht (3,8 %) KlientInnen hatten bislang nur stationäre Aufenthalte in der Klinik der offenen Tür in Stuttgart zu verzeichnen, wovon eine KlientIn in die Untersuchung miteinbezogen wurde.

Bei **zwölf (6,2 %)** Personen war die Erhebung der stationären Aufenthalte entweder nicht möglich, weil während des Erhebungszeitraums die Krankengeschichte nicht aufzufinden war. Bis auf eine Person waren jedoch bei dieser Gruppe keine stationären Aufenthalte mehr seit Beginn der Betreuung durch den SpD zu verzeichnen. Oder die Akten befanden sich aus verschiedenen Gründen nicht im Archiv, da sie sich z. B. noch auf der Station oder im Schreibbüro befanden. Die Mitberücksichtigung dieser zwölf KlientInnen hätte entweder zu einer weiteren zeitlichen Verzögerung hinsichtlich des Abschlusses der statistischen Erhebung geführt, bzw. wäre nur mit größerem Aufwand zu bewerkstelligen gewesen. Jedoch kann hier schon festgehalten werden, dass die Zahlen zu dieser Gruppe die Statistik weder nach der einen noch nach der anderen Seite hin signifikant verändern würde. Es handelt sich nach meiner Einschätzung um eine Gruppe von Personen, die sich hinsichtlich des Verlaufs der stationären Aufenthalte kaum von der gesamten Erhebungspopulation unterscheidet.

5.6.2. Stationäre Aufenthalte, Behandlungsdauer und Unterbringungen[14] bei der Untersuchungseinheit

Die Gesamtzahl der Untersuchungseinheit beträgt N = 135 Personen. Zu den soziodemographischen Daten siehe 5.6.1.
- Die durchschnittliche Betreuungszeit pro KlientIn durch den SpD beträgt *3,8 Jahre*.
- Die Einteilung der Betreuungszeit wurde wie folgt vorgenommen:

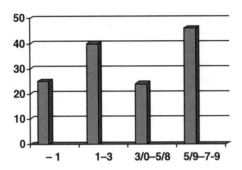

Abbildung 1:[15] **Einteilung der Betreuungszeit**

Insgesamt beträgt die Zahl der *stationären Aufenthalte 736*. Dies entspricht einem Durchschnittswert von *5,5 Aufenthalten pro KlientIn*.
Von den 736 stationären Aufenthalten entfallen 25 mit 2640 Behandlungstagen (88 Monate) auf Einrichtungen der Vollversorgung außerhalb Stuttgarts, wovon eine Klientin nur einen stationärer Aufenthalt außerhalb Stuttgarts aufweist (378 Tage).
Die Unterteilung der stationären Aufenthalte ergibt folgendes Bild:

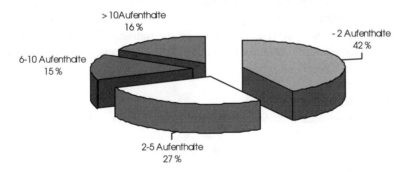

Abbildung 2:[16] **Stationäre Aufenthalte**

---

14 Mit dem Begriff Unterbringungen sind zwangsweise Unterbringungen nach dem Unterbringungsgesetz gemeint. Im folgenden Text erscheint dafür immer der Begriff Unterbringung.
15 Tabelle 6: S. **432**
16 Tabelle 7: S. **432**

Es gilt hier anzumerken, dass die Anzahl stationärer Aufenthalte der Personen mit mehr als zehn Aufenthalten immer noch doppelt so groß ist als die Anzahl der Aufenthalte der Personen mit bis zu zwei Aufenthalten, selbst wenn man die Gruppe mit mehr als zehn Aufenthalten nur mit 10 multipliziert:

    28 Pers. bis zwei Aufenthalte (x 2)   116 Aufenthalte
    21 Pers. mehr als zehn Aufenthalte (x10)   210 Aufenthalte

Zahl der Aufenthalte vor Beginn der Betreuung durch den SpD: 556 = 4,12 Aufenthalte pro KlientIn.

Seit Beginn der Betreuung durch den SpD: 180 stationäre Aufenthalte = 1,31 pro KlientIn.

Insgesamt beträgt die Behandlungsdauer 37607 Tage oder 1253,57 Monate (104,5 Jahre), was wiederum 278,57 Tagen oder 9,3 Monaten pro KlientIn entspricht.

Anzahl der Aufenthalte:	insgesamt: 736	pro KlientIn: 5,5
Behandlungsdauer:	insgesamt 1253,5 Monate	pro KlientIn: 9,3 Monate
Unterbringungen:	insgesamt 114	pro KlientIn: 0,84

Stationäre Aufenthalte außerhalb Stuttgarts und in der Klinik der offenen Tür:
- Insgesamt beträgt die Aufenthaltsdauer bei zwölf KlientInnen außerhalb Stuttgarts 3134 Tage (104,4 Monate), wovon 494 Tage (16,46 Monate) auf die Klinik der offenen Tür entfallen.
- Insgesamt beträgt die Behandlungsdauer von einer Klientin, die nur außerhalb Stuttgarts stationär behandelt wurde, insgesamt 378 Tage (12,6 Monate).

Behandlungsdauer vor und seit Beginn der Betreuung:
Vor Beginn der Betreuung lag die Behandlungsdauer bei insgesamt 29768 Tagen oder 992,3 Monaten (82,7 Jahre), was wiederum einem durchschnittlichen Wert von 220,5 Tagen oder 7,35 Monaten pro KlientIn entspricht.

Seit Beginn der Betreuung durch den SpD beträgt die stationäre Behandlungsdauer insgesamt 7839 Tage oder 261,3 Monate, was einem Durchschnittswert von 58,1 Tagen oder 1,93 Monaten pro KlientIn entspricht.

Verteilung der Behandlungsdauer:
Bei der Unterteilung der kumulierten Behandlungsdauer ergibt sich folgendes Bild:

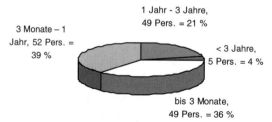

Abbildung 3:[17] Verteilung der Behandlungsdauer

---

17 Tabelle 8: S. **432**

Auch hier zeigt sich, dass die Behandlungsdauer der fünf Personen mit über drei Jahren Behandlungsdauer höher liegt als die Behandlungsdauer der 49 Personen, die eine kumulierte Behandlungsdauer von bis 90 Tagen vorweisen.

Von den 135 Personen waren 58 (42,9 %) seit Beginn der Betreuung durch den SpD nicht mehr in stationärer Behandlung. Bei elf KlientInnen ergab sich erst nach Beginn der Betreuung durch den SpD ein stationärer Aufenthalt.

5.6.3. Stationäre Aufenthalte, Behandlungsdauer und zwangsweise Unterbringungen für den gleich langen Zeitraum vor und seit Beginn der Betreuung durch den SpD

Die Definition dieser Untergruppe wurde in Kap. 5.4. vorgenommen. Für jede(n) KlientIn wurde die Zeit seit Beginn der Betreuung durch den SpD exakt vom Beginn der Betreuung an zurückgerechnet.[18] Daraus ergibt sich folgendes Bild:

Tabelle 1: Gleich langer Zeitraum vor und seit Beginn der Betreuung

	vor Beginn der Betreuung	seit Beginn der Betreuung
Anzahl insgesamt	278	177
Anzahl pro KlientIn	2,06	1,31
Behandlungsdauer insg.	16479 Tage/549,3 Monate	7839 Tage/261,3 Monate
Behandlungsdauer pro KlientIn	122,1 Tage/4,1 Monate	58,1 Tage/1,93 Monate
Unterbringungen insgesamt	54	32

- Die Zahl der stationären Aufenthalte ging um insgesamt 101 Aufenthalte, d. h. um **36,3 %** bei der gesamten Untersuchungspopulation zurück. Dies entspricht einer Reduktion um 0,75 Aufenthalte pro KlientIn.
- Die Behandlungsdauer sank um 8640 Tage bei 135 KlientInnen. Dies ergibt eine Reduktion von **64 Tagen/2,13 Monaten pro KlientIn oder 52,4 %.**

---

18 Ein Beispiel: Der Beginn der Betreuung ist 1/95 (zwei Jahre Betreuungszeit). Wenn von Januar 1995 zwei Jahre zurückgerechnet wird, ist Januar 1993 der Beginn des Erhebungszeitraums. Innerhalb dieser beiden Zeitabschnitte wurden für jede(n) KlientIn die Aufenthalte, die Behandlungsdauer und die zwangsweisen Unterbringungen addiert und verglichen. Dadurch konnte der jeweilige Unterschied im gleich langen Zeitraum seit Beginn mit dem vor Beginn der Betreuung durch den SpD festgestellt werden.

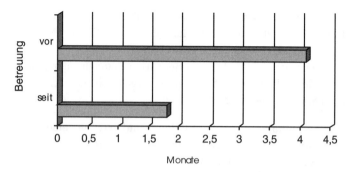

Abbildung 4 zu Tabelle 1: Behandlunsdauer: Gleich langer Zeitraum

Während die stationäre Behandlungsdauer für den gleich langen Zeitraum vor Beginn der Betreuung **4,1 Monate pro KlientIn** betrug, machte die Behandlungsdauer seit Beginn der Betreuung nur noch **1,93 Monate pro KlientIn** aus.
- Analoges gilt auch für die Zahl der **Zwangsunterbringungen**: Für den erhobenen Zeitraum ging die Zahl der Zwangsunterbringungen **von 54 auf 32, d. h. um 22 = 40,7 % zurück.**

5.6.4. Stationäre Aufenthalte, Behandlungsdauer, Unterbringungen in den letzten drei Jahren vor Beginn der Betreuung durch den SpD

Die Berechnung erfolgt auf zwei Ebenen. Für diese Gruppe (N = 67 Personen) werden zwei Berechnungen vorgenommen:
1. Es werden die Aufenthalte drei Jahre vor Beginn der Betreuung mit den Aufenthalten drei Jahre nach Beginn der Betreuung verglichen.
2. Es werden die Aufenthalte drei Jahre vor Beginn der Betreuung mit den stationären Behandlungen nach Beginn der Betreuung insgesamt verglichen. Diese Zahl wird auf drei Jahre zurückgerechnet, da die durchschnittliche Betreuungszeit durch den SpD mehr als drei Jahre beträgt (6,4 Jahre pro KlientIn).

Untersuchungsgruppe:	N = 67 Personen
Betreuungszeit durch den SpD:	76,94 Monate = 6,4 Jahre pro KlientIn (3,8 Jahre pro KlientIn bei der Gesamtgruppe)
Anzahl der Aufenthalte insgesamt:	412 bei 67 KlientInnen 6,15 Aufenthalte pro KlientIn (5,5 Aufenthalte pro KlientIn bei der Gesamtgruppe)
Behandlungsdauer insgesamt:	22786 Tage = 340,1 Tage / 11,33 Monate pro Klientin (9,3 Monate pro KlientIn bei der Gesamtgruppe)

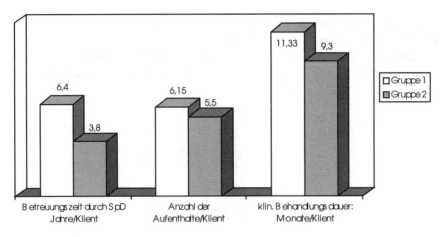

Abbildung 5: Unterschiede Gruppe 1 zu Gesamtgruppe

20 KlientInnen aus dieser Gruppe waren seit Beginn der Betreuung nicht mehr in stationärer Behandlung, während bei zehn KlientInnen erst im Verlauf der Betreuung durch den SpD eine stationäre Behandlung erforderlich wurde.

Tabelle 2: Behandlungsdauer drei Jahre vor Beginn der Betreuung und drei Jahre nach Beginn der Betreuung durch den SpD

	3 Jahre vor Beginn	3 Jahre nach Beginn der Betreuung
Anzahl insgesamt	119	67
Anzahl pro KlientIn	1,78	1,0
Behandlungsdauer insgesamt	7382 Tage (246,1 Monate)	3054 Tage (101,1 Monate)
Behandlungsdauer pro KlientIn	110,2 Tage (3,67 Monate)	45,6 Tage (1,52 Monate)
Unterbringungen insgesamt	24	13

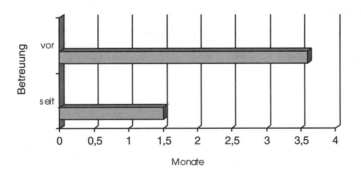

Abbildung 6 zu Tabelle 2: Behandlungsdauer drei Jahre vor ...

Die **Zahl der Aufenthalte verringerte** sich innerhalb des erhobenen Zeitraums um **43,7 %, d. h. um insgesamt 52 Aufenthalte.**
Die **Behandlungsdauer** sank für diese Gruppe um **58,6 %**. In absoluten Zahlen ausgedrückt: Die Behandlungstage gingen von 3,67 Monate pro KlientIn um 2,15 Monate auf 1,52 Monate pro KlientIn zurück.

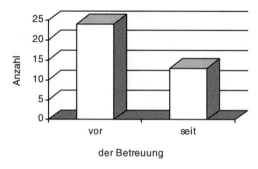

Abbildung 7 zu Tabelle 2: Unterbringungen

Analoges gilt für die zwangsweisen Unterbringungen: Die Zahl der **zwangsweisen Unterbringungen** sank um **elf von 24 auf 13**. Aufgrund der geringen Zahlenmenge wird auf die Prozentangabe verzichtet.
Das Ergebnis aus der Erhebung in Kapitel 5.6.3.(die Reduktion der Behandlungsdauer um 52,4 % und der Anzahl der stationären Aufenthalte um 36,3 %) bestätigt und verstärkt sich bei dieser Gruppe: 43,7 % bei der Anzahl und 58,6 % bei der Behandlungsdauer.

Tabelle 3: Behandlungsdauer drei Jahre vor Beginn der Betreuung und seit Beginn der Betreuung durch den SpD

	3 Jahre vor Beginn	seit Beginn der Betreuung
Anzahl insgesamt	119	121
Anzahl pro KlientIn	1,78	1,8
Behandlungsdauer insgesamt	7382 Tage = 246 Mon.	5352 Tage = 178,4 Mon
Behandlungsdauer pro KlientIn	110,2 Tage = 3,67 Mon	79,88 Tage = 2,66 Mon
Unterbringungen insgesamt	24	22

Die Umrechnung der Zahlen auf die Betreuungszeit von 6,4 Jahren auf drei Jahre ergibt folgendes Ergebnis:[19]

---

19 Die Umrechnung wurde folgendermaßen vorgenommen: In dieser Gruppe betrug die Betreuungszeit durch den SpD durchschnittlich 6,4 Jahre pro KlientIn. Anzahl und Dauer stationärer Behandlungen sowie zwangsweise Unterbringungen beziehen sich hier auf 6,4 Jahre (durchschnittliche Betreuungszeit durch den SpD). Die stationären Aufenthalte in

Die **Zahl der Aufenthalte** sinkt von 119 auf 56,7 für alle KlientInnen.
Die **Behandlungsdauer reduziert sich um 72,8 Tage/ 2,4 Monate pro KlientIn, d. h. um 66 %.**
Bei den **zwangsweisen Unterbringungen** zeichnet sich folgendes Bild ab: Durch die Umrechnung sank die Zahl der Unterbringungen für die **gesamte Gruppe von 24 auf 10,3.**
Betrachtet man diese Umrechnung, so ist seit Beginn der Betreuung durch den SpD tendenziell eine noch größere Reduktion der Behandlungsdauer und der Zahl der Aufenthalte festzustellen. Auch diese Zahlen bestätigen und erhärten die Ergebnisse sowohl der vorherigen Untersuchungseinheit als auch die Ergebnisse der Gesamtgruppe.

5.6.5. Stationäre Aufenthalte, Dauer der Behandlung und Unterbringungen beim Personenkreis, der sich seit Beginn der Einrichtung des SpDs in dessen Betreuung befindet

Hier wird geprüft, ob beim Personenkreis, der sich am längsten in Betreuung des SpDs befindet, relevante Unterschiede zur Gesamtgruppe oder zu anderen Gruppen festzustellen sind. Es handelt sich dabei um Menschen, die vor 1989 schon bei der sozialpsychiatrischen Beratungsstelle des Gesundheitsamtes bekannt waren und an uns vermittelt wurden, sowie um KlientInnen, die über die psychiatrische Klinik des Bürgerhospitals an den SpD überwiesen wurden.
Die Dauer der Betreuung durch den SpD wurde wie folgt festgelegt: Es wurden alle KlientInnen berücksichtigt, die

a) von Beginn an (01.04.1989) in Betreuung des SpDs sind
b) und in den ersten zwei Jahren seit Bestehen (bis 01.04.1991) in Betreuung des SpD gekommen sind.

Insgesamt handelt es sich dabei um 46 KlientInnen (15 Männer und 31 Frauen).
Die durchschnittliche **Betreuungszeit** durch den SpD beträgt **pro KlientIn 7,2 Jahre** (3,8 Jahre bei der Gesamtgruppe).
Die Zahl der **stationären Aufenthalte beträgt insgesamt 294,** was wiederum **6,4 pro KlientIn** bedeutet (5,5 bei der Gesamtgruppe).
Die **stationäre Behandlungsdauer** beträgt bei den 46 KlientInnen insgesamt 16721 Tage (45,8 Jahre). Dies entspricht einer durchschnittlichen Behandlungsdauer **pro KlientIn von 363,5 Tage oder 12,11 Monate** (9,3 Monate bei der Gesamtgruppe).

---

diesen 6,4 Jahren wurden anschließend auf drei Jahre umgerechnet (Durchschnittswert): 121 stationäre Aufenthalte bei 6,4 Jahren ergeben auf drei Jahre umgerechnet 56,7 Aufenthalte. Das heißt, die Zahl der Aufenthalte sank von 119 auf 56,7 bei allen KlientInnen dieser Gruppe. 79,88 Tage stationäre Behandlungsdauer in den 6,4 Jahren pro KlientIn (Durchschnittswert) ergeben auf drei Jahre umgerechnet 37,4 Tage (1,25 Monate). Dies entspricht einer Absenkung der durchschnittlichen stationären Behandlungsdauer um 72,8 Tage oder 2,4 Monate (110,2 Tage vor Beginn der Betreuung durch den SpD minus 37,4 Tage nach Beginn = 72,8 Tage).

Tabelle 4: Stationäre Aufenthalte: Gleich langer Zeitraum für diese Gruppe

	vor Beginn der Betreuung	seit Beginn der Betreuung
Anzahl insgesamt	149	94
Anzahl pro KlientIn	3,24	2,04
Behandlungsdauer insgesamt	9423 Tage	4292 Tage
Behandlungsdauer pro KlientIn	6,83 Monate	3,1 Monate
Unterbringungen insgesamt	27	15

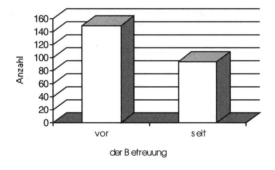

Abbildung 8 zu Tabelle 4: Stationäre Aufenthalte seit Beginn ...

Die **Zahl der Aufenthalte sank** im gleich langen Zeitraum um **55 Aufenthalte (36,9 %)**. Dies entspricht einer Reduktion um 1,2 Aufenthalte pro KlientIn (Gesamtgruppe: 0,75 Aufenthalte weniger).

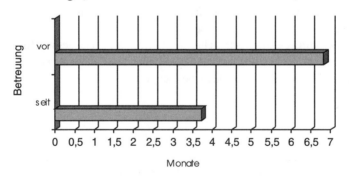

Abbildung 9 zu Tabelle 4: Behandlungsdauer: seit Beginn ...

Die Behandlungsdauer für den gleich langen Zeitraum ging um 5131 Tage/3,72 Monate **(54,45 %) pro KlientIn** zurück, während die Gesamtgruppe eine Reduktion um 2,13 (52,7 %) Monate aufweist. Im gleich langen Zeitraum vor Beginn der Betreuung betrug

die Behandlungsdauer **6,83 Monate pro KlientIn**, während es seit Beginn der Betreuung **3,1 Monate** waren.
Die Zahl der Unterbringungen **sank um zwölf von 27 auf 15**.
Sowohl bei der Anzahl der Aufenthalte als auch bei der Behandlungsdauer ist de facto das gleiche Ergebnis im Vergleich zur Gesamtgruppe zu verzeichnen.

5.6.6. Stationäre Aufenthalte beim Personenkreis mit einer kumulierten Behandlungsdauer von mehr als einem Jahr

Hier wird eine weitere Kerngruppe des SpDs aus der gesamten Erhebungspopulation herausgenommen und untersucht. Es handelt sich um Menschen mit langen stationären Behandlungen. Damit ist die Frage verbunden, ob sich bei diesem Personenkreis der Trend der bisherigen Ergebnisse bestätigt oder ob relevante Abweichungen festzustellen sind. Berücksichtigt wurden die KlientInnen aus der Gesamtgruppe, die insgesamt eine **kumulierte Behandlungsdauer von mindestens einem Jahr oder länger** aufweisen.

Daraus ergibt sich folgendes Bild: **34 KlientInnen (25,2 %)** waren insgesamt mindestens ein Jahr oder länger in stationärer Behandlung (29 zwischen einem und drei Jahren, fünf länger als drei Jahre). Die **durchschnittliche Betreuungszeit** dieser Gruppe beträgt pro KlientIn **5,35 Jahre** (Gesamtgruppe: 3,8 Jahre). Davon waren elf Männer und 23 Frauen. Die Anzahl der stationären Aufenthalte beträgt **insgesamt 421. Das sind 12,4 Aufenthalte pro KlientIn** (5,5 bei der Gesamtgruppe). Die Behandlungsdauer beträgt **25 Monate pro KlientIn** (9,3 bei der Gesamtgruppe).

Beim Vergleich des »gleich langen Zeitraums« ergibt sich folgendes Bild:

Tabelle 5: Stationäre Aufenthalte: Gleich langer Zeitraum der Gruppe »kumulierte Behandlungsdauer von mehr als einem Jahr«

	vor Beginn der Betreuung	seit Beginn der Betreuung
Anzahl insgesamt	140	99
Anzahl pro KlientIn	4,1	2,9
Behandlungsdauer insgesamt	8484	4909
Behandlungsdauer pro KlientIn	249,6 Tage / 8,32 Monate	144,4 Tage / 4,81 Monate
Unterbringungen insgesamt	24	16

Die **Anzahl der Aufenthalte** für diese Gruppe sank im gleich langen Zeitraum um 41 von 140 auf 99 (**29,3 %**).
Die Behandlungsdauer ist für den gleich langen Zeitraum um 3,51 Monate pro KlientIn gesunken, was wiederum einer **Reduktion** um von **42,2 %** an Behandlungstagen seit Beginn der Betreuung durch den SpD entspricht.
Die Zahl der **Unterbringungen** betrug vor Beginn 24, während sie im gleichen Zeitraum seit Beginn der Betreuung um acht auf 16 sank.

5.6.7. Stationäre Aufenthalte, Behandlungsdauer und Unterbringungen bei Männern und Frauen

Die Ausgangsfrage ist, ob hinsichtlich der Aufenthalte zwischen Männern und Frauen relevante Unterschiede bestehen.

Bei den 53 Männern betrug die durchschnittliche Anzahl stationärer Aufenthalte 5,5, die Behandlungsdauer 272 Tage (9,1 Monate) pro Klient. Bei den 82 Frauen lag die Anzahl pro KlientIn bei 5,4, die Behandlungsdauer betrug 282,3 Tage (9,4 Monate).

Die Unterschiede ergeben hinsichtlich des Vergleichs »gleich langer Zeitraum vor und seit Beginn der Betreuung« folgendes Bild: Bei den 53 Männern ging die Zahl der stationären Aufenthalte um 42 (40 %) von 105 auf 63 zurück, während die Behandlungsdauer um 43 % (Gesamtgruppe: 52,4 %) sank. Die Unterbringungen sanken insgesamt um 19 von 29 auf zehn. Bei den 82 Frauen ging die Anzahl der Aufenthalte von 167 auf 109 also um 58 (34,7 %) zurück, während die Behandlungsdauer um insgesamt 6389 Tage (56,4 %) von 11323 auf 4934 Tage sank. Die Zahl der Unterbringungen ging insgesamt von 24 auf 21 zurück.

Auffallend ist der **Unterschied in der Verringerung der Behandlungsdauer zwischen Männern und Frauen**: Immerhin beträgt die Differenz über 13 %. Die Behandlungsdauer bei den Männern verringerte sich »nur« um 43 %, bei den Frauen um 56,4 %.

5.6.8. Stationäre Aufenthalte, Behandlungsdauer und Unterbringungen bei unterschiedlichen Diagnosegruppen

Hier interessiert, ob zwischen verschiedenen Diagnosegruppen relevante Unterschiede bestehen. In der Literatur und Forschung ist immer wieder davon die Rede, dass gerade bei Menschen mit schizophrenen Psychosen die Aufenthalte und Behandlungsdauer trotz der Arbeit sozialpsychiatrischer Dienste sich nur schwer verkürzen lassen (RÖSSLER 1992, S. 445). Auffällig ist die große Anzahl von Menschen mit schizophrenen Psychosen innerhalb der Untersuchungspopulation (73 %), während bei den anderen Diagnosegruppen aufgrund der relativ kleinen Grundgesamtheiten keine aussagekräftigen Bewertungen vorgenommen werden können. Der Vollständigkeit halber werden sie aufgeführt.

Die Anzahl der stationären Aufenthalte bei dieser Gruppe verringert sich im gleichen Zeitraum vor und seit Beginn der Betreuung durch den SpD um 75 (35 % von 215 auf 140 Aufenthalte), während sich die Behandlungsdauer insgesamt um 50,1 % (um 6301 Tage) von 12581 auf 6280 Tage reduziert. Die Zahl der Unterbringungen sinkt bei dieser Gruppe um 20 von 46 auf 26. Dies entspricht quasi den Zahlen der gesamten Untersuchungseinheit.

Bei der an einer affektiven Psychose erkrankten Gruppe (20 Personen) sank im gleich langen Zeitraum vor und seit Beginn der Betreuung die Zahl der Aufenthalte insgesamt um 20 von 39 auf 19, während sich die Behandlungsdauer um 1533 Tage von 2663 auf 1130 Tage verringerte. Die Unterbringungen reduzierten sich von sieben auf vier.

Bei den fünf an einer Borderline Störung erkrankten Menschen sank die Zahl der Aufenthalte von sieben auf zwei, die Behandlungsdauer von 303 auf 32 Tage. Die weiteren elf an einer »Neurose« oder »gerontopsychiatrischen Erkrankung« oder »Sonstiges« erkrankten Menschen weisen die gleiche Zahl an stationären Aufenthalten im gleich langen Zeitraum auf, während die Behandlungsdauer insgesamt von 372 auf 272 Tage gesunken ist.

Relevant für diese Gruppe sind die Daten bei den Menschen mit psychotischen Erkrankungen. Hinsichtlich der Reduktion der Anzahl der Aufenthalte, der Behandlungsdauer und der Unterbringungen entsprechen sie dem Ergebnis der Gesamtgruppe. Die anderen Diagnosegruppen sind aufgrund der geringen Größe der Grundgesamtheiten und der Priorität der psychotisch erkrankten Menschen bezüglich der Zuständigkeit des SpDs für die Bewertung von geringerer Bedeutung.

5.6.9. Stationäre Aufenthalte, Behandlungsdauer und Unterbringungen bei verschiedenen Alterseinteilungen

Hier wird der Frage nachgegangen, ob Unterschiede zwischen verschiedenen Altersgruppen bestehen.

Alterseinteilung: bis 35 Jahre
36–65 Jahre
älter als 66 Jahre

Die Einteilung nach diesem Schema erfolgte aus zwei Gründen:
1. Die Einteilung in drei Gruppen ergab sich aus der Größe der Untersuchungseinheit. Bei einer größeren Zahl an Altersgruppen wären die einzelnen Gruppen zahlenmäßig zu klein und deswegen nicht mehr aussagekräftig.
2. Der große Teil vor allem schizophren erkrankter Menschen erkrankt vor dem 35. Lebensjahr zum ersten Mal. Die Zäsur ab »65 Jahre« ergibt sich aus dem Eintritt in den Ruhestand, d. h. mit dem gesellschaftlich üblichen Wechsel der Rolle vom Arbeitsleben in den Ruhestand.

Die Unterscheidung der drei Altersgruppen $A1 = 21–35$ Jahre, $A2 = 36–65$ Jahre und $A3 =$ älter als 66 Jahre ergibt im Hinblick auf den Vergleich des gleich langen Zeitraums vor und seit Beginn der Betreuung durch den SpD folgendes Bild:

In der **Altersgruppe A1** = 27 Personen liegen 3,8 Aufenthalte und eine Behandlungsdauer von durchschnittlich 176,65 Tagen (5,9 Monate) pro KlientIn vor. Die Reduktion der Aufenthalte beträgt insgesamt 18 (von 43 auf 25), während die Behandlungsdauer von 1800 auf 1103 Tage, also um 697 Tage (38,7 %) zurückgeht.

In der **Altersgruppe A2** = 91 Personen gibt es 6,2 Aufenthalte und eine Behandlungsdauer von 318,1 Tage (10,6 Monate) pro KlientIn. Die Verringerung der Aufenthalte liegt bei 70 (von 203 auf 133), während die Behandlungsdauer insgesamt um 6981 Tage (54,7 %) von 12762 auf 5781 Tage zurückgeht.

Die **Altersgruppe A3** = 17 Personen weist eine Gesamtzahl von 3,5 Aufenthalten und eine Behandlungsdauer von 211,38 Tage (sieben Monate) pro KlientIn auf. Die Verringerung der Aufenthalte beträgt zwölf (von 26 auf 14), die Reduktion der Behandlungsdauer liegt bei 49 % (von 1627 auf 830 Tage = 797 Tage) für die 16 Personen.

Bei der Gruppe »Alterseinteilung« bestätigt sich die Annahme, dass aufgrund des Verlaufs der Erkrankung in der jüngsten Altersgruppe eine geringere Reduktion der Behandlungsdauer seit Beginn der Betreuung durch den SpD im Vergleich zu den anderen Altersgruppen und der Gesamtgruppe zu erwarten war (siehe auch 5.7.3.2.: »Verlauf der Erkrankung«).

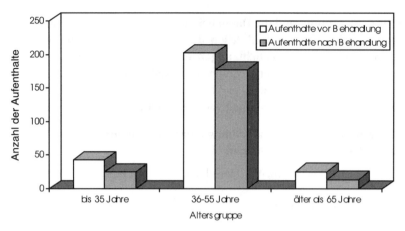

Abbildung 10[20]: **Anzahl der Aufenthalte**

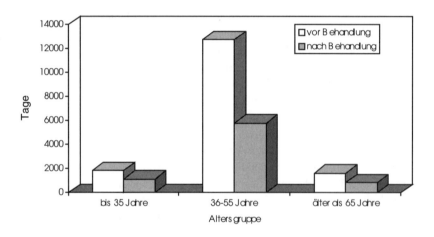

Abbildung 11[21]: **Aufenthaltstage in Klinik**

5.6.10. Stationäre Aufenthalte, Behandlungsdauer und Unterbringungen bei Menschen mit hoher sozialer Randständigkeit

Es wird hier eine grobe Definition und Operationalisierung sozialer und materieller Randständigkeit mittels einiger Parameter aus dem Dokumentationssystem der Sozialpsychiatrischen Dienste zugrunde gelegt:
- Länger als ein Jahr in Betreuung des SpDs;
- Finanzielle Lage: Sozialhilfe oder Arbeitslosenhilfe, finanziell abhängig von Angehörigen;
- allein lebend: Wenn Kontakte, dann in der Regel nur innerhalb des psychiatrischen Kreislaufs und zu Professionellen;

---

20 Tabelle 9: S. 432
21 Tabelle 10: S. 432

- ledig, geschieden oder verwitwet.

Diese Gruppe ist zahlenmäßig sehr groß, was angesichts des vom SpD zu betreuenden Personenkreises auch nicht anders zu erwarten war. Auch hier wird die Frage untersucht: Gibt es Unterschiede zur Gesamtgruppe oder zu anderen Gruppen?

Insgesamt handelt es sich um **74 Personen (54,8 % der Erhebungspopulation)**. Die Anzahl der Aufenthalte beträgt bei dieser Gruppe sieben pro KlientIn und die Behandlungsdauer 320,1 Tage (10,7 Monate) pro KlientIn.

Im gleich langen Zeitraum vor und seit Beginn der Betreuung durch den SpD sank die Zahl der Aufenthalte um **71 (37,6 %)** von 189 auf 118, während die Behandlungsdauer um insgesamt **4758 Tage (51,4 %)** von 9251 Tage auf 4493 Tage zurückging.

Die Unterbringungen verringerten sich um 21.

In dieser Gruppe bestätigen sich ebenfalls die Ergebnisse der Gesamtgruppe. Selbst bei den so genannten »randständigen Menschen unter einem insgesamt schon randständigen Personenkreis« ist die Reduktion der stationären Behandlungsdauer quasi identisch mit der der Gesamtgruppe (52,4 %).

5.6.11. Stationäre Aufenthalte, Behandlungsdauer und Unterbringungen bei KlientInnen, die vom Sonderpflegedienst »Häusliche Pflege für psychisch kranke Menschen« mitbetreut wurden[22]

In der gesamten Untersuchungspopulation befinden sich 23 KlientInnen (fünf Männer und 18 Frauen), welche im Zeitraum vom 1.7.1995–31.12.1996 zeitweise, d. h. abhängig von der jeweiligen gesundheitlichen Befindlichkeit und dem entsprechenden Hilfebedarf, zusätzlich zur SpD Betreuung vom Sonderpflegedienst Häusliche Pflege für psychisch kranke Menschen betreut wurden.

Die Interpretation dieser Zahlen muss vorsichtig vorgenommen werden, da es sich um eine verhältnismäßig kleine Grundgesamtheit handelt. Die Gesamtzahl an stationären Aufenthalten dieser Gruppe beträgt insgesamt sechs pro KlientIn, die Behandlungsdauer 359 Tage (zwölf Monate) pro KlientIn. Die Anzahl der Aufenthalte im gleich langen Zeitraum vor und seit Beginn der Betreuung durch den SpD sinkt um insgesamt acht von 47 auf 39. Die Behandlungsdauer geht um insgesamt 1132 Tage (41,2 %) von 2744 auf 1612 Tage zurück. Die Zahl der Unterbringungen verringert sich von zwölf auf sechs.

Die Reduktion der stationären Behandlungsdauer ist in dieser Gruppe (41,2 %) im Vergleich zur Gesamtgruppe (52,4 %) deutlich geringer. Dies hängt m. E. damit zusammen, dass

1. der gleich lange Zeitraum vor und seit Beginn der Betreuung sich unverändert auf die Betreuung durch den SpD bezieht. Die Betreuungszeiten durch die Häusliche Pflege sind wesentlich kürzer (max. 1,5 Jahre, in der Regel weniger). Insofern ist die Vergleichsmöglichkeit äußerst begrenzt.
2. es sich beim Personenkreis, der zusätzlich vom Sonderpflegedienst betreut wird, vornehmlich um den Teil des Personenkreises des SpDs handelt, welcher mit am schwierigsten, krisenanfälligsten und betreuungsbedürftigsten ist. Das Zugangs-

---

22 Konzept, Arbeitsweise und Ergebnisse der beiden Sonderpflegedienste in Bad Cannstatt und Reutlingen sind ausführlich dargestellt im Schlussbericht der wissenschaftlichen Begleitung zu den beiden Projekten (GÖPFERT-DIVIVIER 1998).

kriterium zum Sonderpflegedienst besteht darin, dass sich Krisensituationen anbahnen, schon bestehen oder ein intensiver psychiatrischer Pflegebedarf vorliegt. Deswegen liegt das Risiko einer stationären Einweisung bei dieser Gruppe deutlich höher als bei der Gesamtgruppe.

5.7. Zusammenfassung der Ergebnisse und Prüfung der Hypothese

Im folgenden Abschnitt wird eine Diskussion und Bewertung der Ergebnisse vorgenommen, welche Aussagen hinsichtlich der Untersuchungshypothese getroffen werden können.

5.7.1. Ausgangspunkt und Begründung des Vorgehens

Die Ergebnisse werden daraufhin geprüft, ob die Verringerung der stationären Aufenthalte, die Verkürzung der stationären Behandlungsdauer um mehr als die Hälfte und die Verringerung der Zwangsunterbringungen mit der Arbeit des Sozialpsychiatrischen Dienstes in einem engen Zusammenhang stehen. Die Bestimmung und Prüfung der von der Arbeit des SpDs unabhängigen Variablen (Alternativhypothesen) erfolgt nicht über quantitative Methoden, wie dies z. B. RÖSSLER (1993, S. 95 ff.) in seiner Untersuchung von Sozialpsychiatrischen Diensten praktiziert.

Die für den Verlauf psychischer Erkrankungen und stationärer Aufenthalte relevanten Variablen, wie sie RÖSSLER (1993, S. 9 ff. und 95 ff.) beschreibt, werden hier qualitativ diskutiert.

Das Ziel der Überprüfung besteht also darin, zu klären, ob die in der Fachdiskussion vorrangig angeführten unabhängigen Variablen für den Erhebungszeitraum weitgehend ausgeschlossen werden können oder nicht.

5.7.2. Variablen mit möglichem Einfluss auf das Untersuchungsergebnis

Die von RÖSSLER (1993, S. 9–15 und S. 96–97) genannten Variablen vermitteln nicht nur eine gute Übersicht, sondern werden zusätzlich durch Hinweise auf die aktuelle wissenschaftliche Diskussion und deren Übereinkunft hinsichtlich der Akzeptanz der Variablen und ihr Zusammenhang mit dem Verlauf der Erkrankung und der Inanspruchnahme stationärer Hilfen (S. 9 ff.) untermauert.

Nach Rössler sind frühes Ersterkrankungsalter, männliches Geschlecht, soziale Isolation/allein stehend und/oder berufliche Desintegration, schleichender Krankheitsbeginn und Krankheitsverlauf sowie häufige und lange Hospitalisierungen schon in den ersten Jahren der Erkrankung ungünstige Prädiktoren für deren Verlauf. Des Weiteren nennt er Umgebungsfaktoren, die sich aus dem Vulnerabilitätskonzept von Zubin (ZUBIN/SPRING 1977) und der »Expressed Emotions Forschung« (VAUGHN und LEFF 1976) ergeben.

Weiter ist die Diskussion zu Verlaufsstudien und die Einteilung verschiedener Gruppen nach der Faustregel von Bedeutung, dass bei ca. 20–30 % schizophren erkrankter Menschen eine gute Prognose, bei 40–60 % eine mittlere Verlaufsform und bei 20–30 % eine schwierige bis sehr ungünstige Verlaufsform zu erwarten ist. Auch hier gibt RÖSSLER (1995, S. 13) einen Überblick über die Forschung zu dieser Thematik, die zur o. g. Faustregel führt.

In Anlehnung an Rössler werden folgende sieben Variablen diskutiert und geprüft hinsichtlich ihrer möglichen Beeinflussung des Untersuchungsergebnisses.

1. Geschlecht: Die unterschiedliche Verteilung von Männer und Frauen
Gibt es spezifische Unterschiede zwischen Männern und Frauen im Hinblick auf die Verkürzung der stationären Aufenthalte? Wie wird die Tatsache diskutiert und bewertet, dass das Verhältnis von Männern und Frauen in der Untersuchungspopulation 40 % Männer und 60 % Frauen ausmacht (analog zum gesamten vom SpD betreuten Personenkreis) und dies vor dem Hintergrund, dass die Geschlechterverteilung bei chronisch psychisch kranken Menschen 50 : 50 beträgt? Wo befinden sich also die 10 % fehlenden Männer? Wirkt sich dieses Faktum auf die zu prüfende Fragestellung aus? Diese Variable wird überprüft mittels des Vergleichs über die Tabelle »Männer und Frauen« aus der Untersuchung (5.6.7.) sowie anhand vorliegender Literatur.

2. Verlauf der Erkrankung
Über die Grundgesamtheit an chronisch psychisch kranken Menschen eines SpDs und den Vergleich der Altersgruppen A1 (bis 35 Jahre) als Indexgruppe mit A2 (36–65 Jahre) und A3 (66 Jahre und älter) bezüglich der stationären Aufenthalte vor und seit Beginn der Betreuung soll Folgendes diskutiert werden: Wirkt sich der Verlauf der Erkrankung bei der Untersuchungspopulation positiv auf die Untersuchungsergebnisse aus oder nicht. Des Weiteren wird hier gefragt, um welche Zusammensetzung es sich bei der Untersuchungseinheit hinsichtlich der oben erwähnten Faustregel handelt und wie der Verlauf der Erkrankungen einzuschätzen ist. Diese Variable wird diskutiert mit Hilfe des Vergleichs der Indexgruppe (A 1) mit der Kontrollgruppe (A 2 und A 3) aus der Statistik und Expertengesprächen.

3. Erhöhung der Compliance durch neue Medikamente (atypische Neuroleptika)
Wirkt sich die Entwicklung neuer Medikamente (atypische Neuroleptika) in Verbindung mit weniger Nebenwirkungen (vor allem extrapyramidale Störungen) und der Verringerung der Minussymptomatik bei den Betroffenen positiv auf die Compliance (Krankheits- und Behandlungseinsicht) und damit auf die Reduktion der Rezidive und der stationären Behandlungen aus? Wird dadurch das Untersuchungsergebnis beeinflusst? Die Variable wird untersucht mittels der Feststellung jener KlientInnen, die atypische Neuroleptika erhalten. Es wird verglichen, ob sich in dieser Gruppe die Untersuchungsergebnisse von denen der gesamten Untersuchungseinheit unterscheiden.

4. Veränderungen von wichtigen Lebenslagen-orientierten Merkmalen während des Erhebungszeitraums
Sind bei den zentralen Lebenslagen-orientierten Merkmalen »Einkommen/finanzielle Situation«, »Lebensverhältnisse« und »Familienstand« im Verlauf des Erhebungszeitraums wesentliche Veränderungen bei den KlientInnen der Untersuchungspopulation eingetreten, die zu einer Zuspitzung oder auch Abschwächung des Verlaufs der Erkrankung und damit auch zu einer Zu- oder Abnahme stationärer Aufenthalte geführt haben könnten? Die Variable wird anhand des Dokumentationssystems der SpDs diskutiert, in der die drei Items für jede(n) KlientIn über den Erhebungszeitraum hinweg festgehalten werden.

5. Durchschnittliche Verweildauer in der psychiatrischen Klinik

Hat sich während des Erhebungszeitraums von 1981–1996 die durchschnittliche Verweildauer in der psychiatrischen Klinik in einem Maße verändert, dass sie in der Diskussion der statistischen Ergebnisse berücksichtigt werden muss? Diese Variable wird mit dem Verlauf der Belegungstage in der psychiatrischen Klinik diskutiert.

6. Änderungen im Versorgungssystem während des Untersuchungszeitraums

Haben sich Änderungen im Versorgungssystem (Auf- und Ausbau gemeindepsychiatrischer Einrichtungen, eine höhere Anzahl von Nervenärzten etc.) während des Untersuchungszeitraums auf Anzahl und Dauer stationärer Behandlungen reduzierend ausgewirkt? Die Variable wird dahingehend diskutiert, ob sich Veränderungen im Versorgungssystem auf die Untersuchungseinheit ausgewirkt haben.

7. KlientInnen, die kürzer als ein halbes Jahr in Betreuung des SpDs sind

KlientInnen, die kürzer als ein halbes Jahr in Betreuung des SpDs sind, werden aus der Untersuchungseinheit herausgenommen, um die Ergebnisse dieser Gruppe mit der gesamten Erhebung vergleichen zu können. Die dahinter stehende Überlegung ist, dass die Arbeit des SpDs mindestens ein halbes Jahr benötigt, um entsprechende Auswirkungen hervorzubringen. Damit könnte bei entsprechenden signifikanten Unterschieden eine Verzerrung des Gesamtergebnisses entstehen. Diese Variable wird untersucht mittels der Feststellung jener KlientInnen, die kürzer als ein halbes Jahr in Betreuung des SpDs sind. Es wird verglichen, ob sich in dieser Gruppe die Untersuchungsergebnisse bezüglich stationärer Behandlungen von denen der gesamten Untersuchungseinheit unterscheiden.

Sowohl die statistischen Ergebnisse als auch die Diskussion der Variablen wurden in mehreren Expertengesprächen thematisiert und bewertet. Als Experten wurden MitarbeiterInnen aus der psychiatrischen Klinik, der SpDs, der Sozialplanung und des Zentralinstituts für seelische Gesundheit in Mannheim befragt.

Folgende Variablen werden in der Diskussion nicht berücksichtigt:
Erkrankungsalter, schleichender Krankheitsbeginn, viele und lange Hospitalisierungen in den ersten Jahren der Erkrankung sowie die Ergebnisse der Vulnerabilitäts- und Expressed Emotions-Forschung.

Die Diskussion dieser Variablen hat für die spezielle Fragestellung hier keine besondere Bedeutung. Beim untersuchten Personenkreis handelt es sich vorrangig um chronisch psychisch kranke Menschen, bei denen der Beginn der Erkrankung schon lange zurückliegt und für den Erhebungszeitraum keine aktuelle Bedeutung mehr aufweist.

Die Ergebnisse der »Expressed-Emotions-Forschung« und der Diskussion um die Vulnerabilität können als unabhängige Variablen ebenfalls unberücksichtigt bleiben. Einerseits handelt es sich vielfach um allein stehende Menschen, die nicht mehr in Familien leben. Andererseits wird in der ausführlichen Fallstudie und den weiteren Fallerörterungen (Kap. 7 und 8) auf Stress auslösende Faktoren in »emotional aufgeladenen Situationen« eingegangen bzw. auch darauf, wie diese vermieden oder zumindest reduziert werden können.

5.7.3. Prüfung der Variablen

Mit der Diskussion der Variablen wird angestrebt, so präzise wie möglich zu thematisieren, welche Variablen ganz oder teilweise ausgeschlossen werden können und wo Einfluss auf den Rückgang der stationären Aufenthalte ausgeübt wird und sich somit auf den angenommenen Zusammenhang (sozialpsychiatrische Arbeit ist vorrangig für die Reduktion der stationären Aufenthalte verantwortlich) auswirken.

5.7.3.1. Die unterschiedliche Verteilung von Männern und Frauen

Bei dieser Variablen geht es vorrangig um die Frage, ob sich die Verteilung 40 % Männer und 60 % Frauen in der Untersuchungspopulation auf die stationären Aufenthalte bei Männern und Frauen auswirkt. Die Verteilung psychisch kranker Männer und Frauen müsste sich annähernd gleich verteilen (Bundesminister für Gesundheit 1996). Diese Feststellung erlangt noch zusätzliche Bedeutung durch die Tatsache, dass sich im ambulant und stationär betreuten Wohnen das Zahlenverhältnis umdreht (60 % Männer, 40 % Frauen). Ohne auf die Details der Erklärungsansätze für diese Umkehrung im Einzelnen einzugehen, wird auf eine Begründung hingewiesen, welche für die hier geführte Diskussion von Bedeutung ist.

Chronisch psychisch kranke Männer tauchen vermehrt in betreutem Wohnen auf als Frauen, da der Verlauf der Erkrankung aufgrund geschlechtsspezifischer Sozialisation bei Männern eher mit dem Verlust (oder bislang nicht adäquat erlernter) alltagspraktischer Fähigkeiten einhergeht bei Frauen. Hinzu kommt, dass Frauen eher in der Lage sind, Hilfe anzunehmen und zu akzeptieren als Männer. Dies hat zur Folge, dass chronisch psychisch kranke Frauen trotz erheblicher gesundheitlicher Einschränkungen mit der entsprechenden Hilfe länger in ihrer Wohnung leben können als Männer mit ähnlichen gesundheitlichen Einschränkungen.

Diese Feststellung kann zwar einen Ansatz zur Erläuterung der unterschiedlichen Prozentzahlen abgeben, liefert aber noch keinen Ansatzpunkt zur Klärung der Frage, ob sich die Einweisungszahlen ändern würden, wenn das Verhältnis von Männern und Frauen gleichmäßig verteilt wäre. Damit ist die Frage verbunden, ob sich durch die zusätzlichen 10 % Männer (Verhältnis im SpD: 40 % männliche Klienten, 60 % Klientinnen) das Untersuchungsergebnis signifikant ändern würde.

Für die Untersuchungspopulation wie auch für den gesamten Personenkreis des SpDs bleibt diese Fragestellung zunächst zwar ohne Bedeutung, da die Verteilung von Männern (40 %) und Frauen (60 %) in allen SpDs zutrifft, allgemein anerkannt und akzeptiert ist. Hinsichtlich der versorgungspolitischen Landschaft einer Region (Versorgungsverpflichtung) bleibt sie jedoch von Relevanz und damit auch für die Arbeit der SpDs, der qua Auftrag für alle chronisch psychisch kranken Menschen seines Einzugsgebietes zuständig ist.

Diese Frage wird auf zwei Ebenen diskutiert, um zumindest annäherungsweise Antworten zu finden:

Da an einem SpD im Verlauf von acht Jahren quasi keine chronisch psychisch kranken Menschen mit stationären Aufenthalten und sozialer Randständigkeit »mehr vorbeigehen«, wäre es lohnenswert, in einem Rückblick zu eruieren, welche chronisch psychisch kranken Menschen entgegen der Absicht des SpDs »verloren gingen«, welche Gründe dafür ausschlaggebend waren und was aus diesen Menschen geworden ist. Dahinter steht die

Vermutung, dass sich unter diesen Menschen nicht wenige der o. g. 10 % chronisch psychisch kranken Männer befinden. Diese Vermutung kann nicht näher geprüft werden, obwohl die Fallstudie und die weiteren Fallerörterungen Hinweise darauf geben.

Vor allem das Kapitel »Spektrum der Arbeit des SpDs« (Kap. 8) befasst sich in allen Kategorien mit den schwierigsten Situationen, die im SpD vorkommen, worunter vorrangig Männer sind.

An dieser Stelle kann diese Variable weder in die eine noch in die andere Richtung vollständig interpretiert und bewertet werden. Ein möglicher Einfluss auf das statistische Ergebnis, dass die Verkürzung der Behandlungsdauer seit Beginn der Betreuung durch den SpD auch durch die Nichtberücksichtigung von einigen chronisch psychisch kranken Männern zumindest teilweise mitbedingt ist, kann also nicht ausgeschlossen werden. Aufgrund der geringen Zahl (10 % = 14 Personen bezogen auf die Untersuchungspopulation) wird die Auswirkung auf die Ergebnisse der statistischen Erhebung mit großer Wahrscheinlichkeit marginal sein.

Dies bedeutet, dass die Variable »Geschlechterverteilung« auf die Reduktion der stationären Aufenthalte nur einen geringen Einfluss ausübt.

5.7.3.2. Verlauf der Erkrankung

Die mit dieser Variablen verbundenen Fragen bestehen darin, ob

1. die Zahl der KlientInnen mit mittleren bis guten Verläufen (RÖSSLER 1995, S. 13) im Vergleich zu den KlientInnen mit schlechteren Prognosen hinsichtlich des Krankheitsverlaufs zu stark vertreten sind;
2. sich im Verlauf der Erkrankung bei den KlientInnen der Erhebungspopulation eine Beruhigung eingestellt hat und damit auch die stationären Aufenthalte mit der Zeit weniger wurden im Unterschied zu den so genannten unruhigeren Verläufen der noch nicht allzu lange erkrankten Menschen.

Bei den Fragen geht es um die Zusammensetzung der Untersuchungspopulation, um die Verteilung der stationären Aufenthalte in verschiedenen Altersgruppen und die »Chronizität« der Klientel.

Zur ersten Frage:

Es konnte aufgezeigt werden, dass chronisch psychisch kranke Menschen mit einem hohen Risiko an sozialer Ausgrenzung und einer relativ hohen Anzahl an stationären Aufenthalten in Verbindung mit einer relativ langen kumulierten Behandlungsdauer vom SpD betreut werden. Dies hat zur Folge, dass die psychisch kranken Menschen mit prognostisch »guten bis mittleren Verläufen« von vornherein nach »oben« hin selektiert und von anderen Diensten und Einrichtungen unterstützt und beraten werden (Psychologische Beratungsstellen, Nervenärzte, Psychotherapeuten etc.) und nicht in der Betreuung des SpDs auftauchen. Ein Indiz für Vermittlungsprozesse bezüglich derartiger Anfragen besteht in der hohen Anzahl von Anfragen an die SpDs, die an adäquate Stellen weiterverwiesen werden: Ca. 1.300 Anfragen in allen acht SpDs jährlich, davon 183 Anfragen im SpD Bad Cannstatt – immerhin knapp 47 % der Gesamtbetreuungen 1996.

Die Erhebungen zu den

- KlientInnen, die sich von Beginn der Arbeit des SpDs in dessen Betreuung befinden,
- KlientInnen mit einer kumulierten Behandlungsdauer von über einem Jahr,

- KlientInnen, welche sich schon drei Jahre und länger in Betreuung des SpDs befinden,
- KlientInnen mit hoher sozialer Randständigkeit

belegen, dass es sich um chronisch psychisch kranke Menschen mit prognostisch mittelschweren bis sehr ungünstigen Krankheitsverläufen handelt.

Daraus kann das Fazit gezogen werden, dass es sich bei der untersuchten Klientel um chronisch psychisch kranke Menschen mit prognostisch schlechtem Krankheitsverlauf handelt. Somit kann der Teil der Variable ausgeschlossen werden, dass KlientInnen mit prognostisch mittleren bis guten Krankheitsverläufen zur Reduktion von stationären Aufenthalten im Sinne der zu prüfenden Annahme geführt haben könnten.

Zur zweiten Frage:

Die mit der Hypothese verbundene Frage ist, dass sich bei langjähriger Erkrankung die aktive Phase der Symptomatik langsam beruhigt, die Compliance zunimmt, stationäre Aufenthalte weniger werden im Vergleich zur Anfangszeit der Erkrankung und somit die Ergebnisse der statistischen Erhebung davon beeinflusst werden können (RÖSSLER 1995, S. 14). Dieser Einwand kann zum einen damit entkräftet werden, dass es um chronisch psychisch kranke Menschen mit vorrangig schwierigem Krankheitsverlauf geht (s. o.). Zum anderen werden zur weiteren Prüfung dieses Einwandes die verschiedenen Altersgruppen (A1 als Indexgruppe und A2 und A3 gemeinsam sowie die Gesamtgruppe als Kontrollgruppe) hinsichtlich der Veränderung der stationären Aufenthalte miteinander verglichen. Ebenso wird bei den KlientInnen mit bis zu zwei Aufenthalten und den weiteren Einteilungen der stationären Aufenthalte analog verfahren.

Damit wird untersucht, ob sich bei dieser Klientel die Reduktion der stationären Aufenthalte und der Behandlungsdauer relevant von den anderen unterscheidet. Bei beiden Gruppierungen wird davon ausgegangen, dass es sich um die angesprochenen Risikogruppen handelt, wobei hinsichtlich der KlientInnen mit bis zu zwei Aufenthalten und kurz zurückliegender Ersterkrankung nichts zum weiteren Verlauf ausgesagt werden kann. Die Betreuungszeiten durch den SpD sind im Vergleich zur Gesamtgruppe deutlich niedriger, was sich wiederum rein zeitlich bedingt auf die Zahl der Aufenthalte auswirken muss.

- Der Altersgruppenvergleich führt zu folgendem Ergebnis: In der Altersgruppe 1 sind 27 KlientInnen vertreten. Aus der geringen Anzahl dieser Altersgruppe innerhalb der Erhebungspopulation kann wiederum geschlossen werden, dass der SpD vorrangig chronisch psychisch kranke Menschen betreut und Menschen am Beginn der Erkrankung – sofern sie keine soziale Randständigkeit aufweisen – seltener in einer Einrichtung auftauchen, die in erster Linie für Menschen mit längeren Krankheitskarrieren zuständig ist. Der Vergleich mit der Gesamtklientel des SpDs lässt sich nur schwer herstellen, da in dessen Dokumentation eine andere Altersverteilung vorgenommen wird. Dort ist die Altersgruppe bis 40 Jahre insgesamt mit 31 % vertreten. Die größere Zahl liegt in erster Linie am Unterschied der Einteilung (bis 35 bzw. bis 40 Jahre), da in der Gruppe ohne stationäre Aufenthalte etc. (siehe 5.6.1.) jüngere KlientInnen (unter 35 Jahre) nicht vermehrt auftauchen.

Bezogen auf den gleich langen Zeitraum vor und seit Beginn der Betreuung durch den SpD nimmt die Behandlungsdauer seit Beginn der Betreuung um 38,4 % ab. Vor Beginn der Betreuung betrug im gleich langen Zeitraum die Behandlungsdauer pro KlientIn durchschnittlich 66,66 Tage, seit Beginn der Betreuung 40,88 Tage. Im

Vergleich zu den beiden anderen Altersgruppen (Reduktion um 54 %) und zur Gesamtgruppe (Reduktion um 52,4 %) kann ebenfalls eine erhebliche Absenkung der stationären Behandlungsdauer festgestellt werden, die jedoch signifikant unter der Rate liegt, die bei den beiden Kontrollgruppen besteht. Dies kann zum einen mit der geringen Erhebungspopulation der Indexgruppe (N = 27 Personen), zum anderen aber auch mit dem Faktum zusammenhängen, dass in dieser Altersgruppe Menschen noch häufigere Aufenthalte vorweisen. Dessen ungeachtet sinkt auch hier die Behandlungsdauer seit Beginn der Betreuung durch den SpD mit 38,4 % erheblich. Schließlich darf nicht übersehen werden, dass es sich bei der Untersuchungspopulation nicht um eine Stichprobe aus einer Grundgesamtheit handelt, sondern um alle KlientInnen eines SpDs mit stationären Aufenthalten (N = 135 Personen). Bei dieser Größe ist in Verbindung mit der Grundgesamtheit davon auszugehen, dass sich die erhobenen Personen mit gutem und schlechtem Verlauf normal verteilen und sich die »Ausreißer« nach der einen wie der anderen Seite gegenseitig aufheben.

- Im zweiten Vergleich werden die KlientInnen mit bis zu zwei zwei Aufenthalten als Indexgruppe zusammengenommen und den anderen Einteilungen als Kontrollgruppe gegenübergestellt: Es geht bei dieser Personengruppe um 58 KlientInnen (43 % der Erhebungspopulation). Diese weisen eine durchschnittliche Betreuungszeit durch den SpD von 34 Monaten oder 2,87 Jahren pro KlientIn auf im Unterschied zu 3,8 Jahren pro KlientIn bei der Gesamtgruppe. Der Vergleich der Behandlungsdauer vor und seit Beginn der Betreuung im gleich langen Zeitraum ergibt einen Rückgang der Behandlungsdauer seit der Betreuung um 67 %: 59,5 Tage pro KlientIn vor Beginn, 19,22 Tage pro KlientIn seit Beginn der Betreuung = 40,3 Tage weniger.

Für den signifikant höheren Prozentsatz im Vergleich zur Gesamtgruppe (52,4 %) können folgende Gründe geltend gemacht werden:

1. Die geringere Betreuungszeit im Vergleich zur Gesamtgruppe (Reduktion um fast 25 % / 2,87 Jahre gegenüber 3,8 Jahre) bedeutet, dass aufgrund des geringeren Zeitraums rein rechnerisch weniger stationäre Aufenthalte auftreten.

2. Wenn unter der Erhebungspopulation Menschen mit gutem bis mittlerem Krankheitsverlauf auftauchen, dann befinden sie sich mit größter Wahrscheinlichkeit in dieser Gruppe.

3. Ein weiterer Grund steht mit der Annahme in Verbindung, dass die Arbeit des Sozialpsychiatrischen Dienstes die stationäre Behandlungsdauer reduziert. Der Grund lautet: Bei nicht wenigen KlientInnen mit bis zu zwei Aufenthalten zeigt nach längerer Betreuung durch den SpD die sozialpsychiatrische Arbeit im Sinne der Tertiärprävention Wirkung (siehe diesbezüglich die ausführliche Fallstudie in Kap. 7 und weitere 38 Fallerörterungen in Kap. 8).

Diese Ergebnisse und ihre Diskussion führen zum Ergebnis, dass eine weitgehende Ausgrenzung dieser Variablen bezogen auf die zu prüfende Hypothese vorgenommen werden kann.

5.7.3.3. Erhöhung der Compliance durch die Entwicklung neuer Medikamente (atypische Neuroleptika)

Des Öfteren wird in der psychiatrischen Diskussion in den letzten beiden Jahren auf die Entwicklung neuer Medikamente in der Behandlung schizophren erkrankter Menschen hingewiesen. So veranstaltete z. B. die Psychiatrische Klinik des Bürgerhospitals innerhalb eines Jahres zwei Tagungen zu dieser Thematik. Des Weiteren erscheinen in Fachzeitschriften zunehmend Beiträge, wobei der unten zitierte stellvertretend für die anderen herangezogen wird.

Die Einnahme atypischer Neuroleptika (z. B. Leponex, Risperdal und Zyprexa) führt in der Fachwelt zur Annahme, dass die Behandlung schizophrener Erkrankungen dadurch effektiver wird, weil diese Medikamente weniger Nebenwirkungen produzieren, vor allem weniger extrapyramidale Störungen und sich zumindest nicht noch verstärkend auf die Minussymptomatik der betroffenen Menschen auswirken. In einem Beitrag der Zeitschrift Nervenheilkunde (10/1997) wird dazu Stellung genommen. Vorrangig werden darin die Wirkung und Nebenwirkung von Zyprexa untersucht. Jedoch werden auch Leponex und Risperdal im Unterschied zu den klassischen Neuroleptika (Haldol, Glianimon etc.) in die Untersuchung miteinbezogen.

Daraus lässt sich folgende Alternativhypothese ableiten: Die atypischen Neuroleptika wirken sich positiv aus auf die Reduktion der Nebenwirkungen (extrapyramidale Störungen) und auf die Nichtverstärkung der Minussymptomatik (Antriebsminderung etc.). Dadurch wird die Akzeptanz zur Behandlung bei den Betroffenen gefördert, was sich wiederum in der Verringerung der Rezidive und der stationären Behandlungen niederschlägt.

Deswegen wurde überprüft, welche Menschen aus der Untersuchungsgruppe während des Erhebungszeitraums mit einem atypischen Neuroleptika behandelt wurden und wie sich die Verringerung und Verkürzung der stationären Behandlungen zur Gesamtgruppe verhält. Lässt sich z. B. ein signifikanter Rückgang der stationären Behandlungsdauer im Vergleich zur Untersuchungsgruppe beobachten?

Insgesamt erhielten elf (sieben Frauen, vier Männer) von 135 Personen (Untersuchungsgruppe) im Verlauf des Erhebungszeitraums atypische Neuroleptika. Davon wurden zehn mit Leponex und eine Person mit Risperdal behandelt. Zyprexa war am Ende des Erhebungszeitraums (31.12.1996) auf dem deutschen Markt noch kaum vorhanden.

Die Anzahl der stationären Aufenthalte bei dieser Gruppe betrug im Durchschnitt 6,8 pro Person (5,5 bei der gesamten Untersuchungsgruppe). Die Behandlungsdauer lag im Durchschnitt pro Person bei 12,6 Monaten (9,3 Monate bei der Gesamtgruppe).

Der Vergleich der Aufenthalte und der stationären Behandlungsdauer für den gleich langen Zeitraum vor und seit Beginn der Betreuung durch den SpD ergibt folgendes Bild:

	Gleich langer Zeitraum
Anzahl der Personen	11
Aufenthalte insgesamt	75; 6,8 pro Person
Behandlungsdauer insgesamt	138,7 Monate; 12,6 Monate pro Person
Aufenthalte vorher	43
Aufenthalte seit Beginn	24
Behandlungsdauer vorher	2482 Tage; 82,7 Monate; 7,52 Monate pro Person
Behandlungsdauer seit Beginn	1234 Tage; 41,1 Monate; 3,74 Monate pro Person

Die Behandlungsdauer für den gleich langen Zeitraum vor und seit Beginn der Betreuung durch den SpD sinkt um 50,2 % nach Beginn der Betreuung, während sie bei der gesamten Untersuchungsgruppe um 52,4 % sinkt. Die Zahl der Aufenthalte sinkt insgesamt um 19 von 43 auf 24.

Hinsichtlich der Bewertung dieser Zahlen muss berücksichtigt werden, dass es sich um eine kleine Gruppe (elf Personen) handelt und deswegen die Zahlen nicht repräsentativ sind. Außerdem konnte nicht mehr eruiert werden, ab wann genau während des Erhebungszeitraums die Behandlung mit atypischen Neuroleptika einsetzte.

Es galt zu prüfen, ob sich das Untersuchungsergebnis signifikant vom Ergebnis der Gesamtgruppe unterscheidet. Dies ist eindeutig nicht der Fall. Bei den mit atypischen Neuroleptika behandelten Menschen war die Verringerung der stationären Behandlungsdauer sogar um 2 % geringer als bei der gesamten Gruppe. Es kann also keine signifikante Veränderung des Gesamtergebnisses durch diese Variable festgestellt werden.

Deswegen kann die Variable Verringerung der Behandlungsdauer durch neue Medikamente vernachlässigt werden.

5.7.3.4. Veränderung der durchschnittlichen Belegungstage in der psychiatrischen Klinik während des Erhebungszeitraums

Mit dieser Variablen ist die Frage verbunden, ob die Veränderung der durchschnittlichen Belegungstage in der psychiatrischen Klinik während des Erhebungszeitraums (1981 bis 1996) einen Einfluss auf die Verringerung der Behandlungsdauer der Untersuchungspopulation hat. So würde sich eine erhebliche Ab- oder Zunahme der Belegungstage auch auf die Behandlungsdauer der in der Untersuchung eingegangenen KlientInnen auswirken.

Die folgende Abbildung zeigt die durchschnittlichen Belegungstage der psychiatrischen Klinik zwischen 1981 und 1996, in der die Erhebung durchgeführt wurde.[23]

---

23 Diese Informationen wurden der jährlich von der Stadt Stuttgart herausgegebenen Zeitschrift: »Unsere Krankenhäuser« (1990/1993/1995/1996) entnommen.

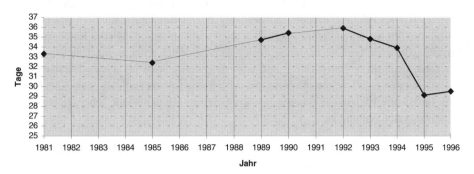

Abbildung 12: Durchschnittliche Behandlungsdauer 1981-1996

Bis auf die letzten beiden Jahre (1995/1996)[24] bleibt die durchschnittliche Behandlungsdauer quasi unverändert. Selbst in den letzten beiden Jahren beträgt der Rückgang bezogen auf den Mittelwert nur 4,1 und 3,7 Tage. Diese Verringerung der Belegungstage erklärt sich durch die Einführung der Krankenhausbudgetfinanzierung.

Die durchschnittliche Behandlungsdauer bezieht sich auf die gesamte Klientel der Klinik und nicht nur auf den untersuchten Personenkreis. Dazu liegen keine gesonderten Erhebungen vor. Trotz dieser Einschränkung kann ein Vergleich vorgenommen werden, ob und wie sich die Veränderung der Belegungstage auf die Behandlungsdauer der Untersuchungspopulation auswirkt:

Die Anrechnung der maximalen Abweichung vom Durchschnitt von 4,1 Tagen (Durchschnitt: 33,2 Tage, 1995: 29,1 Tage) auf die Verringerung der durchschnittlichen Behandlungsdauer pro KlientIn der Untersuchungspopulation ergibt eine Reduktion um vier von 64 auf 60 Tage (5.6.3.) pro KlientIn.

Dies bedeutet, dass die Verringerung der Behandlungsdauer seit Beginn der Betreuung durch den SpD (gleich langer Zeitraum) von 52,4 % auf 50 % zurückgeht.

Auf die Frage, ob und wie sich die Veränderung der Belegungstage in der Klinik auf die Verringerung der Behandlungsdauer seit Beginn der Betreuung durch den SpD auswirkt, kann geantwortet werden, dass sie (fast) ohne Einfluss ist und ebenfalls vernachlässigt werden kann.

Mögliche Veränderungen in der Klinik während dieser Zeit können aus den Gesprächen mit den Klinikvertretern abgeleitet werden. Daraus geht hervor, dass sie mit der Einrichtung und der Arbeit der SpDs zusammenhängen. In zwei Gesprächen über die vorliegenden Ergebnisse und ihre Interpretation mit dem ärztlichen Direktor der Klinik und dem Leiter des Sozialdienstes kann festgehalten werden, dass mit der Einrichtung der Sozialpsychiatrischen Dienste in Stuttgart (1982) in der Klinik sukzessive eine Intensivierung der Aufmerksamkeit hinsichtlich der Nachsorge chronisch psychisch kranker Menschen

---

24 Die fett gedruckten Linien in der Abbildung beziehen sich auf die direkten Jahresvergleiche. Bei den nicht fett gedruckten Linien liegt die durchschnittliche stationäre Behandlungsdauer für die dazwischenliegenden Jahre nicht vor.

zu beobachten war. Zuvor war bei Menschen mit häufigen stationären Aufenthalten immer wieder festzustellen, dass im Alltag keine adäquaten, ambulanten, tragfähigen Netze bestanden. Dies führte zu erneuten Einweisungen. Der Blick auf schnellere und bedarfsgerechtere Entlassungen konnte dadurch erst gar nicht entstehen. Mit der Etablierung der Sozialpsychiatrischen Dienste änderte sich dies im Verlauf der Jahre. Das Wissen um Einrichtungen, die verantwortlich und kontinuierlich gerade für diesen Personenkreis Hilfestrukturen entwickelten, förderte und erleichterte frühere Entlassungen. Eine besondere Bedeutung kommt dabei der engen Kooperation mit der Klinik schon während der stationären Behandlung zu.

5.7.3.5. Veränderungen von wichtigen an Lebenslagen orientierten Merkmalen während des Untersuchungszeitraums

Mit dieser Variable verbindet sich die Fragestellung, ob bestimmte, in der wissenschaftlichen Diskussion für den Verlauf von Erkrankungen als wichtig erachtete soziale Determinanten sich während des Untersuchungszeitraums wesentlich veränderten und damit auch auf Zahl und Dauer stationärer Aufenthalte Einfluss genommen haben. Es wird beleuchtet, ob sich bei den KlientInnen der Erhebungspopulation während des Erhebungszeitraums größere Veränderungen in den Bereichen Einkommen/finanzielle Situation, Lebensverhältnisse und Familienstand ergeben haben, die zu einer Zuspitzung oder auch zur Abschwächung des Verlaufs der Erkrankung und damit auch zu einer Zu- oder Abnahme stationärer Aufenthalte hätten führen können.

Über das Dokumentationssystem der Sozialpsychiatrischen Dienste, welche u. a. die drei genannten Faktoren enthält, wurde bei jedem(r) KlientIn überprüft, ob von Beginn der Betreuung bis 12/96 Veränderungen eingetreten sind.

Dies führte zu folgendem Ergebnis:

Bei insgesamt 68 KlientInnen konnten gewichtige Änderungen im Erhebungszeitraum (gleich langer Zeitraum vor und seit Beginn der Betreuung durch den SpD) in den Bereichen

- Familienstand
- Lebensverhältnisse
- Finanzielle Verhältnisse/Einkommen

festgestellt werden.

Zunächst wurden die Veränderungen in positive und negative Ereignisse bei jede(m)r KlientIn eingeteilt. Ausgangspunkt dafür war die Orientierung an der Kategorie Autonomisierung und Reduktion von Abhängigkeit.

Dabei geht es um folgende Ereignisse: Arbeitsplatzverlust, Frühberentung, Abstieg in die Sozialhilfe, Räumungsklage, Verlust der Wohnung, Auszug von zu Hause, Trennung/Scheidung vom Partner, Tod des Partners, Umschulung abgebrochen; aber auch: Neue Beziehung eingegangen, eigene Wohnung bezogen, wieder einen Arbeitsplatz gefunden.

Die am häufigsten auftretenden Ereignisse sind: Verlust des Arbeitsplatzes, Verringerung des Einkommens, Abstieg in die Sozialhilfe, Frühberentung, Trennung/Scheidung vom Partner, Tod des Partners, Umzug.

Bei der näheren Durchsicht dieser Gruppe zeigte sich jedoch die Unmöglichkeit einer Einteilung in positive und negative Ereignisse. Der einseitig orientierte Rehabilitationsmythos aus frühen Psychiatriereformzeiten kann beim untersuchten Personenkreis nicht als Leitlinie und Maßstab herangezogen werden, wenn die zugrunde liegende soziale Realität nicht vergröbert und undifferenziert in ein Bewertungsschema gepresst werden soll.

Dafür werden drei Beispiele beim gleichen Ereignis zum Vergleich herangezogen. Im ersten Beispiel trug der Verlust des Arbeitsplatzes in Verbindung mit der Frühberentung trotz weniger Normalität, so genanntem gesellschaftlichem Abstieg und weniger Vertragsfähigkeit zu einer vom Betroffenen immer wieder betonten Verbesserung seiner gesundheitlichen Befindlichkeit und Lebenslage bei.

In einem zweiten Fall wird der gleiche Vorgang ambivalent erlebt: Einerseits wurde die Ausgrenzung aus dem Arbeitsleben schmerzlich als Verlust wahrgenommen. Andererseits bedeutete sie für ihn eine deutliche subjektive Entlastung und Beruhigung aufgrund der Beseitigung des Drucks, der durch die Arbeit und deren Begleitumstände auf ihm lastete. Klinikaufenthalte und suizidale Handlungen, die zuvor häufig auftraten, tauchten bislang nicht mehr auf. Im dritten Fall wurden Arbeitsplatzverlust und Frühberentung eindeutig als Versagen und Ausgrenzung erlebt und führten tendenziell zu einer Verschlechterung des Gesundheitszustandes.

Die drei Beispiele könnten in den anderen Bereichen beliebig fortgesetzt werden, z. B. bei der Trennung vom Partner, beim Auszug von zu Hause etc. Was sich in einem Fall als negative Konsequenz für den objektiven und subjektiven Lebensweg und -entwurf ausmachen lässt, stellt sich im anderen als die Verringerung und Linderung eines Leidensweges heraus.

Es soll hier nicht einer passiven, nicht mehr beeinflussbaren und jederzeit zu legitimierenden Beliebigkeit des Einzelschicksals das Wort geredet werden. Vielmehr erfolgt eine Relativierung eines einseitig verstandenen Rehabilitationsmodells in der psychiatrischen Diskussion, welches den Teil der Menschen immer wieder auszuschließen droht, der nicht mehr in die Bezüge des normalen Lebens hineinzusozialisieren ist und in der Geschichte der Psychiatrie die Gruppe der ausgegrenzten chronisch psychisch kranken Menschen bildete. Dieser Überlegung liegt ein weitergehendes und umfassenderes Verständnis zur Partizipation am und im Alltagsleben zugrunde (siehe »Theoretische Grundlagen« in Kap. 6.2. und »Lebenslage chronisch psychisch kranker Menschen« in Kap. 3). Sie geht aus von der Realität des Individuums – so behindert es auch sein mag – und hat die Ausweitung und Ausdehnung seiner Teilhabe- und Teilnahmemöglichkeiten am Alltagsleben zum Ziel.

Hinzu kommt, dass verschiedene KlientInnen seit Beginn der Betreuung gleichzeitig positive und negative Ereignisse aufweisen, was auch für den gleich langen Zeitraum vor Beginn der Betreuung zutrifft. Eine dementsprechende Weiterentwicklung wäre nur über die qualitative Untersuchung jedes einzelnen Falles möglich, um über die Aussagen der Betroffenen selbst eine Einschätzung und Bewertung der jeweiligen Ereignisse vornehmen zu können.

Bezogen auf die Diskussion dieser Variablen wäre es deshalb nicht sonderlich aussagekräftig und weiterführend gewesen, die Prüfung nach positiven und negativen Ereignissen vorzunehmen.

Auf der Grundlage dieser Überlegungen war eine gröbere Differenzierung erforderlich: Die gesamte Gruppe (N = 68) mit Veränderungen in den drei Bereichen wird verglichen mit der gesamten Untersuchungspopulation (N = 135) bezogen auf die Gegenüberstel-

lung der Anzahl und der Dauer der stationären Aufenthalte für den gleich langen Zeitraum vor und seit Beginn der Betreuung durch den SpD.
Der Vergleich führt zu folgendem Ergebnis:
Es handelt sich um 68 KlientInnen (50 % der Erhebungspopulation; 29 Männer und 39 Frauen) mit insgesamt 395 stationären Aufenthalten, was pro KlientIn einer Häufigkeit von 5,8 entspricht (Gesamtgruppe: 5,5). Die Behandlungsdauer betrug insgesamt 315,3 Tage/ 10,5 Monate pro KlientIn (Gesamtgruppe: 9,3 Monate).
Die Zahl der Aufenthalte für den gleich langen Zeitraum verringerte sich um 43 (29,2 %) von 147 auf 104 (Gesamtgruppe: 36,3 %). Die Behandlungsdauer pro KlientIn sank für den gleich langen Zeitraum um 74,4 Tage (52,5 %) von 141,7 auf 67,3 Tage. Diese Reduktion ist quasi identisch mit der Verringerung bei der Gesamtgruppe (52,4 %).
Die mit der Variablen verbundene Alternativhypothese, dass sich bei der Gruppe mit Veränderungen in wichtigen auf Krankheit/Gesundheit einwirkenden Lebensbereichen und Ereignissen signifikante Unterschiede bei der Behandlungsdauer zeigen, kann nicht bestätigt werden. Es gilt einschränkend zu berücksichtigen, dass keine spezifischen statistischen Vergleiche (positiv – negativ, vor – seit Beginn der Betreuung) aus den o. g. Gründen und wegen der dabei immer kleiner werdenden und damit weniger aussagefähigen Fallzahlen vorgenommen wurden.
Jedoch verweist der Vergleich des zentralen Kriteriums Verringerung der Behandlungsdauer im gleich langen Zeitraum auf identische Zahlen (52,5 % und 52,4 %). Im Hinblick auf die Reduktion der Behandlungsdauer sind statistisch keine relevanten Unterschiede festzustellen. Deswegen kann auch die mit dieser Variablen formulierte Alternativhypothese weitgehend vernachlässigt werden.

5.7.3.6. Änderungen im Versorgungssystem während des Untersuchungszeitraums

Die zu prüfende Alternativhypothese lautet: Die Entwicklung und Entstehung gemeindepsychiatrischer Einrichtungen während des Untersuchungszeitraums haben sich auf die stationären Einweisungen und die Behandlungsdauer reduzierend ausgewirkt. Wohngemeinschaften, Häusliche Pflege, Tageszentren, eine größere Anzahl von Nervenärzten etc. sowie eine engere Zusammenarbeit der MitarbeiterInnen dieser Bausteine führen zu einer Verringerung stationärer Aufenthalte und deren Dauer (zu Veränderungen im klinischen Bereich vgl. die Variable »Veränderung der Belegungstage«: 5.7.3.4.).
Die Beleuchtung der Situation in Stuttgart ergibt folgendes Bild:
Die KlientInnen des SpDs, die in die Untersuchung Eingang fanden, waren über einen längeren Zeitraum hinweg weder in **Wohngemeinschaften** noch in **Wohnheimen**, sodass hier kein entsprechender Einfluss festgestellt werden kann, auch wenn die Zahl der Wohngemeinschaftsplätze während des Untersuchungszeitraums enorm anstieg (1981: ca. 8; 1996: ca. 100 Plätze).
Die **Häusliche Pflege für psychisch kranke Menschen** gibt es erst seit Mitte 1995, sodass auch hier kein signifikanter Einfluss geltend gemacht werden kann. KlientInnen des SpDs, die vom Sonderpflegedienst betreut wurden, sind gesondert erhoben worden und führten zu keinem abweichenden Ergebnis im Sinne der Alternativhypothese (5.6.11.).
Zuvor stattfindende Häusliche Pflege über Honorarkräfte wurde unmittelbar vom SpD initiiert, organisiert und koordiniert. Dies bedeutet, dass damit kein SpD fremder Einfluss auf die Untersuchungshypothese besteht.

Tagesgestaltende Aktivitäten, stundenweise Arbeitshilfen, effektivere Kooperation und Vernetzung gemeindepsychiatrischer Hilfen gingen während des Untersuchungszeitraums vom SpD in dessen Eigenregie aus und sind Bestandteil seines Handlungsrepertoires. Einflüsse, die sich daraus auf Zahl und Dauer stationärer Aufenthalte ergeben, können damit vorrangig der Arbeit des SpDs zugeordnet werden.[25]

Die Zahl der **Nervenärzte** ist während des Untersuchungszeitraums im Einzugsgebiet des SpDs fast gleich geblieben. Aufgrund der konstant bleibenden Zahl der vom SpD betreuten Menschen, die sich trotz entsprechender Behandlungsbedürftigkeit (siehe 5.6.1.1.) nicht in medizinisch-psychiatrischer Behandlung befinden, ist davon auszugehen, dass damit kein Einfluss auf das Untersuchungsergebnis ausgeübt wird. Hinzu kommt, dass eine Entwicklung neuer Verfahren in der praktischen Arbeit der Nervenärzte mit dem hier untersuchten Personenkreis unseren Erfahrungen zufolge nicht festzustellen ist. Der Einfluss atypischer Neuroleptika auf die Untersuchungsgruppe wird in der Variablen »Erhöhung der Compliance ...« (5.7.3.3.) erörtert.

Dies bedeutet: Die Beeinflussung nervenärztlicher Behandlung während des Untersuchungszeitraums auf Zahl und Dauer stationärer Aufenthalte für die untersuchte Gruppe ist – wenn überhaupt – nur in geringem Ausmaß zu konstatieren.

Die Bedeutung der **Betroffenen- und Angehörigeninitiativen** auf die Fragestellung lässt sich folgendermaßen skizzieren:

Angehörigengruppe und Betroffeneninitiative bestehen in Stuttgart schon seit Beginn des Untersuchungszeitraums (1981). Wenn auch Intensität und Effektivität der Arbeit beider Gruppen zugenommen haben (z. B. Psychoseseminare, psychoedukative und -informative Konzepte, Beschwerdestelle etc.), ist eine signifikante Beeinflussung nicht zu beobachten. Die KlientInnen des untersuchten Personenkreises sind z. B. in den Aktivitäten der Bewegung der Psychiatrieerfahrenen nur vereinzelt vertreten.

Die Angehörigenselbsthilfegruppe des SpDs ging auf dessen Initiative zurück und wird seither bei Bedarf von den MitarbeiterInnen im Hintergrund begleitet. Es besteht eine enge Verbindung und Kooperation zwischen der Leiterin der Gruppe und dem SpD. Deswegen stehen mögliche Einflüsse auf die Untersuchungshypothese mit der Arbeit des SpDs in Verbindung.

Zusammenfassend ist festzuhalten: Es ist eine eindeutige – positive – Veränderung der gemeindepsychiatrischen Hilfen in Stuttgart (Bad Cannstatt) zu verzeichnen (siehe auch Kapitel 2). Sie steht jedoch zum einen in engem Zusammenhang mit der Arbeit der SpDs in Stuttgart. Zum anderen ist festzuhalten, dass die anderen Felder und Bereiche nur einen geringen Einfluss auf die Untersuchungshypothese ausüben.

5.7.3.7. KlientInnen mit kurzer Betreuungsdauer im Sozialpsychiatrischen Dienst

Die unabhängige Variable lautet: Personen, die erst seit kurzem vom SpD betreut werden, werden aus der Untersuchung herausgenommen, um zu überprüfen, ob die Herausnahme Auswirkungen auf das Gesamtergebnis hat. Die dahinter stehende Überlegung ist, dass durch eine kurze Betreuungszeit durch den SpD noch kein Effekt erzielt wird in Richtung Reduktion von Zahl und Dauer stationärer Behandlungen.

---

[25] Näheres dazu ist in den Jahresberichten der SpDs in Stuttgart nachzulesen. Diese sind beim Autor erhältlich.

Es wird deshalb überprüft, ob die Herausnahme der KlientInnen, die sich kürzer als ein halbes Jahr in Betreuung des SpDs befanden, Auswirkungen auf das Gesamtergebnis hat. Daraus ergeben sich folgende Zahlen:

Es handelt sich um zehn KlientInnen mit insgesamt 24 stationären Aufenthalten und einer Behandlungsdauer von insgesamt 940 Tagen. Dies entspricht 94 Tagen oder 3,13 Monaten pro KlientIn.

Bildet man den Vergleich der Anzahl und Dauer der stationären Behandlung dieser Gruppe innerhalb des gleich langen Zeitraum vor und seit Beginn der Betreuung, ergibt sich folgendes Ergebnis:

Vor Beginn der Betreuung waren es vier Aufenthalte. Seit Beginn der Betreuung war noch ein Aufenthalt zu verzeichnen. Die Behandlungsdauer sank im gleichen Zeitraum von 248 Tage auf 72 Tage, was wiederum einer Reduktion von insgesamt 176 Tagen (17,6 Tage pro KlientIn) entspricht. Diese Zahlen haben nur einen begrenzten Aussagewert, weil der Vergleichszeitraum maximal ein halbes Jahr darstellt und deswegen von Zufälligkeiten ausgegangen werden kann.

Von den zehn KlientInnen hatten sieben bis zu zwei stationäre Behandlungen hinter sich. Eine KlientIn verzeichnete sieben Aufenthalte. Bei ihr handelt es sich um eine Person, die schon lange in Betreuung eines anderen SpDs in Stuttgart war und im zweiten Halbjahr in das Einzugsgebiet des SpDs Bad Cannstatt zog. Bei einer Klientin liegen insgesamt vier stationäre Aufenthalte vor, die allerdings lange vor dem Vergleichszeitraum stattgefunden haben. Gleichzeitig wohnte sie über einen längeren Zeitraum hinweg während des Untersuchungszeitraums nicht im Einzugsgebiet des SpDs. Ein Klient hatte über einen längeren Zeitraum hinweg fünf stationäre Aufenthalte. Hier handelt es sich um einen Mann, zu dem vor ca. acht Jahren trotz mehrfacher Versuche kein Kontakt zustande kam, da er die Betreuung durch den SpD konsequent ablehnte. Erst im zweiten Halbjahr 1996 konnte während eines stationären Aufenthaltes eine tragfähige Beziehung aufgebaut werden, die immer noch besteht (August 1997).

Daraus kann abgeleitet werden, dass die Herausnahme dieser Gruppe aus der Vollerhebung keine Bedeutung für das Gesamtergebnis hat. Der Vergleich führt nicht zu relevanten Unterschieden. Auch diese Variable übt keinen signifikanten Einfluss auf das Gesamtergebnis aus.

Aus diesem Grund wurde in der Darstellung der Ergebnisse wieder auf die gesamte Erhebungspopulation (N = 135) zurückgegriffen, da die geringe Anzahl der Personen, die in der zweiten Hälfte 1996 in die Betreuung des SpDs kamen, keine Auswirkungen auf die Ergebnisse haben.

5.8. Diskussion

Aufgabe und Ziel des Kapitels ist, die stationären Aufenthalte in der örtlichen psychiatrischen Klinik mit Vollversorgung des vom SpD Bad Cannstatt 1996 langfristig betreuten Personenkreises zu erheben, um Zahl, stationäre Behandlungsdauer und zwangsweise Unterbringungen in gleich langen Zeiträumen vor und seit Beginn der Betreuung durch den SpD zu vergleichen. Damit verbindet sich die Annahme, dass seit Beginn der Betreuung ein Rückgang bei allen drei Faktoren zu verzeichnen ist.

Insgesamt waren 135 KlientInnen von dem insgesamt 209 KlientInnen umfassenden Personenkreis betroffen, welche der SpD 1996 langfristig betreut hat. Bei den verbleibenden 74 KlientInnen waren z. B. entweder keine stationären Aufenthalte zu verzeichnen, oder es lagen nur stationäre Behandlungen in psychotherapeutisch/psychosomatischen Einrichtungen außerhalb Stuttgarts vor, oder die letzte stationäre Behandlung in der örtlichen psychiatrischen Klinik lag schon länger als zehn Jahre zurück etc. (5.6.1.2.).

Anzahl der Aufenthalte, stationäre Behandlungsdauer und zwangsweise Unterbringungen wurden in vergleichbaren Zeiträumen vor und seit Beginn der Betreuung durch den SpD über verschiedene Zugangswege, mit verschiedenen Einteilungen der KlientInnen und unterschiedlichen Perspektiven ausgeleuchtet. Die verschiedenen Stränge, die verfolgt wurden, führten zu einem recht einheitlichen Ergebnis:

- Die Zahl der stationären Aufenthalte reduzierte sich durchschnittlich pro KlientIn um 36,3 %.
- Die stationäre Behandlungsdauer sank pro KlientIn um durchschnittlich 52,4 %.
- Die Zahl der zwangsweisen Unterbringungen ging um durchschnittlich 40 % zurück.

Zur Prüfung der Annahme, ob diese Ergebnisse mit der Arbeit des SpDs zu tun haben, wurden Alternativhypothesen formuliert und (qualitativ und quantitativ) diskutiert, welchen Einfluss diese auf die der Untersuchungshypothese zugrunde liegenden Annahme nehmen können. Dabei ging es um die Verteilung von Männern und Frauen, den Verlauf der Erkrankung, die Veränderung der Belegungstage in der Klinik, die Veränderung wichtiger, an Lebenslagen-orientierten Merkmalen während des Erhebungszeitraums, neue Medikamente, Veränderungen im Versorgungssystem, KlientInnen mit kurzer Betreuungsdauer durch den SpD. Diese Variablen wurden mit Zahlen, Literaturhinweisen, dem Dokumentationssystem des SpDs und Expertengesprächen geprüft.

Aus der Diskussion kann abgeleitet werden, dass sämtliche Variablen nur einen sehr geringen Einfluss auf die statistischen Ergebnisse haben:

Vor diesem Hintergrund kann davon ausgegangen werden, dass die Reduktion der Anzahl der Aufenthalte, der zwangsweisen Unterbringungen und vor allem der stationären Behandlungsdauer mit der Arbeit des SpDs in einem inneren Zusammenhang steht bzw. mit großer Wahrscheinlichkeit durch sie bedingt ist.

Die Diskussion und Bewertung der vorliegenden Erhebung leitet über zur Diskussion, wie die Arbeit des SpDs auf die Förderung der Lebensqualität der Betroffenen in Richtung eines gelingenderen Alltags Einfluss nimmt. Es kann davon ausgegangen werden, dass sich das Untersuchungsergebnis auf die Lebensqualität auswirkt: Weniger und kürzere Aufenthalte sowie weniger zwangsweise Unterbringungen sind mit mehr Lebensqualität verbunden. Diesbezüglich besteht zwischenzeitlich in der psychiatrischen Fachwelt in Verbindung mit der Bewegung der Psychiatrieerfahrenen und der Angehörigen ein breiter Konsens. Jedoch handelt es sich dabei nur um einen Bestandteil einer umfassend verstandenen Lebensqualität und sagt noch nichts über die Qualität der Arbeit aus (»wie-das-Leben-ist, wie-es-gemacht-wird« LAMNEK 1995, S.85). Dies ist Gegenstand der folgenden Kapitel in Verbindung mit der Frage, welchen methodischen Schlussfolgerungen für das sozialpsychiatrische Handeln daraus abgeleitet werden können.

C Zweiter empirischer Teil (Qualitative Untersuchungen): Fallstudie und -erörterungen mit methodischen Schlussfolgerungen für alltags- und lebensweltorientiertes, sozialpsychiatrisches Handeln

6. Theoretische Erörterung

6.1. Fragestellung und Hypothese

Die **Fragestellung** der **qualitativen Untersuchung** lautet: Ob und wie trägt alltags- und lebensweltorientiertes, sozialpsychiatrisches Handeln eines SpDs zu einem gelingenderen Alltag (alltags- und lebensweltorientierte Ansätze) bzw. zu mehr Lebensqualität (Sozialpsychiatrische Ansätze) für den Personenkreis der chronisch psychisch kranken Menschen bei?

Mit der **Untersuchung** soll **aufgezeigt und erreicht** werden, dass
- alltags- und lebensweltorientiertes, sozialpsychiatrisches Handeln wesentlich mit dazu beiträgt, die Ziele und Aufgaben des SpDs umzusetzen,
- methodische Schlussfolgerungen für alltags- und lebensweltorientiertes, sozialpsychiatrisches Handeln getroffen werden können,
- sozialpsychiatrische Arbeit eine explizitere und profiliertere Sprache und in den alltags- und lebensweltorientierten Ansätzen eine theoretische Verankerung findet.

Die qualitative Untersuchung erfolgt anhand einer **ausführlichen Fallstudie** (Kap. 7) und einem **repräsentativen Querschnitt der Fallsituationen** eines SpDs mit 38 Fallbeispielen und -erörterungen (Kap. 8).

Zunächst ist jedoch ein ausführlicherer Blick auf die **theoretischen Ausgangsbedingungen und Hintergründe** erforderlich, in denen alltags- und lebensweltorientiertes, sozialpsychiatrisches Handeln verankert ist. Die theoretische Positionsbestimmung ist gleichzeitig ein Orientierungsrahmen und Grundlage für die empirischen Untersuchungen in den Kapiteln 7 und 8.

6.2. Theoretische Grundlagen einer alltags- und lebensweltorientierten, sozialpsychiatrischen Arbeit

6.2.1. Einleitung

Mit dem Kapitel »Theoretische Grundlagen einer alltags- und lebensweltorientierten, sozialpsychiatrischen Arbeit« wird Folgendes beabsichtigt:

1. Es wird auf theoretische Ansätze zurückgegriffen, aus denen **Ziele und Leitlinien für die qualitative Untersuchung** abgeleitet werden können. Die theoretische Orientierung bezieht sich auf alltags- und lebensweltorientierte Ansätze sowie sozialpsychiatrische Ansätze, wie sie aus der sozialpsychiatrischen Bewegung erwachsen sind. Damit wird eine **theoretische Bestimmung** einer bisher nach theoretischen Aussagen suchenden sozialpsychiatrischen Praxis angestrebt.
Es soll aufgezeigt werden, dass sich die Ziele sozialpsychiatrischer Ansätze von den

Leitlinien der alltags- und lebensweltorientierten Ansätze in ihrer Entstehung und Herkunft unterscheiden. Während die Ziele der sozialpsychiatrischen Ansätze in erster Linie als praktisch-ethisch-moralische Antwort auf die traditionelle Psychiatrie verstanden werden können (6.2.2. und 6.2.2.6.), wird festgestellt, dass die Leitlinien der lebensweltorientierten Ansätze vorrangig aus theoretischen Überlegungen hervorgegangen sind (6.2.3.). Meine Behauptung ist, dass Letztere in der Sozialpsychiatrie explizit nicht geläufig sind, obwohl sich ihre Praxis vor allem mit chronisch psychisch kranken Menschen implizit schon lange daran orientiert. Damit wird die Absicht verfolgt, die Leitlinien der Alltagstheorien herauszustellen, sie mit sozialpsychiatrischen Zielen zu vergleichen und aufzuzeigen, dass Letztere in den alltags- und lebensweltorientierten Ansätzen verankert werden können.

2. Ausgangspunkt der Darstellung sind die **Ziele und Leitlinien der sozialpsychiatrischen Bewegung.** Sie werden aus der Geschichte heraus in Zusammenhang mit ihrer Entstehung als Ergebnis einer vorrangig praktischen Bewegung entwickelt. In einem ausführlicheren Blick auf die sozialpsychiatrische Bewegung werden zunächst ihr Entstehungszusammenhang und die Entwicklung dargestellt, bevor Ziele und Leitsätze wie auch ihre Praxis (in einem Exkurs) daraus abgeleitet werden können.

3. Im zweiten Abschnitt dieses Kapitels werden die Kernaussagen **alltagstheoretischer Ansätze** herausgearbeitet. Bezugnehmend auf die geisteswissenschaftliche Grundlage der Alltagstheorien werden die wichtigsten Grundpositionen und -begriffe herausgestellt. Anschließend werden die konkreten Ziele und Leitlinien sowie ihre Folgen für lebensweltorientierte Sozialarbeit/-pädagogik herausgearbeitet.

Am Ende des Kapitels (6.3.) erfolgt eine vergleichende **Darstellung der wesentlichen Ziele und Leitlinien** beider Ansätze, die sich sowohl in den Rahmenbedingungen des SpDs (Kap. 2) niederschlagen als auch die Grundlage für die Untersuchung sozialpsychiatrischen Handelns in beiden empirischen Untersuchungen der Studie bilden. Daraus soll wiederum die Nähe beider Ansätze ersichtlich werden.

4. Bei der Herausarbeitung **sozialpsychiatrischer Ziele und Leitlinien** wird Folgendes Vorgehen eingeschlagen: Sie erfolgt aus der Praxis verschiedener, länderübergreifender Situationen und bezieht sich auf die jeweils bekanntesten Vertreter. Mit der Darstellung der sozialpsychiatrischen Ziele soll zweierlei dargestellt werden: Zum einen soll der wechselseitige Zusammenhang der Entwicklung sozialpsychiatrischer Praxis und ihrer theoretischen Reflexionen deutlich werden. Zum anderen soll die inhaltliche Nähe der beschriebenen sozialpsychiatrischen Praxissituationen mit ihren Zielen und ihrer sukzessiven Ausbreitung bis hinein in die offiziellen Reformprogramme der verschiedenen Länder herausgestellt werden. In der Herausarbeitung der Ziele **alltags- und lebensweltorientierter Ansätze** beziehe ich mich vorrangig auf die theoretischen Ausführungen von Thiersch (THIERSCH 1986; 1995 sowie in: RAUSCHENBACH et al. 1993; und in: Nervenheilkunde 3/1996).

6.2.2. Sozialpsychiatrische Bewegung und Ansätze – Entstehung und Entwicklung, Ziele und Leitlinien

Im Folgenden stehen Ziele und Leitlinien der sozialpsychiatrischen Ansätze[26] in Verbindung mit der Entstehung der sozialpsychiatrischen Bewegung im Mittelpunkt.

Die Entstehung der sozialpsychiatrischen Bewegung und ihrer Leitlinien gründet auf folgenden Voraussetzungen: Als Erstes ist auf die **Entstehung der traditionellen Psychiatrie oder der »psychiatrischen Ordnung«**[27] hinzuweisen, ohne die es keine sozialpsychiatrische Bewegung hätte geben können. Ohne das Verständnis der Entstehungszusammenhänge der modernen Psychiatrie wären Hintergründe, Ziele und Praxis der sozialpsychiatrischen Bewegung nur unzureichend nachzuvollziehen. Deswegen wird im Vergleich zu den anderen Voraussetzungen ausführlicher darauf eingegangen.

Die zweite Voraussetzung dafür ist die Paradigmakrise der traditionellen Psychiatrie. Die traditionelle Psychiatrie entstand im letzten Jahrhundert, setzte sich durch und geriet aus verschiedenen Gründen nach 1945 in den industrialisierten Ländern in eine grundlegende Krise.

Als Drittes ist die von verschiedenen gesellschaftlichen Gruppen erhobene Forderung zu nennen, den Umgang mit dem Anderssein nicht mehr allein den psychiatrischen Experten und Spezialisten zu überlassen. Die psychiatrische Frage sollte nach den Erfahrungen mit dem Euthanasieprogramm der Nationalsozialisten und den skandalösen unmenschlichen Bedingungen in den Anstalten, wie sie auch noch nach 1945 vorherrschten, in gleichem Maße als Aufgabe der Öffentlichkeit und des Gemeinwesens verstanden und mit den psychiatrisch Tätigen gemeinsam angegangen werden.

Der vierte Grund liegt in der Weigerung vieler in der Psychiatrie tätigen Professionellen in Verbindung mit Angehörigen, BürgerInnen, engagierten PolitikerInnen und einiger Medienvertreter, Menschen im Namen von Erkrankung und Behinderung weiterhin in menschenunwürdigen Bedingungen fernab vom Gemeinwesen unterzubringen.

Der Fokus der sozialpsychiatrischen Bewegung lag deshalb nicht in erster Linie in einer methodischen Fragestellung, sondern war eine ethische, gesellschaftskritische und kulturelle Aufgabe.

Die Betrachtung und Bewertung der Psychiatriegeschichte und der Entwicklung sozialpsychiatrischer Ansätze erfolgt aus einem soziologischen Blickwinkel heraus mit Berücksichtigung der jeweiligen ökonomischen und gesellschaftlichen Verhältnisse. Diese bestimmten die Entwicklung der psychiatrischen Ordnung. Der Blickwinkel scheint mir u. a. deshalb nützlich und hilfreich, weil er den Menschen als Ganzes in seinem Kontext sieht und seine Lebenswelt als Orientierung zugrundelegt (ROTELLI 1994, S. 129–140). Damit kann nicht nur die in ihrer Haltung an organischen Ursachen ausgerichtete traditionelle Psychiatrie kritisiert und konstruktiv in Frage gestellt werden (GOFMAN 1973, BASAGLIA

---

26 Es handelt sich bei der Sozialpsychiatrie nicht um *einen* Ansatz oder eine begründete Theorie (WOLTERS in: Sozialpsychiatrische Informationen 3/1993, S.16–27), sondern um eine Vielzahl von Bewegungen und Konzepten. Deswegen spreche ich nicht von der Sozialpsychiatrie, sondern verwende jeweils die Pluralform.

27 CASTEL (1979) bezeichnet das im 19. Jahrhundert entstandene institutionelle System der Psychiatrie und ihre ideologische Legitimation als psychiatrische Ordnung.

1985, DÖRNER 1975). Die soziale Sichtweise und Bewertung eröffnet darüber hinaus einen praktischen Zugang, die Hilfen und Unterstützung in der Lebenswelt zu konzipieren und aufzubauen. Damit wird die Grundlage für eine gemeindenahe Psychiatrie durch die Nutzung der Paradigmakrise geschaffen.

Eine vorrangig traditionelle, somatisch orientierte, medizinische Sichtweise würde den Alltag, die Lebenswelt und damit das Soziale des Menschen nicht gleichrangig bewerten. So ist die Bearbeitung der Psychiatriegeschichte in klassischen Lehrbüchern wie z. B. bei SCHULTE/TÖLLE (1975) kaum vorzufinden. Diese setzen sich nur in geringem Maße mit kritischen Elementen ihres eigenen Gegenstandes auseinander und verbleiben eher in der Tradition ihrer eigenen Geschichte. Bestätigt wird diese Einschätzung durch den Blick auf die aktuelle Forschung zur Entstehung psychischer Erkrankungen oder auf die Pharmakologieforschung. Diese sind nach wie vor organisch-physiologisch ausgerichtet, suchen den organischen Ursprung der Erkrankung und erachten sozialpsychiatrische Begleitung eher als zweitrangig (FINZEN 1998, vor allem S. 60–79).

6.2.2.1. Die Entstehung der »psychiatrischen Ordnung« im Zeitalter der Aufklärung

Die Entstehung der psychiatrischen Ordnung fällt zusammen mit der Industrialisierung und der damit verbundenen Entstehung der bürgerlichen Gesellschaft. Der Umgang mit dem Anderssein in einem staatlich organisierten Anstaltssystem fällt ebenfalls in diese Zeit. Selbstverständlich mussten auch sämtliche vorherigen Gesellschaften ein Vorgehen mit den von der jeweils herrschenden Norm abweichenden gesellschaftlichen Gruppen im jeweiligen historischen Kontext finden, um die Normalität durchzusetzen und abzusichern. Abhängig davon bestimmten sich Definitionen und Erklärungsversuche für die jeweiligen Grenzen der Normalität und deren Überschreitung. Einen Überblick über den im Altertum, Mittelalter und der Renaissance bestehenden Umgang mit dem Anderssein verschaffen DÖRNER/PLOG (1978, S. 427 ff.) und REDLICH/FREEDMAN (1976, S. 53–61). In allen Gesellschaften besteht eine wechselseitige Abhängigkeit von den jeweiligen gesellschaftlichen Bedingungen und der Definition von Abnormalität und dem Umgang mit ihr (siehe vor allem FOUCAULT 1977 und BASAGLIA 1985, S. 119–155). Daraus ergibt sich die Diskussion des Zusammenhanges von ökonomischen, politischen und kulturellen Entstehungsbedingungen der kapitalistischen Industriegesellschaft und der Notwendigkeit, das Anderssein in einer affirmativen Art und Weise zu organisieren und zu kontrollieren: Die Industrialisierung geht mit Verstädterung unter gleichzeitiger Verelendung vieler Menschen einher (ENGELS 1973). Sie produziert ein Heer von Menschen, das sich als Teil des Lumpenproletariates der sich durchsetzenden und allgemeine Gültigkeit erlangenden Norm der Arbeitsdisziplin nicht unterordnen kann oder will.

»Angesichts dieser Situation kam man (die mächtiger werdende Bourgeoisie) zu der Überzeugung, dass ein ungesteuertes System der Familienfürsorge die Armut eher förderte als linderte. Institutionelle Lösungen des Armenproblems wurden daher für sie immer attraktiver ... Die quasi-militärische hierarchische Ordnung der totalen Institution schien ideal zu sein für die Durchsetzung der richtigen Arbeitsgewohnheiten bei den marginalen Elementen der Arbeiterschaft ... Und zweifellos waren Einrichtungen wie Asyle und Gefängnisse (und Armenhäuser) unter anderem deshalb so attraktiv, weil man hoffte, sie würden die Tugenden bürgerlicher Rationalität den Bevölkerungsgruppen einflößen, die dafür am wenigsten empfänglich waren.« (SCULL 1980, S. 44/45)

SCULL arbeitet heraus, wie sich die Irrenhäuser über die Armenhäuser entwickeln: Die Armen-, Arbeits- und Korrekturhäuser hatten sich als kontrollierende Auffangbecken für den unangepassten, abnormen, behinderten und kranken Teil des Elends und der Armut als Vorläufer der Irrenhäuser im späten 17. und frühen 18. Jahrhundert in fast allen Großstädten durchgesetzt. Zentral in seiner Argumentation ist, dass die Organisation und der Umgang mit den Randgruppen von den veränderten ökonomischen Bedingungen abhängen. Ein Kontrollsystem auf institutioneller Basis war dafür die zweckmäßigste Form. Für SCULL ist der ökonomisch-politische Hintergrund der wesentliche Bestimmungsfaktor für die Entstehung der Anstaltspsychiatrie (SCULL a. a. O., S. 36/37).

CASTEL (1979) entwickelt akribisch anhand der Aufarbeitung von Quellenliteratur die Entstehung der psychiatrischen Ordnung in Frankreich vor, während und nach der französischen Revolution. Vor allem blickt er auf die enge Verflechtung der Medizin mit den Organisationen gesellschaftlicher und politischer Macht. Er beschreibt, wie die Grundlage dafür geschaffen wird, den psychisch kranken Menschen die Verantwortung und Geschäftsfähigkeit zu entziehen und im Namen von Erkrankung die Unterbringung rechtfertigen zu können. Castel deckt in seiner Analyse auf, dass im Namen des Rechts, das gleichzeitig die Funktion hat, das Individuum zu schützen, soziale und rechtliche Kontrolle ausgeübt werden kann, der sich das einzelne Individuum nur schwer entziehen kann (CASTEL 1979, vor allem S. 245–280). Basaglia aktualisiert diese für die Psychiatrie zeitlose Thematik (BASAGLIA in: SIMON 1980, S. 23–42).

Die Veränderung des Weltbildes, des Normen- und Wertesystems im Zeitalter der Aufklärung als Überbau der veränderten ökonomischen Bedingungen stellen einen weiteren wichtigen Bestimmungsfaktor für die Entstehung der traditionellen Psychiatrie dar. Nichts sollte mehr der Magie, dem Aberglauben und einem religiösen, letztlich nicht rationalen Weltbild überlassen bleiben. Die Welt und der Mensch sollten rational und vernünftig erklärt werden können. Das Zeitalter der Aufklärung und der Vernunft löste das finstere Mittelalter ab. Die Einbindung des Menschen in ein System von Aberglaube, Magie und Religion hielt ihn in Abhängigkeit und Unterdrückung. Der Bürger der Aufklärung sollte frei, gleich, unabhängig und vernünftig sein. Im gleichen Atemzug tauchte aber das Problem auf, was mit den Menschen zu tun ist, die sich nicht am Licht der Aufklärung orientieren konnten. Was sollte mit der Gruppe von Menschen geschehen, die »unvernünftig« blieben und sich nicht von den Prinzipien der Vernunft und Aufklärung leiten ließen und deren Verhalten nicht durch die gleichzeitig sich entwickelnden modernen Natur- und Geisteswissenschaften erklärbar war (vgle. hierzu HABERMAS 1970, S. 71 ff. und 125 ff. und 1993, S. 21–34).

Die Geburtsstunde der Geisteskrankheit (die Unterscheidung zwischen Vernunft und Unvernunft) ist gleichzeitig der Beginn einer Ära, Chronizität und Unheilbarkeit für eine Gruppe von Menschen zu definieren und festzulegen, die im Sinne der sich durchsetzenden Vorstellung von Krankheit und Gesundheit nicht geheilt werden konnten. Wenn Pinel während und nach der französischen Revolution, Conolly in England in der ersten Hälfte des 19. Jahrhunderts und Griesinger in Deutschland nach der bürgerlichen Revolution von 1848 als die bekanntesten Psychiater die Irren von den Ketten der Armenhäuser und dem magischen Glauben des Mittelalters (zwischen Heiligsprechung und Inquisition) befreiten, führte diese erste psychiatrische Revolution in ein neues, ebenfalls risikoreiches Gefängnis, in das der psychiatrischen Anstalt. Den so genannten Verrückten wird zwar die Würde der Krankheit zuerkannt, wodurch sich ein Recht auf Behandlung ergibt. Diese Behandlung findet jedoch im Irrenhaus, in der psychiatrischen Anstalt statt als einem neuen Ort von Ausgrenzung, Internierung, Gewalt und Objektivierung. Die Anerkennung der Verrücktheit als Krankheit ist gleichzeitig ein revolutionärer Akt im Sinne der Prinzipien der französischen Revolution und der Beginn der psychiatrischen Anstalt mit ihrer Legitimation, die dem sog. Verrückten im Namen von Erkrankung und Gefährlichkeit die Bürgerrechte entzieht, ihn sozial ausgrenzt und verwahrt. Im weiteren Verlauf erfolgt die Einbindung in das medizinische Modell mit dessen vorrangigen Ziel, zu heilen, Gesundheit wieder herzustellen und den Ursprung der Erkrankung in einem somatischen Defekt zu suchen. Die Festlegung der noch jungen psychiatrischen Disziplin auf eine zu heilende, somatische Krankheit führt gleichzeitig zur Abstraktion vom sozialen Kontext der Betroffenen und deren Biografie. Zudem dient sie als Nährboden für die Produktion von Chronizität, d. h. von Menschen, die als unheilbar definiert werden konnten. Der Zwang zur Heilung und der damit verbundenen Anerkennung durch die anderen medizinischen Disziplinen kann wenig mit Menschen anfangen, die sich diesem Zwang entziehen und nicht gesund werden (können).

Gleichzeitig wird die Geisteskrankheit von der Armut getrennt. Krankheit wird zu einem organischen Defizit, das nichts mehr mit seiner sozialen Herkunft und der Biografie des Individuums zu tun hat. Das Individuum verschwindet hinter dem kranken Objekt und verliert sein soziales Koordinatensystem in der Ausgrenzung und Abgeschiedenheit der Anstalt.[28]

Ende des letzten Jahrhunderts hatte sich die psychiatrische Ordnung in den industrialisierten Ländern etabliert. Die gesellschaftliche Entwicklung hatte ein System hervorgebracht, wie psychisch kranke Menschen definiert werden und wie mit ihnen umgegangen wird:

- **Organisatorisch hat sich die psychiatrische Anstalt** in den industrialisierten Ländern durchgesetzt. Die Ausgrenzung und Ausschließung der Unvernunft aus dem gesellschaftlichen Leben erfolgt über die Einschließung in die Anstalt als dem rational anerkannten Platz der Irrationalität: »Die Unvernunft ... muss ihren Ort in einem dazu besonders eingerichteten Raum finden. Nur indem sie wissenschaftlich systematisiert und in dazu eingerichteten Institutionen eingefangen wird, kann die Unvernunft an der sozialen Ordnung teilhaben: In der *Krankheit* findet sie ihre rationale Definition, in der *Irrenanstalt* den Ort, der sie ordnet und aufnimmt.« (BASAGLIA in: SIMON 1980, S. 24)

  Die Anstalten werden nach und nach autarke Systeme und zu totalen Institutionen, wie sie GOFMAN (1973) und BLASIUS (1980) beschrieben haben. In den Größten werden noch in den 50er Jahren dieses Jahrhunderts bis zu 3000 Menschen untergebracht. Mehrheitlich bewegen sie sich zwischen 1000 und 1500 Betten. Der Sprung in die jüngere Vergangenheit, die gleichzeitig der Ausgangspunkt ihrer Reformierung ist, unterstreicht diese Entwicklung. In der Psychiatrie-Enquête (Bundesminis-

---

28 Ausführlich wird diese Thematik entwickelt und diskutiert bei FOUCAULT 1977; CASTEL 1979, vor allem S. 64–162; DÖRNER 1975; BASAGLIA 1985, S. 119–155; FINZEN 1998. Kurz zusammengefasst wurde dieser Prozess vom Autor selbst (OBERT in: Materialien zur Wohnungslosenhilfe Heft 18, 1992).

terium für Jugend, Familie und Gesundheit 1975, S. 10) heißt es z. B.: »Das bedeutet, dass im Bundesdurchschnitt 1,6 Betten pro Tausend Einwohner zur Verfügung stehen. Ein Drittel dieser Häuser (psychiatrische Fachkrankenhäuser) hat mehr als 1000 Betten ... Es gibt in den psychiatrischen Krankenhäusern noch immer Säle mit mehr als 10, sogar mehr als 20 Betten.«

- Die **Definition von Gesundheit und Krankheit und deren Behandlung** legt sich zunehmend auf die Suche nach dem organischen Ursprung fest, indem die Krankheit gleichzeitig fernab vom gesellschaftlichen Alltagsleben in Anstalten behandelt wird. Pinel und nach ihm Esquirol praktizierten noch ein strenges (quasi-militärisch) pädagogisch-moralisches Vorgehen und vermuteten die Ursache der Erkrankung noch eher in der Ganzheitlichkeit des Individuums.

Pinels »wissenschaftliche Haltung bestand einfach darin, den natürlichen Ablauf der Krankheitsphasen zu beobachten und dafür zu sorgen, dass er nicht durch das Dazwischentreten äußerer Umstände gestört wird ... Die praktische Konsequenz dieser Orientierung in der Psychiatrie liegt darin, dass die Aufmerksamkeit auf die Zeichen oder *Symptome* des Wahnsinns gelenkt wird – auf Kosten der Suche nach ihrem *Sitz* im Organismus« (CASTEL 1979, S. 117).

Ihre Schüler hingegen orientierten sich sukzessive an der Suche nach der organischen Ursache und deren Behandlung, z. B. Georget in Frankreich, der schon »1820 gegen Pinel und Esquirol klar von der Notwendigkeit (ausgeht), in erster Linie nach dem *Sitz* des Wahnsinns zu forschen. Er macht als erster aus dem Delirium ein einfaches Symptom der Geistesstörung« (CASTEL a. a. O., S. 119/120); oder Gall in Deutschland, für dessen Lehre später der Begriff der Phrenologie geprägt wurde (DÖRNER 1975, S. 165-189 und REDLICH/FREEDMAN 1976, S. 67–77). Am bekanntesten und einflussreichsten wurde in Deutschland Kraepelin, der u. a. die Bedeutung der Vererbung und der Konstitution unterstrich neben seiner systematischen Einteilung der psychiatrischen Krankheiten nach ihrer Prognose und Symptomatologie (KRAEPELIN in: REDLICH/FREEDMAN 1976, S. 74).

Zu stark wurde die Beeinflussung durch das traditionelle medizinische Modell und der Druck, als Disziplin von den anderen medizinischen Bereichen anerkannt zu werden. Die Suche nach dem organischen Ursprung der Geisteskrankheit mit der entsprechenden Behandlung hinter den Mauern der Anstalt fernab von der Lebenswelt der Betroffenen entpuppte sich nach und nach als das sich durchsetzende psychiatrische Paradigma. In dem Maße, wie dieser Weg beschritten wurde, **entfernte man sich vom Subjekt, vom Individuum als Ganzem in dessen sozialem Kontext**. Paradoxerweise verkehrte sich ein Grundprinzip des Zeitalters der Aufklärung – die Freiheit des bürgerlichen Individuums – in der Psychiatrie in sein Gegenteil: Die Reduktion des Menschen auf einen kranken Körper, auf ein zu behandelndes krankes Organ seines Körpers, in dem der Ursprung der Geisteskrankheit sitzen musste. Diese Vorgehensweise und das Ergebnis hatten nichts mehr mit dem ganzen Menschen und seiner Lebenswelt zu tun. Ein Defizit, etwas Pathologisches, das im Organismus vermutet und dort gesucht wird, kann ohne weiteres und ohne schlechtes Gewissen vom Sozialen losgelöst betrachtet und behandelt werden (BASAGLIA 1985, S. 136 ff.).

Die Entfernung vom Subjekt durch die Reduktion auf den kranken Körper war gleichzeitig mit dem Ziel verbunden, ihn zu heilen. Selbstverständlich verbinden wir mit medizinischer Behandlung generell die Heilung von Krankheit als wesentliches Grundprinzip, was bei akuten Erkrankungen völlig berechtigt ist. Gleichwohl wird der Mythos der Heilbarkeit durch die Gruppe von Menschen in Frage gestellt, die sich nicht heilen lassen (können) im Sinne des vorherrschenden Krankheitsbegriffes. Sie werden von der Medizin allgemein und nicht nur in der Psychiatrie als chronisch krank, in der weiteren Entwicklung des psychiatrischen Paradigmas und im Behindertenwesen insgesamt als unheilbar definiert. Für viele Geisteskranken ergab sich daraus die Konsequenz, mit der Diagnose der chronischen Erkrankung nicht mehr geheilt werden zu können und als Langzeitpatienten in spezifisch dafür eingerichteten Langzeitstationen untergebracht zu werden.[29]

- Die Vertreter einer eher traditionellen Sichtweise, erwähnen und problematisieren kaum oder nur am Rande die **gesellschaftliche Funktion und Bedeutung** der Psychiatrie (SCHULTE/TÖLLE 1975 oder REDLICH/FREEDMAN 1976). So findet sich z. B. im über tausendseitigen Lehrbuch von REDLICH/FREEDMAN (1976) kein Kapitel über das Euthanasieprogramm, das als Konsequenz aus der Hirn- und Präventionsforschung in der Medizin Ende des letzten Jahrhunderts in Abhängigkeit vom gesellschaftlichen Auftrag entstanden ist, wie dies vor allem von DÖRNER (1990 und Dörner in: AXTMANN/ BERNAUER 1991) herausgestellt wurde. In der Auseinandersetzung mit der gesellschaftlichen Funktion wird von allen (kritischen) Autoren verdeutlicht, dass sie in der praktischen Arbeit nicht abzuschütteln ist, sondern letztlich nur bewusst gemacht und gehalten werden kann, um entsprechend offen und offensiv damit umzugehen. Der Widerspruch von Hilfe und Kontrolle kann nicht aufgelöst werden, da der gesellschaftliche Auftrag der Psychiatrie sowohl Hilfe und Unterstützung für psychisch kranke Menschen als auch deren Kontrolle und Verwaltung beinhaltet.[30]

Der weitere Verlauf der psychiatrischen Versorgung bis 1945 wurde in unterschiedlicher Weise von zwei weiteren Fakten mitgeprägt:
Die Entstehung der Psychoanalyse, die ersten psychotherapeutischen Psychosebehandlungen durch Federn Anfang diesen Jahrhunderts, die Auswirkungen der Phänomenologie, des Existentialismus und weiterer Theorien und Methoden auf den Umgang mit psychischen Erkrankungen vermochten zwar die Festlegung auf den organischen Ursprung der Erkrankung und die Vererbungstheorien etwas aufzuweichen. Eine kritische Einflussnahme auf das etablierte psychiatrische Paradigma konnte sich jedoch nicht durchsetzen. Eine übersichtliche Darstellung dieser Entwicklung geben REDLICH/ FREEDMAN 1976, S. 77–125.
Dazu konträr ist das Euthanasieprogramm der Nationalsozialisten mit erheblichen

---

29 Ausführlich wird dieser Prozess entwickelt und ausgearbeitet von CASTEL (1979 S. 97–109); DÖRNER (1975, S. 147–152 und 180-190); BASAGLIA (1985, S. 47–72 und S. 155–215), während REDLICH/FREEDMAN (1976, S. 67–75) und FINZEN (1998, S. 10–40 und S. 60–76) eher einen chronologischen Überblick geben.
30 Ich verweise bezüglich dieser Diskussion auf DÖRNER (1975 vor allem S. 10–16 und Dörner in: BOCK/ WEIGAND 1991, S. 38–47); WULFF (1981, S. 77–137); CASTEL (1979, v.a. S. 202–231); ROTELLI in: SIMON (1980, S. 77–82); FINZEN (1998, S. 10 ff. und S. 122 ff.).

Auswirkungen auf die Psychiatrie. Erst spät wurde damit begonnen, in der Fachöffentlichkeit das Unsägliche nicht nur zur Kenntnis zu nehmen, sondern auch nach und nach aufzuarbeiten (DÖRNER 1990 und DÖRNER in: AXTMANN/BERNAUER 1991, S. 18 ff.). Hier genügt der ernüchternde, wie erschreckende Hinweis auf den Zusammenhang zwischen den wissenschaftlichen Ergebnissen und Forderungen anerkannter Mediziner am Ende des letzten Jahrhunderts und den Konsequenzen, welche die Nationalsozialisten daraus abgeleitet haben. Die Folge dessen war die Vernichtung so genannten unwerten Lebens. Diese steht in Zusammenhang mit der Definition von Unheilbarkeit, der verwahrenden Unterbringung in Anstalten und der Forderung nach einem gesunden Volkskörper: »Wir bezwecken keineswegs eine neue menschliche Rasse, ... sondern nur die defekten Untermenschen allmählich durch willkürliche Sterilität der Träger schlechter Keime, also durch Sterilisierung zu beseitigen ...« (FOREL in: DÖRNER 1990, S. 32)

Dörner zieht daraus folgendes Resümee: »In diesen Worten finden Sie den Traum der Aufklärung, alle Menschen vernünftig, gesund, glücklich, sozial, leistungsfähig zu machen, und Sie sehen den Spannungsbogen von der Aufklärung über den Nationalsozialismus bis heute.« (DÖRNER in: AXTMANN/Bernauer 1991, S. 23/24)

Damit werden nicht die Verdienste der medizinischen Forschung des letzten Jahrhunderts geschmälert, von der viele weiteren positive Ergebnisse ihren Ausgangspunkt nahmen. Vielmehr soll hier darauf verwiesen werden,

- dass Chronizität, Unheilbarkeit und Verwahrung als Ergebnis des organisch orientierten Defizitmodells missbraucht und
- die Entwicklung der Wissenschaft gesellschaftlichen Bestimmungen unterworfen ist und professionelles Handeln nicht davon losgelöst konzipiert und realisiert werden kann.

6.2.2.2. Die Entstehung der sozialpsychiatrischen Bewegung: Die praktisch ethische Wiederentdeckung des Subjekts

Der Begriff Sozialpsychiatrie stammt nach Finzen (FINZEN 1998, S. 23) aus den USA. Der Sozialmediziner Southard führte ihn 1918 in Zusammenhang mit einem Ausbildungsprogramm für SozialarbeiterInnen ein. Hoffmann-Richter (FINZEN 1995, S. 13) schreibt ihn dem deutschen Psychiater Ilberg zu. Unabhängig davon, welche Version die Richtige ist, kommt es vielmehr darauf an, dass inhaltlich mit dem Begriff verbunden werden kann, Geisteskrankheiten nicht allein als organische, vom sozialen Kontext losgelöste Defizite und Pathologien zu betrachten, zu kategorisieren und zu behandeln, sondern ätiologisch und verlaufsbezogen eng mit dem Umfeld der Betroffenen in Verbindung zu bringen.[31]

Die Sozialpsychiatrie und mit ihr die sozialpsychiatrische Bewegung geht vom **schwierigsten und hilfebedürftigsten ganzen Menschen, als Subjekt** (vom harten Kern in der

---

31 Die in der Fachöffentlichkeit breit und kontrovers geführte Diskussion, ob die Sozialpsychiatrie ein theoretischer Ansatz, oder eine Spezialdisziplin der Psychiatrie oder nur eine Sichtweise ist oder ob die Psychiatrie nur eine soziale sein kann, weil sie sonst keine Psychiatrie wäre, wie Dörner (DÖRNER/PLOG 1973, S. 8) anmerkt, braucht hier nicht geführt werden. Der Hinweis auf die entsprechende Literatur genügt (WOLTERS in: Sozialpsychiatrische Informationen 3/1993; FINZEN 1998; FINZEN/HOFFMANN-RICHTER 1995).

Anstalt) aus (BASAGLIA 1973, HARTUNG 1980). Unter Bezug auf Sartre argumentiert Dörner wie folgt: »Wenn ich bei der Konstruktion meines Menschenbildes vom idealen Menschen oder auch nur vom Durchschnittsmenschen ausgehe, klammere ich dabei von vornherein alle davon abweichenden Menschen aus meinem Menschenbild aus. Wenn ich das nicht will, kann ich das nur dadurch verhindern, dass ich mit dem abweichendsten und randständigsten Menschen beginne, ihn ins Zentrum rücke.« (DÖRNER in: BOCK/ WEIGAND 1991, S. 41

Er geht noch einen Schritt weiter und erwartet, dass die psychiatrische Versorgung in Zukunft von den chronisch psychisch kranken Menschen aus gedacht, konzipiert und geplant und nicht mehr von der Akut-Psychiatrie bestimmt werden sollte. Letztere ist aus seiner Sicht immer mit dem Risiko behaftet, die Langsamkeit und eigene Zeit des chronisch psychisch kranken Menschen aus dem Blickfeld der Untersuchung und Behandlung zu verlieren (DÖRNER 1998, S. 9 ff.).

6.2.2.3. Übergreifende Ziele und Leitlinien der sozialpsychiatrischen Bewegung

Es folgt die Darstellung der Ziele, der Hinweis auf einige Beispiele der sozialpsychiatrischen Bewegung und den aktuellen Stand der Übereinkunft zum Gesundheits- und Krankheitsbegriff.[32]

Mit dem Ende des zweiten Weltkrieges gerät das somatisch orientierte **psychiatrische Paradigma (Defizitmodell, Kausalitätsprinzip, gemeindeferne Unterbringung und Verwahrung) in eine grundlegende Krise**. Es waren verschiedene Gründe, die dazu führten, dass das vorherrschende Grundmuster nicht mehr den gesellschaftlichen Entwicklungen und Forderungen entsprach:

- Der Wiederaufbau der durch den Krieg zerstörten Industriegesellschaften benötigte dringend Arbeitskräfte, um diese Aufgabe zu bewerkstelligen. Der Verlust von gesamten männlichen Jahrgängen durch den Krieg und der Wiederaufbau zerstörter Städte und Industrieanlagen verlangte alle Anstrengungen, um Arbeitskräfte zu rekrutieren. Die in psychiatrischen und anderen Behindertenanstalten »internierte, stille Reservearmee« musste zumindest dort, wo es möglich war, wieder aktiviert werden, um den Erfordernissen des Arbeitsmarktes gerecht zu werden, bzw. einen Beitrag dazu leisten. Das bisherige, einseitig ausgerichtete System der Ausgrenzung ohne vor- und nachgelagerte Filterfunktionen war dafür zu statisch und starr. Es war nicht geschmeidig genug, um den Veränderungen auf dem Arbeitsmarkt gerecht zu werden (BASAGLIA 1985, S. 145 ff.; SCULL 1980).
- Die Veränderung des Zeitgeistes führte in Verbindung mit dem Aufbau demokratischer und ziviler Gesellschaften in einigen Kreisen der gesellschaftlichen Öffentlichkeit zu einer zunehmenden Sensibilisierung, wie undemokratisch und unter Übertretung der Menschenrechte und -würde die Gesellschaft mit einem Teil ihrer selbst (behinderte und psychisch kranke Menschen) umging.
- In Zusammenhang damit steht die Sensibilisierung vieler in der Psychiatrie Tätiger, die katastrophalen Bedingungen nicht mehr zu akzeptieren: »Die Berichte kritischer Journalisten (z. B. FISCHER 1966) über die Schlangengruben der Psychiatrie und das Engagement reformorientierter Professioneller machten das Ausmaß der

---

32 Näheres dazu siehe bei FINZEN/HOFFMANN-RICHTER (1995) und FINZEN (1998).

gesellschaftlichen Verdrängung des Elends psychisch kranker Menschen für eine breitere Öffentlichkeit und für die Politiker sichtbar. Die konkreten Vorschläge zu einer Reform der Psychiatrie kamen dann in erster Linie von den in der Psychiatrie tätigen Professionellen, die selbst unter den katastrophalen Zuständen in den Anstalten zu leiden hatten ...« (KARDORFF 1985, S. 17)

- Ambivalent wird in diesem Zusammenhang die Bedeutung der Psychopharmaka bewertet. Auf der einen Seite wird festgestellt, dass durch ihre Anwendung Entlassungen früher oder überhaupt erst vorgenommen werden konnten. Von den Psychopharmaka sei damit eine wichtige Schubkraft ausgegangen, um den Wechsel vom gemeindefernen zum gemeindenahen psychiatrischen Paradigma vollziehen zu können. SCULL (1980, S. 99 ff.) relativiert andererseits eine in diese Richtung einseitig geführte Diskussion, indem er aufzeigt, dass die ersten großen Entlassungswellen aus den psychiatrischen Anstalten in England und in den USA vor Beginn der Psychopharmaka-Ära (Ende der 40er, Anfang der 50er Jahre) stattfanden. Er verweist dabei auf die oben genannten Gründe und resümiert: »Bestenfalls bleibt daher der Schluss, dass die Verwendung der Psychopharmaka die Politik der frühzeitigen Entlassungen möglicherweise dadurch gefördert hat, dass sie in manchen Fällen das Auftreten der floriden Symptome reduzieren und es daher leichter machen, mit diesen Patienten in der Gemeinde besser fertig zu werden.« (SCULL 1980, S. 114; vgle. dazu auch FINZEN 1998, S. 85/86)

Als Konsequenz aus der Diskussion – die zur Paradigmakrise und zur sozialpsychiatrischen Bewegung führte, mit dem Ziel, das Paradigma umzukehren – ist festzuhalten, dass letztlich das Zusammenwirken der aufgeführten Faktoren die Entwicklung ermöglicht hat. Trotz zeitlicher Unterschiede hinsichtlich der Umsetzung der Reform in den einzelnen Ländern aufgrund der jeweiligen spezifischen gesellschaftlichen Verhältnisse sind die Ziele und Leitlinien identisch. Sie kennzeichnen sich in erster Linie durch **ethisch-moralische, (teilweise auch) gesellschaftskritische Haltungen und das entsprechende Menschenbild**. Die Ziele bilden den Hintergrund dafür, wie die Position von behinderten Menschen in einer Gesellschaft aussehen soll und wie sich professionell Tätige und jedermann/-frau orientieren und verhalten können:

- Die **Wiederherstellung des Subjekts und seiner Menschenwürde**. Der Mensch, unabhängig von Behinderung und Krankheit, ist ein Wert an sich. Er ist als Ganzes Ausgangspunkt und Ziel entgegen der Reduktion auf einen kranken Bereich seines Körpers (ROTELLI 1987; KRISOR 1994).
- Die **Humanisierung der Lebensbedingungen und Lebenslagen** psychisch kranker Menschen gegen die Unterbringung und Verwahrung in menschenunwürdigen Verhältnissen, die häufig mit der Ausübung von Gewalt einhergehen und aus dem Gemeinwesen ausgrenzen. Das Buch zur Transformation der psychiatrischen Anstalt in Görz (BASAGLIA 1973) ist beispielhaft für die vielen Situationen in verschiedensten Ländern, wo in der täglichen Arbeit versucht wird, dieses Ziel umzusetzen.
- Jeder Mensch verfügt (noch) über **Ressourcen und Fähigkeiten**, so gering sie auch sein mögen. Er definiert sich nicht nur durch und über Ressourcen. Genauso wenig besteht er nur aus Defiziten oder pathologischen Anteilen. Es geht vielmehr darum, die häufig verlernten und verschütteten Ressourcen und Fähigkeiten wiederzufin-

den, auszugraben und zu fördern. Bezogen auf die Gleichheit aller Menschen kommt Dörner zum Schluss: »Es gibt also nicht den vollständig nichtbehinderten und nicht den vollständig behinderten Menschen.« (DÖRNER in: BOCK/WEIGAND 1991, S. 41)

- Jeder psychisch kranke und/oder behinderte Mensch ist **Bestandteil des Gemeinwesens und der Gesellschaft**. Eine Gesellschaft ohne behinderte Menschen ist eine behinderte Gesellschaft. Gerade im Hinblick auf die jüngere deutsche Geschichte kommt diesem Leitsatz eine besondere Bedeutung zu. Saal, ein körperbehinderter Mensch formuliert dies mit folgenden Worten: »Als wirklich schwerbehinderter Mensch, der nur mit allergrößten Schwierigkeiten ohne die Hilfe anderer den Alltag überstehen könnte, habe ich das Recht, ja die Pflicht, mich meiner Umwelt zuzumuten. Ich bin ein Teil des Ganzen im menschlichen Kosmos. Ich trage dazu bei, dass niemand vergisst, dieses Ganze zu sehen ...« (SAAL in: DÖRNER 1988, S. 113)
- Die Beachtung und Reflexion der **gesellschaftlichen Funktion und Bedeutung der Arbeit** mit psychisch kranken Menschen: Jeder professionell Tätige muss sich der Doppelfunktion von Hilfe und Kontrolle bewusst sein. Gleichzeitig geht es um fachpolitische Einmischung gegen Ausgrenzung und um die Förderung von Partizipation im Gemeinwesen. Die psychiatrische Frage ist somit in erster Linie keine technisch-therapeutische, sondern eine gesellschaftlich-kulturelle Aufgabe des Gemeinwesens mit der notwendigen professionellen Unterstützung. Diese Aufgabe ist viel zu wichtig, als dass sie allein den psychiatrischen Experten überlassen werden sollte (BASAGLIA 1973; ROTELLI 1988; WULFF 1981).

6.2.2.4. Konkrete Ziele und Leitlinien sozialpsychiatrischer Praxis

Die konkreten Ziele und Leitlinien werden aus den übergreifenden Kategorien für die Umsetzung in die Praxis abgeleitet. Wenn auch Unterschiede in der Intensität und Ausprägung in den verschiedenen Ländern zu verzeichnen sind, haben sie sich als anerkannte Leitsätze etabliert (siehe auch Kap. 6.2.2.5.).

- Das erste Ziel bezieht sich auf den **Menschen, auf das Individuum im sozialen Kontext** (ROTELLI 1988, S. 129) und darauf, wie Hilfen und Strukturen aussehen sollen, die den ganzen Menschen wieder ins Zentrum ihrer Aufgabe rücken (**Subjektorientierung).**
Ciompi fasst das Ziel wie folgt zusammen:
»Sozialpsychiatrie ist derjenige Bereich der Psychiatrie, der psychisch kranke Menschen in und mit ihrem sozialen Umfeld zu verstehen und zu behandeln sucht. Sie studiert Wechselwirkungen zwischen sozialen, psychologischen und biologischen Faktoren und bezieht Familie, Wohn- und Arbeitssituation gezielt in die Prävention und Behandlung psychischer Störungen mit ein.« (CIOMPI in: FINZEN/ HOFFMANN-RICHTER 1995, S. 205/206)
Ähnliches schreibt Bennett über die englische Psychiatrie:
»Eines der Probleme, mit denen wir es zu tun haben (Auflösung der Großkrankenhäuser und Aufbau von Netzwerken), ist, dass es sich um soziale Bedürfnisse von Menschen handelt, verbunden mit den besonderen Bedürfnissen durch die Beeinträchtigung der seelischen Erkrankung ... Die soziale Unterstützung oder das Netzwerk, welches der einen Person gerecht wird, entspricht nicht unbedingt den

Bedürfnissen einer anderen Person mit einem anderen Lebensweg und einer anderen Art von Beeinträchtigung.« (BENNETT in: KRISOR 1994, S. 56)
In der Psychiatrie-Enquête heißt es:
»Erste Grundforderung: Die Beseitigung grober, inhumaner Missstände hat jeder Neuordnung der Versorgung vorauszugehen. Diese Grundforderung muss auch bei jeder Verwirklichung von Reformen berücksichtigt werden.« (Bundesministerium für Jugend, Familie und Gesundheit 1975, S. 35)
Analog dazu wird dieses Prinzip für die französische Psychiatrie formuliert:
Der gemeindepsychiatrische Ansatz nahm mit der 1960 begonnenen Sektorisierung (Entscheidung des Gesetzgebers) seinen Anfang. »Dieser (gemeindepsychiatrische Ansatz) versuchte anfangs zwei Prinzipien umzusetzen: 1. Die bevölkerungsbezogene geographisch-demographische Gruppierung der Institutionen und 2. die Einheit respektive Kontinuität der Betreuung.« (JONTZA in: Gesundheitswesen 59/1997, S. 726)
Sozialpsychiatrie orientiert sich an der **Ganzheitlichkeit des Menschen** und der **Wiederherstellung des Subjekts** nach einer Phase der Reduktion auf einen defizitären körperlichen Bereich (Hirn- oder Stoffwechselstörung). Der Blick auf das Subjekt im sozialen Feld bezieht konsequenterweise die **Lebenswelt und die Lebenslage** der Betroffenen mit ein. Es macht dabei keinen Unterschied, ob die Lebenswelt die Anstalt oder die eigene Wohnung ist. Zentral wird vielmehr die Haltung und Erkenntnis, dass sich der Mensch nicht (allein) wegen seiner Krankheit so verhält, sondern die spezifischen Lebensbedingungen in der Anstalt oder zu Hause dieses Verhalten mit hervorrufen (Hospitalismus). Die Diskussion darüber folgte mehrheitlich der Analyse GOFMANS (1973) zur totalen Institution sowie – einige Jahre später – der Auseinandersetzung, ob chronische Schizophrenie zu einem beträchtlichen Anteil ein Anstaltsartefakt ist (CIOMPI 1982).
Der ganze Mensch als soziales Wesen wird zur grundlegenden Orientierung, worüber sich die Hilfen zu bestimmen haben. Die Auseinandersetzung um das Schlagwort aus den frühen 70er Jahren »Der Mensch ist nicht für die Institutionen da, sondern institutionelle Hilfen haben für ihn da zu sein«, findet sich als Dokument praktischer Arbeit kämpferisch und politisch, bedingt durch die damaligen gesellschaftlichen Auseinandersetzungen, bei BASAGLIA (1973) wieder.
Die Wiederherstellung des Subjekts als konkretes Ziel wird zur Leitlinie der Reform. Dadurch kann auch die einseitige, organische Interpretation psychischer Erkrankung aufgegeben und der **Ausweitung um die psychosoziale Dimension** wieder der Weg bereitet werden. **Kommunikation und Beziehung** werden zu (mit-)bestimmenden Elementen und Zielen sozialer Psychiatrie: »Der Vorrang des Sozialen gilt im Übrigen auch für die psychiatrische Diagnostik ... Voraussetzung dafür, dass die Wahrnehmung des Pathologischen (oder des Gesunden) beim Diagnostiker ankommt, ist die Kommunikation, die per definitionem eine soziale Angelegenheit ist.« (FINZEN, a. a. O.: S. 133/134)

- Psychische Erkrankung und ihre Behandlung nicht mehr (allein) als organisches Defizit und vorrangig als pathologisch zu verstehen, sondern als das **Zusammenwirken von bio-psycho-sozialen Faktoren**, führt zur **Veränderung der Behandlungsziele**. Nicht mehr die Verringerung des Defizits, die Beseitigung der

Störung stehen im Zentrum der Behandlung. **Anknüpfen an verbliebene Fähigkeiten und Ressourcen**, verschüttete ausgraben und vorhandene ausweiten, werden gleichwertig. Ressourcenorientierte Arbeit soll Selbsthilfefähigkeiten der Betroffenen fördern entgegen dem eher regressiven und verantwortungsentziehenden, defizitorientierten Paradigma.

- Damit geht die Erkenntnis einher, dass Behandlung und Begleitung medikamentöse und medizinische Anteile miteinschließen und nötig sind. Sie gelingt aber nur und ist hilfreich, wenn eine Beziehung entsteht. (Ressourcenorientierte) psychiatrische Hilfe ohne Beziehung ist weder vorstellbar noch umzusetzen. **Beziehung, Kontinuität und Vertrauen** herzustellen, ist somit als weiteres Leitziel sozialpsychiatrischer Arbeit festzuhalten.
- Mit der Wiederherstellung des Subjektes verbindet sich das Ziel der **Verringerung der körperlichen Gewalt und Einschränkungen** (z. B. geschlossene Stationen und Fixierungen) und der Beginn der Diskussion um subtile Formen der Gewalt in der ambulanten Arbeit. Personelle Ressourcen, Kommunikation und kontinuierliche Beziehungen mit den Betroffenen sollen die Hilfe und Unterstützung fördern. Mit der Veränderung der Strukturen hin zu kleineren, übersichtlichen, dezentralen und gemeindenahen Diensten und Einrichtungen soll gleichzeitig die institutionelle Gewalt verringert werden (KRISOR 1992 und 1997).
- **Psychisch kranke Menschen sind mit körperlich kranken Menschen** gleichzustellen. So lautet eine weitere zentrale Empfehlung der Psychiatrie-Enquête (Bundesministerium für Jugend, Familie und Gesundheit 1975, S. 17) mit den entsprechenden praktischen Auswirkungen. Zum Beispiel wurden nach und nach psychiatrische Abteilungen an Allgemeinkrankenhäusern eingerichtet. Die finanzierungsrechtliche Gleichstellung hat bis heute noch beträchtliche Lücken. Während es sich hier um wichtige Rahmenbedingungen handelt, darf nicht übersehen werden, dass die eigentliche gesellschaftliche Gleichstellung im konkreten Alltag ein langer, nicht abzuschließender, kultureller Prozess ist, gleichwohl aber ein dauerhaftes Ziel bleibt.
- »Ihr Interesse (Sozialpsychiatrie) gilt der Bedeutung sozialer Faktoren für den Verlauf, die Ausprägung und die Entstehung psychischer Störungen sowie den Wechselbeziehungen zwischen den psychisch Kranken und ihrer Umgebung.« (FINZEN 1998, S. 81) Wenn Krankheit damit zu tun hat, wie die Lebensverhältnisse konstituiert sind, dann reicht die Feststellung von Finzen nicht aus. Vielmehr sollte so weit wie möglich die Beeinflussung durch **professionelle Hilfe und Unterstützung im Gemeinwesen, im Alltag, in der Lebenswelt der Betroffenen** selbst stattfinden. Dazu ist methodenübergreifendes Handeln erforderlich, orientiert an der Besonderheit des Einzelfalles. Die lebensweltliche Gewordenheit von Krankheit und der institutionelle Umgang damit bedeutet, diesen Prozess umzukehren oder ihn zumindest innerhalb und nicht außerhalb des Gemeinwesens organisieren, strukturieren und beeinflussen zu können.
Der **psychisch kranke Mensch** und die Folgen der Erkrankung für ihn und die Umgebung sollen dort behandelt, begleitet und betreut werden, wo die Krankheit entsteht, d. h. im **Gemeinwesen, in der Lebenswelt der Betroffenen**. Die Umgebung ist als stabilisierender und gesundheitsfördernder Faktor in die Hilfe miteinzu-

beziehen. Damit ist das Ziel verbunden, Ausgrenzung und Stigmatisierung zu verringern (**Partizipation im Alltag**). Zentral in der lebensweltlichen Ausrichtung der Hilfen und ihrer Strukturen ist die Forderung (Ziel), dass – wenn möglich – alle (chronisch) psychisch kranken Menschen im Gemeinwesen verbleiben oder wieder dahin zurückkehren können (**Versorgungsverpflichtung**). In der Psychiatrie-Enquête (Bundesministerium für Jugend, Familie und Gesundheit 1975, S. 16) findet sich dieses Ziel wieder in der Empfehlung, Anstalten zu verkleinern und Standardversorgungsgebiete einzurichten, innerhalb deren Grenzen alle notwendigen Hilfen gemeindenah vorgehalten werden sollten. Dies sind ambulante Dienste, teil- und vollstationäre Einrichtungen, komplementäre und rehabilitative Dienste (**strukturelle Konsequenzen**).

- In der Psychiatrie-Enquête ist als vierte Empfehlung festgehalten (Bundesministerium für Jugend, Familie und Gesundheit 1975, S. 17), dass die gemeindenahen Hilfen und Strukturen eng **miteinander zu kooperieren haben, sich vernetzen und flexibel** auf sich verändernde Bedürfnislagen der Betroffenen antworten müssen. Nicht mehr eine Berufsgruppe, eine Einrichtung und allein (psychiatrisch) professionelle Dienste sind in der Lage, wenn möglich allen (chronisch) psychisch kranken Menschen ein Leben im Gemeinwesen zu ermöglichen, sondern nur durch das Zusammenwirken aller Beteiligten ist dieser Aufgabe gerecht zu werden.

- Die Auseinandersetzung mit der von psychiatrischen Institutionen und ihren Vertretern ausgeübten, von der Gesellschaft an sie delegierten Macht ist Ausgangspunkt für ein weiteres Ziel. **Demokratischere Strukturen, Infragestellung von Hierarchien, gleichberechtigte, multiprofessionell zusammengesetzte Teams** sollten das bisherige, hierarchisch strukturierte System ablösen. Dass damit widersprüchliche Situationen entstanden, die nur schwer zu bewältigen bzw. zu akzeptieren waren, liegt auf der Hand. Wenn der Ambivalenz von gleichberechtigter Teamarbeit einerseits sowie professioneller Leitung und Verantwortung andererseits (vor allem in medizinischen Fragen) auch nicht zu entkommen ist, erhält das Ziel – im Bewusstsein der Ambivalenz – unverändert seine Gültigkeit. Methodische Orientierung und Hintergrund für die Entwicklung dieser Themenstellung war vor allem das Prinzip der therapeutischen Gemeinschaft von Jones (FINZEN 1998, S. 29/30; BASAGLIA 1973, S. 8, 135 ff. und 162–182). Die Auseinandersetzung mit dem Ziel hat mit dazu beigetragen, dass sozialpsychiatrische Arbeit hilfreicher, effektiver und therapeutischer gestaltet werden kann und den Nährboden für eine Entwicklung bereitete, die als weiteres Leitziel formuliert wird.

- Von zentraler Bedeutung und Wichtigkeit ist, was **Betroffene und ihre Angehörigen fühlen, wahrnehmen, denken und mitteilen. Sie sind von den professionell Tätigen als Gegenüber (als Subjekt) ernst zu nehmen und miteinzubeziehen.** Dieses Ziel gilt sowohl für die konkrete Arbeit mit den einzelnen Menschen als auch für die umfassende und nicht mehr aus dem psychiatrischen Diskurs wegzudenkende Bewegung der Psychiatrieerfahrenen, der Angehörigen psychisch kranker Menschen und engagierten BürgerhelferInnen. Das Ziel von Demokratisierung und Gleichberechtigung in der sozialpsychiatrischen Bewegung für alle darin vorhandenen Gruppen und Beteiligten ist unverändert von Bedeutung (vgle. Psychosoziale Umschau 4/1992, S. 4–21; BRILL in: BOCK/ WEIGAND 1991, S. 222–245; DÖRNER/

EGETMEYER/KOENNING 1986; BAUMANN/LÜRẞEN in: BOCK/WEIGAND 1991, S. 173-195 zur Arbeit mit Angehörigen und wie sie sich organisieren).
- Die kritische Analyse der Psychiatriegeschichte bedeutet für die Entwicklung der sozialpsychiatrischen Bewegung, den **gesellschaftlichen Auftrag von Hilfe und Kontrolle bewusst anzunehmen und sich fachpolitisch einzumischen**. Die kritische Aufarbeitung verlangt eine (selbst-)kritische Haltung, da sozialpsychiatrische Überlegungen nicht aus der Ambivalenz des Auftrages herausgelöst werden können. Finzen verweist dabei auf das Beispiel von Forel: »Das Wirken Forels spiegelt zugleich die Tatsache wieder, dass die Sozialpsychiatrie nicht weniger zeitgeist-anfällig ist als die biologische: Schon früh finden Aspekte der Degenerationslehre und des Darwinismus Eingang in die junge Sozialpsychiatrie, die sich bald unter rassenhygienischen Aspekten vorrangig in den Dienst der Volksgesundheit stellt.« (FINZEN 1998, S. 23)

Der Doppelfunktion von Hilfe und Kontrolle, von Freiwilligkeit und Zwang, Autonomie und Entzug von Verantwortung muss hinsichtlich des Risikos, damit einen stärkeren Zugriff auf die Privatsphäre der Betroffenen im Stadtteil mit subtilen sozialpsychiatrisch-sozialpädagogischem Handeln zu haben, offen, klar, eindeutig, bewusst und reflexiv (im Team) begegnet werden. Deswegen kommt es darauf an, sich in der sozialpsychiatrischen Arbeit bewusst für den Umgang mit der Doppelfunktion von Hilfe und Kontrolle zu entscheiden und sie immer wieder fallbezogen zu definieren, umzusetzen und vor allem den Betroffenen gegenüber transparent zu halten (THIERSCH 1986, S. 174–197). Gleichzeitig verlangt die fachpolitische Einmischung, mit und für Betroffene für Hilfen und Strukturen um deren Finanzierung und Implementierung politisch zu kämpfen, konkret vor Ort Öffentlichkeitsarbeit zu betreiben und Rahmenbedingungen für das Zusammenleben der Beteiligten mitzuentwickeln und zu erarbeiten.

6.2.2.5. Exkurs zur Praxis der Sozialpsychiatrie in verschiedenen Ländern

Mit einem Exkurs zur Entwicklung der Sozialpsychiatrie in verschiedenen industrialisierten Ländern Mitteleuropas und in den USA nach 1945 sollen die Grundzüge der Umsetzung sozialpsychiatrischer Ziele skizziert werden. Die zitierten Länder stehen stellvertretend für die weiteren, industrialisierten Länder Mittel- und Westeuropas. Im Vergleich zu den genannten Ländern zeichnen sich in den anderen keine grundsätzlichen Unterschiede zu Zielen, Verlauf und Stand der Umsetzung ab (Bundesministerium für Jugend, Familie und Gesundheit 1975, S. 170; Bundesminister für Jugend, Familie, Frauen und Gesundheit 1988, S. 29 ff.; FINZEN/HOFFMANN-RICHTER 1995, S. 11–20; Sozialpsychiatrische Informationen 3/1998).

»Die Reform der psychiatrischen Krankenversorgung steht heute in einer Reihe von industriell hoch entwickelten Ländern auf dem Programm. Der Mental Health Act (1959), der Social Service Act (1971) in England, der Sektorisierungserlass (1960) sowie seine Durchführungsverordnungen (1972) in Frankreich und der Mental Health Centers Act (1963) in den USA machen dabei deutlich, dass es sich bei der Psychiatrie-Reform nicht mehr nur um Überlegungen einiger Fachexperten, sondern um ein gesundheitspolitisches Thema von internationaler Bedeutung handelt, das seinen Niederschlag bereits in zahlreichen Gesetzesbestimmungen und Regierungsverordnungen gefunden hat.« (WULFF 1981, S. 54)

Damit soll verdeutlicht werden, dass die sozialpsychiatrischen Ziele und Leitlinien in einem breiten Rahmen mit unterschiedlicher Intensität und Ausprägung in den verschiedenen Ländern nach und nach umgesetzt werden. Des Weiteren wird gezeigt, dass die Ziele der sozialpsychiatrischen Bewegung ihren Eingang in staatliche Reformprogramme fanden. In **England** als der »Wiege der modernen Sozialpsychiatrie« (HOFFMANN-RICHTER in: FINZEN/HOFFMANN-RICHTER 1995, S. 27) begann die Reform früher als in den anderen Ländern.

Mit der Verstaatlichung des Gesundheitswesens 1948 wurden die Weichen für gemeindepsychiatrische Reformen auf nationaler Ebene gestellt. So begann noch in den späten 40er Jahren die Entwicklung eines Netzes an ambulanten und teilstationären Einrichtungen mit der Integration von medizinischen und sozialen Hilfen: »Die Anstaltsreform, die Psychiatrischen Abteilungen an allgemeinen Krankenhäusern, die Tagesklinikbewegung, die Therapeutische Gemeinschaft, die industrielle Arbeitstherapie, die frühen Ansätze zur Rehabilitation – sie alle nehmen ihren Anfang im England der späten vierziger Jahre.« (HOFFMANN-RICHTER 1995, S. 15)

Die Verringerung der Bettenzahl und Schließung von Anstalten ging von einer enorm hohen Bettenmessziffer aus: 1954 betrug sie 3,4 pro Tausend Einwohner, 1991 noch 1,7 p. T. Einwohner (Vergleich zur BRD: 1970 1,6 Betten p. T. Einwohner, 1991 1,2 Betten p. T. Einwohner, 1994 0,81).[33]

Kritisch bewertet wird die Entwicklung von Wing, der ausführt, »dass die Verkleinerung des Systems der psychiatrischen Krankenhäuser nicht durch eine ausreichende Ausweitung von alternativen gemeindenahen Diensten begleitet worden ist« (WING in: Bundesminister für Jugend, Familie, Frauen und Gesundheit 1988, S. 41). Selbst das »social services committee« des Unterhauses stellt fest, »dass die psychiatrische Versorgung unzureichend finanziert und unzureichend personell ausgestattet ist« (a. a. O., S. 42).

Früh begann sich ein Verständnis von Krankheit und Behandlung durchzusetzen, bei dem die Ziele der sozialpsychiatrischen Bewegung deutlich sichtbar sind. So hält LEWIS schon 1951 fest:

»Wir nutzen alle sozialisierenden Einflüsse, die uns zur Verfügung stehen, während der Patient unter unserer Obhut steht, und wir bemühen uns darum, ihn auf seine Rückkehr in die Gesellschaft vorzubereiten, vielleicht, indem wir vieles am sozialen Arrangement ändern, in das er zurückkehren wird ... Als eine isolierte Einheit betrachtet, hat das Verhalten jedes menschlichen Wesens sehr viel von einem verlorenen Teil eines kompletten Puzzles.« (LEWIS in: FINZEN/HOFFMANN-RICHTER 1995, S. 15)

»Neben der antipsychiatrischen Bewegung, deren laute Programmatik zeitweise die Entwicklung der Sozialpsychiatrie übertönte, scheinen die Prozesse in England von Anfang an fließend ineinander übergegangen zu sein – eine schon lange bestehende sozialpsychiatrische Tradition innerhalb der Psychiatrie, Vorüberlegungen und Definitionsversuche sozialpsychiatrischer Tätigkeit, die Psychiatriereform, Begleituntersuchungen und theoretische Konzepte. M. Sherperd hat 1983 die Ursprünge und Richtungen der Sozialpsychiatrie zusammengefasst.« (HOFFMANN-RICHTER 1995, S. 16)

---

33 Die Zahlen sind den »Empfehlungen der Expertenkommission der Bundesregierung« (Bundesminister für Jugend, Familie, Frauen und Gesundheit 1988, S. 39); ELGETI (Sozialpsychiatrische Informationen 3/1998, S. 4) und RÖSSLER/SALIZE (1996, S. 87) entnommen.

In England zeichnet sich in den letzten zehn Jahren ein Prozess ab, der in allen industrialisierten Ländern festzustellen ist. Auf der einen Seite engagieren sich sozialpsychiatrisch Tätige, die für die Umsetzung ihrer Ziele in verschiedensten regionalen und überregionalen Situationen eintreten. Auf der anderen Seite führt die ökonomische und sozialpolitische Entwicklung dazu, Enthospitalisierungsprogramme als fortschrittliche Maßnahmen darzustellen und sie gleichzeitig aus Gründen der Kostenersparnis umzusetzen. Allerdings hat nach ELGETI (Sozialpsychiatrische Informationen 3/1998, S. 4/5) die Forcierung des Wettbewerbs bislang nicht zu überzeugenden Ergebnissen geführt.[34]

In **Frankreich** entwickelte sich eine konsequente Sektorpsychiatrie mit dem Ziel der Versorgungsverpflichtung:

»Jeder Sektor, der eine durchschnittliche demographische Einheit von 70.000 Einwohnern repräsentiert, wird einem psychiatrischen Team anvertraut, das damit beauftragt ist, Prävention und Behandlung sicherzustellen, sowohl intra- wie auch extramural ebenfalls den Auftrag hat, die dafür notwendigen Strukturen zu schaffen. Diese Organisation in Sektoren, die sich zu Beginn der 70er Jahre ausgebreitet hat, hat sich als Trägerin von Kreativität gezeigt, vorausgesetzt, dass die administrativen Verwaltungsinstanzen den Weg mitgehen wollten.« (AYME in: KRISOR 1994, S. 45)

Die Bettenmessziffer betrug 1971 2,3 p. T. Einwohner (Bundesministerium für Jugend, Familie und Gesundheit, S. 170). Heute liegt sie bei ca. 1,2 p. T. Einwohner.[35]

Die Bausteine im ambulanten und teilstationären Bereich entsprechen im Grundsatz denen der anderen Länder. Charakteristisch ist die enge Verzahnung von ambulanten und stationären Strukturen.

Die inhaltliche Entwicklung der Psychiatriereform in Frankreich wurde wesentlich beeinflusst durch die institutionelle Psychotherapie Lacans und seiner Schüler: »Der Anfang der institutionellen Psychotherapie geht bereits auf den letzten Weltkrieg zurück, obwohl sie als solche erst 1952 benannt wurde.« (AYME a. a. O. S. 32) Lacan stellt die Nachvollziehbarkeit der Psychose unter Bezug auf Freud in den Vordergrund. Er stellt die Sinnhaftigkeit der Symptome heraus und entwickelt sein Konzept auf dieser Grundlage weiter:

»Man muss sich lediglich mit den erforderlichen Mitteln ausstatten, um diese lesen zu können und nach geeigneten Orten suchen, damit sie ausgesprochen werden können. Daraus erklärt sich die Bedeutung der Begegnungen, der Austauschmöglichkeiten und der Treffen, wo das Pflegepersonal ebenso wie Pflegebedürftige uneingeschränkt zu Wort kommen. Was er als ›Ergotherapie‹ und ›Soziotherapie‹ bezeichnet, bildet den Rahmen, in dem sich der Alltag der Kranken als psychotherapeutisches Projekt gestaltet.« (AYME, a. a. O. S. 33/34)

Ayme fasst die Entwicklung insgesamt wie folgt zusammen:

---

34 Eine ausführliche Beschreibung und Diskussion der Problematik erfolgt in den Sozialpsychiatrischen Informationen 3/1998, S. 7–22.

35 Nach Jontza (JONTZA 1997, S. 726–729) leben im typischen Sektor ca. 70.000 Einwohner (zwischen 50.000 und 90.000 Einwohner). Jeder Sektor hat ca. 75 vollstationäre psychiatrische Betten zur Verfügung. Insgesamt gab es 1994 68.000 vollstationäre psychiatrische Betten in den Sektoren bei einer Einwohnerzahl Frankreichs von 56,5 Millionen (1,2 Betten p. T. Einwohner).

»Durch den Bruch mit einer Psychiatrie, die mit der Entwicklung der Geschichte nicht Schritt hielt und sich dennoch bis zur Mitte unseres Jahrhunderts behauptete, hat die institutionelle Psychotherapie den Kranken wieder in die Geschichte seiner Zeit, verknüpft mit der Geschichte der Institutionen und seiner persönlichen wie familiären Geschichte, reintegriert.« (a. a. O., S. 45) Er sieht darin keinen Gegensatz zur Sektorpsychiatrie, obwohl er beklagt, »dass einige Kreise zu Unrecht versucht haben, sie als Gegensatz zu dieser Politik zu werten« (AYME a. a. O., S. 32). Vielmehr »bietet die Sektor-Politik allen Bürgern gleichwertige Behandlung ohne nosographische, geografische oder wirtschaftliche Diskriminierung. Jeder Kranke und jede Familie kann sich sicher sein, in nächster Nähe und selbst in den hintersten Winkeln auf dem Lande ein Behandlerteam jeweils gleicher Qualität zur Verfügung zu haben, das in der Lage ist, den jeweiligen Bedürfnissen der Kranken gerecht zu werden« (AYME a. a. O., S. 35).

Die Analogie zur therapeutischen Gemeinschaft in England liegt auf der Hand mit dem Unterschied, den gesamten Sektor im Blick zu haben und zwischen drinnen und draußen keinen ideologischen Graben entstehen zu lassen. In Frankreich gab es demzufolge auch keine Debatte um die Auflösung der Anstalten wie in England (siehe englische Antipsychiatrie) und in Italien, wo aufgrund ihrer antitherapeutischen und schädlichen Wirkung die Überwindung der Anstalt zum Leitmotiv der demokratischen Psychiatrie wurde. Trotz des Einflusses der institutionellen Psychotherapie auf die Psychiatriereform ist in den letzten Jahren eine Haltung festzustellen, die sich nach und nach daran orientiert, die Verbindung von biologischen Faktoren, psychotherapeutischer Behandlung und Alltagsgeschehen in der täglichen Arbeit herzustellen, während sich »in der Tat eine Verlangsamung der Ausbreitung des institutionell psychotherapeutischen Konzeptes einstellt« (AYME a. a. O., S. 38).

Eindrücke durch den Besuch eines Sektors in der Nähe von Straßburg im Herbst 1998 bestätigten diese pragmatische und engagierte Arbeitsweise der MitarbeiterInnen: Die aktive, situationsorientierte und offene Haltung mit Respekt und Würde gegenüber den Menschen ohne Fixierung auf eine Methode. Feststellbar war ebenso die enge Verzahnung und Verklammerung von ambulanten und stationären Hilfen, ohne die Anstalt allerdings zu hinterfragen.

Kritischer merkt Jontza an: »Die sektorpsychiatrische Versorgung hat sich in Frankreich in den letzten Jahrzehnten bei steigender Inanspruchnahme weiter in Hinsicht auf eine ambulante Versorgung und fortlaufendem Bettenabbau differenziert. Es bestehen beträchtliche Unterschiede zwischen einzelnen Trägern, Sektoren und Regionen. ... Seit einigen Jahren führt das hohe Defizit der Krankenversicherungen zu einem fachfremden Kostendruck. Budgetisierung, Finanzautonomie der Krankenhäuser, zentralisierte ökonomische Kontrolle und die ökonomische Instrumentalisierung der angekündigten Definition und Evaluierung ärztlichen und pflegerischen Handelns bedrohen die Sektorpsychiatrie in ihrer traditionell bescheidenen Ausstattung.« (JONTZA 1997, S. 726)

Die Entwicklung in den **USA** kennzeichnete sich vorrangig durch die »community mental health« Bewegung und die Enthospitalisierung als administrativem Akt von oben. Im Bericht der »Empfehlungen der Expertenkommission ...« wird erwähnt, dass die Bandbreite zwischen positiven und negativen Beispielen sehr groß ist und die Darstellung der Reform in den USA auf »eine große Vielfalt von Entwicklungen, Konzepten, Untersuchungen usw.« stößt (Bundesminister für Jugend, Familie, Frauen und Gesundheit 1988, S. 44).

Mit dem »community mental health« Programm von Kennedy aus dem Jahre 1963 wurde versucht, das alte Anstaltssystem abzulösen und ein völlig neues Versorgungssystem aufzubauen. Hintergrund der Entwicklung war die Verabsolutierung der Hospitalismuskritik, nach der jede stationäre Aufnahme um jeden Preis verhindert werden sollte (Bundesminister für Jugend, Familie, Frauen und Gesundheit 1988, S. 44) in Verbindung mit einem vorherrschenden Optimismus, durch präventive Hilfen und Strukturen insbesondere den chronischen Verlauf psychischer Erkrankungen einschränken zu können. So wurde die Zahl der stationären Kapazitäten drastisch reduziert von drei Betten p. T. Einwohnern auf ca. 0,75 p. T. Einwohner im Jahr 1981 (1955: 559.000 Betten; 1981: 125.000 Betten).[36] Parallel dazu sollten die CMHCs (community mental health centers) als Alternative dazu ausgebaut werden, was jedoch nicht im beabsichtigten Maße erfolgte. Von anfänglich 2.000 geplanten Zentren waren bis 1980 etwa 700 in Betrieb genommen. Verschiedene Gründe, vorrangig jedoch kostensparende zeichneten für diese Entwicklung verantwortlich. Fehlende Absicherungen über ein soziales Sicherungssystem wie z. B. in der BRD, welches (zumindest weitgehend) Lebensrisiken abdeckt, führten zur Ausdünnung der Ausgaben für chronisch psychisch kranke Menschen (vgle. dazu: Bundesminister für Jugend, Familie, Frauen und Gesundheit 1988, S. 48/49).[37] Dementsprechend laut wurde Kritik an der Psychiatriereform geübt, die ursprüngliche sozialpsychiatrische Leitlinien auf den Kopf stellte: »Die Situation vieler der Anstaltspatienten (hat) sich durch die Entlassung nicht verbessert, häufig sogar erheblich verschlechtert. Hunderttausende von ihnen wurden in Heimen untergebracht, von denen viele infolge unzureichender Ausstattung genauso schlecht oder noch schlechter sind als die ehemaligen back wards. ... In großen Städten wie New York gibt es unübersehbar in den Straßen und Plätzen wohnsitzlose psychisch gestörte Personen, die aus Mülltonnen leben, mit Plastiktüten umherziehen und je nach Witterung draußen auf Luftschächten der U-Bahn, oder in Obdachlosenunterkünften nächtigen.« (Bundesminister für Jugend, Familie, Frauen und Gesundheit 1988, S. 46/47)
Entgegen der ursprünglichen Intentionen der sozialpsychiatrischen Orientierung, der Einflüsse der Psychoanalyse sowie weiterer, bekannter Ansätze und Methoden wie die Palo Alto Schule, das Soteria Projekt (MOSHER/BURTI 1992), die sozialpsychiatrischen Wurzeln aus den 20er Jahren etc., führte der Reformprozess zu einer Verschlechterung der Lebensbedingungen für die chronisch psychisch kranken Menschen in den USA (SCULL 1980, S. 82 ff.). Die Zahl der obdachlosen psychisch kranken Menschen wuchs ständig, sodass z. B. die Stadt New York den Plan aufgelegt hat, »die psychisch Kranken und Verwirrten unter den 50.000 Obdachlosen herauszufischen und in psychiatrische Krankenhäuser einzuweisen. Die psychiatrische Versorgung der chronisch Kranken hat also einen Tiefpunkt erreicht« (Bundesminister für Jugend, Familie, Frauen und Gesundheit 1988, S. 48).
Die heftige Kritik an den Institutionen führte andererseits zu Projekten und regionalen Strukturen, die allerdings nur in wenigen Ausnahmen auf die Versorgungsverpflichtung

---

36 Die Angaben stammen aus den »Empfehlungen der Expertenkommission ...« (Bundesminister für Jugend, Familie, Frauen und Gesundheit 1988, S. 45).
37 Zum Verlauf der Psychiatriereform in den USA siehe vor allem MOSHER/BURTI (1992, S. 8–62).

eines Sektors bezogen waren: »Der massive Anti-Institutionalismus hat zu einer Reihe von bewundernswerten Forschungsprojekten geführt, die zeigen, dass man auch schwer psychisch Kranke außerhalb des Krankenhauses gut oder besser als im (durchschnittlichen) Krankenhaus behandeln und rehabilitieren kann.« (Bundesminister für Jugend, Familie, Frauen und Gesundheit 1988, S. 50/51) Besonders im vielschichtigen, teilweise widersprüchlichen und vor allem regionenbezogenen Verlauf der Psychiatriereform in den USA nach 1945 spiegelt sich die Gesamtheit und gleichzeitig die Anfälligkeit der eingangs formulierten Ziele und Bedingungen sozialpsychiatrischer Arbeit wieder: Das Engagement und die Orientierung am Individuum, an der Freiheit des Einzelnen, an der Autonomie und Selbstverantwortung, an der Lebenswelt der Menschen, gegen Internierung, Fremdbestimmung und einseitiges, medizinisches Denken und Handeln auf der einen Seite und die ökonomische und sozialpolitische Bestimmung der sozialpsychiatrischen Ansätze auf der anderen Seite. Diese Ambivalenz führt vermehrt zum Risiko, die leichtere und kostengünstigere Klientel zu berücksichtigen und die schwierigeren, hilfebedürftigeren und chronifizierteren Menschen aus dem Blickfeld zu verlieren. Fehlende Versorgungsverpflichtung, mangelnde finanzielle und andere Ressourcen und gleichzeitig bestehende libertäre und zu einseitig verstandene sozialpsychiatrische Grundhaltungen haben in den USA an vielen Stellen dazu geführt, eine Praxis zu entwickeln, die dem Leitziel, die Verantwortung für alle chronisch psychisch kranken Menschen in einer Region innezuhaben und sie nicht aufzuteilen, entgegensteht (Bundesminister für Jugend, Familie, Frauen und Gesundheit 1988, S. 46–48).

Der deutlichste Unterschied im Konzept und Verlauf der Psychiatriereform im Vergleich zu den anderen Ländern ist in **Italien**[38] festzustellen. Verschiedene Gründe haben zu einer im Vergleich radikalen Reform mit entsprechender Gesetzgebung geführt:

- Die katastrophalen, menschenunwürdigen Bedingungen in den psychiatrischen Anstalten bildeten einen eindeutigen Rahmen und Nährboden für eine Sensibilisierung der professionell Tätigen (BASAGLIA 1973 und PIRELLA 1975.) Beide Bücher befassen sich u. a. mit der Realität der Anstalten vor Beginn der Reform und ihrer Veränderung).
- Die verspätete Industrialisierung lenkte den Blick mit zeitlicher Verzögerung auf die Gesundheitspolitik, sodass der Widerspruch zwischen gesellschaftlicher Entwicklung und dem Rückstand in der psychiatrischen Versorgung länger offen und deutlich sichtbar blieb.
- Die Arbeiter- und Studentenbewegung von 1968 umfasste in Italien große Teile der linken Parteien bis hinein in die christdemokratische Parteienlandschaft[39] und der Gewerkschaften. Gesundheits- bzw. krankheitsfördernde Lebensverhältnisse

---

38 Die ausführlichere Darstellung der italienischen Psychiatriereform im Vergleich zu den anderen Ländern hängt damit zusammen, dass ich mich in den vergangenen 20 Jahren intensiv mit ihr befasst habe und mich 1981 ein halbes Jahr in Triest und in Arezzo aufhielt. Von einigen Abstrichen abgesehen, bin ich nach wie vor von der Richtigkeit des Konzeptes und der Praxis, wie ich dies in den beiden genannten Städten erfahren konnte, vor allem für chronisch psychisch kranke Menschen überzeugt.

39 So gehörte z. B. der Triestiner Bürgermeister Zanetti, der Basaglia nach Triest holte, zur christdemokratischen Partei. Ihm war es wichtig, Basaglia nicht nur aus ökonomischen Gründen nach Triest zu holen, sondern vor allem aufgrund der Erfahrungen von Görz,

gehörten zum Inhalt der gesamten Bewegung in Italien. Die Psychiatrie als Schandfleck in der Gesundheitsversorgung und die zunehmende Veröffentlichung dieses Tatbestandes konnte als ein Bestandteil in den breiten gesellschaftlichen Prozess der 68er Bewegung integriert werden (BASAGLIA in: ZEHENTBAUER 1983, S. 9–22).
- Zum ursprünglich an der Humanisierung der Lebensverhältnisse orientierten Konzept Basaglias und seiner Gruppe in Görz (BASAGLIA 1973) kam eine gesellschaftskritisch und politisch geprägte Definition und Interpretation der psychiatrischen Versorgung und der Aufgabe der in ihr Tätigen und der Patienten hinzu (BASAGLIA et al. 1980). Die gesellschaftskritische und explizit politische Haltung ermöglichte die Einbindung der demokratischen Psychiatrie (psichiatria democratica) in den gesellschaftlichen Reformprozess und deren Träger.
- Nur darüber konnte die Gesetzesinitiative erfolgreich sein, die zum Gesundheitsreformgesetz und darin zum Gesetz 180 im Jahre 1978 führte (ZEHENTBAUER 1983, S. 98–104). Dieses beinhaltete im wesentlichen die Schließung der Anstalten und den Aufbau eines alternativen Netzes an gemeinwesenorientierten Einrichtungen und Diensten in der Verbindung von medizinischen und sozialen Hilfen (DELL' ACQUA in: Caritasverband, Heft 5 1996, S. 209–217).

Die Umsetzung des Gesetzes erfolgte nicht einheitlich, genauso wenig wie es *die* italienische Psychiatriereform gab. Vielmehr besteht heute noch ein unterschiedliches Gemengelage an Bedingungen und Niveaus in den verschiedenen Regionen (DE SALVIA in: DEBERNARDI et al 1992, S. 359 ff.; DE SALVIA/CREPET 1982; PIRELLA in: Sozialpsychiatrische Informationen 3/1998, S. 27 ff.). Fortschrittlichen Situationen, wie sie in erster Linie immer noch in Triest und Arezzo als die bekanntesten Beispiele vorzufinden sind, in denen die Überwindung der Anstalt und der Aufbau eines Netzes an offenen Diensten und Einrichtungen ohne Selektion der Klientel erfolgte, stehen Regionen gegenüber, in denen der Reformprozess oft aus Desinteresse und Widerstand seitens der Politik und der Fachöffentlichkeit nur schwer in Gang gekommen ist (PIRELLA in: Sozialpsychiatrische Informationen 3/1998 und DE SALVIA/CREPET 1982).

Es kann jedoch festgehalten werden, dass ein Umbau des Versorgungssystems stattfindet. Während die Bettenmessziffer in der Psychiatrie 1965 noch 1,5 p. T. Einwohner betrug, lag sie 1991 bei o,4 p. T. Gleichzeitig ist eine zunehmende Verlagerung personeller und anderer Ressourcen aus dem stationären in den ambulanten Bereich zu verzeichnen. So stieg die Zahl der in territorialen Diensten Beschäftigten von 9.667 im Jahr 1984 auf 31.478 im Jahr 1992 (PIRELLA in: Sozialpsychiatrische Informationen 3/1998, S. 27). Die alternativen Dienste und Einrichtungen mit ihren Inhalten und Konzepten werden ausführlich dargestellt und diskutiert bei HARTUNG 1980, MEIER 1992 und bei DELL' ACQUA (in: Caritas 1996, S. 209–217). Diese Arbeiten beziehen sich auf den Transformationsprozess der Anstalt und den Aufbau territorialer Strukturen in Triest. Triest gilt nach wie vor als das am weitesten fortgeschrittene Beispiel für die Psychiatriereform in Italien. Der aktuelle Stand der Arbeit in Triest repräsentiert deshalb nicht den Durchschnitt der Umsetzung des Gesetzes 180 in Italien (vgle. dazu CREPET 1982 und den oben zitierten Beitrag PIRELLAS).

---

eine menschenwürdigere Psychiatrie zu entwickeln (Information aus einem persönlichen Gespräch mit Herrn Zanetti).

Der konzeptionelle und theoretische Hintergrund von Basaglia und seiner Gruppe (psichiatria democratica) bezieht sich zunächst auf die Humanisierung der unerträglichen Bedingungen und Zustände in den psychiatrischen Anstalten (BASAGLIA 1973 und PIRELLA 1975). Die humane Dimension erfährt durch das Scheitern von Görz die Erweiterung um die politische Dimension (BASAGLIA u. a. 1980, S. 27–34). Die Begrenzung und Blockierung der Überwindung der Anstalt in Görz durch die Politik und die Verwaltung führen u. a. zur explizit politischen Haltung und Wahrnehmung der Doppelfunktion in der psychiatrischen Arbeit. Haltung und Menschenbild in der Gruppe um Basaglia waren geprägt durch eine Kombination aus Widerstand gegenüber der Anstalt und ihrer ideologischen Legitimation und den Versuch, zum Subjekt, zum Individuum in seinem sozialen Kontext durchzudringen, dem das traditionelle Konzept von Krankheit in Verbindung mit der Anstalt im Verlauf der Psychiatriegeschichte übergestülpt wurde. Basaglia und seine Mitstreiter leugneten im Unterschied zur englischen Antipsychiatrie nie die Existenz der psychischen Erkrankung. Vielmehr ging es ihnen in der täglichen Arbeit darum, die »Kruste Krankheit« durch die Negation der Anstalt und den Aufbau (der Erfindung) alternativer Strukturen im Gemeinwesen zum Menschen und seinen Bedürfnissen vorzustoßen (BASAGLIA 1973, S. 361 ff.; ROTELLI 1994, S. 129 ff.). So berichtete mir Slavich (einer der engsten Mitarbeiter von Basaglia in Görz), dass während der Umwandlung der Anstalt in Görz die Bücher von HELLER (1976/1981) zu Alltagstheorien und Bedürfnissen eine größere Bedeutung einnahmen als traditionelle psychiatrische Lehrbücher. Basaglia selbst kam aus der Tradition der phänomenologischen Ansätze und Konzepte von Binswanger und Husserl (BASAGLIA 1981, S. 3–22 und ROTELLI 1994, S. 19–23). Diese Seite ist verbunden mit den Erfahrungen des Widerstandes während der Zeit des Faschismus in Italien, die wiederum für die gesellschaftskritische Haltung und Position zur Rolle als Psychiater und zur Funktion der Psychiatrie mitverantwortlich waren.

Seit der Verabschiedung des Gesetzes 180 im Jahr 1978 entwickelten sich in Italien neben der Unterschiedlichkeit des Transformationsprozesses in den einzelnen Regionen Haltungen und methodische Orientierungen, die nicht mehr explizit dem Konzept der Entinstitutionalisierung aus Triest und Arezzo entsprachen. Sukzessive fand eine Annäherung an die methodische Diskussion der anderen Länder statt mit dem Versuch, diese in die eigene Praxis zu integrieren. Sie kann sich aber im Unterschied dazu nicht mehr auf Anstalten und psychiatrische Krankenhäuser stützen. Zu den zwischenzeitlich vielfältigen und -schichtigen Erfahrungen und Erkenntnissen territorialer Arbeit und Methodik unter diesen Voraussetzungen existiert fast nur italienische Literatur. Eine Hauptrolle darin nehmen die »fogli di informazioni« ein. Dabei handelt es sich um eine regelmäßig erscheinende Zeitschrift, die von der Gruppe um Basaglia (psichiatria democratica) vor über 25 Jahren ins Leben gerufen wurde und vorrangig aus der aktuellen sozialpsychiatrischen Arbeit berichtet.

In Italien setzt sich nach und nach ein Prozess durch, der darin besteht, alltags- und lebensweltorientierte (territoriale) Arbeit, die situative Einpassung psychotherapeutischer Methoden und medizinisch-psychiatrische Behandlung (mit einer permanent sinkenden Bedeutung psychiatrischer Anstalten) zu verbinden (DELL' ACQUA in: Caritas 1996, S. 209–217; PIRELLA in: Sozialpsychiatrische Informationen 3/1998). Diese Tendenz findet sich nicht nur in der zitierten Literatur wieder, sondern entspricht auch meinen Beobachtungen und Gesprächen, die ich durch die kontinuierlichen Kontakte mit italienischen

KollegInnen in den vergangenen 20 Jahren machen und führen konnte. PIRELLA warnt allerdings vor der Gefahr, dass »das institutionelle Paradigma wiederbelebt (wird) auf der Grundlage von Arbeitsweisen, die dennoch nicht ausschließlich auf pharmakologische Behandlung ausgerichtet sind, sondern die Kompetenzen auf psychotherapeutischem, erzieherischem und systemischem Gebiet beanspruchen, die aber die Patienten, die nicht in die vom Dienst vorgegebenen Behandlungsraster passen und eher schwierig, aufmüpfig sind, also Widerstand leisten und rebellisch sind (non responder), nur die Wahl lassen, ohne Hilfe zu bleiben (drop out) oder eingeliefert zu werden« (Sozialpsychiatrische Informationen 3/1998, S. 28).

Ein hervorzuhebendes Merkmal der Psychiatriereform in der **Bundesrepublik Deutschland** im Vergleich zu den anderen Ländern ist ihre Verspätung, bedingt durch die Folgen des Euthanasieprogramms der Nationalsozialisten:

»In welchem Ausmaß die Psychiatrie in Deutschland ab 1933 für nationalsozialistische Zwecke missbraucht wurde, ist bekannt. Während des Dritten Reiches wurden über 100.000 psychisch Kranke systematisch ermordet und psychiatrische Krankenhäuser geschlossen ... Mit dem Ende des Dritten Reiches waren Vorstellungen von Volksgesundheit und Rassenhygiene keineswegs verschwunden. Mit größter Wahrscheinlichkeit haben faschistisch geprägte soziale Repräsentationen von psychisch Kranken und psychischer Krankheit das Dritte Reich überdauert und – möglicherweise in Verbindung mit Schuldgefühlen eine Reform über viele Jahre verzögert.« (HOFFMANN-RICHTER in: FINZEN/HOFFMANN-RICHTER 1995, S. 18) Der Verlauf der verspäteten Reform orientierte sich an den Ländern West- und Mitteleuropas. Intensität und Ausprägung der Reform sind immer von länder- und regionenspezifischen Besonderheiten geprägt gewesen.

Wie oben erwähnt, bildete sich eine Gruppe aus Politikern, Angehörigen und Professionellen, welche die unmenschlichen Zustände in der Psychiatrie nicht mehr hinnehmen wollten. Aus dem Zusammenwirken dieser Kräfte entstand die politische Initiative im Bundestag, eine Enquête-Kommission einzusetzen. Deren Aufgabe bestand darin, eine Bestandsaufnahme durchzuführen und daraus Empfehlungen für eine gemeindenahe Psychiatrie abzuleiten. Die Ergebnisse der Untersuchung waren ernüchternd (Bundesministerium für Jugend, Familie und Gesundheit 1975, S. 6–15 und 82–156). Die Psychiatrie-Enquête (unter diesem Namen wurde der Bericht bekannt) von 1975 markierte deswegen den Dreh- und Angelpunkt hinsichtlich der Bestandsaufnahme – allerdings ohne tiefere Auseinandersetzung mit der Vernichtung psychisch kranker Menschen während der Zeit des Nationalsozialismus – und der künftigen Gestaltung gemeindenaher Psychiatrie.

Die Empfehlungen der Psychiatrie-Enquête basieren auf folgendem Ist-Stand:
- Die Bettenmessziffer in der klinischen Psychiatrie betrug 1965 1,5 p. T. Einwohner, (1985: 1,6 p. T., 1991: 1,2 p. T. und 1994: 0,81 p. T. Einwohner).
- Abgesehen von niedergelassenen Nervenärzten existierte sonst keine ambulante, regionalisierte Versorgung für chronisch psychisch kranke Menschen. Ein großer Teil dieser Menschen war in gemeindefernen Anstalten und Heimen untergebracht. Auf ca. 1000 Einwohner kam ein Heimbewohner.
- Die Lebensbedingungen in den Anstalten waren katastrophal und menschenunwürdig. Säle mit mehr als 20 Betten waren keine Seltenheit.

- Das Bild der Öffentlichkeit bestand größtenteils darin, psychisch kranke und behinderte Menschen als potenziell gefährlich zu brandmarken. Fremdheit, Unverständnis und Ausgrenzungsmechanismen kennzeichneten weite Teile der öffentlichen Meinung. Die Praxis der geschlossenen Anstaltspsychiatrie und das Bild der öffentlichen Meinung waren zwei Seiten derselben Medaille. Psychisch kranke und behinderte Menschen gehörten nicht zum gesellschaftlichen Leben und waren auch nicht Bestandteil des individuellen Lebens. Die Folge davon war ihre weitgehende äußere und innere Abspaltung von der Normalität. Detaillierte und ausführliche Angaben dazu finden sich in der Psychiatrie-Enquête (Bundesministerium für Jugend, Familie und Gesundheit 1975, S. 82–156).

Dementsprechend umfangreich und auf Veränderung bedacht waren die Empfehlungen der Enquête:
- Öffentliche und sozialrechtliche Gleichstellung von körperlich und seelisch kranken Menschen,
- Verringerung der Zahl und Dauer stationärer Behandlungen,
- Einrichtung umfassender und gemeindenaher Angebote und Dienste für alle psychisch kranken Menschen in so genannten Standardversorgungsgebieten,
- die Verkleinerung der psychiatrischen Anstalten und die Einrichtung psychiatrischer Abteilungen an Allgemeinkrankenhäusern,
- die Schaffung extramuraler Einrichtungen und Dienste mit multidisziplinärer Zusammensetzung durch verschiedene Berufsgruppen,
- bedarfsorientierte Koordination und Kooperation der Dienste und Einrichtungen untereinander,
- intensivere Aufklärung der Bevölkerung auf dem Gebiet der psychischen Gesundheit und die Schaffung präventiver Angebote (Bundesministerium für Jugend, Familie und Gesundheit 1975, S. 189/190).

Das Ergebnis der Psychiatrie-Enquête lässt sich wie folgt umschreiben: In den 80er Jahren entstand aufgrund verschiedener Hindernisse ein Flickenteppich aus Reformprojekten. Ausprägung und Intensität hingen von regionalen Besonderheiten ab, da die Psychiatrie Ländersache war (und nach wie vor ist) und die Bundesregierung in der zweiten Wirtschaftskrise der BRD sich mit anderen Themen als dem der Psychiatrie beschäftigte. Existierte ein Engagement und Zusammenwirken von professionell Tätigen, Politik und Verwaltung mit einem sensibilisierteren Teil der Öffentlichkeit, konnten extramurale Einrichtungen aufgebaut werden. War dieses positive Gemengelage nicht vorhanden, drohte der Reformprozess weitgehend hinter den Anstaltsmauern zu verpuffen oder erst gar nicht zu entstehen.

Allerdings fand eine umfassende und gründliche Modernisierung und Renovierung der Anstalten in den späten 60er und frühen 70er Jahren statt. So wurden zumindest u. a. durch
- die Abschaffung der Wachsäle,
- die Einführung und die Erlaubnis persönlicher Kleidung und Gegenstände,
- die Einführung von Besteck (Messer und Gabeln),
- die Öffnung von Stationen und ihre gemischtgeschlechtliche Belegung

in Verbindung mit einer menschlicheren Grundhaltung und einem intensiveren therapeutischen Impetus die Lebensbedingungen für die Menschen in der Anstalt verbessert. Die Anstalt selbst wurde im Unterschied zu Italien in der Praxis nicht in Frage gestellt, wenn es dazu fachpolitisch auch heftige Kontroversen gab. Ihre Veränderung verblieb auf der Ebene von Humanisierung und Verkleinerung. Jedoch gab es Ausnahmen. So wurde in Bremen-Blankenburg eine eng am italienischen Ansatz orientierte Entinstitutionalisierung umgesetzt. Die Langzeiteinrichtung der Stadt Bremen befand sich ca. 100 Kilometer außerhalb der Stadt. In einem engagierten und heftig diskutierten Transformationsprozess konnte diese Einrichtung überwunden werden. Die Insassen der Einrichtung kehrten als Bremer BürgerInnen wieder zurück in ihre Stadt in ein Netz von ambulant und stationär betreutem Wohnen (GROMANN-RICHTER 1991). Als weiteres Beispiel kann auf die Überwindung des Langzeitbereiches im psychiatrischen Landeskrankenhaus in Gütersloh hingewiesen werden (DÖRNER 1998).[40]

Parallel dazu verlief ein eher holpriger Ausbau ambulanter und teilstationärer Einrichtungen und Dienste. Sie wurden vorrangig über Modellprogramme finanziert, weil es dafür keine geregelte Finanzierungsmodalität gab (KARDORFF 1985, S. 13–42). Aus der Phase der Modellprogramme gingen u. a. die Sozialpsychiatrischen Dienste in Stuttgart als Teil des Landesprogramms zum Ausbau außerstationärer psychiatrischer Versorgung hervor (RÖSSLER/HÄFNER 1987). Der Prozess der gebremsten Reform war begleitet von heftigen ideologischen Auseinandersetzungen zur Genese psychischer Erkrankungen mit den entsprechenden Folgen für die Behandlung psychisch kranker Menschen. Er verlief zwischen dem extrem politischen, die Erkrankung ausschließlich gesellschaftlichen Verhältnissen zuschreibenden Ansatz des Sozialistischen Patientenkollektivs in Heidelberg (SPK 1973) über die Vertretung des italienischen Ansatzes bis hin zu moderateren Haltungen und dem ungebrochen somatisch orientierten Ansatz vor allem in den eher konservativen Universitätspsychiatrien, wenn vom vorbildlichen Reformprozess an der medizinischen Hochschule in Hannover einmal abgesehen wird (HASELBECK et al. 1987).

Die zeitweise heftigen Auseinandersetzungen, welche historisch betrachtet gerade aufgrund der jüngeren Geschichte Deutschlands unumgänglich waren, brachte für die große Mehrheit der psychisch kranken Menschen in den Anstalten jedoch nicht allzu viel nützliches hervor. Sie werden an verschiedenen Stellen ausführlich beschrieben (FINZEN 1998; DÖRNER/PLOG 1972; WULFF 1981; REBELL 1976; KARDORFF 1985).

Organisatorisch manifestierte sich die Auseinandersetzung in der Gründung des Mannheimer Kreises 1970 und der Deutschen Gesellschaft für Soziale Psychiatrie (DGSP) als Antwort auf die Fortsetzung traditioneller Konzepte und Arbeit der offiziellen Psychiatrievereinigungen (WULFF 1981, S. 54 ff.). Die DGSP kann als das Forum betrachtet werden, in dem die Ziele und Leitlinien sozialpsychiatrischer Ansätze am intensivsten diskutiert werden und beheimatet sind. Aufschluss darüber geben sowohl die regelmäßig erscheinenden Zeitschriften »Soziale Psychiatrie« (Rundbrief der DGSP) und die der DGSP nahe stehenden »Sozialpsychiatrischen Informationen« als auch die regelmäßig stattfindenden Tagungen, bei denen berufs- und institutionenübergreifend mit Psychiatrie-Erfahrenen und Angehörigen lebhafte und auch kontroverse Auseinandersetzungen stattfinden.

Die vielschichtigen sozialpsychiatrischen Diskussionen mündeten, zumindest für den Personenkreis der chronisch psychisch kranken Menschen in einen breit angelegten Konsens personenzentrierter Orientierung. Wenn die Kritik KARDORFFS (1985, S. 13–41) am

---

40 Zur aktuellen psychiatrischen Versorgungslage chronisch psychisch kranker Menschen siehe RÖSSLER/SALIZE 1996.

Verlauf des Reformprozesses auch seine Berechtigung hat, führte dieser Prozess zersplittert und wenig systematisiert zu den »Empfehlungen der Bundesregierung zur Reform der psychiatrischen und psychosomatischen Versorgung in der BRD«. Bekannt geworden ist der 1988 erschienene Bericht unter dem Stichwort »Bericht der Expertenkommission«. In dieser Kommission fand die Weiterentwicklung, Systematisierung und Präzisierung der Psychiatrie-Enquête auf der Grundlage der Ergebnisse des Bundesmodellprogrammes statt. Der 700-seitige Untersuchungsbericht konzentriert sich vorrangig auf die Lebenslage und Bedürfnisse chronisch psychisch kranker Menschen. Die allenthalben anerkannten Ziele der sozialpsychiatrischen Ansätze stehen im Mittelpunkt. Zwei Bereiche werden präzisiert, welche die Ernsthaftigkeit der Umsetzung der Ziele verdeutlichen:

- Die Langzeitbereiche der psychiatrischen Landeskrankenhäuser sollen überwunden und ersetzt werden durch ein Netz an regionalisiert und gemeindenah arbeitenden Bausteinen (Bundesminister für Jugend, Familie, Frauen und Gesundheit 1988, S. 137–294).
- Um die Versorgungsverpflichtung zu gewährleisten, ist eine verbindlich festgelegte Vernetzung und Kooperation erforderlich mit dem Gemeindepsychiatrischen Verbund als Organisationsform (a. a. O., S. 295–326).

Auch die Umsetzung der Forderungen der Expertenkommission stieß auf die ähnlichen Hindernisse, welche schon der Realisierung der Psychiatrie-Enquête im Wege standen. Nach wie vor kennzeichnet sich die bundesrepublikanische Wirklichkeit durch unterschiedliche Niveaus in den einzelnen Regionen, gleichwohl die Ziele und Empfehlungen der Expertenkommission breit anerkannt und akzeptiert sind. Ökonomische und sozialpolitische Veränderungen in den letzten zehn Jahren führten in Verbindung mit der expliziten Forderung nach personenzentrierten Hilfen zu entsprechenden Konsequenzen für die praktische Arbeit.

In der Arbeit der »Aktion Psychisch Kranke« zur Personalbemessung im ambulanten Bereich findet sich dieser Prozess wieder (Aktion Psychisch Kranke 1997 und in: Bundesministerium für Gesundheit 1999). Ziele und Leitlinien wie die Feststellung des individuellen Hilfebedarfs, die Planung, Umsetzung und Steuerung der Hilfen für chronisch psychisch kranke Menschen sind darin präzise definiert und treffen auf breite Zustimmung in der Fachöffentlichkeit. Nach wie vor schwierig gestaltet sich darin die medizinisch-psychiatrische Behandlung des Personenkreises aufgrund des Behandlungsmonopols der niedergelassenen Ärzteschaft. Aus ökonomischen und ständischen Interessen wurde bislang erfolgreich verhindert, dass die ambulant-aufsuchend und flexibel organisierten und arbeitenden Dienste und Einrichtungen keine eigenständige Möglichkeit zum flexiblen Einsatz medizinisch-psychiatrischer Behandlung zur Verfügung haben. Hier besteht ein deutlicher Unterschied zu den anderen hier zitierten Ländern.

Eine eindeutig positive Entwicklung (im Sinne der sozialpsychiatrischen Leitlinien) vollzog sich in der Etablierung einer breiten Bewegung von Psychiatrie-Erfahrenen, Angehörigen und BürgerhelferInnen. Aktiv, engagiert und kompetent formulieren die Betroffenen regional und bundesweit ihre eigenen Bedürfnisse und Rechte. Sie bringen sich ebenso nachhaltig, konsequent und auch unbequem in den Reformprozess ein. Die Bewegung der Psychiatrie-Erfahrenen und der Angehörigen in der BRD nimmt im mitteleuropäischen Raum eine Vorreiterrolle ein.

6.2.2.6. Aktueller Stand der sozialpsychiatrischen Diskussion

Trotz aller Unterschiede können über die Ländergrenzen hinweg bei den grundlegenden und übergreifenden Zielen der sozialpsychiatrischen Ansätze und ihrer Umsetzung folgende Gemeinsamkeiten festgestellt werden.

Gemeindenahe regionale Psychiatrie mit dem Vorrang **ambulant vor stationär** und der **Versorgungsverpflichtung** ist zu einem breiten Konsens unter den Fachleuten sowie den Verantwortlichen aus Politik und Verwaltung geworden, wenn die Gründe dafür auch in unterschiedlichen Motivationen liegen (können) und die gesetzliche Verankerung noch nicht die Gewähr für die Realisierung ist. Durch diese Übereinkunft wird weder die Paradigmakrise gelöst noch ist damit ausgesagt, dass sich in der breiten Öffentlichkeit das Bild der psychisch erkrankten Menschen grundsätzlich in Richtung Partizipation und Integration geändert hätte.

Das Menschenbild und die damit zusammenhängende Haltung hat das **Individuum in seiner Lebenswelt** als Ausgangspunkt und zum Ziel der Arbeit. Ihm mit Würde und Respekt zu begegnen heißt vor allem Freiwilligkeit, verständigungsorientiertes, dialogisches Handeln sowie Verantwortung an die Adressaten zurückzugeben und zu fördern. Diese Handlungsmaxime bilden die grundlegenden Rahmenbedingungen und Voraussetzungen für die große Mehrzahl der vom SpD betreuten Menschen. Das darin verankerte alltagsorientierte, sozialpsychiatrische Handeln in allen Bereichen (Lebensfelder) wird ausführlich in der Fallstudie (Kap. 7) und in den Fallerörterungen in Kapitel 8 dargestellt. Dies ist die eine Seite. Auf der anderen Seite sind in der sozialpsychiatrischen Alltagsarbeit in allen Kategorien des Handelns Einschränkungen und Begrenzungen dieser Prinzipien bis hin zu Vorgehensweisen im Einzelfall gegen den Willen der Betroffenen unübersehbar. Diese Seite der praktischen Arbeit zeigt sich vorrangig in den schwierigsten Fällen.

Auf der Ebene der **strukturellen und organisatorischen Entwicklung** werden die Einrichtungen und Dienste gemeindenah und dezentral in Gemeindepsychiatrischen Verbünden organisiert und vernetzt mit dem Ziel der Versorgungsverpflichtung für die chronisch psychisch kranken Menschen einer Region. Wenn auch regional unterschiedliche Niveaus, Defizite und Verspätungen vorliegen, trifft diese Grundtendenz für die industrialisierten Länder zu (Sozialpsychiatrische Informationen 3/1998; Aktion Psychisch Kranke 1997, S. 24–27; Bundesministerium für Gesundheit 1999, S. 30–40). Unterschiede bestehen in der Einschätzung zur Größe und Organisation des stationären Bereiches. Sie beziehen sich – plakativ formuliert – auf die Diskrepanz zwischen den Vertretern des italienischen Ansatzes und den Vertretern psychiatrischer Abteilungen und Krankenhäusern mit einer Mindestgröße von 60 – 80 Betten. Innerhalb dieses Zusammenhanges bewegt sich auch die unterschiedliche Haltung zu spezialisierten Stationen nach Krankheitsbildern oder einer konsequenten Durchmischung der Stationen nach geografischer Herkunft unabhängig von der Diagnose. KRISOR (1992, S. 45–112) und BAUER/BERGER (1988, vor allem S. 11–15 und S. 49–53) stehen stellvertretend für viele andere in der Auseinandersetzung mit der Thematik.

Der Unterschied drückt nicht nur allein strukturelle und organisatorische Divergenzen aus. Er beinhaltet auch unterschiedliche Haltungen, die im Verständnis der Erkrankung und deren Behandlung anzusiedeln sind. Während die Anhänger des Sektorprinzips und der Durchmischung von Stationen tendenziell verstärkt auf die Lebenswelt und den Alltag der Betroffenen außerhalb des Krankenhauses blicken und sich davon leiten lassen, können die Vertreter der Spezialisierung nach medizinisch-psychiatrischen Diagnosen eher der organisch-medizinisch orientierten Sichtweise zugeordnet werden. Ich bin mir bewusst, nur oberflächlich auf einen Graben hinzuweisen, den Finzen allerdings als dringend überwindungsbedürftig erachtet (FINZEN 1998, S. 134/135).

Einstimmigkeit besteht darin, allen chronisch psychisch kranken Menschen einer Region im Gemeinwesen eine Lebensmöglichkeit zu eröffnen und dabei die notwendigen Einrichtungen im Bereich stationären Wohnens so klein wie möglich zu gestalten (Bundesminister für Jugend, Familie, Frauen und Gesundheit 1988, S. 49 ff.; Aktion Psychisch Kranke 1997, S. 23; Bundesministerium für Gesundheit 1999, S. 21 und S. 71/72). Große und gemeindeferne Einrichtungen wie die Langzeitbereiche der Landeskrankenhäuser oder Wohnheime werden sukzessive verkleinert und sollen langfristig durch Alternativen ersetzt werden, wenn auch eine Untersuchung der DGSP verdeutlicht, dass noch eine große Diskrepanz zwischen Anspruch und Wirklichkeit besteht (ZECHERT 1996). Zweifelsohne bestehen noch beträchtliche Schwierigkeiten und Hindernisse, so z. B. die Beobachtung, dass in Frankreich die Frage in Richtung Überwindung der Anstalt kaum diskutiert wird. Hinzukommen nicht nur in der BRD finanzierungsrechtliche Gegebenheiten, die immer noch an der Finanzierung stationärer Einrichtungen ausgerichtet sind, wenn sich auch nach und nach Veränderungen abzuzeichnen beginnen: BSHG § 93 (FINK in: Caritas 100/1999, S. 104-106), regionale Budgets, häusliche Krankenpflege (GÖPFERT-DIVIVIER 1998) und ambulante Rehabilitation (Bundesministerium für Gesundheit Band 115, 1999) im Bereich des SGB V.

Übergreifendes Ziel dieser Entwicklungen ist die Anstrengung, den individuellen Hilfebedarf als Ausgangspunkt heranzuziehen (von der Institutions- zur Personenorientierung), wenn auch von Seiten der Politik und Kostenträger Kostendämpfung leitendes Interesse ist. Damit soll nicht ein zu positives Bild gezeichnet werden. Ich spreche von Tendenzen und Entwicklungen, die in Bewegung sind und noch eine längere Zeit in Anspruch nehmen werden, bis die Ziele umgesetzt sind.[41]

Das Verständnis von **Gesundheit und Krankheit** spiegelt sich in einem von der Praxis weitgehend getragenen Kompromiss wieder (Bundesministerium für Gesundheit 1999, S. 40–42 und S. 53–57). In Anbetracht der Übereinstimmung, dass es *die* Ursache für die psychischen Erkrankungen nicht gibt,[42] hat sich eine Kompromissbildung und gleichzeitig die Beendigung des Schulenstreits aus den 70er Jahren durchgesetzt. »Es fällt auf, dass im derzeitigen psychiatrischen Diskurs das Konflikthafte der späten Sechzigerjahre fehlt.

---

41 Zu diesem gesamten Themenkomplex verweise ich auf die Ausführungen der Aktion Psychisch Kranke (KAUDER 1997, S. 1–21) und auf die Budget-Diskussion in Stuttgart als Ausgleich für den Verzicht auf eine weitere psychiatrische Abteilung (Protokoll Psychiatriearbeitskreis vom 3.2.1999 und Jahresbericht 1998 der Sozialpsychiatrischen Dienste in Stuttgart).

42 Kuhlenkampff umreißt die Situation folgendermaßen: »Vielleicht hat diese fortdauernde Frustration, dieses skandalöse Nichtwissen... dieses Ärgernis, das beängstigende Problem des Verrücktseins mit einem Schlage an der Wurzel packen zu können und als bloße Funktionsstörung im Mechanismus der Organe zu entlarven, den Anlass gegeben, immer wieder neue Aspekte an das rätselvolle Geschehen heranzutragen... Der Versuch, die Entwicklungsge-

Die jeweils andere Perspektive der Psychiatrie – die soziale, die psychologische, die biologische – wird in der Regel anerkannt. Sie wird nicht abgelehnt oder gar verdammt.« (FINZEN 1998, S. 65)

Nicht *der* organische Ursprung oder *die* psychische Fehlentwicklung oder *die* schwierige Familie oder *die* unzumutbaren sozialen und materiellen Bedingungen verursachen jeweils für sich genommen eine psychische Erkrankung und deren Chronifizierung. Vielmehr besteht Einigkeit darüber, dass die verschiedenen Faktoren zusammenwirken müssen, damit möglicherweise (oder wahrscheinlich) eine Erkrankung manifest wird. Eine weitere Dimension, die in der Diskussion um die Entstehung der Erkrankung hinzukommt, ist das Stress-Diathese-Modell (Vulnerabilitätsmodell) von ZUBIN/SPRING (1977). Vereinfacht zusammengefasst geht es davon aus, dass bei psychisch kranken Menschen (vor allem bei psychotischen Erkrankungen) eine besondere Verletzlichkeit (Vulnerabilität) gegeben ist. Das Zusammentreffen und Zusammenwirken ungünstiger Faktoren in Verbindung mit dieser Verletzlichkeit kann eine Erkrankung oder einen Rückfall auslösen. Das Konzept des bio-psycho-sozialen Wirkungszusammenhanges in Verbindung mit dem Vulnerabilitätsmodell erklärt und begründet nicht die Entstehung und den Verlauf von Erkrankungen. Es bildet aber für die Ausrichtung der praktischen Arbeit vor allem mit chronisch psychisch kranken Menschen plausible Rahmenbedingungen. Vor diesem Hintergrund kann auf den Verlauf der Erkrankung durch alltags- und lebensweltorientierte Arbeit Einfluss genommen werden. Weiter kann darauf hingearbeitet werden, im Gemeinwesen reizarmerere, Zeit und Raum strukturierende Bedingungen zu schaffen, ohne jedoch Unterforderungen hervorzurufen. Zumindest wird darüber allen chronisch psychisch kranken Menschen eine Perspektive im Gemeinwesen ermöglicht, auch wenn sich über Jahre hinweg im Einzelfall keine Änderungen abzeichnen.

Dieses Konzept hat einerseits zur Folge, sich nicht auf ein deterministisches, somatisches Modell zurückzuziehen, innerhalb dessen bei einem chronischen Verlauf der Erkrankung nichts mehr zu heilen ist. Das Postulat der Wirksamkeit psychosozialer Faktoren vermeidet den Rückzug und die Aufgabe dieser Menschen durch professionelle Dienste. Auf der anderen Seite kann es verhindern, psychosozialen Elementen eine zu ausschließliche Bedeutung beizumessen. Dies hätte zur Folge, mit Situationen umgehen zu lernen, in denen sich trotz verbesserter psychosozialer Rahmenbedingungen und intensiver therapeutischer Bemühungen und Reflexion die Erkrankung nicht gelindert geschweige denn gebessert wird. Es könnte eine Überforderung vorliegen, weil z. B. organische Voraussetzungen in Verbindung mit biografischen Faktoren Veränderungen entgegenstehen können. Diese Haltung und Methodik entspricht einem Menschenbild, welches von Respekt und Würde gegenüber dem psychisch kranken Menschen geprägt ist, das Individuum in seiner Ganzheitlichkeit berücksichtigt und den Menschen auch bei ausbleibendem therapeutischem Erfolg nicht aufgibt und ausschließt.

Das bio-psycho-soziale Modell wird von zwei Seiten kritisiert: Auf der einen Seite bemängeln die systemisch orientierten Ansätze, dass es sich dabei erneut um ein Behinderungsmodell handeln würde, welches sich an Defiziten orientiere und nicht um ein ein-

---

schichte der Schizophrenie nicht als individualistische Deformation, sondern als komplizierenden Interaktionsprozess zu fassen, ist zweifellos viel versprechend.« (KUHLENKAMPFF in: FINZEN 1998, S. 66)

deutig ausgewiesenes Ressourcenmodell. Dadurch hätte die Sozialpsychiatrie nur die Fortsetzung der bisherigen Logik unter anderen Vorzeichen zustande gebracht:
> »Die akute Psychose aber sehen sie (moderne Psychiatrie) als Ausdruck einer besonderen Vulnerabilität, d. h. einer Verletzlichkeit, die genetisch und frühkindlich erworben wird. Ein solch vulnerabler Mensch dekompensiert, wenn er zu viele intensive und komplizierte soziale Reize verarbeiten muss ... Hubschmidt (1991) vergleicht dies mit einer ›Behinderung‹: Sie bleibt zeitlebens, man kann aber lernen, symptomfrei mit ihr zu leben ... Unsere Heidelberger Gruppe verfolgt in ihrer systemischen Arbeit einen nahezu entgegengesetzten Ansatz. (Wir) verstehen psychotisches Verhalten als etwas, das erst in menschlicher Interaktion durch die gemeinsame Bedeutungsgebung, es handele sich bei all dem um eine Psychose, zu einer solchen wird.« (SCHWEITZER/ SCHUMACHER 1995, S. 33)[43]

Zweifelsohne leistet systemisches Denken in der Praxis einen wichtigen Beitrag für die Entwicklung der Sozialpsychiatrie auf verschiedenen Ebenen (SCHWEITZER/SCHUMACHER 1995). Ob systemische Konzepte jedoch entsprechend ihres Anspruches theoretisch und praktisch richtungsweisend für die sozialpsychiatrische Diskussion sind, kann mit Zweifeln versehen werden (WOLTERS in: Sozialpsychiatrische Informationen 3/1993, S. 18–27).

Auf der anderen Seite verweist Finzen (1998, S. 33–35 und S. 60–80) auf die Renaissance und Weiterentwicklung der biologischen Psychiatrie. Er spricht von der dritten biologischen Wende: »Die Neurobiologie wurde zu einem der faszinierendsten Forschungsgebiete unserer Zeit. Aber man täusche sich nicht: Die vielfältigen Spielarten der Hirnforschung und die Neurobiologie haben unser Verständnis für die Funktionsweise unseres Gehirns in fast sensationeller Weise erweitert. Sie haben auch dazu beigetragen, dass wir besser verstehen, warum unsere Therapien wirken und warum nicht – Pharmakotherapie wie Psychotherapie. Aber sie haben bislang nichts oder doch fast nichts zur Verbesserung der psychiatrischen Behandlung im Alltag beigetragen. Die Situation gleicht jener der Gehirnpsychiatrie im Zeitalter nach Griesinger vor hundert Jahren.« (FINZEN 1998, S. 35)

Provozierend stellt Finzen die Frage, ob wir die soziale Psychiatrie noch brauchen, oder ob wir sie im Zeitalter der Neurotransmitter und Synapsen, der neuronalen Netzwerke und der Molekularbiologie nicht besser in den klinischen Neurowissenschaften aufgehen lassen, wie in den USA diskutiert wird (FINZEN 1998, Hintere Umschlagseite und S. 4–9). Die Antwort ist für Finzen rhetorisch. Er warnt vor der Wiederbelebung der Dichotomie zwischen psychosozialer und (Gehirn-)Genpsychiatrie und teilt eine »Trivialität mit, wohl wissend, dass diese auch als Provokation begriffen werden könnte: Angewandt ist Psychiatrie immer Sozialpsychiatrie« (FINZEN a. a. O., S. 8). Nachdrücklich tritt Finzen für eine Integration, zumindest für eine enge Zusammenarbeit der Ansätze ein, ohne mit dem Begriff des »Bio-Psycho-Sozialen« Gegensätze zu verschleiern, notwendige Auseinandersetzungen nicht zu führen und Spannungsverhältnisse vorschnell aufzulösen. Vielmehr begrüßt er, dass »spätestens seit Mitte der Siebzigerjahre ein Ineinandergreifen von biologischer und sozialer Psychiatrie zu beobachten ist« (FINZEN a. a. O., S. 65).

---

43 Zur vertieften Diskussion siehe SIMON in: Sozialpsychiatrische Informationen 4/1992, S. 2–7; SIMON/WEBER in: KELLER 1988, S. 58–64; SCHWEITZER/SCHUMACHER 1995, S. 32–37; ARMBRUSTER 1998, S. 22–25.

In Bezug auf die **Herangehensweise und Methodik** vollzieht sich eine ähnliche Entwicklung. Auch hier findet eine pragmatische, durch die Alltagsarbeit bestimmte Orientierung an methodenübergreifenden Konzepten statt. Nicht mehr Abschottung und Abgrenzung der eigenen (psychotherapeutischen) Methode – als die jeweils richtige – gegenüber den anderen ist gefragt, sondern methodenübergreifendes und -integratives Handeln steht im Blickfeld. In den Vordergrund sind die Fragen gerückt: Was nützt? Was ist hilfreich? Welche Methodik oder welche Kombinationen aus mehreren lassen sich einzelfallbezogen als die geeignetsten anwenden? Diese Tendenz spiegelt sich beispielhaft wieder in der Arbeit von GRAWE/DONATI/ BERNAUER (1994), die sich u. a. mit der Wirksamkeit psychotherapeutischer Methoden beschäftigt und in der Zusammenfassung aufgrund der Untersuchungsergebnisse Methodenvielfalt und übergreifende Integration fordert (S. 749–783). Ein anderes Beispiel findet sich im Fachausschuss Psychotherapie der DGSP wieder, der sich in erster Linie mit dem Thema Psychotherapie von Psychosen beschäftigt (GREVE in: Soziale Psychiatrie 3/1997, S. 46).

Für den Personenkreis der chronisch psychisch kranken Menschen trifft diese Entwicklung ebenfalls zu. Die praxisorientierte Ausarbeitung und Anwendung von Handlungsansätzen und Methoden in den vergangenen 20–25 Jahren geht einher mit der Wiederherstellung der Komplexität des Einzelfalles. Im weiteren Sinne verstandene psychotherapeutische Haltungen und Orientierungen verbinden sich mit der Bestimmung durch die komplexe Lebenslage, die Lebenswelt und den Alltag der Betroffenen. Die Wiederherstellung

- von Komplexität,
- von gesellschaftlicher Vertragsfähigkeit (Tätig-Sein, Gestaltung der Zeit und des sozialen Gefüges),
- der existenziellen, d. h. materiellen und sozialen Grundlagen (sozialanwaltliche Aufgaben),
- der kontinuierlichen Begleitung im Alltag in Verbindung mit der Bearbeitung biografischer und aktueller psychischer Beeinträchtigungen und Faktoren
- und die Förderung von Lebensqualität als wesentliches Leitziel sozialpsychiatrischer Methodik

finden sich übergreifend in allen Beiträgen zu den einzelnen Ländern wieder.

Finzen fasst diese methodische Grundorientierung folgendermaßen zusammen: »Soziale Aspekte gewinnen an Gewicht, je weiter die Behandlung fortschreitet. Die Vermittlung einer Tagesstruktur gehört zu den zentralen Anliegen ... Beschäftigung, Gestaltung freier Zeit, Beziehung zu Mitpatienten, Angehörigen und Freunden sind nur Bestandteil einer Würdigung des therapeutischen Fortschritts. Ihre Pflege und Förderung wird auch als Teil der Behandlung verstanden. Wohnung und berufliche Integration, gegebenenfalls in beschützendem Milieu, sind selbstverständliche Teile des therapeutischen Plans.« (FINZEN 1998, S. 132)

Die o. g. Übereinkunft kann als aktueller mainstream bezeichnet werden, wie er von der »Aktion Psychisch Kranke« unter Beteiligung vieler berufsübergreifenden Experten, Betroffenen, Angehörigen, Träger und Organisationen etc. ausgearbeitet wurde. Die Arbeit der »Aktion Psychisch Kranke« stellt z. Z. in der BRD einen breiten Konsens unter den Fachleuten her. Wenn es darin vorrangig auch um die Operationalisierung des individuellen Hilfebedarfs, der Planung der Hilfen sowie um ihre Steuerung und Koordination geht, werden in den einführenden Kapiteln Aussagen getroffen, die von alltags- und lebensweltbezogenen Dimensionen bestimmt sind und das sozialpsychiatrische Handeln und die dahinterstehende Haltung daran ausrichten:

»Ziel jeder psychiatrischen Behandlung und Rehabilitation muss es sein, chronisch psychisch kranke Personen zu befähigen, in einem soweit wie möglich normalen sozialen Kontext den bestmöglichen Gebrauch von ihren verbliebenen Fähigkeiten zu machen ... Neben der Fortführung der ggf. notwendigen psychopharmakologischen Behandlung, neben übenden Verfahren und stützenden Hilfen kommt vor allem der sozialpsychiatrischen Grundhaltung und der therapeutischen Basisqualifikation in Bezug auf die Bearbeitung der Bedeutung der Erkrankung und ihrer Folgen in biografischer Perspektive großes Gewicht zu« (Aktion Psychisch Kranke 1997, S. 21; vgle. die ausführlichere spiegelstrichartige Konkretisierung dessen auf Seite 22 in der gleichen Schrift).

Die **ethisch-moralisch-gesellschaftliche Dimension** kennzeichnet sich seit geraumer Zeit durch einen Zwiespalt: Auf der einen Seite besteht das Risiko, dass durch ökonomische Vorgaben, sozialpolitische Entscheidungen und so genannte Sachzwänge ethische Grundlagen, moralische Werte und gesellschaftskritische Haltungen (nicht nur in der Sozialpsychiatrie) in den Hintergrund gedrängt werden (FINK 1998 a und b, 1999). Die Zwänge des Marktes, das Gebot der Wirtschaftlichkeit und der Effizienz der Hilfen drohen zunehmend die Oberhand vor dem individuellen Hilfebedarf und Bedürfnissen zu erringen. Beispiele dafür sind die Pflegeversicherung (FINK 1998 b) oder die »Häusliche Pflege für psychisch kranke Menschen« (OBERT in: Jahresbericht der SpDs 1998, S. 36; GÖPFERT-DIVIVIER 1998) oder die Diskussion um den § 93 BSHG mit der Budgetierung der Sozialhilfe (FINK 1995, 1998 a, 1998 b und 1999).

Hinzu kommt das Risiko, dass z. B. systemische Ansätze mit einer unklaren Position der ethischen Bestimmung ihrer Grundlagen Entwicklungen in Richtung Destabilisierung und Verwässerung der ethischen Grundlagen sozialpsychiatrischen Tuns eher fördern als einschränken. Ein Beispiel dafür ist das daraus und der Transaktionsanalyse abgeleitete Postulat des strikt auftragsgeleiteten Handelns, so wichtig es in der praktischen Arbeit größtenteils auch ist. Die Zuständigkeit und das Vorgehen zu regeln, sich um jemanden zu kümmern oder nicht, hängen davon ab, ob ein Auftrag vorliegt oder formuliert werden kann. Wenn kein konkreter Auftrag abzuleiten ist, kann die Beendigung oder Nichtaufnahme des Kontaktes legitimiert werden. So entsteht erneut das Risiko der therapeutisch gerechtfertigten Selektion, obwohl Hilfebedürftigkeit besteht. Die Bedeutung ethischer und gesellschaftskritischer Überlegungen und Hintergründe zu verringern, die eigentlich im Zentrum sozialpsychiatrischer Ansätze stehen, erlaubt eher eine technokratisch formale Entscheidung, den Kontakt nicht weiter suchen zu müssen, da der/die Betroffene diesen nicht will und ein konkreter Auftrag aus der Situation nicht abzuleiten ist.

Auf der anderen Seite wuchs mit der sozialpsychiatrischen Bewegung die Bedeutung der Psychiatrie-Erfahrenen, der Angehörigen, der BürgerhelferInnen, aber auch der Psychoseseminare und der Beschwerdestellen. Diese Entwicklung kann als Ausdruck und zum Teil als Ergebnis der sozialpsychiatrischen Bewegung identifiziert werden. Die sozialpsychiatrischen Ansätze mit ihren Forderungen und Zielen nach Subjektorientierung, nach ethischer und gesellschaftlicher Verankerung sozialpsychiatrischen Handelns, nach Demokratisierung der Beziehungen etc. haben den Boden für die breite Bewegung und ihre notwendige und zwischenzeitlich nicht mehr wegzudenkende Funktion bereitet.

Haltungen und Handlungen der professionell Tätigen sowie die Diskussion und Planung von psychiatriepolitischen Entscheidungen in den Gremien sind zwischenzeitlich von einer zunehmenden Sensibilität, Achtung und Dialogbereitschaft geprägt: Der psychisch kranke Mensch und seine Umgebung werden mehr und mehr als Experten ihrer eigenen Sache berücksichtigt und anerkannt. Verhandeln statt behandeln, Behandlungsverträge und -vereinbarungen beschränken sich nicht mehr auf einige traditionelle Inseln der Sozialpsychiatrie. Die Bewegung der Psychiatrie-Erfahrenen, der Angehörigen und der BürgerhelferInnen befinden sich nicht nur auf dem Weg zu gleichberechtigten Partnern in der Gestaltung der psychiatrischen Landschaft. Sie übernehmen vor Ort mehr und mehr in verschiedener Art und Weise, z. B. in Beschwerdestellen, die Funktion externer Qualitätssicherung und -kontrolle der professionellen Hilfen und der politischen Entscheidungsträger. Mit Sicherheit würden die angesprochenen Bewegungen entgegnen, dass damit ein zu positives Bild gezeichnet werde und die Einschätzung nicht der Wirklichkeit entspricht. Trotzdem möchte ich aus der Sicht des Professionellen vor dem Hintergrund des Erbes, welches uns die traditionelle Psychiatrie bis hin zur Euthanasie hinterlassen hat und der gesellschaftlichen Bestimmung, in die sozialpsychiatrisches Handeln eingelassen ist, festhalten: Trotz aller Defizite, Rückständigkeiten und vorherrschender Langsamkeit kehren der Mensch und sein Umfeld in den Mittelpunkt des professionellen Handelns zurück.

Im sozialpsychiatrischen Handeln der Gegenwart ist die angesprochene Ambivalenz Teil der Alltagsarbeit. Es geht hier um konkrete Vermittlung: Einerseits kann nicht aus ökonomischen und sozialpolitischen Gegebenheiten herausgetreten werden. Sie bilden die objektiven Rahmenbedingungen sozialpsychiatrischen Handelns. Andererseits benötigen die angedeuteten Risiken, die daraus entstehen können, Korrektive und Kontrolle, die ethisch-moralisch und gesellschaftskritisch verankert sind und mit den Bewegungen der Psychiatrie-Erfahrenen, Angehörigen und BürgerhelferInnen ein zwischenzeitlich etabliertes Fundament haben. Dies bedeutet jedoch nicht, dass sich die professionell Tätigen allein auf die Korrektive verlassen und sich der ethischen Vergewisserung ihres Tuns entziehen können. Im Gegenteil. Werden die Ziele, wie sie weiter vorne (6.2.2.4.) formuliert wurden, ernst genommen, ist die ethische Reflexion und Ausrichtung des Tuns notwendiger Bestandteil der täglichen Arbeit.

6.2.3. Alltags- und lebensweltorientierte Theorien – Grundpositionen, -begriffe, Ziele und Leitlinien

6.2.3.1. Einführung

Alltags- und lebensweltorientierte Theorien sind im geisteswissenschaftlichen Paradigma verankert. Der Hinweis darauf ist deshalb erforderlich, weil die traditionelle Psychiatrie als Teil des naturwissenschaftlich orientierten Modells im naturwissenschaftlichen Paradigma beheimatet ist (vgle. 6.2.2.). Die sozialpsychiatrische Bewegung mit ihren Ansätzen als Antwort darauf steht wiederum in einem engen Zusammenhang mit den Zielen und Leitlinien der Alltags- und Lebenswelttheorien (6.2.2.2. und 6.2.2.4.).

Das geisteswissenschaftliche Paradigma entstand am Ende des 18. und zu Beginn des 19. Jahrhunderts u. a. als Reaktion auf das sich nach und nach durchsetzende naturwissenschaftliche Paradigma im Zeitalter der Aufklärung. Das naturwissenschaftliche Paradigma (wie in Kapitel 6.2.2.1. ausgeführt) kennzeichnet sich durch ein Denken und eine wissenschaftliche Haltung, welches auf zweckrationalen, »vernünftigen«, letztlich mathematischen, physikalischen, objektiven und neutralen, der Kausalität (Ursache-Wirkungsprinzip) folgenden Grundlagen aufbaut (STÖRIG 1996, S. 313–322; S. 347 ff.; HABERMAS 1993, S. 9–33; HORKHEIMER/ADORNO 1971, S. 1–73; HORKHEIMER 1992, S. 7–42 und 205-260; LAMNEK 1995 Band 1, S. 3–21; LEPENIES 1992, S. 18–45).

Das geisteswissenschaftliche Paradigma setzt dem naturwissenschaftlich bestimmten Denken und Handeln folgende Orientierung und Haltung entgegen: Der Kontext, die Lebenswelt, das wechselseitig aufeinander bezogene Verhältnis von Individuum und Gesellschaft, die Bedeutung des sozialen Handelns für die Entstehung von Beziehungen und Identität etc. werden zu zentralen Kategorien. Es geht weiter davon aus, dass jede Interaktion ein interpretativer Prozess ist, in dem die Handelnden sich aufeinander beziehen durch Sinngebung dessen, was der andere tut oder tun könnte (HABERMAS 1970, S. 71–125, 1995 Band 1 und 2; HONNETH 1989, S. 225–264 und 307 ff.; LAMNEK 1995 Band 1, S. 39–92 und S. 258–261; FISCHER-ROSENTHAL in: FLICK et al. 1995, S. 79–89).

Gesellschaftliche Zusammenhänge und individuelle Verhaltensweisen »sind demnach nicht vorgegebene und deduktiv erklärbare soziale Tatbestände, sondern Resultat eines interpretationsgeleiteten Interaktionsprozesses zwischen Gesellschaftsmitgliedern« (MATTHES in: LAMNEK 1995 Band 1, S. 43).

Das geisteswissenschaftliche Paradigma konstituiert sich letztlich durch die Bemühung, das Individuum in seinem Alltag, in seiner Umgebung verstehen zu lernen, sein Verhalten, sein Handeln und seine Identität im Kontext zu begreifen und sein Verhältnis zur Gesellschaft (auch das des Wissenschaftlers) als davon untrennbar zu betrachten und zu bestimmen. Es berücksichtigt und diskutiert daher in seiner weiteren Entwicklung gesellschaftliche Machtverhältnisse (HABERMAS 1968; HONNETH 1989 und 1990). Diese Art und Weise des Zugangs zum Menschen in seinem Alltag, in seiner Lebenswelt, ihn darin als handelndes, aktives Wesen zu betrachten und zu verstehen und ihn im Unterschied zum naturwissenschaftlichen Paradigma nicht (nur) zweckrational zu erklären, bringt verschiedene Denkrichtungen hervor,[44] u. a. die Alltagstheorien, auf die sich Thiersch bezieht. Es handelt sich dabei vorrangig um die Ausführungen von SCHÜTZ (1979 u. 1993) und KOSIK (1986). Die Fundierung des Sozialen in der Struktur des Handelns und die Einführung der grundlegenden Kategorie des Verstehens in der Tradition der Hermeneutik Schleiermachers und Diltheys nehmen bei Schütz eine große Bedeutung ein (FISCHER-ROSENTHAL in: FLICK 1995, S. 80–82; LAMNEK 1995 Band 1, S. 56–87; HABERMAS 1995 Band 1, S. 148–195 und Band 2, S. 182–228). Der tschechische Philosoph Karel Kosik

---

44 Zum Beispiel weisen Lamnek, Fischer-Rosenthal, Habermas, Honneth und Störig auf Inhalte und Ziele der bekanntesten Denktraditionen und -richtungen hin, die dem geisteswissenschaftlichen Paradigma verpflichtet sind: Die Hermeneutik von Schleiermacher und Dilthey (LAMNEK 1995 Band 1, S. 87; STÖRIG 1996, S. 575), Husserls Phänomenologie (LAMNEK 1995 Band 1, S. 59 ff.; STÖRIG 1996, S. 594), der Symbolische Interaktionismus, der auf Mead zurückgeht (LAMNEK 1995 Band 1, S. 46–47), die Ethnomethodologie von Garfinkel (LAMNEK a. a. O., S. 51–56) und (mit Abstrichen insofern als sie in beiden Paradigmen verhaftet sind) die Theorien von Marx und von Weber (HABERMAS 1995 Band 1, S. 225–366; HORKHEIMER 1992, S. 7–42, STÖRIG 1996, S. 495–505).

verbindet in seinem Werk im Unterschied dazu u. a. die Grundlagen des Alltagslebens und -handelns mit der Marxschen Gesellschafts- und Entfremdungstheorie. Es ist als humanistische, praxisphilosophische Interpretation des Marxismus einzuordnen.

6.2.3.2. Grundpositionen und -begriffe alltags- und lebensweltorientierter Ansätze

Thiersch fasst die Grundlagen und -begriffe zusammen und schafft damit einen Rahmen für die praktische Arbeit in der Lebenswelt der Betroffenen und für die Darstellung der Ziele und Leitlinien in dieser Studie (THIERSCH 1986; 1995 sowie in: RAUSCHENBACH et al. 1993; und in: Nervenheilkunde 3/1996). Thiersch bezieht sich vorrangig auf die Ansätze von SCHÜTZ (1979 und 1993), KOSIK (1986) und HELLER (1981).
Er arbeitet zum einen dezidiert die Konsequenzen für sozialpädagogisches Handeln heraus. Zum anderen verbindet er Verstehen und objektive gesellschaftliche Verhältnisse und Bestimmungen. Damit stellt er eine Dialektik von Individuum und Gesellschaft, von System und Lebenswelt her (HABERMAS 1995 Band 2, S. 171–293).
Eine solche Herangehensweise korrespondiert wiederum mit den sozialpsychiatrischen Ansätzen, die sich aufgrund ihrer Entstehung der Spannung des Individuums in seiner Lebenswelt und seiner Bestimmung durch gesellschaftliche Verhältnisse gestellt haben, wie vor allem in Kap. 6.2.2.5. beschrieben wird.

6.2.3.3. Alltag und Alltagshandeln

Ausgangspunkt der Alltagstheorien ist, dass jeder Mensch einen Alltag hat. Eine Leben ohne Alltag, in dem sich der Mensch bewegt, aufhält, handelt, kommuniziert, denkt, fühlt etc., ist nicht möglich.
Kosik konstatiert, dass »jede Art der menschlichen Existenz oder des Daseins in der Welt ihre Alltäglichkeit (hat) ... Sie ist nicht das private Leben im Gegensatz zum öffentlichen, auch nicht das so genannte profane Leben im Gegensatz zur erhabenen offiziellen Welt: In der Alltäglichkeit lebt sowohl der Schreiber wie der Kaiser... Selbst Konzentrationslager haben ihre Alltäglichkeit« (KOSIK 1986, S. 71 und 73).
Menschliche Geschichte ist auch und gerade das unbekannte, anscheinend wenig weltbewegende Leben, die Geschichte des kleinen Mannes in seiner Lebenswelt. Generationen von Menschen leben in ihrer natürlichen Alltäglichkeit, ohne dass ihnen der Gedanke kommt, nach dem Sinn zu fragen oder das Selbstverständliche des Alltagslebens zu hinterfragen. Alltag ist das Normale, das Übliche, das Unspektakuläre, der problematisch werden kann. Der Mensch ist ohne die darin geltenden und vereinbarten Regeln und Konventionen nicht handlungsfähig. Was sind also die Charakteristiken des Alltags und des Alltaghandelns?
Der Alltag erzeugt als Erstes ein Gemengelage an Aufgaben, die bewältigt werden müssen. Er ist gleichzeitig »im Verstehen und Handeln pragmatisch orientiert: Situationen müssen bewältigt, Schwierigkeiten und Konflikte geklärt, Aufgaben gelöst werden« (THIERSCH 1986, S. 17).
Alltag muss zum Zweiten pragmatisch angegangen werden: »Alltagswissen ist ein Wissen von vertrauenswerten Konzepten, um damit die soziale Welt auszulegen und mit Dingen und Menschen umzugehen, damit die besten Resultate dieser Situation mit einem Minimum von Anstrengung und Vermeidung unerwünschter Konsequenzen erlangt werden können« (SCHÜTZ in: THIERSCH a. a. O., S. 17).

Mit dem Alltagswissen ist drittens die Kompetenz verbunden, über die jeder Mensch verfügen muss, um die sich stellenden Alltagsaufgaben in seinem Kontext bewältigen zu können. Alltagshandeln heißt vor allem Handeln im bekannten und vertrauten Raum: In der Wohnung, in der Straße, im Stadtteil, im je eigenen Lebensraum. Alltägliches Handeln bezieht sich auf die Zeit, »aus der mir Erinnerung und Tradition verfügbar sind, aus der Verwandte und Freunde erzählen, die sie mit ihrem mir zugänglichen Erleben bezeugen« (THIERSCH 1986, S. 18).

Alltagshandeln konstituiert sich viertens durch Vertrautes und Wiederholungen, durch »Das-und-so-Weiter« und stützt sich auf Bekanntes und Berechenbares. Alltag gliedert das individuelle Leben der Menschen: »Die Wiederholbarkeit ihrer Verrichtungen ist in der Wiederholbarkeit eines jeden Tages, in der Zeiteinteilung eines jeden Tages fixiert. Das Alltägliche ist die Gliederung der Zeit und der Rhythmus, darin sich die individuelle Geschichte der Einzelnen abspielt. Die Alltäglichkeit hat ihre Erfahrung und ihre Weisheit, ihren Gesichtskreis, ihre Vorausschau, ihre Wiederholbarkeit, aber auch ihre Außergewöhnlichkeit; ihren Alltag und ihren Feiertag.« (KOSIK a. a. O., S. 71/72)

Alltag ist fünftens angewiesen auf die zwischenmenschlichen Beziehungen, auf Familiarität, auf das soziale Gefüge, worauf Verlass ist und das Vertrauen und Schutz bietet. Der Mensch verschafft sich darin einen Lebensrhythmus. Er regelt seine Zeit und stellt darüber einen Sinnzusammenhang her.

> »Der Mensch der Alltäglichkeit lebt in Korrespondenz zu anderen, mit denen er seine Welt gestaltet; mit und an ihnen erfährt er, wer er ist; in den sozialen Beziehungen – im Geprägtwerden, im Lernen, im Sich-Auseinandersetzen – wächst seine ›Identität‹.« (THIERSCH 1986 S. 16/17)

Der Mensch verlässt sich auf sein soziales Netz und ist darin aufgehoben: In der Familie, mit den Nachbarn, Freunden und Bekannten, aber auch in anderen institutionalisierten Rollen, wie in der Schule, in der Arbeit, in der Psychiatrie etc. Das Handeln und gegenseitige Verstehen im Schmelztiegel Alltag ordnet sich in Rollen, Routinen und Typisierungen.

> »Deshalb ist sie (die Welt des Alltags) eine Welt der Vertrautheit, der Familiarität, der alltäglichen Verrichtungen ... In der Alltäglichkeit schafft sich das Individuum Beziehungen aufgrund *seiner* Erfahrungen, *seiner* Möglichkeiten, *seiner* Aktivität und sieht deshalb diese Welt als seine eigene Welt an.« (KOSIK 1986, S. 72)

6.2.3.4. Alltäglichkeit und Alltags-/Lebenswelten

Der Mensch richtet sich in der Alltäglichkeit ein. Er entwickelt eine Alltagsroutine und -kompetenz, die es ihm ermöglichen, die Aufgaben des Alltags zu bewältigen:

> »Typisierte Deutungsmuster regeln das Handlungswissen, bestimmen also, was vertraut und unvertraut ist, was als verlässlich und problematisch – riskant gilt, ebenso die Übereinkünfte, nach denen das Unvertraute und Riskante zurückbezogen werden kann auf das schon Verlässliche und Beherrschbare.« (THIERSCH a. a. O., S. 19)

Alltäglichkeit ist in sich widersprüchlich. Auf der einen Seite bedeutet in die Alltäglichkeit eingebunden zu sein Selbstverständlichkeit, Verlässlichkeit, Entlastung und Sicherheit, Routinehandeln in der gewohnten Lebenswelt von Raum, Zeit und sozialem Gefüge. Die selbstverständlichen Regeln müssen nicht mehr hinterfragt werden. Auf der anderen Seite wird die Routine, das Bekannte und Vertraute immer wieder gestört und durcheinander gebracht. Es ergeben sich immer wieder neue Aufgaben, die zu bewältigen sind. Das Heraustreten aus dem Gewohnten gehört zur pragmatischen Aufgabe, die Spannung von Aufgegebenem und Möglichem, von Sicherheit und Offenheit zu bewältigen.

> »Alltag ist geprägt durch den Pragmatismus als Notwendigkeit zum Handeln; dies zwingt auch immer wieder in offene, ungesicherte, gleichsam abenteuerliche Unternehmungen, und damit auf die Suche nach Neuem, Weiterführendem ... (Es) ergeben sich immer wieder ungeschützte, offene, über die eingespielten Routinen hinausführende Einsichten.« (THIERSCH a. a. O., S. 38/39)

Einerseits kommt es also darauf an, in der Sicherheit des vertrauten Raumes, der überschaubaren Zeit, des sozialen Gefüges und seiner Traditionen zu leben: »Hier gehöre ich dazu, werde ich genommen als der, der ich bin. Ich muss mich nicht rechtfertigen dafür, dass ich bin, wie ich bin.« (THIERSCH a. a. O., S. 38) Andererseits müssen immer wieder neue Anstrengungen unternommen werden, um Neues und Unbekanntes, Fremdes und Unvertrautes in den eigenen Lebensentwurf zu integrieren.

Daraus entsteht eine dynamische, prozesshafte Gratwanderung und Weiterentwicklung von Identität, die angewiesen ist einerseits auf die Auseinandersetzung mit »Aufgegebenem und Neuem« im Kontext der je eigenen Lebenswelt und andererseits auf die Bewältigung dieser Aufgabe. Die Lebenswelten können beschrieben werden als »Erfahrungs- und Handlungsräume, die als pragmatisch orientierter, überschaubarer Zusammenhang in gemeinsamer verbindlicher Verständigung erfahren werden« (THIERSCH a. a. O., S. 21). Sie beinhalten konkrete Verständigungs- und Handlungsmuster (Routinen, Typisierungen und Ausgrenzungen), die in räumlicher und zeitlicher Strukturierung Überschaubarkeit für die jeweiligen Mitglieder der jeweiligen Lebenswelten herstellen. Lebenswelten konstituieren sich weiter über verfügbare oder fehlende Ressourcen, über niedrigen oder hohen sozialen Status und dem damit verbundenen Ansehen in anderen Lebenswelten. Sie sind geprägt durch ihre unterschiedlichen gesellschaftlichen Funktionen. Zum Beispiel erfüllen psychisch kranke Menschen in der Nachbarschaft, bei Angehörigen, in psychiatrischen Institutionen etc. unterschiedliche Aufgaben und Funktionen und zeigen kontextabhängig entsprechend unterschiedliches Verhalten.

Lebenswelten bestimmen sich schließlich durch die konkreten ökonomischen und sozialen Verhältnisse: »Politisch-ökonomische, systemische Zwänge, Produktion und Verwaltung in ihrer rational effizienten Struktur, die Welt wissenschaftlicher Erkenntnisse und Handlungsmuster folgen einer eigenen, von der Alltäglichkeit unterschiedenen Logik; aus ihnen aber ergeben sich Aufgaben, zu denen der Mensch sich auch in besonderer Weise der Alltäglichkeit verhält.« (THIERSCH 1986, S. 16)

6.2.3.5. Alltag, gesellschaftliche Entwicklung und (unzulängliche) Bewältigungsmuster

Die Unterschiedlichkeit von Lebenswelten, die unverändert ihren Grund in der materiellen und sozialen Ungleichheit dieser Gesellschaft findet (arm und reich, ungleicher Zugang zu Bildung, Beruf und Arbeit, ungleiche Sozialisationsbedingungen etc.), geht einher mit einem die Moderne charakterisierenden Phänomen: Alltägliche Lebenswelt bestimmt sich auf der einen Seite durch Verlässlichkeit, das Selbstverständliche und Vertraute. Sie bietet Sicherheit und Identität für die in ihr handelnden Akteure. Auf der anderen Seite nehmen die Auflösungserscheinungen der traditionellen Bindungen, Rollen, Verständigungsmuster und Aufgaben zu, die bisher Sicherheit und Entlastung boten. Verpflichtende Lebensverhältnisse nehmen ab, soziale Strukturen werden unsicherer wie z. B. das Risiko der Arbeitslosigkeit, die Zunahme von Vereinzelung und die hohen Anforderungen an die Flexibilität des Individuums. Das Abbröckeln der Verlässlichkeit, die Perforierung des Und-so-Weiter und die damit entstehenden Anforderungen an das Individuum werden unter den aktuellen gesellschaftlichen Verhältnissen vermehrt zum Leitmotiv für den Einzelnen (vgle. HONNETH 1994, S. 100–110).[45]

Die gesellschaftliche Entwicklung führte nach und nach zu verstärkter Pluralisierung von Lebenslagen und zur Individualisierung der Lebensführung. **Pluralisierung von Lebenslagen** meint »die Unterschiedlichkeit von Lebensstrukturen, also die Unterschiedlichkeit von Strukturen in Stadt und Land, für Ausländer, Übersiedler und ›eingeborene‹ Deutsche...(auch für chronisch psychisch kranke Menschen; Anm. des Verf.). **Individualisierung der Lebensführung** meint, dass tradierte Lebensformen und Deutungsmuster in ihrem Verständnis brüchig werden und sich damit neue, offenere Möglichkeiten der Lebensführung für Gruppen und für einzelne ergeben, Probleme und Möglichkeiten also z. B. in Bezug auf die Arbeitskarriere im Wechsel zwischen Phasen intensiveren Arbeitsengagements und privat-familialer Aufgaben, z. B. in der Gestaltung der Wohn-, Verwandschafts- und Nachbarschaftsverhältnisse ... Individualisierung aber ist ambivalent: Die Aufgabe, sich zu orientieren, wird eine eigene, aufwendige und schwierige; sie bedeutet in der Zumutung der Selbstbehauptung zugleich Chance und Überforderung« (THIERSCH 1995, S. 20/21).

Pluralisierung von Lebenslagen und die Individualisierung der Lebensführung gehören zusammen und sind aufeinander bezogen.

> »Lebensverhältnisse sind immer zugleich objektiv und subjektiv bestimmt. Die gegenwärtige Situation ... ist vor allem auch dadurch charakterisiert, dass sich die Entwicklung sowohl in einer Zunahme der Vergesellschaftung wie der Individualisierung zeigt, also gleichsam in gegenläufigen Bewegungen ... Lebensbewältigung als Vermittlung wird zunehmend komplizierter.« (THIERSCH 1995, S. 21)

Darin liegen für den Einzelnen gleichzeitig Chancen und Risiken: Die Chance besteht darin, nicht durch tradierte und borniert Bedingungen und Rollenzuschreibungen in der Gestaltung des Lebensentwurfes eingeschränkt zu werden, sondern den eigenen Lebensweg/-entwurf zu suchen und zu finden, sich für oder gegen etwas zu entscheiden. Das Risiko zeigt sich in Überforderung und Zumutung, im Nicht-mehr-zurecht-Kommen. Dies kann zu einem weniger gelingenden Alltag führen, so z. B., wenn die materiellen, sozialen und individuellen Voraussetzungen für die Durchsetzung eines selbstbewussten Lebensentwurfes fehlen unter gleichzeitig zunehmenden Anforderungen an den Einzelnen (siehe SENNETT in: DIE ZEIT 49/1998, »Der charakterlose Kapitalismus«, S. 28/29).

Die Aufgabe, unter solchen Bedingungen Lebenswelten und Alltag auszuhandeln, zu gestalten und zu inszenieren wird u. a. für die Gruppe der chronisch psychisch kranken

---

45 Honneth problematisiert die aktuelle gesellschaftliche Entwicklung mit dem Anwachsen von Individualisierung und Vereinzelung, der Auflösung traditioneller Familienformen, den Tendenzen zur neuen Armut, der Ausbreitung konsumorientierter Einstellung. Er setzt sich kritisch mit Zeitdiagnosen verschiedener Schulen und Richtungen auseinander und verbindet sie mit der Frage, ob die Elemente gesellschaftlicher Desintegration zur Zerstörung von Lebenswelten führen.

Menschen zu einer besonders schwierigen Aufgabe. Das Arrangement mit dem Alltag ist durch die verschärften gesellschaftlichen Anforderungen, wie z. B. durch die Zunahme von Armut, psychischer Erkrankung, Ausgrenzungsmechanismen etc. belastet. Wenn dabei die Balance zwischen Tragbarkeit und Toleranz gegenüber Abweichungen nicht gelingt, wenn Räume, Zeiten und soziale Bezüge nicht mehr die benötigte Verlässlichkeit bieten, können sich erhebliche, in psychische Erkrankung mündende problematische, d. h. auch immer unzureichende Bewältigungsmuster herausbilden. Mit ihrer durch die Erkrankung zusätzlich erschwerten Lebenslage scheint die Aufgabe der Bewältigung (oft) nicht mehr lösbar. Die Bewältigungsaufgaben, die sich »in der alltäglichen Lebenswelt (ergeben) in Bezug auf die Strukturierung der Zeit (des Tagesablaufs, der Monate und Jahre), des Raumes (des zugänglichen, beängstigend fremden, offenen Raumes, der Ab- und Ausgrenzungen zu anderen)«, müssen angegangen werden (THIERSCH in: Nervenheilkunde 37/ 1996, S. 123).

Die Lebenswelt chronisch psychisch kranker Menschen ist in Rahmenbedingungen eingebettet, die das Aushandeln und Bewältigen von Aufgegebenem und Möglichem deutlich erschweren. Für diesen Personenkreis gilt es zusätzlich zu berücksichtigen, dass eine (vermutete) begrenzte Ausstattung an somatisch-endogener Belastbarkeit die Bewältigung der Alltagsaufgaben behindert. Die Folge davon sind Abweichungen und ein weniger gelingender Alltag. Die Versuche, mit solchen Begrenzungen, Störungen und Erschwernissen irgendwie zurechtzukommen, sind vielschichtig und kompliziert. Die Mittel der Bewältigung sind bei psychisch kranken Menschen nicht selten gegen sich selbst und/ oder gegen andere gerichtet. Folgen davon sind u. a. erheblicher und oft lang andauernder Leidensdruck bei sich selbst und/oder bei der Umgebung, Rückzug, Isolierung, Angst, Gewalt und Selbst- oder Fremdgefährdung. Diese Leidenszustände sind als Folge des Zusammenwirkens von schwieriger und unzumutbarer werdenden gesellschaftlichen Voraussetzungen und Rahmenbedingungen, unsicherer und belastender werdenden Lebenswelten und individuell erschwerter Voraussetzungen aufgrund organischer Dispositionen zu betrachten.

6.2.3.6. Konservatives und kritisches Alltagskonzept

Bevor der Blick auf die Ziele, Leitlinien und Anforderungen gerichtet wird, die daraus an die professionellen Hilfen erwachsen, ist ein Hinweis auf die Alltagskonzepte erforderlich, die sich aus der veränderten gesellschaftlichen Entwicklung ergeben. Schließlich bilden sie den Rahmen für die Ziele alltagsorientierter Sozialpädagogik. Es handelt sich dabei um ein konservatives, eher rückwärts gerichtetes und ein gesellschaftskritisches, offenes, emanzipatorisches Konzept (THIERSCH 1986, S. 28–41).

Das **konservative Alltagskonzept** versteht nach Thiersch Alltag »als Selbstverständlichkeit, Verlässlichkeit und Überschaubarkeit und favorisiert Alltagswelten, die diesen Momenten entsprechen« (THIERSCH a. a. O., S. 30). Thiersch verweist in seiner Analyse vor allem auf Gilder, Meves und Schelsky (S. 29). Dieses Alltagskonzept geht aus von der Verwöhnung der Betroffenen durch den Sozialstaat und dem damit verbundenen hohen Maß an professioneller Hilfe und Begleitung. Es klagt eine Sozialpolitik ein, welche professionelle Hilfe mehr und mehr durch Selbsthilfe ersetzen soll. Getragen wird eine derartige Forderung durch eine Haltung, die Schwierigkeiten individualisiert, Defizite zum Problem des Einzelnen macht und eine Sozialpolitik fördert, die an »jene Traditionen der

Armenfürsorge (erinnert), in der man davon ausging, dass Armut, durch Faulheit und Unwilligkeit zur Arbeit verschuldet, nicht auch noch belohnt werden dürfe, in der also Unterstützung den Sinn haben muss, zu disziplinieren und zu strafen, und Hilfe niemals so gestaltet sein darf, dass sie zur Armut verführt« (THIERSCH a. a. O., S. 33).

Es wird, so Thiersch, eine verkürzte Sicht von Alltag beschrieben. Das Selbstverständliche, das Vertraute und Bekannte wird verabsolutiert und sichert sich gegen die Bedrohung von außen ab:

> »Fragen, die hinter die Ebene der Erledigung von Alltagsaufgaben zielen, bleiben tabuisiert: Warum nämlich Alltag ist und schwierig ist, wie er ist, bleibt im Dunkeln. So muss man sich selbst nicht damit quälen, weiter zu verfolgen, warum Mütter Probleme mit ihrer Mütterlichkeit haben (warum chronisch psychisch kranke Menschen weitgehend in gesellschaftlicher Ausgrenzung und Armut leben; Anm. d. Verf.) ..., warum so viele Menschen in den gegebenen gesellschaftlichen Verhältnissen nicht zu Rande kommen, verelenden und hilflos sind.« (THIERSCH a. a. O., S. 31)

Die Forderung der Vertreter des konservativen Alltagskonzeptes nach Selbsthilfe und Alltagskompetenz blendet gesellschaftliche Fragestellungen aus. So reduziert sich z. B. das Phänomen, dass chronisch psychisch kranke Menschen (fast) keine Chance mehr zur Rückkehr auf den ersten Arbeitsmarkt haben, auf die Fähigkeiten und Ressourcen, bzw. Defizite und Schwächen des Einzelnen. Gesellschaftlich bedingte Erscheinungen werden als Problem des Individuums gesehen, welches damit zurechtkommen muss.

Im Gegensatz dazu sieht das **kritische Alltagskonzept**, welches den Rahmen für eine kritische alltagsorientierte Sozialpädagogik bildet. »Alltag vor allem als Protestpotenzial, (versucht), die in ihm angelegten Widersprüche zu nutzen, um daraus Perspektiven zur Arbeit an einem humaneren Leben zu gewinnen.« (THIERSCH a. a. O., S. 34)

Thiersch rekurriert in der Entwicklung des kritischen Konzeptes in erster Linie auf Kosik. Ähnlich wie HELLER (1981) und BLOCH (1959) verweist Kosik auf das Ineinander von Gegebenem und Möglichem. Alltag ist für Kosik konkret, selbstverständlich und unmittelbar. Jedoch weist das Konkrete gegensätzliche Momente auf, die vor allem auf die Entfremdungstheorie von Marx zurückgehen. Im Blick auf diesen widersprüchlichen, pseudokonkreten Alltag definiert er ihn im Dämmerlicht von Wahrheit und Täuschung und einer Zweideutigkeit, indem die Erscheinung das Wesen gleichzeitig zeigt und es verbirgt (KOSIK 1986, S. 7–20).

Kosiks Überlegungen zur Aufhebung der Welt des Pseudokonkreten zielt auf eine gesellschaftliche und individuelle Praxis ab, die mehr Humanität und Freiheit will. Die Veränderung des individuellen Alltags soll einhergehen mit der Veränderung der gesellschaftlichen Strukturen, die den Ersteren bestimmen. Das Mögliche, das im Gegebenen enthalten ist (BLOCH a. a. O., S. 129 ff. und 224 ff.), soll durch Praxis verwirklicht werden; eine Praxis, die den Alltag des Einzelnen ebenso zu einem gelingenderen Alltag führt, wie veränderte gesellschaftliche Strukturen mehr Humanität und Freiheit hervorbringen sollen:

> »Alltag und gelingenderer Alltag ... verweisen darauf, dass Hoffnungen auf Veränderungen und Verbesserungen an Erfahrungen und Möglichkeiten im Gegebenen gebunden sein müssen, – gegenüber z. B. den Möglichkeiten und Verführungen zum Ausbruch in Sonderwelten, der abgehobenen politischen Ideologie etwa oder des Rückzugs in die Innenwelten seelischer Abenteuer.« (THIERSCH 1986, S. 36)

Die Destruktion des Pseudokonkreten, der Täuschung, der Manipulation im Sinne von
KOSIK (a. a. O., S.17–20) zielt auf den borniertem und verabsolutierten, nach rückwärts
gerichteten Alltag. Destruktion kann aber nicht heißen, die notwendige Pragmatik im
Alltagshandeln in Frage zu stellen oder gar aufzugeben. Entlastungen, Sicherheiten, Vertrautes, Selbstverständliches in der Strukturierung und Gestaltung von Zeit, Raum und
sozialem Gefüge sind konstitutiv für die Bewältigung des Alltags, um nicht Handlungsunfähigkeit zu riskieren. Die Sicherung des Alltagshandelns durch die Pragmatik des »Und-so-Weiter« (THIERSCH in: Nervenheilkunde 3/1996, S. 123) ist in eine Perspektive, in eine
Spannung von Aufgegebenem und Möglichem einzubinden, wodurch sich das kritische
Alltagskonzept u.a. deutlich vom konservativen unterscheidet. Der von THIERSCH geprägte
Begriff des »Respekts vor gegebener Alltäglichkeit« (a. a. O., S. 38) beinhaltet gleichzeitig Offenheit und Widersprüchlichkeit, um nicht statisch und affirmativ zu werden. Die
darin angelegte Gratwanderung von Routine und Neuem, von Sicherheit und Unsicherheit, von Be- und Entlastung verlangt das Austarieren eines prozessorientierten, gesellschaftlich bestimmten Alltaghandelns. Sie stellt gleichzeitig die Matrix für die Ausrichtung und Gestaltung des professionellen Handelns her. So befindet sich auch die
professionelle Arbeit mit chronisch psychisch kranken Menschen in dieser Spannung, wie
viel Bestätigung des Routinealltags stabilisierend und nicht chronifizierend wirkt und wie
viel Aufforderung und Ermunterung, sich auf Neues einzulassen, verselbstständigend und
nicht destabilisierend ist.

Damit wird deutlich – ob in der privaten oder professionellen Beziehung –, dass das Aushandeln und Verhandeln unter den Beteiligten zur generellen Aufgabe wird. Es müssen
pragmatische Übereinkünfte und (zeitlich) befristete Lösungen erzielt werden, auf die
Verlass ist. Aushandeln und Verhandeln sind jedoch nicht beliebig:

> »Es muss ebenso geleitet sein durch das Wissen von den Gefahren der macht- und
> interessenbesetzten Verblendungen, die sich gerade auch in einem borniertem Alltag
> repräsentieren, wie durch die Richtung auf Freiheit und Humanität, die sich als Bestimmung des Menschen als Gattungswesen im historischen Prozess der Aufklärung
> herausgebildet hat.« (THIERSCH a. a. O., S. 40)

6.2.3.7. Konkrete Ziele und Leitlinien alltagsorientierter Sozialpädagogik

Aus dem kritischen Konzept ergeben sich Ziele und Leitlinien für eine alltagsorientierte
Sozialpädagogik. Die Gliederung der Ziele beginnt mit den Leitlinien zum Menschenbild und reicht über die Vorstellungen zu Gesundheit/Krankheit, den methodischen und
strukturellen Zielen bis zu gesellschaftskritischen Leitlinien.

- Alltagsorientierte Sozialpädagogik stellt den **Menschen im sozialen Feld, in seiner
  Lebenswelt in den Mittelpunkt des Handelns**. Der **Respekt vor dem Anderen**
  und dem **Anderssein**, die Akzeptanz und Förderung des **Eigensinnes der Adressaten** sind grundlegend für das Handeln (THIERSCH in: RAUSCHENBACH 1993, S. 13).
  »Menschen im Kontext von Lebenswelt: Sie erscheinen immer im zunächst gegebenen Zusammenspiel sozialer, struktureller und individueller Faktoren, also nicht als
  gleichsam isolierte, für sich bestehende Individuen, sondern innerhalb eines sozialen
  Netzes, in dem sie sich als sich selbst erfahren können.« (THIERSCH in: Nervenheilkunde 3/1996, S. 122/123)
- Der **Mensch wird als soziales Wesen** gesehen, das die Aufgabe hat, **aktiv in**

Interaktion mit seinem Umfeld die Kompetenzen zu erwerben, die es ihm ermöglichen, das Aufgegebene zu bewältigen und das Neue zu integrieren. Die Gestaltung des **Ortes**, des **Lebensraumes**, der **überschaubaren Zeit** und der **Beziehungen im sozialen Gefüge** mit den darin geltenden **Rollen, Aufgaben, Regeln und Bedeutungsmustern** sind für das Individuum zentrale Aufgaben. Im Versuch ihrer Bewältigung lernt der Mensch als soziales Wesen sich in seiner Lebenswelt zurechtzufinden, sich die Kompetenz anzueignen und in der Spannung von Verlässlichkeit und Neuem einen gelingenden Alltag zu gestalten (THIERSCH 1986, S. 34–38; KOSIK 1986, S. 63 ff. und 71 ff.; SCHÜTZ/ LUCKMANN 1979, S. 25–43).

- Überlegungen und Konzepte zu **Gesundheit und Krankheit** beziehen sich darauf, ob und wie die sich stellenden Alltagsaufgaben so bewältigt werden können, dass das Individuum mit und in seinem Umfeld in der Lage ist, immer wieder einen zufrieden stellenden Ausgleich herzustellen (**gelingender Alltag**). Erst wenn dieser Ausgleich und die Befindlichkeit von Individuum und Umgebung auseinander driften und damit Fähigkeiten, Ressourcen und Möglichkeiten nicht in adäquatem Maße vorhanden sind, können Spannungen, Irritationen, Missverständnisse und in fließendem Übergang krankheitsrelevante Verhärtungen entstehen (THIERSCH in: Nervenheilkunde 3/1996, S. 123). Fehlentwickelte, -geleitete und/oder **mangelnde Bewältigungsmuster** des Individuums und/oder seiner Umgebung führen zu Spannungen und Konflikten, die nicht mehr hinlänglich bearbeitet und ausgeglichen werden können. Die Belastung des Umfelds und damit einhergehende Ausgrenzungstendenzen sowie Rückzug durch den Betroffenen, gekoppelt mit Isolierung und Vereinsamung führen häufig zu psychischen Leidenszuständen und Erkrankungen. Der **multifaktorielle Ansatz** und das damit verbundene **Zusammenwirken unterschiedlicher Faktoren** wie die somatisch-genetische Konstitution, die psychischen (sozialisationsbedingten) Entwicklungsmöglichkeiten bzw. -einschränkungen sowie defizitäre und unzumutbare materielle und soziale (gesellschaftlich bedingte und bestimmte) Gegebenheiten führen letztlich zur Manifestation der Erkrankung. Sie bestimmen Art und Intensität, ob z. B. eine Sucht-, psychosomatische oder psychotische Erkrankung oder was auch immer entsteht. Der Umgang mit krankheitsrelevanten Verhärtungen und deren Bewältigung vollzieht sich in der Lebenswelt der Betroffenen. Medizinisch-psychiatrische Behandlung wird damit nicht ausgeschlossen. Im Gegenteil. Sie ist notwendiger Bestandteil einer integrativen, umfassenden bio-psycho-sozialen Diagnostik und Betreuung/Begleitung im Alltag. Das Ziel alltagsorientierter Sozialpädagogik vor dem Hintergrund eines solchen Verständnisses von Gesundheit/Erkrankung besteht darin, zu einem gelingenderen Alltag für den Einzelnen und seiner Umgebung beizutragen, indem die gestellten Aufgaben in der **Spannung von positiver Routine** (Pragmatik des Alltags) und der **Integration von Neuem** bewältigt werden können (THIERSCH in: Nervenheilkunde 3/1996, S. 124–126; Bundesminister für Jugend, Familie, Frauen und Gesundheit 1990, S. 85–93).

- Dieses Verständnis von Gesundheit mit dem dahinter stehenden Menschenbild bestimmt die Folgen für die **methodische Orientierung**. Sie vollzieht sich auf verschiedenen Ebenen:
    - Professionelles Handeln findet **in der Lebenswelt des Adressaten** statt und

versucht, sich der Situation anzupassen (**situativ bestimmtes Handeln**). Die vor Ort vorgenommene Einschätzung und Bewertung der Gesamtsituation schließt jedoch u. U. nicht aus, dass eine (kurzfristige) Herausnahme des/der Betroffenen aus seiner Umgebung erforderlich ist. Dies widerspricht auch nicht der Maxime der **Regionalisierung**. Vielmehr kommt es darauf an, dass Krisen zentren, Wohngemeinschaften etc. gemeindenah und dezentral eingerichtet werden und eng vernetzt mit den anderen Hilfen zusammenarbeiten (ACHTER JUGENDBERICHT 1990, S. 86). Wesentlich dabei ist, wie die Betroffenen ihren **Raum**, ihre **Zeit** und das **soziale Gefüge** gestalten, welche Defizite dabei hinderlich sind und welche Begleitung und Unterstützung sie benötigen. Die gleichzeitige Orientierung an der **Ganzheitlichkeit** schließt zwangsläufig den Blick auf die somatische Befindlichkeit mit möglichen Folgehandlungen ein.

- Ein weiteres Ziel besteht in der Klärung, **welche Hilfe, Unterstützung und Begleitung** die Betroffenen und/oder das Umfeld benötigen. Der Spagat zwischen der Förderung von Selbsthilfe und der notwendigen Berücksichtigung von fürsorglichem Handeln geht von der Erhaltung, Erschließung und Förderung von Ressourcen aus. Darüber wird versucht, handlungseinschränkende und gesundheitsschädliche Defizite zu verringern. Alltagsorientiertes Handeln versucht dem Risiko zu entgehen, einerseits die Selbsttätigkeit einzuschränken und andererseits, die Betroffenen allein zu lassen und aufzugeben durch behutsames, kompetentes, (selbst-)reflexives Handeln. Darin soll der nötige Grat der Unterstützung jeweils austariert werden (THIERSCH 1995 S. 13–27 und THIERSCH in: RAUSCHENBACH et al. 1993, S. 23–26).

- Alltagsorientiertes, professionelles Handeln in der Sozialpädagogik konstituiert sich durch die **situationsadäquate Anbahnung des Kontaktes** und die Herstellung von **Vertrauen** als Grundlage für die (weitere) Hilfeplanung und Gestaltung der Hilfe. Situationsadäquater Einstieg in eine Betreuung kann aber auch heißen, aufgrund vorliegender Dringlichkeit und Akuität umgehend und sofort (auch gegen den Willen) des/der Betroffenen zu handeln, wenn Selbst- oder Fremdgefährdung besteht. Diese Aufgabe kollidiert mit den pädagogischen Prinzipien von Freiwilligkeit sowie dialogischem und partnerschaftlichem Herangehen und Umgang, um darüber einen Kontakt anzubahnen und dieses Fundament so weit wie möglich für die längerfristige Betreuung aufrechtzuerhalten. Und doch widerspricht sozialpädagogisches Handeln gegen den Willen des Betroffenen, wenn alle anderen Mittel ausgeschöpft sind, nicht dem **Auftrag von Hilfe und Kontrolle**. Ebenso können die heute noch relevanten pädagogischen Prinzipien von Schleiermacher »verhüten, gegenwirken, fördern« in die Richtung interpretiert werden, dass mit dem Prinzip des »Verhütens« schädliche Einflüsse eingedämmt werden sollen (SCHLEIERMACHER 1966, S. 58).

Dies kann mit zeitlich befristetem, umfassend reflektiertem und abgewogenem Entzug von Verantwortung einhergehen. Der (zeitlich befristete Entzug) von Verantwortung ist jedoch mit dem Ziel verknüpft, alle methodischen und anderen Anstrengungen zu unternehmen, um so viel Verantwortung wie irgend möglich wieder an das Individuum zurückzugeben.

- Die Begleitung und Unterstützung orientiert sich an den **zentralen Kategorien** alltagsorientierter Ansätze. Das sind die Strukturierung und Gestaltung des Ortes (Lebensraum), der Zeit in Verbindung mit der Sinnhaftigkeit von Tun und Beschäftigung und der Kommunikation und Beziehungen im sozialen Gefüge. Ein weiteres wichtiges Ziel im Verlauf einer Betreuung besteht darin, immer wieder zu prüfen und zu klären, wie lange eine **Betreuungsepisode** dauern soll. Ob und wie wird kontinuierliche Betreuung über Jahre hinweg und in welcher Intensität gestaltet und legitimiert? Ab wann ist eine Beendigung oder Pause nötig und kann verantwortet werden (THIERSCH 1995, S. 23–40)?

Alltagsorientierte Sozialpädagogik heißt weiter,
- dort zu beginnen, wo der/die KlientIn steht, was jeweils der Fall ist, ihn in gegebenen Verhältnissen zu unterstützen, sich aber auch in sozialpolitische Planungsprozesse einzumischen und auf die Verbesserung der Lebensbedingungen und -möglichkeiten der Adressaten hinzuarbeiten,
- materielle und soziale Grundlagen (wieder-)herzustellen und abzusichern, Ressourcen vor Ort aufzutun, zu stabilisieren und zu fördern; das Leben im Gemeinwesen objektiv sicherer zu gestalten,
- alltägliche und professionelle Hilfen zu koordinieren und zu vernetzen.

Des Weiteren besteht sozialpädagogisches Handeln darin, trotz aller Einschränkungen und Eingrenzungen durch die jeweiligen Gegebenheiten
- die Gegenseitigkeit zu wahren,
- das Verhältnis von Nähe und Distanz auszuloten,
- sich der Lebenswelt auszusetzen, sich darauf einzulassen, aber auch notwendigerweise in reflexive Distanz zu gehen, zu provozieren, zu verfremden und gleichzeitig zu stützen,
- mit Fantasie und Kreativität an die Aufgaben heranzugehen, in schwierigen Situationen zu vermitteln und Kompromisse auszuhandeln,
- offen und umfassend zu handeln, aber auch zu strukturieren, durchzuhalten, Geduld walten zu lassen, zu planen, zu organisieren und zu managen, schematisch ordnend eine gegliederte Offenheit zu praktizieren

(THIERSCH 1986, S. 42–52; THIERSCH in: RAUSCHENBACH et al. 1993, S. 17–26; THIERSCH 1995, S. 23–40).

- Die **strukturelle Ebene** ist durch das Ziel bestimmt, bestehende **Netze im Alltag** der Adressaten zu erhalten, zu stabilisieren und zu fördern. Das heißt professionelle Hilfe setzt am **Prinzip der Normalisierung** an, indem zunächst geprüft wird, welche nichtprofessionellen Hilfen in der Lebenswelt noch bestehen und gefördert werden können, aber auch immer wieder zu definieren, ab wann und in welcher Intensität professionelle Hilfe einzusetzen ist und wie sie jeweils auszusehen hat. Auch in der lebensweltorientierten Sozialpädagogik gilt der Grundsatz des **Vorrangs ambulanter vor stationären Hilfen** (Bundesminister für Jugend, Familie, Frauen und Gesundheit 1990, S. 85–89).
- Die **gesellschaftliche Dimension** beinhaltet das Ziel, sowohl fallbezogen auf Veränderungen von Strukturen im Lebensfeld hinzuwirken als auch über sozialpolitische Arbeit und Engagement die Veränderung gesellschaftlicher Rahmenbedingungen mitzuerarbeiten. Diese Aktivitäten sollen mit zur Ausweitung der Grenzen der

Normalität im gesellschaftlichen Alltag, zu mehr Teilhabe am gesellschaftlichen Leben und damit auch zu mehr Freiheit, Gerechtigkeit und Humanität beitragen (KOSIK 1981, S. 212–247; THIERSCH 1986, S. 34–41 und 1995, S. 23–40). Gleichwohl geschieht die Umsetzung dieses Ziels im Bewusstsein, dass alltagsorientierte Sozialpädagogik per se durch die Doppelfunktion von Hilfe und Kontrolle bestimmt ist (THIERSCH in: RAUSCHENBACH et al 1993, S. 22 ff). Dies gilt vor allem dann, wenn sie mit dem Auftrag der regionalen Versorgungsverpflichtung verbunden ist, wie dies beim hier untersuchten Sozialpsychiatrischen Dienst der Fall ist.

6.3. Lebensweltorientierte und sozialpsychiatrische Ziele und Leitlinien im Vergleich

Die vergleichende Gegenüberstellung der Ziele und Leitlinien beider Ansätze fasst die Kapitel 6.2.3. (Ziele alltagsorientierter Sozialpädagogik) und 6.2.2.3. sowie 6.2.2.4. (Übergreifende und konkrete Ziele und Leitlinien sozialpsychiatrischer Ansätze) zusammen unter Bezugnahme auf der dort bearbeiteten Literatur.[46]

Mit dieser Darstellung kann für die qualitativen Untersuchungen und für die tägliche Arbeit mit chronisch psychisch kranken Menschen ein Bogen gespannt und der Kreis zwischen den beiden Ansätzen geschlossen werden. Bislang standen sie eher unvermittelt nebeneinander:

---

46 Bei den Zielen der sozialpsychiatrischen Ansätze werden zusätzlich die Aussagen der »Aktion Psychisch Kranke« miteinbezogen und eingearbeitet (KAUDER 1997, S. 11–21 und Bundesministerium für Gesundheit 1999, S. 30–75).

Alltags-/lebensweltorientierte und sozialpsychiatrische Ziele im Vergleich:

	Alltags-/lebensweltorientierte Ziele und Leitlinien	Sozialpsychiatrische Ziele und Leitlinien
Menschenbild und Haltung	Der Mensch als Ganzes im sozialen Feld, in seiner Lebenswelt steht im Zentrum des Handelns (Ganzheitlichkeit).	Das Individuum im sozialen Kontext ist Grundlage und Ziel des Handelns.
	Der Mensch ist ein soziales Wesen in wechselseitiger Abhängigkeit vom Kontakt und der Interaktion mit den anderen.	Subjektorientierung steht in Verbindung mit der Sichtweise, den Menschen als Ganzes zu sehen gegen die Reduktion auf den kranken Körper; Wiederherstellung des Subjektes und der Menschenwürde.
	Alltagshandeln und Bewältigung der Alltagsaufgaben erfordern Alltagskompetenz zur Strukturierung von Raum, Zeit und sozialem Gefüge (Ressourcen- und Lebensweltorientierung).	Förderung des normalen Kontextes und bestmöglichst Gebrauch und Wiederherstellung (verbliebener) Fähigkeiten. Befähigung der Gemeinde, dass chronisch psychisch kranke Menschen als Personen angenommen werden. Jeder Mensch ist Bestandteil des Gemeinwesens (Partizipation im Alltag).
	Respekt vor Alltäglichkeit und dem Anderssein	Wahrung von Individualität im Gemeinwesen, unabhängig von der Art und dem Grad der Behinderung.
Vorstellungen zu Gesundheit/ Krankheit	- Sozial (unzumutbare) schwierige Lebensverhältnisse, biografisch bedingte unzulängliche Bewältigungsmuster der Alltagsaufgaben, - somatisch-genetisch bedingte Konstellationen führen im Zusammenwirken zu krankheitsrelevanten Verhärtungen.	Psychische Erkrankung wird gesehen als das Zusammenwirken von bio-psycho-sozialen Faktoren in Verbindung mit erhöhter Vulnerabilität.
	Unzulängliche Bewältigungsstrategien in der Beziehung zur Umgebung führen in fließendem Übergang zu Erkrankungen, die im jeweiligen Kontext der Lebenswelt definiert und angegangen werden.	Die bio-psycho-soziale Sichtweise ist die ganzheitliche Antwort auf das reduktionistische, traditionelle, physiologisch orientierte medizinisch-psychiatrische Modell.
		Die psychosoziale und somatische Dimension in der Zielbestimmung der Behandlung sind gleichwertig: Ressourcenorientierung erhält die gleiche

6. Theoretische Erörterung

Methodische Vorstellungen und Kernaussagen

- Erkrankung liegt erst dann vor, wenn Spannungen und Konflikte im Alltag nicht mehr auszugleichen und zu tolerieren sind.

  Bedeutung wie der Blick auf die Defizite.

- Anfangen, wo der/die KlientIn steht und gleichzeitige Unterstützung in gegebenen Verhältnissen: (Wieder-)herstellung der materiellen und sozialen Existenzbedingungen (Wohnen, Geld, Beschäftigung, Arbeit, Tun, soziales Gefüge).

  Anpassung der Hilfen an den individuell wechselnden Bedarf des/der KlientIn: Welche Ressourcen, Fähigkeiten und soziale unterstützungen bestehen? Welche müssen herausgefunden und bereitgestellt werden? Gewährleistung materieller und sozialer Grundlagen (Gesellschaftliche Vertragsfähigkeit): Wohnen, Beschäftigung, Tun, zwischenmenschliche Kontakte.

- Ganzheitlichkeit, Offenheit, Einmischung und Allzuständigkeit stellen grundlegende Rahmenbedingungen dar.

- Hilfe zur Selbsthilfe erfolgt im Rahmen bestehender Verantwortung und Zumutung, wenn möglich im partnerschaftlichen und dialogischen Aushandeln.

  Unterforderung und Überforderung sind auszutarieren. Zumutung und Rückgabe der Verantwortung, aber auch Entlastung durch partielle Übernahme der Verantwortung bedeutet: Verhandeln vor Behandeln als Richtlinie. Problemlösungsstrategien erfolgen auf der Grundlage des ganzheitlichen Krankheitsverständnisses und Versorgungsverpflichtung für die Region.

- Kontakt anbahnen, Vertrauen herstellen und Beziehungen aufrechterhalten (Kontinuität); offenes, situatives, geduldiges Herangehen und Handeln, fantasievolles und kreatives Vorgehen;

  Behutsame Herstellung von Kontakt, Vertrauen und Kontinuität; situative Orientierung: Anknüpfen an Bedürfnissen und Ausrichtung der Arbeit an den Interessen und Fähigkeiten; Nähe und Distanz tarieren.

- aber auch: strukturieren, ordnen, planen, organisieren, managen (gegliederte Offenheit).

- Sich einlassen, der Komplexität der Lebenswelt aussetzen, verstehen, Wahren von Gegenseitigkeit. Einwirken auf Handlungs-, Bedeutungs-und Verständigungsmuster des Einzelnen und des Umfelds, u. a. bearbeiten von krankheitsbedingten Ängsten und Beeinträchtigungen. In schwierigen Situationen vermitteln und immer wieder neue tragfähige Kompromisse aushandeln und herstellen.

  Ressourcenorientierte psychiatrische Hilfen sind nur über Beziehung, Kontinuität und Vertrauen umzusetzen. Verhandeln vor Behandeln, Kompromisse suchen, aushandeln und umsetzen, die den Beteiligten vor Ort gerecht werden: Normalisierung, wenn möglich ohne Verlust des Lebensfeldes.

- Beitrag zur Gestaltung und Strukturierung von
  - Raum (Wohnen, Wohnlage, Lebensraum),
  - Zeit (Beschäftigung und Arbeit, Gestaltung des Tages und der Woche) und

  - Wohnen als Grundbedürfnis,
  - Förderung sinnvoller Beschäftigung (Arbeit, Zuverdienst etc.)

	– des sozialen Gefüges (Kommunikation, Beziehungen und Umfeld). Hinzu kommt, unzulängliche Strukturen in allen genannten Bereichen aufzubrechen, zu öffnen sowie Möglichkeiten und Optionen aufzuspüren, zu wecken und weiterzuentwickeln (gelingender Alltag). Erhalten, stabilisieren und fördern natürlicher Ressourcen in der Lebenswelt: Unterstützung durch das Umfeld geht vor nichtpsychiatrischen Hilfen und nichtpsychiatrischen Hilfen. Davon ausgehend geht es um das Erschließen und die Weiterentwicklung neuer Ressourcen. Reflexives Handeln in wechselseitiger Abhängigkeit mit strukturellen, gesetzlichen und finanziellen Bedingungen. Offenheit und Fähigkeit zur Selbstkritik und Reflexivität.	– Unterstützung in der Gestaltung der Zeit, sowie – Förderung und Erschließung von zwischenmenschlichen Kontakten. Erhaltung der normalen Lebenswelt und bestmöglichster Gebrauch verbliebener Fähigkeiten unter Einbeziehung vorhandener Ressourcen im Umfeld und nichtpsychiatrischer professioneller Dienste.
Strukturelle Ziele	Ambulant vor stationär. Regionalisierung der Hilfen vor Ort im Verbundsystem. Kooperation, Koordination und Vernetzung der Hilfen (Casemanagement).	Ambulant vor stationär für alle chronisch psychisch kranken Menschen einer Region: Gemeindepsychiatrischer Verbund mit Versorgungsverpflichtung. Kooperation, Koordination und Vernetzung professioneller und natürlicher Hilfen und Dienste.
Gesellschaftliche Dimensionen	Fallbezogene Veränderung von Strukturen im Lebensfeld und sozialpolitisches Engagement zur Veränderung gesellschaftlicher Rahmenbedingungen heißt: – Förderung von mehr Teilhabe und Teilnahme am gesellschaftlichen Leben, – Förderung von Lebensqualität – Ausweitung der Grenzen der Normalität – Förderung von Freiheit, Gerechtigkeit und Humanität. Doppelmandat von Hilfe und Kontrolle an- und wahrnehmen	– Wachsende Bedeutung der Angehörigen und Psychiatrieerfahrenen, – Gleichstellung von somatisch und psychisch kranken Menschen; – Humanisierung der Lebensbedingungen und Bereitstellung von Hilfen im Gemeinwesen für alle psychisch kranken Menschen (Versorgungsverpflichtung), – ethisch-moralisch-gesellschaftskritische Verankerung des Handelns, – Ausweitung der Grenzen der Normalität. Doppelmandat von Hilfe und Kontrolle an- und wahrnehmen

6.4. Ergebnisse der theoretischen Ausführungen

Die aus den beiden Ansätzen herausgearbeiteten und gegenübergestellten Ziele weisen (quasi) Deckungsgleichheit auf. Damit kann eine Antwort auf die in der Einleitung formulierte Vermutung gegeben werden.

In erster Linie ist festzustellen und festzuhalten, dass die sozialpsychiatrischen Ziele und Leitlinien als Bestandteil des übergreifenden theoretischen Rahmens alltagstheoretischer und lebensweltorientierter Ansätze identifiziert und darin verankert werden können.

Dies bedeutet: Die inhaltlichen und methodischen Begriffe alltags- und lebensweltorientierter Ansätze gelten auch für die sozialpsychiatrische Arbeit. Wie dies in anderen Feldern und Bereichen der Sozialpädagogik/-arbeit schon der Fall ist,[47] können die Begriffe und die Sprache der alltags- und lebensweltorientierten Ansätze auch auf das Feld sozialpsychiatrischen Handelns übertragen, und darin verankert werden.

Gleichwohl gilt es die Besonderheit des sozialpsychiatrischen Feldes zu berücksichtigen. In der sozialpsychiatrischen Arbeit nimmt die psychische Erkrankung – unabhängig welche Erklärungen und Definitionen zur Erkrankung bestehen – als solche in Verbindung mit den Erfordernissen, die sich daraus für das Handeln ergeben, eine besondere Bedeutung ein. So besteht z. B. eine Aufgabe darin, medizinische und psychosoziale Sichtweisen mit den entsprechenden Implikationen für das sozialpsychiatrische Handeln zu verbinden und zu integrieren. Diese Aufgabenstellung nimmt z. B. in der Jugendhilfe als einem traditionellen Feld lebensweltorientierter Ansätze eine nachgeordnete Bedeutung ein.

Dass die Integration der beiden Sichtweisen gelingen kann, zeigt sich nicht nur in der Gegenüberstellung der Ziele und Leitlinien, sondern wird auch in der Erörterung und Diskussion der Arbeit eines SpDs angestrebt (Kapitel 7 und 8).

Mit der Verankerung sozialpsychiatrischen Handelns in den alltags- und lebensweltorientierten Ansätzen kann darüber hinaus Folgendes erreicht werden:

- Es wird dazu beigetragen, das tendenziell eklektizistische Vorgehen in der Sozialpsychiatrie zu überwinden. Eklektizismus wird an einigen Stellen deutlich. Er wird z. B. evident in der Entstehung und Begründung sozialpsychiatrischen Tuns. So wurde die sozialpsychiatrische Bewegung und ihre Ansätze als eine moralisch-ethisch-politisch begründete Antwort auf die traditionelle Psychiatrie mit ihrem einseitig defizitorientierten Krankheitsverständnis herausgestellt (6.2.2.2.). Auf die mangelnde theoretische Begründung sozialpsychiatrischen Tuns wird an verschiedenen Stellen hingewiesen. So lenkt Finzen den Blick auf wissenschaftliche und theoretische Defizite. Er bemängelt, dass es »spätestens ab 1972 um Gesinnung statt um Erkenntnis ging« (FINZEN 1998, S. 32). Die Vertreter systemischer Ansätze weisen auf die Theorielosigkeit der Sozialpsychiatrie hin (SIMON in: Sozialpsychiatrische Informationen 4/1992, S. 2–7). Wolter-Henseler spricht in der Antwort auf diesen Beitrag von Begriffsschlamperei (WOLTER-HENSELER in: Sozialpsychiatrische Informationen 3/1993, S. 18–26).

---

47 Beispiele dafür sind die »sozialpädagogische Familienhilfe« (VOOG 1998) oder die Erörterung von »Praxisaufgaben einer lebensweltorientierten Arbeit« von Thiersch (THIERSCH 1995, S. 57 ff.) oder »Jugend- und Stadtteilarbeit« (SPECHT 1987) oder »niedrigschwellige Arbeit mit Drogenabhängigen« (JUNGBLUT in: RAUSCHENBACH et al. 1993, S. 93 ff.).

Ähnliche Verlegenheiten wie in der Theorie zeigen sich auch auf der praktischen Ebene. Auch hier wurde dem Mangel an theoretischer Verankerung der Methode mit dem »Zusammenstückeln« verschiedener Ansätze begegnet. Verschiedene Ansätze, wie z. B. die systemischen Konzepte, nehmen zweifellos eine wichtige Bedeutung in der Arbeit mit chronisch psychisch kranken Menschen ein. Jedoch besteht mit der alltags- und lebensweltorientierten Verankerung sozialpsychiatrischer Ansätze die Möglichkeit, Letzteres respektive der Eigenheiten und des Eigensinnes des psychiatrischen Feldes begrifflich und methodisch in den alltags- und lebensweltorientierten Ansätzen zu verankern. Damit kann die bestehende theoretische Lücke verkleinert werden.

- Mit dieser Verankerung wird gleichzeitig die berufliche Identität und das Selbstbewusstsein der SozialpädagogInnen/-arbeiterInnen in der Sozialpsychiatrie unterstützt und gefördert. Sie können sich durch die theoretische Verankerung immer wieder auf das in der Ausbildung Erlernte beziehen, sich darauf rückbesinnen, die Ansätze weiterentwickeln und so sozialpsychiatrisches Handeln als »etwas von ihnen« in der Auseinandersetzung mit anderen Berufsgruppen und deren Verständnis geltend machen. Alltags- und lebensweltorientiert geprägte Sprache und ihre Begriffe finden damit im sozialpsychiatrischen Feld ihre Gültigkeit.

6.5. Methodisches Vorgehen und Begründung

Mit der Studie soll vorrangig »**das Wie, Was, Warum und Wozu« (Qualität) der gesamten Arbeit des SpDs** beschrieben, diskutiert und bewertet werden, wodurch Schlussfolgerungen für das sozialpsychiatrische Handeln abgeleitet werden können. **Dieses Ziel** wurde mit **Instrumenten aus der qualitativen Sozialforschung** verfolgt.
Da die Einzelfallarbeit im Zentrum der Arbeit des SpDs steht, war es nahe liegend, sich für das **Instrument der Einzelfallstudie** zu entscheiden. Die Entscheidung folgt der zentralen Forderung der qualitativen Sozialforschung, das Untersuchungsinstrumentarium an den Untersuchungsgegenstand anzupassen. Die Einzelfallstudie trägt als Forschungsansatz zu folgendem bei: »Bei (Einzel-)Fallstudien werden besonders interessante Fälle hinsichtlich möglichst vieler Dimensionen und zumeist über einen längeren Zeitraum hinweg beobachtet (bzw. befragt, inhaltsanalytisch ausgewertet), beschrieben und analysiert.« (KOMREY 1986 in: LAMNEK 1995 Band 2, S. 5)
Darüber wird möglich, »ein *ganzheitliches* und nur damit *realistisches* Bild der sozialen Welt zu zeichnen. Mithin sind *möglichst alle für das Untersuchungsobjekt relevanten Dimensionen in die Analyse miteinzubeziehen*« (LAMNEK a. a. O., S. 5).
In der qualitativen Sozialforschung übernimmt die Einzelfallstudie folgende Funktionen und Aufgaben. Wensierski zitiert Binneberg (1979, S. 397): »Kasuistik – die Kunst, eine Fallbeobachtung in eine Falldarstellung zu überführen und mit einer Fallanalyse zu verbinden – ist ein ursprüngliches Stück Pädagogik, ja sie ist, historisch und systematisch gesehen, Prinzip, Anfang und Ursprung jeder pädagogischen Theorie.« (WENSIERSKI in: JAKOB et al. 1997, S. 77 ff.) Nach Lamnek handelt es sich bei der Einzelfallstudie »um den elementaren empirischen Zugang des interpretativen Paradigmas zur sozialen Wirklichkeit, der die Einzelperson in ihrer *Totalität* ins Zentrum der Untersuchung rückt. Die-

ser Versuch gründlicher, profunder, ganzheitlicher Erhebung und Analyse wird am ehesten in der Einzelfallstudie realisiert; sie respektiert das Individuum als Untersuchungsobjekt und erkennt und anerkennt seine Individualität in der Ganzheitlichkeit« (LAMNEK 1995 Band 2, S. 21).

Das Ziel der Analyse ist »nicht die Rekonstruktion individueller Handlungsmuster, sondern das Herausarbeiten *typischer Handlungsmuster*« (LAMNEK a. a. O., S. 17). Die Einzelfallstudie folgt den methodologischen Prinzipien Offenheit, Kommunikativität, Naturalistizität und Interpretativität (LAMNEK a. a. O., S. 17–21).

»Diese Grundhaltung beinhaltet dabei eine Offenheit sowohl
- gegenüber den Untersuchungspersonen (inklusive ihrer individuellen Eigenarten) selbst, aber auch
- gegenüber der Untersuchungssituation
- und den im Einzelnen anzuwendenden Methoden,

wenn etwa unerwartete Umstände eine Abweichung von der ursprünglichen Planung nahe legen
- Anpassungsfähigkeit des methodischen Instrumentariums an das Untersuchungsobjekt und die Situation, nicht umgekehrt.« (LAMNEK 1995 Band 1, S. 22)

Weiter konstatiert Lamnek, dass es sich bei der Fallstudie um einen Forschungsansatz handelt, der eine wissenschaftliche Rekonstruktion von Handlungsmustern auf der Grundlage von alltagsweltlichen, realen Handlungsfiguren herzustellen versucht.

»Sie (die Einzelfallstudie) ist offen für Interpretationen und Deutungen der Alltagswelt, ... vermeidet vorschnelle Typisierung, weil sie sehr konkret auf den individuellen Fall und dessen Deutungen eingeht ... Die Fallstudie geht aus von kommunikativen Erhebungstechniken, damit die soziale Wirklichkeit in der Erhebungssituation präsent wird. Dabei soll die Untersuchungssituation der Alltagssituation möglichst nahe kommen. Es sollen verschiedene Techniken angewendet werden, um ein klareres und umfassenderes Bild von der Untersuchungseinheit zu verschaffen. Schließlich soll die Einzelfallstudie interpretierend und typisierend sein.« (LAMNEK a. a. O., S. 34)

Mit einer **ausführlichen Fallstudie (Kap. 7)** wird die Arbeit des SpDs beschrieben und diskutiert. Die Gliederung der Fallstudie folgt den zentralen Kategorien alltags- und lebensweltorientierter Ansätze. Aus dieser Einzelfallstudie sollen generalisierende Handlungsmuster für die Arbeit des SpDs abgeleitet werden (vgle. Zusammenfassungen der einzelnen Abschnitte der Fallstudie in Kap. 7). Sie reichen jedoch nicht aus, um das gesamte Spektrum sozialpsychiatrischen Handelns des SpDs darzustellen, da die positiv verlaufende Fallstudie nicht die gesamte Arbeit des SpDs repräsentiert. Eine ursprünglich beabsichtigte kontrastierende Fallstudie (hier: ein negativ verlaufendes Fallbeispiel) hätte mit großer Wahrscheinlichkeit die fehlenden Anteile zu Tage fördern können. Im Verlauf der Erarbeitung der Einzelfallstudie zeigte sich jedoch, dass dies nicht möglich war. Der ursprünglich dafür vorgesehene junge Mann erfüllte nicht die methodischen Kriterien, um die erforderlichen Informationen erschließen zu können: Zeitweise war er nicht aufzufinden. Oder er befand sich in einer akuten psychotischen Phase oder in der psychiatrischen Klinik. Oder er war zur Zusammenarbeit nicht bereit. Aufgrund dieser Ausgangsbedingungen waren die fehlenden Informationen nicht zu gewinnen.

Um dieses zu erreichen, bildete ich einen **repräsentativen Querschnitt der KlientInnen des SpDs**. Damit konnte ich das gesamte Spektrum der KlientInnen und der Arbeit des

SpDs abdecken. 38 KlientInnen (17 Frauen und 21 Männer) wurden nach der Vorgabe, sämtliche Bereiche und Schwierigkeitsgrade der Einzelfallarbeit abzubilden, herausgesucht und erörtert. Die Festlegung der KlientInnen erfolgte nach Diskussion und Absprache im Team des SpDs. Es handelt sich fast ausschließlich um KlientInnen, die vom Verfasser selbst betreut werden. Durch die Prüfung im Team, das relativ große Sample und die Zufallsverteilung bei der Aufteilung der Anfragen zu Beginn einer Betreuung kann von einem repräsentativen Querschnitt ausgegangen werden.

Die **ausführliche Fallstudie** basiert auf drei Interviews mit Frau W., die in Abständen von ca. einer Woche durchgeführt wurden. Sie dauerten jeweils eine Stunde mit zusätzlicher Vor- und Nachbereitung. Die Aufnahme der Interviews erfolgte über ein kleines, unauffälliges Tonband. Zu jedem Interview wurde ein handschriftliches Postscriptum angefertigt. Die Interviewform setzte sich zusammen aus einer Kombination aus narrativen, problemzentrierten und fokussierten Elementen (vgle. LAMNEK 1995 Band 2, S. 90/91). Vor den Interviews hatte ich einen Leitfaden für mich entwickelt, umso weit wie möglich alle Bereiche abzudecken, die für die Bearbeitung nötig waren. Ebenso achtete ich auf die »Natürlichkeit der Interviewsituation« (LAMNEK 1995 Band 2, S. 99 und 107), indem die Interviews im gleichen Raum, auf den gleichen Stühlen und ungefähr zur gleichen Tageszeit wie die üblichen Hausbesuche durchgeführt wurden.

Die ursprüngliche Absicht, so wenig strukturiert wie möglich vorzugehen, Frau W. trotz des Leitfadens, »einfach« erzählen zu lassen, musste nach und nach relativiert werden. Während der erste Teil des Interviews, der sich auf ihre Biografie bezieht, diesbezüglich noch ohne Probleme umzusetzen war, fiel es ihr im zweiten (Beginn, Verlauf, Selbstdefinition und Umgang mit der Erkrankung) und im dritten Teil (Frau W. und der SpD) schwer(er), »nur zu erzählen«. Dabei wurden schwierige und leidvolle Passagen ihres Lebens über einen längeren Zeitraum hinweg thematisiert. Entsprechend dem Grundprinzip qualitativer Forschung, das Vorgehen und die Methodik an das zu untersuchende Subjekt anzupassen, nahmen Fragen und Antworten zunehmend einen größeren Raum ein, ohne aber die Anregung zum erzählen zu vernachlässigen:

> »Es gilt das ›kommunikative Regelsystem‹ des Befragten, der Interviewer hat sich daran anzupassen: Prinzip der Kommunikativität. Das Interview ist für unerwartete Informationen zugänglich: Prinzip der Offenheit. In der Interviewsituation reagiert der Forscher variabel auf die Bedürfnisse des Befragten: Prinzip der Flexibilität.« (LAMNEK 1995 Band 2, S. 64)

Die Interviews wurden wortgetreu niedergeschrieben. Die Einarbeitung der Interviews in den Text der Fallstudie erfolgte entlang ihrer Gliederung. Das heißt die jeweiligen Interviewausschnitte wurden themenbezogen in die entsprechenden Kapitel der Fallstudie eingearbeitet.

Ein weiteres Instrument ist die Dokumentationskarte, die für jede(n) langfristig betreute(n) KlientIn als Grundlage für die jährliche Dokumentation des SpDs angelegt wird. In diese Karte werden Datum, Dauer und Ort des Kontaktes eingetragen mit einem kurzen Hinweis auf den wesentlichen Punkt oder das Hauptthema des jeweiligen Kontaktes. Dadurch entsteht für jede(n) KlientIn ein themen- und situationsbezogenes Verlaufsprotokoll der Betreuung. Ausschnitte aus diesen Aufzeichnungen wurden themenbezogen in die einzelnen Kapitel zur Illustration, Verstärkung, aber auch zur Darstellung von Unterschieden zu den Interviews eingearbeitet. Hinzukommt die Miteinbeziehung der Akte, in der vor allem Korrespondenzen und Berichte zur Erkrankung enthalten sind. Die Berücksichtigung sämtlicher Instrumente in der Fallstudie erfolgte in Absprache mit Frau W.

Im Unterschied zu einem üblichen Untersuchungs- und Forschungsprozess bin ich als Untersucher und Forscher in einer Doppelrolle sowohl in der Vorbereitung als auch während und nach der Untersuchung. Die Rolle als therapeutischer Betreuer/Begleiter von Frau W. seit nunmehr über fünf Jahren und als Untersucher birgt Aspekte in sich, die offen gelegt und diskutiert werden müssen. In der qualitativen Sozialforschung wird vielfach erwartet und gefordert, dass der Interviewer dem Interviewten persönlich nicht bekannt sein sollte, um keine zu personenabhängigen und entsprechend selektierten Informationen zu erhalten, welche des Ergebnis der Untersuchung in eine bestimmte Richtung beeinflussen und einfärben:

> »Die methodologischen Forderungen an die Interviewsituation implizieren im Wesentlichen, dass man versucht, personale Kontakte, die bereits vor dem Interview existieren und von denen anzunehmen ist, dass sie auch weiterhin sozial relevant sein werden (etwa Freunde etc.), derart zu respektieren, dass solche Personen nicht als Befragte herangezogen werden... Die Befragten sollten nicht aus dem Bekanntenkreis des Forschers rekrutiert werden. Dies hätte zwar Vorteile, doch besteht die Gefahr mehrfacher Selektivität (nämlich in Auswahl und Interviewinhalt), die zu verzerrter Erkenntnis führt.« (LAMNEK 1995 Band 2, S. 93/94)

Einer derartigen Forderung konnte aufgrund der bestehenden Konstellation nicht nachgekommen werden, da ich meine Doppelrolle nicht verlassen konnte und auch nicht wollte. Zudem wollte Frau W. nicht den Betreuer wechseln und trotzdem für eine Fallgeschichte zur Verfügung stehen. Hinzu kam, dass sich Frau W. in mehrfacher Hinsicht für dieses Unterfangen eignete (vgle. Einleitung zur Fallstudie 7.1.).

Binneberg verweist im Unterschied zu Lamnek auf die Besonderheit der pädagogischen Kasuistik, die »vielmehr auf das Erfahrungsurteil des reflektierenden Praktikers zielt (Binneberg in: Jakob/Wensierski 1997, S. 96). Dieser Anspruch verleiht der pädagogischen Kasuistik ihre spezifische Dignität, aber auch einen prekären Status als kontrollierbare Methode wissenschaftlicher Erkenntnis« (WENSIERSKI in: JAKOB/WENSIERSKI, a. a. O., S. 96).

Die Entscheidung, die Doppelrolle aufrechtzuerhalten und sich dem Risiko auszusetzen, mehr von der Beziehung abhängige und damit »weniger neutrale« Informationen zu gewinnen, hat Auswirkungen auf die gewonnenen Daten und deren Interpretation. Auf der einen Seite führt der langjährige Kontakt mit Frau W. und das in dieser Zeit aufgebaute Vertrauen dazu, im Interview Informationen zu erhalten, die einem unbekannten Interviewer in dieser Form und diesem Ausmaß nicht erzählt worden wären. Zum anderen muss davon ausgegangen werden, dass bestimmte Informationen wiederum nur einem unbekannten Interviewer mitgeteilt worden wären, welcher sich nicht in einem langjährigen therapeutischen Prozess befindet. Über den ganzen Zeitraum hinweg war jedoch zu beobachten, dass sich Frau W. aufgrund der Vertrauensbeziehung mit Informationen und auch kritischen Anmerkungen nicht zurückgehalten hat, wenigstens was die bewusste Ebene ihres Verhaltens betrifft. Dies hat sie in den Nachbereitungen der Interviews immer wieder betont.

Dieser Konstellation versuchte ich mit adäquaten Mitteln und Instrumenten zu begegnen. Um nicht nur das Interview als Informationsquelle zur Verfügung zu haben, wurden wei-

tere miteinbezogen. Im Sinne der Methodentriangulation (LAMNEK 1995 Band 1, S. 245 ff.) werden die Begrenzungen eines umfassenden Informationsgewinns ausgeweitet durch
a) die Miteinbeziehung der bisherigen Aufzeichnungen aus dem Dokumentationssystem der SpDs (Dokumentationskarte), der Akte und meines Gedächtnisses,
b) die Rückkoppelung der Informationen und Ergebnisse der drei Interviews mit Frau W. und dem Team des SpDs,
c) die Prüfung, Kontrolle und Weiterentwicklung der Ergebnisse der Fallrekonstruktion insgesamt mit einem repräsentativen Querschnitt von 38 Fallschilderungen des SpDs, wie dies in Kapitel 8 durchgeführt wurde (s. w. u.).

Auf diese Art und Weise werden sowohl die Doppelrolle offen gelegt, problematisiert und ihr entsprechend Rechnung getragen als auch umfassendere Informationen der SpD Arbeit über weitere Quellen erschlossen.

Einer weiteren Forderung aus der qualitativen Sozialforschung, in Untersuchungen weitgehend ohne beeinflussende Konzepte und Theorien hineinzugehen und das Untersuchungsmaterial so »neutral« wie möglich zu gewinnen, begegnete ich wie folgt:

»Zu Beginn des Forschungsprozesses sollte der Forscher noch möglichst unvoreingenommen, ohne feste Kategorien oder Hypothesen an das Untersuchungsfeld herangehen. Natürlich hat er immer bestimmte soziologische Perspektiven und angesammeltes Hintergrundwissen im Kopf, wovon er sich nicht ganz lösen kann. Er sollte jedoch ohne festes Konzept, ohne feste theoretische Vorüberlegungen an das Feld herangehen ...« (LAMNEK, a. a. O., S. 117)

In dieser Untersuchung ist eher das Gegenteil der Fall. Der langfristige Kontakt zu Frau W. (über fünf Jahre) und die Vertrauensbeziehung zu ihr, sowie meine langjährigen Erfahrungen im SpD (17 Jahre) verhindert, sich von Konzepten und Theorien zu Beginn der Untersuchung zu trennen. Überlegungen und Hypothesen zu ambulanter sozialpsychiatrischer Arbeit können nicht einfach abgestreift werden. So wurden über eine lange Zeit hinweg Konzepte und Erfahrungen auf fachlicher und politischer Ebene entwickelt. Damit wurde immer wieder versucht, die tägliche Arbeit systematischer und methodischer zu fassen und zu formulieren, z. B. in Jahresberichten oder in verschiedenen Fachzeitschriften (ARMBRUSTER/OBERT 1985 und 1988, OBERT 1996, ARMBRUSTER/MÖHRLE/OBERT 1997). Auf einen solchen Hintergrund zunächst einmal zu verzichten, um ihn dann später wiederherzvorzuholen, wäre nicht nur unmöglich, sondern auch erkenntnishemmend. Dadurch wäre ein nicht unwichtiger Teil der Informationen ungenützt geblieben.

Bei den **38 (17 Männer, 21 Frauen) Fallschilderungen und -erörterungen (Kap. 8)** wurde wie folgt vorgegangen: Die durch alltags- und lebensweltorientierte Kategorien festgelegte Gliederungsstruktur der ausführlichen Fallstudie wurde aus inhaltlichen und methodischen Gründen beibehalten. Jede einzelne Kategorie (z. B. verschiedene Bereiche der Lebenswelt etc.) wurde vom jeweils »einfachsten Fall« zur »schwierigsten Situation« hin abgearbeitet. Entlang diesem Kontinuum wurden Fallgruppen (Typen) gebildet. Die Typenbildung in den einzelnen Bereichen wurde von mir aus der Durchsicht und Reflexion der Fallbeispiele vorgenommen. So wurden z. B. auf dem Kontinuum des »Umgangs mit der psychischen Erkrankung« vier Typen gebildet. Analog wurde in allen anderen Bereichen (Kategorien) vorgegangen. Zur Überprüfung wurden sie mit KollegInnen aus dem eigenen und anderen SpDs in Stuttgart diskutiert und modifiziert.

In jeder übergreifenden Kategorie (Bereich) wurde methodisch gleich vorgegangen: Zuerst erfolgt ein kurzer Problemaufriss. Daraufhin wird die jeweilige Kategorie und die Intervention des SpDs mit einer oder mehreren typischen Fallschilderung(en) beschrieben und diskutiert. Die Bandbreite reicht in jeder Kategorie, wie oben erwähnt, vom jeweils »einfachsten zum schwierigsten Fall« (vgle. 8.1.). Dies bedeutet, dass die Fallgeschichten themenbezogen eingearbeitet wurden. Um Missverständnisse zu vermeiden, wird darauf verwiesen, dass es sich nicht um abgeschlossene Gruppen von Menschen handelt, sondern um Kategorien. Dies bedeutet, dass – wenn auch nicht allzu oft – die jeweilige Kategorie nach der einen wie der anderen Seite hin verlassen wird.

Die Rekonstruktion der Fallschilderungen entstand aus den Dokumentationskarten des SpDs, Gesprächen mit KollegInnen und dem Gedächtnis.

Am Ende jeder übergreifenden Kategorie werden aus den Fallschilderungen und ihren jeweiligen Kurzzusammenfassungen methodische Schlussfolgerungen für die Handlungsweise des SpDs abgeleitet. Die methodischen Schlussfolgerungen wurden regelmäßig mit KollegInnen aus dem eigenen und anderen SpDs diskutiert, überprüft und entsprechend verändert.

Dabei auftretende Redundanzen sind teilweise unvermeidlich, auch wenn sie sich störend auf das Lesen auswirken.

Eine **letzte Frage** hinsichtlich des methodischen Vorgehens dieser Studie bestand darin, **wie die Ziele und Leitlinien alltags- und lebensweltorientierter Ansätze in die praktische Arbeit umgesetzt werden** können und sich in der vorliegenden Erörterung und Diskussion der sozialpsychiatrischen Praxis des SpDs wiederfinden. Es geht darum, ein Auseinanderdriften von Leitlinien und Zielen alltagsorientierten, sozialpsychiatrischen Handelns auf der einen Seite und der praktischen Arbeit selbst sowie ihrer Ausformulierung auf der anderen Seite zu vermeiden.

Ich habe versucht, die Verbindung von theoretischen Ansätzen und praktischer Arbeit auf zwei Ebenen zu vermitteln und darzustellen.

1. In der **Gliederung der beiden Kapitel 7 und 8** (qualitative Untersuchungen) ist die **Struktur der Gliederung in beiden Kapiteln gleich**. Die Gliederung ist auf der Basis der zentralen Kategorien und Leitlinien der alltags- und lebensweltorientierten Ansätze aufgebaut und durchstrukturiert. Daraus ergibt sich folgendes Gliederungsschema:

- Zu Beginn geht es um Anfrage- und Anfangssituationen an den SpD. Wie werden Kontakte geknüpft? Wie entstehen Beziehungen und wie entwickeln sich Vertrauensbeziehungen? Es geht aber auch darum, zu klären, wie mit der Ablehnung des Kontaktes durch Betroffene zum SpD umzugehen und was dann zu tun ist.
- Als Spezifikum sozialpsychiatrischer Hilfen kommt der Umgang der Betroffenen mit der psychischen Erkrankung hinzu. Wie wird sie von ihnen wahrgenommen? Wie gehen Betroffene mit ihrer Erkrankung um? Wird die Erkrankung als solche wahrgenommen? Wird sie in das Alltagsleben und -handeln eingebunden oder findet eine Leugnung oder Ablehnung der eigenen Erkrankung statt?
- In der Kategorie Strukturierung des Raumes reicht das Spektrum des Handelns von der Begleitung auf der Straße über den Erhalt und die Gestaltung der Wohnung bis zur Erweiterung des Lebensraums.
- Im Bereich Tätigsein, Beschäftigung und Arbeit reicht das Spektrum des Handelns von der Begleitung im ersten Arbeitsmarkt, über die Ausgliederung aus der Arbeits-

welt und deren Verarbeitung bis zum vollständigen Rückzug und zum Mangel an Strukturierung von Zeit.
- In der Kategorie Kontakte, Beziehungen und soziales Gefüge reicht das Spektrum des Handelns von Kontakten und Beziehungen im normalen gesellschaftlichen Rahmen bis zum völligen Rückzug und zur weitgehenden Isolierung der Betroffenen.
- Im Bereich des Umgangs mit Geld geht es um Beratung in Richtung selbstverantwortlichen Umgangs bis hin zum Umgang mit häufiger Mittellosigkeit und zur Einrichtung von Vermögensbetreuungen.
- Im Feld alltagspraktischer Hilfen reicht das Spektrum des Handelns von der Beratung wie z. B. in der Haushaltgestaltung bis zu konkreter Unterstützung und zur Übernahme der Hilfen in diesem Bereich.
- In der Kategorie Ressourcen erhalten, bewahren, neue erschließen und fördern gilt die Vorgabe, bestehende Ressourcen zu erhalten, zu stabilisieren und zu fördern, bevor neue professionelle Hilfen erschlossen und entwickelt werden müssen.
- So wie zu Beginn der Gliederung Anfrage- und Anfangssituationen stehen, geht es am Ende um die Fragestellung, ob Betreuungen fortgesetzt, zeitweise unterbrochen oder beendet werden (können/sollen).

Die quasi identische Gliederungsstruktur der beiden Kapitel 7 und 8 bestimmt sich nicht nur durch die Orientierung an den wesentlichen Kategorien alltags- und lebensweltorientierter Ansätze. Sie bedeutet auch, dass innerhalb und zwischen den beiden Kapiteln Vergleichbarkeit hergestellt wird.

In **Kapitel 8** ist noch **ein weiteres Schema** zu berücksichtigen. Dieses ergibt sich aus dem Ziel der Untersuchung, das gesamte Spektrum der Arbeit des SpDs darzustellen, zu diskutieren und methodische Schlussfolgerungen für das sozialpsychiatrische Handeln abzuleiten. In jeder Kategorie (d. h. in jedem Bereich) wurde gleich vorgegangen: Es erfolgt die Beschreibung des jeweiligen Handlungsspektrums vom »leichtesten zum schwierigsten Fall« mit der Bildung von Typologien.

Auch die **38 Fallschilderungen** folgen aus o. g. Gründen einem Schema. Zur besseren Vergleichbarkeit und wegen der inneren Validität sind die Beispiele gleich gegliedert, themenbezogen geordnet und eingearbeitet. Die Fallschilderungen enthalten Informationen zu soziodemographischen Merkmalen, Biografischem, zur psychischen Erkrankung und psychiatrischen Karriere, zur aktuellen Lebenslage, zum themenbezogenen Fokus in Verbindung mit der Handlungsweise des SpDs. Abschließend erfolgt i. d. R. eine kurze (abstrahierende) Zusammenfassung der Handlungsweise des SpDs bezogen auf die jeweilige Fragestellung.

Somit wird durch den Aufbau und die Struktur der Gliederung den theoretischen Ansätzen, aber auch der Vergleichbarkeit und der Nachvollziehbarkeit der beiden Kapitel Rechnung getragen.

2. Dies ist der eine Teil in Bezug auf die Umsetzung der Ziele und Leitlinien in die qualitativen Untersuchungen. **Der andere Teil ist ein inhaltlich-praktischer Aspekt**. Hier geht es darum, aufzuzeigen, dass die Ziele und Leitlinien inhaltlich in der ausführlichen Fallstudie (Kap. 7), in den weiteren Fallerörterungen (Kap. 8) und in den Handlungsregeln (Kap. 9) als Ergebnis der methodischen Schlussfolgerungen umgesetzt werden.

Dies bedeutet, dass Menschenbild und Haltung als Grundlage in den Falldarstellungen, in ihrer Diskussion und in den methodischen Schlussfolgerungen zum Ausdruck kommen und das Fundament dafür bilden sollen.

Das Gleiche gilt für die folgenden Handlungsmaxime und -regeln:
- sich der Lebenswelt aussetzen,
- die Wiederherstellung und Absicherung der materiellen Grundlagen,
- situationsbezogenes Handeln, d. h. dort zu beginnen, wo der/die KlientIn und das Umfeld stehen,
- fantasievolles, kreatives, offenes und umfassendes Handeln,
- aber auch: strukturieren, ordnen, managen und organisieren,
- das Verhältnis von Nähe und Distanz ausloten etc. etc.

Mit der Gliederungsstruktur und den darin vorzufindenden Schemata wird auf der einen Seite versucht, in der Erörterung der praktischen Arbeit die Ziele und Leitlinien stringent und sichtbar umzusetzen. Auf der anderen Seite soll deutlich werden, dass alltags- und lebensweltorientiertes, sozialpsychiatrisches Handeln im Hinblick auf die Umsetzung der Ziele und Aufgaben auf die Verankerung in den Leitlinien der alltags- und lebensweltorientierten Ansätzen angewiesen ist.

7. Fallstudie

7.1. Hinführung zur Fallstudie

Mit der Fallstudie wird Folgendes beleuchtet und untersucht:
Biografisches von Frau W., ihr bisheriger Lebenslauf in kurzen Zügen, die Strukturierung und Bewältigung des Alltags in Verbindung mit dem Beginn, dem Verlauf und dem Umgang mit der psychischen (psychotischen) Erkrankung wird die Fallstudie einleiten. Damit wird ein Profil von Frau W. und ihrer Erkrankung in Zusammenhang mit ihrer »Psychiatriekarriere« vor Beginn der Betreuung durch den SpD gezeichnet.

Anschließend geht es um die Untersuchung der Fragestellung, was ambulante, alltagsorientierte, sozialpsychiatrische Arbeit (des SpD Bad Cannstatt) am Beispiel von Frau W. heißt, wie die Arbeit bezogen auf die Lebenswelt strukturiert, organisiert, reflektiert, modifiziert wird und welche Wirkung die Arbeit hat.

Mit Frau W. wurde eine Klientin ausgesucht, die in mehrfacher Hinsicht für die Problemlage typisch und für die Behandlung der Fragestellung ergiebig ist. Bei Frau W. handelt es sich um eine klassische Nachsorgeklientin (mit einer Einschränkung)[48] bezogen auf den in den Vorgaben definierten und festgelegten Personenkreis: Mehrere Klinikaufenthalte mit Zwangseinweisungen, materiell randständig (kleine Erwerbsunfähigkeitsrente mit aufstockender Sozialhilfe), langfristig arbeitslos, allein stehend und relativ isoliert, psychiatrische Erkrankung aus dem schizophrenen Formenkreis (paranoid-halluzinatorische Psychose), zwischenzeitlich mit entsprechender »Krankheitseinsicht«, d. h. mit einem eigenverantwortlichen Umgang mit der Erkrankung (Compliance), kein stationärer Aufenthalt mehr seit Beginn der Betreuung durch den SpD.

Frau W. war sofort bereit, an dieser Arbeit teilzunehmen und sich für das Unterfangen zur Verfügung zu stellen. Gleichzeitig ist sie in der Lage, ausführlich und differenziert über sich nachzudenken und sich mit ihrer Erkrankung und ihrer Beziehung zur Umgebung auseinander zu setzen. Des Weiteren verfügt sie über ein beachtliches Reflexions- und Ausdrucksvermögen. Dies sind Voraussetzungen, die für längere Interviews von wichtiger Bedeutung sind:

»Die Befragung in einem qualitativen Interview erfordert vom Befragten in der Regel ein höheres Maß an intellektueller und kommunikativer Kompetenz, denn die Antworten

---

48 Die Einschränkung besteht darin, dass die hohe Intensität der Betreuung, vor allem in gesundheitlich schlechten Zeiten, im SpD nicht immer vorgehalten werden kann. Aufgrund der bestehenden Ressourcen können auf Dauer nicht viele Menschen gleichzeitig in dieser Intensität betreut werden. Wir waren und sind immer noch angewiesen auf improvisierte Bewältigungsstrategien. Inzwischen würden wir in einer ähnlich gelagerten Situation mit diesem Hilfebedarf den von uns eingerichteten und in den Räumlichkeiten des SpDs angesiedelten psychiatrischen Pflegedienst miteinbeziehen.

auf Fragen des Interviewers müssen verbalisiert und in versteh- und nachvollziehbarer Form artikuliert werden ... Besonders in narrativen Interviews gilt, dass der Interviewte in der Lage sein muss, eine längere Passage der Befragung mit Monologen selbst zu gestalten, die noch dazu aus dem Stegreif heraus formuliert werden müssen.« (LAMNEK Band 2, 1995, S. 66/67)

7.2. Einführung von Frau W.: Bin ich verrückt?

Die schriftliche Aufzeichnung von Frau W. – ihre erste schriftliche Aufzeichnung auf meine Ankündigung zu den Interviews – vermittelt einen Einblick in die Auseinandersetzung mit »ver-rückt werden und -sein« in ihrer Selbst- und bei der Fremdwahrnehmung. Ein solches Erleben der Erkrankung und die entsprechende Einordnung durch die Betroffenen ist des Öfteren zu beobachten.

Bin ich verrückt?

»Über neuliche Fragen von Ihnen, die ich nicht gleich beantworten konnte, hab ich mir erneut Gedanken gemacht und diese hier zu Papier gebracht. Meine Selbstanschauungen wie folgt: Fragestellung: Bin ich verrückt? Rücken heißt, auf einen Platz nebenan schieben. In der Psychose steht ein Teil von mir auf dem falschem Platz, hat sich angeblich selbst verrückt. Nach der Meinung des Volksmundes und leider auch der Medizin, ist man in dieser Situation aber komplett verrückt. Also, im Ganzen verschoben. Verschoben ist jedoch nur eine Hälfte des Bewusstseins, die andere Hälfte schaut misstrauisch zu und wehrt sich gegen alle Versuche der Mediziner, als total verrückt, d. h. als Ganzes nicht mehr bei Verstand zu sein. In Wahrheit aber geht der Verstand bei allen Verrückungsschritten, d. h. Verschiebungen mit. Daher auch die Unmöglichkeit, den neuen, durch Verschiebung erworbenen Standpunkt als Krankheit zu betrachten. Die Redewendung ›nicht ganz bei Verstand zu sein‹ lässt jedoch die Möglichkeit offen, dass ein anderer Teil der Psyche schon noch bei Verstand ist. Hier ist die Volksmeinung korrekter wie die Medizin. Die beiden Hälften meines Ichs wehren sich im gegebenen Fall doch gegen die hartnäckige Statik des veränderten Bewusstseins. Da also einiges von mir am falschen Platz steht, was nach klinisch-medizinischer Meinung schon endogen krankhaft zu sein hat, ist die Selbsthilfe meines Realitätsbewusstseins bei klinisch-psychiatrischer Behandlung leider orientierungslos. Durch Medikamente wird die Verschiebung, d. h. die Verrückung sozusagen unsichtbar gemacht. Je weiter aber der gesunde Teil der Psyche durch Nebenwirkungen konfrontiert wird, desto schlimmer leidet sie unter der Behandlung, die so geartet ist, als wäre der ganze Mensch verschoben, d. h. verrückt. Diese Frustration berücksichtigend, behandelt mich mein jetziger Arzt mit – wie es scheint – gutem Erfolg. Ich hoffe, dass es dabei bleibt und mein Gesundheitszustand nicht durch Schlaflosigkeit, Trauersituationen und anderen Störungen, welche die Psychose begünstigen, erneut getrübt wird. Gesellschaftliche Kontakte helfen mir dabei ganz gut.«

In dieser Aufzeichnung formuliert sie Kritik an der (stationären) psychiatrischen Behandlung. Sie mahnt an, dass die »gesunden Teile« ihrer Psyche sich nicht durchsetzen können, da das »am falschen Platz stehende« nach medizinischer Meinung »krankhaft zu sein hat«. Sie beschreibt eher negativ, dass durch Medikamente die Verschiebung unsichtbar gemacht und sie vor allem durch die Nebenwirkungen erlebt, als ob der »ganze Mensch von der Krankheit erfasst sei«. Trotzdem kann sie Medikamente unter bestimmten Bedingungen für sich akzeptieren, vor allem wenn sie in Verbindung mit gesellschaftlichen Kontakten stehen, die wiederum helfen, die Psychose zu bewältigen. Damit geht eine positivere Auseinandersetzung mit ihrer Krankheit einher, was auch in späteren Passagen immer wieder auftaucht.

7.3. Biografische Anmerkungen und die psychische Erkrankung als Teil ihres Alltags

Mit einigen Anmerkungen zum bisherigen Verlauf ihres Lebens, der ab 1981 mit dem Beginn der psychischen Erkrankung einen wesentlichen Einschnitt erlebt, soll in knappen Umrissen ein Bild von Frau W. gezeichnet werden. Mit diesem Hintergrund wird der eigentliche Untersuchungsgegenstand deutlicher, wie der SpD Frau W. begleitend unterstützt und ihr zu einem gelingenderen Alltag verhilft.

7.3.1. Biografische Anmerkungen

Als Erstes einige Auszüge aus ihrer schriftlichen Aufzeichnung:

»Geboren wurde ich 1929 in Rheinberg, Kreis Moers. Als ich ein Jahr alt war, siedelten wir um nach Singen/Hohentwiel. Meine frühesten Eindrücke sind lange Waldspaziergänge, die ich an der Hand meines Vaters machte. Nach der damaligen Weltwirtschaftskrise war mein Vater arbeitslos. Für ihn sehr schmerzlich, genoss ich die Zeit sehr, weil er sehr viel Zeit für mich hatte. Auch meine Mutter nahm mich überall hin mit. Am meisten Spaß machte es mir, auf ihrem Schoß zu sitzen, wenn sie an der Nähmaschine saß. Beim Zuschneiden von Nähgut faszinierte mich das Kopierrädchen. Es war ein zauberhaftes Handwerkszeug. Ich als kleines Kind machte aus jedem Papierfetzen, wie ich glaubte, ein Schnittmuster. In der frühen Kindheit habe ich sehr viel gebastelt, ganze Puppenstuben mit Einrichtung habe ich aus Papier gefertigt.

1934 bekam ich dann noch eine Schwester. Leute, die mit uns auf dem gleichen Stockwerk wohnten, hatten ebenfalls zwei Kinder, die mit uns wie Geschwister aufwuchsen. Mit diesen Gleichaltrigen habe ich heute noch Verbindung.

1936 kam ich in die Schule, in die ich mit großer Begeisterung ging. Meine Lieblingsfächer waren Deutsch, Mathematik, Geschichte und Musik. In Religion gefiel mir zwar der Stoff, aber die Lehrerin nicht.

Ein bemerkenswerter Einschnitt war, dass mein Vater 1938 nach Stuttgart ging. Die politische Situation gestattete meinem Vater nicht, in Singen zu bleiben. An seiner Arbeitsstelle wurden Gespräche belauscht, die Äußerungen gegen Hitler enthielten. Meinem Vater wurde mit KZ gedroht, er konnte sozusagen im letzten Moment noch fliehen. Als Konstruktionsschlosser war er dann bis zu seinem 65. Lebensjahr in Stuttgart-Feuerbach tätig.

1943 waren wir dann von Singen nach Stuttgart meinem Vater nachgezogen. Zuvor habe ich in den mittleren Schuljahren noch halbwegs ordentlich zeichnen gelernt. Diese

Fertigkeit kommt mir heute sehr zustatten beim Entwerfen von Gobelins.« (Handschriftliche Aufzeichnung)

Frau W. beschreibt weiter, dass sie direkt nach dem Krieg einige Monate im Haushalt, dann in einer Bäckerei und dann mal da und mal dort ausgeholfen habe. Sie hebt die Buchhandelslehre hervor, die sie 1952 in Esslingen begann und in Stuttgart 1955 mit der Buchhändlerprüfung beendet hat.

»In diese Zeit gehören auch 4 Semester Studium der evangelischen Kirchenmusik in Esslingen. Hauptfächer, die ich mit Erfolg praktizierte, waren Orgel und Flöte. Anschließend an das Studium war ich Organistin; in der Reihenfolge nach: Ruit bei Esslingen, auf dem Rotenberg, Stuttgart-Degerloch. In diese Zeit fiel auch der Beginn von Gobelinarbeiten und Versuchen in Literatur durch das Schreiben von Gedichten«.

Sie erinnert sich, dass diese »Zeit der Musik die schönste in meinen jungen Jahren war. Ich sang seinerzeit in bedeutenden Chören. Leider habe ich, was schmerzlich für mich ist, beim Eintritt in die Wechseljahre meine Singstimme verloren. Dieser Kummer schlägt sich bei mir in Träumen nieder, in denen ich wieder singen kann. Entsprechend traurig ist das Erwachen. Die Altflöte muss jetzt die Singstimme ersetzen.«

Sie arbeitete zwischen 1955 und 1965 in ihrem Beruf als Buchhändlerin in Köln und München, erwähnt aber, dass sie sich in diesen Städten nicht wohl gefühlt habe:

»Zu meiner Zeit waren Köln und München die beruflichen Ausweichstationen. Doch konnten diese beiden Städte meine Sympathie nicht gewinnen. Sowohl Köln als auch München waren gar net nach meinem Sinn.« Sie hat »irgendwo in Untermiete gewohnt«.

1965 kehrte sie wieder von München nach Stuttgart zurück, weil ihr Vater sehr krank wurde und sie in seiner Nähe sein wollte. Zwischenzeitlich hatte ihre Schwester geheiratet und wohnte gemeinsam mit ihrem Mann und den inzwischen geborenen Kindern zusammen mit Frau W. und deren Eltern in der engen Wohnung. Diese Zeit beschreibt sie auch als spannungsreich, da es auf diesem engen Raum vor allem zwischen ihrem Vater und ihrem Schwager schon manchmal »gefunkt« hat. Ansonsten schildert Frau W. die Beziehung zu ihren Eltern als harmonisch, ebenso das Verhältnis zwischen ihren Eltern. Sie beschreibt, dass sie eine aus ihrer Sicht normale Familie mit allen Streitereien und Reibereien, die es so gibt, gewesen seien:

»Ja, doch – für das, was seinerzeit gesellschaftlich so üblich war, war's eine normale Familie, sehr konservativ und streng.«

Sie erinnert sich nur an eine Situation, in der sie ein Streit ihrer Eltern mit großer Angst erfüllt habe, ohne allerdings Angaben darüber machen zu können, um was es in diesem Streit ging und was sie dabei so stark in Angst versetzte. Ihr Vater starb 1965, ihre Schwester zog mit ihrer Familie in einen anderen Stadtteil. Frau W. und ihre Mutter blieben alleine in der Wohnung zurück. Ihre Mutter verstarb mit 88 Jahren. Seit dem Tod ihrer Mutter (1989), der sie sehr geschmerzt hat, lebt Frau W. allein in ihrer Wohnung, in der sie so lange wie nur irgend möglich bleiben will. Als einen kleinen Ausgleich für das Alleinsein erwähnt sie, »(dass es aber) eine Gottesgabe ist, mir einigermaßen psychischen Ersatz bietend, dass ich dank meiner Schwester und meinem Schwager fünffache Tante und elffache Großtante bin«.

7.3.2. Die psychische Erkrankung – scheinbar Unverständliches aus heiterem Himmel

Wie oben erwähnt, erkrankte Frau W. 1981 an einer paranoid-halluzinatorischen Psychose, war daraufhin achtmal in stationärer psychiatrischer Behandlung mit einer kumulierten Behandlungsdauer von insgesamt zehn Monaten (zwischen einem und zwei Monaten pro Aufenthalt) im Zeitraum von 1981 bis 1991. Davon waren vier Zwangsunterbringungen. Seit Beginn der Betreuung durch den SpD befand sich Frau W. nicht mehr in stationärer psychiatrischer Behandlung.

7.3.2.1. Der Beginn der psychischen Erkrankung

Den **Beginn sowie die Art und Weise der psychischen Erkrankung** schildert Frau W. folgendermaßen:

> »Es hat angfange einen Tag nach der Hochzeit meiner Nichte im Schwarzwald, da ware mir dort und sind dann auch von Verwandten wieder heimgefahren worden und am anderen Tag habe ich Fieber gehabt und bin im Bett geblieben – so hat's angfange – also 's Fieber hat damit wahrscheinlich no nix zutun g'habt – jedenfalls war des für mich a Merkmal, dass da irgendwas net stimmt und genau 1/4, nein zwei Monate (September/Oktober) später ist dann die Einweisung – hat die stattgefunden ... Ich weiß nicht, wie lange es gedauert hat, bis die Psychose dann krankenhausreif war, sozusagen. Ich bin da in meinem Bett gelegen und, ja, hab einfach nicht normal reagiert, wie ein Mensch der gesund ist, der steht irgendwann auf, und ich bin also nicht aufgestanden. Bin sehs bis acht Wochen immer bloß im Bett gelegen, und wenn ich aufgestanden bin, dann hab ich so einen Laufzwang gehabt, der mich immer im Kreis rum bewegt hat. Also ich war der Meinung, ich hab den so genannten Veitstanz.«

Auch hier drücken sich bei Frau W. wieder Erstaunen und Befremden aus. Die Schilderung erweckt den Anschein, als ob etwas mit ihr geschehe, wogegen sie sich schlecht wehren und das sie nur schwer für sich interpretieren und mit sich selbst in Einklang bringen kann; eine Wahrnehmung, die immer wieder in Beschreibungen von Betroffenen zum Ausdruck kommt. Mit dem Ausdruck Veitstanz, ihr als landläufige Beschreibung der Parkinsonschen Krankheit bekannt, scheint sie eine für sie nachvollziehbare Interpretation des Geschehens zu Beginn der Erkrankung gefunden zu haben.

Auf die Frage, ob sie sich zu Beginn persönlich krank fühlte, antwortet sie:

> »Noi, noi, i hab net des Gfühl g'habt – ist nicht interpretierbar.«

Ob sie ihrer Meinung nach krank war und sich auch so fühlte, scheint für sie im Dunkeln zu liegen. Sie kann dies bis heute nicht interpretieren, obwohl sie im Verlauf der zurückliegenden 17 Jahre viel erlebt und eine eigenverantwortliche Umgangsform mit ihrer Erkrankung gefunden hat.

Schon der Beginn der **psychischen Erkrankung ging einher mit Wahnvorstellungen und Stimmenhören,** die sie wie folgt erlebt und wahrgenommen hat:

> »Doch ich hab Nachbarn sprechen hören, die gar net so nah sind, dass mr se höre könnt.«

Auf direkte Nachfrage antwortet sie:

> »Ja ja, die haben mich beschimpft, bedroht – alles Mögliche, aber das ist einfach zu kompliziert, das schlicht zu beschreiben.«

Auch hier weist sie wieder darauf hin, dass es schwierig ist, aus der Distanz heraus diese

für sie schlimmen Erlebnisse und Wahrnehmungen »einfach zu beschreiben ...«. Sie schildert außerdem, dass diese Zeit mit großer Angst einherging.
Weitere Beispiele für die psychotischen Erlebnisse und Wahrnehmungen von Frau W.:
> »Vorab Bilder aus der Zeit vor der Einweisung: Im Keller sind Bomben deponiert; unsere Haustüre wird zugemauert; Stuttgart ist von einer hellgrünen Flutwelle überrollt; alle Straßenbahnen stellen ihren Betrieb ein; eine verstorbene Amtsperson lässt alle Dächer in der Innenstadt vergolden (was ich für kitschig halte!); ein Nachbar, den ich nicht mag, kauft mich meiner Mutter ab; alle Verwandten sind bei einer Katastrophe ums Leben gekommen; ich musste in der Marktstraße über glühende Kohlen laufen; ein anderes Mal konnte ich ohne Schwierigkeiten mit vielen abwesenden Menschen sprechen etc.« (Handschriftliches Manuskript).

Oder: »Das hat traurige Erlebnisse gegeben. Zum Beispiel bin i mal am Neckarufer spazieren gegangen, von Münster aus dahinten bis vor an die Rosensteinbrücke, und da hab ich unterwegs nimmer weiterlaufen können, weil da ein Wall über dem Neckar war, der aus verwildertem Buschwerk bestanden hat, also eine Art Urwald. Ich weiß ganz bestimmt, dass ich den g'sehe hab, den Wall, obwohl da keiner ist, aber ...«
(Interviewer): Den haben sie als visuelle Halluzination gesehen?
»Ja, genau«!
(Interviewer): Was haben sie da gemacht?
»A Umleitung g'laufe« (lacht etwas verlegen).
Heute kann sie darüber lachen, wenn auch verlegen. In der konkreten Situation war diese Wahrnehmung für sie real und ging mit Angst und existenzieller Verunsicherung einher. Weiter erzählt sie: »Übrigens auf dem Spaziergang, wo der Wall über den Neckar war, da hab ich noch ... da bin ich dann ausgewichen auf die König-Karl-Straße und bin über den Wilhelmsplatz wieder reingelaufen, und da hab ich am Wilhelmsplatz bloß noch vier oder fünf Häuser in der Marktstraße g'sehen, die anderen Häuser waren gar nimmer da. Da hab ich mich erkundigt, was aus denen g'worden ist, und da hat man mir gesagt, die sind in der Erde versunken. Ob ich tatsächlich jemand g'fragt hab oder ob das auch bloß eine Vision war, auch die Person, die ich angesprochen hab, das weiß ich alles net mehr.«
Ein letztes Beispiel: »Bin mal morgens auf die Straße und hab das volle Bewusstsein gehabt – jetzt isch's 1897 – als ob der Kalender von 1897 da hing und dann hab i mir der Sache net getraut, bin ein Stück vorgelaufen. Da hab ich drei kleine Mädele g'sehe in bodenlangen Kleidern, weiße – so wie's meine Mutter in ihrer Jugend g'habt hat als Kind. So hab i gedacht, stimmt also, 1897 isch es. ... Ich hab auf demselben Spaziergang ein Lastauto gesehen, das hat da vorne Röhren abgladen und da hab i gedacht: Ah ja, jetzt werden also die ersten Gasleitungen verlegt. Dass es aber 1897 so a Lastauto noch gar net gab, das ist mir erst später eigfalle und da hab i dann wieder Zweifel kriegt.«
Allein die Vorstellung, dass dieses Erlebnis für sie Realität war, lässt erahnen, wie stark derartige Wahrnehmungen das tägliche Leben beeinflussen und (auch) bestimmen. Frau W. kann heute distanziert damit umgehen. Die Psychose nimmt aktuell keinen sichtbaren Einfluss mehr auf die Gestaltung ihres Alltagslebens ein.
Die Frage nach den **Gründen der Erkrankung** bleibt für Frau W. diffus und mit Abwehr behaftet:
> »Dass ich im Anschluss an München an einer Psychose erkrankte, könnte eventuell auch eine Folge von Aufenthalten in der Fremde sein ... (auf Nachfrage vom Verfas-

ser): Ja stimmt, da hab ich jetzt noch gar nicht daran gedacht, dass da eventuell ein Zusammenhang bestehen könnte als Folge des Schlafentzugs in den Bombennächten von 1943–1945.«

Einen eventuellen Zusammenhang der Erkrankung mit ihrer Familie verneint sie deutlich. Sie sieht darin keinen Zusammenhang. Da dieser Bereich für die Arbeit mit Frau W. bislang kaum von Bedeutung war, wollte ich nicht darauf weiter insistieren, auch wenn aus meiner Sicht aufgrund der Biografie einige Hinweise für einen möglichen Zusammenhang sprechen könnten (z. B. die äußerst enge, fast schon symbiotisch anmutende Beziehung zu ihrer Mutter). Sie kommt jedoch zu keinem für sie befriedigenden Ergebnis. In einem längeren Gespräch mit ihr, in dem sie mich nach dem heutigen Stand der Erklärung und Begründung psychischer Erkrankungen mit den entsprechenden Annahmen befragte, ist sie mit meiner Antwort zufrieden und kann diese für sich als plausibel und logisch akzeptieren: Ich beschrieb ihr das von der Fachwelt anerkannte und akzeptierte Vulnerabilität-Stress-Modell von ZUBIN (1977). Dieses geht davon aus, dass es Menschen mit einer besonders hohen somatisch-genetisch begründeten Verletzlichkeit gibt. Ob dann allerdings eine psychische Erkrankung manifest wird oder nicht, hängt wiederum mit psychischen und sozialen Faktoren und Entwicklungsbedingungen zusammen. Die darin liegende Argumentation, dass es sich damit nicht nur um Pathologisches und Defizitäres im traditionell medizinischen Sinn handelt, sondern um Verletzlichkeiten und eine besondere Sensibilität, über die »normale Menschen« wiederum nicht oder nur in geringem Ausmaß verfügen, wirkt auf Frau W. äußerst beruhigend und bestätigend. Ihre Erkrankung wird für sie dadurch zumindest teilweise normalisiert und durch die aktuelle wissenschaftliche Diskussion eher aufgewertet.

Die Fragen nach der Ursache der Erkrankung nehmen für sie heute keinen allzu großen Raum mehr ein, während sie sich in der Vergangenheit des Öfteren mit der Frage auseinander gesetzt hat, warum sie krank, weshalb gerade sie krank wurde und welche Mechanismen und Gründe dafür ausschlaggebend waren. Hinzu kommt, dass der Beginn der Erkrankung zwischenzeitlich lange zurückliegt. Sie scheint sich damit abgefunden zu haben, vor allem auch deswegen, weil sie inzwischen einen adäquaten Umgang mit der Erkrankung gefunden hat, obwohl sie sich noch nicht gesund fühlt:

»Ganz gesund kann i net behaupten, solange wie i so viel Medikamente nehmen muss – aber krank kann i au net sage, denn i hab keine konkreten Beschwerden über die ich klagen müsste, außer, dass i halt nemmer so laufe kann wie als Jonge« (lacht).

Sie beantwortet die Frage für sich eindeutig: Sie will nicht klagen. Aber ganz gesund wäre sie erst, wenn sie keine Medikamente mehr nehmen müsste; eine logische und plausible Antwort.

Die **Wirkung auf ihre Angehörigen und das direkte Umfeld sowie die Reaktion** der Angehörigen, aber auch die der Nachbarn, haben dazu geführt, dass sie mit der Erkrankung alleine fertig werden musste. Sie beschreibt, dass sie ihre psychotischen Erlebnisse und Wahrnehmungen niemandem erzählt hat, weil ihrer Meinung nach mit Unverständnis reagiert worden wäre in Verbindung mit der Auffassung, dass sie wohl verrückt sei. Dies bedeutet, dass sie mit ihren Unsicherheiten, Ängsten und der Erkrankung nicht nur alleine zu Rande kommen musste, sondern auch noch die Befürchtung hatte, dafür abgestempelt und nicht mehr ernst genommen zu werden.

Auf die Frage nach der Reaktion ihrer Mutter antwortet sie:

»A kummervolles Gsicht hat se gmacht, sonst nix ...«

Auf die Frage, ob sie in irgendeiner Form mit ihrer Mutter über die psychische Erkrankung hätte sprechen können, antwortet sie fast schon entschuldigend, indem sie ihre Mutter in Schutz nimmt:

»Nein, äh, mei Mutter hat zu' ra Generation g'hört, wo mr einfach net krank sein durfte, des – also Kranksein – das is ja a Charakterschwäche sozusagen – ja – so waret meine Eltern – so bin i von Zuhause erzogen – ja. ›Stell' dich net so an‹, das waren die üblichen Redensarten – das war aber net bös g'meint, das war so.«

Sie erinnert sich, dass ihre Schwester immer zu ihr gehalten hat, wenn sie auch mit ihr nicht über die psychotischen Erlebnisse sprechen konnte.[49]

An die Reaktionen der Nachbarn auf ihre Erkrankung kann sich Frau W. nicht mehr genau erinnern, außer, dass diese wohl in ihren Bemerkungen aggressiv reagiert und von »der da drüben« gesprochen hätten. Sonst hat es ihrer Meinung nach keine Auseinandersetzungen mit den Nachbarn gegeben.

7.3.2.2. Erste Erfahrungen mit der Psychiatrie

In ihren vier Seiten umfassenden schriftlichen Aufzeichnungen zu den **ersten Erfahrungen mit (stationären) psychiatrischen Einrichtungen** drückt sich ihre subjektive Wahrnehmung, Verarbeitung und Bewertung der klinischen Erfahrung bis heute aus. Dazu ein zusammenfassender Ausschnitt aus ihren handschriftlichen Aufzeichnungen:

»Das Schlimmste bei der Einweisung ins psychiatrische Krankenhaus ist, dass man von der Polizei abgeholt wird, die ungemein hart vorgeht. Die sofortige Fixierung im Krankenhaus – das ist eine Fesselung – gibt einem sozusagen den Rest. Über die eigene Krankheitssituation wird nicht geredet, wenn doch, wird nicht zugehört. Was ich als sehr schlimm empfunden habe, ist eine absolut mangelhafte Zufuhr von frischer Luft, man darf nicht einmal an ein offenes Fenster treten. Bei einem Klinikaufenthalt habe ich eine Woche lang um 5 Minuten Freigang in Begleitung gebettelt, es wurde mir nicht gewährt. Auch der Entzug von persönlichen Gegenständen wie Uhr, Schmuck, Schriftstücke trifft so hart, dass man heulen möchte. Einmal wurde mir ein wertvolles Armband so rigoros abgerissen, dass es kaputt war. Die Behandlung im Ganzen ist psychologisch brutal. In der direkten Anrede wird man behandelt wie eine Nummer. Das ändert sich auch im Verlauf von Wochen nicht. ... Meine Eindrücke aus dem psychiatrischen Krankenhaus sind, wie ein Chaos betreffend, ungeordnet. Deshalb findet der Erzählstil hierfür keine einladende Form, die verbal einzuordnen wäre. Ich berichte deshalb unsortiert.«

Analoge Erfahrungen hat Frau W. mit ihrer ersten Nervenärztin zu Beginn der Erkrankung gemacht:

»Sie (ihre Mutter) hat eine Ärztin bestellt, die hat eine Einweisung gschriebe und die Einweisung irgend jemand gegebe, die hat's der Polizei gegebe und die ist dann zu mir komme«,

---

49 In der Fachwelt war es zur damaligen Zeit (Anfang der 80er Jahre) noch keineswegs üblich, über psychotisches Erleben zu sprechen. Dies hat sich in den letzten zehn Jahren, u. a. dank der Selbsthilfebewegung der Betroffenen mehr und mehr durchgesetzt. Deswegen wäre es nicht angebracht, dies von Angehörigen zur damaligen Zeit schon vorauszusetzen.

worauf es zur zwangsweisen Unterbringung kam. Diese Ärztin hat ihr am Beginn ihrer Erkrankung, in einer Zeit, in der für Frau W. vieles neu und ver-rückt war, mitgeteilt, dass sie nun für den Rest ihres Lebens krank sei:

»(Diese) etwas seltsame Ärztin hat mir nach der Psychose prophezeit, ich würde für den Rest meines Lebens krank bleiben. Seit ich aber vor fünf Jahren den Arzt gewechselt habe, kann ich wieder leben und das mit der Fürsorge des Sozialpsychiatrischen Dienstes, durch Herrn O. und Frau A.« (Handschriftliche Aufzeichnung).

Die Einweisungsprozeduren und -verläufe sowie die Reaktionen des Umfeldes sparte sie fast völlig aus, obwohl sie sonst sehr akribisch nachdenkt und berichtet. Daraufhin angesprochen, reagiert Frau W. zum einen damit, dass ihr die näheren Umstände nicht mehr in den Sinn kommen. Zum anderen erklärt sie, dass diese Erlebnisse traumatisch waren und sie bei intensiverem Nachdenken wieder aufwühlen. Deswegen einigten wir uns darauf, Einleitung und Verlauf der Einweisung (wie kam es dazu, wer hat wo angerufen, wie [re-]agierten Mutter und die Nachbarn, welche Gründe waren letztlich ausschlaggebend) nicht weiter zu vertiefen. Ich werde es daher mit einem Ausschnitt aus einem von ihr speziell dafür angefertigten Manuskript belassen:

»Auf einmal ängstigte mich etwas und ich fing an zu schreien. Ob diese ›Schreiphase‹ längere Zeit gedauert hat, weiß ich nicht mehr. Dann kam irgendwann die Polizei und befahl mir, mitzukommen. Ich weigerte mich und zwar nur deshalb, weil mir der rigorose Ton an dem Polizisten nicht gefiel. Dann packten sie mich, verdrehten mir meinen Arm und schleppten mich so die Treppe runter. Noch im Sanitätsauto hoffte ich, dass sie mich nach ›einer Art Verhör‹ wieder freilassen. Aber dann bog das Auto doch in die Straße ein, in der sich die psychiatrische Klinik befindet. Ich konnte es kaum fassen ... Diese Niederschrift hier macht mich recht unglücklich, weil sie alle unangenehmen Empfindungen wieder aufleben lässt. Andererseits ist es vielleicht auch ein probates Mittel, mich nicht auf Verdrängung zu verlassen, sondern das Unangenehme ›wegzuarbeiten‹. Diese Verarbeitung bzw. dieses ›wegarbeiten‹ habe ich in ein Gedicht (welches Frau W. ohne Angaben von Gründen nicht veröffentlichen wollte, Anm. des Verfassers) gekleidet und damit bewältigt.«

Ihre Erinnerungen an das Zustandekommen der stationären Einweisungen sind sehr bruchstückhaft. Es handelt sich hier um die einzigen Äußerungen dazu. Sie kann sich nicht mehr an weitere Einzelheiten erinnern. Zu viel Einschneidendes und Unangenehmes scheint damit verbunden zu sein. Dass sie sich nur ungern an diese Zeit zurückerinnert, kommt auch deutlich im veränderten Interviewstil zum Ausdruck: Häufigere Fragen durch den Interviewer, kürzere Antworten von ihr und kaum noch erzählende Passagen. Nach dem Interview zum Bereich Erkrankung äußert sie, dass sie diese Themen nicht öfters durchsprechen wolle, da doch vieles von dem wieder aufgewühlt wird, mit dem sie sich im Verlauf der letzten 15 bis 20 Jahre mühselig arrangiert hat. Sie betont im Manuskript, dass sie das niederschreiben schon unglücklich macht, weil die Erinnerung daran wieder unangenehme Empfindungen hervorruft. Hier liegt ein Bereich menschlicher Erfahrungen in ihrer Biografie vor, den sie nicht mehr intensiv bemühen und aufleben lassen kann. Sowohl pädagogisch-therapeutische Erwägungen als auch ethisch-moralische Überlegungen legen den Verzicht auf eine weitere, vertiefte Ausleuchtung der Thematik nahe, so bedeutsam die Vermittlung von Erfahrungen, wie stationäre Einweisungen zustande kommen und wie sie von Betroffenen und ihrer Umgebung erlebt und verarbeitet werden, für diese Arbeit auch wäre.

Frau W. erlebte die ersten Erfahrungen mit der Psychiatrie, auch die der folgenden Jahre in einer Art und Weise, die ihr einen anderen, eventuell positiveren Zugang nicht erlaubte. Immer wieder taucht in ihren Schilderungen auf, dass sie sich als Objekt vorkam, dem wenig Luft und Raum zur Verfügung gestellt, dem nicht zugehört wurde, dem die persönlichen Gegenstände entzogen wurden, das geradezu als eine Nummer behandelt wurde etc. Sie beschreibt die Festlegung auf die Krankheit, die wenig Lebendiges enthält und den Menschen in seiner Gesamtheit wenig berücksichtigt. Darin stehen nicht ihr Leben, ihre Konflikte und ihre Bedürfnisse sondern das Defizit, das Pathologische im Mittelpunkt. Erst die Erfahrung, dass psychiatrisches Handeln auch direkt am Alltagsleben, an den dort bestehenden und zu bewältigenden Problemen und Bedürfnissen ansetzen kann, nämlich durch den Kontakt mit dem SpD in Verbindung mit einem anderen Arzt ermöglicht ihr, Hilfe und Unterstützung anzunehmen.

7.3.3. Der weitere Verlauf bis 1992:[50] Bewältigung des Alltags und der Umgang mit der psychischen Erkrankung

Die psychische Erkrankung hatte für ihr Leben weitreichende Konsequenzen: Zwischen 1981 und 1991 lagen acht stationäre Einweisungen, davon vier Zwangsunterbringungen. Dieses Muster häufiger Einweisungen und relativ schneller Entlassungen mit kurzen Abständen dazwischen ist typisch für sie (Drehtürpsychiatrie). Die medikamentöse Einstellung in der Klinik erfolgte zügig, da die Symptomatik immer verhältnismäßig schnell abklang. Frau W. drängte nach draußen, worauf die Entlassung erfolgte, da keine Selbst- oder Fremdgefährdung mehr vorlag. Frau W. kam nach Hause, hatte Medikamente für ein bis zwei Tage aus dem Krankenhaus mitbekommen und ging höchstens einmal oder gar nicht mehr zu ihrer behandelnden Nervenärztin. Diese unternahm von sich aus nichts, da sie für die Behandlung ein Hilfesuchverhalten voraussetzt. Die psychotischen Symptome, d. h., die Stimmen, die Beeinflussungsideen usw. waren kurzfristig niedergedrückt und die Situation zu Hause war unverändert. Die Symptome tauchten schleichend wieder auf, wurden stärker und nahmen mehr und mehr Raum ein. Die Konflikte mit der Umgebung und mit sich selbst wurden wieder zu groß. Die Wahnideen und die damit einhergehenden Ängste, schwieriges Verhalten, Nicht-mehr-zurecht-Kommen nahmen wieder überhand. Die nächste Klinikeinweisung wurde unumgänglich.

Mitte der 80er Jahre wurde während einer klinischen Behandlung der Antrag auf Erwerbsunfähigkeitsrente gestellt. Dem Antrag wurde stattgegeben. Krankheitsbedingt konnte Frau W. keiner Arbeit mehr nachgehen. Sie lebte zusammen mit ihrer Mutter in der elterlichen Wohnung. Altersbedingt benötigte die Mutter zunehmend die Hilfe ihrer Tochter. Frau W. schildert, dass sie dazu trotz ihrer Erkrankung mit Hilfe der Diakoniestation in der Lage war. Die eigene Versorgung und die ihrer Mutter in Verbindung mit ihren Krankheitsphasen, füllten ihren Alltag bis zum Tod der Mutter (1989) aus:

»Ja, sie konnte laufen, aber sie musste geführt werden, weil ihr halt manchmal auch der Schmerz so reingeschossen ist, dass sie dann Schwierigkeiten gehabt hat mit dem Laufen.« Auf die Frage, ob sie das als eine sehr anstrengende Zeit empfunden hatte, antwortet sie: »Ich hab' damals das nicht so empfunden. Nein, das war eben genau so selbstverständlich. Im Gegenteil, wenn die Leute vom Altersheim gesprochen haben

---

50 1992 begann die Betreuung von Frau W. durch den SpD.

und so was, da war ich nie dafür, dass mei Mutter hinkommt. Da wär' sie auch furchtbar unglücklich gewesen.«

Trotz ihrer Erkrankung schilderte sie das Zusammenleben mit ihrer Mutter als reibungslos und harmonisch. Nach dem Tod ihrer Mutter war sie auf sich allein gestellt. Die nächsten Angehörigen wohnen nicht in ihrer Nähe. Kontakte zu Nachbarn bestanden de facto keine. Auf Freunde oder Bekannte konnte sie nicht zurückgreifen.

Weitere Hilfen über die Diakoniestation hinaus gab es keine. Sie hatte keine Gelegenheit, sich adäquater mit ihrer Erkrankung und deren Folgen auseinander zu setzen. Den Sozialpsychiatrischen Dienst kannte sie noch nicht, wie sie im Interview angab. Dieser nahm seine Arbeit erst 1989 auf.

1991 wechselte sie den Arzt, nachdem sie mit der Behandlung der Nervenärztin äußerst unzufrieden war. Mit der jetzigen ärztlichen Behandlung ist sie einverstanden und akzeptiert die Medikation. Trotz der Zufriedenheit mit der ärztlichen Behandlung folgten 1991 noch zwei Klinikaufenthalte mit Zwangsunterbringungen, an deren Zustandekommen sich Frau W. nicht mehr präzise erinnern kann.

Die Psychiatriekarriere von Frau W., die typisch ist für viele KlientInnen, welche vom SpD betreut werden, war nicht nur auf den Bereich der psychischen Erkrankung beschränkt. Von gleicher Bedeutung waren die weitreichenden Auswirkungen auf andere, zeitweise fast sämtliche Lebensbereiche. Damit einher gingen die Verrandständigung ihrer Lebenslage und die Einengung ihrer Handlungsmöglichkeiten:

- Von der Arbeitsstelle über Arbeitslosigkeit zur Berentung in Verbindung mit materiellem Abstieg (Erwerbsunfähigkeitsrente und aufstockende Sozialhilfe).
- Die Angehörigen, Bekannten, Nachbarn wurden unsicher, waren skeptisch und hilflos, zogen sich sukzessive zurück und/oder wurden von ihr gemieden, indem sie sich krankheitsbedingt ebenfalls mehr und mehr zurückzog (wechselseitige Abgrenzung und Entfremdung). Die Konflikte mit den Nachbarn hielten sich in Grenzen, allerdings in einer Wohnlage, die aufgrund der sozialen Lage mehr Anderssein erträgt als andere Wohngebiete.

Dementsprechend sieht die Lebenslage von Frau W. zu Beginn der Betreuung durch den SpD wie folgt aus (Frühjahr 1992):

Sie ist relativ arm und isoliert, lebt allein, ist langfristig erwerbsunfähig, gesellschaftlich weitgehend ausgegrenzt. Ausgegrenzt ist sie auch vom psychiatrischen und nicht-psychiatrischen Hilfesystem bis auf die Unterstützung durch die Diakoniestation. Frau W. ist mit ihrer Erkrankung weitgehend allein gelassen. Trotz alledem konnte sie ihre Wohnung erhalten, was äußerst wichtig für sie ist.

7.4. Frau W. und der Sozialpsychiatrische Dienst »begegnen sich«

In dieser Situation sucht Frau W. einen Ausweg, an dessen Ende der Beginn des Kontaktes mit dem SpD steht: Sie eröffnet mit Energie und Engagement in ihrer Wohnung einen Buchladen, die »Bücherboutique Luisen-Stübchen«. Auf kritisches Nachfragen, warum sie gerade in ihrer Wohnung und in dieser Gegend derartiges unternahm, antwortete sie lapidar, dass der Buchhandel ihr Beruf wäre und sie darin kompetent sei. Dass damit etwas schief gehen könnte, hätte sie nicht gedacht. Ich kann diese aus meiner Sicht unrealistische Haltung nur so verstehen, dass Frau W. einerseits für sich noch einmal etwas in die Zukunft Gerichtetes aufbauen wollte, was ihre Lebenslage insgesamt verbessern sollte. Andererseits wählte sie damit aber einen Weg, der von vornherein wenig aussichtsreich schien. Zum einen führte das Scheitern der Unternehmung zum bisher letzten Klinikaufenthalt in der Psychiatrie. Zum anderen schuf diese Flucht nach vorn die Gelegenheit, dass Frau W. die Begegnung mit dem Sozialpsychiatrischen Dienst akzeptierte:

»Ja und bei dem Einstieg ging's mir eigentlich um eine einfache finanzielle Unterstützung und Beratung in der Sache, also um diese Bücherstube aufgrund reichlicher Berufserfahrungen und fundierter Fachkenntnisse.«

7.4.1. Erste Anfragesituation: Frau W. (in der Klinik) lehnt eine Betreuung kategorisch ab

Frau W. beschreibt die Anfragesituation folgendermaßen:

»Als sie mich angesprochen haben im Bürgerhospital, da fiel mir ein, dass ich schon mal von dort aus, vom Krankenhaus, zu einer Abendveranstaltung mitgenommen wurde, bei denen sich alle jetzigen und ehemaligen Bürgerhospital-Hospitanten eh getroffen haben, na ja. ... Ich hab mr da viel mehr davon versprochen. Das war so: Da hat mr eine Tasse Kaffee getrunken, dann hat mr Mensch-Ärgere-Dich-Nicht gespielt oder so was, und des war mir der Aufwand nicht wert. Und da hab ich gedacht, die Aktion von Herrn O. wird auch so etwas sein.«

Über den Sozialdienst der Klinik erreichte den SpD folgende Anfrage:

Frau W. befinde sich auf Station 5/3. Sie benötige dringend eine nachsorgende Betreuung. Sie lebe allein und isoliert, sei schon des Öfteren in stationärer Behandlung gewesen und habe Schulden. Frau W. wäre allerdings äußerst skeptisch, möchte eigentlich keinen Kontakt und meint, dass sie niemanden brauche. Trotzdem wurde Frau W. durch den Sozialdienst gebeten, einen Besuch auf der Station durch mich zuzulassen. Sie stimmte diesem Besuch »halt zu, weil's wohl nicht anders ging«.

Mit einer Mitarbeiterin des Sozialdienstes besuchte ich Frau W. in ihrem Zimmer auf der Station. Kurz nachdem ich mich vorgestellt hatte und bevor ich erklären konnte, was wir tun können und welche Angebote der SpD bereithält, fiel sie mir ins Wort und meinte, dass sie uns überhaupt nicht bräuchte. Sie käme alleine zurecht und verdeutlichte mir, dass ich doch wieder gehen solle. Ich akzeptierte ihren Wunsch, da in dieser Situation ein Insistieren nach einem Kontakt ihren Widerstand nur noch vergrößert hätte.

Frau W. war der Meinung, dass es sich hier wieder einmal um ein Angebot handele, welches den Aufwand nicht wert sei. Sie erwartete, wie erst später deutlich wurde, etwas anderes, nämlich dringend Hilfe bei der Regulierung ihrer Schulden. Auch hier spiegeln sich die Erfahrungen mit den bisherigen stationären Aufenthalten in ihrer Wahrnehmung wieder. Es passiert wenig, was ihr im täglichen Leben hilfreich sein könnte.

Frau W. wird kurz danach aus der psychiatrischen Klinik entlassen, ohne mit uns Kontakt aufgenommen zu haben.

7.4.2. Zweite Anfragesituation: Die Kontaktaufnahme gelingt

Frau W. rief an und betonte, dass sie wegen ihrer unübersehbaren Schulden unsere Hilfe benötige. Wir vereinbarten einen Termin bei ihr zu Hause, was ihr sehr entgegenkam. Aufgrund der ersten Erfahrung war ich wegen ihrer Anfrage sehr verblüfft und gespannt auf die Beantwortung der Frage, wie es dazu kam.

Der Pfarrer aus ihrer Kirchengemeinde fand die Zahlungsaufforderungen zu ihren Schulden um die Mülltonne herum, als er auf dem Weg zu Frau W. war. Daraufhin teilte er ihr klar und unmissverständlich mit, dass die Kontaktaufnahme mit dem Sozialpsychiatrischen Dienst nun unumgänglich sei. Außerdem wusste er von ihr, dass sie uns schon in der Klinik kennen gelernt hatte. Er teilte ihr weiter mit, dass der SpD ihr helfen könne. Wenn sie keinen Kontakt zum SpD aufnähme, könne er ihr auch nicht mehr weiterhelfen.

Frau W. konnte sich auf Nachfrage nur noch undeutlich an diese Begebenheit erinnern, bestätigt aber den Ablauf nach meiner Schilderung:

»Ach ja, der hat amal gesagt, er hätte das im Altpapier gefunden, und ich kann mir gar nicht vorstellen, wie das sein kann; unten – wo die Mülltonnen sind – komisch. Das grenzt ja schon beinahe an ein Wunder, dass er das gefunden hat, dass grad er das gefunden hat. Ja und bei dem Einstieg ging's mir um eine Beratung in der Schuldenangelegenheit wegen der Bücherstube, obwohl ich meine Buchhaltung berufsgerecht geführt hatte. Die Unterlagen darüber existieren heute noch.«

Die ersten Termine wurden vereinbart; zwei pro Woche, die jeweils ca. 30 Minuten dauerten. Es ging vorrangig um ihre Schulden, deren Höhe und die diesbezüglichen Verhandlungsmöglichkeiten. So lautet die Zusammenfassung der Aufzeichnungen aus der Dokumentationskarte. Sonst gab es während der ersten Hausbesuche keine weiteren Themen. Die Schulden waren der Brennpunkt. Diese standen für Frau W. im Vordergrund und ermöglichten den Zugang zu ihr. Nach ca. drei Wochen konnte auf drängendes Nachfragen meinerseits die Nachbarschaftshilfe für die Unterstützung beim Einkauf miteingespannt werden. Nach und nach, ungefähr nach ein bis zwei Monaten, tauchten mehr und mehr Fragen von ihr auf, was der Sozialpsychiatrische Dienst sonst noch alles zu bieten hat.

In der zweiten Anfragesituation liegt ein sehr typischer und einfacher Einstieg vor: Bei Frau W. steht »etwas Konkretes«, hier etwas Sozialanwaltliches an. Es besteht ein Problem, das sie bedrückt und als solches von ihr wahrgenommen wird. Die Hilfe des Sozialpsychiatrischen Dienstes ist konkret. Sie kann ihr einfach vermittelt und auch ohne große Probleme umgesetzt werden. Sie sieht den Erfolg der Arbeit: Nach und nach akzeptieren ihre Gläubiger unsere Vergleichsangebote, wodurch ihre Schulden reguliert werden und nicht mehr auf ihr lasten. So fällt es ihr auch leichter, den Kontakt zum SpD zu akzeptieren, auch wenn der SpD eine psychiatrische Einrichtung ist und sie mit der Psychiatrie bislang keine positiven Erfahrungen machen konnte. Das konkrete Problem der Schulden bestand schon während der ersten Anfragesituation. Ihre Klinikerfahrungen (7.3.2.2.) sowie ihre Meinung, dass der SpD ein ähnliches Angebot sei wie vorhergehende, die ihr in der Klinik angeboten wurden (Gesprächs- und Freizeitrunden), haben ihr den Blick dafür verstellt, die Schuldenregulierung noch in der Klinik als Aufhänger für die Entstehung eines Kontaktes in der ersten Anfragesituation zu nutzen. Nicht thematisiert wurde in dieser Anfangssituation ihre Erkrankung und auch nicht ihre Situation in der Wohnung oder ihre Kontakte und Beziehungen.

Ein weiteres Ereignis ist hier bemerkenswert, ohne das der Kontakt vermutlich nicht zustande gekommen wäre. Es handelt sich um die klare und eindeutige, aber auch direktive Äußerung und Haltung ihres Pfarrers: »Hier allein reiche seine Unterstützung nicht mehr aus. Da könne er nicht mehr alleine weiterhelfen. Dafür gebe es den Sozialpsychiatrischen Dienst.« Sie akzeptiert dieses klare und direkte Unter-Druck-Setzen u. a. auch deswegen, weil Kirche und Religion für sie ein wichtiger Bezugspunkt sind. Die Freiwilligkeit zur Kontaktaufnahme wird durch das Vorgehen des Pfarrers zwar eingeschränkt. Jedoch hat vermutlich gerade diese unmissverständliche Haltung dazu geführt, dass der Kontakt zum SpD entstehen konnte. Für Frau W. war die Art und Weise der Entstehung des Kontaktes kein Thema mehr. Allerdings hatte sie dazu auch wenig Alternativen.

Inhalt, Ort und Dauer der Gespräche bestimmten sich selbstverständlich durch die aktuelle Situation.

Die Haltung, in der ersten Anfragesituation doch abzuwarten in Verbindung mit der Vermutung, dass bei der Vorgeschichte von Frau W. wahrscheinlich zu einem späteren Zeitpunkt ein Kontakt zustande kommen könnte, hat sich bestätigt.

7.4.3. Erste Verabredung – Unterstützung beim Umgang und Regelung der Schulden

Frau W. und der SpD legen sich auf das erste Ziel fest: Hilfe und Unterstützung bei der Schuldenregulierung. Es wird vereinbart und abgesprochen, wie die Unterstützung aussehen kann, was sie und wir machen können bzw. müssen. Es ging um die Aufstellung der Schulden, den Gang zur Schuldnerberatung, das gemeinsame Aufsetzen von Briefen mit entsprechenden Vergleichsangeboten an die Gläubiger und ihre Offenheit, *alle* Schulden anzugeben.

Frau W. erstellt eine genaue Liste. Sie ist absolut kooperativ und erfüllt ihre Hausaufgaben. Die ursprüngliche Überlegung im Team, angesichts der Höhe der Schulden und der vielen Gläubiger in Verbindung mit ihrer Psychiatriekarriere eine Vermögensbetreuung einzurichten, konnte aus diesem Grund wieder verworfen werden. Allerdings war die Arbeit mit einem sehr großen Aufwand verbunden. Gleichzeitig bestand darin die Möglichkeit der konkreten Hilfe in der Form klassischer Sozialarbeit: Die materielle Grundlage als Fundament der Beziehung und auch der Stabilisierung ihrer Lebenslage war zu gewährleisten.

Es folgen Telefonate, schriftliche Verhandlungen und Vereinbarungen mit den Gläubigern. Weiter erfolgen Rücksprachen mit der Schuldnerberatung und mit einem Rechtsanwalt, um Fehler zu vermeiden, die z. B. zu Haftungsproblemen beim Mitarbeiter führen könnten. Selbst ein Kirchengemeinderatsmitglied, von Beruf Steuerberater, konnte auf Vermittlung des Pfarrers einige Male ehrenamtlich beratend hinzugezogen werden. Abhängig vom Bedarf finden die Treffen abwechselnd bei ihr zu Hause oder im Dienst statt. Nach und nach konnte bis Ende 1992 (Beginn des Kontaktes April 1992) das Problem der Schulden objektiv und subjektiv einigermaßen bewältigt werden: Mit den ca. 25 Gläubigern, bei denen Frau W. einen Schuldenberg von insgesamt 80.000 DM (fast 25 % davon Gerichtskosten) angehäuft hatte, konnten Einigungen erzielt werden. Frau W. war beruhigt, als endlich klar war, dass »da nichts mehr anbrennen könne«. Allerdings gibt es heute noch Gläubiger, die über ein Inkassobüro trotz eidesstattlicher Versicherung von Frau W. immer wieder versuchen, an ihre Forderungen heranzukommen. Dies ist mit unserer Unterstützung nicht mehr möglich.

Der Inhalt der Briefe an die Gläubiger war immer nach dem selben Strickmuster aufgebaut: Die Beschreibung der gesundheitlichen und finanziellen Situation von Frau W. in Verbindung mit der Bitte um Niederschlagung der Forderung, da sich ihr Einkommen unter dem Pfändungsfreibetrag bewegt sowie krankheits- und altersbedingt kein höheres Einkommen mehr zu erwarten ist.

Parallel zur Schuldenregulierung ging es in dieser Phase um die Miteinbeziehung der Nachbarschaftshilfe und der Diakoniestation sowie um die Regelung der Hilfe zum Lebensunterhalt und der einmaligen Beihilfen vom Sozialamt. Eine Bekannte, die ihr bei den gröbsten Tätigkeiten im Haushalt half, musste regulär bei der Nachbarschaftshilfe angestellt werden. Darauf wird im Kapitel »Nutzen und Erschließen von Ressourcen im Umfeld« näher eingegangen (7.5.7.).

7.4.4. Frau W. lernt den SpD und dessen Angebote kennen – Der SpD lernt Frau W. kennen

Frau W. erinnert sich an die Angebote im SpD und was sie damit verbindet. Sie äußert erstaunt, dass solche Angebote in einer psychiatrischen Einrichtung vorgehalten werden:

»Ihre Arbeit, die sie unten machen, ihre Dienststelle, die ist ja ziemlich reichhaltig. Mr braucht bloß ans schwarze Brett kucken, da sieht mr, was da alles ist ... Und das ist das, was ich nicht erwartet hab, dass das auf'm kulturellen relativ hohen Niveau stattfindet.«

Ähnliches findet sich in ihren schriftlichen Aufzeichnungen wieder:

»Kulturelle Aktivitäten, wie Organisation und Vorbereitung auf Veranstaltungsreihen etc. werden nicht nur geschätzt, sondern auch gefördert, was sich bei der Abwicklung persönlich geistiger Bedürfnisse verwirklicht. ... Die räumlich gefällige und wohnlich dekorative Gestaltung (des SpDs) hat die angenehme Folge für die Besucher, die psychisch und physisch Obdachlosen, an den langen und einsamen Stunden, die der graue Alltag nun einmal mit sich bringt, stundenweise eine Heimstatt zu bieten. ... Hilfeleistung wie das Angebot von warmen Mahlzeiten, Bereitstellung von Fahrgelegenheiten, das Waschen von Wäsche und stellvertretende Kontoführung für die betreuten Personen sind zwar prosaische Handreichungen, verdienen aber eine besondere Würdigung, da sie dem heute oft komplizierten Zeitablauf seine Ängste nehmen.«

Diese Passage liest sich fast schon idealtypisch für eine lebensweltorientierte Arbeit: Die Orientierung an kulturellen und geistigen Aktivitäten und deren Förderung, diesbezüglichen Wünschen und Bedürfnissen nachzukommen und sich nicht nur mit Krankheit zu befassen. Der Hinweis auf die Räumlichkeiten, die – wenn auch nicht im normalen Alltag angesiedelt – durch ihre Gestaltung und ihre Angebote zumindest für sie und andere stundenweise Heimat bieten können, weist auf Unterstützung in der Strukturierung der Zeit, des Raumes und der sinnstiftenden Elemente gleichermaßen hin. Die Sicherung und Gewährleistung des Alltags durch »prosaische Handreichungen«, welche für sie von besonderer Wichtigkeit sind angesichts einer schwierig gewordenen Lebenslage, untermauert die Bedeutung alltagsbezogener Hilfen (7.5.6.: »Strukturierung des Banalen«).

Der Eintrag in die Dokumentationskarte richtet den Fokus zwar auf die Regulierung der Schulden. Gleichzeitig tauchen aber im Verlauf des ersten halben Jahres sukzessive mehr und mehr Berührungspunkte auf, die mit ihren Aufzeichnungen übereinstimmen: Die Mitarbeit im Arbeitsprojekt des SpDs, die Bereitstellung weiterer Hilfen zu Hause, ihre zeitweiligen Cafébesuche im SpD und die Teilnahme am dortigen Mittagessen, das Waschen ihrer Wäsche im SpD, die Einrichtung der freiwilligen Geldverwaltung bei uns, der Kontakt mit den anderen MitarbeiterInnen vor allem mit der Verwaltungskraft, die Begleitung ins Allgemeinkrankenhaus, der Umgang mit der Erkrankung etc.

Frau W. nimmt den Sozialpsychiatrischen Dienst entgegen ihrer ursprünglichen Vorstellung als hilfreich wahr und kann ihn so für sich akzeptieren. Parallel dazu kommt es für uns darauf an, ihr diese Angebote nicht zu verordnen, sondern sie – wenn auch manchmal mit Nachdruck – anzubieten und ihr immer wieder zu versichern, dass sie kommen kann, aber nicht muss.

So entwickeln wir im Laufe der Zeit eine Wahrnehmung, ein Gefühl und ein Wissen davon, wer sie ist und mit wem wir es zu tun haben.

Im Falle von Frau W. lief es, wie es im Idealfall laufen soll: Das behutsame, **freiwillige Herantasten an die Angebote**, diese anzuschauen, auszuprobieren, regelmäßig teilzunehmen, aber auch das eine oder andere wieder beenden zu können. Allerdings kam es dabei auch zu Unterbrechungen (s. w. u.).

7.4.5. Abschließendes Fazit der Anfangssituation: Eine stabile Vertrauensbeziehung zwischen Frau W. und dem SpD

Am Ende der Anfangssituation besteht eine stabile Vertrauensbeziehung mit konkreter und umfassender alltagsbezogener Unterstützung. Dies bestätigen sowohl meine Eintragungen in die Dokumentationskarte als auch ihre handschriftlichen Aufzeichnungen:

»16.11.92 15 Min. Frau W. geht's durchwachsen: Ist froh über meine Aktivitäten, zufrieden, dass der *Pfändungsbeschluss aufgehoben* ist, hat jedoch *Probleme mit ihrem Antrieb* ...

23.11.92 1 Stde. Mit ihr beim Rechtsanwalt gewesen. So weiter verfahren wie bisher, nur bei Zwangsvollstreckung oder Anzeigen wieder mit ihm Kontakt aufnehmen. Frau W. ist daraufhin beruhigt.

30.11.92 15 Min. Frau W. geht's einigermaßen gut, kommt wieder zur *Arbeit in die stundenweisen Arbeitshilfen* des SpDs ...

17.12.92 20 Min. *Gesundheitlicher Zustand besser, Sozialanwaltliches geklärt*, arbeitet zur Zeit regelmäßig in der Börse (stundenweise Arbeitshilfen des SpDs).« So weit die Auszüge aus der Dokumentationskarte.

»Die Hoffnungslosigkeit, die einem die klinische Psychiatrie aufoktroyiert, ist eine unverantwortliche Sitte, die von Herrn O. und der Arbeit des SpDs am wirksamsten bekämpft wird und dies mit so viel Erfolg, wie seinerzeit beim Einander-bekannt-Werden man sich nicht zu erwarten getraut hätte. ... Sympathisch berührt es mich, dass vertrauliche Aktionen, wie z. B. Amtsgeschäfte und finanzielle Belange zwar schnell aber gründlich und realistisch von Herrn O. stellvertretend verlässlich erledigt werden.«

So weit die handschriftlichen Aufzeichnungen von Frau W.

Aus der Gegenüberstellung wird deutlich, dass der SpD den Schlüssel bei Frau W. gefunden hat, der ihr ermöglichte, den Kontakt zu akzeptieren: Vorsichtiges Herantasten, vertrauensbildende Maßnahmen, »mit-gehen«, zeigen, was möglich ist, aber auch über Klarheit und Druck mit dem Einstieg über reale alltagsbezogene Hilfen »Frau W. dort abzuholen, wo sie sich gerade befand«, kennzeichneten die Anfangssituation und schufen eine stabile Beziehung. Damit konnten ihre bisherige Wahrnehmung psychiatrischer

Hilfen und die eingeschliffenen Mechanismen aufgebrochen und ein kontinuierlicher Kontakt entwickelt werden. Die Reduktion auf die Erkrankung – losgelöst von ihrem Alltag und den darin bestehenden Konflikten, Ungereimtheiten und Problemen aber auch Bedürfnissen und Wünschen – wurde schließlich überwunden.

In der Anfragesituation mit Frau W. wird deutlich, wie wichtig die Funktion und Aufgabe des »Wünschelrutengängers« (Thiersch) wird: Gelegenheiten zu finden und zu erfinden, Zufälle zu suchen und zu nutzen, hinzuschauen und zu sehen, was »anstehen könnte« und wie sich Einstiegsmöglichkeiten auftun könnten. Im Team wird darüber reflektiert, ob das jeweilige Vorgehen zu verantworten ist: Genügt die Konzentration auf die Regulierung ihrer Schulden? Wird anderes, eventuell Wichtigeres an den Rand gedrängt oder sogar vergessen? Stimmt die Beziehung? Wie sieht das Verhältnis von Selbsttätigkeit und unseren Tätigkeiten aus? Die Konzentration auf die Regulierung der Schulden und der Blick aufs Ganze erfolgen gleichzeitig: Wie lebt sie? Wie wohnt sie? Wie geht Frau W. mit dem Geld um? Wie sind die zunehmenden körperlichen Beschwerden, die kommenden Krankenhausaufenthalte im Allgemeinkrankenhaus, die dortigen Besuche zu strukturieren und zu werten? Wie oft sollen wir sie besuchen? Was tut sie? Geht sie regelmäßig zum Arzt? Ist sie verlässlich in der Medikamenteneinnahme? Welche Ängste und Probleme beschäftigen sie noch? Wie sieht die Beziehung zu ihrer Umgebung aus? Es handelt sich hier um die Bereiche und Aspekte, die im weiteren Betreuungsverlauf bearbeitet werden.

Mit der anfänglichen Konzentration auf die Regulierung und Bewältigung der Schulden erfolgt eine unabdingbare Strukturierung und Hierarchisierung der Problemlagen, ohne den Blick aufs Ganze zu verbauen und dies auch beim Handeln zu berücksichtigen. Haltung und Handeln bedeuten hier, »mit Frau W. durch den Wald zu gehen, durch den Dschungel des Alltags, jedoch regelmäßig sie kurz im Wald allein zu lassen mit dem Versprechen, immer wieder zurückzukehren, wie im Ballon aufzusteigen und den Wald von oben zu betrachten, um anschließend wieder mit ihr im Gestrüpp und Unterholz des Alltags einen Weg in die richtige Richtung zu finden«.

Im Falle von Frau W. war die Fokussierung der Hilfe auf die Schulden als Einstieg und konkrete Bewältigung eines dringenden Problems geboten, angezeigt und sukzessive realisierbar.

Zusammenfassung

Frau W. und dem SpD ist es schließlich gelungen, einen stabilen Vertrauenskontakt herzustellen und zusammenzuarbeiten. Sie musste während dieser Zeit nicht mehr in stationäre psychiatrische Behandlung, akzeptierte die medikamentöse Behandlung und konnte das Bild vom Sozialpsychiatrischen Dienst verändern, indem sie diesen als für sie konkret wahrnehmbares Hilfeangebot kennen- und akzeptieren lernte. Vor allem die Regulierung ihrer Schulden und die Miteinbeziehung der Nachbarschaftshilfe stellten die Hauptelemente und der Fokus der Arbeit während der ersten Phase des Kontaktes dar (ca. sechs Monate). Hinzu kam das erstaunte Wahrnehmen der vielfältigen Angebote des SpDs durch Frau W. Die Aufgabe des Sozialpsychiatrischen Dienstes und von mir als Betreuer[51] bestand in dieser Zeit darin, herauszufinden, wie die Beziehung geknüpft werden konnte,

---

51 Betreuung ist hier nicht im rechtlichen Sinne gemeint, sondern wird als therapeutisch-pädagogische Betreuung und Begleitung verstanden.

wie ihre Lebenslage aussah, welche Probleme im Vordergrund standen, welche dringend und mit ihr zu bearbeiten, welche weniger dringend und welche zunächst vernachlässigt werden konnten. In der Rückkoppelung mit dem Team in den wöchentlich stattfindenden Fallbesprechungen, aber auch in informellen Gesprächen, ging es vorrangig
- *um die Wahrnehmung des ganzen Menschen in seiner Umgebung,*
- *um das Herausfiltern des Wesentlichen vom gerade weniger Wichtigen,*
- *um die Strukturierung der Ganzheitlichkeit, um sich nicht »in der Komplexität zu verlieren« (THIERSCH in: RAUSCHENBACH et al. 1993, S. 11 ff.).*

Gleichzeitig wurde mit dem Umfeld geklärt und verhandelt, wer was macht, welche Ressourcen vorhanden waren, auf welche Ressourcen zurückgegriffen werden konnte und welche neu zu erschließen waren und wie die Zusammenarbeit auszusehen hatte. Einiges an ihrer brüchigen Lebenslage konnte verändert und stabilisiert werden. Am Ende dieser Phase (nach ca. acht bis neun Monate) hatte sich ihre Situation leicht stabilisiert und gebessert im Vergleich zum Beginn der Betreuung. Die materielle und soziale Basis war wieder etwas saniert. Sie war nicht mehr allein und hat im Sozialpsychiatrischen Dienst einen Rückhalt, auf den sie sich verlassen kann.

7.5. »Klassische Nachsorge« im Lebensfeld – auf dem Weg zum gelingenderen Alltag oder die Wiederherstellung einer »strukturierten Komplexität«

Der Verlauf der Betreuung von Frau W. und der Tätigkeiten des Sozialpsychiatrischen Dienstes bestimmen sich durch den Umgang mit der psychischen Erkrankung und die Probleme in Bezug auf die Strukturierung von Raum, Ort, Tätigsein, Zeit, den Umgang mit Geld, die Strukturierung und Gestaltung der Kontakte und Beziehungen, alltagspraktische Hilfen, bestehende und neu zu erschließende Ressourcen und die Frage nach der Fortsetzung oder Beendigung der Betreuung.

7.5.1. Zu Hause in der eigenen Wohnung leben: Ein Leben ohne stationäre Psychiatrie und ein anderer Umgang mit der psychischen Erkrankung

Solange in der elterlichen Wohnung leben, wie es möglich ist, stellt sich als einer der größten Wünsche von Frau W. heraus, den sie des Öfteren betont und im nächsten Abschnitt näher beleuchtet wird (7.5.2.). Dieser Wunsch ist eng verbunden mit einem akzeptierenden Umgang mit der eigenen Erkrankung:

»Ich hoffe, dass es dabei bleibt und mein Gesundheitszustand nicht durch Schlaflosigkeit, Trauersituationen oder anderen Störungen, welche die Psychose begünstigen, erneut getrübt wird. Gesellschaftliche Kontakte helfen mir dabei ganz gut.« (Handschriftliche Aufzeichnung)

Seit Beginn der Betreuung war Frau W. nicht mehr in stationärer psychiatrischer Behandlung und hatte seither auch keine akuten und produktiven psychotischen Symptome mehr, dafür aber lange Phasen körperlicher Erkrankungen mit langen stationären Behandlungen im Allgemeinkrankenhaus.[52] Sie hält fest, dass ihr »gesellschaftliche Kontakte« bei

---

52 Für die Bereiche sozialpsychiatrische Betreuung in akuten Krankheitsphasen oder bei

der Gesundung behilflich sind. Auch hier taucht wieder der Hinweis auf, welche Bedeutung gesellschaftliche Kontakte in ihrer Lebenswelt einnehmen, um ihre Gesundheit zu fördern.

Die psychische Erkrankung trat nach der Regulierung der Schulden u. a. durch die Akzeptanz der medikamentösen Behandlung in Verbindung mit dem Arztwechsel, der Miteinbeziehung der Nachbarschaftshilfe, der Einführung der Geldverwaltung etc. hinsichtlich der Frage nach dem Verbleib in der eigenen Wohnung mehr und mehr in den Hintergrund. Vielmehr beginnen die somatischen Beschwerden den Erhalt der Wohnung zusehends in Frage zu stellen. Somatische Beschwerden, Asthmaanfälle und vor allem Schmerzen unterschiedlichster Intensität in verschiedensten Körperbereichen entstehen relativ früh, im Grunde genommen eigentlich schon zu Beginn der Betreuung. 1993 bis 1996 befand sich Frau W. über ein Jahr (kumulierte Behandlungsdauer) mit insgesamt fünf Aufenthalten im Allgemeinkrankenhaus.

»(Erinnern Sie sich noch – es ist nicht so lange her – an die massiven körperlichen Beschwerden, die sie hatten, an die Schmerzen im Bein, die Arthrose?)... Ja, die hab' ich selber weggebracht ohne ärztliche Hilfe. Das heißt, was die Ärzte mir verordnet hatten, hat nicht gewirkt und da hab ich drei Salben gemischt und hab' die aufgetragen ein halbes Jahr lang jeden Abend und anscheinend hat das geholfen. Jedenfalls ist der Schmerz weg und ist nie mehr wiedergekommen. ... (Ja, und da war noch die Zeit mit der Lungenentzündung und der Operation, um die Nägel aus dem operierten Bein zu entfernen. Also das war damals aus meiner Sicht eine kritische Zeit, ob das) ... ob das nochmals wird zu Hause. Ja, hm, hm.«

Das ebenso schwer erklärbare Verschwinden der Schmerzen (eventuell Coenästhesien) wie auch deren Entstehung bringt Frau W. mit einer Salbe, mit der sie ihr Bein einrieb, in Verbindung. Diese Interpretation ist meines Erachtens zu reduktiv. Eine differenziertere und komplexere Auseinandersetzung mit dieser Thematik war mit Frau W. jedoch nicht möglich, sodass ihre Sicht der Dinge so stehen zu lassen ist.

Jedoch war und ist die Rückkehr in und die Erhaltung der Wohnung seit ca. drei Jahren kein Thema mehr. Für Frau W. gibt es eine klare Entscheidung und Option: Sie kann sich nicht vorstellen, ihre Wohnung räumen und in ein Alten- und Pflegeheim umziehen zu müssen. Trotzdem tendierten in der kritischen Phase zwischen 1993 und 1996 unsere Überlegungen im Team mehr und mehr in Richtung Heimunterbringung in der Nähe ihrer Schwester. Dies erörterten wir auch immer wieder mit Frau W. und ihrer Schwester. Wir wussten uns während dieser Phase fast keinen Rat mehr. Das Einzige, was ich tun konnte, bestand darin, sie regelmäßig im Krankenhaus (ca. zweimal pro Woche) zu besuchen, ihr zu vermitteln, dass wir weiterhin präsent sind und mit ihr über die aktuelle Befindlichkeit zu sprechen. Parallel dazu ging es um die Planung einer Heimunterbringung, d. h. um die konkrete Beratung und die Einleitung der entsprechenden Formalitäten (vorsorgliche Anmeldung im Alten- und Pflegeheim). Die psychische Erkrankung spielte auf-

---

dauerhaften und sich kaum noch verändernden Wahnwelten kann bei Frau W. wenig ausgesagt werden, da seit Beginn der Betreuung weder das eine noch das andere bei ihr von Bedeutung war. Da innerhalb des gesamten Spektrums diese beiden Bereiche jedoch häufig auftreten, werden sie in Kapitel 8.3. (Der Umgang mit der psychischen Erkrankung) bearbeitet.

grund des von ihr entwickelten Umgangs mit der Erkrankung für die Auswahl des Heimes keine Rolle. Die Unterbringung in einem Alten- und Pflegeheim wäre trotz der psychischen Erkrankung ohne weiteres zu verantworten gewesen. Ein Wohnheim für psychisch kranke Menschen wäre nicht nötig gewesen. Der Besuch des Alten- und Pflegeheimes in S. muss für Frau W. jedoch eine nachhaltige Wirkung hinterlassen haben, die zumindest der Fortsetzung ambulanter Alternativen neue Nahrung gab und sich schließlich auch umsetzen ließ:

>»... Ja, da kommt dann des, dass wir übers Altersheim gesprochen haben, und i bin au mit meiner Schwester mal nach S. gefahren und paar Meter vorm Haus hab' i gsagt, Du, das ist es nicht. Tut mir leid, dass wir den Umweg gefahren sind. Aber da möchte ich also nicht hin ...«

Damals wie heute tauchen zwei Fragen auf, die auch im Nachhinein nur diffus und wenig erschöpfend beantwortet werden können:
- Wie gelingt es Frau W., die psychische Erkrankung, die vor der Betreuung durch den SpD ihr Leben wesentlich beeinflusst hat, zumindest so weit zu akzeptieren, dass sie ein adäquates Arrangement damit findet?
- Wie kommt es, dass in dem Maße, wie die produktiven Symptome der psychischen Erkrankung zurückgehen und schließlich keine Rolle mehr spielen, die somatischen Beschwerden und Erkrankungen zunächst einmal zunehmen und dann wieder so weit verschwinden, dass sie gemäß einem ihrer vorrangigsten Wünsche weiterhin in ihren vier Wänden wohnen kann? Welche Rolle nimmt darin der Sozialpsychiatrische Dienst ein?

Zur ersten Frage existieren nur bruchstückhafte Äußerungen von ihr und Hypothesen von uns, die wiederum mit der zweiten Frage zusammenhängen. Während Frau W. bis zu Beginn der Betreuung verhältnismäßig passiv, quasi ohne Gegenwehr und schutzlos von ihrer Innenwelt regelrecht heimgesucht wurde und das Geschehen auf sie und die direkte Umgebung unverstanden immer wieder geradezu hereinbricht, ohne mit entsprechender Distanz die Erkrankung als solche wahrzunehmen, ändern sich nach und nach das Verhalten und ihre innere Einstellung zur **psychischen Erkrankung**.

Ein knapper Auszug aus den handschriftlichen Aufzeichnungen:

>»Ganz bemerkenswert findet die Unterzeichnende, dass der Sozialpsychiatrische Dienst seine Arbeit am Menschen im Gleichklang mit dem behandelnden Neurologen vollzieht. So schließt sich ein Kreis von Notwendigkeiten und psychologischen Bedürfnissen mit den humansten Wünschen.«

Frau W. lernt nicht nur die Notwendigkeit und die Wirkung der Medikamente in Verbindung mit dem Arztwechsel als notwendiges Übel zu akzeptieren. So bestätigt sie im Interview noch einmal den engen Zusammenhang der Akzeptanz der Medikamente mit dem Arztwechsel und dass sie trotz der Nebenwirkungen die momentane Dosierung für sich annehmen kann. Sie stellt darüber hinaus fest, dass es dem SpD gelungen ist, mit seinen Angeboten sozusagen ins Schwarze zu treffen (humanste Wünsche). Sie fühlt sich als Mensch ernst genommen und kann darüber auch eine Verbindung mit der Medizin herstellen, die für sie hilfreich und akzeptabel ist.

Eine weitere Bestätigung dessen, wie wichtig es für sie ist, vom Arzt ernst genommen zu werden, spiegelt sich in ihrer Wahrnehmung eines Arztes in der psychiatrischen Klinik wieder:

»Anlässlich einer Weihnachtsfeier hielt er eine psychologisch bedeutende Rede (Arzt im Bürgerhospital), über die ich anschließend mit ihm reden konnte. Als er mir dann sein Manuskript anbot, wusste ich: Da ist wenigstens einer, der meinen Geist nicht für krank hielt.«

Wie ein roter Faden zieht sich ihr Wunsch und ihr Bedürfnis durch ihre Aufzeichnungen, nicht als medizinischer Fall und nur als geisteskrank abgestempelt, sondern als Mensch, der noch mehr aufzuweisen hat als nur »eine kranke Seele oder einen abnormen Geist«, wahr- und ernst genommen zu werden.

Obwohl der neue behandelnde Arzt Frau W. noch zweimal in die psychiatrische Klinik einweisen musste, gewann er ihr Vertrauen und stellte zudem die Medikamente um, die sie oral einnehmen muss. Sie muss täglich an die Einnahme denken im Unterschied zur Depotspritze, die sie einmal monatlich erhalten hätte. Jedoch verträgt sie Leponex (atypisches Neuroleptikum) deutlich besser vor allem wegen der wegfallenden Nebenwirkungen (insbesondere extrapyramidale Störungen) im Unterschied zum vorher erhaltenen Haldol. Dessen Wirkungen und Nebenwirkungen beschreibt sie sehr drastisch:

»Da hab' ich das Gefühl, ich lauf gar net auf dem Boden, wenn ich auf der Straß' war, sondern in der Luft ... Da ist man gar nimmer sich selber, wenn man die Spritz bekommen hat, im Moment.«

Auch hier klingt wieder durch, dass Medikamente allein sie von ihrer Art des Menschseins, von ihrer Person entfernen. Und doch gelingt es ihr, durch ein anderes Medikament mit weniger Nebenwirkungen, der Person des neuen Nervenarztes in Verbindung mit der Begleitung durch den SpD die Notwendigkeit medizinischer Behandlung zu akzeptieren. Die Entstehung des Betreuungskontaktes zum Sozialpsychiatrischen Dienst ermöglicht ihr, Hilfe anzunehmen und zu akzeptieren und selbst in einer relativ frühen Phase, zumindest ansatzweise an einem offenen Ort über die Psychose zu sprechen. Während der Fahrt zur Schuldnerberatung habe ich vorsichtig, sozusagen nebenbei die Frage nach ihrer Psychose angetippt und die Gelegenheit in einer eher lockeren Situation dazu ergriffen: Eine Autofahrt durch die Stadt, die mit einem anderen Ziel und Zweck verbunden war. Bei diesem Gespräch vermittelte sie einen kleinen Einblick in ihre psychische Erkrankung, den sie in den Interviews vertieft hat.

Aus ihrer und unserer Sicht können augenblicklich die drei wechselseitig sich beeinflussenden Faktoren
- Arztwechsel,
- andere Medikamente mit anderer Wirkung, Einnahmemodus und weniger Nebenwirkungen
- und der gelungene Kontakt zum Sozialpsychiatrischen Dienst

für ihre geänderte Haltung gegenüber der psychischen Erkrankung verantwortlich gemacht werden. Es ist uns bewusst, dass es nicht die alleinigen sein müssen und andere uns verstellte und verborgene Gründe ebenfalls wirksam sein können (z. B. Reaktionen der Mutter, der Kirchengemeinde, organische Faktoren etc.). Allerdings erscheint es wenig ergiebig, sowohl für die Alltagsarbeit als auch für die hier gestellte Frage nach weiteren Ursachen »im Nebel zu stochern«, da die genannten Gründe für die weitere Arbeit mit Frau W. ausreichen und von ihr prägnant auf den Punkt gebracht werden:

»Seit ich vor fünf Jahren den Arzt gewechselt habe, kann ich wieder leben und das mit der Fürsorge des Sozialpsychiatrischen Dienstes.« (Handschriftliche Aufzeichnungen)

Bei den **somatischen Beschwerden** und **Erkrankungen** von Frau W. entsteht das Risiko, einer assoziativen Interpretation Tür und Tor zu öffnen, was nicht im Sinne der Hilfe für Frau W. ist und auch nicht sonderlich der Bearbeitung der Frage in dieser Arbeit dient. Deswegen beschränke ich mich auf einige Fakten und eine Hypothese, mit denen wir arbeiten:
- Die Asthmaanfälle sind eine medizinisch nachweisbare Erkrankung in Verbindung mit starkem Rauchen (ca. 20–25 Zigaretten täglich),
- die Schmerzen im linken Unterschenkel stammten von Nägeln und Platten, die nach einem Beinbruch erst 1994 wieder entfernt wurden,
- die danach weiterhin auftretenden Schmerzen im gleichen Unterschenkel. Diese dauerten über eine lange Zeit hinweg und weiteten sich diffus auf andere Körperbereiche aus im Wechsel mit einer bleiernen Müdigkeit: Intensives Schlafbedürfnis bis zu 18 Stunden täglich, wenn keine Schmerzen vorhanden waren und umgekehrt, wenig Schlaf bei starken Schmerzen,
- ein niedriger Blutdruck, ebenfalls medizinisch nachweisbar.
- Die Orientierung an einem ganzheitlichen Verständnis des Menschen (»Theoretische Grundlagen«: 6.2.2.4. und 6.2.3.7.) hat zur Folge, dass wir von einer wechselseitigen Beeinflussung von somatischen, psychischen und sozialen Faktoren und Determinanten ausgehen (Vulnerabilität-Stress-Modell, ZUBIN 1977).

Im Fall von Frau W. entwickelten wir die Hypothese, dass die Energien und Kräfte, welche in akuten psychotischen Phasen wirksam waren und darüber abgeleitet wurden, durch die Blockierung der psychotischen Symptome aufgrund der medikamentösen Behandlung nicht mehr ausgelebt werden konnten und in den angesprochenen somatischen Beschwerden kanalisiert wurden. Frau W. konnte diese Interpretation zwar nachvollziehen, eine Identifikation damit war ihr nicht möglich. Für uns übernahm diese Interpretation die Funktion eines nachvollziehbaren Verständnisses einer Situation, die medizinisch breit abgeklärt wurde, aber nicht ge- und erklärt werden konnte. Von ihr wird das Verschwinden der Psychose als ein Wegschieben, als »Unsichtbarmachen der Ver-rückung« bezeichnet (Einführung: 7.2.).

Die Lage so zu verstehen, korrespondierte mit unserer Haltung und unserem Vorgehen. Entsprechendes ist in der Dokumentationskarte festgehalten: Kontinuierliches und aktives Dranbleiben, mindestens zwei Besuche pro Woche im Allgemeinkrankenhaus oder zu Hause. Entsprechend war die Haltung und die Vermittlung einer realitätsorientierten Zuversicht und Klarheit. Die Anmeldung im Heim als nicht auszuschließende Möglichkeit wurde besprochen, aber auch die Rückkehr nach Hause wurde nicht ausgeschlossen. Letzteres war verbunden mit der Überlegung, mit welchen Hilfen und Unterstützungen dies möglich sein könnte, abhängig und bestimmt durch den Grad ihrer somatischen Beschwerden.

Dementsprechend konnte auch die Rückkehr aus dem Krankenhaus geplant werden mit der Bereitstellung der erforderlichen alltagspraktischen Hilfen und der Kontinuität in der Betreuung (siehe »Alltagspraktische Hilfen«: 7.5.6.).

Nachdem akute Phasen der psychischen Erkrankung im Alltagsleben an Bedeutung abgenommen hatten, erfolgte eine sehr kritische, für Frau W. ebenfalls nicht leicht zu verstehende Phase heftiger somatischer Beschwerden und Erkrankungen. Auch hier wirkten wieder verschiedene Faktoren zusammen: Nachhaltige Wirkung des Besuches eines Alten- und Pflegeheimes, der Wunsch und der Wille unbedingt weiterhin zu Hause leben zu können, das geduldige Dranbleiben (»Das-bei-den-Leuten-Sein«, BASAGLIA in: HARTUNG 1980, S. 131) des Sozialpsychiatrischen Dienstes.

Frau W. hat trotzdem eine Vorstellung davon, was erfüllt sein müsste, um die Erkrankung von »der Ursache« her anzugehen. Sie würde gerne wissen, woher genau die Erkrankung kommt, um dann den jeweils verursachenden Punkt zu klären und damit die Folgen verändern zu können:

> »Ja, also richtig mit umgehen könnt ich eigentlich erst, wenn ich wüsste, was da passiert im Gehirn, wenn mer z. B. schlecht geträumt hat von irgend einer Situation, die mal irgendwann war oder so. Dann ist das 'ne Hilfe, wenn mer da wieder higeht, wo mer war und versucht, die Stelle zu kläre und beim nächsten entsprechenden Traum ist dann, so Gott will, eben was besser in dem Traum wie vorher.«

An anderer Stelle in ihren schriftlichen Aufzeichnungen erwähnt sie, wenn auch etwas verklausuliert das Verhältnis zu ihrer Erkrankung und zum Alltag und wie der SpD zur Stärkung des Selbstbewusstseins beiträgt, indem er durch seine Arbeit Krankhaftes und Defizitäres ausgleicht und an Ressourcen ansetzt:

> »Psychopathische Fragmente ... werden durch den Sozialpsychiatrischen Dienst zur Freizügigkeit unauffällig ausgeglichen und als positive Bewusstseinspartikel freigelegt. Das hilft enorm die charakterlichen Bedürfnisse in psychologische Werte umzuwandeln zur Stärkung des Selbstvertrauens.«

Der Umgang von Frau W. mit ihren Erkrankungen, ob somatisch oder psychiatrisch, führte letztlich dazu, dass Krankheit umgekehrt proportional zur Ausweitung und Ausdehnung der Alltagskompetenz und der Selbsthilfefähigkeiten an Bedeutung abnimmt (siehe folgende Abschnitte: 7.5.2.–7.5.5.).

7.5.2. Die Bedeutung ihrer Wohnung und des Wohnumfeldes: Von der Wohnung als Heimat und Ort des Rückzugs bis nach Wien (die sukzessive Erweiterung ihres Lebensraumes)

Im Folgenden geht es um die Bedeutung der Wohnung in einem sich verändernden Wohnumfeld und um die Erweiterung und Zurückeroberung von Lebensräumen außerhalb der Wohnung, was ihr mit der Unterstützung durch den SpD gelingt.

7.5.2.1. Ihre Wohnung: My home is my castle

Auf die Frage, was für sie die Wohnung bedeute, antwortet Frau W. im Interview kurz und knapp aber eindeutig:

> »Viel, um nicht zu sagen, alles.«
> »Zum Beispiel spricht für die Gewichtigkeit der Wohnung ein ganz wesentlicher Gedanke, die christlichen Feste wie Weihnachten mit Raumdekoration würdig zu begehen.« (Anmerkung von Frau W. nach Lesen des Manuskriptes)

Entsprechend fällt die Antwort auf die Frage aus, wie es für sie wäre, wenn sie die Wohnung verlassen müsste:

> »Das wäre schrecklich. Wir wohnen jetzt 54 Jahre hier, d. h. ich. Meine Eltern sind ja schon früher gegangen.«

Die Wohnung selbst vermittelt einen äußerst individuellen Charakter: Kleiner Flur, kleine Küche, zwei kleine Wohnzimmer, ein noch kleineres Schlafzimmer (ca. 8 m^2), Toilette und ein kleiner Abstellbalkon. Schon beim Betreten der Wohnung wird es eng. Der kleine Flur ist vollgestellt mit Schränkchen, Garderobe, Kleidern, Telefontischchen und behängt mit Bildern, die vornehmlich religiöse Motive und Familienfotos enthalten. Die gewöhnungsbedürftige Enge gilt allerdings für Frau W. überhaupt nicht. Im Gegenteil: Sie fühlt sich darin wohl, obgleich sich die Enge in jedem Zimmer fortsetzt.[53] Die 51 m^2 sind viel zu wenig für die vielen Möbel, Schränke, Regale, Sideboards, Musikinstrumente, Bücher, Haushaltsgegenstände, Stofftiere, Kerzenständer, Waschmaschine etc. Es gibt wenig Platz, weder zum Bewegen noch zum Sitzen. Aufs Erste wirkt die Wohnung unübersichtlich und vielleicht auch etwas chaotisch. Beim zweiten und öfteren Hinschauen nimmt man darin eine innere Ordnung wahr.

Ihre Schlafstätte hat sie im kleinsten Zimmer eingerichtet, fast schon als Refugium, welches ich nur dann betrete, wenn die große Wanduhr aufgezogen werden muss. Dies traut sie sich wegen ihres körperlichen Schwindels nicht mehr zu, da sie dabei auf einen Stuhl klettern müsste. Frau W. hält sich vornehmlich im Wohnzimmer auf. Sie sitzt immer auf dem gleichen Stuhl hinter dem Tisch, auf dem auch der Fernseher steht. Ein Stuhl ist frei, auf dem Besucher Platz nehmen können. Auf einem weiteren haben ihre Stofftiere, vornehmlich Bären Platz genommen, die in ihrem isolierten und zurückgezogenen Leben für sie wichtig sind. Ansonsten können aufgrund der Enge keine weiteren Stühle mehr aufgestellt werden, die sie in ihrem Alltag als Einzelperson auch gar nicht benötigt. Auf »ihrem Stuhl« finden sozusagen ihre wesentlichen Innenaktivitäten statt: Essen, trinken, lesen, nähen, sticken, Musik hören, fernsehen, rauchen. Das eigentliche Wohnzimmer bleibt fürs Alltagsleben ungenutzt und ist ausstaffiert mit Möbeln, Musikinstrumenten und Bildern. Es sind vornehmlich Erinnerungsstücke und somit als Ausdruck ihres zurückliegenden Lebens von Bedeutung. Nur einmal, als ich mit dem Referenten des Sozialministeriums, der sich die Arbeit des SpDs ausführlich zeigen ließ, bei ihr zu Besuch war, nahmen wir in diesem Zimmer Platz. Die Küche kann aus Platzgründen nur von einer Person zum Kochen benutzt werden. Die unter dem Tisch stehende Waschmaschine muss bei Benutzung hervorgezogen werden. Der Tisch selbst quillt aufgrund der Enge über mit Geschirr etc. Die Küche und die Spüle stellen den seit 50 Jahren gewohnten Raum der persönlichen Körperpflege dar. Das Fehlen einer Dusche oder Badewanne wird deshalb nicht als gravierender Mangel erlebt. Der Minibalkon dient als Abstellraum und im Sommer als Trockenplatz.

Eindeutig ist aber ihr Stuhl im kleinen Wohnzimmer ihr Wirkungsfeld. Nur in gesundheitlich schlechten Zeiten war es vorrangig das Bett.

Frau W. hat und behält im geordneten Chaos den Überblick. Auf die Bemerkung, dass es ja in ihrer Wohnung nicht gerade leer sei, antwortet sie:

»Noi noi, da weiß ich schon, wo ich alles hab, ich weiß bloß nett, was ich grad manchmal suchen will ...«

Sie behält zwar in ihrer Wohnung die Übersicht. Der Hinweis darauf, dass sie nicht weiß, was sie suchen will, lässt jedoch vermuten, dass es Zeiten gab, in denen es ihr schwer fiel,

---

[53] Anmerkung von Frau W. zur »Gemütlichkeit in der Wohnung«, nachdem sie das Manuskript gelesen hatte: »Es war der letzte Wille meiner Mutter, als sie starb, dass ihr Haushalt nicht aufgelöst wird. Diesem Wunsch habe ich Rechnung getragen. Ohne etwas ausräumen zu müssen, habe ich in zwei Zimmern je drei Sitzplätze.«

den Tag zu gestalten und zu strukturieren. Aktuell bewältigt sie diesen Bereich adäquater und für sich zufrieden stellender (siehe »Strukturierung der Zeit und des Tätigseins«: 7.5.3.).

Für einen auf Sauberkeit bedachten Menschen mag die Wohnung sicher verstaubt, vielleicht sogar schmuddelig sein, da sie aufgrund der Enge und der Überzahl an Gegenständen nicht einfach zu putzen ist. Jedoch besteht im Vergleich zu anderen Wohnungen in keiner Weise eine Verwahrlosung mit gesundheitlicher Gefährdung. Vielmehr entwickelt sie klare Vorstellungen und Überlegungen, wie ihre Wohnung aussehen soll und was sie in naher Zukunft tun will. Sie möchte die Wohnung gerne renovieren (lassen):

> »Schwindelfrei bin ich auch nett, sonst hätte ich nämlich schon lang hier mal tapeziert. Der Hausverwalter war kürzlich da und hat gemeint, es müsste mal renoviert werden. Das stimmt ja, aber ich weiß nicht, wie ich's machen soll. Nett's ganze, also die Decke weißla und diese Ecke, die is hier tapeziert, da müsste a mal a frische Tapete hin. Ja, dass die dunkle Ecke verschwindet ... Das muss jemand Großes machen, der z. B. do a Leiter hinstella kann vor die Bank und dann in die Ecke neinkommt ... Also da fühl i mi überfordert.«

Auch hier erfolgt wieder ein Hinweis auf ihre eingeschränkte Handlungsfähigkeit. Sie fühlt sich überfordert und benötigt Unterstützung. Dass sie in der Lage ist, diese zu organisieren, wird weiter unten noch zu sehen sein.

Ihre Wohnung wurde bislang noch nie grundlegend vom Vermieter, der Stadt Stuttgart, renoviert. So verfügt sie z. B. immer noch über einen Kohleofen, den sie wegen der zugestellten Wohnung und des Kohleschleppens nicht beheizen kann. Die Beheizung der Wohnung über einen Radiator führt hin und wieder zu kritischen Nachfragen seitens des Sozialamtes wegen der hohen Stromrechnung. Dies kann jedoch immer schnell mit einer kurzen Stellungnahme unsererseits zur Zufriedenheit des Sozialamtes beantwortet werden.

Bei aller Notwendigkeit für die Wohnungsrenovierung sehen wir einige Probleme. Auf die Bemerkung, dass aufgrund des fehlenden Platzes die Wohnung nicht so leicht ausgeräumt werden kann, um sie dann renovieren zu können, antwortet sie:

> »Ja äbe, das isch's Problem. Man kriegt ja keinen Handwerker, der das Stück für Stück macht, an einem Tag und am nächsten wieder weiter macht und so. Das muss i scho von Angehörigen machen lassen, da müsst ich einfach meinen Neffen mal engagieren.«

Diese Wohnung – mit der Betonung auf diese – ist ihr Zuhause, ihr Refugium, aus der sie, wenn irgend möglich, nicht ausziehen will. Die Erinnerungen an früher, an die Zeit mit ihren Eltern, ihrer Schwester, an die Zeit, in der sechs Personen in der kleinen Wohnung lebten (wenn keine Fotos aus dieser Zeit existierten, wäre schwer nachvollziehbar, wie der Platz aufgeteilt gewesen ist), sind eng mit ihrem Alltag und ihrem Lebenslauf verbunden. Vor allem die Einrichtung und das Aussehen, sowie die Ausstrahlung des von ihr bewohnten Zimmers vermittelt die Bedeutung und Wichtigkeit des In-der-Wohnung-Lebens als einem Bestandteil ihrer Identität. Frau W. passt in diese und zu dieser Wohnung, die sie nur im äußersten Notfall aufgeben wird. Die Wohnung ist der Lebensmittelpunkt, vor allem und besonders in Zeiten, in der sie die Wohnung aufgrund gesundheitlicher Beschwerden nicht verlassen konnte.

Die Wohnung war und ist für sie nicht der Ort häuslicher Chronifizierung und Hospitalisierung, zu der ein solcher Raum werden kann unter der gleichzeitigen Verringerung von Autonomie analog zu den Mechanismen, wie sie aus der Diskussion um den Anstaltshospitalismus bekannt sind (GOFMAN 1973). Die Auseinandersetzung um die Erhaltung der Wohnung, die intensiven Bemühungen und die Versorgung in der Wohnung, als es ihr sehr schlecht ging, haben vielmehr dazu beigetragen, dass sie langsam und sukzessive die Wohnung auch wieder verlassen und ihren Lebensraum erweitern konnte. So eroberte sie sich in den letzten Jahren nach und nach zuerst den näheren und später den weiteren Lebensraum zurück.

Die Aktivitäten des SpDs zur Aufrechterhaltung der Wohnung und ihres Lebensraumes umfassten die Regelung und Sicherung der Mietzahlungen, den Blick auf die Nachbarn, die Versorgung zu Hause, die Gestaltung des Haushaltes, die Durchführung der Kehrwoche. Es ging bei Frau W. um die Überprüfung aller Bereiche, die zum Erhalt der Wohnung beitrugen. Aufgrund ihrer gesundheitlichen Einschränkungen, die letztlich für oder gegen den Verbleib in der Wohnung ausschlaggebend waren, galt es, die Versorgung des Haushaltes zu gewährleisten und regelmäßige Besuche und Gespräche durchzuführen. Die Aufrechterhaltung der Wohnung war bei ihr eindeutig daran gekoppelt, ob sie zu Hause noch versorgt werden konnte, da sie oft und über längere Zeit hinweg wegen unerklärbarer Schmerzen ins Allgemeinkrankenhaus eingewiesen und von dort festgestellt wurde, dass Frau W. medizinisch ausbehandelt sei und ein Pflegefall wäre. Die intensive Pflege und Versorgung durch den SpD konnte den Druck, der von außen an uns herangetragen wurde, die Wohnung aufzugeben und sie in einem Heim unterzubringen, schließlich abwenden.

7.5.2.2. Die Erweiterung ihres Lebensraumes

Durch die Aufrechterhaltung der Wohnung wurde die Grundlage dafür geschaffen, dass sie wieder langsam, Schritt für Schritt nach draußen gehen, sukzessive immer weitere Kreise um ihre Wohnung ziehen und so ihren Lebensraum erweitern konnte.

Ihre Wohnung befindet sich in einer Wohneinheit im ersten Stock eines dreigeschossigen länglichen Häuserblocks. Das Wohnen im ersten Stock ist für sie wegen des Asthmaleidens von Vorteil. In ihrer Wohneinheit ist sie noch die einzige deutsche Bürgerin, was ihr – ohne explizit ausländerfeindlich zu sein – nicht einfach fällt. Die Gründe dafür beschreibt sie in Kap. 7.5.5.4. Der Häuserblock liegt etwas versetzt zur nicht gerade stark befahrenen Straße mit viel grün zwischen den Häusern. Trotz dieser Auflockerung strahlen die Häuserblocks eine gewisse Uniformität und Tristesse aus.

Für Frau W. bedeutet dieser Stadtteil trotz aller Widersprüche[54] und aktueller Entwick-

---

54 Der Stadtteil (31.12.1997: 11.959 Einwohner), in dem Frau W. seit über 54 Jahren wohnt, kann als typischer sozialer Brennpunkt bezeichnet werden und ist deswegen schon vielfach Gegenstand von Projekten vor allem in Bereich der Jugendhilfe gewesen (SPECHT 1987). Während der Zeit des Nationalsozialismus im Auftrag eines Firmenkonsortiums aufgebaut, wurde der Stadtteil danach relativ schnell zu einem sozialen Brennpunkt mit einem enorm hohen Anteil an städtischen Wohnungen und einem für Stuttgarter Verhältnisse relativ geringen Mietspiegel. Trotz des Versuches in den letzten zehn Jahren verstärkt auf eine Durchmischung der Bevölkerung zu achten, indem an den Rändern des Viertels gute bis exklusive Wohnanlagen mit höherem Mietspiegel und Eigentumswohnungen geschaffen wurden, bleibt der Kern davon fast unberührt. Die typischen Straßenzüge mit ihren Einfachstwohnungen – einige verfügen z. B. immer noch nur über Kohleheizung, nicht

lungen ihre Heimat. Seit 1943 wohnt sie dort:
> »Wir waret ja in diesem Teil der Straße also vorne von der Ecke ab bis hierher seinerzeit die Ersten, die zugezogen sind, als die Häuser halbwegs fertig waren, das war 1943.«

Zunächst begann sie wieder regelmäßig vor die Tür zu gehen, indem sie ihren Müll wieder selbst hinuntertrug und beim nahe gelegenen Bäcker ihr Brot wieder selbst kaufte und dort einen Kaffee trank.

Sie setzte nach den ersten Versuchen, die Wohnung wieder zu verlassen die weitere Rückeroberung ihres Stadtteils (ihrer Heimat) fort, der ihr durch die Krankheit fast schon abhanden gekommen war. Die Kaufläden, in denen sie ihre Lebensmittel wieder selbstständig einzukaufen begann, liegen fünf bis zehn Minuten zu Fuß von der Wohnung entfernt.

Post und Sparkasse gibt es ebenfalls in Reichweite und werden auch von ihr genutzt. Das Gleiche gilt für ihre Hausärztin, die auf Anfrage auch Hausbesuche durchführt.

In den Gottesdienst und zu anderen Veranstaltungen der Kirchengemeinde benötigt sie schon einen Spaziergang von 10 Minuten. Ich bin immer wieder erstaunt, dass sie seit ihrer aktiveren Phase z. B. Kirchenkonzerte oder Vorträge auch abends besucht und in der Dunkelheit allein zurückgeht, ohne auch nur im entferntesten Befürchtungen zu hegen.

In gesundheitlich schwierigen Zeiten, in denen sie – bedingt durch die Schmerzen – kaum gehen konnte, waren ihr selbst diese Verrichtungen verwehrt, sodass sie auf Fahrdienste unsererseits angewiesen war oder in besonders schlechten Zeiten über Wochen die Wohnung gar nicht verlassen konnte und von außen versorgt werden musste.

Die weitere Umgebung
Die weitere Umgebung innerhalb der Stadt ist für sie nur noch über öffentliche Verkehrsmittel bzw. über Fahrdienste zu erschließen: Ihr behandelnder Nervenarzt hat seine Praxis in Bad Cannstatt. Sie besucht ihn eigentlich nur noch, wenn sie Medikamente benö-

---

wenige sind noch ohne Duschgelegenheit, geschweige denn mit einem Bad ausgestattet (siehe «Wohnung von Frau W.«: 7.5.2.1.) – sind trotzdem geblieben. Entscheidender für die Lebenssituation von Frau W. scheint jedoch die Veränderung der Bevölkerungsstruktur in den letzten 20–25 Jahren gewesen zu sein: Auf Grund der sehr geringen Mietpreise entstand sukzessive eine Population, die sich größtenteils aus sozial schwachen Schichten mit einem sehr hohen Ausländeranteil zusammensetzt: SozialhilfeempfängerInnen, BezieherInnen kleiner Erwerbsunfähigkeits- oder von Altersrenten, BezieherInnen von Arbeitslosengeld, von Arbeitslosenhilfe oder Menschen, die abhängig sind vom Einkommen der Angehörigen. Nirgendwo in Stuttgart ist in dieser Größe und Verdichtung ein so hoher Anteil an Menschen anzutreffen, die materiell, sozial und kulturell am Rande des gesellschaftlichen Lebens stehen.

In diesem Stadtteil findet sich auf Grund der in Kapitel 3 beschriebenen Lebenslage chronisch psychisch kranker Menschen ein hoher Anteil des von uns betreuten Personenkreises wieder. Im Unterschied zur Gesamtzahl pro 1000 EinwohnerInnen, die für den SpD Bad Cannstatt bei 2,45 liegt, beträgt diese Quote hier 3,67. Hinzu kommt, dass bei einem großen Anteil des Personenkreises vom Hallschlag eine komplexe Problemlage vorzufinden ist, die häufig mit einem hohen Hilfebedarf korreliert: Materielle Armut, Probleme mit Behörden, Ärger mit der Polizei, Alkoholprobleme, Konflikte mit dem Vermieter, Auseinandersetzung mit der Justiz, Schulden etc.

tigt. Die Utensilien und das Material für ihre Hausarbeiten, wie das Entwerfen und Anfertigen von Gobelins, das Nähen ihrer Kleider, sticken und häkeln, muss sie ebenfalls in Bad Cannstatt besorgen. Die Wege auf dem Hallschlag und nach Bad Cannstatt sind ihr schon seit über 50 Jahren sehr vertraut.

Die Stuttgarter Innenstadt, die mit öffentlichen Verkehrsmitteln (mit Umsteigen) eine gute halbe Stunde von ihrer Wohnung entfernt liegt, wird für den Einkauf kaum genutzt, abgesehen vom Weihnachtsmarkt, der für sie jährlich eine feste Größe darstellt. Dort sucht sie Geschenke für ihre Angehörigen und besucht kulturelle Veranstaltungen im Rathaus und ähnlichen Orten. Ansonsten nimmt die Innenstadt wegen der begrenzten finanziellen Möglichkeiten aus ihrer Sicht leider nur eine randständige Bedeutung im täglichen Leben ein. Am anderen Ende der Stadt (ca. eineinhalb Stunden Fahr- und Gehzeit) wohnen Angehörige, die sie in größeren Abständen besucht. Sie benutzt öffentliche Verkehrsmittel oder sie wurde in der Zeit, als sie gesundheitlich noch zu stark beeinträchtigt war, durch den Praktikanten des SpDs gefahren.

Zur Gestaltung und Strukturierung des engeren und weiteren Lebensraumes war sie in der Anfangszeit gänzlich auf unsere Unterstützung angewiesen. Heute ist sie dazu wieder (fast) vollständig allein in der Lage.

Über Stuttgart hinaus: »Weite Reisen« für Frau W.

Welche enorme Bedeutung die sukzessive Ausweitung und die autonome Wiedererschließung des Lebensraumes für Frau W. einnimmt, zeigt sich in ihren – von unserer Seite aus in jeglicher Hinsicht unterstützten – nach außen gerichteten Aktivitäten. Es sind Reisen nach Singen und nach Wien: Die eine Reise sozusagen in ihre Vergangenheit, während die andere mit der Gegenwart zu tun hatte.

In Singen verbrachte sie ihre ersten Lebensjahre. In Wien besuchte sie ihre Nichte, mit der sie sich sehr verbunden fühlt. Außerdem konnte sie sich einen Traum erfüllen, mit dem Besuch von Wien diese Stadt überhaupt einmal besuchen zu können. Als nächste Reise plant sie den Besuch eines Angehörigen in Halle, wodurch sie zum ersten Mal in die neuen Bundesländer reisen kann.

So gelingt es ihr, auf der Grundlage der Sicherung ihrer Wohnung und durch die Stabilisierung des Gesundheitszustandes wieder an Wünsche, Bedürfnisse und Alltagsangelegenheiten, die ihr wichtig sind, anzuknüpfen und diese durch und mit der Erweiterung des Lebensraumes unter Zuhilfenahme des SpDs umzusetzen.

Zusammenfassung

Abschließend werden die Bereiche stichwortartig zusammengefasst, die zur Aufrechterhaltung der Wohnung und zur Erweiterung des Lebensraumes für Frau W. im Rahmen der Arbeit des SpDs beigetragen haben und dafür ausschlaggebend waren:

- *Die Regulierung der materiellen Grundlage zur Verhinderung einer Kündigung oder gar einer Räumungsklage.*
- *Die Gewährleistung der Versorgung, Hilfe und Unterstützung zu Hause, wobei sich die Intensität der Unterstützung durch den jeweiligen Gesundheitszustand bestimmt.*
- *Die Haltung des SpDs und dessen Motivationsarbeit signalisierten ihr, dass für die Erhaltung ihres Wohn- und Lebensraumes auch in fast aussichtslosen Zeiten immer eine kleine Hoffnung bestand. Damit wurde ihr vermittelt, dass im Zusammenhang*

mit unseren langjährigen Erfahrungen vieles möglich ist und ausprobiert werden kann (positive Grundhaltung), ohne ihr aber irreale Vorstellungen und Illusionen »vorzuspielen«. So wurde z. B. der mögliche Weg ins Alten- und Pflegeheim als Alternative offen und konkret mit ihr bearbeitet.

- *Grenzen bei dieser Arbeit werden nur gesetzt, wenn andere ungebührlich eingeschränkt werden, wenn Fremd- oder Selbstgefährdung besteht oder der Wunsch, auszuziehen von den Betroffenen selbst ausgeht.*

Keiner der drei Faktoren traf auf Frau W. zu.

- *Die Aufrechterhaltung der Wohnung in Verbindung mit der Stabilisierung ihres Gesundheitszustandes erlauben es ihr, mit der Unterstützung durch den SpD, nach und nach ihren Lebensraum, orientiert an ihren Wünschen und Bedürfnissen, wieder zu erweitern.*

7.5.3. Tätigsein, Arbeit, Beschäftigung, Freizeit, Tages- und Wochengestaltung: Die Strukturierung der Zeit und der sinnstiftenden Elemente des Tätigseins

7.5.3.1. Bedeutung und Entwicklung der Arbeit und Beschäftigung bei Frau W. im Rückblick

»Ich als kleines Kind machte schon aus jedem Papierfetzen, wie ich glaubte ein Schnittmuster ... Ich hab neulich um halb zwei nachts – da isch mers eingfalla – eine Bluse zugschnitten ...

Ich würde den Beruf (Buchhändlerin) wieder wählen, ja ... Ach mich hat der Beruf sehr ausgefüllt ... (Ich habe) viele freiwillige Überstunden gemacht, was halt so angefallen ist ...« (Interview)

Die Ausbildung zur Buchhändlerin als Traumberuf und die Arbeit in diesem Beruf auf der einen Seite, erste Erinnerungen an spielerische Beschäftigungen in der Kindheit und das jetzige Tätigsein in seiner vielschichtigen, wenn auch nicht mehr tauschwertorientierten Form auf der anderen Seite, nehmen bei Frau W. eine wesentliche Funktion und Bedeutung in der Gestaltung und Strukturierung ihres Lebens ein. Um so kritischer und belastender waren dagegen die Zeiten, in denen sie nichts tun konnte und fast nur noch im Bett lag. Diese Beobachtung stützt sich auf Eintragungen in die Dokumentationskarte und findet ihre Bestätigung auch in verschiedenen Interviewausschnitten.

Der krankheitsbedingte Rückzug aus dem Arbeitsleben und die über sie hinweg entschiedene und vollzogene Frühberentung während eines Klinikaufenthaltes werden mehr oder weniger kommentarlos als von ihr unbeeinflussbar hingenommen. Sie hat sich damit arrangiert. Nach der Berentung wurde die Pflege der kranken Mutter und die Aufrechterhaltung des Haushaltes zum Lebensinhalt und zentralen Strukturelement in Verbindung mit den stationären psychiatrischen Behandlungen. Positiv bewertet, versuchte Frau W. nach dem Tod ihrer Mutter aus ihrer schwierigen und brüchigen Lebenslage mit einem Mal herauszukommen, eine ihr entsprechende und gemäße Form der Arbeit und Beschäftigung zu finden und damit auch letztlich eine gelungenere Strukturierung der Zeit zu entwickeln. Kritisch betrachtet war der von ihr eingeschlagene Weg aus unserer Sicht unrealistisch und von vornherein zum Scheitern verurteilt. Sie richtete einen kleinen Buchladen mit Gemischtwaren in ihrer Wohnung ein:

»Ja das (die Einrichtung der Bücherstube) war sehr schön, un i hab des an sich sehr gut bewältigt, aber s'sind halt keine Leut kommen ... Ja das war immer mein Wunsch eine eigene Buchhandlung, das wär immer mein Traum gewesen ... Ich hab's angemeldet. Im Oktober hab ich angfangen, und so auf Weihnachten zu kamen dann etliche Leut. Nach Weihnachten war dann kein Bedarf mehr.«

Wir kannten Frau W. zu diesem Zeitpunkt noch nicht, sondern begannen die Betreuung mit der »gemeinsamen Nachlassverwaltung der daraus entstandenen Schulden«. Während diese Entwicklung für uns nicht überraschend war, wunderte sich Frau W. über den nicht vorhandenen Bedarf (z. B. nach Weihnachten). Hinzu kommt, dass aus unserer Sicht in der beschriebenen Gegend das Lesen nicht unbedingt zu Hause ist. Dort bestimmen eher problembeladene Faktoren das Leben. In der eigenen Wohnung und der beschriebenen Wohnlage einen Buchladen zu eröffnen, widerspricht eindeutig den vorhandenen Marktbedingungen und -gesetzen. Die Folgen sind bekannt: Die bislang letzte Einweisung in die stationäre Psychiatrie wegen einer erneuten akuten psychotischen Erkrankung und danach der Beginn der Betreuung durch den SpD.

Gleichrangig und eng verbunden mit dem Beruf als Buchhändlerin sind ihre seit jeher bestehenden kulturellen Interessen und ihr musisches Engagement wie lesen, Theater- und Konzertbesuche, Besuche von Lesungen und Vorträgen, musikalische Betätigung sowie Aktivitäten und Initiativen in weiteren Bereichen, die zur Strukturierung ihrer Zeit und ihres Lebenssinnes wesentlich beitragen.

7.5.3.2. Frau W., die Strukturierung ihrer Zeit und die Rolle des SpDs

Für Frau W. war immer von großer Bedeutung, wie sie durch ihr Tätigsein in einem sehr umfassenden Sinne ihre Zeit strukturiert und ihr Leben sinnhaft gestaltet. Dies trifft auch heute noch zu. Sie gerät in große Schwierigkeiten, wenn sie krankheitsbedingt diese Lebensform nicht umsetzen kann und damit (sich wechselseitig bedingend) die Antriebsminderung verstärkt wird. Deshalb nehmen das Tätigsein in Verbindung mit den Hilfen für Tages- und Wochengestaltung und kulturelle Aktivitäten in der Arbeit des Sozialpsychiatrischen Dienstes mit Frau W. einen zentralen Raum ein. Für Frau W. führte langfristige Arbeitslosigkeit, der Tod ihrer Mutter, krankheitsbedingter Rückzug nach und nach zur Verminderung ihres Antriebs bis hin zu einer enormen Antriebslosigkeit in Verbindung mit starken und schwer erklärbaren somatischen Beschwerden (Schmerzen). Damit ging einher, dass sich Frau W. fast nur noch im Bett aufhielt. Die Zusammenarbeit mit Frau W. und die Begleitung durch den SpD in diesem Bereich gestalteten sich im Verlauf der Betreuung folgendermaßen:

Die erste Zeit der Betreuung, die gleichzusetzen ist mit der ersten längeren Phase kontinuierlicher Medikamenteneinnahme und dem Verschwinden psychotischer Symptome, war zunächst auf die Regulierung ihrer Schulden sowie auf die Versorgung und Unterstützung zu Hause ausgerichtet. Schon in den ersten Monaten begann sie jedoch im Arbeitsprojekt des Sozialpsychiatrischen Dienstes vor allem zur Aufbesserung ihrer finanziellen Lage, aber auch wegen der Tages- und Wochengestaltung mitzuarbeiten. Circa zwei- bis dreimal pro Woche arbeitete sie maximal zwischen vier und sechs Stunden pro Woche, indem sie Adressen schrieb sowie Kuvertier- und leichte Montagearbeiten ausführte.

Frau W. nahm nur im ersten Jahr der Betreuung am Arbeitsprojekt teil. Mit der Zeit zweifelte sie am Nutzen dieser Arbeit:

»Während dieser Tätigkeiten hat sich mir die selbstprüfende (Gewissens-)Frage ge-

stellt, ob diese öde, quasi Akkordarbeit, die für mich ›beschränkte‹ Beschäftigungszeit würdig entlohnt wird. Nach Abzug des Straßenbahnfahrgeldes musste ich das mit Nein beantworten, weshalb ich die Teilnahme aufgab, sehr zu meiner Erleichterung.«
(Anmerkung nach Lesen des Manuskriptes)

Während für viele KlientInnen die stundenweisen Arbeitshilfen eine wichtige Bedeutung einnehmen und das Angebot der Nachfrage nicht folgen kann, kommt Frau W. aus plausiblen Gründen zum Ergebnis, dass sich diese Arbeit für sie nicht lohnt. Ein weiterer Grund für diese Haltung könnte u. E. auch darin bestehen, dass die vielen schwierigen Menschen im Sozialpsychiatrischen Dienst, deren Nähe und die einfachen Arbeiten, die wenig mit ihrem erlernten Beruf zu tun haben, mit zum Rückzug beitrugen.

Hinzu kam, dass die körperlichen Beschwerden (die Schmerzen im Bein) und Erkrankungen (Bronchitis, Lungenentzündung etc.) zunehmend zu Einschränkungen ihrer Bewegungsmöglichkeiten führten, sodass sie am Ende des ersten Jahres der Betreuung durch den SpD die Wohnung nur noch unter großen Anstrengungen verlassen konnte. Dieser Zustand ging mit häufigen Aufenthalten im Allgemeinkrankenhaus einher und endete, wie weiter oben beschrieben, erst im Laufe des Jahres 1996. Im Arbeitsprojekt des SpDs arbeitete sie bislang nicht mehr, da sie aus obigen Gründen und nach ihrer langen Phase des Rückzugs andere Wege des Tätigseins entwickelt hatte.

Die unfreiwillige Bindung an ihre Wohnung über fast drei Jahre hinweg mit verschiedensten Erkrankungen zwischen Bett und Allgemeinkrankenhaus sowie Versuchen, sich in der Wohnung zu beschäftigen und diese auch wieder zu verlassen, erforderte eine Betreuung und Begleitung, welche die Erhaltung des Lebensraumes und der Wohnung, die Grundversorgung und die Aufrechterhaltung des Haushaltes zwangsläufig ins Zentrum der Anstrengungen rückte. Innerhalb dieser Anstrengungen nahmen kleinste Versuche, Ziele und Schritte mit ihr zu überlegen und auszuprobieren, wie sie wieder aus dem Zustand einer fast schon lethargischen Antriebslosigkeit herausgeführt werden konnte, einen breiten Raum ein. Bei der Durchsicht der Dokumentationskarte und den Interviews fällt auf, dass ihr diese Zeit im Nachhinein nicht mehr so präsent ist (nicht mehr sein kann?) im Vergleich zur Bedeutung, die sie in der Dokumentation unserer Arbeit eingenommen hatte. Der beliebig gewählte längere Auszug aus der Dokumentation der Arbeit mit Frau W. aus dieser Zeit vermittelt den entsprechenden Eindruck, während in dieser Phase im Interview bezüglich Tätigsein nichts zu finden ist:

24.01.1994 Hausbesuch 25 Min.: Leichte Besserung, Klärung mit Schwester, dass die Rückkehr nach Hause nicht einfach ist. Frau W. möchte bei uns Wäsche waschen lassen.
27.01.1994 Hausbesuch 20 Min.: Wegen Schulden Sozialanwaltliches mit ihr geklärt, geht's ordentlich, Spaziergänge mit Praktikant tun ihr gut.
31.1.1994 Hausbesuch 15 Min.: Sozialanwaltliches, Wäsche mitgenommen, Stimmung einigermaßen gut, körperlich ebenfalls.
04.02.1994 Hausbesuch 20 Min.: Leichte Besserung; Zusammenhang von Alleinsein und Schmerzen kann sie verstehen.
17.02.1994 Hausbesuch 20 Min.: Schmerzen im Fuß, sonst unverändert.
24.02.1994 Hausbesuch 20 Min.: Unverändert im Vergleich zum letzen Mal, Termine mit Praktikant tun ihr trotzdem sehr gut; sie war mit ihm gestern draußen. Hausbesuch ihrer Ärztin, die allerdings nichts Besonderes gesagt hat.
08.03.1994 Hausbesuch 20 Min.: Geht's schlecht, liegt viel im Bett, eventuell Kran-

kenhaus nötig, ich habe eingekauft; Frau W. hat Schmerzmittel eingenommen.
15.03.1994 Hausbesuch 25 Min.: Weiterhin schlechter Zustand; am Donnerstag müssen wir sie abholen zum Kaffee in den SpD; ich habe Glühbirnen in ihrer Wohnzimmerlampe ausgetauscht.
07.04.1994 Hausbesuch 10 Min.: Frau W. ist im Krankenhaus wegen ihres Beines, eventuell Operation nötig.
In den Jahren 1995 und vor allem 1996 nehmen dann langsam die Phasen zu, die mit einer Rückeroberung des Lebensraumes, des wieder Tätigwerdens, der Gestaltung des Tages und ihres Lebenssinnes bezeichnet werden können. Auch dazu wieder ein Ausschnitt aus der Dokumentationskarte:
07.07.1995 Hausbesuch 15 Min.: Frau W. gehts schlecht, sie hat Beklemmungen, ohne jedoch Angst zu haben; Frau W. liegt fast nur noch im Bett; sie hat Appetit; der Schlaf ist gut.
10.07.1995 Hausbesuch 15 Min.: Etwas besser als am Samstag; sie leidet sehr unter der Hitze, Tipps zur Kühlung gegeben.
13.07.1995 Hausbesuch 20 Min.: Frau W. ist lebhafter und lebendiger als bisher.
14.07.1995 Hausbesuch 1 Stunde: Termin mit Bischof war ein guter Erfolg; sie hat sich extra »fein gemacht«; sie ist mit im SpD gewesen und hat vorher eingekauft.
20.07.1995 Hausbesuch 10 Min.: Durch Hitze ist Frau W. wieder etwas schlaffer. Sie wurde von der Diakoniestation gerade gewaschen.
25.07.1995 Hausbesuch 15 Min.: Gesundheitszustand hat sich rapide verschlechtert (Gehprobleme); sie kann's schwer beschreiben und sowieso nicht erklären; sie möchte morgen ihrer Ärztin anrufen; diese Woche steht noch Einkauf ein; am Samstag holen wir sie zum Sommerfest des SpDs ab.
28.07.1995 Hausbesuch 15 Min.: Gesundheitszustand etwas besser; habe ihr Essen vorbeigebracht.
31.07.1995 Hausbesuch 20 Min.: Frau W. war Eis essen; am Samstag war sie beim Fest dabei, was ihr sehr gut getan hat.
03.08.1995 Hausbesuch 25 Min.: Frau W. geht's gut. Sie ist jedoch müde und schlapp, wirkt aber aufgeweckt bei der Frage nach einem Bild an der Wand von ihr und ihrer Familie.
09.08.1995 Hausbesuch 15 Min.: Heute wieder besser und lebhafter seit dem Wochenende, braucht Medikamente, regelt dies mit der Vertretung von Dr. S.
11.08.1995 Hausbesuch 20 Min.: War gestern mit Kirchengemeinde ganztags auf Reisen, was ihr sehr gut getan hat, heute dementsprechend »erledigt«; ich habe ihr Medikamente und Geld vorbeigebracht.
Diese Zeit kann als Übergangsphase bezeichnet werden, der durch einen ständigen Wechsel von aktiveren Phasen, Zeiten des Rückzugs und passiven Phasen gekennzeichnet ist. Sukzessive nehmen die aktiven Phasen zu, Krankheitsphasen werden kürzer und nehmen nicht mehr die Bedeutung ein, die sie früher hatten. Aktuell führt Frau W. ein Leben, indem sie ihr Tätigsein und ihre Zeit so strukturieren kann, dass sie mit ihrem momentanen Leben zufrieden ist. Zum weiteren Fortschritt in der Übergangsphase ein Ausschnitt aus der Dokumentationskarte Anfang 1997:
»02.01.1997 Hausbesuch 20 Min.: Unverändert guter Zustand, mit ihr über Gnostiker gesprochen; sie macht außerhalb wieder vieles selbstständig.

14.01.1997 Hausbesuch 15 Min.: Sie geht zu ihrer Schwester zwei Wochen in Urlaub; Frau W. hatte Atemprobleme, unklar woher (Asthma?); sie war beim Arzt und hat Medikamente dafür bekommen; sehr angetan wegen meiner Bemerkung, dass sie eine kooperative Klientin sei.

17.01.1997 Hausbesuch 15 Min.: Wieder zurück von ihrer Schwester, es geht ihr gut; hatte einen angenehmen Urlaub.

05.02.1997 Hausbesuch 20 Min.: Ich helfe ihr im Haushalt; es geht ihr sehr gut und ist überwältigt von der von uns organisierten Spende; sie möchte dafür eine kulturelle Reise nach Singen durchführen.

09.02.1997 Hausbesuch 20 Min.: Bis auf ihre Müdigkeit gesundheitlich o. k.; Stimmung ist gut; am Sonntag ist sie zu Angehörigen eingeladen.

14.02.1997 Hausbesuch 15 Min.: Sie ist weiterhin sehr aktiv und unternimmt viel, aus meiner Sicht völlig okay.

21.02.1997 Hausbesuch 15 Min.: Frau W. stellt fest, dass sie müde aber trotzdem aktiv ist. Freut sich auf die Reise nach Singen; abschließend über das von ihr beabsichtigte Reiseprogramm gesprochen.

Die Auszüge, welche den Verlauf der Arbeit wiederspiegeln machen deutlich, wie es Frau W. mit Unterstützung gelingt, in kleinen Schritten und mit Rückschlägen wieder in ihren Alltag »zurückzukommen«, diesen zu erweitern, ihre Zeit zu strukturieren, tätig und aktiver zu werden sowie ihr Leben wieder mehr und mehr in die eigene Hand zu nehmen: In kleinschrittiger Arbeit, in Gesprächen, in kleinen Handlungsetappen, in unscheinbaren, aber kontinuierlichen Hinweisen wird mit Frau W. dieser Weg gemeinsam beschritten und ihr die dazu in der jeweiligen Situation erforderliche Hilfe und Unterstützung, Beratung und Anleitung zur Verfügung gestellt. Eine Aktivität, eine Initiative, eine Strukturierung folgte auf die andere. Diese wurden gemeinsam besprochen und von ihr weiterentwickelt: Kochen, essen, nähen, sticken, Musik hören, Fernsehen. Dadurch verbrachte sie Woche für Woche weniger im Bett, immer wieder jedoch mit Pausen und kleinen Rückschlägen versehen. So war z. B. die Abwesenheit von Schmerzen gekoppelt mit extremer Müdigkeit und großem Schlafbedürfnis. War sie wach und lebhaft, litt sie unter den Schmerzen. Bei diesem Prozess handelte es sich keineswegs um einen linearen Vorgang, sondern um einen mühsamen Weg mit Hindernissen.

Die Möglichkeit für Frau W. wieder mehr und mehr tun und damit ihren Handlungsspielraum (und Lebensraum) erweitern zu können, wird begleitet von einem immer wieder im Gespräch eingebrachten Versuch, gemeinsam zu verstehen und zu begreifen, was aktuell in ihr abläuft und geschieht, um mit ihr schlüssige und plausible Erklärungen ihres Verhaltens zu entwickeln. Dabei geht es nicht um abstrakte Erklärungen, sondern um pragmatische auf ihren Erfahrungen aufbauenden Erklärungsversuchen, die sie mittragen kann und für die jeweilige Zielsetzung des Gespräches relevant sind. Dasselbe gilt selbstverständlich nicht nur für den Bereich des Tätigseins und der Strukturierung der Zeit.

Unser Verhalten steht in engem Zusammenhang mit dem Verlauf des Prozesses: Frau W. wird ernst genommen. Wir vermitteln ihr realitätsbezogene Zuversicht und strahlen diese ihr gegenüber auch aus, ohne unrealistisch eine heile Welt nach dem Motto »es wird schon wieder werden« vorzugaukeln. Handlungsleitendes Interesse ist, ihr Würde und Respekt entgegenzubringen, sie so zu akzeptieren, wie sie jeweils ist, auch und gerade dann, als fast kein Handlungsspielraum mehr vorhanden war, als sie ohne Hoffnung und verzweifelt (fast) nur noch im Bett lag. Zu unserem Vorgehen gehört(e), sie nicht unter Druck zu setzen, sondern ihr vielmehr den Druck, unter den sie sich selbst stellte, zu nehmen. Wir schlossen jedoch nie aus, dass sich ihr Antrieb und ihr »Tätigwerden«, festzustellen durch (manchmal) kaum wahrnehmbare Beispiele, auch wieder ändern können, wenn dies für sie auch nicht mehr vorstellbar war und sich bei uns ebenso Zweifel einstellten. Die realitätsbezogene, zuversichtliche und respektvolle Haltung schließt die Akzeptanz und den Umgang mit der Möglichkeit ein, dass eine Phase des Rückzugs ins Bett mit Schmerzen in den Beinen ohne kausale Erklärung auftreten können in Verbindung mit dem Rückgang des aktuellen Tätigkeitsniveaus bis hin zu einer umfassenden Antriebslosigkeit. Von wesentlicher Bedeutung ist dabei, nicht aufzugeben, Frau W. »nicht fallen zu lassen«, weil sie z. B. keine Entwicklung nach vorne, keine rehabilitativen (in einem einseitig verstandenen therapeutischen Sinn) Schritte vollzieht. Vielmehr geht es darum, ihr das Gefühl zu vermitteln, Da-zu-Sein, Präsent-zu-Sein als Mitarbeiter des SpDs und ihr dies auch real zu zeigen. Innerhalb des Teams müssen Inhalt, Struktur und die Beziehung der Betreuung daraufhin thematisiert, immer wieder neu angepasst und festgelegt werden.

Zusammenfassung
- *Die Thematisierung der Bedeutung des Komplexes Arbeit und Beschäftigung (Strukturierung der Zeit): Darin erfolgt Beratung, Motivierung und Unterstützung, vor allem auch in gesundheitlich schwierigen Zeiten.*
- *Erarbeitung kleinster Schritte und der Versuch, am Thema dran zu bleiben, es sozusagen »am köcheln zu halten«.*
- *Direkte Begleitung und Unterstützung ihres Tätigseins: Nähen, stricken, sticken, kochen, lesen etc.*
- *Beschäftigung/Mitarbeit in der Arbeitsbörse (stundenweise Arbeitshilfen).*
- *Der Versuch und die Bemühung immer wieder situationsbezogen herauszufinden, was gerade möglich ist, was geht und was aktuell von Bedeutung ist.*

Haltung und Einstellung des SpDs: Weiterentwicklung als Ziel aber auch Stillstand und Verringerung des Tätigseins mit einkalkulieren, akzeptieren und respektieren können; Vermittlung realitätsbezogener Zuversicht über und durch Ernstnehmen, Offenheit, Aufmerksamkeit, Zuverlässigkeit, Strukturierung und aktivem Zuwarten.

7.5.4. Von der Bedeutung, Funktion und dem Umgang mit Geld: Frau W., ihr Geld und der SpD

»Geld ist geprägte Freiheit« (Dostojewski), aber auch ein »ewiger Kampf ums Dasein, eine unglückliche Liebe und immer zu wenig vorhanden« (Frau W.).
Auf die erste Frage, welche Rolle das Geld für sie spielt, antwortet Frau W.:
»Das war ein ewiger Kampf ums Dasein ...(Sie waren nie auf Rosen gebettet?) ... Nein, nie. Ich weiß noch einmal in München, wie mir's Weihnachtsgeld ausgezahlt kriegt haben, also da gab's noch 13. Monatsgehalt zu Weihnachten und als das ausbezahlt wurde, hatte ich in meiner Zahltagstüte einen Tausendmarkschein. Es war der Erste und Einzige, den ich jemals gesehen hab ...«

Nach der gemeinsamen Regulierung der Schulden (7.4.3.) willigte Frau W. auf Nachfrage sofort in eine freiwillige Geldverwaltung durch den Sozialpsychiatrischen Dienst ein. Sie geht im Interview nicht besonders ausführlich darauf ein, sondern bestätigt eher die

Fragen. Sie stellt fest, dass ihr das so recht ist und sie keine Einschränkung dadurch erlebt, auch nicht in ihrer Selbstständigkeit. Deutlicher formuliert sie den Sinn und die Notwendigkeit in den handschriftlichen Aufzeichnungen:

»Stellvertretende Kontoführung für die betreuten Personen sind zwar prosaische Handreichungen, verdienen aber eine besondere Würdigung, da sie dem heute oft komplizierten Zeitablauf seine Ängste nehmen.«

Die Handhabung und der Umgang mit der Geldverwaltung durch den Sozialpsychiatrischen Dienst vollzieht sich auf einer sehr einfachen und kooperativen Ebene. Sie behält ihren Kontostand jeweils im Blick und berät sich bei irgendwelchen Fragen mit der Verwaltungsfachkraft des Sozialpsychiatrischen Dienstes, die für das Anlegen und die Führung der Personenkonten verantwortlich ist. Frau W. holt ihr Geld zu den vereinbarten Zeiten einmal 14-tägig ab. Falls das Geld bis zur nächsten Auszahlung nicht ganz reicht, bittet sie mich, beim nächsten Hausbesuch einen kleinen Betrag mitzubringen. Aufgrund der unkomplizierten Handhabung und des verantwortungsvollen Mitdenkens stellte sich immer wieder die Frage, warum die freiwillige Geldverwaltung bei Frau W. eigentlich noch besteht und ob die Aufhebung nicht wieder mehr Autonomie bedeuten würde. Aus unserer Sicht kann dies bejaht werden. Frau W. sieht darin jedoch eine Sicherheit, eine Übersichtlichkeit und eine konkrete Hilfestellung, die sie gerne in Anspruch nimmt:

»Sympathisch berührt es mich, dass vertrauliche Aktionen, wie z. B. Amtsgeschäfte und finanzielle Belange stellvertretend zwar schnell, aber gründlich und realistisch, verlässlich erledigt werden. Anlass der Kontoeröffnung bei der Caritas war folgender: Die Post hat mir damals mein Postscheckkonto gekündigt mit dem Argument: Das lohne sich für sie nicht, wenn sie jeden Monat alles abhebe, was sie hat. Seit dem Weg über die Caritas bekomme ich mein Geld pünktlich und problemlos.« (Handschriftliche Aufzeichnung)

Angesichts ihrer Schulden in der Vergangenheit und dem Zurechtkommen mit ihrem Geld sind wir zurückhaltend, die Aufhebung ihres Personenkontos unbedingt (quasi gegen ihren Willen) in Erwägung zu ziehen.

Frau W. ist für die Einrichtung einer freiwilligen Geldverwaltung fast schon ein »klassischer Fall«: Sie nahm diese Hilfe gerne an und auch in Kauf, wodurch ihre Schulden reguliert wurden und gleichzeitig das Zurechtkommen mit dem Geld damit verbunden werden konnte. Hätte sie das Angebot abgelehnt und wären wir nach reiflicher Überlegung im Team zum Schluss gekommen, dass eine derartige Unterstützung dringend geboten gewesen wäre, hätten wir eine Vermögensbetreuung beantragt. Selbstverständlich wird ein solches Vorgehen offen und direkt mit dem/der KlientIn besprochen.

Mit Frau W. wird ein Beispiel mit einem sehr positiven Verlauf beschrieben, wie die Intervention des SpDs zu einer gelingenderen Bewältigung des zu Grunde liegenden Problems beiträgt.

Zusammenfassung

- *Gespräche, welche Rolle und Bedeutung das Geld für sie hat.*
- *Vorsichtiges Hinlenken auf das Thema mit entsprechender Beratung, wie das wenige Geld eingeteilt werden kann, verbunden mit einer Haltung von Offenheit und Klarheit, aber auch mit großer Sorgfalt im Wissen darum, wie heikel und brisant dieser Bereich von den Betroffenen wahrgenommen wird und für sie ist.*

- *Gemeinsame Schuldenregulierung und damit Sanierung ihrer finanziellen Lage.*
- *Einrichtung einer freiwilligen Geldverwaltung im Sozialpsychiatrischen Dienst zur Vermeidung einer Vermögensbetreuung (Aufrechterhaltung ihrer Rechte als Bürgerin). In manchen Situationen ist jedoch die Einrichtung einer Vermögensbetreuung zur Verhütung weiterer materieller und sozialer Verelendung dringend geboten.*
- *Auftun von Spenden für kulturelle Zwecke und Reisen, die sie sich nie hätte leisten können mit dem Ziel, die Teilnahme am gesellschaftlichen und kulturellen Leben und vor allem ihre Lebensqualität zu fördern.*

7.5.5. Kommunikation, Kontakte, Beziehungen: Das Arrangement mit dem Alleinleben und Alleinsein – Die Strukturierung ihrer Beziehungen

Wie gestaltet Frau W. diesen Bereich ihres Lebens? Welcher Einfluss und welche Hilfe übt darin der SpD aus?

7.5.5.1. Alleinleben: Gewollt oder ungewollt?

Frau W. lebt seit dem Tod ihrer Mutter (1989) allein. Zur Nachbarschaft pflegt sie keine kontinuierlichen Kontakte. Sie hat weder eine Freundin noch einen Freund. Einzig zur Kirchengemeinde bestehen einige Kontakte, dabei in erster Linie zum Pfarrer. Sonst bestehen keine weiteren Kontakte zu anderen Gemeindemitgliedern, obgleich ihr die Zugehörigkeit zur kirchlichen Gemeinschaft wichtig ist. Jedoch bestehen Beziehungen zu ihren Angehörigen. Obwohl diese quantitativ nicht besonders intensiv sind, stehen sie eindeutig an erster Stelle (Schwester, Nichten und deren Kinder). Den kontinuierlichsten und zumindest von der Quantität her intensivsten Kontakt pflegt sie zum SpD (Betreuer und Verwaltungsfachkraft) und zu den Schwestern der Diakoniestation. Die im Interview erwähnten Bekannten aus S. sieht sie de facto nicht mehr. Es bestehen jedoch sporadische Briefkontakte.

Frau W. lebt demzufolge relativ isoliert und allein, kommt aber allem Anschein nach damit zurecht.

Die Bedeutung von Kommunikation, Kontakten und Beziehungen im Leben von Frau W. ist nicht ganz einfach herauszufinden. In der Erinnerung an ihre Kindheit schildert sie sich als kontakt- und beziehungsfähige Schülerin. Im Jugendalter hatte sie keine festen und kontinuierlichen freundschaftlichen Beziehungen. Eine beginnende Isolierung scheint sich schon damals abgezeichnet zu haben. Der Kontakt zu einer Freundin riss vor ca. 20 Jahren ab:

> »Ich habe eine Freundin gehabt, die hat mich schnöde verlassen. Die hat mir eines Tages einen komischen Brief geschrieben, sie wäre am liebsten allein, na ich dacht, soll sie halt.«

Auf die Frage nach dem Wunsch nach einer eigenen Familie antwortet sie in zwei Richtungen. Zum einen betont sie lapidar, dass sie während ihrer Zeit in Köln und München arbeitsbedingt nicht dazu kam:

> »Nein, gar net, na wie gesagt hatt sich nicht ergeben, ich hab ja abends lang Überstunden gemacht, hab die meiste Zeit bis neun Uhr abends gearbeitet, da is mer froh, wenn niemand mehr was von einem will, ja.«

Zum anderen bestätigt sie ihren ursprünglich einmal vorhandenen Wunsch durch die Kontakte und Beziehungen zu ihren Angehörigen:

»Ja, ich habe ja jetzt so viele Nichten und Neffen ja ..., das gleichts ein bißle aus ... eine Gottesgabe aber ist mir einigermaßen psychischen Ersatz bietend, dass ich dank meiner Schwester und meinem Schwager fünffache Tante und elffache Großtante bin. In diesen Nichten und Neffen finde ich vieles wieder, was ich von mir selbst kenne, als wären's meine eigenen Kinder, z. B. das Auswandern aus dem Elternhaus, (wobei) meine älteste Großnichte sich in ihren Handhabungen darstellt, als wäre ich es selbst.«

Für mich bleiben die Antworten etwas diffus und auch widersprüchlich. Ich möchte diesbezüglich nicht auf einer intensiveren Auseinandersetzung bestehen, da Frau W. eher ausweichend antwortet. Trotz der möglichen Wichtigkeit und Bedeutung für den Alltag und auch für den Verlauf der Erkrankung muss der Stand so akzeptiert werden, unabhängig davon, ob Frau W. unfreiwillig ein Arrangement treffen musste, oder ob es eine freie Entscheidung war, ohne eigene Familie zu leben. In der aktuellen Alltagsarbeit hat diese Fragestellung trotz einiger Versuche meinerseits keine Bedeutung, obwohl darin eventuell »einige Schlüssel« zum Verständnis liegen könnten. Trotzdem bestimmt letztlich Frau W. den Inhalt und den Verlauf der Gespräche, es sei denn, es handelt sich um Angelegenheiten, die dringend erledigt werden müssen (z. B. Ernährung oder Schulden oder ihr körperlich bedenklicher Gesundheitszustand in früheren Zeiten).

Ihre nächsten Angehörigen nehmen dafür eine Ersatzfunktion ein. Der Kontakt zu ihnen steht im Mittelpunkt ihrer Beziehungen. So ist sie z. B. wegen ihres Vaters letztlich wieder nach Stuttgart zurückgekehrt, um in den letzten Jahren seines Lebens in seiner Nähe zu sein:

»Ja, weil mein Vater dann sehr krank wurde, und ich wollte eigentlich mehr hier in der Nähe sein.«

Entsprechend schmerzhaft und groß war der Verlust, als er starb. Analoges ergibt sich aus der Beziehung zur Mutter, mit der sie lange in der Wohnung allein lebte und die sie bis zu ihrem Tod gepflegt hatte:

»Ja, sie konnte noch laufen, aber sie musste geführt werden, weil halt manchmal auch ihr der Schmerz so reingschossen ist, dass sie dann Schwierigkeiten ghabt hat mit dem Laufen ...(Dies heißt, dass damit für sie auch eine sehr anstrengende Zeit verbunden war?) Ich hab damals net so empfunden, nein ...(War das für sie einfach so selbstverständlich?) ... Das war eben so, genau ... (Die eigenen Eltern zu pflegen ist heutzutage ja nicht mehr üblich?) ... Im Gegenteil, wenn die Leute von Altersheim gesprochen haben und sowas, da war ich nie dafür, dass mei Mutter hinkommt. Da wär sie auch furchtbar unglücklich gewesen.«

Jetzt pflegt Frau W. so oft es geht den Kontakt mit den Angehörigen.

7.5.5.2. Umgang und das Zurechtkommen mit dem Alleinsein

Die Gewöhnung an Ungewohntes (in der eigenen Wohnung **alleine** leben) nimmt sie seit dem Tod ihrer Mutter hin. Sie klagt nicht darüber. Es scheint kein besonderes Problem für sie zu sein. Einsamkeit und Isolierung waren in der bisherigen Beziehung zu Frau W. selten Thema. Wenn dieser Bereich eine Schwierigkeit darstellt und von uns problematisch eingeschätzt und bewertet wird, gewinnt er im Verlauf einer Betreuung irgendwann einmal sukzessive an Bedeutung. Bei einem sehr großen Teil des Personenkreises ist er ständig Gegenstand der Diskussion, vor allem bei jenen Menschen, die außer dem SpD keine weiteren kontinuierlichen Kontakte pflegen.

Im vorherigen Kapitel wurde z. B. beschrieben, wie Frau W. über die Jahre des Alleinlebens hinweg wieder gelernt hat, die Zeit und ihren Alltag selbstständiger und zufrieden stellender einzuteilen und zu strukturieren, was aus unserer Sicht ebenso gesehen wird. Das Beispiel Weihnachten verdeutlicht dieses Arrangement: Obwohl sie die Räume und den SpD als etwas Angenehmes schildert und dort jedes Jahr am Heiligen Abend eine Feier stattfindet, lässt sie es sich nicht nehmen, nach dem Gottesdienst in ihrer Kirchengemeinde sofort nach Hause zu gehen, für sich alleine zu feiern und sich dabei wohl zu fühlen.

Selbstverständlich könnte nun entgegnet werden, dass der Bereich Kommunikation, Kontakte und Beziehungen bei Frau W. sehr wohl einen breiten Raum einnimmt und über bestimmte Haltungen und symbolische Handlungen sichtbar ist. So könnten die langen Phasen der Schmerzen eventuell in Verbindung stehen mit dem Wunsch nach Zuwendung. Weiter könnten die permanenten Aufenthalte im Allgemeinkrankenhaus als Ausdruck eines verborgenen Wunsches, sich nicht mehr allein in der Wohnung versorgen und leben zu wollen oder zu können, betrachtet werden. Dabei handelt es sich um unsere Einschätzungen und Interpretationen, die von ihr nicht geteilt werden. Außerdem nehmen sie in der alltäglichen Arbeit mit Frau W. wenig Raum ein und sind von geringer Relevanz. Da bei ihr diesbezüglich im Unterschied zu vielen anderen von uns betreuten Menschen kein wahrnehmbarer Leidensdruck besteht und auch über verschiedene Thematisierungen und Fokussierungen auch nichts festzustellen war, wird uns das Thema trotzdem »nicht verloren gehen«. Doch würde »Ein-darauf-Bestehen« irgendwann zur Farce werden oder im Sinne einer self fullfiling prophecy ein Problem erzeugen, nur weil wir es so sehen.

7.5.5.3. Kontakte und Beziehungen zur Familie

Wie oben erwähnt steht ihre Herkunftsfamilie für sie im Mittelpunkt der Kontakte und Beziehungen und nimmt einen hohen Stellenwert bei ihr ein. Ihren Äußerungen ist zu entnehmen, dass diese Kontakte eine gewisse Ersatzfunktion für eine eigene Familie einnehmen. Zur Familie gehören ist für sie von enormer Wichtigkeit. Ein Teil der Familie zu sein, bedeutet für sie trotz der räumlichen Distanz und des Alleinlebens sehr viel. Neben den schon teilweise zitierten Auszügen aus dem Interview spiegelt sich dieses Faktum in verschiedenen Beispielen wieder, unter anderem darin, dass sie vor nicht allzu langer Zeit die akribische Zusammenstellung und wertvolle Darstellung des Familienstammbaums durchführte und an ihre Angehörigen verschickte. Oder sie telefoniert regelmäßig mit ihrer Schwester. Oder sie reiste vor kurzem zur Tochter ihrer Nichte nach Wien. Oder sie stellt in der Weihnachtszeit mit viel Liebe und Zeit Weihnachtsgeschenke zusammen, bei denen sie keinen der nächsten Angehörigen auslässt. Ob ihre Angehörigen allerdings die gleiche Wichtigkeit und Bedeutung der Beziehung zu Frau W. beimessen, ist fraglich und schwierig einzuschätzen, leben diese doch im Unterschied zu ihr nicht allein und sind deshalb vermutlich nicht so sehr auf den Kontakt angewiesen wie umgekehrt.[55]

Welche Funktion, Rolle und Bedeutung die Familiengeschichte einnimmt, ist ebenfalls schwer zu eruieren, da sie in der bisherigen Arbeit mit Frau W. für die Bewältigung des Alltags nicht die Relevanz hatte wie in anderen Familien, bei denen die KlientInnen z. B. noch zu Hause wohnen oder sich noch in einer schwierigen Ablösungsphase, bzw. nicht

---

55 Nachdem Frau W. diesen Abschnitt gelesen hatte, merkte sie an, dass »immerhin eine Nichte und zwei Großnichten ihr laufend Sympathiekundgebungen entgegenbringen«.

gelungenen Loslösung von zu Hause befinden und noch eng in die Herkunftsfamilie eingebunden sind.

Der Anteil der Arbeit des SpD in Bezug auf die Angehörigen ist bei Frau W. gering im Vergleich zu anderen »Fällen«, bei denen die Arbeit mit Angehörigen gelegentlich mehr Zeit in Anspruch nimmt als mit den Betroffenen selbst. Trotzdem sind ihre Angehörigen immer wieder mal Thema unseres Gespräches. Ich frage nach, ob und wie der Kontakt sich gerade gestaltet und aussieht, ob es »so« gerade ausreicht und für sie in Ordnung ist. Falls dies nicht der Fall ist, erfolgt eine Beratung, was sie oder wir tun können. Wichtig ist ihr, eine Aussprachemöglichkeit zu haben und uns beratend an ihrer Seite zu wissen. Dies war z. B. nötig, als sich ihre Nichte scheiden ließ, was ihr sehr zusetzte und sie stark belastete. Des Weiteren kam es aus unterschiedlichsten Gründen in Absprache mit Frau W. zu verschiedenen Telefonaten mit ihrer weiter entfernt wohnenden Schwester.

7.5.5.4. Beziehung und Kontakte zu den Nachbarn: Fremd unter Fremden

Der Kontakt scheint trotz fehlender akuter und auffälliger Probleme sowohl in der Vergangenheit als auch aktuell nicht ganz konfliktfrei zu sein. In der Anfangsphase ihrer Erkrankung waren einige Nachbarn über »das Stimmen hören« in ihre psychotische Erkrankung eingebunden, obwohl es zuvor nie zu irgendwelchen Streitereien gekommen war:

> »Sehr aggressiv waren die Bemerkungen, ja ...doch ich hab Nachbarn sprechen hören, die gar nicht so nah sind, dass mer se hören könnte ... Die haben geschimpft, gedroht, alles mögliche ...«

Durch die Veränderung der Bevölkerungsstruktur ihres Stadtteils befindet sich mittlerweile nur noch ausländische Bevölkerung in ihrer Wohneinheit als Nachbarn, was ihr sichtlich schwer fällt, dies so zu akzeptieren:

> »Ja und sehr schlimm ist für mich, dass ich die einzige Deutsche noch im Haus bin und praktisch an gewöhnlichen Tagen überhaupt keine deutsche Sprach mehr hör, weswegen ich u. a. mich selbst literarisch in Lyrik und Prosa betätige ... Ja da is mer machtlos. Ich find's halt von der Stadt nicht ganz richtig, dass sie jede, aber auch wirklich jede Wohnung mit Ausländern beleget. Da gibt's a Menge Leut, aber ich bin noch die einzige Überlebende sozusagen in unserem Haus, als einzige Deutsche.«

Meine Einschätzung ist dagegen, dass sie von ihren ausländischen Nachbarn (vor allem von einer Familie) mehr Aufmerksamkeit und Zuwendung erfährt im Vergleich zu vielen deutschen Nachbarn, die wir in dieser Gegend kennen. Von ihr wird das deutlich relativiert. Sie möchte keine näheren Kontakte und Beziehungen zu ihren Nachbarn. Ihre Strategie scheint darin zu bestehen, sich literarisch mit der deutschen Sprache zu beschäftigen und damit leichter mit den Veränderungen im Haus umgehen zu können. Aufgrund des relativ konfliktfreien Feldes entsteht für uns kein Interventionsbedarf. Allerdings wissen die Nachbarn, zumindest jene, die hin und wieder Mahlzeiten bei ihr vorbeibringen, wer ich bin und weswegen ich zu Frau W. komme. Sie hat mich ihnen einmal vorgestellt.

Im Unterschied zu vielen anderen Situationen, in denen Konflikte, Reibereien und Ärger mit den Nachbarn oft zur Tagesordnung gehören, eskalieren, sich zuspitzen und eine intensive Ausgleichsarbeit von uns gefordert ist, gibt es diesbezüglich bei Frau W. nichts zu berichten und auch nichts zu tun. In der Regel handelt es sich dabei um Ruhestörungen vor allem in der Nacht, Beschimpfungen, unangenehme Gerüche, skurriles, angsteinflößendes, hin und wieder auch fremdgefährdendes Verhalten.

7.5.5.5. Kontakt mit der Kirchengemeinde

Religion und Kirche nehmen im Leben von Frau W. eine wichtige Bedeutung ein und darin auch der Kontakt zu ihrer Kirchengemeinde. Auf die Frage, zu wem sie Kontakte habe, antwortet sie:

»Da is als einziges die Kirchengemeinde.«

Wenn es ihr möglich ist, geht sie sonntags in den Gottesdienst oder auch zu anderen Veranstaltungen der Gemeinde (Konzerte, Vorträge, Lesungen und Ausflüge). Von unserer Seite wurde sie immer wieder motiviert und unterstützt, am Programm der Kirchengemeinde teilzunehmen.

In Gesprächen wurden immer wieder folgende Aspekte thematisiert:
- sich beteiligen,
- ein Gefühl der Zugehörigkeit entwickeln, nicht nur aus Gründen der Religiosität, sondern weil sie dort auch auf Menschen trifft,
- Kontakte knüpfen und aufrechterhalten können,
- Zeit strukturieren,
- sich religiös betätigen.

Die religiöse Haltung kommt in entsprechenden Symbolen in ihrer Wohnung durch die Orientierung am Kirchenjahr deutlich zum Ausdruck. So verkörpern z. B. die Ornamente in den Vorhängen, Tischdecken oder der entsprechende Schmuck Kirchenfeste wie Weihnachten und Ostern.

Regelmäßige Kontakte zu den Pfarrern bestehen, aber auch kritische Einschätzungen und Bewertungen, wenn sie ihr nicht so sympathisch sind oder die Predigten aus ihrer Sicht zu wünschen übrig lassen.

Trotz unserer Bemühungen, sie zur Teilnahme an Angeboten der Kirchengemeinde zu bewegen, um in erster Linie Kontakte und Beziehungen zu knüpfen, ist festzuhalten, dass dies für sie nicht im Vordergrund steht, sondern die kirchliche Gemeinschaft, die damit verbundene Spiritualität und das Gefühl, zur Kirchengemeinde dazuzugehören. Es kommt noch ein anderer Gesichtspunkt in den Kontakten und Beziehungen (nicht nur) mit der Kirchengemeinde hinzu:

»Wichtig ist mir dabei das Zusammensein mit Menschen derselben Bildungsstufe«, erwähnt sie nach dem Lesen des Manuskriptes. Es geht ihr nicht nur um die Teilnahme, sondern auch um die Qualität des Kontaktes. Sie möchte solche Veranstaltungen und Fahrten schon mit Menschen durchführen, mit denen sie eine ähnliche Wellenlänge und ein ähnlicher Bildungsstand verbindet. Sie betont dies ohne Arroganz oder Abwertung gegenüber Menschen anderer Bildungsstufen.

Vor diesem Hintergrund bestimmt sich unsere Aktivität. Es wird nicht gedrängt, nicht forciert oder drängend nachgefragt, ob sie da oder dort auch teilgenommen habe. Vielmehr kommt es auf vorsichtiges, zurückhaltendes und respektvolles »Nachhaken« an: Schafft sie es allein in den Gottesdienst zu kommen, oder benötigt sie einen Fahrdienst? Ist aktuell gerade etwas Interessantes im Angebot? Will/kann sie daran teilnehmen? Macht ihr das alleine nach Hause gehen nach zehn Uhr abends in der Dunkelheit im nicht gerade unproblematischen Stadtteil etwas aus? Nimmt sie an der Weihnachtsfeier der Diakoniestation teil? Wird sie geholt und wieder zurückgebracht, wenn es ihr gesundheitlich nicht gut geht? Wie waren die jeweiligen Veranstaltungen? Hat es ihr gefallen, oder war es langweilig? Konnte sie aus gesundheitlichen Gründen doch nicht z. B. am Osterkonzert oder an einer Diskussion über die Nutzung der ehemaligen Militärkasernen in ihrem Stadtteil teilnehmen? Wenn sie an Veranstaltungen teilgenommen hat, wird das jeweilige Thema kurz angesprochen mit dem Ziel, ihren Sinn und ihre Motivation für weitere Unternehmungen zu schärfen, aber auch ohne wenn und aber zu akzeptieren, wenn die Teilnahme nicht möglich war. Unsere darin stattfindende Feinstarbeit in unterschiedlichsten Nuancen dient sowohl der Förderung der Kommunikation und den Kontakten, die Frau W. pflegt, als auch ihrer Teilnahme an kulturellen Veranstaltungen. Diese fördern wiederum ihre Lebensqualität, was von ihr auch so erlebt wird:

> »Ein weiteres Plus ist, dass das Einfühlungsvermögen in keiner Weise von der Konfession abhängig gemacht wird. Kirchliche Aktivitäten werden gewürdigt, aber nicht zensiert. Es wird der Umgang mit Geisteswissenschaften empfohlen, ohne den Nachweis zu verlangen, wie mehr oder minder man an entsprechenden Veranstaltungen (eventuell gestalterisch) mitgewirkt hat. Die Bereitschaft, den eigenen Willen zur Tat werden zu lassen, genügt als geistige Legitimation ...«

Zusammenfassung
- *Kontakte, Kommunikation und Beziehungen (auch nach Gründen suchen, wenn es mal nicht klappt) sind des Öfteren Gesprächsthema hinsichtlich der für sie machbaren und zufrieden stellenden Gestaltung und Strukturierung.*
- *Unterstützung und Begleitung zur Gestaltung des Arrangements mit dem Alleinleben.*
- *Es erfolgen nicht nur Motivation und Beratung, damit sie Kontakte knüpft, sondern auch konkrete Hilfestellungen wie z. B. Fahrdienste zu entsprechenden Veranstaltungen.*
- *Des Weiteren wird beobachtet und geprüft, dass bisherige Kontakte nicht abreißen. Gleichzeitig wird deren Niveau bedacht, besprochen und gepflegt.*

7.5.6. Alltagspraktische Hilfen – Konkrete Unterstützung oder die Strukturierung des »Banalen« zwischen Versorgung und Autonomie

Die Unterstützung von Frau W. im Bereich der alltagspraktischen Hilfen ist vielschichtig und verändert sich im Verlauf der Betreuung von intensiver Unterstützung bis zur eigenständigen Handlungskompetenz, wie dies heute in einigen Bereichen bei ihr der Fall ist. Folgende Bereiche waren und sind teilweise immer noch von Bedeutung:

Gesundheitlicher Bereich
Hier ging es vornehmlich um die Sicherstellung der ärztlichen Behandlung, der Beobachtung der Wirkung und Nebenwirkung der Medikamente, der Beachtung ihrer verschiedensten somatischen Beschwerden, den Umgang damit sowie um die Körperpflege. Während in den ersten Jahren der Betreuung Besuche beim Arzt hin und wieder gemeinsam durchgeführt wurden oder zumindest der Fahrdienst dorthin zu gewährleisten war, plant sie die Arztbesuche selbstständig und geht auch alleine hin. Fahrdienste sind nicht mehr nötig. Medikamente besorgt sie sich selbst. Die Einnahme der Medikamente erfolgt ebenfalls eigenständig, ohne dass regelmäßig kontrollierend »nachgehakt« und nachgefragt werden muss, auch wenn diesbezügliche Anmerkungen von mir hin und wieder so ne-

benbei einfließen. Ihre Compliance (adäquater Umgang mit der Erkrankung) ist besonders hervorzuheben. Bei nicht wenigen chronisch psychisch kranken Menschen ist die Compliance schwach ausgeprägt und zumindest zeitweise die Kontrolle der Medikamenteneinnahme nicht zu umgehen. Die Begleitung ins Allgemeinkrankenhaus fällt ebenfalls weg, da bislang keine Aufenthalte mehr nötig waren.

In Zeiten enormer Antriebsschwäche benötigte sie Hilfe und Unterstützung bei der Sicherstellung und Durchführung der Körperpflege, z. B. beim Einkauf der dafür nötigen Utensilien und den erforderlichen Absprachen mit der Diakoniestation. Durchgeführt wird die Unterstützung bei der Körperpflege von der Diakoniestation:

»(Die Schwester von der Diakoniestation hilft) ... net nur beim Haarewaschen, (sonder bei der) Ganzkörperwaschung ... (Ja, meinen sie, sie würden's auch alleine können?) ... Nein, kann i net, i kann net nach hinte greife, also de Rücke kann i net wasche und die Kehrseite au net.«

Zwischenzeitlich bedarf auch dieser Bereich keiner besonderen Beachtung mehr, da sie die Unterstützung und Hilfe der Diakoniestation inzwischen selbstständig regelt, wenn sie mit der zeitlichen Einteilung damit auch nicht ganz zufrieden ist:

»Ja – manchmal is mers lästig, dass der Donnerstagnachmittag immer so verplant ist, aber, Gott, irgendwann muss es ja sein.«

Teilnahme an Außenaktivitäten, Kontakten und kulturellem Geschehen
Während Frau W. in gesundheitlich schwierigen Zeiten hin und wieder vom Praktikanten zu ihren Angehörigen gefahren und auch wieder zurückgebracht wurde, benutzt Frau W. seit geraumer Zeit für solche Besuche wieder die öffentlichen Verkehrsmittel. Immerhin muss sie zweimal umsteigen und benötigt insgesamt 20 Minuten Gehzeit. Ebenso wurden ihr Fahrdienste zu Veranstaltungen der Kirchengemeinde angeboten, um überhaupt daran teilnehmen zu können. Oder es wurde mit ihr geklärt, wer aus der Gemeinde sie nach dem Gottesdienst nach Hause fahren könnte. Auch dabei benötigt sie zwischenzeitlich keine Unterstützung mehr. Wir achteten darauf, dass die Teilnahme an Außenaktivitäten nicht am Geld oder an Fahrdiensten scheitert. Zum Beispiel wurde abgeklärt, dass sie zur Weihnachtsfeier der Diakoniestation von dort geholt und auch wieder zurückgebracht wird oder dass sie an Ausflügen der Kirchengemeinde wieder teilnehmen sowie Fahrtkosten und Sonstiges auch bezahlen konnte.

Ein Relikt aus gesundheitlich schlechteren Zeiten ist noch geblieben: Der Fahrdienst zur Teilnahme an den vom Oberbürgermeister der Stadt ca. zweimonatlich veranstalteten literarischen Lesungen und Diskussionen. Diese Veranstaltung bedeutet für sie sehr viel. Krankheitsbedingt war ihr die Teilnahme über Jahre hinweg nicht mehr möglich. Als sie zum ersten Mal wieder davon sprach, ihr der Weg mit öffentlichen Verkehrsmittel krankheitsbedingt (Schmerzen und Antriebsprobleme) allerdings noch zu beschwerlich und der Preis fürs Taxi hin und zurück zu hoch war, einigten wir uns darauf, dass ich sie zum Rathaus hinfahre, sie mit dem Taxi zurückfährt und somit nur die Rückfahrt bezahlen muss. Dieser Fahrdienst ist nicht nur ein »reiner Fahrdienst«, sondern gleichzeitig eine Möglichkeit, sich über das jeweilige Thema vorher und während der Fahrt auszutauschen, neue Ideen in Erwägung zu ziehen und sie beim »Schmieden neuer Pläne zu unterstützen«. Ich fahre sie weiterhin zu den kulturellen Veranstaltungen ins Rathaus. Die Rückfahrt kann sie jetzt mit den öffentlichen Verkehrsmitteln bewerkstelligen, sodass sie dabei weiteres

Geld sparen kann im Vergleich zur Taxifahrt. Bei ihren beschränkten finanziellen Möglichkeiten ist dies für sie nicht unwichtig. Selbstverständlich könnte Frau W. auch die Hinfahrt schon alleine bestreiten, da es keine gesundheitlichen Gründe mehr gibt, die dagegen sprächen. Jedoch behalte ich diesen Service des Fahrdienstes bei. Ich möchte ihr gegenüber damit die Wichtigkeit und Bedeutung ausdrücken, welche ich ihrer Teilnahme an der Veranstaltung beimesse. Damit verbinde ich die Anerkennung ihrer Bemühungen und Anstrengungen, auch bei relativ schlechter Befindlichkeit aus dem Haus zu gehen und am öffentlichen Leben teilzunehmen. Außerdem erfolgt eine Beratung, wie sie Reisen organisieren, finanzieren und umsetzen kann, wie dies bei den Reisen nach Singen und Wien der Fall gewesen ist:

> »Kulturelle Aktivitäten wie Organisation und Vorbereitung auf Veranstaltungsreihen werden nicht nur geschätzt, sondern auch gefördert ... (Handschriftliche Aufzeichnung) ... Ja, reisen, das war früher mal eine Lieblingsbeschäftigung von mir und dass das noch mal möglich war, dass ich verreisen konnte, also das empfinde ich als sehr wohltuend... (Wobei ich mir vorstellen könnte, dass sie vor zwei bis drei Jahren zu solchen Reisen noch enorm mehr Schwierigkeiten gehabt hätten) ... Dazu wär ich nicht fähig gewesen.«

Gestaltung und Bewältigung des Haushaltes
Die Bewältigung, Aufrechterhaltung und Gestaltung des Haushaltes umfasst den größten Anteil an Hilfe, Unterstützung und Handreichungen im alltagspraktischen Bereich. Es handelt sich um einen Bereich, in dem das sorgfältige Überlegen, wer was und wie mit welcher Intensität durchführt, angezeigt ist und filigrane sozialpädagogische Feinarbeit abverlangt. Dadurch kann vieles zwischenzeitlich wieder selbst von ihr bewerkstelligt werden. Da geht es z. B. um das Wäsche waschen. Drei Jahre lang nahm ich ihre Wäsche mit in den SpD. Dort wurde sie gewaschen, getrocknet und von mir wieder zurückgebracht.[56] Seit ca. einem Jahr kann Frau W. ihre Waschmaschine wieder unter dem Küchentisch hervorziehen und selbstständig bedienen, sodass auch hier – abgesehen von der großen Wäsche (Bettzeug) – kaum noch Unterstützung nötig ist. Wenn die Nachbarschaftshilfe phasenweise ausfällt, wird die Kehrwoche von mir übernommen, was Frau W. verwundert hat, »dass wir auch so etwas machen und ich mir dafür nicht zu schade bin«.
Die Eintragungen in die Dokumentationskarte vermitteln diese Tätigkeiten und werfen einen Blick auf die Vielschichtigkeit der jeweiligen Aktivitäten, die beim einzelnen Hausbesuch Berücksichtigung finden sowie auf die Haltung, immer zu versuchen, den ganzen Menschen im Blickfeld zu haben:

> 3.5.96   45 Minuten: Gemeinsam mit ihr die *Treppe geputzt*, worüber sie sehr froh war; anschließend habe ich sie ins Rathaus zu einer *Dichterlesung* gefahren. Sie war jedoch ziemlich müde.

---

56 Aufgrund der Tatsache, dass in vielen Haushalten des vom SpD betreuten Personenkreises (noch) keine Waschmaschine vorhanden ist, wurde das Angebot eingerichtet, im SpD für 4.50 pro Füllung einer Maschine die eigene Wäsche waschen und trocknen zu lassen. Dieses Angebot wird häufig genutzt. Es ist eine konkrete Hilfe und gleichzeitig eine Möglichkeit, über eine alltagspraktische Unterstützung Kontakt aufzubauen und zu stabilisieren.

7.5.96	20 Minuten:	Mit Frau Bürgermeisterin M.-T., die heute einen halben Tag im SpD hospitiert hat, *Lebensmittel* bei ihr vorbeigebracht.
8.5.96	15 Minuten:	Frau W. war müde, hatte jedoch wenig Schmerzen; wieder *neue Nachbarschaftshilfe* über uns für die Durchführung der Kehrwoche, Einkauf etc. gefunden.
13.5.96	15 Minuten:	Frau W. *Geld vorbeigebracht.* Hatte schon Termin mit dem neuen Zivildienstleistenden der Nachbarschaftshilfe.
22.5.96	20 Minuten:	Beratung und Planung, wie sie den *Vortrag in der Kirchengemeinde* besuchen kann: Sie versucht, zu Fuß hinzugehen; ich habe ihr zudem Geld (Hilfe zum Lebensunterhalt) vorbeigebracht.

Aus dem kurzen Einblick in die Dokumentationskarte werden neben der Kehrwoche und der Vermittlung eines neuen Zivildienstleistenden gleichzeitig weitere alltagspraktische Hilfen angesprochen: Zum Beispiel Lebensmittel einkaufen, da sie zu diesem Zeitpunkt noch keine schweren Dinge tragen konnte und die Nachbarschaftshilfe zeitweise nicht zur Verfügung stand oder Geld vorbeibringen, wenn es einmal gegen Ende des Monats nicht mehr ausreiche oder die Vorbereitung und Beratung, wie sie einen Vortrag besuchen kann.

Hinzu kommen weitere kleine Handreichungen und Hilfeleistungen so nebenbei, die hinsichtlich ihrer pädagogischen und vertrauensfördernden Bedeutung in der Arbeit eines SpDs nicht zu unterschätzen sind. Dazu gehören:

- Das Aufziehen ihrer Wanduhr, da sie wegen Schwindels nicht auf eine Leiter oder einen Stuhl steigt;
- Glühbirnen auswechseln aus dem gleichen Grund, aber auch, weil sie sich mit elektrischen Geräten nicht so sicher fühlt;
- Briefe mitnehmen und einwerfen etc. etc.

Selbstverständlich könnte Frau W. einiges davon wieder selbst erledigen wie z. B. ihre Post wegbringen. Jedoch habe ich mich bewusst dazu entschieden, ihr derartige Hilfestellungen zu geben, um die Vertrauensbeziehung weiter zu stabilisieren und ihr zu vermitteln, dass wir – falls erforderlich – solche Hilfen anbieten und diese zu unserem professionellen Repertoire gehören.

Zusammenfassung

- *Frau W. benötigte zeitweise in fast allen Bereichen alltagspraktische Hilfen und Unterstützung. Mit der sukzessiven Rückkehr in den gesellschaftlichen Alltag konnte sie nach und nach vieles wieder alleine übernehmen.*
- *Immer wieder war die Reflexion der alltagspraktischen Hilfen mit ihr und im Team des SpDs angezeigt, um innerhalb des Kontinuums zwischen den beiden Polen Versorgung und Autonomie das jeweils adäquate Verhältnis zu bestimmen.*
- *Durch die alltagspraktischen Hilfen wurden neben der konkreten Wirkung des Tuns der Kontakt stabilisiert, die Vertrauensbeziehung vertieft und Gespräche möglich, die in der Beratungssituation allein nicht zustande gekommen wären und für die Entwicklung seelischer Gesundheit bei Frau W. von Bedeutung waren.*

7.5.7. Auf welche Ressourcen kann zurückgegriffen werden? Welche werden neu erschlossen? Wie werden sie koordiniert?

Die Strukturierung dieses Feldes orientiert sich am Schaubild der »Aktion psychisch Kranke« (KAUDER 1997; hier in etwas abgeänderter Form in Kapitel 8.9.). Begonnen wird mit den Ressourcen im direkten Umfeld und findet die Fortsetzung in der Nutzung und Erschließung professioneller, nichtpsychiatrischer Hilfen, um schließlich herauszufiltern, welche spezifisch psychiatrischen Hilfen bei Frau W. noch erforderlich sind.

Auf die Berücksichtigung und Förderung der Selbsttätigkeit und Selbsthilfemöglichkeiten, d. h. der Ressourcen von Frau W. als Grundlage und Ausgangspunkt für die Nutzung und Erschließung weiterer Ressourcen kann an dieser Stelle verzichtet werden, da dieses Element in der Arbeit mit Frau W. in allen Abschnitten auftaucht und thematisiert wird.

Die Nutzung bestehender und Erschließung neuer Ressourcen im direkten Umfeld

Zu Beginn der Betreuung bestand de facto kein kontinuierlicher Kontakt zum direkten Umfeld, abgesehen von sporadischen Begegnungen, wenn z. B. die Nachbarn ab und an eine Mahlzeit bei ihr vorbeibrachten, was sie allerdings eher skeptisch betrachtet: »Mit reduziertem Appetit«, wie sie einmal betonte.

Zu weiteren Personen in ihrer näheren Umgebung hatte Frau W. keinen Kontakt: Auf direkte Nachfrage antwortet sie: »Da is als einziges die Kirchengemeinde«, abgesehen vom kontinuierlichen Kontakt mit den Angehörigen. Im Verlauf der Betreuung verringerten sich diese Kontakte auf gelegentliche Besuche ihrer Nichten und Neffen während der Phase, in der sie die Wohnung fast nie verlassen konnte.

Weitere Ressourcen im direkten Umfeld gab es sonst keine. Hier gilt es kritisch anzumerken, dass die Erschließung neuer, nicht-professioneller Ressourcen im Umfeld wenig bis gar nicht gelungen ist, abgesehen von den Kontakten mit den Angehörigen. Vielmehr stand in dieser Zeit die Erweiterung ihrer Alltagskompetenz im Zentrum ihrer und unserer Bemühungen und Aktivitäten. Es gelang ihr dabei, die Selbsttätigkeit in hohem Maße wiederherzustellen, zu stabilisieren und sich Ressourcen wieder selbst zu erschließen:

> »(Dies sind alles Dinge, die sie sich wieder angeeignet haben ...). Ja ich muss einfach ab und zu mal probiere, ob es wieder geht, bis jetzt ischs dann immer wieder gange.« (Interview) ... »Die Bereitschaft (des SpDs), den eigenen Willen zur Tat werden zu lassen, genügt als geistige Legitimation.« (Handschriftliche Aufzeichnung)

Mit der Unterstützung durch den SpD meint Frau W. z. B. das Wäsche waschen in den Räumen des SpDs, bis sie ihre eigene Waschmaschine wieder selbst bedienen konnte. Ein anderes Beispiel ist, dass sie sich den Besuch kultureller Veranstaltungen im Rathaus ohne Motivierung und praktische Unterstützung (Begleitung) durch uns mit großer Wahrscheinlichkeit nicht wieder angeeignet hätte.

Auf die Frage, ob sie sich deshalb einsam in ihrer Wohnung vorkomme, antwortet sie:
> »Nö, eigentlich net, ... (obwohl sie ja viel allein sind) ... Aber ich hab ja ein Telefon ... (Und da haben sie vornehmlich Kontakte zu ihrer Familie, zu ihren Angehörigen) ... Ja ja, zu den Angehörigen.«

Immerhin erhält sie im Unterschied zu vielen anderen KlientInnen des SpDs z. B. Weihnachtspost vom ehemaligen Pfarrer ihrer Kirchengemeinde. Oder ihre Nichte kommt vor Weihnachten spontan zum Besuch vorbei. Oder ihr Neffe stellt auf ihre Bitte hin den

Weihnachtsbaum auf etc. Dabei handelt es sich um die Erschließung von Ressourcen (vorrangig bei Angehörigen) durch sie selbst und weniger durch das Zugehen des Umfeldes auf Frau W. Allerdings bleibt unklar, ob sie auf Wechselseitigkeit/Symmetrie in der Nutzung von Ressourcen und der Gestaltung der Beziehungen großen Wert legt. Zumindest mit ihrer direkten Nachbarschaft scheint dies nicht der Fall zu sein:

»(Wobei ich den Eindruck hab, dass sie mit den Nachbarn oben ein ganz normales Verhältnis haben.) ... Der Klügere gibt nach ...(Ja ? Obwohl sie die manchmal auch mit Essen versorgt haben) ... Na ... gut (lacht verhalten). Das Essen ist, ums mal ehrlich zu sagen, wirklich nicht bedeutend ... Ja i mein, wo noch lauter Deutsche hier wohnten, da hat mer halt auch untereinander mal gsproche auf'm Treppenabsatz, an der Tür oder so, das machen die ja gar nicht, die Türken. Das gibt's nicht. Die stellen sich auch nicht vor, wenn sie irgendwo einziehen. Die fehlende Akzeptanz reicht manchmal bis zur Beleidigung.«

Während Frau W. den Kontakt vor allem zu einer Familie und deren Hilfe eher relativiert und latent abwertet, fühlen sich diese Nachbarn eher mitverantwortlich in der Unterstützung von Frau W., was ich in Gesprächen mit ihnen unter der Tür oder auf dem Treppenabsatz ab und an feststellen konnte.

Abschließend kann resümiert werden, dass sich Frau W. Ressourcen im Umfeld mit unserer Unterstützung in erster Linie bei ihren Angehörigen von sich aus erschließt und organisiert. Sonst bestehen keine kontinuierlichen Kontakte zum direkten Umfeld, welche die Nutzung von Ressourcen erlauben würden, was von ihr allerdings auch nicht als Bedarf formuliert wird.

Ressourcen über und durch professionelle, nichtpsychiatrische Hilfen
Hier handelt es sich um einen Bereich, in dem sich mehr getan hat. Als Erstes ist die Kirchengemeinde zu nennen, da diese noch mit einem Bein im Bereich direktes Umfeld steht, während das andere schon eindeutig in der professionellen Hilfe verankert ist. Aufgrund der religiösen Haltung und Bindung von Frau W. nimmt die Kirchengemeinde eine seit jeher wichtige Funktion in ihrem Leben ein. Es sei noch einmal daran erinnert, dass nicht zuletzt dank der Intervention ihres Pfarrers der Kontakt zum SpD zustande kam, ebenso der Rückgriff auf die Beratung in den Schuldenangelegenheiten durch einen kompetenten Menschen aus dem Kirchengemeinderat.

Weitere Abstimmungen und Rücksprachen mit der Kirchengemeinde waren in der Folge nicht mehr erforderlich. Es genügte von unserer Seite aus, das Thema Kirchengemeinde (Besuch des Gottesdienstes, Konzerte, Ausflüge, aber auch Gespräche mit religiösem Inhalt) immer wieder anzusprechen und hervorzuholen, vor allem auch und gerade in Zeiten, in denen es ihr schlechter ging. Dabei ging es im Wesentlichen um die Fragen: Was kann und will sie tun? Kann sie alleine gehen, oder braucht sie Unterstützung? Muss ein Fahrdienst organisiert werden etc.? Manchmal habe ich sie auch darin motiviert und unterstützt, den Pfarrer anzurufen und ihn zu bitten, vorbeizukommen, wenn sie das Haus nicht verlassen konnte. Ebenso wurde darauf geachtet, dass sie (wieder) an den Ausflügen der Kirchengemeinde teilnimmt.

Im Unterschied zu vielen anderen KlientInnen war es bei Frau W. schon recht bald nicht mehr nötig, diese Kontakte und Ressourcen von unserer Seite aus zu organisieren. Vielmehr reichte in der Regel aufgrund der Verbesserung ihres Gesundheitszustandes aus, mit ihr gemeinsam zu überlegen und zu beraten, was sie jeweils tun könne oder wolle und was ihr wichtig ist. Bezogen auf ihre kulturellen Bedürfnisse stellt sie fest, dass »kulturelle Aktivitäten wie Organisation und Vorbereitung auf Veranstaltungsreihen etc. nicht nur geschätzt, sondern auch gefördert werden, was sich bei der Abwicklung persönlich geistiger Bedürfnisse Bewusstseins-manifestierend verwirklicht ...« (Handschriftliche Aufzeichnung)

So ist es z. B. wichtig, in der Termingestaltung mit ihr darauf zu achten, dass sie deswegen nicht auf einen Außentermin verzichten muss. Das Informationsblatt der Kirchengemeinde, welches immer neben dem Fernsehgerät griffbereit liegt, liefert dabei gute Hilfsdienste. Sicher handelt es sich hier um eine Banalität im Hinblick auf die Nutzung von Ressourcen. Doch kommt es in unserer Arbeit immer wieder darauf an, auf Kleinigkeiten zu achten, z. B. bei ihr den Termin mit dem SpD Mitarbeiter nicht höher zu bewerten als den Besuch eines Konzertes o. Ä. In anderen Situationen kann es jedoch im Unterschied dazu gerade darauf ankommen, der Wichtigkeit des Termins mit dem SpD Vorrang einzuräumen, z. B. in der Anbahnungsphase des Kontaktes, oder wenn sozialanwaltliche Angelegenheiten dringend geregelt werden müssen oder ein Arztbesuch dringend ansteht etc.

Weitere Ressourcen: Diakoniestation, Nachbarschaftshilfe und Allgemeinarzt
Zur *Diakoniestation* bestand schon lange vor unserer Zeit Kontakt, weil diese schon die Mutter von Frau W. pflegte. Die Ressource Diakoniestation konnte dann auch wieder schnell eingefädelt werden, als Frau W. die Unterstützung bei der Körperpflege benötigte, da die gleiche Schwester die Arbeit übernahm, die damals zu ihrer Mutter kam. Auszug aus der Dokumentationskarte:

Datum	Dauer/Ort	Beschreibung
08.06.93	40 Minuten: Dienst	Suche nach Klärung der Intensivbetreuung mit Frau H. und Frau M. Frau W. geht's schlecht. Sie braucht täglich Hilfe und Unterstützung.
14.06.93	40 Minuten: Krankenhaus	Sie ist wieder im Krankenhaus. Unklar wie's weitergeht, welche Hilfe sie braucht; eventuell tägliche Medikamentenkontrolle durch Diakoniestation erforderlich.
17.06.93	20 Minuten: Krankenhaus	Einerseits Heimaufnahmeantrag gestellt. Andererseits Planung der Rückkehr: dreimal pro Woche Nachbarschaftshilfe; einmal pro Woche Diakoniestation, die ihr bei der Körperpflege hilft. Bereitstellung des Essens noch unklar. Klärung aller Punkte erforderlich, bis sie entlassen wird.
28.06.93	20 Minuten: Krankenhaus	Frau W. wird morgen entlassen. Vereinbarung: zweimal pro Woche Nachbarschaftshilfe, einmal pro Woche Diakoniestation zur Körperpflege, ein bis zweimal pro Woche SpD. Nachbarschaftshilfe übernimmt Haushalt, Einkauf und Essensversorgung, der SpD koordiniert die Hilfe.

Kooperationsabsprachen und Rücksprachen waren anfangs häufig erforderlich, bis sich das Hilfenetz eingespielt hatte. Diese nahmen mit zunehmender Dauer ab und sind jetzt nur noch äußerst selten nötig.

Die *Nachbarschaftshilfe* wurde vom SpD organisiert, als sich aufgrund ihres schlechten gesundheitlichen Zustandes ein größerer Hilfebedarf abzeichnete. Dies ist der Dokumentationskarte zu entnehmen (s. o.). Bis zu diesem Zeitpunkt genügte die Hilfe beim Einkauf für Getränke etc. durch die Nachbarschaftshilfe, die einmal in zwei Wochen vorbeikam. Da Frau W. nach den Krankenhausaufenthalten jedoch fast vollständig versorgt werden musste, waren ca. vier Stunden Nachbarschaftshilfe pro Woche nötig, die von uns beim Sozialamt beantragt und von dort finanziert wurden. Da die Nachbarschaftshelferin nicht häufiger als bisher arbeiten konnte, wurde noch eine ehemalige Klientin des SpDs beschäftigt, die eine geringfügige Beschäftigung mit Zusatzverdienst benötigte. Immerhin zog sich diese intensive Nachbarschaftshilfe über fast drei Jahre hin mit entsprechendem Abstimmungsbedarf und Rücksprachen für die zwei Helferinnen. Absprachen waren vor allem dann erforderlich, wenn es Frau W. schlecht ging und Unsicherheiten entstanden, ob der Verbleib zu Hause noch zu verantworten war. Parallel zur Besserung ihres Gesundheitszustandes reduzierte sich der Bedarf an Nachbarschaftshilfe nach und nach. Schließlich konnte eine der beiden Nachbarschaftshelferinnen aus persönlichen Gründen die Arbeit nicht mehr fortsetzen, sodass die ehemalige Klientin die gesamte nachbarschaftliche Hilfe übernahm. Nach einem weiteren Jahr lohnte sich die Arbeit (einmal pro Woche ca. eineinhalb Stunden) für sie nicht mehr, da Frau W. ihren Haushalt (fast) wieder selbstständig erledigen konnte. Seit dieser Zeit genügt die Miteinbeziehung der Zivildienstleistenden der Nachbarschaftshilfe (einmal pro Woche eine Stunde) für größere Putzarbeiten und Einkäufe sowie die Durchführung der Kehrwoche. Im Unterschied zu anderen Fällen im SpD war die Nachbarschaftshilfe aufgrund der Compliance von Frau W. in Verbindung mit der Einsicht in die Notwendigkeit der Hilfe problemlos umzusetzen.

Zur *Allgemeinärztin*, die in der Nähe der Wohnung von Frau W. ihre Praxis hat, bestand in gesundheitlich schlechten Zeiten ein intensiver Kontakt mit regelmäßigen Hausbesuchen. Die Einweisungen ins Allgemeinkrankenhaus erfolgten in der Regel über sie. In dieser Zeit fanden auch des Öfteren Rücksprachen von unserer Seite aus mit der Ärztin statt, die vorrangig den Verbleib von Frau W. in ihrer Wohnung zum Thema hatten.

Parallel zur gesundheitlichen Stabilisierung reduzierte sich auch dieser Kontakt. Heute geht Frau W. selbst vorbei oder ruft an, wenn sie irgendetwas von ihrer Hausärztin benötigt oder somatische Beschwerden auftreten. Dadurch beschränkt sich der Abstimmungsbedarf zwischen ihrer Hausärztin und uns auf ein Minimum.

Ressourcen über und durch spezifische psychiatrische Hilfen
Im Bereich spezifischer psychiatrischer Hilfen wird außer dem Sozialpsychiatrischen Dienst nur noch ihr behandelnder Nervenarzt als kontinuierliche Ressource benötigt. Während auch hier in der Anfangszeit häufigere Kontakte bestanden und notwendig waren, bis Frau W. ihm gegenüber eine Vertrauensbeziehung aufbauen konnte im Unterschied zur ersten Nervenärztin, die

> »ihr gleich zu Beginn prophezeite, dass sie für den Rest ihres Lebens krank bleiben würde« (Handschriftliche Aufzeichnung).
> »Diese Frustration berücksichtigend, behandelt mich mein jetziger Arzt mit – wie mir scheint – gutem Erfolg. Ich hoffe, dass es dabei bleibt.« (Handschriftliche Aufzeichnung)

Seit fast zwei Jahren geht sie nur noch zu ihrem Nervenarzt, wenn sie Medikamente benötigt. Dabei vereinbart sie die Termine selbstständig. Sicherheitshalber »werfe ich ein Auge darauf« und frage hin und wieder nach, ob sie zwischenzeitlich wieder einmal bei Dr. S. gewesen ist und ob sie noch genügend Medikamente hat. Die Kooperation mit dem Nervenarzt erfolgt von unserer Seite aus nur noch dann, wenn irgendetwas Auffälliges vorliegt: Zum Beispiel schlechter Schlaf über längere Zeit hinweg, Einleitung einer neurologischen Untersuchung bei Nicht-Nachlassen der Schmerzen, Attestanforderung bei der Schuldenregulierung. Frau W. verlässt sich dabei auf die Kooperation des SpDs mit ihrem Nervenarzt:

> »Ganz bemerkenswert findet die Unterzeichnende, dass Herr O. seine Arbeit am Menschen im Gleichklang mit dem behandelnden Neurologen vollzieht.« (Handschriftliche Aufzeichnung)

Zusammenfassung

- *Die vorhandenen Ressourcen konnten weitgehend erhalten werden. Im direkten Umfeld (Nachbarn etc.) bestehen allerdings nach wie vor wenig Ressourcen. Nichtpsychiatrische Hilfen wurden vom SpD aus organisiert und koordiniert, auf ihre Wirksamkeit geachtet und bei geringer werdendem Bedarf auch wieder reduziert.*
- *Gemeinsame Absprachen mit Frau W. darüber, was sie jeweils benötigt, Transparenz und Übersichtlichkeit waren aufgrund ihrer Compliance und ihrer Einsicht in die Notwendigkeit im Unterschied zu anderen Fällen jederzeit möglich.*
- *Der Bedarf an nichtpsychiatrischen Hilfen hat aufgrund der Verbesserung des Gesundheitszustandes bei Frau W. enorm abgenommen. Spezifische psychiatrische Hilfen mussten nicht ausgeweitet werden. Die Hilfe durch den SpD blieb konstant, während der Bedarf an Kontakten mit ihrem Nervenarzt abgenommen hat. Trotzdem besteht zu ihm nach wie vor ein kontinuierlicher und vertrauensvoller Kontakt.*
- *Die Koordinationsfunktion der verschiedenen Ressourcen lag über die ganze Zeit hinweg in Rücksprache mit Frau W. beim SpD.*

7.6. Beendigung einer Betreuung zwischen Chronifizierung und Verwahrlosung: Bei Frau W. kein Thema

Die Beendigung der Betreuung oder eine Betreuungspause waren bislang kein Thema bei Frau W. Sie scheint mit der Dauer und der Art der Betreuung durch den SpD zufrieden zu sein:
Auf die Frage, wie sie die Arbeit des SpDs bewertet, antwortet sie: »Ja, das is' ne Stelle, wo mer, wenn mer hingeht, einen gewissen Halt hat ...«
Auf die Fragen, wie sie mit der Dosierung und dem Rhythmus der Termine zurechtkommt, lautet ihre Antwort: »Nö, das finde ich ganz vernünftig die Einteilung zweimal pro Woche ... das wär so alles richtig ... (Ja? Es ist Ihnen nicht zu viel und auch net zu wenig) ... Nein!«
Ebenso bestätigt sie, dass sie weiterhin die Hilfe des SpDs braucht: »Seit ich aber vor fünf Jahren den Arzt gewechselt habe, kann ich wieder leben; und das mit der Fürsorge

des Sozialpsychiatrischen Dienstes, durch Herrn O. und Frau A. ... Der (ambulante) sozialpsychologische (sozialpsychiatrische, Anm. vom Verfasser) Dienst ist die einzige Instanz, die einem eine normale geistige Verfassung zubilligt, was ich aber bei früheren Aufenthalten im Krankenhaus noch nicht wusste.« (Handschriftliche Aufzeichnung)

Der Hinweis, dass ihr der SpD eine »normale geistige Verfassung zubilligt«, sie als einen »ganzen Menschen«, der auch über gesunde Anteile und Ressourcen verfügt, wahrnimmt und behandelt, scheint wohl wesentlich mit dazu beizutragen, die Art und Weise der Betreuung durch den SpD zu akzeptieren und für sich als hilfreich zu erachten.

Selbst eine Pause oder eine Unterbrechung des Kontaktes war bislang weder von uns noch von ihr Gegenstand der Gespräche. Aufgrund ihrer zwischenzeitlichen Kompetenzen und ihrer Compliance würde es aus unserer Sicht genügen, wenn sie sich bei Bedarf melden würde. Zu Recht stellt sich die Frage, warum wir angesichts der sehr positiven Entwicklung der letzten ein bis eineinhalb Jahre (seit Ende 1996) die bisherige Art und Weise der Betreuung nicht zur Disposition gestellt haben: Da ist jedoch z. B. die freiwillige Geldverwaltung, die Frau W. nicht geändert haben will. Im Interview beantwortet Frau W. die Frage nach der Notwendigkeit der Geldverwaltung ohne Kommentar mit einem klaren Ja (siehe »Umgang mit Geld«: 7.5.4.).

Frau W. möchte insgesamt den Kontakt und die Beziehung in dieser Form. Das Risiko von Chronifizierung und häuslicher Hospitalisierung kann weitgehend an den Rand gedrängt werden, da sie seit Beginn der Betreuung noch nie so selbstständig und außenorientiert war und die aktuelle Arbeit darin besteht, sie auf diesem Weg zu unterstützen, zu bestätigen und zu bestärken. Des Weiteren sehen wir im engen Kontakt eine Rückfallprophylaxe. Es besteht eine enge Vertrauensbeziehung, die hilfreich ist, falls es ihr wieder einmal schlecht gehen sollte.

Außerdem bedeutet die stabile Vertrauensbeziehung und die Art und Weise ihrer momentanen Gestaltung eine positive Motivation und Stimulation für andere aktuell schwierigere und aussichtsloser scheinenden Fälle. Dies verbindet sich mit dem Wissen, was alles möglich ist, was sich entwickeln kann trotz eines ambulant fast schon nicht mehr zu bewältigenden Zustandes. Die Verbindung mit der vor unserer Zeit intensiven Psychiatriekarriere darf dabei nicht übersehen werden. In gewissem Sinne übernimmt sie auch die Aufgabe eines positiv verlaufenden Vorzeigebeispiels sozialpsychiatrischer Arbeit für Besuche und Hospitationen von Repräsentanten aus dem politischen Verantwortungsbereich. Selbstverständlich sind diese Besuche wie auch ihre damit verbundene Rolle mit ihr abgesprochen und vorbereitet. Die Besuche scheinen ihr einen gewissen Spaß zu bereiten und vermitteln ihr Wichtigkeit und Bedeutung. Sie fühlt sich bestätigt und wichtig genommen, wenn sie sich mit Personen »des öffentlichen Lebens« angeregt unterhalten kann:

> »(Sie haben ja öfters mitbekommen, dass ich mit so genannten bekannten Personen bei Ihnen vorbeigekommen bin) ... Das hat mir sehr viel Spaß gemacht ... Wenn ich zu meiner Schwester sag, irgendwas, was mit dem Bischof zu tun hat, da sagt sie, nö, das is doch neuerdings dei Bischof« (lacht).

Entscheidend und vorrangig ist, dass Frau W. den Kontakt in dieser Form will und ihrer Meinung nach auch benötigt. Die Betreuung durch den SpD stellt einen Teil der Gestaltung und Bewältigung ihres Lebens auf dem Weg zu einem gelingenderen und zufriedenstellenderen Alltag dar. Die Betreuung bietet Sicherheit und Unterstützung. Kürzere und häufigere Termine in der Kontaktgestaltung scheinen dabei wirksamer und effektiver zu sein als längere Termine in größeren Abständen zu vereinbaren oder sich nur bei Bedarf zu melden. Diese Gründe und Aspekte rechtfertigen die Fortsetzung des Kontaktes und der Betreuung auf dem beschriebenen Niveau.

7.7. Der aktuelle Tagesablauf bei Frau W. und der aktuelle Stand der Betreuung

Abschließend soll aus dem zeitlichen Abstand heraus (Stand: erstes Quartal 1998) nach Beendigung der intensiven Betreuung ein Blitzlicht zum aktuellen Stand der Lebenslage und des Kontaktes, den der SpD mit Frau W. pflegt, vorgenommen werden: Wie verbringt Frau W. momentan den Tag? Wie gestaltet, strukturiert und organisiert sie ihren Alltag? Wie kommt sie zurecht? Welche Stellung hat darin der SpD? Welche Aufgaben übernimmt er? Wie sieht dessen Begleitung und Betreuung aus?[57]

Umgang mit der Erkrankung
Die psychische Erkrankung nimmt seit einigen Jahren unverändert keine besondere Bedeutung mehr ein. Frau W. weist keine sichtbaren und produktiven Symptome mehr auf. Sie leidet nicht unter aktuellen Manifestationen der psychischen Erkrankung, wenn auch ihre Lebenslage davon stark beeinflusst und geprägt ist. Sie weiß um ihre psychotische Erkrankung, diskutiert mit mir über mögliche Ursachen und akzeptiert ohne Einschränkung, dass sie Medikamente (Neuroleptika) benötigt, um einer erneuten akuten psychotischen Erkrankung vorzubeugen. Sie vereinbart selbstständig die Termine bei ihrem Nervenarzt, organisiert sich ihre Medikamente selbst und teilt diese auch eigenständig ein. Im Interview erklärt sie, dass sie sehr spät aufsteht, danach ihre Medikamente einnimmt, sich zunächst einmal »setzt und wartet, bis sie wirken«. Meine Arbeit und Rolle besteht darin, vorsichtig, aber kontinuierlich nachzufragen, wie es mit der psychischen Befindlichkeit aussieht, wie es mit der ärztlichen Behandlung steht und wie es mit der Medikamenteneinnahme klappt.

Eher bereiten ihr und uns somatische Beschwerden und Erkrankungen zeitweise Probleme: Des Öfteren klagt sie über Kreislaufschwierigkeiten, über Müdigkeit und meint, dass sie dadurch zu viel schlafe. In der Dokumentationskarte ist z. B. im Juni und Juli 1997 vermerkt, dass sie »über Müdigkeit und ein großes Schlafbedürfnis klagt, dass ihr Gelenkschmerzen den Antrieb erschweren, dass ihr dadurch vieles schwer fällt und sie zu ihrem Nervenarzt will, wenn's nicht besser wird. Kurz darauf war ihre Hausärztin da, die feststellt, dass gerade noch eine Lungenentzündung verhindert werden konnte. Zwei Wochen später geht's ihr wieder gut. Frau W. fühlt sich wieder wohl«.

Sie leidet an Schmerzen im Lungen- und oberen Magenbereich in Verbindung mit der Asthmaerkrankung. Die verschiedenen Beschwerden und Störungen tragen dazu bei, dass

---

57 Wenn im folgenden Abschnitt des Kapitels auch Redundanzen im Vergleich mit den vorherigen Kapiteln auftreten, ist er trotzdem von Bedeutung. Es wird schlaglichtartig die aktuelle Situation dargestellt im Unterschied zur prozessualen Entwicklung, die in den vorherigen Kapiteln beschrieben und erörtert wurde.

sie sich in und außerhalb der Wohnung nicht immer so bewegen kann, wie sie es gerne möchte. Trotzdem betont sie, dass sich ihre gesundheitliche Lage im Vergleich zu früher um ein Vielfaches verbessert hat. Hier kommt es darauf an, ihre Befindlichkeit zu erkunden und entsprechende alltagspraktische Angelegenheiten o. Ä. in die Hand zu nehmen und den Kontakt mit ihrer Hausärztin nicht aus den Augen zu verlieren.

Aktuell kommt sie mit ihren (psychischen und somatischen) Erkrankungen zurecht. Von einigen Ausnahmen abgesehen, hat sie die Krankheiten so weit unter Kontrolle, dass sie ihrem Alltagsleben, so wie sie sich es vorstellt, i. d. R. nachgehen kann. Zeitweilige Einschränkungen kann sie akzeptieren. Unsere Arbeit bezieht sich vorrangig auf die aufmerksame, aber nicht aufdringliche Begleitung dieses Bereiches. Bei Bedarf kann aktiver vorgegangen werden in Verbindung mit dem Wissen, dass eine rapide und enorme Verschlechterung ihres Gesundheitszustandes nie ausgeschlossen werden kann und wieder von vorne begonnen werden muss.

Wohnen und Erweiterung des Lebensraumes
Ihre Wohnung ist ihr nach wie vor sicher. Der Verbleib in der Wohnung ist derzeit uneingeschränkt sicher. Sie fühlt sich in ihrer Wohnung unverändert sehr wohl und möchte darin wohnen, so lange es geht. Langsam beginnt sie, die Wohnung zu renovieren. Sie hat Tapeten gekauft und einige Wandbereiche auch schon selbst ausgebessert. Sie wartet auf einen Termin ihres Neffen, der Stück für Stück dort tapeziert, wo sie nicht kann, ohne die Wohnung ausräumen zu müssen. Sie bat mich, die herunterhängenden Deckenplatten wieder anzukleben, da sie ja nicht auf einen Stuhl oder eine Leiter steigen kann.

Abhängig von ihrer gesundheitlichen Befindlichkeit setzt sie ihre Aktivitäten außerhalb der Wohnung unverändert fort. Sie kann den Stadtteil und die gesamte Stadt nutzen und plant eine mehrtägige Reise nach Halle zum Besuch ihres Neffen. Es findet eine Normalisierung des Alltags in ihrem Sinne statt, in dem wir als SpD zurückhaltend, aber präzise beobachten, motivieren, beraten und unterstützen.

Tätigsein, Beschäftigung und Freizeit
Die eigenständige Versorgung (Haushalt, Ernährung und Körperpflege) steht im Mittelpunkt der notwendigen Pflichtaufgaben des Alltags, die sie fast alleine realisieren kann und darüber einen wesentlichen Teil ihrer Zeit strukturiert. Auf dieser Grundlage aufbauend beschäftigt sie sich mit sticken, dem Herstellen von Gobelins, dem Nähen ihrer Kleider und beginnt, ihre Wohnung langsam zu renovieren. Gleichzeitig orientiert sie ihre Tätigkeiten an den Jahreszeiten bzw. an Kirchenfesten (z. B. Ostern oder Weihnachten). In ihrer Freizeit beschäftigt sie sich mit kulturellen Aktivitäten: Sie hört viel Musik, spielt auf ihrer Flöte, liest verschiedenste Bücher und setzt sich mit der Erstellung ihrer Fallstudie auseinander. Weiterhin besucht sie Konzerte, Lesungen und Vorträge in ihrer Kirchengemeinde und im Rathaus. Außerdem nimmt sie an Reisen teil, die von der Kirchengemeinde veranstaltet werden.

Sie hebt hervor, wie wichtig ihr es ist, immer mal wieder etwas auszuprobieren und dabei zu erfahren, dass sie vieles wieder selbst erledigen und unternehmen kann. Dies motiviert sie wiederum dazu, weitere Pläne zu stricken und Neues anzugehen. »... Ja, ich muss einfach ab und zu mal probiera, ob es wieder geht. Bis jetzt ischs dann immer wieder ganga.« (Interview)

Ihr Alltagsleben normalisiert sich mit der weiter vorne ausführlich beschriebenen Unterstützung durch den SpD. Jedoch konnte die Intensität der Betreuung deutlich verringert werden.

Der Umgang mit dem Geld
Ihr Kontostand beim Personenkonto des SpDs ist wieder ausgeglichen. Frau W. hat gespart und in den letzten Monaten weniger ausgegeben, was bei der geringen Rente in Verbindung mit aufstockender Sozialhilfe nicht einfach ist. Sie regelt die Geldangelegenheiten mit der Verwaltungsfachkraft des SpDs und hat ihren Kontostand im Blick. Meine Aufgabe besteht darin, darauf zu achten, dass keine neuen Schulden entstehen, Rückmeldungen zu geben, falls sich ein Inkassobüro meldet sowie Spenden zu beantragen, wenn sie sich etwas Besonderes leisten will, was ihr wichtig und aus unserer Sicht ebenfalls zu verantworten ist, so z. B. die Finanzierung der geplanten Reise zu ihrem Neffen nach Halle. Trotz der inzwischen bei ihr vorhandenen Verantwortlichkeit und Übersicht möchte sie die freiwillige Geldverwaltung durch den SpD beibehalten. Als einen nicht unwesentlichen Teil der Beziehung zwischen Frau W. und uns – ich erinnere an die Regulierung der Schulden als Schlüssel zum Einstieg in den Kontakt – stimmen wir der Geldverwaltung weiterhin zu. Wir würden sie aber auch darin unterstützen, falls sie eines Tages wieder ein eigenes Bankkonto eröffnen und die freiwillige Geldverwaltung bei uns beenden wollte.

Kontakte, Beziehungen, Kommunikation
Die Kontakte mit ihren Angehörigen sind für sie zufrieden stellend. Es besteht ein regelmäßiger telefonischer Kontakt mit ihrer Schwester sowie ihren Neffen und Nichten in und außerhalb Stuttgarts. Hin und wieder schaut jemand bei ihr kurz vorbei, oder sie stattet – allerdings selten – ihren in Stuttgart wohnenden Angehörigen Besuche ab. In regelmäßigem Briefkontakt steht sie mit ihrer Nichte in Wien, die sie letztes Jahr besucht hat.
Am Verhältnis zu ihren Nachbarn hat sich nichts geändert. Es besteht eine friedliche Koexistenz ohne kontinuierliche Kontakte. Zur Kirchengemeinde pflegt sie weiterhin einen regelmäßigen, aber nicht sehr engen Kontakt. Der Geistliche, mit dem sie in näherem Kontakt stand, wurde in eine andere Gemeinde versetzt. Mit den anderen Geistlichen der Kirchengemeinde tut sie sich nicht ganz so leicht. Trotzdem besucht sie regelmäßig die Gottesdienste wie auch Konzerte und weitere Veranstaltungen der Gemeinde.
Zu den professionellen Diensten und Einrichtungen (Nachbarschaftshilfe, Diakoniestation, Ärzte und SpD) besteht unverändert ein regelmäßiger Kontakt, der allerdings aufgrund ihres relativ stabilen Gesundheitszustandes verringert werden konnte.
Frau W. ist nach wie vor allein und relativ isoliert. Abgesehen von den Angehörigen und der Kirchengemeinde bestehen keine weiteren Beziehungen zu anderen Menschen im nicht professionellen Feld. In den Gesprächen, die wir deswegen mit ihr führten, beklagt sie sich darüber jedoch nicht, sondern arrangiert ihren Alltag selbstständig und ist mit den bestehenden Kontakten zufrieden.
Unsere Aufgabe in diesem Bereich besteht darin, darauf zu achten, dass das Thema nicht untergeht und gleichzeitig aufmerksam zu sein, wenn von ihr entsprechende Zeichen kommen oder dass wir sie hin und wieder auf ihre Befindlichkeit hinsichtlich ihrer Außenkontakte und Beziehungen direkt ansprechen und beraten.

Alltagspraktische Hilfen

Form und Intensität der Hilfe, Unterstützung und Beratung in alltagspraktischen Angelegenheiten hängen ab von der jeweiligen körperlichen Verfassung und dem Antrieb von Frau W. Zwischenzeitlich meldet sie sich, wenn sie Hilfe benötigt. Vor kurzem litt sie z. B. an einer akuten Bronchitis in Verbindung mit ihrer Asthmaerkrankung und konnte die Wohnung nicht verlassen. Sie musste jedoch dringend ein Rezept der Hausärztin einlösen, die sie auf mein Anraten hin um einen Hausbesuch gebeten hatte. Der Zivildienstleistende des SpDs besorgte ihr die Medikamente und einen Geldbetrag, da ihr zudem das Geld ausgegangen war und sie zur Auszahlung krankheitsbedingt nicht im SpD erscheinen konnte. Nachdem sich ihr Zustand wieder gebessert hatte, organisierte sie ihre weiteren Angelegenheiten wieder selbstständig.

Dieser Ablauf ist in allen Lebensbereichen gleich: Sie meldet sich bei uns, wenn sie direkte Unterstützung in alltagspraktischen Dingen benötigt. Die Reduktion der Hilfe erfolgt wieder automatisch mit der Besserung ihres Zustandes.

Erschließen und nutzen von Ressourcen

Ihre Ressourcen zu erhalten und zu erweitern, nahmen bei ihr und in unserer Arbeit einen breiten Raum ein. Im direkten Umfeld entstanden de facto keine neuen Ressourcen. Offensichtlich liegt es auch nicht im Interesse von Frau W., enger mit ihrer direkten Umgebung zu tun zu haben. Die Angehörigen hingegen sind ihr auf Anfrage gerne behilflich. Die Kirchengemeinde benötigt sie nur sporadisch. So besorgte ihr z. B. jemand aus der Kirchengemeinde einen Weihnachtsbaum, nachdem sie beim Pfarrer deswegen angerufen hatte. Vor allem benötigt sie weiterhin Ressourcen über die Nachbarschaftshilfe (Kehrwoche und größere Einkäufe), die Diakoniestation (Körperpflege), den SpD in den erörterten Bereichen sowie medizinische Hilfe über ihre Ärzte, wenn auch nicht mehr in dem Ausmaß, wie dies vor einigen Jahren noch der Fall war. Die Koordination der Hilfen liegt in Absprache mit Frau W. unverändert beim SpD.

»Ein typischer Tag« bei Frau W. und die Arbeit des SpDs

Ein typischer Tag (Anfang 1998) vermittelt einen anschaulichen Überblick, wie Frau W. z. Z. ihren Tag verbringt und ihre Zeit strukturiert. Dieser Tag sieht bei ihr wie folgt aus (Auszug aus dem Interview):

»Ich stehe sehr spät auf, dann nehme ich meine Medikamente ein und setz mich a Weile hin, bis die wirket, also z. B., dass der Kreislauf angetrieben wird. Naja und dann mach ich das, was mer so als nächstes grad auffällt. Kochen tue ich auch selber, bügeln ist auch was, was i noch und wieder kann. Ich hab bloß keinen g'scheiten Platz und auch kein Bügelbrett. Ich muss immer an der Tischecke, wo sie jetzt sitzen, bügeln ... Wäsche waschen tu i zwischenzeitlich auch wieder. ... Nachmittags leg ich mich noch mal a bißle hin, falls nichts dazwischen kommt, z. B. einkaufen (auf Nachfrage). Bis vor etwa, bis Anfang der Sommers, Mai/Juni so was, da hab ich noch dreimal laufen müssen, wenn ich drei Taschen voll einkaufen wollte. Jetzt gehts einfacher. Ich kann auch selber wieder in Laden gehen und i muss mer halt en Zettel mitnehmen, damit i net vergeß, was i kaufen will.

Und dann gegen späten Nachmittag mach ich halt meine Handarbeiten. Oder gestern hab i mal am Nachmittag alle Stühle abgestaubt. Das is mer grad so eingefallen, dass das au mal sein müsste. Was i z. B. auch gern mach am Nachmittag oder am Abend: Ich mag gern in kleine Fremdwörterbüchle blättern, wenn i was bestimmtes such und gucken will, wie mers im lateinischen schreibt und da fang i dann an zu blättern und da komm i nimmer davon weg. Abends geh ich recht spät ins Bett. Davor nehm ich noch meine Medikamente ein. Entweder schau ich abends fern, oder ich geh' wieder meine Handarbeiten nach, oder ich versuch zu lesen ... (Ich erinnere mich auch noch an die Zeit, in der sie oft nachts genäht haben?) ... Ja ja, ich hab ja viel genäht im letzen Vierteljahr.. (Nächtelang?) ... Ja weils mir nachts mehr Spaß macht ... (Sie haben mehr Ruhe zum Nähen) ... Ich bin auch a bißl wacher, beweglicher. Trotzdem find i noch genügend Schlaf, was für mei Gesundheit wichtig is.«

Auszüge aus der Dokumentationskarte ergänzen das Bild in Verbindung mit der Darstellung unserer Tätigkeit:

02.01.98	15 Minuten: Hausbes.	Sehr gut. Sie hat ab und zu leichte Schmerzen. Frau W. hat ehemaligem Oberbürgermeister geschrieben und sich für einen Brief entschuldigt, den sie während einer psychotischen Krise an ihn schrieb. Sie erhielt prompt von ihm eine sehr positive Antwort. Am Wochenende war sie bei Angehörigen eingeladen.
09.01.98	15 Minuten: Hausbes.	Erste Überlegungen für eine eventuelle Reise nach Halle und Eisenach angestellt.
15.01.98	20 Minuten: Hausbes.	Hatte geschlafen und klagte über Schmerzen im Gaumenbereich sowie über Risse in der Zunge. Sie will in den nächsten Tagen zur Hausärztin gehen.
20.01.98	60 Minuten: Hausbes.	Ich habe mit ihr zusammen den Christbaum abgeschmückt und entfernt.
23.01.98	20 Minuten: Hausbes.	Zum Vortrag habe ich sie in den SpD abgeholt, woran sie sehr interessiert war. Frau W. ist wieder alleine zurückgefahren. Es geht ihr wieder gut.
30.01.98	20 Minuten: Hausbes.	Allgemeinbefinden ist gut. Glühbirnen in der Wohnzimmerlampe ausgewechselt. Ich habe sie zu einem Vortrag in die Kirchengemeinde gefahren.
04.02.98	25 Minuten: Hausbes.	Ich habe ihr die Fallstudie zum Lesen und Korrigieren vorbeigebracht, worüber sie sich gefreut hat. Klagt über körperliche Übelkeit, jedoch völlig unklar woher.
10.02.98	30 Minuten: Hausbes.	Mit ihr gemeinsam Keller und Speicher wegen Entrümpelung angeschaut und geklärt, wer was macht. Korrektur der Fallstudie von ihr entgegengenommen.
26.02.98	30 Minuten: Hausbes.	Handwerkliche Tätigkeit: Ich habe lose Deckenplatten an die Decke geklebt. Sie hatte alles dafür vorbereitet. Frau W. geht's gut.
06.03.98	20 Minuten: Hausbes.	Gehts gut trotz Müdigkeit. Sie sagt, dass sie z. Z. sehr viel putzen würde (deswegen müde?).
16.03.98	15 Minuten: Hausbes.	Es geht ihr ordentlich bis auf Kreislaufprobleme beim morgendlichen aufstehen. Blutdruck gemessen: 150 : 80. Puls: 96. Soll zur Ärztin gehen.

25.03.98 15 Minuten: Hausbes. Bronchitis überstanden. Gehts wieder gut und ist entsprechend im Haushalt aktiv.

Am Beispiel von Frau W. wurde
- die Vielfalt und Komplexität der Arbeit des SpDs
- die ganzheitliche, alltags- und lebensweltorientierte Herangehensweise
- der Blick auf Definition und Umgang mit der Erkrankung, aber auch auf ihre Ressourcen und die Orientierung an Möglichkeiten und Grenzen
- sowie die Transparenz im Vorgehen, die Beteiligung und das Ernstnehmen der Betroffenen durch den SpD

erörtert.

Aus ihrer und unserer Sicht verfügt sie über eine ausgefüllte Tages- und Wochenstruktur. Sie ist mit dem aktuellen Verlauf und der Gestaltung zufrieden. So merkte sie z. B. in der Vorweihnachtszeit an, dass sie mit ihren Terminen kaum noch nachkomme. Die augenblickliche Strukturierung ihrer Zeit in Verbindung mit sinnstiftenden und -erhaltenden Handlungen tut ihr gut und wirkt sich positiv auf ihre Gesundheit aus. So hat sich in fast allen Lebensbereichen eine tendenzielle Normalisierung eingestellt, welche ihr ein weitgehend autonomes Leben ermöglicht, mit dem sie vor dem Hintergrund ihrer Geschichte und ihrer Lebenslage zufrieden ist. Die Intensität der Betreuung durch den SpD pendelt sich immer wieder auf ein Niveau ein, welches ihren jeweiligen Fähigkeiten und Möglichkeiten entspricht.

7.8. Perspektiven: Die kontinuierliche Fortsetzung des begonnenen Weges (der sich täglich verändern kann)

Da weder eine Beendigung noch eine Pause in der Betreuung von Frau W. aktuell in Frage kommen, stellt die Fortsetzung des begonnenen Weges mit Frau W. die momentane Aufgabe des SpDs dar. Die Perspektiven hinsichtlich ihres weiteren Lebens und die Arbeit mit uns gestalten sich verhältnismäßig unspektakulär. Die Frage, welche Träume und Perspektiven sie für ihr weiteres Leben noch hat, beantwortet sie wie folgt:

»(Letzte Frage: Haben sie denn noch viele Erwartungen in ihrem dritten Lebensabschnitt?) ... Ach, da bin ich z. Zt. immer am überlegen, was ich noch gestalterisch in meinen Lebensablauf neibringe ... (Fällt Ihnen dazu etwas ein?) ... Noi, bis jetzt noch net... (Vielleicht haben sie auch noch Träume?) ... Alpträume (lacht) ... (Ich dachte dann schon an Träume, die positiv und zu realisieren sind) ... Ja, ja – das weiß ich erst, wenn's mir zufällig einfällt ... (Wie würden sie denn die Zufriedenheit im Moment, wenn sie ganz schnell antworten müssten, einschätzen, unter null oder über null?) ... Ja, über, auf jeden Fall.«

Wenig Konkretes auf eine vielleicht auch unspezifische Frage. Zumindest spricht daraus eine relative Zufriedenheit mit dem jetzigen Leben. Mehr Wünsche und Vorstellungen, wie es weitergehen soll, tauchen bei Frau W. in den zurückliegenden Abschnitten auf: Sie fühlt sich noch nicht gesund, da sie noch Medikamente nehmen müsse. Sie möchte unbedingt in ihrer Wohnung bleiben und diese sogar renovieren; so viel wie möglich in ihrem täglichen Leben selbst tun; kulturellen Aktivitäten nachgehen; Kontakte mit den Angehörigen pflegen, reisen, lesen etc.

Neben der immer wieder unausgesprochenen Selbstverständlichkeit, dass die Betreuung durch uns den für sie richtigen Stellenwert einnimmt und sie daran auch nichts ändern will (siehe 7.6.), teilt sie uns noch einen bemerkens- und bedenkenswerten Hinweis mit: »Was mir fehlt auf ihrer Dienststelle, dass es nit viel – sagen wir mal – Veranstaltungen gibt, bei dene mer eh, (Pause) kulturelle Dinge zu ... (zum besten gibt sozusagen) ... Ja ... (An was für Themen denken sie da?) ... Ach, z. B. gibt's viele Stellen und kirchliche Einrichtungen und sonst was alles, wo mer so gelegentlich mal a Bastelstunde hat ... Ja, ja solche Dinge, dass das net bloß aufs Rathaus beschränkt bleibt... Und dann tät ich es für nötig halten, dass mer bei so einem Treff, wo dann relativ viele von ihre Betreuten anwesend sind, das mer da mal a Vorstellung macht. Die Leut' sieht mer immer, weiß net, wie sie heißen. Sie sind freundlich, grüßt mer also auch freundlich. Aber mer hat keine Ahnung, wer die Leut' sind.«

Es handelt sich dabei um begrüßenswerte Anregungen, die aufgegriffen werden sollten. Jedoch besteht – wenn auch nicht in genügendem Maße – schon ein reichhaltiges Programm an Aktivitäten und Initiativen, welche in und außerhalb der Räume des Sozialpsychiatrischen Dienstes mit begrenzten Ressourcen durchgeführt werden (siehe 2.3.); Angebote, an denen Frau W. kaum teilnimmt. Allerdings ist es uns im Sinne der vorrangigen Nutzung von Hilfen und Ressourcen außerhalb des psychiatrischen Kreislaufs von Bedeutung, dass ihre Kontakte und Beziehungen nicht nur auf die Psychiatrie beschränkt bleiben.

Die Perspektiven in der Planung und Gestaltung der Arbeit mit Frau W. liegen auf der Hand: Sie möchte letztlich so weiterleben und so lange wie möglich in ihrer Wohnung verbleiben können. Sie nennt auch keine abgehobenen Vorstellungen. Dies ist ein Problem, das sich vor allem bei jüngeren chronisch psychisch kranken Menschen zeigt, bei denen Lebensträume mit ihren Fähigkeiten und ihrer aktuellen Lebenslage oft weit auseinander klaffen (vgl. z. B. »Herr H. – eine schwierige Geschichte«: 8.3.5.) und in der kontinuierlichen Arbeit zu Problemen führen.

Für uns besteht bei Frau W. die Aufgabe eindeutig darin, den begonnenen Weg fortzusetzen, damit sie wie bisher weiterleben kann. Dies bedeutet, den Kontakt und die Vertrauensbeziehung aufrechtzuerhalten. Meine Rolle und die Funktion des Sozialpsychiatrischen Dienstes bestanden damals wie heute darin, kontinuierlich und zuverlässig, aber nicht aufdringlich, konsequent, aber nicht einseitig bestimmend, direkt, aber nicht bevormundend an Frau W. und ihrer Situation »dranzubleiben«. Es geht mit ihr darum, zu überlegen und des Öfteren im Team rückzukoppeln, welche (kleinen) Schritte in der jeweiligen Situation unternommen werden können, ohne über kausale Erklärungen für die jeweilige Entwicklung bzw. den Entwicklungsstand zu verfügen. Wenn auch ihre augenblickliche Verfassung stabil ist und sich auch noch verbessern kann, ist nicht auszuschließen, dass sich ihr gesundheitlicher Zustand morgen – aus welchen Gründen auch immer – wieder zum Schlechten hin verändern kann und wir wie Sisyphus wieder von neuem beginnen müssen, wenn auch auf einer anderen Stufe, d. h. auf der Basis einer Arbeit von nunmehr sechs Jahren. Eine Verschlechterung kann nie – vor allem auch angesichts ihres Alters – wie in allen anderen Fällen auch ausgeschlossen werden. Doch besteht ebenso die Gewissheit, dass es keine endgültigen Tiefs oder Hochs gibt, wenn die jeweiligen Phasen auch entsprechend lang sein können und die jeweils andere Phase als Gegenpol fast nicht mehr vorstellbar ist. Hinzukommt, dass es die Aufgabe des SpDs ist, durch langfristige

Kontakte zu einer Stabilisierung der Lebenslage beizutragen. Allerdings bin ich mir der Ambivalenz bewusst, die darin liegt und die ich hin und wieder auch mit Frau W. anspreche. Einerseits steht die Kontinuität in der Beziehung nicht zur Debatte. Andererseits könnte ich dadurch dazu beitragen, dass mein regelmäßiges Kommen ihr den weitgehenden Verzicht auf die Außenorientierung erleichtert. Gleichzeitig bestünde im Rückzug unsererseits das Risiko, dass sie sich wieder vergräbt und sich sukzessive in ihre psychische Erkrankung flüchtet. Die verschiedenen Aspekte dieser Sichtweise sind zu einem festen Bestandteil unseres professionellen Handelns mit Frau W. geworden. Sie trifft selbstverständlich für viele andere Fälle ebenso zu.

8. Das Spektrum der Arbeit des SpDs

8.1. Einführung

Wenn auch über die ausführliche Fallstudie ein breites Feld sozialpsychiatrischer Arbeit dargestellt werden konnte, reicht das vorliegende Beispiel jedoch nicht aus, um von individuellen und konkreten Kriterien und Merkmalen zu allgemeineren Schlussfolgerungen hinsichtlich der Arbeitsweise und Methodik eines SpDs insgesamt »aufzusteigen«. Das heißt, dass ein beträchtlicher Teil der Arbeit des SpDs mit der Fallstudie nicht erfasst werden konnte.

Mit dem folgenden Kapitel soll nun die gesamte Arbeit des SpDs dargestellt und diskutiert werden. Der Aufbau des Kapitels orientiert sich wieder an der allgemeinen Gliederung, wie sie auch in der Fallstudie vorgenommen wurde, wodurch die Darstellung des gesamten Spektrums erreicht wird und gleichzeitig der Vergleich mit der Fallstudie vollzogen werden kann.

Am Ende jeder übergreifenden Kategorie werden Verallgemeinerungen in Bezug auf das methodische Handeln des SpDs vorgenommen.

8.2. Anfragen an den SpD mit Versorgungsverpflichtung

Im ersten Abschnitt geht es darum, die Vielschichtigkeit und die Vielfalt der Anfragen und Anfangssituationen mit den dabei auftretenden Schwierigkeiten darzustellen und zu diskutieren. Weiter ist zu bearbeiten, welche professionellen Anforderungen erfüllt sein müssen, um als SpD (mit Versorgungsverpflichtung) adäquate alltagsorientierte Handlungsstrategien bereitstellen und gewährleisten zu können.

Die Anfragen an den SpD stellen die erste grundlegende Kategorie sozialpsychiatrischer Arbeit dar:

Als Erstes geht es um eine schnelle, aber umfassende Abklärung der aktuellen Situation. Es handelt sich um die Anbahnung eines Kontaktes und die Herstellung einer Vertrauensbeziehung. Es geht aber auch um die adäquate Weitervermittlung von Anfragen, sofern keine Betreuungszuständigkeit vorliegt.

Die Anfangssituation wird oft dadurch erschwert, dass (chronisch) psychisch kranke Menschen häufig ein kritisches bis skeptisches, in nicht wenigen Fällen geradezu ablehnendes Verhalten gegenüber sozialpsychiatrischen Einrichtungen einnehmen. Die besondere Aufmerksamkeit in der Gestaltung der Anfangssituationen durch den SpD muss daher der Sichtweise der Betroffenen zur eigenen psychischen Erkrankung Rechnung tragen. Dies geschieht in Verbindung mit der Art und Weise, wie sie sich selbst sehen, mit sich und ihrer Umgebung umgehen, wie sie die Umwelt deuten und wie auch immer ihren Alltag bewältigen.

Vor allem in Anfragesituationen, in denen ein akuter Zustand einer psychischen Erkrankung und deren Folgen der Grund für die Anfrage durch Dritte ist, besteht bei den Betroffenen selbst vielfach ein äußerst gering ausgeprägtes, bis nicht vorhandenes Hilfesuchverhalten und/oder ein fehlendes Problembewusstsein. Oft fällt es diesem Personenkreis schwer, den jeweiligen Konflikt, der mit sich selbst und/oder der Umgebung besteht oder den die Umgebung hat, anzuerkennen und Hilfe zuzulassen.

Das Spektrum der Anfangssituationen umfasst vier übergreifende Kategorien, welche von der einfachsten bis zur schwierigsten Gruppe reichen:

- Die Gruppe der **SelbstmelderInnen**, die ungefähr 10 % der Anfragen langfristig betreuter Menschen ausmachen,
- die große Gruppe der von stationären Einrichtungen, Ämtern und sozialen Diensten (**Institutionen**) an uns vermittelten Personen (ca. 65 %),
- KlientInnen, die über Nachbarn, Angehörige, Vermieter (**Privatpersonen**) an uns herangetragen werden (ca. 25 %) und
- die kleine Gruppe von Menschen (ca. 10 %), die – unabhängig von der anfragenden Stelle – den Kontakt und die Betreuung (zunächst und manchmal auch über einen längeren Zeitraum hinweg) **ablehnen**.

Dies bedeutet, dass ca. 90 % der vom SpD langfristig betreuten Menschen von Dritten vermittelt werden.

Eine Anfangs- oder Anfragesituation wird als beendet betrachtet,

- wenn ein kontinuierlicher Kontakt bzw. eine Beziehung des(r) KlientIn zum SpD entstanden ist;
- oder wenn eine Abklärung erfolgt ist mit dem Ergebnis einer Weitervermittlung in das geeignete Angebot oder ein kontinuierlicher Kontakt nicht erforderlich ist. In beiden Fällen ist die Anfrage und die damit verbundene Arbeit des SpDs abgeschlossen;
- oder wenn eine Ablehnung erfolgt und diese nach umfassender Prüfung akzeptiert wird.

Als Vorgabe gilt für alle SpDs Folgendes: Nach vier Kontakten mit dem Betroffenen oder nach mehr als einem Monat Betreuung/Begleitung beginnt ein langfristiger Kontakt. Die Anfangssituation kann dann – zeitlich ausgedrückt – als beendet betrachtet werden, was mit der Realität nur in wenigen Fällen übereinstimmt.

Das heißt es gibt für die Dauer der Anfangssituation keine zeitliche Festlegung. Die Dauer hängt vielmehr von der Gegebenheit und Entwicklung der Anfrage und des Kontaktes ab.

8.2.1. KlientIn meldet sich selbst

In der Kategorie der SelbstmelderInnen handelt es sich nicht um die typische Klientel des SpDs, sondern eher um jenen Teil der langfristig betreuten Menschen, welche sich am »oberen Rand« der Zuständigkeit des SpDs befinden. Ihr Hilfebedarf ist nicht so intensiv und komplex im Vergleich zur Hauptgruppe der vom SpD betreuten Menschen.

Frau Sch. (48 Jahre alt)[58] erhält von ihrer **Sozialhilfestelle** die Adresse und Telefonnummer des SpDs mit der Aufforderung, sich wegen ihrer **prekären psychischen Lage** – desolate materielle Situation, Isolierung und Alleinsein in Verbindung mit häufige-

---

58 Die Altersangaben aller folgenden Beispiele beziehen sich auf 1998.

ren suizidalen Äußerungen – an den SpD zu wenden. Diese Information ergibt sich nicht nur aus dem Erstgespräch, sondern auch über eine telefonische Rücksprache mit dem Sachbearbeiter des Sozialamtes. Der Nachfrage meinerseits beim Sozialamt hat Frau Sch. ohne weiteres zugestimmt.

Beim ersten Gesprächstermin im SpD, welchen sie umgehend telefonisch mit mir vereinbarte, kann Frau Sch. in **erster Linie ihre dringendsten Probleme** loswerden. Gemeinsam wird überlegt, welche Konflikte im Vordergrund stehen, was sie am meisten bedrückt und was als Erstes getan werden müsste und wird. Ich spreche die vom Sozialamt angedeutete Suizidalität an, gehe darauf ein und vereinbare mit ihr entsprechende Verabredungen, sodass eine Klinikeinweisung nicht erforderlich wird.

Frau Sch. leidet nicht an einer Psychose, sondern ist diagnostisch eher in den Bereich einer **Borderline-Störung/schwierige Persönlichkeit** in Verbindung mit einem Suchtproblem einzuordnen bei äußerst schwierigen Verhältnissen in ihrer Kindheit. So wurde sie wegen sexuellen Missbrauchs durch ihren Vater für eine längere Zeit in einem Kinder- und Jugendheim untergebracht.

Der Kontakt mit ihr war gut einzufädeln. Sie konnte sich auf den SpD einlassen, da sie sich Hilfe und Unterstützung vorstellen konnte, erhoffte und auch erhielt. Dadurch konnte langsam eine Vertrauensbeziehung entstehen.

Frau Sch. wandte sich in ihrer Not selbst an uns, auch wenn sie vom Sozialamt dazu aufgefordert wurde. Sie erhielt vom SpD Unterstützung durch **Zuhören, Beratung, sozialanwaltliche Hilfen und Krisenintervention.**

Mit Sicherheit gehört sie nicht zur klassischen Klientel des SpDs – vorrangig psychotisch erkrankte Menschen, die i. d. R. nicht von sich aus die Hilfe des SpDs in Anspruch nehmen. Vielmehr gehört sie zu einer Gruppe von KlientInnen, die aufgrund ihrer Vorgeschichte und Problemlage eher Gefahr laufen, sich auf ein Hilfeangebot mit zu großen Erwartungen zu stürzen, welches nicht selten in Frage gestellt und abgelehnt wird, wenn unrealistische Bedürfnisse nicht erfüllt werden (DULZ/SCHNEIDER 1995).

Die **Entscheidung** in der Anfangssituation, Frau Sch. in Betreuung zu nehmen, ergab sich aus folgenden Gründen: In den ersten abklärenden Gesprächen mit ihr kristallisierte sich heraus, dass ihr **Hilfebedarf** sowohl im **beraterischen Bereich** als auch in der **konkreten sozialanwaltlichen Unterstützung** bestand in Verbindung mit der Notwendigkeit von **Hausbesuchen**, da es Zeiten gab, in denen sie das Haus nicht verließ.

Der Allgemeine Sozialdienst wie auch psychologische Beratungsstellen als für Beratung und Betreuung ebenfalls potenziell in Frage kommende Dienste, sind hinsichtlich der Verklammerung beider Bereiche jeweils überfordert und geben die Zuständigkeit zurecht an den SpD weiter.[59]

---

[59] Ähnlich gestalten sich die Anfragesituationen über Nervenärzte, Sozialstationen, Kirchengemeinden etc., bei denen sich die anfragende Stelle meldet, diese Kontakt ankündigt und vereinbart wird, ob der Betreffende sich direkt meldet oder von uns angeschrieben oder die anfragende Stelle die Vereinbarung dem Betreffenden mitteilt. Die Absprache muss enthalten, wer was tut und wer reagiert, wenn der Betreffende nicht erscheint. Die Form kann sehr verschieden sein. Entscheidend ist, dass eine verbindliche Absprache zwischen der anfragenden Stelle und dem SpD getroffen wird. Die Kontaktaufnahme und die Strukturierung dieser Anfangssituation gestalten sich i. d. R. unproblematisch, was allerdings nicht für den Verlauf der Betreuung gelten muss.

8.2.2. Anfragen und Anfangssituationen: Vermittelt und »eingefädelt« über »Dritte«

Ca. 90 % der neuen langfristig betreuten Menschen des SpDs Bad Cannstatt (87 % in allen SpDs in Stuttgart) wurden 1999 über Dritte an uns herangetragen, worin sich – wie oben schon festgehalten – ein wichtiger Indikator ambulanter sozialpsychiatrischer Arbeit niederschlägt: Die Klientel sucht in der Regel nicht von sich aus den SpD auf, sondern wird aufgrund der Lebenslage in Zusammenhang mit der psychischen Erkrankung (Kap. 3: »Lebenslage chronisch psychisch kranker Menschen«) von anderen Einrichtungen, Diensten und Personen an uns vermittelt. Deswegen kommt dieser Kategorie hinsichtlich der Formulierung allgemeiner professioneller Handlungsanforderungen und -muster an den SpD eine besondere Bedeutung zu.

Die wichtigsten Einrichtungen, Dienste und Ämter, aber auch Privatpersonen, die Anfragen in Verbindung mit der Bitte um Aufbau eines Betreuungskontaktes an uns vermitteln oder zuweisen, sind:
- die psychiatrische Klinik, niedergelassene (Nerven-)Ärzte,
- das Amt für öffentliche Ordnung, das Sozialamt, die Polizei und weitere Ämter und soziale Dienste und Einrichtungen,
- Privatpersonen: Angehörige, Nachbarn, Bekannte, Vermieter etc.

8.2.2.1. Anfragen aus der psychiatrischen Klinik

Die **psychiatrische Klinik** übernimmt seit jeher gemäß der Aufgabenstellung des SpDs eine wesentliche Rolle in der Vermittlung von Anfragen, da es sich bei der Kernklientel des SpDs um Menschen mit häufigen und auch langen stationären Behandlungen handelt. Während in den Aufbaujahren eines SpDs bis zu 30 % der langfristigen Kontakte pro Jahr aus der psychiatrischen Klinik vermittelt werden, reduziert sich dieser Anteil im Verlauf der Jahre. Der SpD kennt und betreut nach ca. drei bis vier Jahren die NachsorgeklientInnen, wie sie in den Richtlinien des Sozialministeriums (Ministerium für Arbeit, Gesundheit, Familien und Frauen, 1991) und in der Gemeinderatsdrucksache der Stadt Stuttgart (338/1986) beschrieben werden. Während 1989 und 1990, d. h. in den ersten beiden Jahren der Arbeit des SpDs bis zu 30 % der langfristig betreuten Menschen aus der psychiatrischen Klinik an uns vermittelt wurden, waren es 1997 noch 16 % (Dokumentation des SpDs 1989/1990 und 1997).

Bei Frau W. wurde in der Fallstudie die Modalität der Vermittlung und der Einleitung eines Kontaktes aus der psychiatrischen Klinik beschrieben. Wenn die Kontaktanbahnung bei Frau W. darüber auch nicht gelang, waren trotzdem die wichtigsten Merkmale des Anfrage- und Vermittlungsvorganges zu erkennen (s. w. u.). Eine gelungene Vermittlung aus der psychiatrischen Klinik an den SpD wird am folgenden Beispiel aufgezeigt:

> Bei Herrn M. (39 Jahre alt, seit 1989 in Betreuung des SpDs) gestaltete sich die Kontaktaufnahme in der Klinik einfacher, geradezu idealtypisch: Zuvor schon fünfmal immer zwangsweise und einmal davon wegen eines Deliktes, das er im Zustand verminderter Schuldfähigkeit begangen hatte, in der forensischen Psychiatrie untergebracht, erfolgte der erste Termin mit Herrn M., dem Sozialdienstmitarbeiter und dem SpD auf der Station der psychiatrischen Klinik. Er hatte zuvor der Kontaktaufnahme zugestimmt.

Seine brüchige soziale und individuelle Lage machten ihn für Hilfe, Begleitung und Unterstützung durch den SpD nach der Klinikentlassung empfänglich. Die Lage war gekennzeichnet durch:

Kündigung der Wohnung wegen häufiger nächtlicher Lärmbelästigungen, krankheitsbedingte angespannte und aggressive Haltung gegenüber den Nachbarn, Verlust des Arbeitsplatzes und Notwendigkeit der Klärung seiner Ansprüche beim Arbeitsamt, Schulden bei seinem Vater, soziale Isolierung, d. h. allein, ohne Bekannte und Freunde. Nach ca. fünf Kontakten noch während der stationären Behandlung, wobei ein Kontakt in den Räumlichkeiten des SpDs stattfand, wurde im **Entlassgespräch** neben der schrittweisen Bearbeitung der **genannten Problemfelder vereinbart**, dass der SpD mit ihm darauf achten soll, die Einnahme der Medikamente und die Termine beim Nervenarzt einzuhalten. Das eigenmächtige Absetzen der Medikamente und die Beendigung der Arzttermine neben der noch fehlenden sozialpsychiatrischen Begleitung führten immer wieder zu akuten und heftigen psychotischen Phasen. Diese verstärkten wiederum die Konflikte mit der Umgebung und brachten das »Fass zum Überlaufen«. Nach der Entlassung aus der Klinik besteht ein stabiler Kontakt und eine kontinuierliche Beziehung von Herr M. zum SpD.

Die **Kontaktaufnahme** und die **ersten Gespräche und Kontakte fanden in der psychiatrischen Klinik** statt. Kurz vor der Entlassung wurde noch ein abschließendes Gespräch mit Herrn M., dem behandelnden Arzt, dem Sozialdienst der Klinik, einer Pflegekraft der Station und dem Mitarbeiter des SpDs u. a. zur Vorbereitung auf die erste Zeit zu Hause durchgeführt. Die Phase des Kennenlernens noch während der stationären Behandlung (fünf Kontakte vor der Entlassung) bestimmte sich durch eine Vorgehensweise, die anderen Situationen ähnlich ist. Im Zentrum standen das **Herantasten und Herausfinden**, um was es vorrangig ging (desolate materielle und soziale Situation) und an welchem Punkt er sich gerade befand. Es wurden Überlegungen angestellt und Absprachen darüber getroffen, welche Probleme als Erste angegangen werden sollten. Als Erstes ging es um die Sicherstellung der Wohnung und die Suche nach einem neuen Arbeitsplatz. Des Weiteren setzten wir uns gemeinsam mit der Frage auseinander, wie **sein Leben »draußen«** wieder aussehen sollte und welche Vorstellungen er dazu hatte. Es ging darum, mit Geduld und ohne Drängen, sich einen **Überblick zu verschaffen und langsam einen Kontakt herzustellen**. Es ging mit Klarheit und Offenheit darum, auf was wir uns jeweils verständigt hatten und darüber, wer was zu tun hatte. Dies war bei Herr M. aufgrund seiner desolaten Lebenslage nicht schwierig, sodass er sich auf unsere Vorschläge einlassen konnte. Es darf aber auch nicht übersehen werden, dass sich nicht wenige KlientInnen auf den Kontakt einlassen, weil sie sich darüber (berechtigterweise) eine frühere Entlassung aus der Klinik erhoffen, was bei Herrn M. allerdings nicht zutraf.

Folgende Voraussetzungen und Bedingungen erleichtern bzw. erschweren den Beginn und den Aufbau einer ambulanten Betreuung in der psychiatrischen Klinik:

Von Vorteil sind,
- den/die KlientIn so früh wie möglich in der Klinik kennen zu lernen,
- wenn dem Kontakt mit dem SpD seitens des Klinikpersonals (vor allem auch von den Ärzten) entsprechende Bedeutung und Wichtigkeit beigemessen wird,
- wenn der SpD mit angemessener Nachhaltigkeit und Überzeugung bei dem/der KlientIn bekannt gemacht und eingeführt wird,

- wenn konkrete Hilfebedarfe vorliegen, die einen Einstieg für beide Seiten erleichtern (z. B. die Regelung konkreter, sozialanwaltlicher und alltagspraktischer Hilfen),
- wenn eine enge, für den/die KlientIn durchschaubare Kooperationsbeziehung zwischen der Klinik und dem SpD besteht, die auf gegenseitiger Achtung und Respekt beruht und gegenseitig sachlich fundierte und kompetente Kritik zulässt,
- wenn gemeinsame Fallbesprechungen und gegenseitige Hospitationen durchgeführt werden.

Als nachteilig und erschwerend erweisen sich
- eine ablehnende Haltung durch den/die KlientIn, weil er/sie keinen Kontakt will, obwohl aus professioneller Sicht ein Bedarf besteht (siehe Frau W., 7.4.1.),[60]
- eine unklare und diffuse Vorstellung davon, was der Kontakt zum SpD »eigentlich bringen soll«, z. B., wenn nur ein anderer Umgang mit der Isolierung und/oder der eigenen Erkrankung ansteht, diesbezüglich aber wenig Problembewusstsein vorliegt, auch wenn der/die Betreffende schon des Öfteren gerade aus diesen Gründen eingewiesen wurde,
- ein zu geringes oder ungeschicktes Bestehen auf dem Kontakt mit dem SpD seitens der Klinik, z. B. mit der Aussage: »Ohne Kontaktaufnahme zum SpD erfolgt noch keine Entlassung.« Wird die Koppelung von Kontaktaufnahme und Aussicht auf Entlassung jedoch sorgfältig und geschickt eingebracht, war sie schon häufig der Anbahnung eines Kontaktes förderlich. Dabei übernimmt gerade die ärztliche Seite eine wichtige Funktion,
- wenn wir von der Klinik erst nach der Entlassung eines/einer KlientIn erfahren, ohne vorher schon Kontakt aufgenommen zu haben, z. B. weil sich der/die Betroffene umgehend selbst entlässt oder die Klinik nicht rechtzeitig den SpD einschaltet,
- die fehlende innere Sektorisierung der Klinik. Um die erforderliche therapeutische Kontinuität zwischen »drinnen und draußen« herzustellen und zu vertiefen, ist es erforderlich, dass ein SpD jeweils nur mit einer Station zusammenarbeitet,
- die inhaltliche und organisatorische Trennung der stationären und ambulanten Hilfen, zumindest auf der Ebene des Sozialdienstes und des SpDs.

Auf dem Hintergrund der Kooperationserfahrungen der vergangenen 16 Jahre wird 1998 eine Kooperationsvereinbarung zwischen den beiden psychiatrischen Kliniken und den acht SpDs in Stuttgart unterzeichnet, welche o. g. Kriterien der Kooperation enthält. Die kontinuierliche Überprüfung und Auswertung soll zur weiteren Verbesserung und Intensivierung der Kooperation beitragen.

8.2.2.2. Anfragen über das Amt für öffentliche Ordnung, die Polizei und das Sozialamt

Dieser Anfragetypus fällt zahlenmäßig mit ca. 10 % nicht allzu stark ins Gewicht im Vergleich zur Gesamtzahl der Anfragen, aus denen langfristige Kontakte werden. Trotzdem ist er von erheblicher Bedeutung, da sich darin typische Merkmale und Kennzeichen der

---

60 An dieser Stelle verweise ich auf die im Anhang aufgeführte Liste aller in der Studie erörterten Fallbeispiele. Sie sind mit der Seitenzahl versehen, wo sie in Kapitel 8 beschrieben und erörtert werden. Dadurch kann in den vielen Querverweisen, die vor allem in den methodischen Schlussfolgerungen der einzelnen Kategorien erfolgen, auf die Seitenangabe verzichtet werden, was wiederum die Übersicht und Lesbarkeit des Textes fördert.

Arbeit eines SpDs mit Versorgungsverpflichtung (in den Anfrage- und Anfangssituationen) wiederspiegeln.

Anruf vom Amt für öffentliche Ordnung: Mit folgender Mitteilung hatten sich die **Nachbarn von Herrn R.** an das Amt für öffentliche Ordnung gewandt: Herr R. würde nachts laut schreien und schimpfen, in der Wohnung auf und ab gehen, Möbel rücken und Türen schlagen. Tagsüber verhalte er sich ruhig, lebe zurückgezogen und wäre kaum zu sehen. Wenn man sich begegne, rede er nicht mit ihnen und reagiere misstrauisch, irritiert und unsicher auf den Gruß. Sie hätten Angst vor ihm und seien schon seit längerer Zeit in der Nachtruhe gestört. Darauf angesprochen, reagiere er eher angespannt, gereizt oder erzähle unverständliche Geschichten.

Gemeinsam vereinbaren wir mit dem Amt für öffentliche Ordnung telefonisch, dass das A. f. O. sich schriftlich zu einem **Hausbesuch** ankündigt und ein Mitarbeiter des SpDs mitkommt. Zu Dritt (Arzt, Sozialpädagoge und Mitarbeiter des A. f. O.) tauchen wir bei Herrn R. auf. Ohne Zögern öffnet er uns die Tür, bittet uns herein und beginnt unvermittelt von den Verfolgungen und Bestrahlungen aus der Steckdose und elektrischen Geräten zu erzählen, wodurch ihn seine Peiniger zerstören und töten wollen. Auf die nächtlichen Ruhestörungen angesprochen, entgegnet er, dass er sich ja schließlich gegen diese Qualen wehren müsse, die vorrangig nachts auftauchen. Er habe nichts gegen die Nachbarn und äußert sogar Verständnis dafür, dass diese ihre Ruhe brauchen. Er erzählt weiter, dass er noch nicht lange hier wohne und schon immer ein Einzelgänger gewesen sei. Zeitweise lebte er auf der Straße, weil er dort vor seinen Verfolgern sicher gewesen sei. Am Ende des Gespräches kann er sich darauf einlassen, dem **Kontakt mit dem Mitarbeiter des SpDs zuzustimmen** verbunden mit dem Ziel, innerhalb der nächsten vierzehn Tage mit einer medikamentösen Behandlung zu beginnen und mit uns einen kontinuierlichen Betreuungskontakt aufzubauen, da er sich sehr einsam fühlt. Wir eröffnen ihm, dass mit diesem **Vorschlag die Chancen steigen, die Wohnung auf Dauer behalten zu können**, da er durch sein Verhalten sonst Gefahr laufe, gekündigt zu bekommen. Des Weiteren könne damit eine stationäre (zwangsweise) psychiatrische Behandlung vermieden werden. **Beides zu vermeiden ist ihm außerordentlich wichtig**, sodass darüber ein Arbeitsbündnis mit ihm hergestellt werden kann. Nach und nach entsteht ein enger Betreuungskontakt. Ohne Probleme kann er sich auf Medikamente einlassen. Es handelt sich hier zweifelsohne um ein positiv verlaufendes Beispiel, da die Aufgeschlossenheit gegenüber der Medikation in dieser Weise nicht typisch ist.

Nach einigen Wochen ist das **Ausgangsproblem bewältigt**, und es besteht eine kontinuierliche Beziehung mit dem SpD. Herr R. pflegt seither einen engen Kontakt zum SpD.

Ein weiteres Beispiel:

Anruf vom Amt für öffentliche Ordnung: Herr V., 30 Jahre alt, arbeitslos, vor ca. einem Jahr aus Italien nach Deutschland gekommen, seit vier Monaten mit einer Italienerin verheiratet, wurde gestern von einen niedergelassenen Arzt mit Polizeigewalt im Rahmen einer **fürsorglichen Unterbringung zwangsweise in die psychiatrische Klinik** eingewiesen.

Da Herr V. an einer paranoid-halluzinatorischen Psychose leidet, zudem soziale Probleme bestehen, geht das Amt davon aus, dass wir für eine Betreuung nach der Entlassung aus der Klinik zuständig sind. Wir werden gebeten, mit Herrn V. in der Klinik Kontakt aufzunehmen. Herr V. war uns bislang nicht bekannt. Über den Sozialdienst der psychiatrischen Klinik wird ein **erster Termin auf der geschlossenen Station** vereinbart. Herr V. kann kaum deutsch und ist nur der italienischen Sprache mächtig. Ein Mitarbeiter aus dem SpD verfügt über Italienisch-Kenntnisse. Trotzdem muss Herr V., der zwischenzeitlich ca. eine Woche in der Klinik ist, immer wieder im Gespräch gebeten werden, langsamer zu sprechen, da er sonst nicht zu verstehen ist. Sein neapolitanischer Dialekt und krankheitsbedingte Unruhe erschweren es ihm, dieser Bitte nachzukommen. Trotzdem gelingt eine einigermaßen **brauchbare Verständigung**: Er wisse nicht, warum er hier sei, berichtet er. Auf einmal sei die Polizei gekommen, habe ihn mitgenommen und in die Klinik gebracht.

Er erzählt von sich, u. a. davon, dass er in Italien lange in psychiatrischer Behandlung gewesen sei, hier in Deutschland jedoch die Medikamente trotz Behandlung durch seinen Hausarzt abgesetzt habe. Sein eigentliches Problem sei eigentlich nur die Arbeitslosigkeit. Wenn er Arbeit hätte, wäre alles wieder in Ordnung.

Einem weiteren Kontakt mit dem **Mitarbeiter des SpDs** stimmt er ohne weiteres zu und ist auch damit einverstanden, dass beim nächsten Gespräch seine Frau und eine Mitarbeiterin der italienischen Sozialberatung, zu der er einen guten Kontakt hat, mit dabei sind. In diesem Gespräch, ca. eine Woche später, geht es ihm schon deutlich besser. Er ist ruhiger und sieht eine klare Verbindung zwischen dem Absetzen der Medikamente, den zusätzlichen Anforderungen, die ein anderes Land mit sich bringt, in einer Umgebung, deren Sprache er kaum versteht, seiner Arbeitslosigkeit und dem erneuten Ausbruch seiner Erkrankung. Obwohl seine Zwangsunterbringung abläuft, erklärt er sich bereit, noch zwei weitere Wochen freiwillig zu bleiben, damit er sich noch etwas stabilisieren könne.

Es wird mit ihm vereinbart, dass der **Mitarbeiter des SpDs einen gemeinsamen Termin** koordiniert, an dem nach seiner Entlassung er, seine Frau, die Mitarbeiterin der italienischen Sozialberatung, ein italienischer Mitarbeiter aus einer psychologischen Beratungsstelle, zu dem seine Frau Kontakt aufgenommen hat und der Mitarbeiter des SpDs teilnehmen. In dem Gespräch soll abgeklärt werden, was zu tun ist und wer was tut. Zwischenzeitlich wird ihm die Mitarbeiterin der italienischen Sozialberatung helfen, Kontakt zu einem italienisch sprechenden Nervenarzt aufzunehmen. Der Mitarbeiter des SpDs wird ihn während der noch verbleibenden stationären Behandlungszeit regelmäßig besuchen, um den begonnenen Kontakt zu festigen.

Da diese Vereinbarungen problemlos realisiert werden und Herr V. an einem **kontinuierlichen Kontakt großes Interesse** zeigt, kann hier die Anfangsphase relativ schnell abgeschlossen werden und in eine kontinuierliche Betreuung und Begleitung übergehen.

Bei den Anfragen über das Amt für öffentliche Ordnung können wir uns auf die Vereinbarung bzw. den Hinweis berufen, dass der Betreffende aufgefordert wird, den Kontakt mit uns zuzulassen und eine Betreuung einzugehen, um darüber die stationäre Einweisung eventuell vermeiden zu können. Im zweiten Beispiel wird der Kontakt in der Klinik eingeleitet, um eine Beziehung für die Zeit nach der Klinik aufzubauen. Die Vereinbarung von Absprachen und die Entstehung eines Arbeitsbündnisses sind nicht sonderlich schwierig, da klare Voraussetzungen und Vorgaben, d. h. ein eindeutiger Auftrag bestehen.

Eine Analogie besteht bei Anfragen aus dem **Sozialamt**:

Das Sozialamt bittet den SpD um Überprüfung eines vorliegenden Antrages, den Herr X. gestellt hat und bei dem allem Anschein nach noch zusätzlich Probleme vielschichtiger Art bestehen. Damit liegt ein klarer Auftrag vor, mit dem wir uns an Herrn X. wenden können. Der Kontakt kommt zustande, weil er den SpD zur Bewilligung seines Antrages benötigt. Wir eröffnen ihm, wer wir sind und worin unser Auftrag besteht. Wir bieten ihm gleichzeitig an, sich Gedanken darüber zu machen, ob er über diesen Auftrag hinaus eventuell noch weitere Hilfe, Unterstützung und Beratung benötigt, was er bestätigt. Auch hier entsteht über die konkrete Hilfe in Verbindung mit dem bestehenden Auftrag eine kontinuierliche Beziehung, sodass auch hier die Anfangssituation nur kurz dauert.

Ähnliches gilt bei der folgenden Anfrage der **Polizei** an unseren Dienst:

Die Polizei wurde von einer alten Dame gerufen. Diese berichtet, dass des Öfteren nachts Einbrecher in ihre Wohnung kämen, Geld mitnähmen, welches auf seltsame Weise Tage später wieder in der Wohnung auftauche. Außerdem werde sie durch die Wände bestrahlt. Dies führe zu Schmerzen im ganzen Körper. Sie bittet die Polizei, das Problem doch abzustellen.

Schriftlich nehmen wir unter **Bezugnahme auf die Polizei Kontakt auf** und versuchen, einen Betreuungskontakt einzuleiten. Der Erstkontakt gestaltet sich relativ einfach, da die alte Dame hofft, dass wir im Auftrag der Polizei handeln und ihr Problem lösen. Sehr vorsichtig und zurückhaltend wird versucht, Kontakt herzustellen, indem die **Gespräche auf andere, alltagsorientierte Themen** gelenkt werden, um herauszufinden, wo sie Hilfe brauchen und auch annehmen könnte. Als dies gelingt, können ihre Erzählungen etwas in Hintergrund treten. Sie lässt zu, sowohl mit ihr gemeinsam die verwahrloste Wohnung aufzuräumen, als auch mit dem Zdl gemeinsame Einkäufe zu erledigen, da sie solche Tätigkeiten körperlich und psychisch überfordern. Wichtig ist jedoch, zu akzeptieren, dass sie ihre Erlebnisse bei jedem Besuch von neuem erzählt, um den dahinter stehenden Druck immer wieder loswerden zu können. Ebenso wichtig ist aber auch, sie zeitlich darin zu begrenzen, um zum einen die konkreten Angelegenheiten des Alltags zu regeln und zum anderen ihr nicht zu viel Zeit zur freien Assoziation zur Verfügung zu stellen. Wir befürchten, dass sie sich dadurch noch mehr in ihre Wahnwelt verstricken könnte. In der Anfangssituation auf eine mögliche psychische Erkrankung hinzuweisen und sie aufzufordern, sich von einem Nervenarzt behandeln zu lassen, hätte mit großer Wahrscheinlichkeit zur sofortigen Beendigung des gerade vorsichtig entstehenden Kontaktes geführt.

Den **Umgang mit den Wahnvorstellungen** gestalte ich so, dass ich sie und ihre Fantasien ernst nehme und ihr das Gefühl vermittle, dass ihre Geschichte so, wie sie diese erlebt und erzählt für sie wahr ist und keine andere Realität für sie besteht. Ich vermittle ihr weiter, dass ich mir diesen Verlauf zwar kaum oder nur sehr schwer vorstellen könne. Jedoch lasse ich diese Position so stehen, ohne sie in die Lage hineinzudrängen, mich »überzeugen zu müssen«, geschweige denn, sie vom Gegenteil überzeugen zu müssen. Dann müsste sie mich noch mehr von der Richtigkeit ihrer Wahrheit überzeugen und würde sich dadurch noch stärker in ihre Welt verstricken.

Diese Kombination aus alltagsorientierten und -praktischen Hilfen und einer behutsamen und respektvollen Beziehungsgestaltung ermöglicht der alten Dame einen stabilen und kontinuierlichen Kontakt zuzulassen.

8.2.2.3. Anfragen von Privatpersonen: Angehörige, Nachbarn, Bekannte

Die Zahl der Anfragen über Angehörige, Nachbarn und Bekannte nehmen mit dem sukzessiven Bekanntwerden und der Verankerung eines SpDs in seinem Einzugsgebiet kontinuierlich zu. Während 1991 z. B. 10 % der in diesem Jahr neu hinzugekommenen langfristig betreuten Menschen über diesen Anfragetypus an den SpD Bad Cannstatt vermittelt wurden (alle acht SpDs in Stuttgart: 13 %), waren es 1996 fast 30 % (SpDs in Stuttgart: 23 %).

Der Anfragetypus kennzeichnet sich durch spezifische Merkmale und Kriterien, die sich von den bisher beschriebenen in einigen Bereichen unterscheiden. Zum Beispiel ist ein wesentliches Kennzeichen, dass die Anfangsphase deutlich länger dauert als bei den vorher erörterten Gruppen. Die Anfragen sind häufig diffus und schwierig bei meist eindeutig bestehender Zuständigkeit des SpDs.

Herr Z.: Ein schwerwiegendes Problem für seine Mutter und umgekehrt
Anfrage:
>   **Frau Z.** meldet sich wegen ihres 28-jährigen Sohnes. Die Telefonnummer des SpDs erhielt sie von der Kirchengemeinde, an die sie sich in ihrer Not gewandt hatte. Nach kurzer telefonischer Abklärung, um was es ihr geht, wird ein Termin für ein erstes Gespräch im SpD vereinbart. Am Telefon akzeptiere ich, dass sie dem Sohn ihren ersten Termin mit dem SpD noch nicht mitteilt. Aufgrund des verzweifelten Eindrucks, den sie am Telefon hinterlässt, kann ich verantworten, das Gespräch ohne das Wissen ihres Sohnes durchzuführen. Es erscheint mir wichtig, dass sie ihren inneren Druck erst einmal loswerden kann.

Erstgespräch mit Frau Z.
>   In diesem Gespräch berichtet sie, dass ihr jüngerer Sohn ein Zimmer im Keller des Hauses ihres Vaters in der Nähe ihrer eigenen Wohnung bewohnt. Sie lebt mit ihrem Mann zusammen. Der ältere Sohn ist verheiratet und lebt in einem anderen Stadtteil Stuttgarts. Der jüngere Sohn, um den es geht, kommt täglich zu ihr, hält sich teilweise bei ihr auf und isst auch bei ihr, was aufgrund seiner aktuellen Situation und seines Verhaltens häufig zu massiven Spannungen bis hin zu Tätlichkeiten zwischen ihrem Sohn und ihrem Mann führt.
>   Mit dem Studium hat er aufgehört. Eine berufliche Ausbildung hat er keine. Er hält sich viel in seinem Zimmer auf, welches aus ihrer Sicht zunehmend verwahrlost. Außerdem befürchtet sie, dass er Drogen nimmt, da es manchmal so seltsam nach Rauch riecht. Zudem hat er ihr auch schon bestätigt, dass er Marihuana rauche. Seit dem Abbruch der Beziehung zur Freundin zieht er sich immer mehr zurück und hat immer weniger Außenkontakte.
>   Das **Hauptproblem**, weswegen sie sich an eine psychiatrische Einrichtung wendet, besteht darin, dass ihr Sohn von ihr und ihrem Mann über eine Million DM fordert. Er sei davon überzeugt, dass sie geerbt hätten und ihm das Geld zustehe, die Eltern es ihm jedoch vorenthielten und auf eine Schweizer Bank gebracht hätten. Mit ihrem anderen Sohn stünden sie unter einer Decke und versuchten, ihn zu einem Verrückten abzustempeln, damit niemand an die Richtigkeit seiner Forderungen glaube und sie so das Geld für sich behalten könnten. Da er Millionär sei, brauche er nicht zu arbeiten

und auch keine Ausbildung zu machen. Eigentlich brauche er nur sein Geld. Wenn sie ihm bisher schon das Geld verweigerten, sei es zumindest die billigste Pflicht der Mutter, ihn zu versorgen und auszuhalten, lauten seine Argumente.

Vor einigen Monaten sind die Vergiftungsängste so intensiv gewesen, dass sie deswegen zum Hausarzt ging. Ihr Sohn behauptete, dass sie ihm destilliertes Wasser zu trinken gegeben und schädliche Stoffe unter den Pudding gemischt habe. Der Hausarzt hat dann **allerdings ohne sein Wissen die Einweisung in die psychiatrische Klinik veranlasst**. Obwohl er sich nach einigen Tagen wieder selbst entlassen hat, da weder Selbst- noch Fremdgefährdung bestand, wurden durch dieses Vorgehen sowohl seine paranoiden Vorstellungen verstärkt, als auch der mögliche Aufbau von Vertrauen in die Hilfe von psychiatrischen Einrichtungen geradezu verunmöglicht.

Die Mutter ist völlig verzweifelt und weint immer wieder während des Gespräches. Zum einen kann sie mit ihrem Sohn überhaupt nicht über dessen Wahnvorstellungen reden. Zum anderen leidet sehr darunter, dass er ihr derartige kriminelle Handlungen vorwerfe. Ihr Sohn sei **völlig überzeugt von seinem Wahngebäude**. Versuche man, mit ihm darüber zu reden, reagiere er gereizt und angespannt. In ihrem Mann habe sie überhaupt keine Unterstützung. Er werfe ihr vor, dass sie den Sohn auch noch verwöhne. Wenn es nach ihm ginge, hätte er ihn schon längst vor die Tür gesetzt, um ihn mit der Realität zu konfrontieren, was sie wiederum als Mutter nicht könne. Dies würde ihr das Herz brechen, da sie sieht, wie er sich immer mehr zurückziehe und abbaue. Wir unterhalten uns darüber, ob sie denn eine Vorstellung davon habe, wie er zu diesem Vorwurf komme, bzw. was dazu geführt haben könnte. Sie berichtet, dass sie sich darüber schon nächtelang den Kopf zerbrochen habe, jedoch zu keinem Ergebnis gekommen sei. Ihr sei nicht bewusst, dass sie z. B. den jüngeren Sohn im Vergleich zum älteren benachteiligt hätte. Eher erkenne sie einen Zusammenhang zwischen der spannungsreichen und konflikthaften Beziehung zwischen ihr und ihrem Mann und den wahnhaften Vorstellungen sowie der augenblicklichen Entwicklung ihres Sohnes.

Darstellung des Gesprächsverlaufs:

Auf der einen Seite tut sich Frau Z. schwer mit dem Gedanken, ihrem Sohn mitzuteilen, dass sie sich mit uns seinetwegen in Verbindung gesetzt hat. Sie fürchtet, dass es nach den ersten negativen Erfahrungen ihres Sohnes mit der Psychiatrie wieder zu erheblichen Reibereien kommen könnte. Auf der anderen Seite möchte sie aber unbedingt, dass wir mit ihm in Kontakt kommen, ihn unterstützen und ihn zu einem Arzt oder in eine Klinik bringen, damit er wieder auf andere Gedanken komme. Sie möchte, dass wir den für sie fast unerträglichen Zustand bewältigen und lösen. So schwierig und utopisch diese Erwartung hinsichtlich ihrer Umsetzung ist, so berechtigt und folgerichtig ist diese Bitte aus ihrer Sicht.

Ich höre zu und frage nach, um die **Situation erfassen zu können** und teile ihr zwischendurch immer wieder meine Meinung und Überlegungen mit. Gemeinsam denken wir darüber nach, wie wir mit ihrem Sohn in Kontakt treten könnten, obwohl sie immer wieder einwirft, dass er jeden Kontakt zu einer psychiatrischen Einrichtung ablehnen würde. Gleichzeitig müsse er aber in Behandlung, damit sich alles wieder zum Besseren wende, lautet der andere Teil des Satzes.

Meine Haltung und das Vorgehen bestehen darin, **zwei Stränge auseinander zu halten** und ihr verständlich zu machen: Sie ist auf der einen Seite eine eigenständige Person mit dem Recht, ihr Leben zu leben. Sie sollte sich nicht erpressen und sich nicht von Schuldgefühlen, eine schlechte Mutter zu sein, plagen lassen. Sie sollte ihren Sohn, wenn möglich, weniger verwöhnen, damit er mehr mit der äußeren Realität konfrontiert wird. Die Vermittlung dieses Anspruchs erfolgt aus der Sicht eines Professionellen mit der notwendigen sachlichen Distanz. Auf der rationalen Ebene kann sie der Argumentation folgen, auf der Gefühlsebene erreicht sie diese Botschaft nur wenig. Deswegen erfolgt mein Vorschlag, dass sie mit der Leiterin der Angehörigengruppe des SpDs in Kontakt treten könne mit dem Ziel, ihre Wünsche und Bedürfnisse in den Mittelpunkt zu stellen. Immer wieder erleben wir, dass Angehörige unter ihresgleichen sich wohler und angenommener fühlen als bei Professionellen sowie Meinungen und Ratschläge von Angehörigen leichter annehmen können, so argumentiere ich ihr gegenüber. Sie könne sich in Ruhe überlegen, mit der Leiterin (selbst Mutter eines psychisch kranken Sohnes) Kontakt aufzunehmen. Umgehend entscheidet sie sich für die Möglichkeit eines gemeinsamen Gespräches mit mir und der Leiterin der Angehörigengruppe. In diesem Gespräch erzählt sie nochmals »ihre Geschichte«. Die Leiterin antwortet als Mutter mit ihren eigenen Erfahrungen und denen der Angehörigengruppe. Ich kann mich aus dem Gespräch weitgehend heraushalten. Meine Funktion bestand darin, als Katalysator den Kontakt herzustellen und zu fördern. Nach einigen Anfangsschwierigkeiten nimmt Frau Z. regelmäßig an der Angehörigengruppe teil und erlebt dort den Rückhalt, den sie für sich benötigt und so ihren Hilfebedarf einigermaßen abdecken kann.

Auf der anderen Seite steht die Herausforderung, wie nach den äußerst ungünstigen Ersterfahrungen mit der Psychiatrie an ihren Sohn heranzukommen ist. Nach längerer Abwägung finden wir keine andere Alternative, als ihn schriftlich zu einem Gesprächstermin einzuladen mit dem Hinweis, dass sich seine Mutter in großer Sorge um seine Gesundheit an uns gewandt hat. Im Hinblick auf mögliche Reaktionsweisen des Sohnes sprechen wir ihre Befürchtungen durch. Wir stellen fest, dass keine realen negativen Konsequenzen oder gar tätliche Übergriffe zu erwarten, sondern dass es ihre Schuldgefühle ihm gegenüber sind, sich wieder hinter seinem Rücken an eine psychiatrische Einrichtung gewandt zu haben. Immer wieder betonte sie jedoch ihre Befürchtung, dass er bestimmt nicht kommen werde.

Kontakt mit Herrn Z.:

Wir laden Herrn Z. schriftlich ein, indem wir uns auf seine Mutter und deren Sorgen beziehen, welche sie sich um seine Gesundheit mache. Wir bieten ihm an, sich mit uns über seine aktuelle Lage (z. B. fehlende Krankenversicherung, unklare finanzielle Situation etc.) – oder was ihn immer auch belaste – zu unterhalten und zu überlegen, ob er von uns Unterstützung annehmen könne.

Wider Erwarten erscheint Herr Z. zum vereinbarten Zeitpunkt. Er stellt mit leichter Verlegenheit und Unsicherheit fest, dass er ja nicht verrückt sei und einfach mal schauen wolle, was wir für eine Einrichtung seien. Umgehend erzählt er die Geschichte mit dem Geld, genau so, wie sie seine Mutter berichtet hat. Ebenso berichtet er, dass sich seine Freundin von ihm getrennt habe und fragt, ob wir ihm in der Regelung der anstehenden Probleme helfen könnten. Ich antworte ihm, dass wir ein Sozialpsychiatrischer Dienst sind, stelle ihm unsere Angebote verbunden mit der Möglichkeit, ihm sicherlich in einigen Dingen behilflich sein zu können. Was das Geld betrifft, welches er von seinen Eltern erwarte, könnten wir allerdings wenig tun. Wenn er wirklich davon überzeugt sei, müsse er sich einen Rechtsanwalt nehmen und eine Anzeige gegen seine Eltern erstatten. Gleichzeitig berichte ich ihm, welche Sorgen sich seine Mutter mache. Analog zu den Informationen der Mutter teile ich ihm mit, dass sie wohl überhaupt kein Geld habe, welches sie ihm vorenthalte. Er hört gespannt zu, wirkt in seiner Mimik kurz etwas verunsichert, meint dann aber abschließend, dass dies die übliche »Masche« seiner Mutter wäre, sich zu verstellen, ein anderes Gesicht aufzusetzen, um von den kriminellen Machenschaften abzulenken.

Am Ende des Gespräches **überlasse ich es ihm, ob er wiederkommen will**. Ich biete ihm im Abstand von drei Wochen einen neuen Termin an. Er könne bis dahin in Ruhe überlegen, ob er unsere Hilfe, wie ich sie ihm dargestellt habe, in Anspruch nehmen will. Außerdem teile ich ihm mit, dass seine Mutter in die Angehörigengruppe des SpDs komme, was er so kommentiert, dass sie dies auf jeden Fall brauchen könne.

Er kommt noch einige Male. Zu einigen Terminen erscheint er nicht, worauf ich ihn wieder angeschrieben habe. Nach und nach wird ihm aber deutlich, dass ich ihm bei der Realisierung seiner geldlichen Ansprüche nicht helfen kann und der **Kontakt mit dem SpD für ihn dadurch zwecklos wird**. Noch einmal auf seine gesundheitliche und soziale Lage angesprochen, entgegnet er, dass seine Eltern eine Behandlung nötiger hätten als er und er den Kontakt beenden wolle. Zwar schreibe ich ihm noch einige Male mit dem Ziel, doch noch einmal einen Kontakt herzustellen, was zunächst jedoch nicht zum Erfolg führte.

Trotz der häufigeren Auseinandersetzung mit der gesamten Situation (Probleme der Mutter mit ihrem Sohn und ihrem Mann sowie die Konflikte zwischen ihrem Mann und ihrem Sohn) ist die Anfangsphase noch nicht abgeschlossen. Es besteht weder eine kontinuierliche Beziehung des SpDs zu Herrn Z. noch kann die Ablehnung des Kontaktes so akzeptiert werden. Die gesamte Lage ist noch äußerst problematisch, und (krankheitsbedingte) Eskalationen sind nicht auszuschließen. Weitere Abklärungen und Lösungswege sind erforderlich.

Weiterer Kontakt mit Frau Z.:

Zu **Frau Z. besteht weiterhin Kontakt**. Ich teile ihr mit, dass die Betreuung ihres Sohnes von ihm aus unterbrochen wurde und bitte sie, sich umgehend mit uns in Verbindung zu setzen, falls die Situation zu Hause eskaliere. Dies teilten wir ihrem Sohn ebenfalls mit. Außerdem sprechen wir in Verbindung mit der Leiterin der Angehörigengruppe ein Stufenprogramm ab, welches Frau Z. die Distanz zu ihrem Sohn erleichtern soll. Es wird abgesprochen, welche Unterstützung sie ihm noch gibt und wo sie sich sukzessive heraußzieht, ohne übermäßige Schuldgefühle entwickeln zu müssen.

Neue Spannungen:

Einige Monate später wendet sich die Mutter wieder an uns und berichtet, dass die **Situation sich zuspitze**: Ihr Sohn esse kaum noch und nehme mehr und mehr ab. Sein Zimmer sei zusehends durch verdorbene Essensreste verwahrlost. Er reagiere gereizt. Die Spannungen zu Hause nähmen dadurch wieder zu.

Da Herr Z. den Kontakt mit uns weiterhin ablehnt, können wir seine Situation nicht mehr adäquat einschätzen. Wir bekommen ihn nicht mehr zu Gesicht und können aufgrund der vorliegenden Informationen auch die Verantwortung nicht mehr übernehmen. Deswegen nehme ich Kontakt mit dem Amt für öffentliche Ordnung auf, um zu überprüfen, ob nun doch eine **krankheitsbedingte Selbstgefährdung** vorliege. Ich teile ihm mit, dass wir auf das Amt für öffentliche Ordnung zugegangen sind, ebenso die Gründe, die zu diesem Schritt geführt haben. Das Gespräch in seinem Zimmer zusammen mit dem Amt für öffentliche Ordnung und uns ergibt, dass eine **Unterbringung gegen seinen Willen (noch) nicht erforderlich ist**.

Eine neue Entwicklung:
Der Aufforderung des Amtes für öffentliche Ordnung, mit uns wieder Kontakt aufzunehmen, kommt er nach mehreren Schreiben unsererseits nach vier Monaten nach: **Er war auf Druck seiner Mutter beim Sozialamt.** Diese hatte ihm unmissverständlich erklärt, ihn finanziell nicht mehr zu unterstützen. **Er äußerte den Wunsch, vom SpD beraten zu werden**, wie er an eine Arbeitsstelle über das BSHG 19 Programm (Arbeit statt Sozialhilfe) herankommen könne. In einigen Gesprächen sprachen wir die verschiedenen Möglichkeiten mit ihm durch und besorgten ihm die nötigen Telefonnummern und Adressen. Alles weitere wollte er selbstständig erledigen. Das Thema Erbe wurde in diesen Gesprächen von ihm nicht eingebracht. Vorsichtig von mir darauf angesprochen entgegnet er, dass er da nichts erreichen könne und sich deswegen z. Z. wenig damit beschäftige.

Beim letzten Termin teilte er mit, dass er mit der **Arbeit im Landschafts- und Gartenbau beginne und nun keine weiteren Termine** mehr benötige. Von seiner Mutter erfahren wir immer mal wieder, dass die Situation deeskaliert sei, seit er arbeite. Sie bestätigt, dass das Thema Erbe z. Z. kaum eine Rolle spiele. Was ihn letztendlich dazu bewogen habe, diese Schritte in die Wege zu leiten und wieder ruhiger zu agieren, wisse sie auch nicht. Unsere gemeinsame Deutung ist, dass er vielleicht bei einem Arzt gewesen war und Neuroleptika erhalten haben könnte, die mit zur Beruhigung und zu einer Reduktion seiner wahnhaften Vorstellungen geführt haben könnten. Jedoch sind dies nur Vermutungen und Überlegungen, die wir nicht überprüfen können. Frau Z. ist aber mit dem augenblicklichen Zustand zufrieden und zwischenzeitlich selbst ruhiger geworden. In die Angehörigengruppe geht sie weiterhin.

Zu Herrn Z. besteht kein Kontakt mehr. Seine Mutter würde sich umgehend an uns wenden, wenn sich die Situation wieder verschlechtern sollte. Wir können somit in Absprache mit der Mutter die Lage in dieser Form akzeptieren.

Erst jetzt ist die Anfangssituation abgeschlossen, obwohl diese Phase über ein Jahr dauerte. Es konnten Lösungswege gefunden und Absprachen getroffen werden, sodass die Beendigung des Kontaktes mit Herrn Z. zu verantworten ist.

Fasst man diese Anfragesituation und die Entstehung der Betreuung zusammen, fällt auf, dass der Verlauf für viele Anfragen dieser Art charakteristisch ist:

Eine **dritte Person** (Mutter) fragt wegen einer sehr schwierigen Konstellation **ohne Wissen des Betroffenen** (Sohn) an, der nichts mit dem SpD zu tun haben will. Aufgrund der Not der Mutter wird zumindest für das Erstgespräch akzeptiert, dass sie ihren Sohn noch nicht informiert. Dies geschieht ausnahmsweise deshalb, weil wir wissen, dass der erste Kontakt zur Psychiatrie ohne Kenntnis des Sohnes entstand und zu einer für ihn traumatischen Einweisung führte. Die mögliche Bereitschaft von Herrn Z., Hilfe anzunehmen, wurde dadurch zunächst einmal verunmöglicht. Deshalb musste äußerst vorsichtig vorgegangen werden.

Im ersten Gespräch verdeutlichen sich ihr **Leiden** und ein **diffuser Auftrag**: Die Verzweiflung wegen des Verhalten ihres Sohnes in Verbindung mit dessen psychischer Erkrankung und ihre Hilflosigkeit, damit umzugehen gekoppelt mit vehementen Schuldgefühlen. Der Auftrag besteht in der Erwartung, ihrem Sohn sofort helfen zu müssen, ohne aber an ihn herankommen zu können. Gleichzeitig stellte ich fest, dass sie unter einem hohen Leidensdruck steht und ebenfalls Hilfe benötigt.

Es kommt darauf an, einen Weg aus der Ambivalenz herauszufinden. Über verständnisvolles Zuhören, Nachfragen, das gemeinsame Erfassen der Situation und die Suche nach Auswegen gelingt dies bis zu einem bestimmten Grad. Die Entlastung von Schuldgefühlen hat darin einen wichtigen Stellenwert. Zunächst hat die Mutter das Problem und leidet darunter. Sie hat das Recht, für sich selbst etwas zu tun. Gleichzeitig versuchen wir, an ihren Sohn heranzukommen unter Bezugnahme auf ihre Sorgen. Beide Dimensionen sind in der Anfrage enthalten und werden klarer, indem wir mit ihr daran arbeiten, diese auseinander halten zu lernen. Wir finden schließlich eine gemeinsame Verabredung: Die Angehörigengruppe für die Mutter und die Einladung ihres Sohnes zum Gespräch in den SpD.

Der **Kontaktversuch gelingt** wider Erwarten. Wir teilen ihm mit, wer wir sind, worin unsere Angebote und Aufgaben bestehen. Wir sagen aber auch, was wir nicht können und wie wir seine Angelegenheit betrachten. Durch eine solche Haltung wird einkalkuliert, dass der Kontakt erst gar nicht entsteht oder wieder abbricht. Wir wissen aber auch, dass nur auf diese Art und Weise ein offenes Klima ohne Druck entstehen konnte. Darüber gelang es Herrn Z., sich auf einen Kontakt einzulassen.

Die offene und eindeutige Vermittlung dessen, was wir können und was nicht, führte dann doch zum **zeitweiligen Abbruch** des Kontaktes. Dies konnte jedoch wegen der Einschätzung einer nicht vorhandenen Selbst- und Fremdgefährdung (existenzielle Unsicherheiten eingeschlossen) und der Absprache mit der Mutter, dass sie sich bei Verschlechterung an uns wenden würde (was ihrem Sohn von uns mitgeteilt wurde) von unserer Seite nach längerer Überlegung und Diskussion im Team verantwortet werden. Damit war die Anfangsphase noch nicht abgeschlossen, weil noch kein kontinuierlicher Kontakt bestand und der Abbruch von uns als nicht endgültig gewertet wurde.

Die von der Mutter mitgeteilte **weitere Zuspitzung** der Situation zu Hause und das Fehlschlagen des Versuches einer erneuten Kontaktaufnahme durch uns führte zur Miteinschaltung des Amtes für öffentliche Ordnung. Die Lage war von uns nicht mehr adäquat einzuschätzen und als letztes Mittel konnte ein **zwangsweises Vorgehen** nicht mehr ausgeschlossen werden (Schutz verschiedener Interessen). Selbst die Aufforderung des Amtes für öffentliche Ordnung zur Kontaktaufnahme, d. h. von der Stelle, die letztlich bei vorliegender Selbst- und Fremdgefährdung befugt ist, Zwangsmaßnahmen durchzuführen, hatte keine Wiederaufnahme des Kontaktes zur Folge.

Der **Lernprozess** und die **Entwicklung der Mutter** in den vergangenen 1,5 Jahren, angestoßen vor allem über die Angehörigengruppe und über uns erlaubten ihr, sich von ihrem Sohn sukzessive abzugrenzen. In Verbindung damit stellte sie ihm Forderungen mit der deutlichen Grenze: »Bis hierher und nicht weiter.« Mit großer Wahrscheinlichkeit gaben ihre Entwicklung und die Änderung ihres Verhaltens den Ausschlag für die Änderung seines Verhaltens. Dies ermöglichte ihm, von uns gezielt Hilfe zu holen, aber auch, um den Kontakt wieder zu beenden.

Gegenüber **Frau Z. war für uns wichtig, ihr mit Klarheit und Offenheit**, aber ohne (offene oder versteckte) Vorhaltungen gegenüberzutreten sowie Verständnis und Sensibilität für ihre Situation und Mitgefühl zu zeigen. Gleichermaßen ging es aber auch darum, kognitiv und emotional mit ihr daran zu arbeiten, welche Lösungen es für sie geben könnte, wie sie ihre Bedürfnisse berücksichtigen kann und was letztlich der Abgrenzung des Sohnes von ihr und seiner Verselbstständigung förderlich ist.

Die **Beendigung des Kontaktes** mit Herrn Z. konnte von uns vertreten werden, da wir vereinbarten, dass sich seine Mutter bei irgendwelchen Vorkommnissen wieder an uns wenden würde. Erst jetzt war aus unserer Sicht die Anfangsphase beendet.

Frau O.: Eine »Zumutung« für die Nachbarn und Vermieter (und umgekehrt)?
Anfragesituation:

Die **Vermieterin von Frau O.** (41 Jahre alt) ist über das Telefonbuch auf uns gestoßen und wendet sich mit folgender Anfrage an uns: Frau O. wohne in der Dachwohnung ihres Hauses. Sie sei allein stehend und tue »seltsame Dinge«: Die Mieter in den Wohnungen unter und neben ihr beschweren sich, dass sie nachts laut schimpfe, Türen schlage und Zigarettenkippen auf den Balkon unter ihr werfe. Außerdem habe sie vor kurzem festgestellt, dass die Wohnung in einem ziemlich verwahrlosten Zustand sei.
Die **Vermieterin betont, dass sie hilflos sei**. Einerseits möchte sie Frau O. nicht kündigen, da sie ihrer Meinung nach krank sei und Hilfe brauche. Frau O. darauf anzusprechen, gelinge ihr nicht. Sie weiche aus, werde schroff, wehre ab und erzähle unverständliche Dinge von Männern, die nachts bei ihr einbrechen würden. Andererseits werden die Beschwerden der Mitbewohner im Haus immer häufiger. Einige hätten schon die Reduktion ihrer Miete angekündigt, falls keine Ruhe einkehre. Ob wir denn nicht helfen könnten, damit wieder Frieden im Haus hergestellt werde, was ihr als Vermieterin sehr wichtig sei. Ich frage, ob **wir uns auf sie beziehen können**, wenn wir Frau O. anschreiben. Offenheit sei in solchen Situationen das adäquate Mittel, um gerade sehr misstrauische Menschen nicht zu täuschen. Das müsse sie noch mit ihrem Mann überdenken, ist ihre Antwort. Sie ängstige sich, dass Frau O. dadurch aggressiv werden könnte. Bislang sei aber noch nichts vorgefallen, entgegnet sie auf Nachfrage. Ich sage ihr auch, dass ihr **Verständnis für Frau O. als Vermieterin** nicht üblich sei und wir dies besonders anerkennen würden. Andererseits wäre es aber auch nicht verwunderlich, wenn sie ihr bei sich zuspitzenden Reaktionen der Nachbarn kündigen würde. Dies könnte sogar eine unausweichliche Konsequenz sein. Sie wolle damit allerdings noch warten, entgegnet sie, da sie immer noch auf eine gütliche Einigung hoffe. Einen Tag später ruft sie an und erteilt uns die Erlaubnis, dass wir uns auf sie beziehen können, wenn wir mit Frau O. Kontakt aufnehmen. In einem Brief an Frau O. kündigen wir uns an und schlagen einen Termin bei ihr zu Hause vor. Wenn es ihr lieber wäre, könne sie aber auch in die Räume des SpDs kommen. Falls sie den Termin nicht einhalten könne oder wolle, bitten wir um Rückmeldung.

Der Erstkontakt mit Frau O.

Sie **empfängt mich bei sich zu Hause** und beginnt sofort damit, die Vorwürfe seitens der Vermieterin abzuwehren und schiebt alles auf die Nachbarn. Diese wären laut und würden Türen schlagen etc. Nach und nach erzählt sie auf Nachfrage, dass sie allein und einsam sei, sich verfolgt fühle, dass nachts Männer in ihre Wohnung kämen und sie sexuell belästigen würden. Dagegen müsse sie sich schließlich mit der entsprechenden Lautstärke wehren. Die Männer seien ihr nicht bekannt, auch sei ihr unklar, wie diese sich Zutritt in ihre Wohnung verschafften. **Vorsichtig und zurückhaltend** biete ich ihr an, das nächste Mal mit einer Frau zu kommen. Sie könne uns auch im SpD besuchen kommen. Sie sollte sich den Ort aussuchen und entscheiden, ob sie eine Frau vorziehen würde. Um sie nicht unnötig zu ängstigen, zu viel Nähe herzustellen und eventuell in ihre Fantasien eingebunden zu werden, gestalte ich den Termin relativ kurz und vereinbare einen neuen Termin. Die **Notwendigkeit weiterer Termine kann Frau O. nachvollziehen**, da sie in Ruhe in ihrer Wohnung leben wolle und deswegen an einer Klärung ebenfalls interessiert sei. Außerdem benötige sie Beratung und Unterstützung in sozialanwaltlichen Angelegenheiten beim Umgang mit dem Sozialamt und bei der Suche nach einem Arbeitsplatz, da sie schon seit geraumer Zeit arbeitslos sei. Es mache ihr nichts aus, wenn ich sie wieder besuchen würde. Ich käme ja tagsüber, die Belästigungen würden aber nur nachts vorkommen.

In der **darauf folgenden Fallbesprechung** legen wir fest, dass ich noch einmal allein hingehen und vorsichtig eine medikamentöse (neuroleptische) Behandlung ansprechen sowie den Termin aufgrund der o. g. Überlegung relativ kurz halten sollte (max. 30 Minuten). Außerdem sollte ich Frau O. vor dem Hintergrund ihrer Fantasien wieder anbieten, zukünftig mit einer Kollegin zu kommen oder uns im SpD zu besuchen. Wir hegten dabei weniger die Befürchtung, dass sie mich (ohne Zeuge) irgendwann aus welchen Gründen auch immer anzeigen könnte als vielmehr, ihre Ängste und Phantasien zu fördern.

Entstehung einer kontinuierlichen Betreuung und Begleitung mit Beendigung der Anfangsphase

Die **wöchentlichen Termine** (max. 20-30 Minuten) bei ihr zu Hause, da sie weiterhin Hausbesuche wünschte, kennzeichneten sich durch ein **vorsichtiges Herantasten** an ihre **soziale und persönliche Situation**, verbunden mit der Notwendigkeit, abzuklären, wo und wie ich hilfreich sein könnte. Durch die regelmäßigen Hausbesuche konnte ich feststellen, wie sie wohnte, in welchem gesundheitlichen Zustand sie sich befand und dass ihre Wohnung zwar nicht unbedingt aufgeräumt, aber m. E. keineswegs in einem gesundheitsgefährdenden, verwahrlosten Zustand war.

Mit der gebotenen Zurückhaltung bemerkte ich, dass nicht wenige leere Weinflaschen herumstehen würden. Darauf entgegnete sie, dass sie mit der Wirkung des Alkohols ruhiger werde und besser schlafen könne. Für mich war dies ein Ansatzpunkt, sie darin zu motivieren, außer den **Gesprächen** und der **sozialanwaltlichen Unterstützung** zusätzlich **Medikamente** zu akzeptieren. Die beruhigende Wirkung des Alkohols sowie ihre Antwort, dass sie nachts sehr schlecht schlafe, weil sie Angst habe, stellten einen adäquaten und willkommenen Einstieg her, mit ihr darüber ins Gespräch zu kommen. Ich schilderte ihr sachlich, gewissermaßen so nebenher, dass sie es »einfach mal mit Medikamenten probieren könne«, um festzustellen, ob sie dadurch besser schlafe, ruhiger werde und die öfters auftauchenden suizidalen Gedanken abnehmen würden. Wenn dies nicht der Fall wäre, könne sie die Einnahme von Medikamenten wieder bleiben lassen. Medikamente seien ihr von früher bekannt, antwortete sie. Außerdem sei sie vor nicht allzu langer Zeit sechs Monate in einer psychiatrischen Klinik außerhalb Stuttgarts untergebracht gewesen, worüber sie aber nicht mehr sprechen wolle. Obwohl diese Geschichte für die weitere Betreuung vor allem hinsichtlich der Entstehungsbedingungen der Einweisung aufschlussreich gewesen wäre, akzeptiere ich ihre Haltung, um nicht zu viel von ihr zu verlangen und die im Ansatz entstehende Vertrauensbeziehung nicht zu gefährden. Bis zum nächsten Termin wolle sie es sich überlegen, ob sie meinem Vorschlag zustimmen könne. Ich begrüße ihre Überlegung und frage sie, ob ich der Einfachheit halber beim nächsten Mal einige Adressen von Nervenärzten in ihrer Umgebung mitbringen solle, wogegen sie nichts einzuwenden hatte. Außerdem bitte ich sie zu akzeptieren, dass ich **bei ihrer Vermieterin anrufen kann**, um dieser mitteilen zu können, dass ein Kontakt entstanden sei, damit sich die Vermieterin und die Nachbarn beruhigen könnten. Wir vereinbaren, dass sie als Erstes auf die Vermieterin zugeht und mit ihr spricht und ich danach mit der Vermieterin Kontakt aufnehme. Da ich mich in einer Vermittlerrolle befand, war es mir wichtig, selbst noch einmal mit der Vermieterin zu sprechen. Gespräche mit der sog. anderen Seite können zumindest in kritischen Phasen von gleich großer Bedeutung sein wie die Beziehung zur Klientin selbst, wenn es darum geht, das angestrebte Ziel (Aufrechterhaltung der Wohnung und friedliche Atmosphäre im Haus) zu erreichen.

Beim **nächsten Termin** hatte sie sich entschieden, zu einem **Arzt zu gehen und Medikamente zu akzeptieren**. Sie ging zu einer Ärztin, deren Adresse ich mitgebracht hatte. Sie berichtete in den folgenden Gesprächen, dass sie Medikamente erhalte, regelmäßig ihre Ärztin aufsuche, zwischenzeitlich auch besser schlafe und die nächtlichen Belästigungen fast gänzlich abgeflaut seien. Nach einer Rücksprache mit der Vermieterin, welche die Deeskalation im Hause bestätigte und darüber sehr froh war, konnte die **Anfangssituation als beendet betrachtet werden**. Die weitere kontinuierliche Betreuungsarbeit konnte beginnen.

Folgende Merkmale kennzeichnen diese für den SpD typische Anfrage:

Die Anfragesituation gestaltet sich *klarer und einfacher* als bei der vorherigen. Über die Vermieterin droht aufgrund der Vorkommnisse im Haus mittelfristig eine Kündigung. Auch in diesem Fall müssen wir die anfragende Person von der Notwendigkeit überzeugen, dass wir uns bei der Kontaktaufnahme mit der Klientin auf sie beziehen.

Während der Phase der **Kontaktaufnahme** und **-herstellung** übernehmen die drohende Kündigung und die Beschwerden der Nachbarn die Funktion eines gemeinsamen Hintergrundes, über den ein Arbeitsbündnis geschlossen werden kann: Frau O. möchte in ihrer Wohnung bleiben und in Ruhe leben. Das Interesse des SpDs in der Rolle als Vermittler besteht in der gleichberechtigten Berücksichtigung der Belange der Nachbarn und der Vermieterin einerseits sowie in der Aufrechterhaltung der Wohnung von Frau O. andererseits. Über solche gemeinsamen Ansatzpunkte lässt es sich leichter einsteigen und eine Beziehung aufbauen.

Neben der Sicherung elementarer Bedürfnisse (hier ist es die Wohnung) erlauben ihre Unruhe, Ängste und die Schlaflosigkeit einen zügigen Einstieg in das **Thema Behandlung und Medikamente**, ohne die psychische Erkrankung dezidiert erörtern zu müssen. Die Inhalte des akuten **psychotischen Zustandes** verlangen – vor allem in der Anfangsphase – Vorsicht und Zurückhaltung, eine zeitliche Begrenzung der Termine und die ständige Rückkoppelung im Team bezüglich folgender Aspekte: Kann angesichts der vorliegenden Situation ein männlicher Betreuer verantwortet werden? Sollen die Termine im SpD stattfinden, oder sind Hausbesuche zu rechtfertigen? Ist die Situation ambulant noch zu verantworten?

Mit den regelmäßigen Hausbesuchen ist eine **umfassende Situationserfassung** in Verbindung mit den Informationen der Vermieterin möglich, welche die Entscheidung für eine weitere ambulante Behandlung und Betreuung und gegen eine stationäre Behandlung erleichtern. Die verschiedenen Ansatzpunkte der konkreten Unterstützung gehen einher mit einem vorsichtigen, aber offenen und transparenten Verhalten gegenüber Frau O. und ermöglichen den **Beginn einer kontinuierlichen Betreuung und die Beendigung** der Anfangssituation ungefähr vier Monate nach der Anfrage.

Herr K. – ein diffuses Risiko für die Umgebung?
Anfragesituation:

Die **Leiterin der Stuttgarter Angehörigengruppe** schildert uns die **Anfrage eines Vaters**, der sich in seiner Not an sie gewandt hatte. Sie bittet uns um Unterstützung des Vaters.

Der Vater von Herr K. ruft danach umgehend an und erzählt ausführlich sein Problem: Sein Sohn, 34 Jahre alt, sei vor ca. drei Monaten in der Ex-DDR in der Psychiatrie wegen einer paranoiden Psychose, in deren Verlauf er gegenüber einer anderen Person tätlich wurde, zwangsuntergebracht gewesen. Nach ca. sechs Wochen sei er nach Stuttgart in die örtliche psychiatrische Klinik verlegt worden. Nach der Entlassung habe Herr K. mit seiner Unterstützung eine Wohnung im Einzugsgebiet unseres SpDs bezogen. Nach und nach sei er wieder paranoid geworden, fühle sich vom ehemaligen Geheimdienst der Ex-DDR verfolgt und sei davon überzeugt, dass der Vermieter, der unter ihm wohne und ein weiterer Mieter im Hause, die Aktivitäten der Verfolger unterstützten. Deswegen sei es auch schon zu lautstarken und fast tätlichen Auseinandersetzungen zwischen den Hausleuten und seinem Sohn gekommen. Die Vermieter hätten ihm (Vater) am Telefon mitgeteilt, dass sie wegen dieser Vorfälle und des Rückstandes zweier Monatsmieten eine Kündigung mit Räumungsklage in Erwägung zögen. Er fühle sich völlig hilflos. Sämtliche Versuche, mit seinem Sohn aus seiner Sicht vernünftig zu reden, seien gescheitert. Er wisse nicht mehr weiter und bittet uns um Unterstützung und Hilfe.

Schnelle Entscheidungen und zügiges Handeln

Die Situationsschilderung lässt auf eine akute Erkrankung schließen. Nach den Angaben des Vaters sind Selbst- und Fremdgefährdung nicht mehr auszuschließen. Ich versichere ihm, mich umgehend wegen der **drohenden Kündigung mit Räumungsklage und wegen der Verschlechterung des Gesundheitszustandes** mit seinem Sohn in Verbindung zu setzen. Der Vater ist damit einverstanden, dass ich mich bei der Kontaktaufnahme auf ihn beziehen könne. Er bedankt sich für die schnelle Unterstützung. Wir verabreden, telefonisch miteinander in Verbindung zu bleiben.

Aufgrund der zugespitzten Lage, die dem Bericht des Vaters zu entnehmen war, entschließen wir uns außerdem, parallel zu Herrn K. mit den **Vermietern Kontakt aufzunehmen**, um über deren Informationen mehr über die aktuelle Situation zu erfahren und ein umfassenderes Bild als Grundlage für eine adäquate Entscheidung herstellen zu können. Die Vermieter bestätigen die Informationen des Vaters und sind zunächst einmal beruhigt, dass der SpD miteinbezogen wurde. Sie wollten sich wieder an uns wenden, wenn irgendetwas vorfallen sollte. Gleichzeitig entschließen wir uns nach reiflicher Überlegung, prophylaktisch mit dem **Amt für öffentliche Ordnung Kon-**

takt aufzunehmen. Wir vereinbarten mit dem Amt für öffentliche Ordnung, gemeinsam einen Besuch bei Herrn K. abzustatten, falls Herr K. keinen Kontakt zuließe. Von dort werden unsere zügig getroffenen Maßnahmen unterstützt, da seit kurzem ein Polizeibericht vorliegt, aus dem hervorgeht, dass er an einer Fußgängerampel gegenüber einer Frau tätlich wurde, weil sie nach seinen Worten mit dem Geheimdienst in Verbindung stehe. Gleichzeitig wurden leichtere Schnittwunden an seinen Unterarmen von der Polizei festgestellt, die auf Suizidversuche schließen lassen. Im Verlauf des später entstandenen Kontaktes teilten wir Herrn K. mit entsprechender Begründung diese verschiedenen Informationen und deren Quellen mit.

Die ersten Termine im SpD und die langsame Entstehung einer Beziehung:
Auf die **schriftliche Einladung erscheint Herr K.** zum Termin. Ein Gespräch über seine psychische Erkrankung ist überhaupt nicht möglich. Obwohl er ein großes Bedürfnis hat, seine »Geschichten« loszuwerden, hätte die Konfrontation mit seinen Fantasien und Wahnideen in den ersten Gesprächen sofort wieder zu einer Beendigung des Kontaktes geführt. Selbst nach geraumer Zeit gestaltete sich das Gespräch zu diesem Thema immer noch äußerst schwierig. Der Versuch, ihn einmal direkt darauf anzusprechen, ob ihm vielleicht Medikamente helfen könnten, dass er schon des Öfteren in stationärer psychiatrischer Behandlung war und seine Ideen eventuell mit seinem Innenleben zu tun haben könnten, führten zum direkten Abbruch des Gespräches. Seine Antwort war deutlich: Er habe eine Ausbildung zum Krankenpflegehelfer in der Psychiatrie absolviert. Da bräuchte ich ihm nicht sagen, was psychische Erkrankungen sind. Er wisse dies. Und er wisse auch, dass er nicht psychisch krank sei. Nach verschiedenen Einladungsschreiben meinerseits nahm er den Kontakt jedoch wieder auf.

Nur die **Räumungsklage** und seine in der Ex-DDR noch **bestehenden Restschulden** bei ehemaligen Bekannten konnte er als Thema zulassen und mit mir bearbeiten. Gleichzeitig entschied ich nach Rücksprache im Team, mich nur auf diese Themen einzulassen, da in der Anfangsphase nur darüber ein kontinuierlicher Kontakt und eine Vertrauensbeziehung entstehen konnten. Durch Absprachen mit den Gläubigern konnte ich ihn konkret darin unterstützen, dass ihm die Restschulden erlassen wurden.

Ebenso erfuhr er **konkrete Hilfe bei der Räumungsklage.** Wir suchten mit ihm zusammen einen Rechtsanwalt. Wir berieten und unterstützten ihn in seiner Entscheidung, sich um eine neue Wohnung zu bemühen. Die Informationen über die dazu erforderlichen Schritte erhielt er ebenfalls über uns. Nachdem über den städtischen Vermieter ein Wohnungsangebot vorlag und er dieses annehmen konnte, wurde der konkrete Umzugstermin mit ihm festgelegt und der Umzug durch unsere Zdls mit ihm durchgeführt. Die konkrete Hilfe führte in Verbindung mit Gesprächen über sein Identitätsproblem als Mann sowie dem Anhören seiner Wahnideen im Verlauf eines Jahres zu einer stabilen Vertrauensbeziehung. Die Termine fanden ca. einmal pro Woche statt. Allerdings bedurfte es auch hier einer **langen Anlaufphase** und einem nicht drängenden, aber doch stetigen Insistieren auf dem Kontakt, da er in den ersten Monaten die Hälfte der Termine nicht wahrnahm und wir ihn immer wieder von neuem einladen mussten. Mit dem Umzug in die neue Wohnung war die Anfangsphase nach etwas mehr als einem Jahr beendet.

Im Vergleich zu den beiden zuvor geschilderten Anfangssituationen kommen bei Herrn K. in der Arbeit des SpDs noch folgende Elemente hinzu:

Aufgrund der ersten Informationen waren **schnelle Entscheidungen** und **schnelles Handeln** erforderlich. Ein längeres Abwarten schien uns zu riskant angesichts der Tatsache, dass wir Herrn K. noch nicht kannten und der vorliegenden Informationen: Drohende Wohnungslosigkeit, gereizte und angespannte Lage im Hause, eine nicht allzu lange zurückliegende Zwangsunterbringung, die mit Tätlichkeiten einherging. Deswegen erfolgten auch Anrufe bei den Vermietern und dem Amt für öffentliche Ordnung, bevor wir Kontakt mit ihm aufnahmen. Um eine fundierte Entscheidung zur ambulanten Betreuung treffen zu können, war das Einholen dieser Informationen erforderlich.

Mit der Beratung und Bearbeitung konkreter **existenzieller, lebensweltorientierter Probleme** (Kündigung und Räumungsklage sowie Schulden) in Verbindung mit der Beratung seiner **seelischen Notlagen** konnte langsam eine tragfähige Beziehung entstehen. Das Thema psychische Erkrankung in Kombination mit medikamentöser Behandlung durfte dabei nicht berührt werden, um das entstehende Vertrauen nicht wieder in Frage zu stellen. Im Unterschied zu den beiden vorherigen Beispielen bedurfte es bei Herrn K. weniger direkter alltagspraktischer Hilfen, da er nach entsprechender Beratung in der Lage war, die notwendigen **Aktivitäten und Gänge selbstständig zu erledigen**. Beratung und Rückversicherung mit uns genügten ihm dabei.

Die anfängliche Notwendigkeit, sich umgehend und **ohne sein Wissen** mit den anderen Beteiligten und dem Amt für öffentliche Ordnung in Verbindung zu setzen, nahm mit der Entstehung der Beziehung zu Herrn K. ab bzw. konnte, falls erforderlich, mit seiner Erlaubnis erfolgen.

Wesentliche Elemente der SpD Arbeit bestehen während dieser Anfangsphase in folgenden Haltungen und Handlungen:

- *Offenheit und Klarheit: Wer sind wir? Welche Aufgaben erfüllen wir, und in welcher Funktion nehmen wir den Kontakt auf?*
- *Langsamer Aufbau einer Beziehung, nachdem abgeklärt ist, ob aufgrund akuter Anlässe sofort gehandelt werden muss oder nicht (erfassen der Situation),*
- *sorgfältiges Beobachten und Nachfragen, Bearbeiten dringender Angelegenheiten, Kooperation mit anderen Einrichtungen und beteiligten Personen,*
- *kontinuierliches Dranbleiben aufgrund des Wissens um die schwierigen Situationen und vorsichtiges Insistieren auf einem Kontakt trotz einiger Fehlversuche,*
- *Ernst- und Wichtignehmen der anfragenden Personen und der Betroffenen, die gesamte Situation im Auge haben und strukturieren, d. h. die seelischen Notlagen, den Alltag, die unterschiedlichen Lebenslagen und die schwierigen Bewältigungsversuche,*
- *die Abstimmung und Reflexion der Situation und unseres Vorgehens im Team: informelle Gespräche unter der Tür, z. B. nach Hausbesuchen und in den Fallbesprechungen des SpDs.*

Diese verschiedenen Aspekte zusammengenommen führten letztlich zu einem Einstieg und zum situationsadäquaten Aufbau einer kontinuierlichen Betreuungsbeziehung mit unterschiedlichen Niveaus der Vertrauensbildung. Wesentliches Merkmal der geschilderten Anfangssituationen ist ihre lange zeitliche Dauer. Dies geschieht in der Arbeit des SpDs des Öfteren.

8.2.3. Der Kontakt kommt wegen Ablehnung nicht zustande

Es kommt in der Arbeit des SpDs ebenso vor, dass ein Kontakt zwischen KlientIn und SpD aus Gründen, die mit der Lebenslage und der psychischen Erkrankung zusammenhängen, nicht zustande kommt und abgelehnt wird, obwohl die Zuständigkeit des SpDs vorliegt. Die Ablehnung des Kontaktes bedeutet nicht, dass sie endgültig ist. Häufig handelt es sich um Ablehnungen auf Zeit. Der Hilfebedarf der Betroffenen in Verbindung mit den Reaktionen des Umfeldes führen oft dazu, dass ein Kontakt und irgendwann auch eine Betreuungsbeziehung zustande kommen. Es können aber Jahre vergehen, in denen eine Kontaktaufnahme abgelehnt wird, d. h. Anfangssituationen können sich im Vergleich zur vorherigen Kategorie noch länger hinziehen. Die Arbeit des SpDs und dessen Haltung verläuft hier zwischen zwei Polen. Einerseits ist die Ablehnung des Kontaktes durch den Betroffenen als seine persönliche Entscheidung zu akzeptieren. Andererseits sind die Anfragen oft mit massiven Problemkonstellationen verbunden, sodass die Befassung damit nicht mit der Ablehnung[61] durch den Betroffenen als beendet betrachtet werden kann. Vielmehr ergibt sich daraus eine besondere Herausforderung an die Handlungsweise, um mit derartigen Situationen zurande zu kommen.

Frau A. – Ablehnung des Kontaktes über vier Jahre hinweg
Anfragesituation

Das **Bezirksamt wendet sich schriftlich an uns** mit der Bitte, Kontakt zu Frau A. (57 Jahre alt, allein lebend, arbeitslos) aufzunehmen oder es zumindest zu versuchen. Die Nachbarn hätten sich aus Ärger, Unsicherheit aber auch aus Angst an das Bezirksamt gewandt. Im Haus seien Geruchsbelästigungen wahrzunehmen, die aus ihrer Wohnung stammten. Außerdem stünde sie des Öfteren am Fenster und rufe, dass sie nichts mehr zu essen habe, dass sie verhungern müsse und bittet, dass man ihr doch einkaufen möge. Zudem erzähle sie hin und wieder nicht ganz verständliche Dinge: Sie würde verfolgt und solle vergiftet werden. Wolle man ihr einkaufen, schließe sie das Fenster und öffne es erst wieder, wenn die Person weggegangen sei. Dieses Ritual wiederhole sich dann einige Male, ohne dass ihr eingekauft werden könne. Nachts sei sie ebenfalls aktiv. Es kämen Klopfgeräusche aus ihrer Wohnung. Tagsüber klingle sie des Öfteren bei einem Nachbarn, von dem sie wisse, dass er wegen Nachtarbeit tagsüber schlafe. Ebenso sei unklar, wovon sie lebe, ob sie krankenversichert sei etc. Die Nachbarn wüssten sich nicht mehr zu helfen und hätten sich deswegen ans Bezirksamt gewandt. Dem Bezirksamt war Frau A. bislang noch nicht bekannt.

Ohne allzu große Hoffnung zu hegen, dass Frau A. eine Kontaktaufnahme zulässt, haben wir uns des **Öfteren schriftlich angekündigt**. Wir sind auch **einfach so vorbeigegangen**, haben geklingelt, am Fenster geklopft. Sie hat uns nie geöffnet, obwohl sie immer hinter dem Vorhang stand. Jedoch haben uns bei diesen Versuchen die **Nachbarn**

---

61 Ablehnungen und Rückzug tauchen selbstverständlich nicht nur in Anfragesituationen auf, sondern sind auch hin und wieder Bestandteil des Verlaufs langfristiger Betreuungen. Darauf wird später noch einmal zurückzukommen sein, wobei die hier in den Anfangssituationen entwickelten Haltungen und Handlungsregeln auch dort die entsprechende Gültigkeit haben (siehe 8.3.4.; 8.3.5.; 8.3.6.4. und 8.10.3.).

angesprochen und sich uns vorgestellt. Da wir von Frau A. selbst nichts wussten, machten wir uns bei ihnen kundig bezüglich Anzeichen und Hinweisen für Selbst- und Fremdgefährdung. Wirkt sie z. B. durcheinander? Oder: Äußert sie suizidale Absichten? Ist sie abgemagert? Verlässt sie noch hin und wieder die Wohnung? Wovon ernährt sie sich? Droht sie den Nachbarn?

Wir hatten sie nie zu Gesicht bekommen und konnten deswegen nicht einmal ihr Gewicht abschätzen, da ja immer noch die Frage im Raum stand, wie weit sie abgemagert ist. Wir sprachen absichtlich auf der Straße direkt vor ihrer Wohnung mit den Nachbarn, eine Haltung, die wir sonst vermeiden, um die Privatsphäre des Individuums zu wahren und zu respektieren. Hier versuchten wir, sie damit zum Kontakt zu »provozieren«. Aufgrund der Briefe musste sie wissen, dass es sich um uns handelte. Schließlich hatten wir uns terminlich angekündigt, und sie verfolgte hinter dem Vorhang genau, was draußen geschah. Da der Briefkasten immer geleert war – ein kleiner, aber wichtiger Mosaikstein in Situationen, bei denen unklar ist, ob sich der Betreffende noch außerhalb der Wohnung bewegt oder sich völlig zurückgezogen hat –, hatte sie von unseren schriftlichen Anmeldungen zumindest Kenntnis.

Von den Nachbarn erfuhren wir, dass sie früher bei der Stadt gearbeitet habe, sie schon lange hier wohne, sich aber immer mehr zurückzöge. Sie habe nie Kontakt gesucht und immer schon wenig gesprochen. Außerdem sei sie doch nicht so abgemagert. Hin und wieder sehe man sie mit Einkaufstaschen nach Hause kommen. Die Nachbarn wussten nicht, ob Frau A. noch irgendwelche Angehörige oder Bekannte hatte. Besuche würde sie zumindest keine erhalten.

Es geschah nichts.

Verabredung mit den Nachbarn: Kein Kontakt mit Frau A.

Nach einigen längeren Fallbesprechungen im Team vereinbarten wir mit den Nachbarn, dass wir vorläufig **keine weiteren Versuche mehr unternehmen würden**, mit Frau A. in Kontakt zu kommen, obwohl wir z. B. immer noch nicht wussten, von welchem Einkommen sie lebte. Zumindest musste sie **irgendwoher Geld oder ein Einkommen beziehen**, da der Vermieter, den wir zwischenzeitlich ausfindig gemacht hatten, regelmäßig seine Miete erhielt. Ebenso wussten wir jetzt, dass sie sich auch ernährte (s. o.). Wir vereinbarten mit den Nachbarn, sich **umgehend mit uns in Verbindung zu setzen**, wenn z. B. die Rollläden ständig unten sind, der Briefkasten überquillt, sie nicht mehr zu sehen ist, Frau A. kontinuierlich abmagert, die Geruchs- und Lärmbelästigungen sich verschlimmern und sie vermehrt »seltsame Dinge« erzähle. Aus Gründen der Klarheit und Offenheit teilten wir Frau A. diese Absprache mit. Wir begründeten dies damit, dass wir uns und die Nachbarn sich große Sorgen um ihre Gesundheit machen und wir uns freuen würden, wenn sie es schaffen könnte, den Kontakt mit uns zuzulassen. Wieder geschah nichts. Keine Reaktion von Frau A. Dieser Zustand dauerte fast ein ganzes Jahr.

Die zwangsweise Herstellung eines Kontaktes mit Frau A. aufgrund existenzieller Nöte

Die **Vermieter von Frau A.** meldeten sich drei Jahre nach der ersten Anfrage und ein Jahr nach der Absprache mit den Nachbarn in großer Aufregung bei uns: Die Heizung im Haus von Frau A. wäre ausgefallen, mitten im Winter. Die Bewohner saßen seit fast zwei Tagen in der Kälte. Die Heizung müsse dringend repariert werden. Dazu müsse man in die Wohnung von Frau A. gelangen, da dort der Zugang zur Heizung sei. Frau

A. öffne jedoch nicht. Nach Abwägung aller zur Verfügung stehenden Mittel und Möglichkeiten – u. a. versuchten wir mit den Vermietern zusammen mit Frau A. Kontakt aufzunehmen, indem wir über eine halbe Stunde lang durch die Tür mit Frau A. sprachen, ohne Erfolg – erwirkten die Vermieter auf unsere Empfehlung hin eine gerichtliche Verfügung, um in die Wohnung zu gelangen. Zudem fühlten wir uns gegenüber den Nachbarn verpflichtet, ihren elementaren Interessen zur Realisierung zu verhelfen. Sie wurden durch das Verhalten eines psychisch kranken Menschen erheblich eingeschränkt. Wir konnten uns deswegen und nicht nur wegen des offiziellen Versorgungsauftrages nicht aus der Verantwortung stehlen. Wir vereinbarten mit der Feuerwehr einen Termin, um über diesen Weg mit Frau A. in Kontakt zu kommen. Kurz bevor sich die Feuerwehr gewaltsam Zugang zur Wohnung verschaffen wollte, öffnete Frau A. die Tür. Die **Heizung konnte repariert werden. Frau A. lehnte jedoch weiterhin den Kontakt mit uns ab**, obwohl durch dieses Ereignis der Handlungsrahmen für sie deutlich enger wurde. Die Vermieter erwogen eine Kündigung. Die Mieter im Haus wandten sich mit einer Unterschriftenliste an die Vermieter mit der Aufforderung, Frau A. wegen dieses Vorkommnisses und der vorangegangenen Schwierigkeiten zu kündigen. Sie drohten, die Miete wegen Mietminderung gerichtlich heruntersetzen zu lassen. Die Kündigung konnte allein deswegen vermieden werden, weil der Vermieter aus Rücksicht auf das krankheitsbedingte Verhalten nicht kündigte. Jedoch erhöhte sich der Druck für den Vermieter und für uns, mit Frau A. in Kontakt zu kommen. Wieder vergingen einige Wochen ohne Erfolg. In dieser Situation erfolgte der Anruf der Nachbarn, Frau A. stehe am Fenster und rufe um Hilfe, sie verhungere, wenn ihr niemand einkaufen würde. Zudem fiel den Nachbarn auf, dass sie zwischenzeitlich enorm abgemagert war. Wir unternahmen nochmals einen Versuch zur Kontaktaufnahme, bevor wir mit dem **Amt für öffentliche Ordnung** uns Zugang zu Frau A. verschafften. Nach langem Klopfen und Rufen öffnete sie die Tür und bat uns (Vertreter des Amtes für öffentliche Ordnung, Amtsarzt und mich) unwirsch und unfreundlich herein. Selbstgefährdung wegen zu geringen Gewichts bestand keine. Jedoch wurde sie vom Amt für öffentliche Ordnung mündlich und schriftlich aufgefordert, wegen der Regelung der Arbeitslosenhilfe und der fehlenden Krankenversicherung mit uns zusammenzuarbeiten.

Die Entstehung einer von ihr immer wieder unterbrochenen und abgelehnten Beziehung
Zur gleichen Zeit hatte sie **weitläufige Bekannte ihrer Mutter** in die **Wohnung hereingelassen**, die ihr ebenfalls helfen wollten. Ihre Mutter hatte sich an dieses Ehepaar gewandt mit der Bitte, ihre Tochter zu unterstützen. Davon und dass die Mutter noch lebte, zu der Frau A. ganz selten noch Kontakt hatte, erfuhren wir erst später. Das Ehepaar fand zufällig unser Visitenkärtchen auf dem Tisch und nahm gegen den Willen von Frau A. Kontakt mit uns auf. Wir vereinbarten einen gemeinsamen Hausbesuch bei Frau A., um vor allem die materiellen Angelegenheiten zu regeln, da Frau A. nach Auskunft des Ehepaares mittellos war. Es war nichts mehr geregelt und sie hielt sich mit Almosen ihrer Mutter notdürftig über Wasser. Frau A. lehnte den Hausbesuch zwar ab, öffnete dann aber doch die Tür. Das Ehepaar erklärte ihr unmissverständlich, dass sie ihr nur helfen könnten und wollten, wenn sie auch mich zulassen würde. Sie seien mit den ungeregelten sozialanwaltlichen Angelegenheiten völlig überfordert. Vier Jahre nach der ersten Anfrage empfing mich Frau A. widerwillig – hin und wie-

der auch allein – in ihrer Wohnung, um mit mir über ihre Angelegenheiten zu sprechen, ohne jedoch etwas klären zu können. Zu stark war ihre **innere Zerrissenheit und Ambivalenz**, um sich zu irgendeiner Entscheidung durchzuringen. Bei etwa 50 % der angekündigten Besuche öffnete sie die Tür nicht, stand aber immer hinter dem Fenster. Wenn sie die Tür nicht öffnete und ich wieder weggehen wollte, öffnete sie das Fenster und bat mich herein. Nachdem sie dieses krankheitsbedingte Ritual einige Male ausprobierte und mir dann doch die Tür nicht öffnete, entschied ich mich nach Rücksprache im Team, konsequenterweise wieder zu gehen; auch dann, wenn sie mir unter den Augen der Nachbarn auf die Straße nachlief und mich lautstark bat, doch endlich in die Wohnung zu kommen, um ihr zu helfen. So zu handeln ergab sich aus unserer Einschätzung, ihr in ihrer Ambivalenz die Entscheidung abzunehmen und umzusetzen verbunden mit der Hoffnung, ihre innere Zerrissenheit dadurch etwas zu reduzieren.

Bis zur Abklärung ihrer geldlichen Ansprüche verging fast ein ganzes Jahr. Als sie nach zähem und fast schon verzweifelndem Ringen den Sozialhilfeantrag unterschrieben hatte, nahm sie den Antrag schriftlich wieder zurück. Da keine gesetzliche Betreuung bestand, musste das Sozialamt darauf eingehen. Daraufhin erfolgte von unserer Seite aus die Anregung eines Antrages auf Einrichtung einer Vermögensbetreuung beim Notariat, um auf diese Weise eher ihre Wohnung und die materielle Grundlage abzusichern. Als sie von uns erfuhr, dass wir aus diesen Gründen eine Vermögensbetreuung beantragten, wollte sie umgehend den Kontakt zu uns wieder abbrechen. So weit kam es jedoch nicht mehr. Einen Tag vor dem Termin mit dem Notar brach sie sich den Arm, kam ins Allgemeinkrankenhaus und wurde von dort zum **ersten Mal gegen ihren Willen in die psychiatrische Klinik eingewiesen**. Dort verhielt sie sich so zwiespältig und unentschlossen, dass die Klinik umgehend wieder auf Entlassung drängte. Auf dieses Drängen hin wurde die zwangsweise Unterbringung ausgesetzt und sie mit der Auflage entlassen, den Kontakt zu uns zu akzeptieren. Zu Hause musste der Haushalt organisiert und Frau A. versorgt werden. Ebenso war darauf zu achten, dass die von uns organisierten Termine mit der Krankengymnastin eingehalten wurden. Zwei Wochen konnte die Zusammenarbeit mit Mühe aufrechterhalten werden. Einige Termine mit der Krankengymnastin kamen zustande. Aufgrund der unregelmäßigen und ungenügenden Behandlung blieb der Arm jedoch auf Dauer bis zu einem gewissen Grad steif. Als die Krankengymnastik und die Versorgung nicht mehr gewährleistet werden konnten, weil Frau A. den Kontakt wieder ablehnte, rief ich wie vereinbart das Gericht wegen erneuter Unterbringung an. Selbstverständlich wurde Frau A. über dieses Vorgehen informiert. Zur erneuten Aufnahme in die psychiatrische Klinik kam es nicht, da sie am Tag der angekündigten Unterbringung stürzte. Sie brach sich den Oberschenkelhals und wurde in die chirurgische Abteilung eines Allgemeinkrankenhauses eingewiesen. Sie erklärte dort, dass sie als Folge einer Kinderlähmung das rechte Bein etwas nachziehe und deshalb an einem Randstein hängen geblieben sei.

Die Entstehung einer schwierigen intensiven Beziehung trotz einer jahrelangen Ablehnung des Kontaktes

Mit der **Einweisung und der Notwendigkeit zur Operation änderte sich ihr Verhalten und ihre Haltung uns und mir gegenüber grundlegend**. Das Krankenhaus rief mich abends an und bat mich, unbedingt zu kommen. Frau A. müsste umgehend operiert werden. Sie würde jedoch nur in meinem Beisein und nach Besprechung mit mir die Einwilligung zur Operation unterschreiben. Ich fuhr sofort ins Krankenhaus, sprach mit ihr unter vier Augen und konnte sie trotz ihrer inneren Zerrissenheit zur Unterschrift überreden.

Wir interpretierten ihr Verhalten so, dass sie sich plötzlich allein im Krankenhaus einem neuen übermächtigen Gegner hilflos gegenüberfand. Dies musste dazu beigetragen haben, mich von außen als (ambivalent) vertraute, zumindest jedoch schon über Jahre bekannte Person hinzuziehen.

Diese Aktion führte schließlich ca. **fünf Jahre nach der Erstanfrage und einer Zeit, in der sie den Kontakt ablehnte**, sodass keine kontinuierliche und tragfähige Beziehung entstehen konnte, zu einer äußerst schwierigen, anstrengenden, intensiven und widerspruchsvollen Beziehung. Die von uns ständig mit unterschiedlichem Vorgehen versuchte Auseinandersetzung mit ihr, eine medikamentöse Behandlung zu akzeptieren, hatte nach Jahren konsequenter Ablehnung Erfolg. Die Medikamente trugen zu einer Abflachung der inneren Zerrissenheit und Ambivalenz bei, wodurch sie teilweise wieder in der Lage war, eigene Entscheidungen zu treffen.

Erst jetzt konnte die Anfangssituation, die fast die gesamte Zeit über mit einer mehr oder weniger vehementen Ablehnung einherging, als beendet bewertet werden.

Aus dieser Schilderung wird deutlich, welche Zeiten, Wege, situative Anpassungen und Entscheidungen erforderlich sind, um mit der Ablehnung des Kontaktes umgehen zu lernen: Die **konsequente Ablehnung** des Kontaktes erfolgte über Jahre hinweg trotz verschiedenster Bemühungen von Seiten des SpDs. Da zunächst einige Besorgnis erregende Informationen vorlagen und der Kontakt mit Frau A. nicht herzustellen war, musste einiges mit den Nachbarn abgeklärt werden. Erst nachdem eine existenziell bedrohliche Situation behoben werden konnte und die Nachbarn akzeptierten, dass wir uns zunächst wieder einmal zurückzogen, konnte dies auch vom SpD verantwortet werden, obwohl sich Frau A. in einem schlechten gesundheitlichen Zustand befand. Voraussetzung dafür war die **Absprache** mit den Nachbarn, dass sie sich bei Verschlimmerung der Lage umgehend wieder mit uns in Verbindung setzen. Frau A. wurde dies selbstverständlich mitgeteilt.

Durch einen Zwischenfall wurde von unserer Seite aus **gegen den Willen von Frau A.** zum Schutz der Nachbarn eine gerichtliche Verfügung angeregt. Auch dieser Versuch führte nicht zu einem Kontakt mit Frau A., verdeutlichte aber die Notwendigkeit, nicht nur den Betroffenen im Blickfeld zu haben, sondern auch das **Umfeld in gleicher Weise ernst zu nehmen** und **miteinzubeziehen**. Der Kontakt mit ihrem Umfeld wurde zu einem wesentlichen Bestandteil unseres Vorgehens. Dies geschah aus der Erkenntnis heraus, dass für das Zusammenleben in einem Haus alle Seiten berücksichtigt werden müssen, um ein tragfähiges Gleichgewicht herzustellen. Die Toleranz- und Akzeptanzgrenze erhöht sich, wenn das Umfeld wahrnimmt, dass es von professionell Tätigen ernst genommen und gleichberechtigt miteinbezogen wird. Letztlich hatte diese Haltung und unser Handeln mit dazu beigetragen, dass Frau A. nicht gekündigt wurde und sie in ihrer Wohnung gerade noch akzeptiert werden konnte.

Über einen weiteren Versuch mit dem **Amt für öffentlichen Ordnung in Verbindung mit dem Zufall**, dass Bekannte von Frau A. unsere Adresse fanden, gelang ein sukzessiver Einstieg in eine schwierige Betreuungsbeziehung, die weiterhin von Phasen der Ablehnung begleitet war. Inszenierte Zufälle als einem nicht unwichtigen methodischen Instrument sowie Eindeutigkeit und Druck (Wenn-Dann-Sätze) können, wenn auch selten und als letztes pädagogisches Mittel, zur Überwindung einer ablehnenden Haltung führen.

Das **Kennenlernen offenbarte ihre Erkrankung** und ihr deutlich sichtbares Leiden: Eine tief sitzende und sie beherrschende innere Zerrissenheit und Ambivalenz in Verbindung mit paranoiden Vorstellungen. Dies bedeutete eine fast vollständige Entscheidungslosigkeit, die ihr keinerlei eigenständigen und selbsthilfebezogenen Handlungsrahmen ermöglichte. Unser Verhalten bestand darin, immer ihre erste Entscheidung und Handlungsmitteilung zu akzeptieren und umzusetzen, sofern von unserer Seite aus eine Umsetzungsmöglichkeit bestand. Davon rückte ich auch nicht ab. Diese Entscheidung musste oft gegen ihren beträchtlichen Widerstand durchgesetzt werden. Wir nahmen ihr damit in diesem Bereich die **Verantwortung für die Entscheidung ab**. Gleichzeitig nahmen wir sie ernst, **indem wir nach ihrer ersten Botschaft handelten**. Wir verbanden damit die Hoffnung, ihr das Alltagsleben erleichtern zu können. Außerdem brachte sie sich mit der Unfähigkeit zur Entscheidung immer wieder in brisante Situationen wie Mittellosigkeit oder nicht mehr krankenversichert zu sein oder Ärger mit den Nachbarn bis hin zur Infragestellung der Wohnung sowie mangelnde Ernährung bis hin zur Abmagerung. Im Team sahen wir darin nicht nur eine Berechtigung dieser Vorgehensweise, sondern letztlich ein Gebot fürsorglichen Handelns, um Frau A. nicht vollständig dem Risiko innerer und äußerer Verwahrlosung auszusetzen.

Erst die enge **Rückbindung im Team** erlaubte mir, die äußerst schwierige Situation (gesundheitlicher Zustand von Frau A. und die Lage der Nachbarn) auszuhalten, zu ertragen, dranzubleiben und nicht aufzugeben. Durch die Reflexionen im Team konnte ich begreifen, was sich jeweils abspielte. Gleichzeitig wurde das jeweilige Vorgehen und die Strategie besprochen. Die damit einhergehende Rückversicherung, Entlastung und der Rückhalt waren für mich unverzichtbar. So fanden die Auseinandersetzungen mit Frau A. des Öfteren im Blickfeld der Öffentlichkeit auf der Straße statt. Die Absicherung im Team half mir z. B., dem Insistieren auf der ersten Botschaft von Frau A. konsequent zu folgen. Dieses Ernstnehmen, die Offenheit, Klarheit und die Wahrung der Gegenseitigkeit führten m. E. dazu, dass sie mich im Krankenhaus als Vertrauensperson hinzuziehen konnte und nur in meinem Beisein die Einwilligung zur Operation unterschrieb. Dadurch entstand die kontinuierliche Betreuungsbeziehung. Die Anfangssituation mit einer langen Phase der Ablehnung war damit beendet.

Die **Reflexion unserer Haltung** und des **Vorgehens** basierte fast ausnahmslos auf den Erfahrungen der **Handlungsebene**. Informationen zu Entstehungsbedingungen ihres Verhaltens, wie dies alles so entstanden ist, welche das Verständnis und die Vorgehensweise erleichtert hätten, waren nicht vorhanden und im Gespräch mit ihr auch nicht zu eruieren. Fremdanamnestische Informationen lagen keine vor. So tasteten wir uns auf der Handlungsebene vor, um ihre existenziellen Grundlagen zu sichern, mit ihr einen Kontakt und eine Beziehung herzustellen und die Interessen der Nachbarn zu schützen.

Herr L. – eine schwer zu akzeptierende Ablehnung
Im folgenden Beispiel handelt es sich um die Ablehnung eines Kontaktes verbunden mit der vorrangigen Frage, ob der Abbruch des Kontaktes noch während der Anfangsphase von unserer Seite aus zu verantworten war.
Anfragesituation
Herr L. 37 Jahre, lebt von Sozialhilfe, ist stark isoliert und leidet an einer schizophrenen Psychose. Vor Beginn der Betreuung durch den SpD war Herr L. fünfmal in stationärer Behandlung, seither nicht mehr. Er zog aus einer betreuten Wohngemeinschaft aus und erhielt eine Wohnung über das Amt für Wohnungswesen im Einzugsgebiet des SpD Bad Cannstatt. Ein Übergabegespräch mit den Kollegen der Wohngemeinschaft lehnte er ab, **weil er nichts mehr mit der Psychiatrie zu tun haben wollte**. Er war deren Bevormundungen überdrüssig und wollte sich endlich selbstständig durchs Leben schlagen, teilten uns die Kollegen mit, die ihn in der Wohngemeinschaft betreut hatten. »Er sei jetzt wieder gesund und brauche keine ärztliche Behandlung mehr«, würde er argumentieren.
Zumindest war er bereit, sich unsere Adresse geben zu lassen und sich bei Bedarf bei uns zu melden, was er schließlich auch tat. Seine Erzählungen waren kaum zu verstehen. Sie klangen verworren und sehr unzusammenhängend. Nach einigen Gesprächen konnten mit entsprechender Fantasie und Kombination zumindest einige Zusammenhänge verstanden werden. Ebenso ließ er sich bei einigen sozialanwaltlichen Angelegenheiten unterstützen. Den Kontakt zu einem Arzt in Verbindung mit medikamentöser Behandlung lehnte er vehement ab, obwohl nach meiner Einschätzung eine neuroleptische Behandlung sich auf sein Denken und sein Verhalten vorteilhaft ausgewirkt hätte. Darüber mit ihm zu verhandeln, schlug jedoch von vornherein fehl. Während der ersten Monate des Kontaktes konnte nichts anderes getan und erreicht werden, als ihm zuzuhören und zu versuchen, etwas zu verstehen, um die Situation zumindest ein wenig zu erfassen: Wohnung, Umgang mit Geld, Freizeitbeschäftigung, Tagesgestaltung, Planung der nächsten Schritte in seinem Leben und wo es ging, ihn zu unterstützen. Hin und wieder arbeitete er sogar im Arbeitsprojekt des SpDs mit.
Ablehnung und Abbruch des Kontaktes – Haltung und Reaktion des SpDs
Vermutlich entstand trotz unserer Vorsicht und Zurückhaltung, ihm nicht zu viel anzubieten, um damit keine zu große Nähe für ihn herzustellen, das Gefühl, wieder fremdbestimmt und bevormundet zu werden. Wir konnten dies mit ihm nicht besprechen, obwohl wir das Thema des Öfteren anschnitten. Er trat uns gespannt und leicht gereizt gegenüber und erklärte mit Bestimmtheit, dass er **sich auch vom SpD nicht gängeln lassen wolle**. Er bräuchte keine Hilfe mehr von uns und lehnte weitere Termine ab. Trotzdem boten wir ihm an, sich jederzeit mit uns in Verbindung setzen zu können, wenn er dies wolle. Für uns stellte sich die Frage, ob der **Abbruch des Kontaktes** angesichts der Vorgeschichte (er wurde krankheitsbedingt schon einmal gewalttätig) und seines gesundheitlichen Zustandes (permanente Verfolgungsideen in Verbindung mit einer schwer verständlichen Sprache) **von uns zu akzeptieren war**. Folgende Gründe und Überlegungen führten dazu, dass wir uns im Team dafür entschieden, die Ablehnung zu akzeptieren: Ein wichtiger Grund dafür war, dass er in unserer unmittelbaren Nähe wohnte. Dadurch begegneten wir ihm regelmäßig in der Fußgängerzone, sodass wir zumindest von außen in der Lage waren, festzustellen, wie es ihm jeweils ging. Da

keine Meldungen über die Polizei oder das Amt für öffentliche Ordnung erfolgten und er uns in der Fußgängerzone immer schon von weitem grüßte und relativ entspannt wirkte, fanden wir uns in der Entscheidung bestärkt. Außerdem lagen die stationären Aufenthalte schon einige Jahre zurück, was uns als Hinweis darauf galt, dass die Akuität in den vergangenen Jahren vielleicht doch abgenommen haben könnte. Über verschiedene Angebote unsererseits, z. B. über freie Eintrittskarten für die Spiele des VfB Stuttgart oder über ein Gitarrenvorspiel in unserem Café versuchen wir hin und wieder, vorsichtig und mit der klaren Absprache, keine regelmäßigen Einzelgespräche zu führen, einen **losen und unverbindlichen Kontakt aufzubauen**, ohne allerdings eine tragfähige und kontinuierliche Beziehung entwickeln zu können. Diese Mosaiksteine und die Rücksprache mit den Kollegen, die ihn in der Wohngemeinschaft betreuten, **legitimierten die Entscheidung des Teams**, seine Abmeldung zu akzeptieren.

So lebt Herr L. sein Leben. Er verfügt über eine eigene Wohnung und bestreitet seinen Unterhalt über die Sozialhilfe. Er scheint sich nicht unwohl zu fühlen, wenn er für die Außenwelt auch als verrückte Erscheinung gelten mag. Trotz seines noch relativ jungen Alters von 37 Jahren wird er dieses Leben vermutlich auf diese Art und Weise auch fortsetzen. Dem **SpD blieb aktuell keine andere Alternative**, als beides zu akzeptieren: Zuerst die Ablehnung und jetzt ein äußerst loser Kontakt auf Sparflamme sowie der Lebensweg eines noch relativ jungen Menschen außerhalb der Normalität mit äußerst begrenzten Zugangs- und Teilhabemöglichkeiten am gesellschaftlichen Leben.

Die **Anfangssituation endet** mit der Akzeptanz einer vom SpD zu verantwortenden (Quasi-)Ablehnung des Kontaktes durch Herrn L.

Mit der **Akzeptanz der Ablehnung** und eines völlig unverbindlichen Kontaktes geht auch die **Akzeptanz von »Verrücktheit«** und eines weitgehend aus gesellschaftlichen Bezügen ausgegrenzten Lebens einher. Verschiedene Bemühungen und Hilfestellungen führten eher dazu, dass wegen zu großer Nähe und einer von Herrn L. erlebten Bevormundung der Kontakt wieder abgebrochen wurde. Trotz seiner Vorgeschichte und des Risikos schleichender bis rapider Verrandständigung und Chronifizierung in noch jungen Jahren wurde seine Entscheidung nach reiflicher Überlegung im Team akzeptiert. Der SpD findet sich in einer Lage und Funktion wieder, Herrn L. in seiner Verrücktheit zu akzeptieren, seine **Umgebung im Blickfeld zu haben** und gegebenenfalls zu intervenieren. Die Anfangsphase wird als beendet betrachtet, obwohl die Akzeptanz der Ablehnung nicht leicht zu verantworten ist. Es muss aber auch konstatiert werden, dass die **eigenen Hilfsmöglichkeiten begrenzt** sind, ohne dass wir Herrn L. aus den Augen verlieren. Die Ablehnung gestaltet sich auch hier nur als eine **zeitlich begrenzte**. Veränderungen hängen von der weiteren Entwicklung der Situation ab. Damit verbunden ist die **Haltung, Anlässe zu suchen und zu (er-)finden**, um mit Herrn L. wieder in Kontakt zu kommen.

Herr B. – Eine vom SpD nicht zu akzeptierende Ablehnung, aus der schließlich doch eine kontinuierliche Beziehung wird

Im letzten Beispiel geht es um ein weiteres Fallbeispiel, bei dem in einer akuten psychotischen Krise Gefahr für die Familie besteht und sofortiges Handeln erforderlich ist, obwohl der Kontakt zum SpD ebenfalls abgelehnt wird. Sofortiges Handeln wäre allerdings auch erforderlich gewesen, wenn der Kontakt zustande gekommen wäre.

Anfragesituation: Ablehnung des Kontaktes in Verbindung mit Fremdgefährdung

Herr B., 42 Jahre alt, wohnte zum Zeitpunkt der Anfrage mit seiner Familie (Frau und zwei kleinen Töchtern, zwischenzeitlich sind es fünf Kinder) seit ca. drei Monaten in unserem Einzugsgebiet. Er ist Asylberechtigter aus einem afrikanischen Land mit unbegrenzter Aufenthaltserlaubnis und arbeitet in einer großen Autofirma. Vor Beginn der Betreuung befand er sich siebenmal in stationärer psychiatrischer Behandlung, davon fünfmal auf dem Wege der zwangsweisen Unterbringung.

Zum Zeitpunkt der Anfrage war er zwangsweise untergebracht, aus der Klinik entwichen und zu Hause aufgetaucht. Fast gleichzeitig erfolgten ein **Anruf von Frau B. und dem Kliniksozialdienst**. Frau B. berichtete am Telefon, dass ihr Mann angetrieben, angespannt und alkoholisiert zu Hause aufgetaucht sei. Er sprach von irgendwelchen Anrufen in Rom und Bonn sowie in seinem Heimatland, die er zu erledigen habe. Er sei dazu auserkoren, den Widerstand im Heimatland zu organisieren. Als er wieder weggehen wollte, habe sie ihn aufzuhalten und mit ihm zu reden versucht. Sehr abrupt und vehement habe er sie vor den Augen der beiden Kinder zur Seite gestoßen und Drohungen gegenüber einer Bekannten formuliert, die er besuchen wollte. Frau B. habe Angst vor ihm, auch wegen der Kinder. Ihre Bekannte habe sie schon informiert, damit diese ihre Wohnung verlassen solle. Gleichzeitig rief der Kliniksozialdienst an und teilte mit, dass Herr B. sich von der Station entfernt habe und die Polizei aufgrund der vorliegenden zwangsweisen Unterbringung informiert wurde.

Sofortiges Handeln und Einschaltung der Polizei

Nach kurzer Rücksprache mit einer Kollegin entschieden wir, **sofort mit der Polizei Herrn B. zu suchen**, da nach den vorliegenden Informationen eine akute und nicht ungefährliche Situation bestand. Mit der Polizei sind wir zur Wohnung der Bekannten gefahren. Auf der Straße vor dem Haus trafen wir Herrn B. an. Ich erkannte ihn, weil ich ihn schon einmal in der Klinik kurz gesehen hatte. Ohne Widerstand ließ er sich von der Polizei und mir in die psychiatrische Klinik zurückbringen. Herr B. war sichtlich erschöpft und weinerlich. Er meinte, dass er nun nichts mehr machen könne, um sein Land zu retten.

Entstehung einer kontinuierlichen Vertrauensbeziehung trotz anfänglicher Ablehnung und Zwangsunterbringung

Bei **regelmäßigen Besuchen in der Klinik** entstand Schritt für Schritt über das **Zuhören und der Klärung der im Vordergrund stehenden Probleme** eine **Vertrauensbeziehung**. Geldprobleme, Schulden und Spannungen in der Ehe standen im Zentrum der ersten Gespräche und Aktivitäten. Frau B. wollte so nicht mehr weitermachen. Es fanden mehrere Gespräche mit Frau B. statt, die vornehmlich zum Inhalt hatten, unter welchen Bedingungen sie noch bereit war, die Ehe fortzusetzen. Die eindeutige Botschaft seiner Frau, sich von ihm zu trennen, falls er nichts gegen seine Erkrankung unternehmen würde, bedeutete für Herrn B., nicht nur die Betreuung und Begleitung durch den SpD zu akzeptieren, sondern sich auch regelmäßig in ärztliche Behandlung zu begeben. Der **SpD wurde zur zentralen Stelle**, welche beide Ehepartner in der Regulierung der krankheitsbedingt entstandenen Schulden, in der Hilfe beim Umgang mit Behörden, im Ausfüllen von Anträgen und Formularen unterstützte. Trotz guter Deutschkenntnisse bestand diesbezüglich eine große Unsicherheit. Es ging aber auch und vor allem um die Gestaltung ihrer Beziehung und um die Hintergründe der Erkrankung von Herrn B. Beide sahen im Bürgerkrieg ihres Heimatlandes in Verbindung mit den Fluchterlebnissen einen wichtigen Grund. Herr B. erkrankte erst, nachdem er schon einige Zeit in der BRD lebte. Herr und Frau B., die sich während der Flucht zeitweise aus den Augen verloren hatten, wurden als Asylanten anerkannt. Trotzdem rief die **Flucht existenzielle Verunsicherung** hervor. Sie erweckte in ihm vor allem das Gefühl einer nur sehr schwer zu ertragenden Hilflosigkeit, nichts mehr für die Befreiung seines Landes von der Diktatur tun zu können. Vor diesem Hintergrund sind auch seine kostspieligen Aktivitäten mit dem Ausland (Telefonate und verschiedene Reisen) während der akuten Krankheitsphasen zu verstehen.

Die **Phase der Ablehnung ging während des Klinikaufenthaltes langsam über in eine kontinuierliche und tragfähige Vertrauensbeziehung**. Die Ablehnung des Kontaktes bezog sich bei Herrn B. auf den Zeitpunkt der ersten Anfragesituation, welche aber sofortiges Handeln ohne seine Zustimmung erforderte.

Im Unterschied zu den beiden vorherigen Beispielen musste hier unter Einschaltung der Polizei **sofort gehandelt werden**. In dieser Situation konnte aufgrund der vorliegenden Informationen und der fehlenden Vorerfahrungen ein Zuwarten nicht mehr verantwortet werden. Außerdem kannten wir Herrn B. nicht. Deshalb konnten wir nicht einschätzen, ob es mit mehr Zeit andere Möglichkeiten der Kontaktnahme gegeben hätte. Die Entstehung einer Beziehung war in der Klinik ohne weiteres möglich, obwohl Herr B. wusste, dass wir die erneute Einweisung mitbewerkstelligt hatten. Die Abklärung, die zum sofortigen Handeln führte, erfolgte auf **informellem Wege** im SpD mit einer anwesenden Kollegin. Hin und wieder muss eine schnelle Entscheidung alleine vor Ort getroffen werden ohne Rücksprachemöglichkeit mit KollegInnen oder im Team. Langjährige Erfahrungen mit diesem Personenkreis in der ambulanten Arbeit sind dabei von wesentlicher Bedeutung. Dies gilt unabhängig von der Anfangssituation.

Auch hier konnte wieder die Erfahrung gemacht werden, dass die **Einleitung und Umsetzung einer Zwangsunterbringung nicht zur ständigen Ablehnung eines Kontaktes führen muss, wenn der betroffene Mensch während des gesamten Ablaufs vom Mitarbeiter des SpDs begleitet und diese Arbeit nicht an die zuständigen Behörden allein delegiert wird**. Dies gilt vor allem dann, wenn alle anderen Mittel ausgeschöpft sind und wir noch am Anfang des Kontaktes stehen. Des Öfteren wird die verantwortungsbewusste Entscheidung und Umsetzung von Zwangsmaßnahmen und vor allem die kontinuierliche Begleitung durch den SpD während dieser Zeit im Nachhinein von den KlientInnen als hilfreich erlebt. Dies zu betonen erscheint mir deswegen relevant, weil es immer noch (oder wieder) SpDs gibt, die nur nach dem Prinzip der Freiwilligkeit arbeiten und bewusst diesen (unangenehmen) Teil sozialpsychiatrischer Arbeit an andere Stellen und dies mit entsprechender therapeutischer Rechtfertigung delegieren.

Trotz anfänglicher Ablehnung konnte über die **konkrete Unterstützung in der Bewältigung von Alltagsproblemen und in Gesprächen über mögliche Entstehungszusammenhänge und Hintergründe der Erkrankung** mit Herrn und Frau B. ein vertrauensvolles und enges Arbeitsbündnis geschaffen werden. Das Gleiche gilt für die kontinuierliche und über eine längere Zeit hinweg andauernde Auseinandersetzung über die Notwendigkeit der Einnahme von Medikamenten (Neuroleptika) und deren Kontrolle. Der SpD wurde über diesen Weg, an dessen Anfang eindeutig die Ablehnung des Kontaktes und wegen der bestehenden Fremdgefährdung Zwang und Kontrolle standen, für die Familie ein professioneller Wegbegleiter und dies unter schwierigen Lebensbedingungen. Vom Mitarbeiter zu berücksichtigen war eine besondere Biografie in Verbindung mit Fluchterlebnissen, fremder Kultur und Sprache, materiellen Probleme und einer schweren psychotischen Erkrankung. Der Mitarbeiter hatte die Funktion des rettenden Strohhalms im Dschungel der Behörden und Bürokratie und fungierte als Katalysator. Auf diese Weise konnte schließlich eine Vertrauensbeziehung hergestellt werden.

8.2.4. Methodische Schlussfolgerungen für Anfangssituationen im SpD

Im folgenden Abschnitt werden methodische Schlussfolgerungen, d. h. Handlungsanleitungen und -regeln für Anfangssituationen im SpD formuliert. Sie werden aus den Beispielen abgeleitet und erheben den Anspruch, für die jeweilige Gruppe typisch zu sein und können somit für die jeweilige Gruppe als allgemein gültig angesehen werden.[62] In der Formulierung von Handlungsregeln ist der Bezug zu den Leitlinien alltags- und lebensweltorientierter Arbeit wie Offenheit, Flexibilität, Zuständigkeit, Verantwortung, Strukturieren der Komplexität, Ressourcenorientierung, Regionalisierung, Vernetzung etc. unabdingbar (siehe »Theoretische Grundlagen«: 6.2.3.7. und 6.3.).

Die Formulierung verallgemeinerungswürdiger Handlungsmaxime für Anfrage-/Anfangssituationen ist nicht identisch mit Check-Listen für (psychiatrische) Krisen- und Notfallsituationen, wie sie z. B. bei RUPP (1996) vorliegen, obwohl Überschneidungen bestehen. Der SpD ist aufgrund seiner Funktion regelmäßig mit psychiatrischen Krisen- und Notfallsituationen konfrontiert. Die entsprechenden Anforderungen an die sozialpsychiatrische Alltagsarbeit müssen präsent und internalisiert sein oder in schriftlicher Form neben dem Telefon bereitliegen. Jedoch überschreiten die Gestaltung und Bewältigung der Anfrage-/Anfangssituationen, wie sie im SpD vorkommen, die Krisen- und Notfallbehandlung, da zur ersten Abklärung der Anfrage noch zwei weitere Stufen hinzukommen.

Die Anfangssituationen im SpD konstituieren sich durch drei aufeinander folgende Stufen, an deren Ende der Beginn einer kontinuierlichen Arbeit mit den Betroffenen und ihrem Umfeld steht:

1. Das Erfassen und erste Strukturieren der Situation – Erste Abklärung und Vereinbarung
2. Die Anbahnung eines Kontaktes
3. Die Entstehung einer Beziehung – Erstes Vertrauen

Zwischen den Stufen bestehen fließende Übergänge. Trotzdem können sie als abgrenzbare Kategorien herausgestellt werden, unter denen sämtliche Anfragesituationen gefasst werden können. Parallel dazu wurden Anfragegruppen herausgearbeitet, durch die ebenfalls (fast) alle Anfragen subsumiert werden können. Die Anfragegruppen oder »Anfragetypen« setzen sich zusammen aus:

1. SelbstmelderInnen

---

62 Die Haltung der MitarbeiterInnen wie auch die Handlungsregeln, die im Kapitel zu den Anfangssituationen entwickelt und formuliert werden, gelten in gleichem Maße für die weiteren Bereiche der sozialpsychiatrischen Arbeit, d. h. auch für den gesamten Verlauf der Betreuungsarbeit, wie sie im Laufe des gesamten Kapitels und auch der vorangegangenen Fallstudie dargestellt und diskutiert wird.

2. Institutionen: Zum Beispiel psychiatrische Klinik, Amt für öffentliche Ordnung, Polizei, Sozialamt
3. Privatpersonen: Angehörige, Nachbarn, Vermieter etc.

Im Blick auf das gesamte Spektrum muss noch eine weitere, besondere Gruppe berücksichtigt werden, die keinen Anfragetypus darstellt, sondern vielmehr einen Reaktionstypus auf Anfragen beinhaltet. Es handelt sich um Menschen, die den Kontakt und die Unterstützung durch den SpD ablehnen, obwohl dringend Hilfe erforderlich ist und die Zuständigkeit durch den SpD vorliegt. Sie werden hier erörtert, da es sich mit um die kompliziertesten Anfangssituationen handelt. Die Ablehnungen beziehen sich nur auf die ersten beiden Stufen. Die dritte Stufe – Entstehung einer Beziehung – steht einer ablehnenden Haltung entgegen bzw. schließt diese aus.

Anfrage- und Anfangssituationen gestalten sich in ihrem Verlauf nach bestimmten Notwendigkeiten und Erfordernissen, die logisch aufeinander bauen. Dies wiederum hat einen quasi hierarchisch gegliederten Ablauf von Handlungen zur Folge. Der Ablauf reicht vom dringlichen und sofortigen Handeln, inklusive der Abklärung einer Ablehnung des Kontaktes und des fachlich adäquaten Umgangs damit, bis zum langsamen und geduldigen Aufbau einer Beziehung. Die Stufen bauen zeitlich und handlungsbezogen aufeinander auf.

Die drei Stufen werden gleich bearbeitet: Zu Beginn werden die Ziele für die Arbeit des SpDs formuliert, die sich aus den Merkmalen der jeweiligen Kategorie ergeben. Die Ziele gelten für die jeweiligen Stufe und sollen in der täglichen Arbeit umgesetzt werden. Aus den Beispielen und den Zielen der Stufe werden die Handlungsweisen und deren Begründung abgeleitet mit dem Anspruch, verallgemeinerungsfähige Handlungsanleitungen zu formulieren.

8.2.4.1. Erste Stufe: Die Anfragesituation – Das Erfassen und erste Strukturieren der Situation mit ersten Vereinbarungen

Anfragesituationen konstituieren sich aufgrund der Aufgabe des SpDs (Kap. 2) durch spezifische Merkmale und unterscheiden sich z. B. von den in Woog (1998, S. 186 ff.) beschriebenen Anfangssituationen. Dort besteht aufgrund der spezifischen Aufgabenbeschreibung der sozialpädagogischen Familienhilfe die Möglichkeit, langsam und behutsam in eine Situation hineinzukommen und über einen sanften Weg Beziehungen zu stiften und Vertrauen aufzubauen. Grundsätzlich wird diese wünschenswerte und auch immer anzustrebende Zugangsweise auch im SpD realisiert, jedoch erst nach der ersten Abklärung der Anfrage, die an den SpD herangetragen wird. Für den SpD ist eine erste Erfassung und Einschätzung der akuten Problemlage zwingend erforderlich, um die ersten Handlungsschritte überlegen, festlegen und umsetzen zu können. Das Erfassen und eine vorläufige Bewertung der Anfragesituation stellt sich als ein zentraler Knotenpunkt und Element der Arbeit heraus. Die Anfragesituationen bewegen sich zwischen zwei Polen: In der einen kann es um Leben oder Tod gehen, während die andere hinsichtlich der Akuität unproblematisch ist. Dabei die fachlich richtige Entscheidung zu treffen, ist die Kunst, um die es in der alltagsorientierten Bewältigung von Anfragen geht.

Folgende Merkmale kennzeichnen und definieren die Anfragesituation:
Die Person, um die es geht, ist unbekannt. Es bestehen grundsätzlich keine Grenzen für

Anfragen an den SpD aus dem Einzugsgebiet. Die Anfragen erfolgen meist über das Telefon, seltener über direktes Hereinschneien in den SpD oder über schriftliche Ankündigungen (z. B. Amt für öffentliche Ordnung). Anfragen, die aus dem Stadtteil und von Privatpersonen an den SpD herangetragen werden, sind häufig offen, diffus und unstrukturiert.

In der Anfrage, die dem SpD unbekannt ist, kann es, wie oben erwähnt, um Leben oder Tod gehen (Selbst- oder Fremdgefährdung), zumindest aber des Öfteren um die akute Infragestellung und den Verlust existenzieller Lebensgrundlagen: Wohnung, Ernährung und Mittellosigkeit. Solche Situationen erlauben keinen Aufschub. Weitere Informationen, welche eine Einschätzung und Bewertung der Anfrage erleichtern würden, gibt es in der Regel zunächst nicht.

Die charakteristischen Merkmale der Anfragesituationen legen wiederum die Ziele und Fragen für den SpD fest, deren Berücksichtigung für den Umgang und die erste Gestaltung der Situation unabdingbar sind:

- Der SpD muss sich ein erstes Bild erarbeiten und die Situation so weit verstehen, erfassen und einschätzen können, dass ein erstes adäquates Handeln möglich ist: Adäquate Erfassung der Anfragesituation.
- Muss sofort und umgehend gehandelt werden, d. h. am gleichen Tag oder sogar unmittelbar nach der Anfrage, oder kann in Ruhe geplant und mit Zeit an die Situation herangegangen werden: Anpassung an den Rhythmus der Situation?
- Kann der SpD die Situation alleine angehen, oder sind andere Dienste und Einrichtungen (sofort) miteinzubeziehen? Kann der/die MitarbeiterIn die Anfrage alleine abklären, oder ist der erste Kontakt von vornherein und unabdingbar zu zweit durchzuführen?
- Kann die Zuständigkeit des SpDs schon in der Anfragesituation abgeklärt werden und vielleicht schon eine Weitervermittlung erfolgen, wenn keine Zuständigkeit vorliegt?
- Was tut der SpD in der Anfragesituation mit welcher Begründung und Haltung bezogen auf die Ziele der verschiedenen Anfragesituationen? Welche Handlungsanleitungen für die sozialpsychiatrische Arbeit können daraus abgeleitet und formuliert werden?

Das erste Bild, die erste situationsadäquate Einschätzung und erste Vereinbarungen
Zunächst muss berücksichtigt werden, wer die anfragende Stelle ist und wie angefragt wird. Die Einschätzung telefonischer Anfragen, welche die Mehrzahl der Anfragen ausmachen, gestaltet sich in der Regel schwieriger als der direkte Erstkontakt oder der klare Auftrag über eine Institution.

Bei Frau Sch. aus der Gruppe der **SelbstmelderInnen** konnte verhältnismäßig schnell ein erstes Bild am Telefon gewonnen werden. Sie formulierte einen klaren Wunsch nach Hilfe und Unterstützung, war eindeutig absprachefähig und hatte konkrete Planungen und Vorstellungen davon, was sie kurzfristig alles erledigen wollte und musste. Eine Gefährdungssituation konnte ausgeschlossen werden. Ein sofortiger und umgehender Termin war trotz der diffusen suizidalen Äußerungen nicht nötig. In Zusammenhang mit ihrer angespannten soziale Lage und zur Förderung ihrer Motivation, selbst nach Hilfe zu suchen, dies umso mehr, nachdem sie über Jahre hinweg keine mehr in Anspruch genommen hatte, schien es jedoch angebracht, relativ schnell einen Termin vereinbaren.

Im Gegensatz dazu gibt es Situationen, in denen auch bei SelbstmelderInnen aus der Anfragesituation heraus sofort gehandelt werden muss. Zum Beispiel meldete sich eine Frau telefonisch und kündigte an, in der nächsten halben Stunde aus dem Fenster ihrer Wohnung im sechsten Stock zu springen. Bevor sie das Telefon wieder auflegte, gelang es gerade noch Name und Adresse herauszufinden. Hier war ein sofortiger Einsatz zusammen mit einem Arzt notwendig. Gleichzeitig schalteten wir die Polizei mit ein, um – falls erforderlich – mit Zwangsmitteln in die Wohnung zu gelangen.

Bei den Anfragen über **Privatpersonen** wird i. d. R. klar und eindeutig geklärt, ob sofortiges Handeln erforderlich ist oder »in Ruhe« das weitere Vorgehen überlegt werden kann. Eine situationsadäquate Erfassung fällt leichter und damit auch die Festlegung des ersten Handlungsschrittes, wenn das Problem mehr bei der anfragenden Stelle liegt und weniger von den Betroffenen ein Problem gesehen wird (siehe die drei Beispiele Herr Z., Frau O. und Herr K. in 8.2.2.3.). In den drei Beispielen sind die anfragenden Personen verzweifelt und wissen nicht mehr weiter. Sie fragen nach Hilfe und Unterstützung. Bis auf den Vater von Herrn K. benötigen sie Ermutigung, dass wir uns in der Kontaktaufnahme auf sie beziehen können. Unter Umständen kann aber vorkommen, dass kein Kontaktversuch entsteht, wenn z. B. niemand zu finden ist, auf den wir uns beziehen können. Jedoch muss adäquat geklärt werden können, dass keine Situation vorliegt, die rasche Hilfe erfordert. Die Beantwortung der Frage nach der Dringlichkeit verlangt wiederum intensive Aufmerksamkeit und Sensibilität. Während bei Frau Z. und Frau O. die Informationen trotz des Leidensdrucks der Anfragenden ein Bild ergeben, welches eine Planung mit Zeit und Behutsamkeit zulässt, führen sie bei Herrn K. zu einem sofortigen Handlungsbedarf. Mit dem jeweiligen Gesprächspartner am Telefon muss eine Absprache und eine Vereinbarung getroffen werden, wie der erste Schritt aussehen soll. Dies geschieht auf der Grundlage einer gemeinsam getroffenen Einschätzung. Die Anfragen werden aufs Erste geordnet und bewertet. Dadurch wird ein erstes Vorgehen festgelegt in Verbindung mit der Überlegung, wie mit den potenziellen KlientInnen in Kontakt getreten werden kann.

Anfragen von **Institutionen** gestalten sich im Hinblick auf ihre Akuität und die Herstellung eines ersten Bildes im Vergleich zu den vorherigen verhältnismäßig unproblematisch und hinsichtlich der ersten Handlung unabhängig von der Anfrageart (telefonisch, schriftlich oder über einen Direktkontakt).

Sowohl bei den Anfragen aus der **psychiatrischen Klinik** (8.2.2.1.) als auch über das **Amt für öffentliche Ordnung (A. f. O.) wird deutlich** (8.2.2.2.), dass der SpD nicht den ersten Handlungsschritt erarbeiten muss. In der psychiatrischen Klinik wie beim A. f. O. geht es um die Herstellung eines Kontaktes mit dem Ziel der Aufnahme einer Betreuung. Bei beiden Institutionen ist die Akuität und der Stand der Problemlage eindeutig, sodass die Abklärung, ob sofort oder nicht sofort gehandelt werden muss, nicht ansteht. In der psychiatrischen Klinik liegt die Fallverantwortung bei der Klinik. Im Falle einer Selbst- oder Fremdgefährdung würde das Amt für öffentliche Ordnung eine fürsorgliche Einweisung veranlassen. Bei Anfragen über die **Polizei** und das **Sozialamt** bestehen ebenfalls klare Aufträge. Bei der Abklärung der Erstanfrage kommt es jedoch darauf an, analog zu den Anfragen über Privatpersonen hinsichtlich der Dringlichkeit näher und genauer nachzufragen, da keine fachspezifische Ersteinschätzung und Bewertung vorliegt.

Analoges gilt für Anfragesituationen, in denen der **Kontakt abgelehnt wird** (8.2.3.): Entweder ergibt die erste Einschätzung, dass die Ablehnung zwar nicht einfach zu akzeptieren ist jedoch ohne Eile vorgegangen werden kann (Frau A. und Herr L.). Oder aber das Bild ist so diffus oder wiederum so eindeutig, dass sofort und umgehend gehandelt werden muss und die Ablehnung nicht akzeptiert werden kann (Herr B. und die oben genannte akute suizidale Situation).

Die Ablehnung des Kontaktes in den drei Beispielen kann vom SpD aufgrund der vorliegenden Informationen im Grunde nicht akzeptiert werden. Gründe dafür sind die Zumutung gegenüber der direkten Umgebung und Selbstgefährdung (Frau A.), vage Informationen und Verantwortung gegenüber der Öffentlichkeit (Herr L.) und Verantwortung gegenüber der Familie aufgrund der Fremdgefährdung (Herr B.). Es erfolgt nicht nur hier, sondern in allen Situationen eine schnelle und so umfassend wie mögliche Abklärung der Situation, um entscheiden zu können, in welcher Zeit, an welchem Ort, in welcher Reihenfolge und mit welchen Mitteln und Methoden gehandelt werden muss. Erster Ort der Entscheidungsfindung ist das Team oder der schnelle und informelle Kontakt mit dem(r) KollegIn. Es gibt Ausnahmen (Herr B.), wenn in einer Situation vor Ort sofort gehandelt werden muss und eine Rücksprache nicht möglich ist. Wie bei Herrn B. und auch in anderen Beispielen zu sehen ist, muss gegebenenfalls nicht nur sofort und umgehend gehandelt werden. Es kann zur Einleitung und Anwendung von Zwangsmaßnahmen kommen, wenn alle anderen Mittel ausgeschöpft sind und die Abwägung möglicher Folgen keine andere Alternative erlaubt. Die für die Bewältigung solch heikler Situationen erforderlichen professionellen Erfahrungen und Kompetenzen werden vorrangig in einer lebendigen und kompetenten Teamkultur erworben. Damit sind fachgerechte und adäquate Entscheidungen auch in schwierigsten Anfragesituationen möglich.

Zusammenfassung der Handlungsanforderungen in Anfragesituationen
Um in der Anfragesituation eine fachlich adäquate, alltags- und lebensweltorientierte erste Einschätzung als Grundlage für den ersten Handlungsschritt vornehmen zu können, ergeben sich aus den Beispielen und ihrer Diskussion stellvertretend für die jeweilige Gruppe Fragen, die abzuklären sind und zu praktischen Handlungsanleitungen führen. Diese abzuklärenden Fragen sind für die Gestaltung und Bewältigung der Anfragesituation (vor allem) aus dem Stadtteil und über Privatpersonen/SelbstmelderInnen von Bedeutung.

Rahmenbedingungen:
- Wer fragt an: Meldet sich der Betreffende selbst oder sind es Dritte? Sind es Privatpersonen oder (psychiatrische) Institutionen, Einrichtungen und Dienste?
- Wie wird angefragt: Erfolgt die Anfrage übers Telefon, direkt oder schriftlich?
- Kann der Name, die Adresse oder die Telefonnummer (vor allem bei Selbstmeldern) umgehend festgestellt werden?

Inhalt der Anfrage, akutes Problem und Erfassen der Situation:
- Um was geht es in erster Linie? Was steht im Vordergrund: Suizidalität, Fremdgefährdung, Wohnungslosigkeit, Mittellosigkeit, Konflikte mit der Umgebung, massive Angst, wahnhaftes Geschehen etc.?
- Wie klar erfolgt die Information? Entsteht ein nachvollziehbares Bild, oder sind die Informationen diffus und widersprüchlich? Ist die Sprache des/der Betroffenen verwaschen oder klar? Wirkt er/sie angespannt, gereizt, ängstlich etc.?

- Taucht das Problem bzw. die geschilderte Situation zum ersten Mal auf? Oder liegen der anfragenden Person oder dem SpD Informationen vor, dass die Situation in dieser oder in einer ähnlichen Form schon des Öfteren vorgekommen hat?
- Gibt es noch mehr Beteiligte in der Situation? Wenn ja, welche Funktion und Stellung nehmen sie gegenüber dem(r) potenziellen KlientIn ein? Sind noch Vertrauenspersonen vorhanden? Wenn nein: Mit wem ist umgehend Kontakt aufzunehmen, weil keine weitere Einschätzung der Situation durch eine andere Person als der anfragenden vorliegt?
- Befindet sich der/die Betroffene aktuell in ärztlicher Behandlung und/oder wird er/sie noch von einer anderen Einrichtung betreut? Besteht zum Arzt oder zur Einrichtung noch Kontakt oder ist dieser schon seit längerer Zeit abgebrochen?
- Kommt die Umgebung mit der Situation noch zurecht oder ist sie damit überfordert und an den Grenzen der Belastbarkeit angelangt? Ist die Umgebung durch das Verhalten des/der Betroffenen eventuell gefährdet?

Wie wirkt die Anfragesituation auf mich als Professioneller, der die Anfrage entgegennimmt?
- Ist mit der anfragenden Person eine Absprache und/oder eine Vereinbarung möglich? Ist der/die Betreffende noch in der Lage, zu überlegen und zu planen, wie er/sie die nächsten Stunden oder Tage verbringt oder besteht diesbezüglich überhaupt keine klare Vorstellung mehr?
- Was sagt mir mein Gefühl und meine Intuition im Verlauf der Anfragesituation? Wie kann ich meine Emotionen mit meinen Erfahrungen und Kompetenzen in Verbindung bringen und stimmig gestalten? Was für ein Gefühl und welche Haltung bestehen am Ende der Anfragesituation? Habe ich die anrufende Person genügend ernst genommen, auch wenn vieles widersprüchlich erscheint? Habe ich meine Haltung vor dem Hintergrund überprüft, dass ähnliche Situationen zuvor schon viele Male aufgetreten sind und gut verliefen?
- Liegt das Problem in erster Linie beim Umfeld bzw. bei der anfragenden Person?

Erstes Bild, erste Absprache und Vereinbarung:
- Muss aufgrund der Informationslage und meiner Einschätzung, die ich durch die Berücksichtigung der o. g. Fragen und der erhaltenen Antworten gewonnen habe, sofort gehandelt werden?
- Ist u. U. sofort eine andere Stelle, Einrichtung etc. miteinzubeziehen?
- Kann ich sofort und informell eine unklare und schwierige Situation mit einem(r) anwesenden KollegIn besprechen und abklären?
- Kann eine klare und verbindliche Absprache bzw. Vereinbarung festgelegt und schriftlich festgehalten werden?
- Ist eine erste Zuständigkeitsabklärung schon möglich?

Als Leitlinie gilt: Lieber einmal mehr und schneller handeln als einmal zu wenig. Diese Haltung beruht auf den Erfahrungen und der damit verbundenen Kompetenz des SpDs, der aufgrund seiner Funktion und Aufgabe regelmäßig mit schwierigen Anfragesituationen konfrontiert ist.

Diese Zusammenfassung enthält die wesentlichen Elemente und Fragen, die zu berücksichtigen sind, um ein erstes Bild und eine erste adäquate Situationserfassung herzustellen als Ausgangspunkt für den ersten Handlungsschritt. Damit kann im Alltag, in der Lebenswelt der Betroffenen entsprechend professionell gehandelt werden. Zur weiteren Vertiefung der Problematik verweise ich auf RUPP (1996) und STOFFELS/KRUSE (1996).

Sofortiges Handeln – Oder besteht Zeit für die Planung des Einstiegs in einen Kontakt?
Sind Mosaiksteine zu einem ersten Situationsbild zusammengefügt, wird das weitere Vorgehen bestimmt und umgesetzt. Zunächst gibt es nur zwei Stränge, zwischen denen zu entscheiden ist: Entweder muss sofort gehandelt werden, oder es kann mit Zeit an die Situation herangegangen werden.

- **Sofortiges Handeln** wurde erforderlich bei Herrn B. und in der oben erwähnten akuten suizidalen Situation. In beiden Beispielen war das Bild eindeutig. Der kurzfristigen Absprache mit KollegInnen im SpD als Rückhalt und die Miteinbeziehung der notwendigen Stellen (Arzt und Polizei) folgte der Hausbesuch. In beiden Situationen waren Arzt und Polizei mit anwesend, sodass der SpD Mitarbeiter nicht alleine war. Aufgrund der vorliegenden Informationen und der Akuität der Lage wäre es anders nicht zu verantworten gewesen. Während im Falle von Herrn B. die Anfragesituation hinsichtlich der weiteren Entwicklung positiv gestaltet werden konnte, kamen wir in der anderen Situation zu spät. Die Frau war aus dem Fenster gesprungen und hatte sich auf diese Weise suizidiert, obwohl wir mit der Polizei und dem Arzt nach einigen Minuten bei ihr zu Hause eintrafen. Auch wenn die erforderlichen Schritte umgehend in die Wege geleitet wurden, kann es, wenn auch sehr selten, zu derartigen Extremsituationen mit tödlichem Ausgang kommen. Trotz langjähriger Erfahrungen und der Bearbeitung des Ereignisses im Team bleiben gelungene Suizide extreme Belastungserlebnisse für alle Beteiligten. Sowohl diese wie die zuvor geschilderte Situation, die mit einer Zwangseinweisung einherging, gehören zur Arbeit eines SpDs mit Versorgungsverpflichtung.
- In allen weiteren Beispielen, die auch die Mehrheit der Anfragesituationen ausmachen, kann mit mehr **Zeit und Behutsamkeit** vorgegangen werden. Erst hier bewegen wir uns auf der Ebene des Wünschelrutengängers, um nach Wegen zu suchen und sie zu (er-)finden, welche die Voraussetzungen dafür schaffen, tragfähige Kontakte herzustellen. Dies gilt auch für die Bearbeitung der Situationen, in denen der Kontakt abgelehnt wurde.
Im behutsamen Aufbau eines Kontaktes standen folgende Voraussetzungen, Handlungsweisen und Haltungen in Verbindung mit klaren Absprachen im Blickpunkt: Es ist Zeit vorhanden, d. h. es kann entsprechend geplant und gehandelt werden. Dabei taucht das gesamte Spektrum des Hilfebedarfs auf, mit dem sich der SpD auseinander setzen und nach adäquaten Antworten suchen muss. Das aktuellste Problem bestimmt dabei die Handlungsweise.

Über fast alle Anfragegruppen hinweg nehmen **sozialanwaltliche Tätigkeiten**, d. h. ungeregelte materielle und soziale Konflikte, die bearbeitet und im Verlauf des weiteren Kontaktes im Rahmen der Möglichkeiten bewältigt werden müssen, einen zentralen Raum ein. Gleichzeitig sind sie in vielen Beispielen ein wichtiges und konkretes Instrument, um gerade in der Anfragesituation einen Einstiegsweg zu finden bzw. den Betreffenden die Zustimmung zum Kontakt zu erleichtern (Herr M., 8.2.2.1 oder Herr K., 8.2.2.3., um zwei Beispiele herauszugreifen). Klassisches sozialpädagogisches/sozialarbeiterisches Handeln zur Sicherung und Wiederherstellung der materiellen Existenzgrundlagen wird schon in der Anfragesituation zu einer wesentlichen Handlungsmaxime sozialpsychiatrischer Arbeit. Es findet seine Fortsetzung in der gesamten Arbeit des SpDs und wird deutlich herausgestellt in Kapitel 9.2.: Handlungsregeln für alltagsorientiertes, sozialpsychiatrisches Handeln.

Klare Aufträge über Institutionen (Amt für öffentliche Ordnung, Polizei, Sozialamt, aber auch über den Vermieter) bedeuten ebenfalls einen leichteren Einstieg für die Betroffenen, weil über konkrete Ereignisse und Aufgaben Unterstützung besser akzeptiert werden kann; z. B. wenn die Einleitung und Entwicklung einer ambulanten Behandlung und Betreuung die stationäre Unterbringung vermeiden hilft (Herr R., 8.2.2.2.); oder wenn es darum geht, Medikamenteneinnahme zu kontrollieren (Absprache mit der psychiatrischen Klinik bei Herrn M.). Die Ausgangslage in diesen Fällen ist klar: Es besteht ein Auftrag von außen, den der SpD zusammen mit den Betroffenen gestalten und ausführen kann. Der SpD kann auf seine Funktion des Auftragsausführenden verweisen und darlegen, dass keine andere Möglichkeit bleibt, als dem Auftrag nachzugehen und ihm in adäquater Form gerecht zu werden.

Schwieriger wird es, wenn der Auftrag bei Anfragen von **Privatpersonen** zuerst einmal herausgearbeitet und geklärt werden muss. Es geht meistens nicht nur darum, herauszufinden, wie die Anfrage an uns aussieht und worin das akute Problem liegt. Oft muss erst herausgefiltert werden, wer das Problem aktuell hat und wie mit ihm umzugehen ist. Häufig zeigt es sich in doppelter Form wie z. B. bei den Anfragen über Angehörige. Dann muss erst einmal das Gemengelage entflechtet und geklärt werden, wer welches Problem hat und wie das eine und das andere in welcher Reihenfolge anzugehen ist. Diese Konstellation wird vor allem im Beispiel von Herrn Z. deutlich (8.2.2.3.). Erst danach stellt sich die Frage, ob, wo und wie Kontakt mit den Betroffenen eventuell hergestellt werden kann. Einfacher ist der Aufbau einer Kontaktmöglichkeit bei SelbstmelderInnen. Es besteht bei Frau Sch. (8.2.1.) ein deutlicher Wunsch nach einem Kontakt und eine Vorstellung davon, welche konkreten Probleme zu bearbeiten sind; nämlich die materielle Lage und der Beratungsbedarf hinsichtlich ihrer psychischen Konflikte.

Die **ersten Vereinbarungen** bestimmen sich durch die Einschätzung und die Anpassung an die Situation. Es werden Termine zu Hause, im SpD oder in der Klinik vereinbart. Sie werden telefonisch oder schriftlich unter Bezugnahme auf die anfragende Person oder Stelle festgelegt. Hinsichtlich der Zeit und des Ortes gibt es im Rahmen der Möglichkeiten des SpDs keine Begrenzung. Dieses Vorgehen gilt auch für die Anfragen, bei denen Betroffene den Kontakt mit uns ablehnen. Mit der anfragenden Person/Stelle wird eine Absprache getroffen, wie dem Ziel der Kontaktanbahnung und einer Bewältigung des akuten Problems näher gekommen werden kann. Vor allem bei den Anfragen über Privatpersonen empfehlen wir den anfragenden Personen, die Lage weiter zu beobachten und sich jederzeit mit uns in Verbindung zu setzen, wenn sich die Situation aus ihrer Sicht verschlechtert.

Die Miteinbeziehung und Nutzung des natürlichen Umfeldes und professioneller Dienste und Einrichtungen

Lebensweltorientierte Arbeit setzt an den vorhandenen und (noch) zu erschließenden **Ressourcen und Netzen** der Betroffenen und ihrer Umgebung an. Diese Maxime gilt allerdings für alle Bereiche der Arbeit und bezieht sich auf das soziale, natürliche Umfeld und auf professionelle, nichtpsychiatrische und spezifische, psychiatrische Hilfen. Hintergrund dieser Leitlinie ist die Haltung und das Menschenbild, den psychisch kranken Menschen als Individuum im sozialen Kontext zu begreifen und entsprechend zu handeln (»Theoretische Grundlagen«: 6.2.2.3.).

In der Anfragesituation erfolgt eine **erste Abklärung, welche Funktion und Aufgabe die anfragende Person oder Stelle** einnimmt. Daran schließt sich die Klärung der Frage an, ob Personen, Dienste oder Einrichtungen vorhanden sind und wenn ja in welcher Form sie miteinbezogen werden können und müssen.

Bei Frau Sch. als Vertreterin der **SelbstmelderInnen** war es wichtig zu erfahren, ob in ihrer Umgebung wichtige Personen miteinbezogen werden können, was allerdings nicht der Fall war. Zumindest konnte nach Rücksprache mit Frau Sch. das Sozialamt als Informationsquelle und Kooperationspartner genutzt werden.

Im Falle der Anfragen aus **Institutionen** wird diese selbst als Ressource und Kooperationspartner – zumindest bis der Kontakt angebahnt ist – genutzt. Auch hier gilt, dass für einige Stellen und Personen die Kooperation und die Ressourcen kontinuierlich über die gesamte Betreuung hinaus erforderlich sind und gepflegt werden.

Bei **Privatpersonen** gestaltet sich die Miteinbeziehung zunächst komplizierter, obwohl oder gerade weil sie das direkte natürliche Umfeld bilden und mit der Situation auf verschiedenste (intensive) Art und Weise emotional verwoben sind. Zunächst muss herausgearbeitet werden, wer welches Problem hat, wie eventuell bestehende Knoten zu entflechten sind und welche Wege in welcher Reihenfolge verfolgt werden. Besonders anschaulich taucht dies im Beispiel von Herrn Z. auf (8.2.2.3.). Erst nach der Klärung der Positionen und der Problemlage gelingt eine sinnvolle Absprache in Verbindung damit, welche Unterstützung erforderlich und möglich ist.

In der Kategorie »**Ablehnung des Kontaktes**« gewinnt das Umfeld eine (fast) noch wichtigere Bedeutung als in den anderen Anfragesituationen. Da der/die potenzielle KlientIn den Kontakt ablehnt, kommt der Umgebung eine besondere Bedeutung und Verantwortung zu. Absprachen und Abklärungen werden mit dem Umfeld getroffen, z. B. wie lange die Situation noch zu verantworten ist und ab wann man sich mit uns in Verbindung setzen soll. Die wesentliche Hilfe und Unterstützung der »Ressource Umfeld« besteht darin, zu einer gemeinsamen Einschätzung der Situation zu gelangen. Der SpD muss die dafür erforderlichen Fragen stellen. Wenn die Entscheidung auch beim SpD liegt, so nehmen die Informationen und Bewertungen des Umfeldes einen wesentlichen Raum in der Entscheidungsfindung ein. Prägnant und ausführlich beschrieben ist die Thematik im Beispiel von Frau A., aber auch bei Herrn Z., obwohl es sich dabei zunächst nicht um eine ablehnende Situation handelt. Bei Herrn L. kann bei den Betreuern der Wohngemeinschaft nachgefragt werden. Sonst bestehen in dieser Situation keine weiteren Ressourcen und tragfähige Netze.

Besonders bei Ablehnungen und bei Anfragen von Privatpersonen übernehmen die anfragenden Stellen/Personen schon in den ersten Kontakten und Gesprächen unterstützende und entlastende Funktionen in Bezug auf die jeweilige Situation und für den SpD. Es ist zu überlegen und zu beraten, wie sie die Lage weiter aushalten können bzw. ab welchem Zeitpunkt es nicht mehr geht, was sie tun aber auch mal eher lassen können. Besonders deutlich wird die stützende und entlastende Arbeit des Umfeldes in folgenden Beispielen: Bei Herrn Z. durch die Klärung, was die Mutter tun kann, indem sie z. B. weniger tut und auf Distanz zu gehen versucht, bei den Nachbarn von Frau A. und bei Frau B. was im Umgang mit ihrem Mann zu tun ist.

Über **alle Anfragegruppen hinweg** (dies gilt auch für die ausführliche Fallstudie bei Frau W.) wird deutlich, dass zusätzlich zum sozialen Feld, (den natürlichen Ressourcen) die Miteinbeziehung und Miteinschaltung professioneller Dienste und Einrichtungen schon in der Anfragesituation unabdingbar ist. Während die Kooperation mit Ordnungsbehörden und ähnlichen Diensten mit der Entstehung und dem Ausbau des Kontaktes zusehends geringer wird und auch nicht mehr wie zu Beginn erforderlich ist, verstärkt sich die Kooperation mit anderen Diensten und Einrichtungen aufgrund der Orientierung der Arbeit im Lebensfeld und der Vernetzung der Hilfen (Arzt, ASD, Schuldnerberatung, Sozialamt, Sozialstation etc.).

Erste Abklärung der Zuständigkeit
In allen geschilderten Anfragesituationen stellte sich aufgrund der psychischen Erkrankung in Verbindung mit den sozialen Folgen sowie der geografischen Herkunft (Einzugsgebiet des SpDs) schon in der Anfragesituation heraus, dass der SpD für die weitere Verfolgung und Bearbeitung der Anfrage zuständig und verantwortlich war. Nur bei Frau Sch. entstand kurzfristig eine Unsicherheit, da sie diagnostisch und hinsichtlich ihres Hilfesuchverhaltens eher nicht zur klassischen Klientel des SpDs gehörte. Deswegen war ein genaueres Abwägen des für und wieder erforderlich, um die Fallverantwortung zu übernehmen.

Falls Überschneidungen und Unklarheiten mit anderen Stellen und Diensten auftauchen, z. B. wenn Suchtprobleme vorliegen oder dementielle Erkrankungen mit dabei sind, erfolgt die Abklärung in der Fallbesprechung sowie die einzelfallbezogene Abklärung mit der jeweiligen Einrichtung (z. B. Suchtberatung oder Allgemeiner Sozialdienst etc.).

Die Regeln und Kriterien für die Zuständigkeit und Fallverantwortung des SpD sind definiert und in Kap. 2 festgehalten. Ebenfalls in Kapitel 2 wurde auf die weitere Funktion des SpDs als regionale Drehscheibe für verschiedenste Anfragen aus dem Einzugsgebiet hingewiesen. Die Abklärung der Zuständigkeit und die Weitervermittlung dieser Anfragen an adäquate Stellen erfolgt analog den hier beschriebenen und diskutierten Handlungsweisen und -regeln für Anfragesituationen.

8.2.4.2. Zweite Stufe: Die Anbahnung eines Kontaktes

Im Unterschied zur ersten Stufe ist der/die Betroffene bekannt. Die Stufe der Dringlichkeit ist fürs Erste abgeklärt. Ebenso sind die ersten Handlungsschritte eingeleitet, wie auch die Zuständigkeit des SpDs geklärt ist. Es existiert ein erstes Bild mit deutlicheren Konturen, das präzisere Arbeit ermöglicht. Die Grundlage für den Aufbau des Kontaktes ist hergestellt.

Dementsprechend lauten die Ziele für die Arbeit des SpDs:
- Der Mensch in seinem Lebensfeld soll genauer erkennbar werden. Es geht um das

Verstehen, um die Strukturierung von Komplexität und um die genauere Feststellung des Hilfebedarfs.
- Vermittlung des Hilfeangebotes: Auch der SpD gibt sich näher zu erkennen.
- Sorgfältiges Herstellen eines tragfähigen Kontaktes

Die Annäherung an den Menschen und präziseres Verstehen

Ein besseres Verstehen des Menschen und seiner Situation ermöglicht nicht nur, einen Kontakt anzubahnen, sondern dient auch als Hintergrund dafür, präziser feststellen zu können, welche individuelle Hilfe benötigt wird.

Bei **Frau W.** ist die erste Annäherung gescheitert trotz einer komplexen Problemlage. Erst der zweite Anlauf gelang, indem über die Bearbeitung der Schulden und das Kennenlernen der häuslichen Situation von Frau W. ihre Lage für uns gleichzeitig verständlicher wurde (7.4.2.). Im Unterschied dazu konnte mit **Frau Sch.** schon in den ersten Gesprächen aufgrund der Informationen über ihr Innenleben (Missbrauchserfahrungen in Verbindung mit ihrer jetzigen Lage) sowie über die Bewältigung erster sozialanwaltlicher Angelegenheiten schnell eine Annäherung und besseres Verstehen hergestellt werden.

Zunächst verliefen Annäherungen und besseres Verstehen bei den Anfragen über die **Institutionen** analog zum eben geschilderten Vorgehen. Die Sichtung, Ordnung und Bewältigung erster sozialanwaltlicher Angelegenheiten in Kombination mit einem behutsamen Herantasten und Herausfinden, um was es gerade geht, dienten als gutes Einstiegsinstrument in den Kontakt. Mit Geduld und ohne Drängen konnte ein Überblick hergestellt und eine Beziehung aufgebaut werden (Herr M. und Herr V.).

Bei den Anfragen über die **Behörden** bestand der Auftrag, der von außen über die Funktion des SpDs an uns herangetragen wurde, darin, durch eine zusätzliche Unterstützung und Hilfe, ein gemeinsames Arbeitsbündnis herzustellen und darüber die Anbahnung eines Kontaktes zu forcieren. Solche Aufträge waren: Vermeidung des Klinikaufenthaltes, Bearbeitung des Auftrages vom Sozialamt oder die Bitte der Polizei, die wahnhafte alte Dame in der Auseinandersetzung mit ihrer Umgebung und in der Bewältigung des Alltagslebens zu unterstützen. Der SpD stellt über diesen Weg Kontakt zu Menschen her, bei denen die psychiatrische Karriere und der soziale Abstieg oft schon weit vorangeschritten sind und endgültige stationäre Unterbringung oder Wohnungslosigkeit drohen. Darüber entsteht eine Chance, beides aufzuhalten und in eine positivere Richtung zu lenken. Dies lässt sich zwischenzeitlich an vielen Beispielen analog zu den oben geschilderten belegen. Deswegen war es uns von Anfang an wichtig, diese Möglichkeit zur Kontaktaufnahme als Pflichtaufgabe und als Teil der Versorgungsverpflichtung im Kooperationsvertrag der SpDs mit der Stadt festzulegen. Dadurch wird die Freiwilligkeit zumindest in Teilen eingeschränkt in Verbindung mit einem eindeutigen gesellschaftlichen Auftrag (Anfragen über die entsprechenden Behörden). Falls z. B. die Kontaktaufnahme/-anbahnung nicht gelingt, erfolgt die Rückmeldung an das Amt für öffentliche Ordnung zur erneuten Abklärung, ob die Situation so belassen werden kann.

Schwieriger vollzog sich die Kontaktanbahnung bei den Anfragen über **Privatpersonen** und bei **Ablehnungen**. Über vorsichtiges Herantasten und die Suche nach Themen und Ansatzpunkten gelang es, Schritt für Schritt Kontakte zu knüpfen. Wichtig war, dass in den ersten Gesprächen auf die Thematisierung der vorhandenen psychischen Erkrankung und des Umgangs damit weitgehend verzichtet wurde. Da die bisherigen Erfahrungen mit der Psychiatrie von den Betroffenen größtenteils negativ geschildert wurden, hätte dies in Verbindung mit der Wahrnehmung und dem aktuellen Umgang mit der psychischen Erkrankung unweigerlich wieder zur Infragestellung des entstehenden Kontaktes geführt. Vielmehr standen auch hier **dringende soziale** und **materielle Probleme** (Wohnungskündigung, keine Sozialhilfe, fehlende Krankenversicherung, Schulden etc.) im Mittelpunkt der ersten Gespräche und erlaubten (analog zu Frau W., 7.4.3.) den Zugang und die Vereinbarung weiterer Termine. Diese Probleme waren die Schlüssel zum Einstieg in regelmäßige Kontakte. Über damit in engem Zusammenhang stehende seelische Notlagen konnte zwar gesprochen werden, jedoch nicht über die psychische Erkrankung. Diese wurde von den Betroffenen eher verdrängt, geleugnet oder abgelehnt.

Die **Ablehnung des Kontaktes** widerspricht der Anbahnung eines Kontaktes. Und dennoch belegen die Beispiele, dass Ablehnungen differenziert betrachtet und diskutiert werden müssen. Sie können nicht einfach akzeptiert und als beendet betrachtet werden, wie in der Diskussion zu Anfragesituationen schon festgehalten wurde. Es zeigt sich z. B., dass die Ablehnung eines Kontaktes keine dauerhafte sein muss. Es sei denn, dass kein Anlass mehr zum Handeln besteht und die Ablehnung gerechtfertigt werden kann, wie dies bei Herrn L. der Fall war. Vielmehr besteht die Ablehnung in einer zeitlichen Befristung und hängt von der weiteren Entwicklung der Situation ab. Voraussetzung dafür sind Absprachen und Vereinbarungen mit den Beteiligten, wie lange die Ablehnung verantwortet werden kann und ab wann gehandelt werden muss. Falls es die Situation erlaubt, sind auch hier Zeit, Geduld, Kreativität und Flexibilität gefragt, wie bei Frau A. und Herrn L. ausführlicher beschrieben wird. Gleichzeitig geht es häufig darum, direkte oder subtile Kontrolle – so offen und transparent wie möglich – aus Verantwortung gegenüber dem Umfeld und dem Betroffenen selbst auszuüben; zunächst einmal unabhängig davon, ob ein Kontakt dadurch angebahnt werden kann oder nicht. Dies kommt vor allem im Beispiel von Frau A. deutlich zum Ausdruck. Die Verantwortung des SpDs gegenüber dem Umfeld ergibt sich daraus, dass dieses unter dem Verhalten des/der Betroffenen leidet oder vollständig mit der Situation überfordert ist und nicht mehr damit zurechtkommt.

Bei Herrn L. schien zu Beginn die Anbahnung eines Kontaktes noch möglich, den er jedoch aus Angst vor zu viel Nähe und Psychiatrie wieder abbrechen und ablehnen musste. Bei Herrn B. konnte der Kontakt erst nach der zwangsweisen Unterbringung eingeleitet werden. Während der Anfragesituation, die identisch mit dem Verlauf der zwangsweisen Unterbringung ist, war selbstverständlich nicht an die Anbahnung eines Kontaktes zu denken. Im Fall von Frau A. entstand sehr langsam und mühselig mit vielen Rückschlägen eine Annäherung nach der Zwangseinweisung in die psychiatrische Klinik. Danach konnte sie sukzessive und unter großen Schwierigkeiten die (ambivalente) ablehnende Haltung gegenüber dem SpD aufgeben.

Die Ablehnung des Kontaktes bezieht sich in dieser Betrachtung immer auf den/die potenzielle KlientIn. Dies schließt kontinuierliche Kontakte mit Angehörigen und/oder Nachbarn nicht aus. In verschiedenen Beispielen kommt dies sehr deutlich zum Ausdruck.

Über das Verstehen hinaus: Die Feststellung des Hilfebedarfs
Das Verstehen der Betroffenen und ihrer Situation bildet die Grundlage für die Anbahnung eines Kontaktes und dafür, Hilfeprozesse zu strukturieren und in die Wege zu leiten. Das Verstehen allein reicht für die Umsetzung der Hilfe nicht aus. Während zuerst die

Spur fürs Verstehen gelegt wurde, steht nun ein objektiveres Verstehen in Form der Feststellung des Hilfebedarfs im Vordergrund, um sich ein **objektiveres Bild von den Betroffenen und der sie umgebenden Situation** zu machen. Die Feststellung und Weiterentwicklung des individuellen Hilfebedarfs wird als Basis für die Hilfeleistung[63] benötigt. Der bestehende Hilfebedarf bildet eine weitere Voraussetzung für die Anbahnung eines Kontaktes.

Sichtbar wird als Erstes, dass die Handlungsweisen und -regeln über die Anfragegruppen hinweg quasi identisch sind. Sie unterscheiden sich nicht in ihrer Qualität, sondern beziehen sich vornehmlich auf die zeitliche Dauer, die erforderlich ist, einen bestimmten Stand des Verstehens und Erkennens der Situation zu erreichen. Während z. B. bei Frau W. (im zweiten Anlauf) und bei Frau Sch. aufgrund ihrer uns zugewandten Haltung und ihres Interesses, von uns Hilfe zu erhalten, verhältnismäßig schnell ein übergreifender Kenntnisstand des Hilfebedarfs erreicht wurde, dauerte dies in anderen Situationen deutlich länger. Vor allem bei den Anfragen über die Privatpersonen wurde viel Zeit benötigt. Zum einen war nicht leicht an die Betroffenen »heranzukommen«. Zum anderen konnte bei ihnen auch nicht der notwendige Stand an Informationen erreicht werden, da über die psychische Erkrankung kaum, wenn überhaupt, gesprochen werden konnte. Analoges wenn auch in etwas geringerem Maße vollzog sich bei den Anfragen über die Institutionen. Auch hier musste trotz des klaren Auftrags von außen sehr behutsam und vorsichtig in der Anfangsphase vorgegangen werden. Fehlendes Krankheitsverständnis ließ für uns nur einen begrenzten Erkenntnishorizont zu. Bei der Ablehnung des Kontaktes zog sich dieser Prozess noch länger hin. Bei Frau A. dauerte er Jahre, ohne die Betroffene selbst kennen gelernt zu haben. Nur bei Herrn B. gelang dieser Prozess relativ schnell, da er unmittelbar nach der Einweisung in die Klinik dem Kontakt ohne weiteres zustimmte und somit die Ablehnung des Kontaktes beendete.

In allen Situationen stand das **genauere Sichten und Ordnen** der Probleme im Mittelpunkt des Handelns. Die **komplexe Problemlage** musste **strukturiert** werden. Unabhängig von der Anfragegruppe ging es darum, festzustellen, in welchen Feldern Schwierigkeiten und Konflikte zu bearbeiten waren bzw. bearbeitet werden konnten und mussten. Vor allem war zu klären, was sofort oder gleichzeitig oder erst später anzugehen war. Selbstverständlich gelang dies mit Frau W., wie in der Fallstudie ausführlich festgehalten ist oder mit Frau Sch. einfacher und schneller, als in den Anfangssituationen, die in der Kategorie »Anfrage über Privatpersonen« oder »Ablehnung des Kontaktes« beschrieben sind. Das Zusammentragen, Sichten und Ordnen komplexer Problemlagen vollzog sich dort deutlich schwieriger und mühseliger. Es musste auch akzeptiert werden, nicht den Stand anderer Situationen zu erreichen. Ich verweise auf Herrn L. oder Herrn Z. Hier war zu klären, ob der jeweilige Stand an Informationen und die Kenntnis der Gesamtsituation jeweils ausreiche, um unser Handeln verantworten zu können. Dies hängt vor allem da-

---

63 Die beiden Begriffe individueller Hilfebedarf und Hilfeleistung sind seit geraumer Zeit aktuell, auf die sich die Fachwelt in der Diskussion um personenzentrierte Hilfe entgegen einer institutionszentrierten Logik geeinigt hat. In der Fortsetzung des Berichtes der Expertenkommission von 1988 (Bundesminister für Jugend, Familie, Frauen und Gesundheit, 1988) wurden sie vor allem von der »Aktion Psychisch Kranke« im »Integrierten Behandlungs- und Rehabilitationsplan« geprägt und konkret weiterentwickelt (KAUDER, 1997).

mit zusammen, dass die Betroffenen aufgrund der mangelnden Auseinandersetzung mit ihrer psychischen Erkrankung kaum in der Lage waren, den dafür notwendigen Prozess dialogisch und sachlich anzugehen. Das heißt die eigene Lebenslage wird von den Betroffenen so gesehen und bewertet, dass ein aus unserer Sicht situationsadäquater Lösungsweg nicht zu erreichen war.

Gleichzeitig kam es darauf an, verstehen zu lernen, in **welchem Kontext die Betroffenen leben**. Dies geschah vor allem in Verbindung damit, die **biografische Gewordenheit** nachvollziehen zu können und – sofern es die Anfangsphase schon ermöglichte – die Auseinandersetzung mit der psychischen Erkrankung zu fördern. Während dieser Zusammenhang in den kurz gefassten Beispielen höchstens angedeutet wird (Herr R., Herr Z., Herr B.), taucht er in der ausführlichen Fallstudie stellvertretend für die vielen anderen Situationen auf, vor allem in Verbindung damit, welche Handlungsweisen des SpDs dafür in Frage kommen (7.5.). In der Kategorie »Ablehnung des Kontaktes« musste der angesprochene Zusammenhang ohne die Betroffenen erfasst und festgestellt werden.

Parallel dazu wurden das übergreifende Verständnis und das Kennenlernen der Betroffenen und ihrer Lage immer wieder gemeinsam festgehalten und Bedingungen für die Weiterentwicklung der Hilfeplanung und -umsetzung geschaffen. Es wurden zusätzliche Informationen aus dem Umfeld und von professionellen Diensten und Einrichtungen eingeholt. Regelmäßig wurden in informellen Gesprächen mit KollegInnen und in den Fallkonferenzen des Teams der Stand und die weitere Entwicklung vorgestellt und diskutiert. Über die weiteren Kontakte mit den Betroffenen und/oder ihrer Umgebung, über die Kooperation mit den involvierten professionellen Diensten und Einrichtungen sowie die Diskussion und Reflexion mit den KollegInnen in informellen Gesprächen und im Team wird auf diese Weise ein umfassenderes Verstehen und Verständnis erzielt.

Vermittlung der Aufgabe und Funktion des SpDs: Wer ist der SpD? Was tut er? Was muss er tun?

Während in der Anfragesituation schon mit der Informationsvermittlung über den SpD begonnen wurde, allerdings noch rudimentär und bezogen auf die Ziele dieser Phase, erfolgt in der Phase der Kontaktanbahnung eine ausführlichere Vermittlung dessen, was der SpD macht, worin seine Aufgabe besteht und über welche Angebote er verfügt. Die Betroffenen und ihr Umfeld benötigen eine klare Information, damit sie sich eine realistische Vorstellung von der Institution SpD machen können. Informationen und Aufklärung über den SpD, die immer mal wieder zu thematisieren sind, sollen irrealen Erwartungen, die sich bei den Betroffenen und ihrem Umfeld verständlicherweise ergeben können, entgegenwirken. So wird einer realitätsorientierten Arbeit Vorschub geleistet.

Über alle Anfragegruppen hinweg stehen Offenheit und Transparenz im Vordergrund. Selbstverständlich sind abhängig von der jeweiligen Situation unterschiedliche Zugänge und Vermittlungsmodalitäten erforderlich. Auch wenn eine Anpassung der Art und Weise der Vermittlung an die Situation erfolgt, wird das Prinzip der Offenheit und Klarheit nicht verlassen. Diesen Anforderungen konnten bei Frau W., bei Frau Sch. und den Anfragen über die Institutionen (abgesehen von der Anfrage über die Polizei) ohne Umschweife und mit der entsprechenden Vorsicht nachgekommen werden, auch wenn Frau W. im ersten Anlauf eine falsche Vorstellung von unserer Arbeit hatte, die wir in dieser Phase nicht korrigieren konnten (7.4.1.). Während bei der Selbstmelderin und bei Frau W. vorrangig der Wunsch nach Hilfe für die Anfrage ausschlaggebend war, standen bei den Anfragen über die Institutionen die klaren Aufträge von außen im Vordergrund. Denen konnte sich niemand entziehen. Dadurch waren Transparenz und Offenheit unproblematisch.

Bei den Anfragen über die Polizei und die Privatpersonen hingegen gingen wir – ohne die Forderung nach Offenheit und Transparenz aufzugeben – zurückhaltender vor, um »nicht mit der Tür ins Haus zu fallen« und die Kontaktanbahnung dadurch zu gefährden. Am deutlichsten wird das Vorgehen im Beispiel von Herrn Z. geschildert: Lange wird mit der Mutter überlegt, ob und wie wir auf ihren Sohn zugehen können. Wir müssen sie davon überzeugen, dass wir uns nur auf sie beziehen können, da sonst keine Alternative zur Verfügung stand. Ebenso mussten wir sie davon überzeugen, dass wir uns ihrem Sohn nur als Mitarbeiter des SpDs vorstellen konnten. Ihrem Sohn wiederum war zu verdeutlichen, wer wir sind, wie wir ihm helfen können, aber auch, was wir nicht können.

Klarheit und Offenheit haben einen fachlichen und moralischen Hintergrund. In der Fachdiskussion gilt die Übereinkunft, dass Menschen, die an einer Psychose erkrankt sind, aufgrund ihrer Vulnerabilität eine erhöhte Sensitivität und Sensibilität aufweisen und dadurch sehr schnell spüren und wahrnehmen, wenn sich das Gegenüber unklar und verwirrend verhält oder gar zu einer Notlüge greift. Selbst auf die Gefahr hin, dass ein Kontakt unterbrochen wird, wie z. B. bei Herrn K. nach einer sehr direkten Auseinandersetzung über seine Erkrankung, oder für eine bestimmte Zeit nicht zustande kommt, würde Nichtoffenheit, Heimlichkeit und Unklarheit die Klärung nur hinausschieben und bei späterer Klarstellung die Beziehung erschweren. Die moralisch-ethische Seite besteht darin, erwachsene Menschen – unabhängig von ihrem Status und ihrer Erkrankung/Behinderung – als solche zu behandeln, ihnen offen und ehrlich zu begegnen. Dazu gehört, nicht zu verheimlichen, dass wir das Wort Sozialpsychiatrie in unserem Namen führen und im Extremfall für eine zwangsweise Unterbringung mitverantwortlich sein können. Selbst in einer solchen Situation erweisen sich Offenheit und Eindeutigkeit, wie die Erfahrungen belegen (z. B. bei Frau A., Herrn B. oder Herrn Z.), als fachlich notwendige Kriterien sozialpsychiatrischer Arbeit, die nicht zur (langfristigen) Verhinderung oder zum Abbruch der Beziehungen führten.

Die Entwicklung von Kontinuität
Ein weiteres, wesentliches Element in der Betreuung chronisch psychisch kranker Menschen ist die therapeutische Kontinuität, d. h. Konstanz in der Beziehung mit den Betroffenen und deren Umfeld herzustellen. Als besonders wichtig gestaltet sich die Zuverlässigkeit in der Betreuung von Menschen, die sich aus verschiedensten Gründen, wie sie u. a. im Kapitel 3 »Lebenslage des Personenkreises ...« beschrieben wurden, mit Beziehungen und Kontakten zu anderen Menschen schwer tun und des Öfteren völlig isoliert leben. Vor diesem Hintergrund wurde Kontinuität in der Beziehung zu einem wichtigen und allseits anerkannten Standard in der Sozialpsychiatrie (Aktion Psychisch Kranke 1997, S. 21 ff.). Deswegen kommt es gerade in der Anfangsphase bei allen Anfragegruppen darauf an, den Grundstein für diese Kontinuität zu legen. Es geht darum, sich an die Zuverlässigkeit und Kontinuität in der Betreuung von Menschen heranzutasten, die oft über Jahre, teilweise sogar ohne zeitliche Begrenzung, wenn auch in unterschiedlicher Intensität andauern kann.

In der Entwicklung von Kontinuität gibt es unterschiedliche Zeitabläufe und Nuancen bei den verschiedenen Anfragegruppen. Sie war leichter einzuleiten bei den Anfragegruppen, die sich einfacher auf den Kontakt einlassen konnten. Frau W. und Frau Sch. wussten, was sie vom SpD wollten bzw. erwarten konnten und waren schon zum Zeitpunkt der Anfangssituation in der Lage, sich mit ihrer Erkrankung auseinander zu setzen. Somit bestanden kaum Berührungsängste. Ähnlich unproblematisch verlief die Entwicklung von Kontinuität bei den Anfragen über Institutionen, da von außen klare Aufträge vorlagen und die Betroffenen wussten, dass diese nur über uns umzusetzen waren. Während der Anfangsphase gelang es dem SpD den Kontakt und die Kommunikation so zu gestalten, dass Kontinuität in der Betreuung entstand, was ausführlich in der Fallstudie beschrieben wurde (7.4.5.). Die Kontinuität war bei den Anfragen über Privatpersonen am schwierigsten herzustellen. Am ehesten gelang dies, wenn mögliche Ansatzpunkte dafür herausgearbeitet werden konnten. Der SpD konnte, nachdem Absprachen getroffen waren, nicht einfach nur warten, da eine hohe Wahrscheinlichkeit bestand, dass sich der Betroffene nicht mehr gemeldet hätte. Aufgrund der schwierigen Problemlagen bleibt der SpD durch ambulant-aufsuchende Tätigkeit aktiv. Bei Herrn Z. bestand z. B. über die gesamte Dauer der Anfangssituation hinweg mehr Kontinuität im Kontakt mit seiner Mutter. Mit ihm war sie nur kurz herzustellen. Jedoch konnte der Abbruch des Kontaktes verantwortet werden. Bei Herrn K. stand der objektive Druck mit der Wohnungskündigung zunächst im Vordergrund, weswegen er zu Beginn regelmäßig zu den Terminen erschien. Hinzu kam, dass er die gesamte Betreuung als für sich hilfreich erlebte. Dies wurde zur Grundlage für die Kontinuität in der Betreuung, obwohl er den Kontakt nach einer Auseinandersetzung darüber, ob er psychisch krank sei oder nicht, für einige Wochen unterbrach. Bei Frau O. bestand aufgrund der Aktivitäten der Vermieter ebenfalls ein äußerer Druck, sich auf den Kontakt einzulassen. Der Druck reichte jedoch für die Herstellung von Kontinuität nicht aus. Hinzu kam die Überzeugungsarbeit unsererseits, wieder Neuroleptika einzunehmen, die mit dazu beitrugen, die paranoiden Ängste bei ihr zu reduzieren und wieder schlafen zu können. Dies geschah in Verbindung mit dem vorsichtig und zurückhaltend eingebrachten Betreuungsangebot unsererseits.

In der Kategorie »Ablehnung des Kontaktes« ist es von Interesse, zu erfahren, wie die Ablehnung überwunden werden konnte und dadurch die Anbahnung von Kontinuität und Vertrauen möglich wurde. Dieser Frage wird in der nächsten Stufe nachgegangen.

8.2.4.3. Dritte Stufe: Entstehen einer Beziehung – »Erstes Vertrauen«

Im Unterschied zur zweiten Stufe kennzeichnet sich die dritte Stufe durch folgende Merkmale: Der Kontakt ist angebahnt und Kontinuität über verschiedenste Wege eingefädelt. Der Mensch und dessen Situation sind zu erkennen. Der aktuelle Hilfebedarf ist festzustellen. Dies lässt wiederum die Planung der Hilfe und die entsprechenden Vorgehensweisen zu. Die Betroffenen beginnen nachzuvollziehen, wer der SpD ist, was er tun kann und was nicht. Sie lernen, unsere Angebote einzuschätzen und zu nutzen, aber auch kritisch zu betrachten und teilweise abzulehnen. In der dritten Stufe handelt es sich um den Übergang zu einer tragfähigen, von Vertrauen und Kontinuität geprägten Beziehung als Grundlage für die klassische Betreuungsarbeit nach Abschluss der Anfangssituation. Dementsprechend heißen die Ziele für die Arbeit in dieser Stufe:
- Entwicklung und Herstellung einer (Vertrauens-)Beziehung
- Stabilisierung von Kontinuität

- Entstehung einer tragfähigen Beziehung als Basis für die weitergehende Betreuung

Die Ziele werden nicht getrennt voneinander verhandelt, da sie in der täglichen Praxis miteinander verflochten sind.

Entwicklung und Herstellung einer (Vertrauens-)Beziehung
Breiter fachlicher Konsens besteht in der Sozialpsychiatrie darüber, dass die **Beziehung und deren Qualität** zwischen den Betroffenen und den Professionellen die zentrale Kategorie professionellen Handelns ist (»Theoretische Grundlagen«: 6.2.2.3.). Konkret stellt sich die Frage, ab wann in unserer Arbeit von einer (tragfähigen) Beziehung gesprochen werden kann. Besteht z. B. dann eine Beziehung, wenn ein kontinuierlicher Kontakt hergestellt ist, oder ergibt sich die Kontinuität des Kontaktes erst als Folge einer Beziehung? Diese Frage kann nicht einfach beantwortet werden. Vielmehr wirft sie ein Licht darauf, wie schwierig es ist, hier zu einer klaren Sicht zu gelangen. Ich behelfe mir dabei mit folgender Argumentation: Zunächst einmal geht es in unserer Arbeit um eine vorrangig **institutionell definierte Beziehung (Verhältnis)**, in der das Handeln des einen dem oder den anderen nutzen und helfen soll. Letztlich handelt es sich dabei um ein **zweckrational bestimmtes Handeln**, in der die eine Position darin besteht, professionelle Hilfe und Unterstützung qua Auftrag leisten zu wollen, zu können und zu müssen, während die andere Seite diese Hilfe benötigt und akzeptiert bzw. akzeptieren lernt oder akzeptieren muss, die Hilfe anzunehmen, wenn die Ablehnung aus bekannten Gründen nicht zu verantworten ist.

Diese Definition ist so niederschwellig gefasst, damit unfreiwillig entstandene Kontakte oder Zwangs- und Kontrollmaßnahmen noch untergebracht und begründet werden können. Beispiele dafür sind: Zwangsweise Unterbringung oder ambulante Betreuung (Herr R.), Verlust der Wohnung bei Herrn K. oder bei Frau O., Sicherung der materiellen Grundlage bei Herrn M. oder bei Frau A., um nur einige zu nennen.

Die zweckrational begründete Akzeptanz, ein Arbeitsbündnis und eine kontinuierliche Beziehung mit dem SpD einzugehen, ist unschwer zu erkennen: Im Vordergrund steht die **Hilfe und Unterstützung bei sozialanwaltlichen Angelegenheit**en. Diese taucht in (fast) allen Beispielen auf und bildet ein konkretes und sicheres Fundament für die Entstehung einer Beziehung mit Vertrauen. Die betroffenen Menschen erfahren darüber konkrete Hilfe. Ein großer Teil der Menschen stellt zudem fest, dass über die konkrete Unterstützung, welche – falls erforderlich – die gesamte Bandbreite alltagsorientierter Hilfe umfasst, auch andere Erfahrungen mit der Psychiatrie gemacht werden können. Dies wird stellvertretend für viele Beispiele von Frau W. auf den Punkt gebracht (7.3.2.2.).

Über alle Anfragegruppen hinweg, selbst bei der Kategorie der Ablehnungen des Kontaktes wird die Wahrnehmung und Erfahrung konkreter Hilfe und Unterstützung im Alltag zur Basis der Beziehung. Man/frau kann sich auf die Hilfe verlassen. Es wird nicht nur geredet, sondern konkret »mitangepackt«, ohne die jeweilige Angelegenheit einfach zu übernehmen und die Selbsthilfefähigkeiten zu unterlaufen (Frau W.: 7.5.6.).

Die **konkrete, zuverlässige, sachliche und kontinuierliche Unterstützung im Alltag**, wird somit zum **objektiven Fundament sozialpsychiatrischen Handelns** überhaupt, weswegen sich misstrauische Menschen, die häufig negative und widersprüchliche Erfahrungen mit menschlichen Beziehungen und auch mit der Psychiatrie oder mit Behörden gemacht haben, auf eine Beziehung einlassen und Vertrauen entwickeln können. Diese stellt die erste grundlegende Stufe der Entstehung von Beziehung und Vertrauen dar. Es kommt eine weitere Stufe hinzu, welche die gleiche Bedeutung einnimmt und mit der Ersten verflochten ist. Zweckrationales Handeln in Form der (Wieder-)Herstellung der materiellen und sozialen Vertragsfähigkeit ist die Grundlage für die Beziehung zwischen KlientIn und SpD. Sie ist jedoch von einigen wenigen Ausnahmen abgesehen, notwendig, jedoch nicht hinreichend. Rein sachlich begründetes Handeln genügt nicht, um sowohl die Entstehung von Beziehungen und Vertrauen (als auch deren Ablehnung trotz entsprechenden Hilfebedarfes) umfassend darstellen zu können. Gerade der Personenkreis des SpDs ist beispielhaft dafür, dass die rational-sachliche Ebene nicht ausreicht, sondern **emotionale Aspekte und irrationale Elemente** in Verbindung mit den entsprechenden (Fehl-)Wahrnehmungen, Fehlinterpretationen und unbewusstem Material am Werk sind. Diese Prozesse und Fakten erschweren, dass sich Betroffene auf kontinuierliche Beziehungen mit dem SpD einlassen können. Sie verhindern vielfach über eine längere Zeit hinweg einen Kontakt oder führen zumindest zeitweise zur Unterbrechung (siehe die Beispiele zu den »Ablehnungen des Kontaktes«: 8.2.3. oder bei Herrn Z.: 8.2.2.3.). In der Arbeit des SpDs kommt es darauf an, diesen in gleichem Maße bedeutenden und wichtigen Teil der Arbeit gerade in sich positiv gestaltenden und entwickelnden Beziehungen präsent zu haben, um die entstehenden Übertragungs- und Gegenübertragungsphänomene im Team adäquat zu reflektieren und zu berücksichtigen. Die folgend beschriebenen **emotionalen und/oder krankheitsbedingten Aspekte der Beziehung** mischen sich in die Gestaltung der Anfangssituationen sowie in die gesamte Betreuungsarbeit unweigerlich mit ein, bestimmen sie (mit) und erschweren häufig die Entstehung einer Beziehung trotz des offensichtlich vorliegenden Hilfebedarfes. Sie müssen dementsprechend in die Arbeit eingebunden werden.

Einerseits führten u. a. negative Erfahrungen in der Biografie zu **Rückzug, Alleinsein und Isolierung als Ursache und Folge der psychischen Erkrankung**. Andererseits besteht der **Wunsch nach menschlichem Kontakt, Kommunikation und Beziehung**. Diese **Ambivalenz** führt zu einer Situation, in der äußerst umsichtig, aufmerksam und zurückhaltend vorgegangen werden muss. Am markantesten zeigt sich die Ambivalenz im Verhalten von Frau A.: Ihre innere Zerrissenheit hatte eine Ebene erreicht, die Jahre an Arbeit erforderlich machte, um überhaupt in die Nähe einer kontinuierlichen Arbeitsbeziehung zu gelangen (s. w. u.). In den anderen Beispielen ist die Ambivalenz in dieser Deutlichkeit nicht wahrzunehmen, jedoch implizit nahe liegend. Zumindest besteht eine langjährige Isolierung, die oft tief greifende **Verunsicherungen** im Umgang mit Menschen hervorgerufen haben. So akzeptiert Frau O. aufgrund der äußeren Notwendigkeit den Kontakt mit uns, bleibt aber eher reserviert, was aufgrund einer zurückliegenden schwierigen privaten Beziehung zu einem Mann und den sexuell besetzten Wahnideen und Ängsten zu verstehen und in der Arbeit mit ihr entsprechend zu berücksichtigen ist. Frau W. stellt die Beziehung zum SpD auf der sachlichen Ebene klar heraus. An verschiedenen Stellen taucht jedoch der implizite Wunsch nach menschlichen Kontakten und Nähe auf (7.5.5.). Frau Sch. lässt sich zwar sofort auf die Beziehung zum SpD ein, benötigt aber immerhin über ein Jahr, bis es ihr gelingt, sich unter die Menschen im SpD zu wagen. Die sexuellen Missbrauchserfahrungen in ihrer Kindheit und weitere negative Erfahrungen vor allem in der Beziehung mit Männern erschweren ihr einen normalen, angstfreien Zugang zu Mitmenschen. Der Wunsch nach menschlichem Kontakt und Nähe ist in fast allen Fallbeispielen, wenn nicht direkt so doch zumindest über symbolische Handlungen und Äußerungen abzulesen bzw. über den Inhalt der Symptome der Erkrankung zu interpretieren. Gleichzeitig drängt sich aber auch Angst und Unsicherheit davor immer wieder an die Oberfläche. Dem Zwiespalt von Bagatellisierung einerseits und Dramatisierung andererseits ist in der Arbeit des SpDs ständig Rechnung zu tragen und trifft selbstverständlich für die gesamte Arbeit und nicht nur für die Anfangssituationen zu.

Damit hängt zusammen, dass sich **unrealistische oder (unbewusst) zu hohe Erwartungen** an den SpD entwickeln können. Wenn auch jedem(r) KlientIn auf der sachlichen Ebene (wenigstens latent) bewusst ist, dass sich der Kontakt/die Beziehung zum(r) BetreuerIn des SpDs über den institutionellen Rahmen und Auftrag definiert, so spielen Sehnsüchte, Wünsche und Ängste gerade in der Situation von Isolierung und Alleinsein eine nicht unwichtige Rolle. Herr Z. äußert unrealistische Erwartungen, indem er fordert, ihm bei der Umsetzung seiner Wahnideen behilflich zu sein. Da wir dieser Forderung nicht nachkommen, unterbricht er die Beziehung zum SpD. Die Zurückhaltung und Vorsicht von Frau O. gegenüber kontinuierlichen Kontakten und der Rückzug von Frau Sch. können als Selbstschutz interpretiert werden, sich nicht auf etwas einzulassen, von dem sie wieder enttäuscht werden könnten. Im Falle von Herrn L. stoßen wir auf ein Phänomen, welches in der Arbeit des SpDs des Öfteren auftaucht. Er scheint eine kontinuierliche Beziehung zum SpD als zu eng und zu nah für sich zu erleben und entsprechend zu verarbeiten. Vermutlich nimmt er die Kontinuität und eine Beziehung bedrohlich für sich wahr. Er will den Kontakt abbrechen, weil wir und damit auch die Psychiatrie ihn wieder bevormunden würden, was er nicht ertragen könne. Ganz sicher können wir uns der Interpretation nicht sein, da sie mit ihm nicht besprochen werden kann. Vielmehr erfolgt die Interpretation aus der Teamreflexion in Verbindung mit anderen Beispielen und theoretischen Erklärungsversuchen. Analoges lässt sich aus den Kontaktversuchen mit Frau A. ableiten.

Zum Schluss dieses Kapitels wird noch einmal der Frage nachgegangen, wie es in den Beispielen, in denen der Kontakt zum SpD abgelehnt wurde, gelungen ist, trotzdem nach und nach eine Beziehung aufzubauen. Es gab diesbezüglich keine qualitativen Neuigkeiten im Vorgehen des SpDs. Vielmehr spiegelt sich sozialpsychiatrisches Handeln wieder, das nach längerer Zeit und mit viel Geduld, Fingerspitzengefühl und Teamreflexion auch hier zum Erfolg geführt hat. Bei Frau A. können »das permanente Dranbleiben, das Nicht-Aufgeben«, eine nicht zu leugnende Penetranz aufgrund der Gegebenheiten, die Unterstützung der Umgebung, die Sicherung der materiellen Existenz trotz ihres Widerstandes und vor allem das kontinuierliche Ernstnehmen und Umsetzen ihrer »ersten Botschaft«[64]

---

64 Die Entscheidung, so zu handeln, leiteten wir aus folgender Überlegung ab: In der Kommunikation zwischen Erwachsenen gilt die Regel, dass einer Botschaft (Information) von Person A Person B mit einer Antwort adäquat reagiert. Unbewusstes, taktisches, strategisches, spielerisches, betrügerisches etc. Handeln sind in diesem Zusammenhang irrelevant. Ein Erwachsener reagiert adäquat darauf, was das Gegenüber ihm vorher mitgeteilt, gefragt etc. hat. Dies setzt den erwachsenen Menschen als vernünftiges Wesen voraus. Bei Frau A. bestand jedoch eine ver-rückte Kommunikation. Ihre erste Mitteilung musste sie sofort negieren, behauptete das Gegenteil und wollte dieses dann auch so durchsetzen. Daraufhin musste sie wieder zur ersten Botschaft zurückkehren etc. etc. Das Verstehen, die Erklärung

als die wahrscheinlichen Gründe genannt werden, weswegen sie eine Beziehung eingehen und die Ablehnung nach über vier Jahren aufgeben konnte. Trotz der Mitbeteiligung an der zwangsweisen Unterbringung haben die Zuverlässigkeit und Klarheit in Verbindung mit konkreter Unterstützung bei Herrn B. dazu geführt, sich auf eine kontinuierliche Beziehung einlassen zu können. Nicht vergessen werden sollte die Frau von Herrn B., die mit unserer Rückendeckung klare Voraussetzungen für die Fortsetzung des Familienlebens schuf und die Wirkung der Neuroleptika, welche die Distanzierung von den psychotischen Symptomen erlaubten. Absprachen und Vereinbarungen erfolgen seither nicht mehr nur einseitig, sondern gehen auch von Herrn B. aus. Er oder seine Frau melden sich, wenn etwas zu besprechen oder zu klären ist. Kontinuität zeigt sich somit nicht nur als quantitative Größe, sich in bestimmten Abständen regelmäßig zu treffen, sondern ebenso als Qualität, die sich fallbezogen definiert und vom Stand der Beziehung und vom Umgang mit der psychischen Erkrankung abhängt. Sie kann einseitig von uns (siehe vor allem das nächste Kapitel: »Umgang mit der psychischen Erkrankung«), aber auch wie z. B. bei Herrn B. von beiden Seiten ausgehen. Umgekehrt verlief der Prozess bei Herrn L. Zu Beginn schien er eher bereit, eine Beziehung mit uns einzugehen. Die von ihm als Bevormundung interpretierte Nähe und Enge zum SpD konnte oder wollte er nicht mehr ertragen, was letztlich zu einem von uns akzeptierten Abbruch des Kontaktes führte. Vertrauen und Kontinuität konnten hier nicht entstehen.

Abschließende Anmerkungen für Anfangssituationen
- Die **Dauer der Anfangsphase** bestimmt sich qualitativ und nicht über einen definierten Zeitraum. Die Dauer der Anfangsphase einer Betreuung hängt davon ab, ob und wie die einzelnen Ziele innerhalb der Stufen erreicht werden und reicht von einigen Kontakten bis hin zu mehreren Jahren, wie dies z. B. bei Frau A. der Fall war.
- Die Entstehung und Entwicklung von **Beziehungen und Vertrauen ist unabhängig vom Anfragetypus** möglich. Die Beschreibung und Diskussion der Anfragetypen im SpD zeigt auf, dass die Entstehung von Beziehungen und Vertrauen relativ unabhängig davon ist, ob sich jemand selbstständig an den SpD wendet oder ob er über Dritte an uns (eher unfreiwillig als freiwillig) vermittelt wird. Dies bedeutet, dass in der Arbeit des SpDs die Entwicklung hilfreicher Beziehungen nicht davon abhängig ist, ob sich der/die Betreffende selbst meldet oder über Dritte angemeldet wird. Eine solche Erkenntnis widerlegt eine teilweise noch (oder wieder) vorhan-

---

und die Begründung ihres Verhaltens waren in der Situation und während dieser gesamten Phase mit ihr nicht aufzuarbeiten und aufzulösen. Jedoch war in der jeweiligen Situation eine Reaktion von mir erforderlich. Sich auf die Negation einzulassen, d. h. die innere Zerrissenheit »mitzuspielen«, hätte unweigerlich zur Handlungsunfähigkeit meinerseits geführt und die ver-rückte Kommunikation bestätigt. Um jedoch erstens handlungsfähig zu bleiben und zweitens Frau A. als erwachsene Person (als vernünftiges Wesen) ernst zu nehmen und ihr mit Respekt zu beggnen, folgte ich nach Rücksprache im Team den o. g. Kommunikationsregeln und -konventionen unter Erwachsenen. Dies führte, wie beschrieben, zu vielen unangenehmen und schwierigen Situationen. Letztlich hat sich das Vorgehen im Ergebnis bestätigt (siehe Fallerörterung von Frau A.: 8.2.3.).

dene Auffassung, dass sozialpsychiatrische Hilfe nur dann sinnvoll umgesetzt werden können, wenn sich der/die Betreffende selbst mit dem SpD in Verbindung setzt. So belegen die in der gesamten Studie festgehaltenen und diskutierten Erfahrungen über die Anfangssituationen hinaus, dass selbst die Übernahme und Ausführung von unangenehmen, kontrollierenden (Pflicht-)Aufgaben in Verbindung mit Druck und Zwang auf der einen Seite und die freiwillige Kontaktaufnahme und Betreuung auf der anderen Seite sich nicht ausschließen. In Einzelfällen können sie der Aufnahme von Kontakten sogar förderlich sein (z. B. bei Herrn R.: 8.2.2.2. und Herrn B.: 8.2.3.).

- Das **Stiften von Beziehung und Entstehen von Vertrauen** als Grundlage für die weitere Betreuung ist sehr **selten über den freiwilligen Zugang** zu erreichen. Da die Versorgungsverpflichtung dem SpD keine Wahl lässt, sich seine Klientel herauszusuchen, müssen fachlich reflektierte und abgesicherte, aber auch unkonventionelle und kreative Wege gefunden und erarbeitet werden, um Zugang zu den 90 % aller Anfragen herzustellen, die über Dritte an uns vermittelt werden. Wir beobachten jedoch, dass am Ende der Anfangssituation ein bestimmtes Maß an Freiwilligkeit in der Beziehung hergestellt werden kann. Jedoch ist die von Dritten in die Wege geleitete und von uns mitgetragene Entstehung des Kontaktes und einer Beziehung nicht zu verwechseln mit deren Weiterentwicklung. Es geht hier um die Anbahnung und später um die Aufrechterhaltung und Wiederherstellung von Beziehungen, sofern sie unterbrochen wurden. Und diese sind nur in der Minderheit der Fälle über einen freiwilligen Zugang zu erreichen.

Resümierend kann festgehalten werden, dass Beziehung, Kontinuität und das erste Vertrauen in der Anfrage- und Anfangssituation wenig mit freiwilligem Zugang zu tun haben. Sie werden nach und nach über die erörterten Stufen und dem Erreichen ihrer Ziele hergestellt. Dadurch kann die noch weithin verbreitete Haltung zumindest im Bereich der Sozialpsychiatrie in Frage gestellt werden, dass nur über Freiwilligkeit Kontakte und Beziehungen hergestellt werden können. Die beschriebenen Wege machen sichtbar, wie es gelingt, über die Kontakte und Beziehungen gleichzeitig auch Kontinuität zu entwickeln. Darüber wird deutlich, dass der Prozess der Entwicklung einer Beziehung, die Entstehung ersten Vertrauens und die Kontinuität untrennbar miteinander verbunden sind und sich wechselseitig bedingen. Es kann weiter festgehalten werden, dass vor allem die konkrete Hilfe und Unterstützung im Alltag in Verbindung mit dem entsprechenden Vorgehen und der Haltung des SpDs (s. w. u.) zur Erreichung der Ziele dieser Stufe führen.

Die sozialpsychiatrischen Handlungsregeln und -anleitungen ziehen sich durch alle Bereiche sozialpsychiatrischen Handelns durch und sind somit nicht nur für die Anfangsphase von Gültigkeit. Es braucht deshalb nicht zwischen Handlungsregeln, die in der Anfangssituation gültig sind und jenen, die für die weitergehende Betreuungsarbeit von Bedeutung sind, unterschieden werden.

8.3. Der Umgang mit der psychischen Erkrankung im Alltag – Ein Leben mit und ohne stationäre Psychiatrie

Eine weitere zentrale Kategorie der Arbeit des SpDs besteht darin, zu erfassen, wie die von uns betreuten Menschen mit ihrer psychischen Erkrankung umgehen, wie sie diese erleben, wahrnehmen und in ihrem Alltag damit zurechtkommen. Es geht darum, wie »solchen problematischen Bewältigungsmustern, die problematische Interaktionen, Verhärtungen, wechselseitige Störungen, einen Teufelskreis erzeugen ...« (THIERSCH in: Nervenheilkunde 3/1996, S. 123), entgegengesteuert und sie zumindest teilweise ausgeglichen werden können.

Folgende Fragen tauchen dabei auf: Wie wird die psychische Erkrankung zum Bestandteil des Alltagslebens? Wie wird dieser Alltag unter erschwerten Bedingungen vor allem vor dem Hintergrund der psychischen Erkrankung gelingender bewältigt? Können die Betroffenen die Erkrankung in ihr Leben und den sie umgebenden Kontext integrieren und damit zurechtkommen? Oder gibt es Probleme, die Erkrankung als Teil ihres Lebens wahrzunehmen? Findet sogar eine Ablehnung und Leugnung der Erkrankung statt, die zu verschärften Konflikten mit sich und der Umgebung führen? Und welche Konflikte und Probleme tauchen dann auf?

Das Ziel der Arbeit des SpDs besteht darin, mehr Akzeptanz bei den Betroffenen zu erzielen und zu mehr Auseinandersetzung im Umgang mit der psychischen Erkrankung im Alltag anzuregen und beizutragen. Es darf jedoch niemand abgewiesen werden, dem Krankheitseinsicht völlig fehlt und darüber massive Konflikte mit sich und dem Umfeld entstehen.

Die Auseinandersetzung mit der Erkrankung in der Arbeit des SpDs steht dabei in enger Verbindung mit Anzahl und Dauer stationärer Behandlungen. In Kapitel 6 konnte quantitativ belegt werden, dass Zahl und Dauer der stationären Behandlung durch die Betreuung des SpDs sinken. Mit diesem (quantitativen) Ergebnis gekoppelt ist die Fragestellung, was getan wird und wie die konkrete Arbeit des SpDs aussieht, um eine gelingendere Umgangsform und Akzeptanz der psychischen Erkrankung zu erreichen. Dies erfolgt mit dem Ziel, die Abnahme stationärer Aufenthalte und eine konfliktärmere Bewältigung des Alltags mit und für alle(n) Beteiligte(n) zu ermöglichen. Die psychische Erkrankung wird dabei nicht als eine das Individuum alleine betreffendes Faktum gesehen, sondern als ein Interaktionsprozess, der in engem Zusammenhang mit dem Umfeld steht (vgle. »Theoretische Grundlagen«: 6.2.2.4.).

Hier gelten die oben erwähnten Voraussetzungen und Rahmenbedingungen für die Arbeit des SpDs:

- Die Verpflichtung für einen Stadtteil innezuhaben, d. h. keine Selektion auch der Personen treffen zu können, welche die Existenz einer psychischen Erkrankung weit von sich weisen;
- die problematische Auseinandersetzung und oft fehlende Akzeptanz der Erkrankung als einem wichtigen Merkmal des vom SpD betreuten Personenkreises, wie dies in Kapitel 3 (»Lebenslage ...«) ausgeführt wurde.

Die Handlungsweise des SpDs bewegt sich zwischen dem selbstverantwortlichen und für den SpD relativ unproblematischen Umgang mit der psychischen Erkrankung durch die Betroffenen und der Ablehnung und Leugnung der Erkrankung bzw. der fehlenden Auseinandersetzung damit, dass sie z. B. negative Folgen für sich und die Umgebung haben könnte.

8.3.1. Konstruktive Auseinandersetzung und Akzeptanz der psychischen Erkrankung als Bestandteil des Alltags

Wenn die schwirige Auseinandersetzung mit der Erkrankung als ein Merkmal der Arbeit mit dem Personenkreises betrachtet werden kann, ist festzuhalten, dass im Verlauf der Betreuung durch den SpD nicht wenige Menschen eine adäquate Umgangsform erarbeitet und gefunden haben. Es geht dabei nicht um Heilung und Gesundung im traditionellen Sinne durch die Beseitigung der Ursachen, aber auch nicht nur um die Abwesenheit der Symptome. Vielmehr geht es darum, besser mit sich und der Umgebung zurande zu kommen, mehr Lebensqualität und Zufriedenheit zu entwickeln (»Theoretische Grundlagen«: 6.2.3.7.).

Frau W. ist diesbezüglich fast schon als ein klassisches und idealtypisches Beispiel anzuführen. Das Kapitel 7.5.1 in der ausführlichen Fallstudie vermittelt, wie sie es gelernt hat, sich mit der psychischen Erkrankung zu arrangieren und diese als Teil von sich selbst zu akzeptieren, ohne letztlich die Ursache zu (er-)kennen und diese entsprechend verändern zu können. Sie akzeptiert die Psychose zwischenzeitlich, ebenso die Medikamente, die sie selbstverantwortlich organisiert und einnimmt. Sie will keine akuten psychotischen Krisen mehr erleben, da diese für sie immer sehr schlimm waren. Das Gleiche gilt für die stationäre Psychiatrie, in der sie seit der Betreuung durch den SpD nicht mehr behandelt werden musste. Die wahrscheinlichen Gründe für diesen Prozess der Akzeptanz und damit leben zu lernen wurden beschrieben. Es war aus ihrer Sicht die Kombination aus einem verständnisvollen und vertrauenswürdigen Arzt, der sie auf ein für sie verträgliches Medikament einstellte und der Arbeit des SpDs, der über Alltagsprobleme und deren Bewältigung und nicht über die Auseinandersetzung mit der Erkrankung den Zugang zu ihr fand. Über diesen Prozess des Zusammenwirkens der verschiedenen Hilfen konnte sie psychiatrische Einrichtungen als hilfreich erleben und gleichzeitig die psychische Erkrankung als Teil von sich akzeptieren lernen und mit der Erkrankung die nötigen Bewältigungsstrategien im Alltag entwickeln. Nach und nach wurde es möglich, das Interesse für Hintergründe und mögliche Zusammenhänge ihrer Erkrankung in ihr zu wecken, was ihr das Verständnis für die Erkrankung und den selbstverantwortlichen Umgang damit erleichtert.

Die Aufgabe und Arbeit des SpDs besteht nach wie vor darin, die Thematik vorsichtig aufzugreifen, darauf einzugehen, nachzufragen, eigene Meinungen und Informationen zum aktuellen Forschungsstand hinsichtlich psychischer Erkrankungen anzubieten. Das Gespräch darüber soll sie zum Nachdenken anregen, was für sie jeweils verwertbar sein könnte. Gleichzeitig kommt es darauf an, Themen und Fragen, die sie stark belasten, zurückhaltend und vorsichtig anzugehen, um keine destabilisierenden Prozesse auszulösen.

Im zweiten Beispiel vollziehen sich analoge Vorgänge und Abläufe wie bei Frau W.:
Herr I. ist 37 Jahre alt und lebt mit seiner Mutter zusammen. Seinen Unterhalt bestreitet er seit ca. zwei Jahren von einer Erwerbsunfähigkeitsrente. Davor war er in verschiedenen Betrieben als Programmierer tätig. Die Arbeit wurde immer wieder von längeren Krankheitsphasen und stationären Aufenthalten unterbrochen, die schließlich

zur Frühberentung führten. Er erkrankte während der Zeit des Abiturs an einer schizoaffektiven Psychose und befand sich danach insgesamt achtmal in stationärer psychiatrischer Behandlung mit einer kumulierten Behandlungsdauer von insgesamt 17 Monaten. Seit Betreuung durch den SpD (Anfang 1990) war er insgesamt dreimal mit einer kumulierten Behandlungsdauer von sieben Monaten in stationärer Behandlung, wobei diese stationären Aufenthalte in die ersten fünf Jahre der Betreuung fielen. Seit mehr als dreieinhalb Jahren war keine stationäre Behandlung mehr erforderlich. Der Verlauf seiner stationären Karriere wird deswegen ausführlicher erwähnt, weil er in engem Zusammenhang mit der Auseinandersetzung von Herrn I. mit seiner psychischen Erkrankung steht.

Der **Kampf mit der psychischen Erkrankung** verlief in einem längeren Prozess des **Hin- und Herschwankens** zwischen der schmerzhaften Bewusstwerdung der Erkrankung und der Auflehnung dagegen. Besonders in den ersten zehn Jahren der Erkrankung führte dies immer wieder zu akuten Phasen und stationären Behandlungen. Der Prozess ging einher mit der Frage: »Warum gerade ich?« Er litt unter großen Stimmungsschwankungen. In der Psychose spürte Herr I. ein enormes Lebensgefühl, welches im »normalen Zustand« oft in ein Gefühl depressiver Gleichgültigkeit und Abstumpfung überging und worin er verharrte. Erst die letzten beiden Psychosen waren mit extremen Angstzuständen besetzt in Verbindung mit Protest und Auflehnung gegen die Erkrankung und einem langjährigen »Nicht-wahr-haben-Wollen«. Sie trugen mit dazu bei, die von ihm geäußerte Flucht aus dem für ihn langweiligen Alltag in die Psychose und teilweise auch die Sehnsucht danach als nicht mehr erstrebenswert zu erachten. Gleichzeitig bringt er die **heute erreichte Akzeptanz** nicht nur mit der Anerkennung einer realitätsorientierten Sichtweise, sondern auch mit Resignation und einer persönlichen Niederlage in Verbindung; nämlich mit einer Lebenssituation ohne Arbeit und fast ausschließlichen Kontakten mit Menschen aus der Psychiatrieszene konfrontiert zu sein. In den wöchentlich stattfindenden Gesprächen ging es deshalb sehr oft um die Frage, wie er die Erkrankung akzeptieren lernen kann, ohne zu sehr unter dem Gefühl des Versagens zu leiden. Des Weiteren standen die Bearbeitung, das Aushalten und Ertragen der unterschiedlichen Gefühlswelten und der Umgang damit zur Diskussion. Nach der letzten psychotischen Phase fiel er in eine lange und aufreibende Zeit depressiver und leidvoll erlebter Antriebslosigkeit, die er nur sehr schwer aushielt. Hin und wieder sehnte er sich nach einer Psychose oder durchlebte suizidale Stimmungen.

Die Arbeit in Richtung Akzeptanz der Erkrankung und der damit verbundenen Lebenslage sowie das langsame Wiedererlangen einer geringen Lebensfreude und von mehr Teilnahme am Leben, zumindest in Teilbereichen, dauerte insgesamt drei Jahre. Immer wieder **litt er unter der Erfahrung**, dass in früheren Zeiten ein gutes Lebensgefühl jeweils die Vorstufe der Erkrankung, bzw. schon eine präpsychotische Stimmung war und im Krankenhaus endete. Dieser Widerspruch musste wiederholt thematisiert und bearbeitet werden, um eine Verbesserung seines Lebensgefühls zu erreichen, ohne gleich die Grenze zu einer erneuten Psychose zu überschreiten. Gemeinsam erarbeiteten wir, wie sich die **ersten Anzeichen psychotischer Symptome** bemerkbar machen. Dabei ging es z. B. um Schlaflosigkeit und Beziehungsideen auf der Straße oder im SpD, vor allem während der Phase, als er sich zur Frühberentung durchrang und darunter litt. Im Gespräch mit uns und der Nervenärztin lernte er damit umzugehen. In der Regel reichte eine kurzfristige und zeitlich begrenzte leichte Erhöhung der Medikamente aus in Verbindung mit gemeinsamen Bemühungen, die Situation zu verstehen und Zusammenhänge mit möglichen Gründen herzustellen. Die zunehmend akzeptierende Auseinandersetzung mit seiner psychischen Erkrankung und der entsprechenden Bewältigung vollzog sich über die Gespräche im SpD sowie in regelmäßigen Gesprächen mit seiner Nervenärztin und einer von ihr geleiteten Gruppe, an der er immer noch teilnimmt. Ein wichtiger Gegenstand der Diskussion war, welche **Medikamente** er am günstigsten verträgt und am ehesten akzeptieren kann und welche mit den wenigsten Nebenwirkungen und der geringsten Verstärkung der Minussymptomatik einhergingen. Des Öfteren standen aber auch Gespräche darüber an, wie er Medikamente überhaupt akzeptieren könne. Wir mussten verstehen lernen, dass er trotz der Akzeptanz und der Einsicht in die Notwendigkeit, eine Abneigung gegenüber den Neuroleptika und ihren Wirkungen empfindet.

Sukzessive begann er sich im SpD mit **anderen »jungen Chronikern« zusammenzutun**. Wenn ihm auch das Reden schwer fiel, standen der Umgang mit der eigenen Erkrankung, die Wirkung von Medikamenten und stationäre Unterbringungen immer wieder neben anderen Themen zur Debatte. Schließlich gelang es ihm, an einem Psychoseseminar teilzunehmen. Vor kurzem gründete er mit anderen KlientInnen eine Gruppe, die sich samstags im SpD trifft. In dieser Gruppe werden teilweise selbst verfasste Stücke gelesen und besprochen.

Herr I. lebt nicht nur mit, sondern **in der Auseinandersetzung mit der psychischen Erkrankung**. Im Austausch mit anderen werden sein Selbstbewusstsein und auch sein Lebensgefühl gefördert, ohne dass er wieder psychotisch werden muss. Die Erkrankung wird von ihm nicht mehr nur als passives Schicksal hingenommen. In der aktiven Auseinandersetzung damit kann er sie in seinen Alltag integrieren und einigermaßen bewältigen. Im Dialog mit dem SpD trifft er auf Verständnis, aber auch auf Nachfragen, auf andere Meinungen und Überlegungen, was er denn diesbezüglich konkret tun könne. Es geht um Anregen und Abwägen, dieses oder jenes zu tun. Letztlich beschreiten wir eine Gratwanderung mit ihm zwischen Über- und Unterforderung.

Frau W. und Herr I. repräsentieren im Umgang mit der Erkrankung jene Gruppe von KlientInnen, welche die Erkrankung und medikamentöse Behandlung akzeptieren. Sie wünschen darüber hinaus Informationen, Gespräche und einen Austausch über Entstehungszusammenhänge und Hintergründe der Erkrankung und setzen sich damit auseinander. Es gelingt ihnen dadurch, die Erkrankung für sich und das Umfeld weitgehend zufriedenstellend in den Alltag einzubinden. Trotz der realitätsbezogenen Sichtweisen und Einschätzungen von Frau W. und Herrn I. im Umgang mit der psychischen Erkrankung wird die Medikation von uns nicht in Frage gestellt. Wir gehen wie Frau W. und Herr I. davon aus, dass das psychotische Geschehen ohne Medikamente eventuell wieder aktiviert werden könnte. Eine tendenzielle Reduktion der Medikamente wird jedoch von uns mitbedacht. Die Umsetzung ist aber mit dem Risiko verbunden, dass ärztlicherseits nicht flexibel genug gehandelt werden kann. Die Reduktion oder das Absetzen von Medikamenten muss ärztlich eng begleitet werden. Die mangelnde Flexibilität niedergelassener Nervenarztpraxen steht derartigen Überlegungen entgegen.

8.3.2. Brüchige Akzeptanz: Unsicherer Umgang mit der psychischen Erkrankung im Alltag

Wie bei der eben geschilderten Gruppe von KlientInnen wird auch bei der folgenden die psychische Erkrankung von den KlientInnen weitgehend akzeptiert und versucht, sie in den Alltag einzubinden. Jedoch entstehen im Unterschied zur ersten Gruppe aus verschiedenen Gründen von Zeit zu Zeit Verunsicherungen und latente bis hin zu akuten Krisensituationen. Deshalb wird ein höheres Maß an kontinuierlicherer Begleitung und Aufmerksamkeit erforderlich als bei der vorher beschriebenen Gruppe. Ebenso muss der Prozess gefördert werden, Störungen und Verunsicherungen in Verbindung mit den dahinter stehenden Gründen sowie die latenten Krisensituationen zu verstehen und damit auch reduzieren zu können. In den folgenden Beispielen wird deutlich, wie die Arbeit des SpDs dazu beiträgt, dass die Betroffenen und ihr Umfeld der psychischen Erkrankung mit mehr Selbstverständlichkeit begegnen und sie mit größerer Sicherheit in den Alltag einbinden können:

Frau C. ist 46 Jahre alt, Hausfrau und lebt zusammen mit ihrem Mann in einer Mietwohnung. Sie erkrankte vor ca. 15 Jahren an einer schizophrenen Psychose, war insgesamt siebenmal mit einer kumulierten Behandlungsdauer von 16 Monaten in stationärer Behandlung. Seit vier Jahren befindet sich Frau C. in Betreuung des SpDs. Vor dreieinhalb Jahren war sie zuletzt in stationärer Behandlung. Während der Zeit der Betreuung durchschritt sie mit Unterstützung des SpDs einen Lernprozess, wie sie mit der psychischen Erkrankung besser umgehen kann, um stationäre Behandlungen zu vermeiden. Dieser Prozess gestaltet sich jedoch noch unsicher und schwankend. Immer wieder gerät sie in latente Krisensituationen, die eine intensive Begleitung erfordern, um die Krisen im ambulanten Rahmen bewältigen zu können.

Drei grundlegende Konflikte, die zumindest bis dato nicht zu lösen sind, bedingen aus unserer Sicht den (noch) unsicheren und brüchigen Umgang mit der psychischen Erkrankung:

- Die Beziehung zu ihren Eltern: Bei Frau C. besteht eine von ihr immer wieder beklagte Abhängigkeit von ihren Eltern, die in ihrer unmittelbaren Nähe wohnen. Bislang gelang es ihr nicht, mehr Selbstständigkeit zu erreichen.
- Die Beziehung zu ihrem Mann: Er will nichts mit ihrer psychischen Erkrankung zu tun haben und schottet sich ohne plausible Gründe gegen Gespräche ab. Frau C. meint, dass er selbst sehr sensibel sei und Ängste hätte, sich damit auseinander zu setzen. Nach mehreren Versuchen sowohl in der Klinik als auch ambulant ließen wir vom Vorhaben ab, ihn in Gespräche »verwickeln zu müssen«. Frau C. leidet darunter, weil dadurch weder eine Beziehungsklärung möglich ist noch ihre Bedürfnisse nach Zärtlichkeit und Sexualität zu ihrem Recht kommen. Sie fühlt sich allein, obwohl sie mit ihrem Mann zusammenwohnt. Den Schritt zur Trennung wagt sie jedoch aus Angst vor völligem Alleinsein nicht.
- Die Beziehung zum inzwischen 18-jährigen Sohn: Sie leidet unter großen Selbstvorwürfen und Schuldgefühlen. Aus ihrer Sicht konnte sie auf Grund ihrer psychischen Erkrankung und den langen stationären Aufenthalten gerade während der Kindheit ihres Sohnes nicht die Mutter sein, die sie gerne gewesen wäre. Die Bestätigung dieser Vorwürfe findet sie im Lebenslauf ihres Sohnes

wieder. Alkohol und illegale Drogen in Verbindung mit Gewalttätigkeit führten ihn in den Strafvollzug und in die Psychiatrie.

Diese, zumindest bis heute nicht zu verarbeitenden Konflikte führten in der Vergangenheit bei Frau C. immer wieder zu akuten Krisensituationen, an deren Ende die Einweisung in die psychiatrische Klinik stand. In den zurückliegenden vier Jahren konnte jedoch ein Prozess in Gang gesetzt werden, der es ihr ermöglicht, die **psychische Erkrankung weitgehend als Teil ihrer selbst zu sehen** und zu akzeptieren. Dazu gehört, die ersten Symptome frühzeitig zu erkennen (Schlaflosigkeit, vermehrte innere Unruhe in Verbindung mit Beziehungsideen und beginnenden akustischen Halluzinationen) und – im Unterschied zu früher – sich umgehend mit dem SpD und/oder ihrer Ärztin in Verbindung zu setzen. In dieser Phase muss sie den inneren Druck, ihre Gefühle und Gedanken mitteilen in Verbindung mit Überlegungen, was sie dagegen tun kann. Eine leichte und zeitlich befristete Erhöhung der Medikamente führen wieder zu mehr Schlaf und innerer Ruhe. Mit der Intensivierung der Betreuung wird die Eskalation der Krise verhindert. Dies bedeutet zwei- bis dreimalige Kontakte pro Woche im SpD oder zu Hause, wenn sie wegen der Ängste vor vielen Menschen das Haus nicht verlassen kann sowie tägliche Telefonkontakte. Nach drei bis vier Wochen geht es Frau C. wieder so weit gut, dass sie ihren üblichen Alltagsangelegenheiten nachgehen kann.

Wie ist es nun gelungen, dass sich Frau C. im Unterschied zu früher in einer beginnenden Krisensituation **bewusster und konstruktiver im Sinne der Problembewältigung** verhalten kann? Nach einer geraumen Zeit des Kontaktes mit dem SpD sagte sie vereinbarte Termine mit der Begründung ab, dass es ihr gut ginge oder etwas anderes vorhätte. Vorsichtig bestand ich auf dem Termin aufgrund der Vermutung, dass es ihr schlechter ging. Über das Angebot zu ihr nach Hause zu kommen, konnte ich feststellen, dass es ihr in der Tat schlechter ging und sie Hilfe benötigte. Sie erlebte, wie durch die oben beschriebene Intervention zum ersten Mal zu Beginn einer Krise eine stationäre Behandlung vermieden und ambulant aufgefangen werden konnte. Dies bewirkte in ihr eine langsame Veränderung ihrer Haltung und ihres Verhaltens. Sie erklärte sich mit intensiveren Kontakten, Gesprächen und unmittelbarem Handeln einverstanden, sah deren Notwendigkeit ein und hielt sich an die getroffenen Absprachen. Sie akzeptierte Hausbesuche in Verbindung mit entlastenden und angstlösenden Gesprächen und Beratungen: Schuldgefühle ihrem Sohn gegenüber, Ärger und Wut gegenüber ihrem Mann und ihren Eltern, moralische Bedenken und Selbstvorwürfe wegen ihrer sexuellen Bedürfnisse in Verbindung mit imperativen Stimmen. Gleichzeitig stimmte sie einer intensiveren Kooperation mit ihrer Nervenärztin zu, ebenso häufigeren Kontakten mit dem SpD und einer zeitlich befristeten Erhöhung der Medikamente. Die Erfahrung, dass mit diesem Vorgehen die Krise nicht eskalierte, der Leidensdruck geringer wurde und vor allem die Situation ohne stationäre Behandlung bewältigt werden konnte, bestärkte sie für die Zukunft, sich unmittelbar an uns zu wenden. In den zurückliegenden vier Jahren konnten vier beginnende, akuter werdende Krisensituationen auf diese Weise bearbeitet werden.

Sobald die Krisensituation überwunden ist, reduziert Frau C. von sich aus wieder die Kontakte und möchte danach nur ungern über die zurückliegende Phase sprechen, obwohl eine vorsichtig durchgeführte Verarbeitung sicher wirkungsvoll wäre. Gleichwohl gelingt mit zunehmendem Vertrauen sukzessive eine intensivere Bearbeitung ihrer Gefühle und Ängste, die sie mit sich herumträgt und bislang noch niemandem mitgeteilt hat. In gesundheitlich guten Phasen findet ca. einmal im Monat ein Gesprächskontakt statt. Er dient dazu, die Befindlichkeit von Frau C. und aktuelle Alltagsangelegenheiten zu besprechen, aber auch, um den Kontakt aufrechtzuerhalten und zu stabilisieren. Die Absage von Terminen wird differenziert und ohne Umschweife mit ihr geklärt. Sie traut sich selbst noch nicht ganz und ist deshalb damit einverstanden, dass regelmäßige Kontakte stattfinden und ich auch meinerseits nachfrage, wenn der Eindruck entsteht, dass ihr Zustand sich wieder verschlechtert. Eine Betreuungsbeziehung, in der sie sich nur dann an uns wendet, wenn der Bedarf entsteht und sonst keine regelmäßigen Termine vereinbart werden, wäre augenblicklich zu riskant und noch nicht zu verantworten. Sie wird aber möglich, wenn das jetzt erreichte Niveau der Auseinandersetzung mit der Erkrankung über eine längere Zeit hinweg aufrechterhalten werden kann.

Zusammenfassend weise ich auf die drei Aspekte hin, die im Beispiel von Frau C. im Umgang mit der psychischen Erkrankung wesentlich sind:

- **Die Akzeptanz** der momentanen **Nichtlösbarkeit der Grundkonflikte** geht mit einer brüchigen und unsicheren Akzeptanz des Umgangs mit der Erkrankung einher, obwohl sie sich ihrer bewusst ist.
- Die **Früherkennung der ersten Symptome** und die **Intensivierung der Intervention** ist mit ihr abgesprochen und hat sich eingespielt, ohne dass wir allzu sicher sein können. Deshalb ist ein kontinuierlicher Kontakt auf zeitlich reduziertem Niveau erforderlich. Die Erfahrung der möglich gewordenen ambulanten Bewältigung erleichtert ihr die Annahme dieser Vorgehensweise. Zudem will sie eine stationäre Behandlung unbedingt vermeiden.
- Die Möglichkeiten der **Bearbeitung ihrer inneren Konflikte und Ängste** erweitern sich mit der Dauer der Beziehung und der ambulanten Bewältigung beginnender Krisensituationen. So wird zu einem eigenständigeren und selbstverantwortlicheren Umgang mit der Erkrankung beigetragen.

Im folgenden Beispiel komme ich noch einmal auf Herrn B. zurück. Im Vergleich zu Frau C. kommt ein weiteres Merkmal des Umgangs mit der Erkrankung in dieser Gruppe zum Vorschein, welches in unserer Arbeit des Öfteren festzustellen ist:

Während bei Frau C. die Gründe für die noch bestehende Unsicherheit mit großer Wahrscheinlichkeit in den familiären Beziehungen zu suchen sind und ihre Auseinandersetzung mit der Erkrankung innengeleitet ist, gestaltet sich der **Umgang mit der psychischen Erkrankung bei Herrn B. eher außengeleitet**. Zwar konnte aufgezeigt werden dass im Verlauf der Arbeit mit ihm Hintergründe und Zusammenhänge der psychischen Erkrankung sichtbar und für ihn auch nachvollziehbar wurden. Dabei handelt es sich um biografische Begebenheiten in Verbindung mit dem Bürgerkrieg im Heimatland und Fluchterlebnissen. Derartige Interpretationen bleiben hinsichtlich des Verstehens und Begreifens der Psychose mehr seiner Frau und mir vorbehalten. Herr B. stimmte den Diskussionen darüber zwar zu, blieb aber immer eher distanziert und konnte sich nicht wirklich damit identifizieren. Auch äußerte er auf direktes Nachfragen und auch so nebenbei kaum Nennenswertes hinsichtlich der Auswirkungen der medikamentösen Behandlung auf die Psychose. Den Zusammenhang der Veränderung (Reduktion) der psychotischen Erlebnisse mit der Einnahme von Neuroleptika konnte er nicht herstellen. Somit konnte diese Verbindung nicht bearbeitet werden. Wenn ich ihn darauf ansprach, erfolgte eine eher stereotype Antwort: Es sei ja wohl für ihn und seine Familie besser, sich in ärztliche Behandlung zu begeben und regelmäßig Medikamente (einmal pro Monat eine Spritze »Haldol decanoat« mit Depotwirkung) zu nehmen. Wenn seine Frau, sein Arzt und wir darauf bestünden, um einen erneuten Ausbruch der psychischen Erkrankung zu vermeiden, dann müsse er dies halt so akzeptieren. Ein Verständnis oder einen inneren Zusammenhang von psychotischer Erkrankung und Behandlung ließ sich zumindest nach außen hin nicht erkennen. Ganz anders verhielt es sich mit der Einstellung in Bezug auf den Alltag und die Lebenslage. Hier erkannte Herr B. den Zusammenhang und die Wirksamkeit der Unterstützung durch den SpD und seiner Lebenslage: Entschuldung, sozialanwaltliche Hilfen, Beruf und Arbeitsplatz. Seine **Frau**, die **ärztliche Behandlung** sowie die **(soziale) Unterstützung durch den SpD** führten bei ihm zu einer **außengeleiteten Akzeptanz der Erkrankung** und zu einer von außen bestimmten Einbindung der Erkrankung in den Alltag. Im Unterschied zum Vorgehen bei Frau C. verlangt die außengeleitete Bestimmung die **klare und eindeutige Absprache mit seiner Frau**, was selbstverständlich mit ihm abgesprochen wurde. Sie kann sich jederzeit an uns wenden, wenn irgendetwas vorfällt und Herr B. sich nicht selbst meldet. Bislang wandte sich Herr B. jedoch immer bei irgendwelchen Angelegenheiten direkt an den SpD.

Abschließend lässt sich festhalten, dass sich durch regelmäßige Gespräche und Beratungen mit ihm und seiner Frau trotz allem ein nicht zu unterschätzender Lernprozess vollzog: Die positive Entwicklung der sozialen Lage und der Partnerbeziehung, die konkrete sozialanwaltliche Unterstützung in Verbindung mit positiven Rückmeldungen hinsichtlich seines Verhaltens und Umgangs mit der Erkrankung und die Wirkung der Medikamente ermöglichten es ihm, sich auf das beschriebene Arrangement mit der Erkrankung einzulassen. Seine Lebenslage und sein Alltag und darin vor allem die Familie stehen für ihn im Vordergrund. Deshalb ließ sich Herr B. auf nervenärztliche und medikamentöse Behandlung ein, im Unterschied zu einer introspektiven Auseinandersetzung mit der Erkrankung, wie dies in den vorausgegangenen Beispielen zumindest teilweise festgestellt werden konnte.

Das letzte Beispiel steht zwischen dieser Gruppe und der nächsten Kategorie: »Wechselnde Einsichten«. Weil eine bewusste Auseinandersetzung mit der psychischen Erkrankung stattfindet, kann es der vorliegenden Gruppe zugeordnet werden, obwohl sich am ›Zustand‹ und dem Befinden des Betroffenen über Jahre hinweg kaum etwas (weder positiv noch negativ) verändert hat.

Herr N. ist Anfang 40, seit drei Jahren erwerbsunfähigkeitsberentet, lebt allein und völlig isoliert in einem Personalwohnheim seines ehemaligen Betriebes. Seine vorrangige Tagesgestaltung besteht in der Beschäftigung mit dem PC, worin er zwischenzeitlich ein Fachmann geworden ist. Krankheitsbedingte Konzentrations- und Antriebsstörungen in Verbindung mit einer Verschiebung des Tag-Nachtrhythmus und eklatanten Schlafstörungen verhindern oft auch diese Tätigkeit. Herr N. war einmal für fünf Monate stationär zur Behandlung in einer psychiatrischen Klinik, nachdem er an einer **schizoaffektiven Psychose** erkrankte. Der Kontakt mit dem SpD wurde schon rechtzeitig in der Klinik hergestellt. Seither (sechs Jahre) war keine weitere stationäre Behandlung mehr erforderlich, obwohl sich Herr N. in einer permanent schlechten psychischen Verfassung befindet. Er pflegt eine **eigenwillige, individuelle Interpretation und Akzeptanz der psychischen Erkrankung**. Er erkennt, dass er schwer psychisch krank ist, hat sich viel damit befasst und diesbezüglich viele Lehrbücher »verschlungen«. Definitionen und Interpretationen, die er daraus ableitet, versucht er in seine Sichtweise und in sein Lebenskonzept einzubinden. Darüber lässt er nicht mit sich reden und ist diesbezüglich zumindest bislang nicht zu beeinflussen. Die Fixierung auf die organische Ursache seiner psychischen Erkrankung gibt ihm, so meine/ unsere Interpretation, eine Entlastung und fragile Stabilität. So muss er sich nicht mit biografischer Gewordenheit und darüber möglich werdenden Veränderungen auseinander setzen. Diese Hypothese lehnt er allerdings vehement ab.

Trotz seiner **organisch begründeten Definition und Interpretation der Erkrankung** hält er sich nicht an die von seiner Ärztin verordnete Dosierung der Neuroleptika und Antidepressiva. Auch hinsichtlich der Medikamenteneinnahme folgt er eigenen Vorstellungen trotz häufiger Diskussionen und Anregungen unsererseits, sich darüber mit seiner Ärztin auseinander zu setzen. Er führt sein eigenes Leben mit der ihm eigenen Interpretation und dem entsprechenden Umgang mit der Erkrankung. Herr N. leidet darunter und muss selbst feststellen, dass sich sein Zustand in den letzten Jahren nur wenig gebessert hat.

Haltung und Handeln unsererseits bestehen darin, kontinuierlich dranzubleiben und uns regelmäßig mit ihm zu treffen. Wir tauschen uns darüber aus, wie es ihm gerade geht, wie er seinen Alltag strukturiert und gestaltet. Gemeinsam überlegen wir, was er tun könne, ohne ihn zu sehr zu bedrängen. So ist z. B. die Unterstützung durch einen ehrenamtlich Tätigen, den wir ihm vermittelten, eine angenehme und positive Erfahrung. Dieser unternimmt einmal pro Woche ein Freizeitaktivität mit Herrn N. Hin und wieder äußert er, dass es ihm etwas besser gehe im Unterschied zu früher. Er müsse jedoch äußerst geduldig sein, weil in den Lehrbüchern immer wieder auf die lange Dauer derartiger Erkrankungen hingewiesen wird.

8.3.3. Wechselnde Einsichten: Der Weg in akute Krisensituationen (und zurück)

Es wird die Arbeit des SpDs mit einer Gruppe von Menschen dargestellt und diskutiert, welche sich durch einen Wechsel im Umgang mit der psychischen Erkrankung im Alltag beschreiben lässt. Längere Phasen mit sehr guter Kooperation bis hin zur introspektiven Auseinandersetzung mit der Erkrankung (Erkennen des Zusammenwirkens von biografischen, intrapsychischen und durch aktuelle Lebenslagen bedingte Faktoren) wechseln sich ab mit brüchiger bis fehlender Akzeptanz. Dies reicht bis zur Ablehnung der Krankheitseinsicht mit darauf folgenden akuten Krisen oft in Verbindung mit akuter Suizidalität und sozialen Auswirkungen. Entsprechend flexibel, situationsorientiert und intensiv gestaltet sich die Arbeit des SpDs.

Innerhalb dieser Gruppe können zwei Untergruppen unterschieden werden:

Die eine Gruppe zeichnet sich in gesundheitlich guten Phasen durch ein relativ hohes Niveau an reflexivem und introspektivem Umgang mit der psychischen Erkrankung aus, während verschiedene Gründe zur Infragestellung dieses Umgangs und damit zu akuten Krisen führen können. Die andere Gruppe kennzeichnet sich dadurch, dass während gesundheitlich guter Phasen aus äußeren Gründen ein Minimalkonsens im Umgang mit der

Erkrankung im Alltag entwickelt werden konnte (Akzeptanz der Erkrankung und der Medikamente). Dieser Konsens wird immer wieder brüchig und kann in eine akute Krise münden.

Zunächst ein Beispiel aus der ersten Gruppe:

Frau D. ist 47 Jahre alt, geschieden, lebt allein in einer Mietwohnung von Erwerbsunfähigkeitsrente und aufstockender Sozialhilfe. Von Beruf ist sie Erzieherin. Den Prozess des Ausstiegs aus dem Berufsleben hin zur Frühberentung in den letzten vier Jahren erlebte sie sehr schmerzhaft. Vor ca. 13 Jahren erkrankte Frau D. an einer **schizoaffektiven Psychose** und musste insgesamt sechsmal stationär behandelt werden, davon dreimal zwangsweise mit einer kumulierten stationären Aufenthaltsdauer von insgesamt sechs Monaten. Seit Beginn der Betreuung durch den SpD vor sechs Jahren war keine stationäre Behandlung mehr erforderlich.

Immer noch gestaltet sich ihre **Auseinandersetzung mit der psychischen Erkrankung** virulent und lebhaft. Auf der einen Seite wehrt sie sich dagegen, lehnt sie ab und lehnt sich dagegen auf. Dies ist teilweise auch verbunden mit einem Protestverhalten gegen einseitige Normalisierung. Sie fragt sich, warum gerade sie an der für sie schmerzhaften und kaum zu akzeptierenden Psychose erkrankt ist. Sie beschreibt Lebensgefühle und Antriebssteigerungen, die sie nur in einer psychotischen Phase wahrnimmt. Andererseits gibt es Phasen, in denen sie die Erkrankung akzeptiert und nach Abklingen einer psychotischen Krise depressive Stimmungen durchlebt. Dies geschieht u. a. auch deshalb, weil sie sich ihrer Handlungen und Aktivitäten während der Psychose teilweise schämt. In ruhigen Phasen äußert sie klar, keine weiteren Psychosen mehr erleiden zu wollen. Die unterschiedlichen Gefühlswelten und Wahrnehmungen, die für sie sehr ambivalent sind, können nicht einfach durch eine sozialpsychiatrische Behandlung und Begleitung aufgelöst und verändert werden. Die Psychose beinhaltet Anteile, die für sie zumindest zeitweise lebenswert sind im Unterschied zu manchen so genannten normalen Phasen.

Die Arbeit des SpDs besteht darin, mit Frau D. auszuhandeln und zu verhandeln, welcher Zustand nach der einen wie nach der anderen Seite hin für sie und ihre Umgebung noch erträglich und lebenswert ist. In gesundheitlich guten Phasen, das sind aus unserer Sicht Zeiten, in denen sehr kooperativ und »vernünftig« mit ihr zu verhandeln ist, kann diese Ambivalenz ohne weiteres mit ihr thematisiert werden. Frau D. versucht dann, mit unserer Hilfe und der Unterstützung ihres Nervenarztes mit der Ambivalenz leben zu lernen.

Krisensituationen entstehen und spitzen sich dann bei ihr zu, wenn zur Ambivalenz als grundlegende Verunsicherung zusätzliche Belastungen oder neue Situationen hinzutreten, z. B. Schulden, hohe Anforderungen am Arbeitsplatz, Ärger mit dem Vermieter, aber auch, wenn sie sich neu verliebt. Da sie sich gleichzeitig in solchen Phasen gesund fühlt, beginnt sie nach und nach die ohnehin auf eine Minimaldosis reduzierten Neuroleptika wegzulassen. Dadurch kann sich innerhalb eines Monats eine akute psychotische Krise aufbauen. Introspektions- und Reflexionsfähigkeit, die in guten Phasen vorhanden und zur Alltagsbewältigung zu nutzen sind, reichen in der Übergangszeit nicht mehr aus. Ihre sich verändernden Gefühle setzen sich mehr und mehr durch, es sei denn, dass es gelingt, sie noch in einem relativ frühen Stadium zu erreichen und »wieder zurückzuholen«:

In den vergangenen zwei Jahren konnten zwei schon relativ **heftige Krisen gerade noch ambulant bewältigt** werden. Aufgrund ausbleibender Mietzahlungen strengte der Vermieter eine Kündigung mit Räumungsklage an, unterstützt durch Mitteilungen der Mitbewohner im Haus. Frau D. wäre nachts sehr laut und reagiere äußerst unfreundlich bis aggressiv, wenn sie darauf angesprochen werde. Da eine ähnliche Situation schon einmal gegeben war, musste die Haltung und die Reaktion des SpDs genau überlegt werden. Wir wollten ihr einerseits keine weitere Legitimation dafür verschaffen, sich unter dem Vorzeichen der psychischen Erkrankung in äußerst prekäre Situationen zu bringen, die wiederum von psychiatrischen Einrichtungen wie dem SpD anschließend auszuräumen waren. Frau D. hatte die Betreuung durch den SpD seit Beginn der Krise trotz mehrfacher Interventionen unsererseits abgebrochen. Gleichzeitig wussten wir und sie, dass sie sich in früheren Zeiten des Öfteren in ähnliche Situationen gebracht hatte und wir eine gewisse Selbstverantwortung ihrerseits annehmen und voraussetzen konnten. Andererseits drohte Wohnungslosigkeit, deren Vermeidung zu einer wichtigen Aufgabe und Funktion des SpDs gehört.

Unser Handeln war bestimmt von der Verantwortung ihr, dem Vermieter und den Mitbewohnern gegenüber. Diese hatten in der Vergangenheit einiges zu ertragen und konnten deswegen nicht allein gelassen werden. Vor diesem Hintergrund entschieden wir, wieder initiativ zu werden, nachdem wir über den Vermieter und das Amt für öffentliche Ordnung die geschilderten Informationen erhielten.

Wir teilten diesen Sachverhalt Frau D. schriftlich mit. Aufgrund der Vorerfahrungen und der oben beschriebenen Situation knüpften wir an **unsere Intervention folgende Voraussetzung**: Wenn sie wollte, dass wir ihr bei der Verhinderung der Wohnungslosigkeit behilflich sein sollten und sie weiterhin in ihrer Wohnung leben wollte, musste sie sich wieder in nervenärztliche Behandlung begeben und gegen ihre zunehmenden psychotischen Symptome Neuroleptika einnehmen. Diese Entscheidung trafen wir nach längerer Diskussion in der Fallbesprechung des Teams. Die Kompensation der Mietschulden und die Verhandlungen mit dem Vermieter, Frau D. noch eine letzte Chance einzuräumen, um damit der drohenden Räumung entgegenzusteuern, machten nur dann einen Sinn, wenn sie bereit war, wieder in die sie umgebende Realität zurückzukehren und nicht weiter in ihre eigene psychotische Welt abzugleiten.

Frau D. ließ sich ohne Diskussion auf unseren Vorschlag ein. Sie konnte trotz der zunehmenden psychotischen Krise noch so weit realitätsbezogen denken und handeln, dass ihr der Erhalt der Wohnung von zentraler Bedeutung war. Eine intensive Begleitung mit fast täglichen Kontakten war notwendig. Diese ermöglichte in einem Zeitraum von ca. vier Wochen die Bewältigung der gesamten Krisensituation. Der Aufwand konnte nur mit Unterstützung eines erfahrenen Praktikanten, dessen Einsatz eng mit der betreuenden Fachkraft abgestimmt war, erbracht werden. Die Arbeit bestand im Wesentlichen in Verhandlungen und Gesprächen mit ihr, dem Vermieter, dem Sozialamt und in der engen Kooperation mit dem Nervenarzt. Die Unterstützung umfasste auch die Kontrolle der Medikamente und die Einhaltung der vereinbarten Termine. Bei allen notwendigen Schritten galt es immer wieder abzuklären, was Frau D. wieder selbstständig tun konnte, was sie mit uns und was wir noch ohne sie in ihrem Auftrag zu tun hatten.

Seither kommt Frau D. mit ihrer Erkrankung einigermaßen zurecht. Jedoch besteht aufgrund der bislang nicht aufzulösenden Ambivalenz weiterhin das Risiko und die Unsicherheit, dass sie sich unter bestimmten Rahmenbedingungen wieder in eine Krise hineinmanövriert (manövrieren will?). Aus diesem Grund vereinbaren wir zur Abklärung aktueller Vorkommnisse und zu ihrem Umgang mit der Erkrankung monatlich mindestens einen Termin.

Zusammenfassend ist festzuhalten, dass
- der Umgang und das Lebenlernen mit der beschriebenen Ambivalenz,
- deren vorsichtige und schrittweise Bearbeitung mit dem Ziel, mehr Stabilität und Ruhe in ihren Alltag zu bringen, und
- gleichzeitig ein hohes Maß an Kontrolle
- sowie klare und eindeutige Bedingungen für die Betreuung zur Vermeidung einer weiteren individuellen und sozialen Verrandständigung

die Haltung und die Handlungsweise des SpDs bestimmten. Damit konnte mit »der wechselnden Einsicht« von Frau D. eine ambulante Bewältigung der Krisensituationen erreicht werden.

Bei Frau P. handelt es sich um ein Beispiel aus der oben genannten zweiten Gruppe:

Frau P. ist 49 Jahre alt, geschieden, lebt von Sozialhilfe allein in einer kleinen Mietwohnung in einem sozialen Brennpunkt Stuttgarts und wird seit neun Jahren vom SpD betreut. Sie erkrankte vor ca. zwölf Jahre an einer **schizophrenen Psychose und befand sich insgesamt zwölfmal, davon fünfmal zwangsweise mit einer kumulierten Behandlungsdauer von fast 15 Monaten in stationärer Behandlung**. Frau P. befand sich allerdings häufiger in stationärer Behandlung seit sie vom SpD betreut wird im Vergleich zum gleich langen Zeitraum zuvor. Erst seit zweieinhalb Jahren musste sie nicht mehr stationär untergebracht werden, was nach unserer Einschätzung mit einem von uns, d. h. von außen eingeleiteten und realisierten, veränderten Umgang mit ihrer psychischen Erkrankung einhergeht. Bis zur letzten Einweisung in die psychiatrische Klinik war unsererseits kein Einfluss auf den Umgang mit der Erkrankung möglich. Fast schien es so, als ob Frau P. der Wiederholung psychotischer Krisen und Wiedererkrankungen hilflos ausgeliefert sei. Kaum war sie aus der Klinik entlassen, brach sie umgehend die medikamentöse Behandlung ab und nahm höchstens noch einen ambulanten Termin bei ihrem Nervenarzt wahr. Die einzige Begründung dafür bestand darin, dass sie die extremen Nebenwirkungen der Neuroleptika nicht ertragen wollte und konnte. Allerdings muss bestätigt werden, dass sie in besonderem Maße unter den extrapyramidalen Störungen zu leiden hatte. Die Einnahme von atypischen Neuroleptika (Leponex oder Zyprexa) hatte zum damaligen Zeitpunkt noch keinen Erfolg. Diese Medikamente musste sie oral einnehmen, da es sie nicht als Depotpräparate gibt. Aufgrund ihrer Verarbeitung der Erkrankung war sie darin jedoch (noch) nicht zuverlässig.

In der Klinik und in den ersten Monaten nach der Entlassung bestand zwischen SpD und Frau P. ein kontinuierlicher Kontakt mit Unterstützung im sozialanwaltlichen Bereich. Diese Tätigkeiten umfassten Interventionen beim Sozialamt, bei der Krankenkasse, beim Umgang mit Geld und bei Hilfen im Haushalt. Die während der Krise völlig verwahrloste Wohnung musste anschließend mit ihr zusammen wieder einigermaßen bewohnbar gemacht werden. In engem Zusammenhang damit standen Gespräche darüber, weswegen sie erkrankt ist und immer wieder in eine psychotische Erkrankung abdriftet, warum sich ihr Mann von ihr scheiden ließ, warum Probleme mit den Nachbarn entstehen etc. Immer wieder kamen wir zur Grundfrage zurück, auf die es keine erschöpfende Antwort gab: Das **Abgleiten in die psychotische Erkrankung und die damit einhergehende Infragestellung ihrer Wohnung und ihrer Lebensmöglichkeiten außerhalb von Einrichtungen**. Ihre einzige Antwort darauf bestand in den für sie nicht oder nur sehr schwer zu ertragenden Nebenwirkungen der Neuroleptika. Ansonsten schwieg sie oder leitete zu anderen Themen über. Auch ihr 20-jähriger Sohn, der in einer § 72 BSHG- Einrichtung (Einrichtung für Personen mit besonderen sozialen Schwierigkeiten) lebt, konnte dazu nichts beisteuern. Eine weitere Vermutung unsererseits blieb ihr fremd: Die Steigerung ihres Lebensgefühles und ihres Antriebes zu Beginn der Psychose gegenüber depressiven Verstimmungen, Antriebsproblemen und Nebenwirkungen der Medikamente. Mehr konnte nicht eruiert werden trotz der inzwischen entstandenen kontinuierlichen Kontakte und der Vertrauensbeziehung.

Frau P. nahm regelmäßig an den Freizeiten, den Tageszentrumsaktivitäten sowie am Arbeitsprojekt des SpDs teil und stimmte wohlwollend der freiwilligen Geldverwaltung zu. Zweimal pro Woche holte sie das Geld ab. Dadurch war sie kaum noch mittellos. Trotz der **stabilen Betreuungsbeziehung zwischen Frau P. und dem SpD** wurden die **Abstände zwischen den einzelnen Klinikaufenthalten immer kürzer**. Im Jahr ihrer bisher letzten stationären Aufenthalte (1995) befand sie sich dreimal in stationärer Behandlung, davon zweimal zwangsweise. Von zwölf Monaten verbrachte sie fast fünf Monate in der Klinik. Wir fragten uns, was wir eventuell falsch gemacht haben könnten und künftig anders gestalten müssten. War die Betreuung und Einbindung von Frau P. in die Aktivitäten des SpDs für sie zu eng und zu bedrohlich geworden? Erlebte sie uns als zu mächtig und bevormundend angesichts der Tatsache, dass wir zudem noch ihr Geld verwalteten, obwohl dies in krisenfreien Zeiten ihr ausdrücklicher Wunsch war? In psychotischen Phasen hingegen beschuldigte sie uns zunehmend und vehement der Veruntreuung ihres Geldes, da wir es ihr nicht so auszahlten, wie sie es gerne wollte. Wir hielten uns an die gemeinsame Vereinbarung, die wir miteinander getroffen hatten.

War die Grenze des ihr (von uns) zugebilligten Rechtes auf (krankheitsbedingte) Verwahrlosung erreicht und die Grenze hin zum fürsorglichen Handeln überschritten?

Sie selbst konnte ebenfalls nichts Erhellendes und Nachvollziehbares zur Begründung und zum Verstehen der immer häufiger werdenden stationären Behandlungen beitragen, wenn wir sie in der Klinik oder kurz danach darüber ins Gespräch verwickelten. Dies war auch nicht möglich in einem gesundheitlichen Zustand, bei dem sie ihre Lage wieder einigermaßen überblicken und einschätzen konnte. Vermutlich verlief dieses Geschehen für sie selbst nicht rational nachvollziehbar ab. Von uns aus musste gehandelt werden, weil sie die Wohnung während einer Krisensituation immer in den gleich katastrophal verwahrlosten Zustand verwandelte und vor allem im Sommer eine Gesundheitsgefährdung durch verdorbene Lebensmittel und Ungeziefer nicht mehr ausgeschlossen werden konnte. Frau P. war damit hoffnungslos überfordert. Ein Reinigungsdienst konnte nicht so einfach herangezogen werden. Sie befürchtete zu Recht, bei einer schnellen Grundreinigung zu viel Gegenstände, die für sie eine Bedeutung hatten, zu verlieren. Unsere Bereitschaft war zwischenzeitlich erschöpft, mit ihr zusammen nach der Krise die Wohnung zumindest teilweise wieder bewohnbar zu gestalten, weil sie uns danach wieder mit Vehemenz ablehnte. Wir trafen im Team nach einer längeren Phase der Abwägung verschiedenster Argumente die Entscheidung, ihr Recht auf krankheitsbedingte Verwahrlosung nicht mehr zu akzeptieren und mit der ebenfalls bestehenden Pflicht zur Fürsorge, ihr die Verantwortung dafür zumindest zeitweise aus der Hand zu nehmen. Die Entscheidung fiel uns nicht leicht, da in unserer Arbeit die Wohnung und die jeweilige Lebensform mit die vorrangigsten Güter der Betroffenen darstellen, die es zu schützen gilt. Die Verwahrlosung der Wohnung in Verbindung mit der psychotischen Erkrankung, der damit einhergehende Verlust des Überblicks und auch der Kompetenz bei Frau P. hinsichtlich der sozialen und individuellen Lage standen in der kritischen Phase über ein Jahr hinweg mindestens einmal monatlich auf der Tagesordnung der Fallbesprechung. In den kontroversen Debatten bezüglich des Rechtes auf Verwahrlosung und auf fürsorgliche Hilfe konnte lange Zeit immer wieder ein Konsens gefunden werden, indem ihr das Recht auf ihre Wohnung und diese Lebensform zugestanden wurde. Erst die **zunehmende Gesundheitsgefährdung, die immer sichtbarer und offenkundiger werdende krankheitsbedingte Überforderung von Frau P.**, ein von ihr ab und zu in Nebensätzen oder auf direktes Nachfragen hin **geäußerter Leidensdruck** sowie die inzwischen **vorliegende Wohnungskündigung**, ließen die Entscheidung zu, das Recht auf Verwahrlosung in Frage zu stellen und einen anderen Weg einzuschlagen: Das gemeinsame Arbeitsbündnis zwischen Frau P. und uns, auf dem sich die weiteren Schritte aufbauen, zielte darauf ab, die Wohnung für sie zu erhalten. Dies war ihr vorrangigstes Interesse gegen eine Unterbringung im betreuten Wohnen oder in einem Heim.

Aus Sicht des SpDs schien folgendes Vorgehen notwendig: Über die Einrichtung einer gesetzlichen Betreuung zur Regelung der Vermögensangelegenheiten wollten wir Mittellosigkeit und Schulden vermeiden, da die freiwillige Geldverwaltung über den SpD nicht mehr funktionierte. Über die Aufenthaltsbestimmung wollten wir Frau P. schon zu Beginn einer psychotischen Phase in stationäre Behandlung bringen. Zum einen wäre die Wohnung dann noch nicht völlig verwahrlost und zum anderen wäre aufgrund der Krise im Anfangsstadium nur eine kurze stationäre Behandlung erforderlich. Aufgrund der mangelnden bis fehlenden inneren Akzeptanz und Auseinandersetzung mit der psychischen Erkrankung erhofften wir uns, ihr über einen von außen eingeleiteten und durchgeführten Weg, der ihr einen Teil der Verantwortung abnahm, eine Stütze oder ein Geländer einzurichten. Dadurch sollte sie weniger in individuelle und soziale Bedrängnis geraten und ihr letztlich den Verbleib in ihrem gewünschten Umfeld weiterhin ermöglichen. Des weiteren versprachen wir uns über die Bestellung eines gesetzlichen Betreuers »qua Amtes« eine zusätzliche Einflussmöglichkeit hinsichtlich einer kontinuierlicheren medikamentösen Behandlung.

Wir sprachen mit ihr während eines Klinikaufenthaltes darüber und teilten ihr mit, beim Notar einen Antrag auf Vermögensbetreuung zu stellen. Wir begründeten ihr dieses Vorgehen damit, dass aufgrund der Vorerfahrungen und der vorliegenden Wohnungskündigung ein großes Risiko entstünde, die Wohnung zu verlieren und woanders untergebracht zu werden. Frau P. stimmte dem Vorgehen zu, nicht in erster Linie, weil sie davon überzeugt war, sondern weil sie dazu keine andere Wahl hatte.

Das **Ergebnis und der aktuelle Stand** sehen wie folgt aus: Bezüglich ihrer Geldangelegenheiten und der Aufenthaltsbestimmung wurde ein gesetzlicher Betreuer bestellt (Betreuung mit Einwilligungsvorbehalt). Mit ihrem Nervenarzt wurde die Vereinbarung getroffen, dass er sich umgehend an uns oder an den Betreuer wendet, wenn sie den Termin zur Spritze nicht einhält. Ansonsten änderte sich an der Begleitung und Betreuung durch den SpD nichts, was Frau P. ebenfalls wichtig war. Seit Anfang 1996 war kein weiterer stationärer Aufenthalt mehr erforderlich. Eine Krise konnte im Anfangsstadium gerade noch durch sofortiges Handeln aufgefangen werden. An ihrer Stimme erkannten wir, dass sie sich auf dem Weg in die Psychose befand. Frau P. beginnt in dieser Phase ein scharfes und leicht gereiztes Hochdeutsch zu sprechen, während sie sonst ein breites Schwäbisch spricht. Die Arztpraxis hatte vergessen mitzuteilen, dass Frau P. nicht zum vereinbarten Termin gekommen sei und keine Neuroleptika mehr hatte. Ich fuhr umgehend zu Frau P. Es bedurfte einiger Überzeugungsarbeit und des deutlichen Hinweises auf die bisherigen Abläufe in den gleichen Situationen, um den Unwillen von Frau P. zu überwinden und sie zum Arztbesuch zu bewegen. Ich begleitete sie zum Nervenarzt, wo sie die längst überfällige Depotspritze erhielt. Von sich aus wäre Frau P. nicht zum Arzt gegangen. Hausbesuch und Begleitung zum Arzt waren zur Abwendung der Krise unabdingbar.

Zwischenzeitlich ist Frau P. in der Lage, ihre Erkrankung zumindest so weit anzuerkennen, dass sie die tägliche, orale Medikation akzeptiert und die Medikamente einnimmt. Es treten keine Nebenwirkungen mehr auf, wodurch ihr die Akzeptanz bedeutend leichter fällt im Unterschied zu den früher eingenommenen hochpotenten Neuroleptika mit den extremen Nebenwirkungen, die bei ihr auftraten.

Die Wohnungsreinigung stellt hin und wieder ein Problem dar. Die Reinigungsdienste oder Privatpersonen, welche die Wohnungsreinigung unter zwischenzeitlicher Mithilfe von Frau P. übernehmen, quittieren des Öfteren wegen Überforderung die Arbeit und wir müssen mit ihr wieder jemand neues finden.

Auf Nachfrage antwortet sie, dass sie sich jetzt viel wohler fühle, es ihr deutlich besser gehe als früher und sie mit ihrem jetzigen Leben eigentlich ganz zufrieden sei. Sie habe wieder einen festen Freund gefunden und sei froh, seit fast drei Jahren nicht mehr in der Klinik gewesen zu sein.

- Die häufigen für Frau P. negativ erlebten zwangsweisen Unterbringungen mit entsprechenden sozialen Folgen änderten nichts an einer bis heute unklaren und nicht erklärbaren fehlenden inneren Akzeptanz und Auseinandersetzung mit der psychischen Erkrankung. Diese Tatsache erforderte ein von außen konstruiertes Gerüst, welches die fehlende innere Auseinandersetzung ausgleicht bzw. diese als Ziel zumindest fördern hilft.
- Aufgrund des vorrangigen Ziels von Frau P., ihre Wohnung und ihre Freiheit zu erhalten, blieb uns keine andere Alternative, als die beschriebenen Maßnahmen zu ergreifen (Einschränkung ihrer Rechte durch eine gesetzliche Betreuung). Alle anderen Mittel und Möglichkeiten waren ausgeschöpft. Die gesetzliche Betreuung mit der damit verbundenen Sicherstellung von Aufgaben und eindeutige Absprachen zwischen den Beteiligten ermöglichten die erfolgreiche Veränderung und das Erreichen der von ihr selbst gesteckten Ziele: Der Erhalt der Wohnung, der (Wieder-)aufbau eines sozialen Gefüges sowie die Reduktion der stationären Aufenthalte und die Gewährleistung einer regelmäßigen medikamentösen Behandlung.

- Zum damaligen Zeitpunkt konnte kein anderer Weg gefunden und eingeschlagen werden, welcher das für sie offene, eindeutige und hohe Maß an Kontrolle durch ein wechselseitiges, von innerer und selbstverantwortlicher Einsicht und Akzeptanz geprägtes Vorgehen hätte ersetzen können. Zumindest scheinen sich zwischenzeitlich erste Hinweise in diese Richtung abzuzeichnen. Frau P. lässt sich auf eine orale Medikation ein, was für mehr Auseinandersetzung spricht, da die Medikation täglich eingenommen werden muss und gleichzeitig die Compliance durch das Wegfallen der Nebenwirkungen gefördert werden kann. Ein für sie sichtbarer Erfolg zeigt sich darin, dass sie seit fast zweieinhalb Jahren nicht mehr stationär behandelt wurde, während sie in den davor liegenden acht Jahren insgesamt zwölfmal in der psychiatrischen Klinik war.
- Ebenso wichtig ist, dass sich wieder ein soziales Gefüge zu entwickeln beginnt. Dieses fehlte zum Schluss völlig. Jetzt trägt es zur weiteren Stabilisierung und Zufriedenheit ihres Alltagslebens bei. Frau P. hat wieder einen Lebensgefährten, Bekannte und auch wieder ein erträgliches Verhältnis mit den Nachbarn. Diese hatten sich während den Krisenzeiten an die Stadt als Vermieter mit der Forderung gewandt, Frau P. zu kündigen, obwohl der soziale Brennpunkt, in dem Frau P. wohnt, in Wohnangelegenheiten relativ tolerant ist. Sie begründeten ihre Forderung mit der Angst wegen tätlicher Übergriffe während der Psychose. So wollten und könnten sie nicht mehr mit ihr zusammenleben.
- Der SpD musste einerseits der aktuellen Lage Rechnung tragen und das gemeinsame Ziel mit den beschriebenen Maßnahmen relativ kurzfristig erreichen. Aufgrund der äußeren Gegebenheiten war keine Zeit mehr zu verlieren. Andererseits kam es darauf an, sich nicht damit zufrieden zu geben, sondern gemeinsam und durch die Verbindung und Verknüpfung verschiedener Elemente und Ressourcen an der Förderung innerer Einsicht und am selbstverantwortlichen Umgang mit der Erkrankung weiterzuarbeiten. Damit wird zur Reduktion der Kontrolle von außen beigetragen.

8.3.4. »Dauerkrise« – Chronifizierte Wahngebäude – Notdürftigste Arrangements

Im Unterschied zur vorherigen Stufe »Wechselnde Einsichten«, befindet sich diese zahlenmäßig relativ große Gruppe von KlientInnen kontinuierlich in ihrer eigenen Welt mit den entsprechenden Sichtweisen der sie umgebenden Realität, eingebunden in ein relativ festes Wahngebäude, welches nur selten verlassen wird. In der Regel werden weder die psychische Erkrankung als solche wahrgenommen noch die notwendige Behandlung akzeptiert. Medikamentöse Behandlung findet, wenn überhaupt, nur über kurze Zeiträume hinweg statt, wobei die Dosierung oft ohne Absprache mit dem Arzt vorgenommen wird. Die Einflussnahme von außen auf den Umgang mit der psychischen Erkrankung ist stark begrenzt, obgleich ein oft langjähriger Kontakt in Verbindung mit einer Vertrauensbeziehung zum SpD besteht. Hin und wieder kommt die Einbindung des SpD-Mitarbeiters in das Wahngeschehen des Betroffenen erschwerend hinzu.

Handlungsanforderungen an den SpD entstehen dann, wenn daraus Konflikte und Probleme erwachsen: Ängste, Gewalt, Verwahrlosung, d. h. wenn Selbst- oder Fremdgefährdung drohen oder schon bestehen. Wenn jemand vollständig zurückgezogen lebt, sich in sein Wahngebäude einspinnt aber kein akuter Hilfebedarf besteht, hat der SpD zu akzeptieren, wenn der/die Betroffene in Ruhe gelassen werden will (Näheres dazu siehe »Anfangssituationen – Ablehnung des Kontaktes«: 8.2.3.).

Im folgenden ausführlicheren und für diese Gruppe einzigen Beispiel werden sowohl die Merkmale als auch die Handlungsweise des SpDs beschrieben und diskutiert.

Herr W. ist 56 Jahre alt, lebt allein und isoliert in einem »Hotel«. Den Lebensunterhalt bestreitet er über eine Erwerbsunfähigkeitsrente. Vor über **25 Jahren erkrankte er an einer schizophrenen Psychose**. Der Alkohol nahm dabei oft die Funktion des Angstlösers ein. Er befand sich schon 21-mal in stationärer Behandlung mit einer kumulierten Behandlungsdauer von 26 Monaten. Viermal davon war er zwangsweise untergebracht. Seit Betreuung durch den SpD sank die stationäre Behandlungsdauer im gleichlangen Zeitraum von elf Monaten vor der Betreuung auf vier Monate seit Beginn der Betreuung. Trotz der enormen Schwierigkeiten, die im Folgenden geschildert werden, gehen wir davon aus, dass die Reduktion der Krankenhausbehandlung mit der Arbeit des SpDs zu tun hat.

Mit **20 Jahren arbeitete Herr W. als Werkzeugmechaniker in den USA**. Seinen Traum konnte er sich jedoch nicht erfüllen. Er wollte viel Geld verdienen, eine Familie gründen und in den USA sesshaft werden. Das Gegenteil trat ein. Die Suche nach einer Frau schlug fehl. Die Arbeitssuche wurde zunehmend schwieriger, sodass er mit knapp 30 Jahren enttäuscht zurückkam und kurz danach erkrankte.

Die **Wahninhalte der psychotischen Erkrankung** sind im Grunde genommen bei ihm immer die Gleichen: »Die Schwachen der Welt drehen den Spieß um und beherrschen, versklaven, entführen und ermorden die Starken. Die Schwachen setzen sich aus verschiedenen Gruppen zusammen. Waren es ursprünglich die Schwarzen, welche die Weißen versklaven, sind es heute die osteuropäischen Völker, welche nach dem Fall des ›eisernen Vorhangs‹ Deutschland in ihre Macht nehmen.« Er gibt den Schwarzen die Schuld, dass sie ihm die Erfüllung seiner Träume in den USA verhindert, d. h. ihm auch die Frauen »weggeschnappt« hätten und er dadurch nie zum Zuge kommen konnte.

Aus unserer Sicht könnte Folgendes dahinter stehen: Eigene Versagens- und Insuffizienzgefühle als Mann werden nach außen projiziert und an einer vermeintlich schwächeren Gruppe festgemacht, die ihn beherrschen will. Dieser Mechanismus spiegelt sich wieder in seiner ablehnenden Haltung gegenüber Frauen, weil er nie seinen Traum von einer Familie erfüllen konnte. Die Frauen, denen er sich unterlegen fühlt, sind ebenfalls mitschuld an seiner Misere. Jedoch kann diese Interpretation nicht mit ihm diskutiert werden, da er solchen Gesprächen gegenüber ablehnend gegenübersteht.

Das **Wahngebäude und die Beziehungsideen** beziehen sich auf konkrete Personen, die um ihn herum wohnen. Dabei läuft die Zuspitzung der psychotischen Erkrankung immer ähnlich ab. Zuerst wehrt er sich heftig gegen die aus seiner Wahrnehmung heraus real erlebten Bedrohungen. Er beschimpft und bedroht die Umgebung mit wüsten und obszönen Ausdrücken unter Androhung von Gewalt. Mit 1,90 m Körpergröße und seiner Körperfülle wirkt er in solchen Situationen noch bedrohlicher. Verstärkt durch Alkoholmissbrauch breitet sich der Verfolgungswahn auf die gesamte Umgebung aus. In akuten Phasen sind selbst sein gesetzlicher Betreuer und ich trotz eines neun Jahre dauernden kontinuierlichen Kontaktes in das Wahngebäude eingebunden, »dass wir im Auftrag irgendwelcher Organisationen handelten, die ihn beseitigen wollten«.

Die **Krisen** end(et)en entweder in der **stationären Psychiatrie**, oder er setzte sich nach **Frankreich** ab. Dort lebte er **auf der Straße, wo er sich in der Regel wieder beruhigte**, wenn nicht, wurde er dort einige Male in die Psychiatrie eingewiesen und kehrte anschließend nach Stuttgart zurück.

Nach den stationären Aufenthalten befindet er sich, wenn überhaupt, nur kurz in ambulanter, ärztlicher Behandlung. Er bricht sie umgehend wieder ab, weil er aus seiner Sicht gesund ist und deshalb auch keine Medikamente nehmen muss. Unter der Einwirkung von Neuroleptika kann er sich etwas von seinen Wahnideen distanzieren, kritisiert sein zurückliegendes Verhalten und entschuldigt sich dafür. Allerdings gehen diese Phasen immer mit enormen Nebenwirkungen, Suizidalität und starker Antriebslosigkeit einher. Nach selbstständiger Reduktion und dem Absetzen der Medikamente innerhalb von zwei bis drei Wochen kehrt er schnell in die Psychose zurück. Auf Nachfrage argumentiert er, dass er nur ohne Medikamente er selbst sei. Durch die Behandlung fühle er sich manipuliert. Sein inzwischen verstorbener Vater und die psychiatrischen Einrichtungen wollten ihn nur gefügig machen und ihm das Rückgrat brechen. Er wisse alles, fast schon zu viel und lasse sich nicht für dumm verkaufen. An diesem Punkt ist es angebracht, den Rückzug anzutreten und sich nicht mit ihm auseinander zu setzen. Ein Gespräch während einer solchen Phase, auch noch so vorsichtig und wohl dosiert geführt, endet in wüsten Beschimpfungen und der Androhung von Gewalt.

Dieser **Verlauf der Erkrankung über 25 Jahre hinweg hat zu einer Verfestigung des Wahngebäudes** geführt. Die Zeiten der Distanzierung waren immer nur kurz. Herr W. befindet sich mal mehr und mal weniger in einem dauerhaften Zustand von Verfolgungsängsten. Hin und wieder hat er Phasen, in denen er Medikamente nach eigenem Gutdünken einnimmt, um Schlaf zu finden.

Der **Verlauf der Erkrankung steht in enger und ständiger Wechselwirkung mit seinem Alltagsleben**. Dies führt ihn vollständig ins gesellschaftliche Abseits: Er leidet immer noch unter dem **Verlust der Arbeit und der frühen Berentung**. Er hat keine gesellschaftliche Funktion mehr, wird nicht mehr gebraucht und verdient sein Geld nicht mehr selbstständig. Noch träumt er von großen Erfindungen. In seinen Größenfantasien ist er zu Höherem bestimmt. Immer wieder schickt er diesbezügliche Zeichnungen und Entwürfe an große Firmen, verbunden mit der Hoffnung, irgendwann damit einen größeren Geldbetrag zu erhalten. Umso größer ist die Enttäuschung, wenn in der Regel standardisierte Ablehnungsbriefe als Antwort der Firmen bei ihm eintreffen. Obwohl er über eine beträchtliche Erwerbsunfähigkeitsrente verfügt, kommt er mit der **Geldeinteilung** nicht zurecht. Da er enorm verschuldet war, hat er auf Anraten unsererseits eine freiwillige Vermögensbetreuung zugelassen. Dadurch wurde zumindest eine Entschuldung möglich. Er ist allerdings weiterhin häufig mittellos und fordert frühzeitige Auszahlungen. Dies führt häufig zu heftigeren Streitereien mit ihm. Notorischer Geldmangel ist ein ständiges Problem, das immer wieder in den Mittelpunkt der Auseinandersetzung mit ihm rückt.

Regelmäßige, private Kontakte und Beziehungen existieren nicht mehr. Herr W. lebt fast vollständig isoliert. Kontinuierliche Kontakte bestehen nur noch zu seinem gesetzlichen Betreuer und zu mir. In den zurückliegenden zwanzig Jahren fand ein wechselseitig bedingter Rückzug statt. Auf der einen Seite zogen sich die Angehörigen und Bekannten aufgrund der permanenten Brüskierungen und Beleidigungen mehr und mehr zurück. Andererseits isolierte er sich auch selbst aufgrund der oben beschriebenen Ängste von seiner Umgebung. Nur mit seinem Vater hatte er bis zu dessen Ableben regelmäßig Kontakt. Dieser Kontakt beruhte jedoch vorrangig darauf, von ihm Geld zu erhalten. Seine Schwester verhält sich zurückhaltend. Ab und zu hilft sie ihm mit Geld aus. Eine kontinuierliche Einbindung in die Aktivitäten des SpDs ist nicht möglich. Er hat vor den BesucherInnen und vor uns Angst, dass ihm etwas passieren könnte, indem wir ihn z. B. festhalten und seine Freiheit begrenzen könnten. Die Einladung in den SpD erfolgt immer wieder, jedoch sehr vorsichtig und mit dem Hinweis, dass er kommen und gehen könne, wann und wie er wolle. Unter dieser Vorgabe, die des Öfteren erneuert werden muss, kann er dieses Angebot annehmen und nutzen.

Bis vor ca. zwei Jahren lebte er in einer kleinen **Mietwohnung**, die er trotz intensiver Bemühungen unsererseits aufgab und in ein **Asyl für wohnungslose Menschen** zog. Zum einen litt er unter der Angst vor seiner direkten Umgebung durch den Zuzug von Menschen aus Osteuropa, die um ihn herum wohnten. Zum anderen klagte er über die Einsamkeit und Isolierung. Von den Kollegen im Wohnungslosenasyl und von uns wurde im Vorstellungsgespräch versucht, ihn vom Einzug ins Wohnungslosenasyl abzuhalten, jedoch ohne Erfolg. Er zog in ein 4-Bett-Zimmer ein. Dort befand er sich in einem Umfeld, das ihm durch seine »Fluchten« bekannt war und ihm etwas mehr Sicherheit bot. Vor allem erhoffte er sich von diesem Entschluss, nicht mehr allein zu sein. Mit der vom Heim zur Voraussetzung gemachten ärztlichen Behandlung und der Medikamentenkontrolle sowie der Betreuung durch uns und seinem gesetzlichen Betreuer (Geldverwaltung) lebte er dort über ein Jahr hinweg zufrieden und in Ruhe. Herr W. war nicht allein, und er fühlte sich in dieser Zeit auch nicht allzu sehr bedrängt.

Nach ungefähr einem Jahr nahm jedoch bei ihm wieder das Gefühl zu, bevormundet zu werden in Verbindung damit, seine Eigenständigkeit zu verlieren, ohne eine Erklärung dafür zu haben, warum dies alles erst nach einem Jahr wieder eintrat. Eine Hypothese bestand für uns darin, dass er langsam, Schritt für Schritt die Enge und die Regeln des Hauses nicht mehr aushalten konnte und nach außen drängte. Diese Vermutung war mit ihm allerdings nicht zu erörtern. Herr W. verweigerte die Kontrolle der Medikamenteneinnahme, beendete die ärztliche Behandlung und setzte die Medikamente ab. Bedingt durch die schnell wieder aufbrechende und akut werdende Psychose wurde er wieder laut und bedrohlich. Nach einer **Eskalation im Heim** wurde er zwangsweise in die **psychiatrische Klinik** eingewiesen. Nach zwei Wochen erfolgte die Entlassung in ein »**Hotel**«, welches wir ihm besorgten. Nach weiteren neun Monaten musste er auch dieses wieder verlassen, da er das kleine Zimmer vollständig verwahrlosen ließ. Er akzeptierte niemanden, der das Zimmer putzen konnte. Zudem entstanden Probleme mit den Mitbewohnern. Von unserer Seite aus war er diesbezüglich nicht zu beeinflussen.

Wir gehen davon aus, dass er sich wieder absetzen wird. Solche Überlegungen kündigte er auch schon an. Mit unserer Unterstützung wird er zurückkommen und den Weg wieder von neuem beginnen mit der Wahrscheinlichkeit, dass sich an seinem Wahngebäude und der permanenten Krisensituation grundsätzlich nichts ändert.

Die Arbeit des SpDs konzentriert sich bei Herrn W., stellvertretend für diese Gruppe, auf folgende Merkmale: Trotz des im Einzelfall mehr oder weniger **ausgeprägten dauerhaften Wahngebäudes findet eine kontinuierliche Begleitung und Beratung** statt. Diese bezieht sich auf fast alle Lebensbereiche, wenn auch in unterschiedlicher Intensität und mit begrenzter Reichweite.

Im Bereich **Arbeit** scheiterte das stundenweise Arbeitsprojekt, an dem Herr W. über längere Zeit hinweg teilnahm. Er lehnte dieses Angebot schließlich mit der Begründung ab, dass wir ihn versklaven wollten. Wir wiederum vermuteten eine verschlüsselte Ablehnung einer Arbeit, die er als zu geringschätzig erachtete und die unter seiner Würde und Kompetenz lag. Deswegen nehmen wir seine Entwürfe für irgendwelche Erfindungen ernst und besprechen sie mit ihm, wenn auch die Umsetzungschancen sehr gering sind. Aus Gründen realitätsorientierter Arbeit weisen wir ihn selbstverständlich auf diesen Tatbestand hin. **Wohnen** war und ist eine ständige Herausforderung mit begrenztem Handlungsspielraum unsererseits. Intensiv und schwierig gestalten sich die Auseinandersetzungen über das **Geld**. Auch hier sind die Möglichkeiten eingeschränkt. Die Höhe der Rente und seine oft vorhandene Mittellosigkeit bilden objektive Grenzen, über die er nicht mit sich verhandeln lässt. **Netze und Kontakte im Alltag** zu flechten oder zumindest bestehende aufrechtzuerhalten, reduziert sich bei Herrn W. auf die Nutzung und motivierende Unterstützung der Einrichtungen und Personen, die mit ihm zu tun haben. Unser Ziel ist, ihn nicht aufzugeben, sondern ein notdürftiges Arrangement mit ihm und seiner Umgebung zu treffen.

Hinzu kommen zahlreiche, vereinbarte und nicht vereinbarte **Gespräche** zwischen Tür und Angel, wenn er mit einem akuten Problem auftaucht **zur Gestaltung und Bewältigung des Alltags**. Es geht z. B. darum, wie er mit den Nachbarn klarkommt oder, wie die jetzige Lebenslage mit seiner Biografie in Verbindung steht.

Eine **kontinuierliche Beziehung** besteht mit kurzen Unterbrechungen selbst in den akutesten Phasen der Psychose. Dort vorgenommene, oft psychotisch verarbeitete Distanzierungsversuche können vielleicht als Anstrengung gedeutet werden, die Eigenständigkeit aufrechtzuerhalten, nicht in zu große – und für ihn zu gefährliche – Nähe, Abhängigkeit und Bevormundung zu geraten. Vertrauen und Begleitung sind wegen der hohen Komplexität und der Nähe zum Alltag zwiespältig. Auf der eine Seite ist diese Form nur die einzige Zugangsmöglichkeit und der vorrangige Grund für den Betroffenen, die Beziehung aufrechtzuerhalten. Auf der anderen Seite geht eine solche Arbeit immer mit dem Risiko bedrohlich erlebter Nähe und Bevormundung einher. Dieses potenzielle Risiko, oft verschlüsselt und in Symptomen symbolisch ausgedrückt, ist im Hintergrund immer Bestandteil der Reflexion ambulanten, professionellen Handelns.

Obwohl mitunter in das Wahnsystem eingebunden, steht Herr W. für nicht wenige KlientInnen, für die der **SpD zur letzten Zuflucht** wird, an den man/frau sich wenden kann. Aufgrund der dort gemachten Erfahrungen kann die Angst vor dem einfachen hingehen überwunden werden, um – falls erforderlich – unabhängig von psychischer Erkrankung und der Auseinandersetzung damit konkrete, oft existenziell notwendige Hilfe und Unterstützung im Alltag zu erhalten.

Die Notwendigkeit, den Kontakt nicht durch Wenn-Dann-Sätze (z. B. entweder ärztliche und medikamentöse Behandlung oder die Aufenthaltsmöglichkeit im Café des SpDs wird eingeschränkt) in Frage zu stellen, führt zu einer **ambivalenten Lage**. Bei aller wohl dosierten Kritik und Offenheit weiß z. B. Herr W., dass wir als SpD zuständig sind und ihm in (existenziellen) Notlagen helfen (müssen). Dadurch kann eine passive und sich nicht mit der Erkrankung auseinander setzende Haltung gefördert werden. Die Funktion der Zuflucht hat neben der existenziellen Sicherung analog zur Funktion des Asyls einen haltenden und chronifizierenden Aspekt. Wenn auch nicht gewollt, scheint diese Ambivalenz – nicht nur bei der angesprochenen Gruppe – unumgänglich zu sein.

Die **Auseinandersetzung mit der psychischen Erkrankung und um die Einnahme von Medikamenten** ist in solchen Situationen schwer zu führen. Oft geht diese Arbeit über Hinweise, Anregungen, Vergleiche, vorsichtige Tipps nicht hinaus. Darauf zu bestehen oder die Wahl eines falschen Timings führt zu heftigen Widerständen bis hin zu Drohungen oder einem Abbruch des Kontaktes. Gleichwohl gilt auch hier die Regel, dass bei einem als selbst- oder fremdgefährdend eingeschätzten Verhalten das Amt für öffentliche Ordnung miteinbezogen wird.

Das Wissen um die **Begrenzung der Möglichkeiten des SpDs und deren Akzeptanz** kollidiert mit dem Wissen um die aus unserer Sicht nötige engere Begleitung und Auseinandersetzung mit der Erkrankung. Vom Betroffenen wird dies allerdings anders gesehen. Die Einwirkung auf den damit einhergehenden Prozess sozialer Verrandständigung ist begrenzt. Verändernd im umfassenderen Sinne einzugreifen, ist nicht möglich. Eine Unterbringung nach § 1906 BGB zu seinem Schutz stellte sich bei Herrn W. (noch) nicht, da aktuell genügend Kompetenzen vorhanden sind, sich irgendwie auf minimalstem Niveau, gegebenenfalls auf der Straße »durchzuschlagen«.

Das Auftun **notdürftiger Arrangements im Alltag** ist i. d. R. mit **eng begrenzten Zeiträumen** verbunden. Nicht die Planung und Organisation der Hilfen über einen längeren Zeitraum hinweg stehen im Mittelpunkt, sondern die schnelle und flexible Reaktion auf die jeweilige Lage von einem Tag auf den anderen, von Woche zu Woche, von Monat zu Monat. Dies ist immer gekoppelt mit dem Wissen, dass nicht ein auf längere Zeit hin erarbeitetes Ziel mit dem Betroffenen umzusetzen ist, sondern das (Über-)leben-Können in Verbindung mit kurzfristigen Zielen auf der Tagesordnung steht.

Das **Finden und Erfinden von Arrangements zwischen kontinuierlicher Begleitung und »langer Leine« verlangt Fingerspitzengefühl** dafür, was jeweils geht, wenn z. B. mit dem Blick auf das Umfeld ein Rückzug angezeigt ist und ob die Situation in dieser Form noch verantwortet werden kann. Die Entstehung einer Vertrauensbeziehung oder zumindest eines regelmäßigen Kontaktes gelingt nur über diesen Weg. Die Arbeit mit dieser Gruppe von Menschen und die damit verbundene Haltung steht deswegen nicht unter der Leitlinie »wenn's nur anders wäre«, oder »wenn der Betroffene nur Medikamente nähme, dann ...«. Diese Situationen werden nicht als ein nicht zu umgehendes Übel betrachtet. Vielmehr geht es um die **Akzeptanz der Fakten und der Auseinandersetzung** damit. Dies beinhaltet die Haltung, dass sich auch schwierigste Fälle sowohl in Richtung selbstverantwortlichem Umgang bewegen können und sollten und dass in diese Richtung gedacht werden muss, als auch, dass sie zeitweise in Richtung »Systemsprenger« tendieren können. Gleichzeitig wird evident, wie sich hier das »Soziale«, eine diffuse, schwierige und widersprüchliche Lebenswelt in den Vordergrund der Arbeit schiebt und die medizinisch-psychiatrische Behandlung – nolens volens – in den Hintergrund tritt.

8.3.5. »Systemsprenger«: Zwischen Hilflosigkeit und der Suche nach notdürftigsten Arrangements

Im Unterschied zur vorherigen Kategorie handelt es sich hier um eine Gruppe von Menschen, die das Vorhandensein der Erkrankung in Verbindung mit Problemen und Konflikten mit sich und der Umgebung ablehnen, verdrängen oder sogar leugnen. Sie sind nicht in der Lage, die Krankheit in ihr Alltagsleben und ihren Lebensentwurf einbinden zu können. Dadurch eröffnen sich den Betroffenen und ihrer Umgebung wenig Möglichkeiten und Spielräume, um auch nur notdürftigste Arrangements im Alltagsleben treffen zu können, die den Verbleib im Gemeinwesen ermöglichen. Diese Gruppe kennzeichnet sich durch vermehrte Dissozialität, Gewaltbereitschaft, lange und häufige Aufenthalte in der stationären Psychiatrie, auch in Verbindung mit dem Strafvollzug und eine äußerst geringe Alltagskompetenz. Einige unter ihnen laufen Gefahr, auf längere Zeit nach § 1906 BGB geschlossen untergebracht zu werden oder in der Wohnungslosigkeit und letztlich auf der Straße »zu landen«.

Diese Menschen stellen für den SpD im Besonderen und für die Sozialpsychiatrie im Allgemeinen die zentrale Herausforderung dar, wenn es sich zahlenmäßig auch um eine relativ kleine Gruppe handelt. Es ist davon auszugehen, dass jeder SpD mit ca. fünf bis acht »Systemsprengern« in seinem Einzugsgebiet konfrontiert ist. Die Versorgungsverpflichtung des SpDs für möglichst alle psychisch kranken Menschen im Gemeinwesen als eine zentrale Leitlinie sozialpsychiatrischer Arbeit findet hier eine deutlich sichtbare Grenze.

Der Begriff »Systemsprenger« selbst stammt von Dörner (DÖRNER 1998, S. 91 ff.) »Systemsprenger« zeichnen sich dadurch aus, dass sie sowohl aus den stationären wie ambulanten Systemen herausfallen und beide vor äußerst schwierige Probleme stellen. Wichtig ist aber auch festzuhalten, dass »Systemsprenger« diesen Status nicht ihr ganzes Leben beibehalten, sondern abhängig von inneren und äußeren Faktoren solche Phasen durchleben und auch wieder mehr Verantwortung für sich übernehmen und in »normalere«, alltägliche Bezüge zurückkehren können.

Ein ausführlicheres Beispiel, in dem die gesamte Situation vermittelt wird, zeigt diesen Weg auf. Es handelt sich um einen Mann, bei dem ambulant nichts mehr machbar schien und sich wider Erwarten doch noch ein Weg abzeichnete. Anschließend vervollständigen zwei weitere, kürzere Beispiele die Problematik und das Dilemma des SpDs im Umgang mit dem schwierigsten Personenkreis für ambulante Dienste.

Herr H. ist 42 Jahre alt, lebt seit kurzem von Erwerbsunfähigkeitsrente und wohnt seit ca. einem halben Jahr in einer städtischen Einfachstwohnung nach einer 15-jährigen Odyssee zwischen Straße, Hotel, betreutem Wohnen, Obdachloseneinrichtungen und psychiatrischer Klinik. Er hat eine Ausbildung als Schlosser, in diesem Beruf aber wegen seiner Erkrankung nie gearbeitet.

Seit 1990 verzeichnete er 25 stationäre Aufenthalte in der psychiatrischen Klinik mit einer kumulierten Behandlungsdauer von insgesamt drei Jahren.

Nach der Bundeswehrzeit zog er von zu Hause aus und kam Anfang der 80er Jahre nach Stuttgart. Er »landete« in einer Obdachloseneinrichtung. Seine Karriere fand am Rande des gesellschaftlichen Lebens eine schnelle und konsequente Fortsetzung. Wegen gewalttätiger Übergriffe auf Mitbewohner und Mitarbeiter, da für ihn lange Zeit das Faustrecht galt, »flog« er aus dem ersten § 72 Wohnheim und kam ins nächste. Dieser Mechanismus verlief immer auf die ähnliche Art und Weise bis zum Beginn seiner Psychiatriekarriere Anfang der 90er Jahre.

Beginn der sozialpsychiatrischen Betreuung und Begleitung
Wir lernten Herrn H. als einen der ersten Klienten des SpDs 1982 kennen. Eine § 72

BSHG Einrichtung bat uns um Mithilfe: Mit Herrn H. stimme etwas nicht, er sei kein »klassischer Obdachloser«, habe seltsame Gedanken (»der Teufel rede mit ihm«) und zeige skurrile Verhaltensweisen. Relativ schnell zeigte sich, dass er sich zwischen allen Bereichen und Einrichtungen bewegte und hin- und hergeschoben wurde. Er hatte dissoziale Züge, Probleme mit Alkohol und anderen Drogen, einige kriminelle Handlungen begangen und befand sich öfters im Strafvollzug. Er lebte ohne Freunde und ohne kontinuierliche Beziehungen. Diagnostisch galt er als schwierige Persönlichkeit mit psychotischen (drogeninduzierten) Episoden. Der Hilfebedarf lag auf der Hand. Dessen Umsetzung war jedoch schwierig, weil er sich in der Regel standhaft einer kleinschrittigen Arbeit mit der Realisierung umsetzbarer Ziele entzog. Wohnungssuche, Arbeit, Verfügung über mehr Geld und der Umgang damit, Beziehungen zu Frauen wurden von ihm als zentrale Probleme genannt, bei deren Bewältigung wir ihm behilflich sein sollten. Sein Lebensmotto lautete: »Für meine Probleme sind in der Regel andere verantwortlich. Wenn ich sie nicht bewältigen kann, dann trag' ich dafür auch keine Verantwortung.« Diese Ausgangslage erwies sich als äußerst ungünstig. Es war nicht einfach, an vorhandenen Ressourcen, über die er zweifelsfrei verfügte, anzusetzen. Immer verband sich das Risiko damit, dass die konkrete Bewältigung eines kleinen Problems ihm zu wenig bedeutete und er den kleinen Schritt deswegen auch nicht eingehen konnte.

Verlauf der Betreuung
Entsprechend dem methodischen Verständnis, alltags- und lebensweltorientiert vorzugehen, bestand das Ziel darin, Herrn H. zu einem gelingenderen Alltag zu verhelfen. Bei Herrn H. wird früh der Zwiespalt sichtbar, der sich u. E. bis heute durchzieht und eng mit seinem Lebensentwurf, seiner Biografie und auch mit seinem Selbstbild zusammenhängt. Er besteht darin, einerseits völlig frei sein zu wollen, sich von niemand und nichts bevormunden zu lassen und sich gegen Einschränkungen auch schnell unter Einsatz von körperlicher Gewalt zu wehren. Andererseits sucht er ein Zuhause, eine Heimat und Menschen, die ihn vollständig versorgen und ihn »bemuttern«. Dieses hält er allerdings auch kaum aus. Das doppelgleisige Vorgehen unsererseits bestand in der konkreten Befassung mit den von ihm genannten Themen und in der Entwicklung des SpDs als Heimat.

Der Blick auf verschiedene Bereiche, die wir mit Herrn H. zu bearbeiten und zu strukturieren versuchten, sieht folgendermaßen aus: Der Bereich des **Wohnens** gestaltete sich vom ersten Tag an schwierig. Einen Beleg dafür sehen wir darin, dass Herr H. erst seit ca. einem halben Jahr zum ersten Mal seitdem er in Stuttgart lebt (1980), eine eigene Wohnung von der Stadt erhalten hat. Seine Wohngeschichte liest sich wie eine Odyssee durch den Dschungel der Randständigkeit einer Großstadt. Von der §-72 BSHG Einrichtung zog er in die Wohngemeinschaft für psychisch kranke Menschen; von dort in die nächste, bevor er im Hotel untergebracht wurde, da er sowohl Bewohner als auch Mitarbeiter tätlich angegriffen hatte und sich nie an die Hausordnung hielt. Zwischendurch lebte er auf der Straße, bis er noch einmal (noch vor Beginn seiner stationären Psychiatriekarriere) in einer §-72 BSHG Einrichtung unterkam, die er wieder wegen Verwahrlosung seines Zimmers und der zeitlichen Befristung des Angebotes verlassen musste. Daraufhin lebte er wieder in verschiedenen Hotels.

Im Bereich **Arbeit** waren seine Vorstellungen und Überlegungen lange davon geprägt, irgendwann wieder einmal in seinem Beruf arbeiten zu können und darüber sein Geld zu verdienen. Zuerst wurde versucht, bei einem Handwerker, der uns über die Kirchengemeinde vermittelt wurde, eine Stelle zu finden, was allerdings nicht gelang. Nicht zuletzt wegen Herrn H. wurden nach dem Scheitern sämtlicher beruflicher Rehabilitationsmaßnahmen der Bereich der »stundenweisen Arbeitshilfen« bei adäquater Bezahlung als Zuverdienstmöglichkeit aufgebaut: Kuvertierarbeiten, Autos waschen, leichte Montagearbeiten usw.

Im Zusammenhang mit Arbeit hat das **Geld** eine zentrale Bedeutung in seinem Leben. Er leidet unter notorischem Geldmangel. Hinzu kommt das Problem, mit Geld überhaupt zurande zu kommen, unabhängig davon, ob er genügend oder wenig besitzt. Hat er Geld, gibt er es relativ unkontrolliert aus, so dass er in kurzer Zeit mittellos ist. Er unternimmt dann zähe Anstrengungen, um an Geld heranzukommen. Freiwillige Geldverwaltung mit wöchentlichen Auszahlungen über den SpD verhalfen ihm in der Regel dazu, nicht immer mittellos zu sein und verhinderte bislang die Einrichtung einer Vermögensbetreuung. In manchen schwierigen Fällen stellt sich heraus, dass die Trennung von Geldverwaltung in Verbindung mit einer Vermögensbetreuung und pädagogisch-therapeutischen Hilfen mehr Klarheit schafft. Bei Herrn H. wären diesbezüglich jedoch keine Vorteile in der Betreuung zu erwarten gewesen.

Kontakte – Beziehungen – Freundschaften außerhalb des SpDs sind Elemente und Bereiche seines Lebens, über die wir trotz intensiver Kontakte wenig mitbekommen haben. Er hat regelmäßige Kontakte zu Menschen aus dem Bereich des SpDs und der Wohnungslosenszene. Diese Kontakte sind jedoch auf Grund der stark eingeschränkten materiellen und sozialen Ressourcen des öfteren von Ausbeutung und Gewalt geprägt.

Obwohl er in den 80er Jahren noch den Traum von einer eigenen Familie hatte, unterhielt er zu Frauen nur selten langfristige Beziehungen. Die Beendigung der Beziehung zu einer Klientin eines SpDs schmerzte und kränkte ihn sehr. Er erfuhr, dass diese Frau eine Beziehung zu einem anderen Mann hatte.

Umgang mit der psychischen Erkrankung – zunächst ohne, dann fast nur noch in der stationären Psychiatrie

Bis 1989 war der **Umgang mit der psychischen Erkrankung** zweitrangig. Herr H. befand sich bis zu diesem Zeitpunkt noch nie in stationärer Behandlung. Er hatte zwar einen behandelnden Arzt, zu dem er jedoch nur selten ging. Medikamente nahm er sporadisch, wie es ihm gerade passte. Dabei war von unserer Seite aus darauf zu achten, dass er in Verbindung mit dem Alkoholmissbrauch nicht zu viele Medikamente auf einmal einnahm. Die psychische Erkrankung nahm explizit keine tragende Rolle ein, sondern wirkte sich implizit vor allem auf seine Konflikte im Alltagsleben aus: Die aus unserer Sicht oben erwähnte Ambivalenz von Regression und Versorgungswünschen gegenüber völliger Autonomie lebte er im SpD und in der Wohngemeinschaft oft zu Lasten anderer aus. Diese Ambivalenz spiegelte sich in den Schilderungen seiner familiären Lebensgeschichte, in den Berichten über die Beziehungsabbrüche, die er in verschiedenen, ihn betreuenden Einrichtungen erlebte und in der Beschreibung seiner aktuellen Lebenssituation wieder. In der Regel gelang es Herrn H. nicht, die widerstreitenden Strebungen zeitgleich zu integrieren. Vielmehr verteilte er sie auf zeitlich aufeinander folgende Phasen: Fühlte er sich am sozialen Rand der Großstadt, in Hotels oder Notunterkünften einsam und beziehungslos, so flüchtete er in die Halt gebende ambulante, später dann stationäre Psychiatrie, deren Spielregeln er zu beherrschen schien. Wurde es ihm dort zu eng, entließ er sich selbst.

Über die gesamte Zeit hinweg fanden regelmäßige Gespräche und Beratungen statt. Es wurde über seine Gefühle, Stimmungen und Ängste gesprochen. Diese Gespräche dienten u. a. dazu, Unangenehmes und Belastendes loszuwerden und gemeinsam zu überlegen, wie er damit umgehen lernen und diesen Bereich in seinen Alltag einbinden konnte, allerdings mit begrenztem Erfolg.

Ende der 80er Jahre nahm das **Problem der Gewalt** weiter zu. Das **Alkoholproblem verschärfte** sich ebenfalls, wodurch wiederum die Hemmschwelle zu aggressiven Ausbrüchen sank. Übergriffe gegenüber anderen KlientInnen im SpD und gegenüber MitarbeiterInnen führten letztendlich dazu, dass nur noch der Betreuungskontakt aufrechterhalten blieb, während ihm der Zugang zum Tageszentrum im SpD zum Schutz der anderen Besucher verwehrt werden musste.

Bis heute verfügen wir nur über Fragen und Hypothesen, weswegen sich die Situation zuspitzte. Die Beendigung der Beziehung zur Freundin stellte zum einen eine tiefe Kränkung dar. Zum anderen vermuteten wir, dass er die Nähe zum SpD als Heimat nicht mehr ausgehalten hat. Vielleicht war der langjährige Kontakt zum gleichen Betreuer und SpD auf Dauer eine Überforderung. Gleichzeitig wurde ihm seine fortschreitende »Verrandständigung« bewusst. Dies stand im Gegensatz zu seinem Lebensentwurf, über Arbeit und Geld wieder mehr in die Gesellschaft hineinzukommen. Er sprach sehr oft davon, litt darunter, ohne dass wir mit ihm einen adäquaten Weg finden konnten. Zum Beispiel über kleine Schritte wie stundenweise Arbeit, regelmäßige medikamentöse Behandlung und Reduktion des Alkohols, zu weniger Gewalt und Einübung sozialer Verhaltensmuster zu gelangen, war nicht möglich.

Daraufhin begann die **Odyssee durch die Psychiatrie und die Hotels**. Sie stand in Verbindung mit der Veränderung des Erlebens seiner Erkrankung und des Umgangs damit. Er hörte Stimmen, die sich als Dämonen ausgaben, ihn beschimpften, bedrohten und vor allem ängstigten. Dies ging wiederum einher mit autoaggressiven und suizidalen Stimmungen und Handlungen. Sukzessive richtete er die Gewalt nicht mehr auf seine Umgebung, sondern gegen sich selbst. Er »schnippelte« des Öfteren an sich herum oder sprang mit dem Kopf voraus aus dem geschlossenen Fenster und zog sich dabei erhebliche Verletzungen zu.

Dieses Verhalten führte zu häufigen und längeren Einweisungen in die psychiatrische Klinik. Die Abstände zwischen den einzelnen stationären Behandlungen wurden immer kürzer und die Aufenthalte in der Psychiatrie immer länger.

Die **psychiatrische Klinik** wurde mehr und mehr zur »**Heimat**«, obwohl er ständig nach draußen drängte, wenn er sich wieder einmal in die Klinik einweisen ließ. Des Öfteren ließ er sich z. B. auf offener Straße fallen und kam über das Allgemeinkrankenhaus in die psychiatrische Klinik. Zwischen 1989 und 1997 befand er sich insgesamt 25-mal in stationärer Behandlung, während er in den sieben Jahren zuvor nie in der psychiatrischen Klinik war und er seine Heimat im SpD hatte.

Obwohl der Kontakt zum SpD auch zwischen 89 und 97 kontinuierlich bestand, konnten keine Perspektiven entwickelt werden. Die Unterbringung in Hotels verhinderte eine entsprechende Arbeit trotz der wiederholt versuchten Vorbereitung der ambulanten Arbeit, wenn Herr H. noch in der Klinik war. Kontakt zum Nervenarzt nach der Entlassung und kontinuierliche medikamentöse Behandlung lehnte er ab. Mit der Klinik war es schwierig, ein gemeinsames Vorgehen zu vereinbaren, z. B. ihn nicht immer ohne weiteres aufzunehmen, auf eine rasche Entlassung hinzuarbeiten oder sich durch suizidale Äußerungen nicht immer wieder erpressen zu lassen. Kaum war er entlassen, befand er sich nach ein bis zwei Wochen wieder in der Klinik, ohne draußen in irgendeiner Form Fuß gefasst zu haben.

Aus dem »**Drehtürpatienten**« wurde ein so genannter »**Systemsprenger**«. Eine einrichtungs- und trägerübergreifende Arbeitsgruppe, bestehend aus MitarbeiterInnen der beiden psychiatrischen Kliniken, den SpDs, dem betreuten Wohnen und den beiden Wohnheimen, deren Aufgabe darin besteht, bei schwierigen KlientInnen den Bedarf festzustellen und Lösungswege zu erarbeiten, befasste sich auch mit ihm. Es wurde überlegt, wie eine drohende, geschlossene Unterbringung nach § 1906 BGB eventuell vermieden werden könnte. Dabei schien uns sinnvoll, ihm gegenüber eine Haltung einzunehmen, die nicht zu endgültigen Entscheidungen führen, sondern Alternativen offen halten sollte. Mit der Ambivalenz letztlich zu leben, führte dazu, dass wir mit ihm zwei Angebote verhandelten und ihm jenes empfohlen, welches als erstes aktuell werden sollte. Es bestand die Möglichkeit entweder eine Einfachstwohnung über das Amt für Wohnungswesen zu erhalten oder ins Wohnheim für psychisch kranke Menschen zu ziehen, sobald dort ein Platz frei werden sollte. Da das Wohnungsangebot zuerst eintraf, entschied er sich für diesen Weg, allein mit Unterstützung des SpDs in der Einfachstwohnung zu leben. Zum ersten Mal seit Herr H. in Stuttgart lebt, konnte er schließlich in eine eigene Wohnung einziehen.

Diese **ersten Erfahrungen in seiner Wohnung** entsprechen ziemlich genau denen, die während der ambulanten Betreuung/Begleitung zwischen 1982 und 1989 gemacht wurden. Bislang kommt er mit der neuen Situation einigermaßen zurecht und akzeptiert über Monate hinweg ärztliche Behandlung und regelmäßige Medikamenteneinnahme. Kurz vor Weihnachten ließ er sich wieder in die psychiatrische Klinik einweisen. Er schilderte dies als Kurzschlussreaktion, da er die Festtage nicht alleine ausgehalten hätte. Mitte Januar ging er wieder relativ guter Dinge zurück in seine Wohnung, allerdings auch, weil er im SpD eine Frau kennen lernte, zu der er zwischenzeitlich eine enge Beziehung eingehen konnte und die auch bei ihm eingezogen ist.

Betrachtet man rückblickend den **Weg zum »Systemsprenger«**, werden bestimmte Weichen und Knotenpunkte deutlich: Der Verlust der Heimat im SpD, die Ambivalenz von Nähe und Distanz, d. h. der Wunsch nach engen persönlichen Beziehungen und nach völliger Freiheit und Unabhängigkeit. Die psychische Erkrankung und deren Wahrnehmung nahm dabei zu Beginn eine eher zweitrangige Rolle ein. Mit dem Verlust, sich im Tageszentrum des SpDs aufhalten zu können – in Verbindung mit anderen Faktoren – ergab sich eine schwer zu beeinflussende Entwicklung. Wir hatten den Eindruck, daneben zu stehen und einen Weg beobachten zu müssen, auf dessen Verlauf der SpD nur noch gering, wenn überhaupt einwirken konnte. Die »Drehtür von Klinikeinweisung und Hotelunterbringung« verbunden mit der Ablehnung medikamentöser Behandlung setzte gleichsam hinter dem Rücken der Beteiligten ein Räderwerk in

Bewegung, welches nur schwer aufzuhalten war. Dies galt auch für den Umgang mit der psychischen Erkrankung. Vermutlich wäre z. B. die Reintegration in das Tageszentrum des SpDs ein Schritt gewesen, welcher die Spirale nach unten hätte vielleicht etwas aufhalten können. Aufgrund der Vorerfahrungen und der damit zusammenhängenden Haltungen seitens der MitarbeiterInnen und der KlientInnen ihm gegenüber war dies über eine längere Zeit hinweg jedoch nicht zu verantworten und umzusetzen.

Auf dem Höhepunkt der zugespitzten Situation befassten sich alle Beteiligten mit Herrn H., um eine **Alternative zur geschlossenen Unterbringung** zu finden. Mit der Bereitstellung einer Wohnung als Alternative zum gleichzeitig beantragten Wohnheimplatz konnte ein Ausweg aufgetan werden, der zumindest bis jetzt funktioniert.

Die **Arbeit des neuen SpDs** (anderes Einzugsgebiet) baute auf den Erfahrungen der ersten sieben Jahre auf, jedoch auf anderem, an vielen Erfahrungen reicherem Niveau. Seit seinem Einzug in die Wohnung scheint Herr H. wieder aus dem Status des »Systemsprengers« langsam in ein geregeltes ambulantes Leben zurückzukehren.

Neben der **neuen Wohnung** und der bewilligten **EU-Rente** besteht eine weitere Chance auf einen gelingenderen Alltag darin, dass ein **anderer SpD und ein anderer Betreuer neue Akzente** setzen können. Herr H. und sein neuer Betreuer können offener und weniger vergangenheitsbelastet aufeinander zugehen.

Die **Akzeptanz medizinisch-psychiatrischer Behandlung** in Verbindung mit der neuen Wohnung könnte einen Freiraum schaffen, den Herr H. für sich gestalten kann. Die jetzige soziale Situation ermöglicht ihm eine andere Auseinandersetzung mit der psychischen Erkrankung. Er kann **regelmäßige Arzttermine** und **medikamentöse Behandlung** für sich akzeptieren. Analog zur ambulanten Betreuung/Begleitung zwischen 82 und 89 wird eine **methodische Herangehensweise** gewählt, die versucht, »therapeutische Enge« zu vermeiden, um nicht Ablehnungen und Widerstände bei ihm zu provozieren. Die Auseinandersetzung mit der psychischen Erkrankung wird sehr vorsichtig angegangen.

Die Haltung ihm gegenüber ist nach wie vor geprägt von
- Respekt und Anerkennung seiner Ressourcen und Kompetenzen; Begleitung, Förderung und Unterstützung der Entscheidungsmöglichkeiten, die er zur Verfügung hat,
- Transparenz und Klarheit, was von unserer Seite aus geht und was nicht,
- der Überzeugung, dass sich seine jetzige Lebensweise auch wieder ändern kann und keine endgültigen Festlegungen getroffen werden.

Eine **wesentliche Funktion für seine Rückkehr in den gesellschaftlichen Alltag und gesundheitliche Stabilisierung** übernimmt jedoch die Beziehung zu seiner neuen Freundin, die mit in seiner Wohnung lebt.

Gehörte Herr H. über einen längeren Zeitraum hinweg zu den schwierigsten chronisch psychisch kranken Menschen, kann festgehalten werden, dass zumindest bis jetzt ein Arrangement mit kleinschrittigem Hilfeplan getroffen werden konnte.

Am Beispiel des »Systemsprengers« Herrn H. kann aufgezeigt werden, dass die Rückkehr selbst aus einer sehr schwierigen Situation möglich ist und dass vor allem der Weg »hinein und heraus« ein zeitliche Dimension hat, d. h. endlich ist und von inneren und äußeren Faktoren abhängt.

Allerdings sollte nicht ausgeschlossen werden, dass sich die Situation wieder verschlechtern kann und neue Krisen und Konflikte entstehen können. Nur eine solche professionelle Haltung, welche dieser Möglichkeit Rechnung trägt, kann letztlich erfolgreich sein, um »Systemsprenger« nicht auszugrenzen.

Herr D. – Seit Jahren in der psychiatrischen Klinik mit kurzen Unterbrechungen
Herr D. ist 37 Jahre alt, lebt von Sozialhilfe, hat weder einen Beruf erlernt noch über einen längeren Zeitraum hinweg gearbeitet. Dies hängt damit zusammen, dass er schon sehr früh an einer schizophrenen Psychose in Verbindung mit Suchtproblemen erkrankte. Insgesamt befand er sich schon 33-mal in der psychiatrischen Klinik mit einer kumulierten Behandlungsdauer von über vier Jahren. In den letzten beiden Jahren war er fast nur noch in der Klinik untergebracht. Davor gab es einige ernsthafte Versuche in Wohngemeinschaften, die allerdings immer wieder wegen Gewalttätigkeiten gegenüber MitbewohnerInnen und MitarbeiterInnen scheiterten. Zwischenzeitlich war er über drei Monate außerhalb Stuttgarts nach § 1906 BGB in einem geschlossenen Heim untergebracht. Er setzte sich dort ab, kam zurück nach Stuttgart und weigerte sich, wieder zurückzugehen, sodass er seither in der psychiatrischen Klinik in Stuttgart untergebracht ist. Die **Situation von Herrn D.** kennzeichnet sich durch ein **zentrales Problem**. Das Leben draußen bringt er immer in Verbindung mit dem Zustand, gesund zu sein. Medizinisch-psychiatrische Behandlung lehnt er ab und akzeptiert höchstens eine Betreuung und Begleitung »an der langen Leine« durch den SpD. Er will frei sein von Bevormundungen und der Psychiatrie. In der Klinik fühlt er sich zwar auch nicht krank, äußert körperliche Beschwerden, die er den Nebenwirkungen der Medikamente zuschreibt. Er muss die Klinik jedoch als Zwangsmittel akzeptieren. Gleichzeitig wurden Klinikaufenthalte zwischenzeitlich auch zum Ritual, das sich seit 20 Jahren immer nach ähnlichen Abläufen vollzieht. Die Lösung von Alltagsproblemen verband er seit jeher mit körperlicher Gewalt. Auseinandersetzungen mit anderen führen selbst in nicht-psychotischen Phasen zu **gewalttätigen Übergriffen**. Während psychotischer Phasen entwickelt sich dadurch sukzessive ein fremdgefährdendes Verhalten, welches in Verbindung mit den Stimmen und den Verfolgungsideen unvorhersehbar wird. Bislang entging er der forensischen Psychiatrie. Bisher wurde Herr D. nie wegen seiner tätlichen Übergriffe angezeigt. So konnte eine Unterbringung in der forensischen Psychiatrie nicht verfügt und auch nicht mit der entsprechenden Auflage ausgesetzt werden. Dies ist insofern kritisch zu diskutieren, weil ihm dadurch sämtliche Verantwortung für sein Verhalten entzogen wird und er eine krankheitsbedingte »Narrenfreiheit genießt«, ohne zur Verantwortung gezogen zu werden.
Der **ambulante Umgang mit ihm** kennzeichnet und bestimmt sich seit Jahren durch einen bislang **nicht aufzulösenden Widerspruch**: Auf der einen Seite konnte kein modus vivendi mit Herrn D. gefunden werden, um ein Leben draußen zu ermöglichen, wenn auch auf minimalem Niveau. Seine vehement ablehnende Haltung gegenüber der psychischen Erkrankung ist bisher unbeeinflussbar und führte zu gefährlichen Situationen, die ein Leben außerhalb stationärer Einrichtungen kaum verantwortbar erscheinen ließen. Die Gründe dafür liegen in seiner Person in Verbindung mit kognitiven, intellektuellen und sozialen Einschränkungen. Diese haben bisher ein auf Einsicht basierendes pädagogisch-therapeutisches Vorgehen verhindert. Diese Beobachtung rechtfertigt aber nicht, dass die professionellen Dienste »die Hände in den Schoß legen können«. Im Gegenteil. Wir wissen, dass sich sein Verhalten im Kontext entwi-

ckelt und auch darin verändert, also abhängt von seiner Beziehung zur Umgebung und umgekehrt. Dies bedeutet, dass sich nur innerhalb dieser Bedingungen – wenn auch momentan schwer vorstellbar – Veränderungen vollziehen können.

Auf der anderen Seite fehlt bisher eine rechtliche Auflage für den Fall, wenn alle anderen Instrumente ausgeschöpft sind und nur noch eine geschlossene Unterbringung als Alternative ansteht. Diese Auflage könnte eine sozialpsychiatrische Betreuung und Begleitung in Verbindung mit medikamentöser Behandlung beinhalten, wodurch sich Chancen für ein Leben im Gemeinwesen eröffnen würden, was Herr D. unbedingt will. Gleichzeitig müsste er sich zu seinem eigenen Schutz und zum Schutz der Umgebung einer Behandlung und Betreuung unterziehen, was er wiederum nicht will. Allerdings besteht zu einer solchen Konstruktion keine Alternative.

Aktuell scheint sich ein Weg in diese Richtung abzeichnen. Das momentan gültige psychiatrische Gutachten legt eine längere geschlossene Unterbringung nahe. Mit seinem rechtlichen Betreuer, der psychiatrischen Klinik und ihm arbeiten wir derzeit an einer Vereinbarung, welche aufgrund des bestehenden Gutachtens wie oben beschrieben umgesetzt werden könnte: Aussetzung der geschlossenen Unterbringung mit entsprechender rechtlicher Auflage und Inanspruchnahme offener Hilfen. Sobald eine Wohnung über das Amt für Wohnungswesen zur Verfügung gestellt wird, kann mit diesem Weg begonnen werden, ihn mit täglicher Medikamentenkontrolle durch den SpD und den psychiatrischen Pflegedienst zu betreuen. Aufgrund der Vorerfahrungen und der unveränderten Haltung von Herrn D. gegenüber seiner Erkrankung ist eine gewisse Skepsis berechtigt. Herr D. wird sich draußen wieder gesund und frei fühlen, Marihuana rauchen und versuchen, seine Interessen mit körperlicher Gewalt durchzusetzen. Und trotzdem gibt es keine Alternative zu diesem Vorgehen auf der Basis der beschriebenen rechtlichen Auflage. Die Unterbringung nach § 1906 BGB kann unter den geschilderten Bedingungen aufgehoben werden. Falls Herr D. sich nicht an die Auflage halten kann, ist es möglich, ihn kurzfristig zur stationären Behandlung einzuweisen. Nach kurzer Stabilisierungsphase kann dann wieder von neuem mit der ambulanten Betreuung begonnen werden.

Zusammengefasst ist festzuhalten, dass Herr D. einen **eigenen Weg eingeschlagen** hat, der ohne die Anwendung freiheitsentziehender Maßnahmen bisher kaum zu beeinflussen war. Es ist (noch) nicht gelungen, die Form seines Strebens nach Freiheit und eigenständigem Leben in Verbindung zu bringen mit einer Auseinandersetzung um seine psychische Erkrankung. Dies ist aber erforderlich, damit er auch nur annähernd Kompetenzen erwerben kann, die ein Zurechtkommen im Alltag ermöglichen.

Die **krankheitsbedingten Risiken und Gefahren** werden gleichrangig behandelt wie sein Recht auf Freiheit und Eigenständigkeit. Dad heißt der Schutz für ihn und seine Umgebung stehen auf der gleichen Stufe wie sein Recht auf ein Leben im Gemeinwesen. Dazu gehört auch die sukzessive Rückgabe der Verantwortung an ihn. Ihm muss unmissverständlich verdeutlicht werden, dass gewalttätige Übergriffe zu Anzeigen führen und somit keine krankheitsbedingte Freisprechung geduldet wird. Dahinter steht die Auffassung, dass er in seinem Handeln ernst- und wahrgenommen und nicht per se als schuldunfähig eingestuft wird.

Der **beabsichtigte Weg, eine Alternative draußen** zu entwickeln, birgt Unsicherheiten in sich. Sein Verhalten ist nicht präzise vorhersehbar, was eng mit seinem fehlenden

Bewusstsein für die psychische Erkrankung zusammenhängt. Trotzdem besteht aus unserer Sicht dazu keine **Alternative**. Der vorgeschlagene Weg ergibt sich aus der **Versorgungsverpflichtung** des SpDs und aus der **sozialpsychiatrischen Leitlinie**, alle psychisch kranken Menschen des jeweiligen Einzugsgebietes zu berücksichtigen und möglichst für und mit alle(n) nach Alternativen im Gemeinwesen zu suchen.

Frau H. – Hilflosigkeit und Ohnmacht des SpDs – oder: Ein Freibrief für Frau H. durch verbriefte Schuldunfähigkeit

Frau H. ist 43 Jahre alt und lebt allein in einer Mietwohnung von Sozialhilfe. Sie hat weder einen Beruf erlernt noch über eine längere Zeit hinweg gearbeitet. Frau H. leidet an einer Persönlichkeitsstörung in Verbindung mit einer leichten geistigen Behinderung und massivem Alkoholmissbrauch. Unter Alkoholeinwirkung verliert sie die Steuerung und Kontrolle über ihr Verhalten, was zu schwierigsten Situationen im Umgang mit ihr führt. Sie befand sich schon 14-mal in stationärer Behandlung, vor allem vor der Zeit der Betreuung durch den SpD. Sie ließ sich immer freiwillig einweisen bzw. bittet ihren Hausarzt darum, um sich dann nach einigen Tagen wieder selbst zu entlassen.

Das zu bearbeitende Problem besteht nicht in akuter Selbst- oder Fremdgefährdung, sondern bewegt sich auf einer anderen Ebene: Die schwer zu beeinflussende **Zuspitzung eines Teufelskreises** steht in enger Verbindung mit der **Grundstruktur ihrer Persönlichkeit**. Frau H. benötigt u. E., bedingt durch frühe Sozialisationsdefizite, uneingeschränkte Zuwendung, die sie mit niemandem teilen kann. Sie wird sofort eifersüchtig, wenn sie den Eindruck hat, zu kurz zu kommen. Ihr Vater war ihrer Erinnerung nach wegen einer chronischen Alkoholerkrankung in der Familie nicht präsent. Dies ist zumindest ein Hinweis auf das nicht mehr auszugleichende Defizit. Vor einigen Jahren verstarb er in einem Wohnungslosenasyl. Ihre Mutter verstarb ebenfalls vor nicht allzu langer Zeit.

Die **Situation im SpD spitzte sich ab dem Zeitpunkt zu**, als sie im privaten Bereich durch den Tod der Eltern, den Rückzug ihrer beiden Schwestern sowie einiger Bekannter aus der Wohnungslosenszene wegen ihres schwierigen Verhaltens vereinsamte. Die Enttäuschung über die Ausgrenzung, die sie durch die Zurückweisungen, den Verlust an Kontakten und fehlende Anerkennung durch andere Menschen erlebte, lenkte sie auf den SpD und ihre gesetzliche Betreuerin. Die dort erlebten Begrenzungen, dass sie nicht alleine in Betreuung ist und nicht Rund-um-die-Uhr Zuwendung erfahren kann, waren für sie gleichbedeutend mit Zurückweisung und Ablehnung. Dies führte nach und nach zu Eskalationen in ihrem Verhalten. Sie erschien schon alkoholisiert im SpD, suchte Streit, schrie lauthals über Stunden hinweg und ließ sich nicht beruhigen. Ebenso weigerte sie sich, in solchen Phasen den SpD zu verlassen, sondern schimpfte und schrie noch lauter. Schließlich waren wir hin und wieder gezwungen, die Polizei zu rufen, die sie nach draußen begleitete. Sie kam jedoch wieder zurück, und die Prozedur begann von neuem.

Frau H. füllte **Teambesprechungen, Supervisionen und informelle Krisensitzungen** aus. Ebenso mussten wir uns mit einigen Besuchern auseinander setzen, die unter solchen Umständen nicht mehr kommen wollten. Es wurde von unserer Seite und auch von einigen KlientInnen versucht, beschwichtigend auf sie einzuwirken. Beruhigendes Vorgehen mit Appellen an ihre Vernunft wechselten sich ab mit Druck und Drohungen, mit zeitweiligen Hausverboten unter Nutzung eines anderen SpDs, in dem sie sich zeitlich begrenzt aufhalten konnte, um nicht gänzlich zurückgewiesen zu werden. Auch ein Wechsel des SpD Betreuers sowie die mehrfache, erfolglose Abklärung einer zwangsweisen Unterbringung führten (noch) nicht zu einer Beruhigung der Situation. Im Gegenteil. Die **Lage spitzte sich weiter zu**. Als wir aufgrund ihres Verhaltens ein Verbot für das Betreten der Räume des SpDs aussprechen mussten, wussten wir, dass wir sie damit noch mehr herausforderten. Ihr ganzes Verhalten wurde von uns als »Schrei nach uneingelöster Zuwendung« interpretiert. Und gerade diese schränkten wir ein. Daraufhin saß sie angetrunken am Hauseingang, schrie alle an, hinderte BesucherInnen am Betreten des Hauses und übte über Stunden Klingelterror aus. Zudem entstanden durch ihr Verhalten Konflikte mit dem Vermieter, der im Erdgeschoss ein Fotogeschäft betreibt. Es blieb uns nichts anderes übrig, als ihr nach mehreren, zeitlich befristeten Hausverboten ein Verbot auf unbestimmte Zeit auszusprechen. Als ihr »Terror« im Umkreis des Hauses nicht abnahm, sie die MitarbeiterInnen und BesucherInnen des SpDs außerhalb lauthals und obszön beschimpfte, kamen wir nicht umhin, über das Amt für öffentliche Ordnung einen Platzverweis zu erwirken.

Es war uns im SpD in Verbindung mit der gesetzlichen Betreuung nicht möglich, die Spirale nach unten aufzuhalten. Wir wussten, dass Abgrenzungen von uns das Gegenteil bei ihr provozieren mussten. Die Teilnahme oder zumindest eine begrenzte Teilnahme am Leben des SpDs scheiterte. Des Öfteren tauchte die Frage auf, ob die Betreuung beendet werden sollte. Wir sprachen uns immer einstimmig dagegen aus, obwohl ihr Verhalten an die Grenzen der Belastbarkeit der MitarbeiterInnen und BesucherInnen ging bzw. diese zeitweise überschritt. Das stundenlange Telefonieren und Klingeln an der Haustür führte zu Erschöpfungserscheinungen und Krankschreibungen bei einigen MitarbeiterInnen. Frau H. schien uns im Griff zu haben. Eine zwangsweise stationäre Unterbringung war weiterhin unmöglich, da keine akute Selbst- oder Fremdgefährdung vorlag. Ohnmacht und Wut breiteten sich aus trotz des Wissens um ihre seelische Not und ihrem ohne Zweifel vorhandenen Hilfebedarf.

Wie sahen unsere weiteren **Vorgehensweisen und Handlungen** aus? Während des »Telefon- und Klingelterrors« richteten wir einen Telefon- und Türöffnungsdienst ein, bei dem wir uns immer nach ca. 30 Minuten abwechselten. Damit wussten wir, dass immer ein(e) MitarbeiterIn zuständig war und die anderen sich davon distanzieren konnten. Vorrangig wurden jene MitarbeiterInnen eingesetzt, die bislang am wenigsten unter Frau H. gelitten hatten. Auf diese Vorgehensweise brachte uns eine Klientin, die uns mitteilte, dass ihr das ständige Klingeln eigentlich nichts ausmache. Sie wisse ja, dass wir und nicht sie zuständig seien und sie sich somit leichter von den Belästigungen abgrenzen könne.

Frau H. unterlief durch ihr Verhalten sämtliche Bemühungen, sich ihr in irgendeiner Weise positiv zu nähern. Zwei Supervisionssitzungen zur Klärung waren erforderlich, nachdem Frau H. das Team in zwei Lager gespalten hatte. Die eine Hälfte konnte noch teilweise Mitleid empfinden und sich weiterhin Hilfe und Unterstützung für sie vorstellen, während die andere Hälfte absolut nichts mehr mit Frau H. zu tun haben wollte. Wir einigten uns darauf, dass vornehmlich die erste Gruppe die Konfrontation mit ihr zu erledigen versuchte, während den anderen MitarbeiterInnen gestattet wurde, sich ihr zu entziehen, so weit dies möglich war.

Frau H. erhielt von uns, was sie unbewusst wollte: **Intensivste Zuwendung. Wir mussten uns mit ihr befassen, wenn auch in Form von Abgrenzung und Ablehnung.** Ihre gesamte Umgebung, nicht nur der SpD allein, waren mit ihr konfrontiert. Ein typisches Beispiel dafür und der damit verbundenen Psychodynamik ist ihre Reaktion auf einen Zeitungsbericht, in dem sie als die Verursacherin für massive Störungen einer Heiligabendfeier für fast 300 Menschen aus der Wohnungslosenszene genannt wurde. Stolz und fast schon glücklich musste sie den Artikel allen zeigen und darauf hinweisen, dass sie die Störerin war, von der die Zeitung schrieb.

Unsere Haltung bestand darin, sie **ernst zu nehmen, oder es zumindest immer wieder zu versuchen.** Es war teilweise schwer, ihr zu vermitteln, dass sie trotz der ihr aberkannten Schuld- und Geschäftsfähigkeit – bedingt durch ein ärztliches Gutachten von 1978 – sich nicht die Freiheit nehmen konnte, alles zu tun, ohne in irgendeiner Form zur Verantwortung gezogen zu werden. Der Hintergrund dieser Haltung basierte auf der Hypothese, dass in ihrem Verhalten auch ein Appell verborgen sein könnte, sie zur Rechenschaft zu ziehen und sie nicht in ein rechtsfreies Niemandsland abzuschieben. Denn im Zustand völliger Narrenfreiheit sind alle Anstrengungen ihrerseits endlich wahr- und ernst genommen zu werden, erfolglos.

Anzeigen bei der Polizei wegen der ständigen Beleidigungen und nicht mehr zumutbaren Belästigung wurden von der Staatsanwaltschaft mit dem Hinweis auf das bestehende Gutachten zurückgewiesen. Dies führte unsere Anstrengung, sie ernst zu nehmen und auch zur Rechenschaft zu ziehen ad absurdum. Wir vereinbarten mit der Rechtsstelle unseres Trägers und der gesetzlichen Betreuerin von Frau H., einen **Antrag beim Notar auf erneute Begutachtung der Schuld- und Geschäftsfähigkeit** zu stellen. Unsere dahinter stehende Überlegung bestand darin, dass Frau H. nicht vollständig geschäftsunfähig, sondern teilweise für ihr Verhalten auch im rechtlichen Sinne verantwortlich ist. Die Hypothese nährte sich aus unserem Wissen, dass sie über genügend Alltagskompetenzen verfügt. Sie kommt z. B. ohne Hilfe mit ihrem Haushalt und der täglichen Versorgung zurecht, leidlich auch mit der Geldeinteilung, obwohl es damit immer wieder zu heftigen Auseinandersetzungen mit ihrer gesetzlichen Betreuerin kommt. Diese **realitäts- und alltagsorientierten Haltungen und Handlungen** unsererseits, ihr keinen vollständigen Freiraum ohne Verantwortung zu gewähren, scheinen zu wirken. Die Belästigungen durch Frau H. sind zurückgegangen. Sie scheint sich etwas beruhigt zu haben. Wir bringen diese Entwicklung mit dem Platzverweis und dem Antrag auf erneute Begutachtung in Verbindung. Wahrscheinlich konnten wir ihr mit aller Deutlichkeit vermitteln und zeigen, worum es uns geht; nämlich ihr zumindest einen Teil ihrer Verantwortung wieder zurückzugeben und es eindeutig abzulehnen, einen 20 Jahre währenden Zustand von Geschäftsunfähigkeit verbunden mit völliger Narrenfreiheit als unveränderbar anzusehen. Damit wollten wir auch dazu beitragen, Frau H. – sofern sie weiterhin draußen leben wollte – wieder einen rechtlichen Status im Gemeinwesen zurückzugeben.

Am Beispiel von Frau H. wird **eine Spirale nach unten** beschrieben, die mit unseren Handlungen und Vorgehensweisen nur schwer aufzuhalten und zu beeinflussen war. Es wurde ein Zustand erreicht, in dem (fast) kein Handlungsspielraum mehr bestand. Sämtliche Aktionen und Reaktionen liefen ins Leere bzw. waren ineffektiv im Hinblick auf das beabsichtigte Ergebnis. Wenn sie auch in nüchternen Phasen äußerte, dass ihr das alles Leid tue und diese Auseinandersetzungen eigentlich nicht wolle, fiel sie unter Alkoholeinwirkung immer wieder in das beschriebene Verhaltensmuster zurück. Eine **Auseinandersetzung mit ihrer Erkrankung und dem damit korrespondierenden Verhalten konnte wegen der Wirkung des Alkohols nicht erreicht werden**. Genauso wenig war auf ihren Alkoholkonsum einzuwirken. Schon relativ kleine Mengen an Alkohol reichten aus, um ihre Steuerung und Kontrolle zu »verflüssigen und aufzulösen«.

Sowohl nach **innen wie nach außen** mussten **Arrangements ge- und erfunden** werden, um die Situation, der wir ausgeliefert waren, zu ertragen und gleichzeitig nach einem Weg zu suchen, der Änderungen ermöglichte. Schließlich galt es, über fast zwei Jahre hinweg mit der Belastung zu leben. MitarbeiterInnen und BesucherInnen des SpDs waren über die zu verantwortende Grenze hinaus belastet. Nach innen musste ein Management der Belastung und ein Ertragen der Situation wie beschrieben entwickelt werden. Nach außen wird die Änderung ihres rechtlichen Status in Richtung vermehrter Schuld- und Geschäftsfähigkeit angestrebt. Mit diesem Handeln verbanden wir zwei Ziele: Zum einen erhofften wir für den SpD eine Beruhigung, um die Belastung wieder zumutbar und verantwortlich zu gestalten. Zum anderen wollen wir Frau H. wieder mehr gesellschaftliche Vertragsfähigkeit vermitteln, um ihr mehr Verantwortung für ihr Verhalten in der Gemeinschaft zurückzugeben. Deswegen erfolgte von unserer Seite aus die Infragestellung der »Narrenfreiheit« ihres Tuns, indem sie wegen der Geschäftsunfähigkeit nicht zur Rechenschaft gezogen werden konnte. Vielleicht kann Frau H. wieder ruhiger und auch zufriedener leben, wenn sie für ihr **Leben wieder mehr Rechte und Pflichten erhält und sich dementsprechend verhalten kann und muss**.

8.3.6. Methodische Schlussfolgerungen für den »Umgang mit der psychischen Erkrankung«

Die beschriebenen Kategorien gehen wie eingangs erwähnt fließend ineinander über und reichen vom einfachsten (selbstverantwortlicher Umgang) bis zum schwierigsten Fall (Ablehnung und Leugnung der Erkrankung). Damit liegt eine idealtypische Kategorie vor, die zumindest im Hintergrund als Ziel in der Arbeit mitschwingt und von einem selbstverantwortlichen und emanzipierten Umgang mit der psychischen Erkrankung ausgeht. Sie ist und bleibt ein Ziel der Arbeit des SpDs. Jedoch kann dies nicht das Entscheidende und Ausschließliche sein, da

1. ein Selektionsrisiko entsteht, wenn die Orientierung zu stark auf dieses Ziel fixiert ist und nicht der Pragmatik und den Vorgaben des Alltags Rechnung trägt und
2. eine ideologische Falle entsteht, nämlich ein Wissen davon vorzutäuschen, dass es die idealtypische Gesundheit für alle geben könnte, die für alle erstrebenswert und zu erreichen sei.

Realistisch und notwendig ist vielmehr eine alltagsbezogene, pragmatische Orientierung, die den Leidensdruck und die sozialen Folgen für die Betroffenen und ihr jeweiliges soziales Umfeld zum Ausgangspunkt und zum Ziel der Sicht- und Vorgehensweise hat. Dabei geht es um die Suche nach Umgangsweisen, die das Aushalten und Zusammenleben ermöglichen. Auch dann wird immer noch ein hoher Anspruch formuliert, wie in den Kategorien »chronifizierte Wahngebäude« und »Systemsprenger« zu sehen ist.

Das Vorgehen und die Haltung des SpDs gleicht wie so oft auch hier einem Spagat. Zum einen erfolgt die Orientierung an einem adäquateren Umgang mit der psychischen Erkrankung. Zum anderen ist darauf zu achten, dass dies nicht zum Selektionskriterium wird. Die Herausforderung bezieht sich auf den Teil des vom SpD betreuten Personenkreises, der bislang kein Verständnis hinsichtlich der eigenen psychischen Erkrankung entwickelt hat und bei dem dadurch zeitweise existenzielle Konflikte im Alltagsleben entstehen.

Im Folgenden wird der Fokus darauf gerichtet, welches Vorgehen in den einzelnen Kategorien typisch und erforderlich ist, um diesem Spagat Rechnung zu tragen. Einerseits wird auch beim »Systemsprenger« ein selbstverantwortlicherer Umgang und ein geringes Maß an Selbstwahrnehmung der eigenen Erkrankung[65] zumindest als Ziel formuliert. Andererseits ist darauf zu achten, dass die Gruppe, die dem Ziel am nächsten steht, nicht unterfordert wird, weil »es sich ja sowieso nur um einen chronifizierten Personenkreis handelt«.

Für die einzelnen Kategorien werden erstens die spezifischen Ziele und deren praktische Umsetzung formuliert und festgestellt und zweitens welche Handlungsweisen und -regeln jeweils erforderlich sind.

8.3.6.1. Selbstverantwortlicher Umgang mit der psychischen Erkrankung

Bei dieser Gruppe ist das Verständnis hinsichtlich der psychischen Erkrankung und der entsprechende Umgang damit weit entwickelt. Im täglichen Leben entstehen bei diesen Menschen mit sich selbst und dem Umfeld kaum noch diesbezügliche Konflikte. Ebenso sind in den letzten Jahren kaum noch stationäre Aufenthalte vorgekommen. Dementsprechend zurückhaltend gestaltet sich die Arbeit des SpDs.

Folgende Ziele stehen im Mittelpunkt:
Aktive und konstruktive Auseinandersetzung mit der psychischen Erkrankung
- Erarbeiten und Herstellen von Zusammenhängen zwischen Erkrankung, Biografie und aktueller Lebensform
- Stabilisierung und Weiterentwicklung der erreichten Umgangsform

Welche Handlungsweisen werden für die Umsetzung der Ziele benötigt?

Aktive und konstruktive Auseinandersetzung mit der psychischen Erkrankung
Sich mit der psychischen Erkrankung zu arrangieren, diese als einen Teil von sich selbst und nicht als etwas Außengesteuertes, Fremdes akzeptieren zu lernen, ohne die Erkrankung ursächlich überwinden zu können, erweist sich als ein **langer und schwieriger Prozess**. Stellvertretend für diese Gruppe ist der Weg anschaulich bei Frau W. (7.5.1. und 8.3.1.) und bei Herrn I. beschrieben. Während Frau W. mehr für die Gruppe älterer KlientInnen steht, repräsentiert Herr I. die Gruppe der sogenannten jungen Chroniker. Der Prozess kennzeichnet sich durch einen ständigen Wechsel von **schmerzhafter Bewusstwerdung und der Auflehnung gegen die Erkrankung**. Zeiten der Akzeptanz lösen sich ab mit Phasen der Verunsicherung, der Verzweiflung bis hin zur Suizidalität verbunden mit der Frage, warum trifft es gerade mich? Akuten Krisen und stationären Einweisungen gehen oft massive Auflehnungen gegen die Erkrankung voraus (siehe vor allem die fol-

---

65 Richtiger wäre in diesem Zusammenhang davon zu sprechen, die Konsequenzen zu thematisieren, welche als Folgen des problematischen Verhaltens entstanden sind und weniger vom Umgang mit der Erkrankung zu sprechen.

genden Kategorien). Herr I. erlebt die akzeptierende Auseinandersetzung mit der Erkrankung im Verlauf der letzten Jahre auf der einen Seite als Niederlage und resignierend, »nicht normal leben zu können«. Dies bedeutet für ihn, nicht mehr seinem Beruf nachgehen zu können, mit 30 Jahren von einer Erwerbsunfähigkeitsrente zu leben und sich fast nur noch in psychiatrischen Kreisen aufzuhalten. Auf der anderen Seite stellt die Berentung für ihn eine Entlastung dar, nicht mehr ständig dem inneren und äußeren Druck der Normalität standhalten und durchhalten zu müssen. Dadurch leidet er letztlich weniger unter depressiven Verstimmungen. Seit geraumer Zeit ist er sogar in der Lage, wieder mehr positive Lebensgefühle wahrzunehmen und mehr am Leben – wenn auch vorrangig unter seinesgleichen – teilzunehmen. Der lange und anstrengende Kampf in Richtung aktive und konstruktive Auseinandersetzung ging zunächst einher mit akuten Phasen der Erkrankung, häufigen stationären Aufenthalten, kaum Distanz zur Erkrankung und fehlenden Möglichkeiten, sich aktiv und erfolgreich mit ihr auseinander zu setzen.

An dieser Stelle drängt sich zwangsläufig die Frage auf, **wie es zu dieser aktiven Auseinandersetzung** kam. Sowohl bei Frau W. als auch bei Herrn I. ist der Prozess der Veränderung erst seit Beginn der Betreuung durch den SpD richtig in Gang gekommen. Selbstverständlich wird vom SpD nicht der alleinige Anspruch darauf erhoben. Frau W. beschreibt anschaulich das Zusammenwirken von ärztlicher Behandlung, Medikamenten und die Hilfe durch den SpD. Ähnliches vertritt auch Herr I. Das Gesamt an Unterstützung durch den Arzt, Medikamente, die Betreuung durch den SpD und die damit verbundenen ständigen, aber nicht aufdringlichen Gespräche bewirken langsam eine aktive und konstruktive Auseinandersetzung mit zunehmender Akzeptanz der Erkrankung.

Wie im Schneeballverfahren folgt das eine auf das andere. Die Annäherung an die Auseinandersetzung mit der Erkrankung über den SpD und die ärztliche Behandlung führen z. B. zu häufigeren Besuchen im SpD. Dies wiederum löst vermehrt Gespräche und Kontroversen unter den BesucherInnen aus, in denen teilweise heftig über Erfahrungen mit der Erkrankung, Medikamenten und den verschiedenen ambulanten und stationären Hilfen etc. diskutiert und im positiven Sinne gestritten wird. Diese Entwicklung hatte sukzessive ein aktives und konstruktives Niveau in der Auseinandersetzung zur Folge. Selbstverständlich wirken noch weitere Aspekte daran mit, die in den folgenden Abschnitten behandelt werden. Hervorzuheben ist in diesem Zusammenhang die Bedeutung der Arbeit von Angehörigen, sich in Gruppen zu organisieren und über ihre Erfahrungen als Angehörige zu diskutieren. Dadurch tragen sie mit zur Auseinandersetzung bei, was vor allem bei der Mutter von Herrn I. deutlich sichtbar wurde. Dieser Prozess wurde stellvertretend für die gesamte Gruppe bei Frau W. und Herrn I. beschrieben.

Als **Ergebnis** steht nicht eine ursächliche Beseitigung der Erkrankung zur Diskussion, sondern eine konstruktive und sich weiter entwickelnde Akzeptanz mit dem entsprechenden Umgang. Es ermöglicht dieser Gruppe und ihrem Umfeld, der psychischen Erkrankung nicht mehr passiv und wehrlos gegenüberzustehen. Vielmehr gelingt eine **adäquatere Gestaltung des Prozesses**. Der Umgang mit der Erkrankung wird beeinflussbarer, kann adäquater gesteuert und kontrolliert werden. Dies heißt nicht, dass bei dieser Gruppe grundsätzlich akute Erkrankungsphasen – aus welchen Gründen auch immer - vermieden werden können.

Erarbeitung und Herstellung von Zusammenhängen zwischen Biografie, psychischer Erkrankung und aktueller Lebensform

Verstehen lernen und nachvollziehen können von Hintergründen und Zusammenhängen zwischen Erkrankung, Biografie und aktueller Lebensform stellt ein wesentliches Element auf dem Weg in Richtung selbstverantwortlichem Umgang mit der Erkrankung dar. Umgang und Akzeptanz setzen Verständnis voraus und sind gleichzeitig Ziel der Bemühungen.

Der Weg in diese Richtung ist in beiden Beispielen zu beobachten. Herr I. stellt nach längeren, vorsichtig eingeleiteten, aber kontinuierlich geführten Gesprächen einen Zusammenhang zwischen den Entstehungsbedingungen seiner Erkrankung und der Beziehung zu seinen Eltern fest. Auf der einen Seite war der Vater, dessen Ansprüchen und Ehrgeiz er nicht entsprechen konnte, für ihn »unerreichbar«. Auf der anderen Seite fand er immer wieder Schutz und Ausgleich bei der eher überfürsorglich agierenden Mutter. Den Ausbruch seiner Erkrankung während der Zeit, als er das Abitur machte, bringt er damit in Verbindung. Er entwickelte Größenfantasien bezüglich seiner Person. Gleichzeitig war er angespannt und angetrieben, was zum ersten stationären Aufenthalt in der Psychiatrie führte. Herr I. äußert den möglichen Zusammenhang ohne Ärger oder Bitterkeit gegenüber seinen Eltern. Auch zieht er seine Eltern als Rechtfertigung dafür heran, nichts mehr dagegen tun zu können, obwohl er während einer langen, über zwei Jahre andauernden depressiven Phase mit starker Antriebsminderung fast schon keinen Ausweg mehr sah. Im Gegenteil. Er kehrte dadurch im wahrsten Sinne des Wortes auf den Boden der Tatsachen zurück und entwickelte in der Auseinandersetzung mit uns, seiner Nervenärztin, einer Therapiegruppe und anderen KlientInnen des SpDs zusehends ein Interesse, seine jetzige Lebenslage mit den daran gekoppelten Gefühlen nicht nur zu verstehen und zu akzeptieren, sondern auch mitgestalten zu können. Herr I. hat eine Psychiatrie-Karriere durchschritten in Verbindung mit der Frühberentung, ohne eine eigene Familie gründen zu können. Zwischenzeitlich entwickelte er eine enge Beziehung zu einer Frau und konnte mit weiteren Personen Freundschaft schließen. Wenn diese auch aus der Psychiatrieszene stammen, so ist er ja selbst Teil dieser Szene, lautet sein Kommentar.

Eine ähnliche Entwicklung vollzog sich bei Frau W. Nach und nach machte sie sich in den letzten Jahren, u. a. durch von uns vorsichtig inszenierte und eingeleitete Gespräche, Gedanken über Zusammenhänge und Hintergründe ihrer Erkrankung. Zum Beispiel sieht sie in den Kriegswirren einen Anhaltspunkt für bestimmte Halluzinationen. Sie findet darin zwar nicht die Ursache der Erkrankung aber immerhin Hinweise und Anregungen, die mehr Verständnis und Nachvollziehbarkeit für sie bedeuten. Vor kurzem fragte sie nach dem neuesten Stand der Forschung bezüglich der Entstehung psychischer Erkrankungen und war ganz erstaunt, ausführlich Auskunft und Informationen von mir darüber zu erhalten. In ihren bisherigen Erfahrungen mit der Psychiatrie war dies nie der Fall. Ohne die schlüssigen Gründe oder die Ursache gefunden zu haben, kommt es ihr wie Herrn I. vielmehr darauf an, zu wissen, dass die Erkrankung mit ihnen zu tun hat, mit ihrem Innenleben, eventuell auch mit organischen Dispositionen, vor allem aber mit der Lebenslage. Wichtig ist ihnen, wie sie darin mit der Erkrankung umgehen können, um sich weitere Wege zu erschließen, sich mit dem erreichten Zustand zu arrangieren und diesen weiterzuentwickeln. Sie konnten sich einen Lebensentwurf erarbeiten, mit dem sie ihren Alltag auf der Basis des jeweils erreichten Niveaus lebenswert gestalten können.

Stabilisierung und Weiterentwicklung der erreichten Umgangsform
Die Aufgabe und Arbeit des SpDs besteht vorrangig darin, in **vielfältiger Form den Prozess zu begleiten**, um ihn einerseits zu **stabilisieren**, andererseits aber auch Bedingungen der **Weiterentwicklung** zu fördern. Orientiert an der jeweiligen Situation kommt es darauf an, mit großer **Empathie, Vorsicht und Zurückhaltung** vorzugehen, aber auch geeignete Gelegenheiten zu nützen und Zufälle zu »inszenieren«. Auch in dieser Gruppe geht es zumindest in der Anfangszeit und auch zwischendurch immer mal wieder darum, sich gemeinsam über die ersten **Früherkennungszeichen von Symptomen** zu verständigen, um entsprechende Vereinbarungen und Absprachen zu treffen, wenn sie auftauchen. Dies trifft auch dann noch zu, wenn der selbstverantwortliche Umgang relativ weit fortgeschritten ist. **Ambivalenzen und Widersprüche** werden thematisiert, so z. B. die Notwendigkeit der Einnahme von Neuroleptika und deren (des Öfteren festzustellender) negativer Einfluss auf das Lebensgefühl und die Lebensfreude. Die Diskussion über die Funktion, Bedeutung und die Wirkung von Medikamenten dreht sich im Unterschied zu den folgenden Gruppen weniger um die Kontrolle der Medikamenteneinnahme. Es genügt hier, Absprachen zu treffen, was zu tun ist, wenn damit Schwierigkeiten auftreten sollten.

Ebenso wichtig ist die Vermittlung aktueller **Informationen zu den angesprochenen Themen**. Dabei werden unsere Meinung und Erfahrungen aus vielen anderen Situationen eingebracht, verbunden mit der Sensibilität, wie sie in das Konzept der Betroffenen hineinpassen. Der SpD übernimmt darin die Rolle des **kritischen, aber solidarischen Begleiters**, der unterstützt und Rückhalt gibt. Er motiviert, z. B. nicht nur »nach innen«, sondern auch »nach außen« zur Erkrankung zu stehen. Er berät, wo und mit wem und in welcher Intensität über die Erkrankung gesprochen werden könnte und sollte.

Der SpD regt an, sich zum Thema Verständnis und Umgang mit der Erkrankung mit anderen im und außerhalb des SpDs zu treffen und auch im Einzelfall gemeinsam mit dem behandelnden Arzt zu überlegen, ob und wenn ja welche psychotherapeutische Beratung und Begleitung im engeren Sinne sinnvoll sein könnte. Besonders dieser Gruppe empfehlen wir, an den Aktivitäten der in den letzten Jahren entstandenen, zunehmend an Bedeutung gewinnenden und von uns unterstützten **Psychoseseminaren sowie den Initiativen des Verbandes der Psychiatrieerfahrenen teilzunehmen**.

In diesem Dialog findet ein **wechselseitiger Lernprozess** statt: Professionelle lernen von den Erfahrungen der Betroffenen, wie diese mit ihrer Erkrankung umgehen und den Umgang ins Alltagsleben einbinden. Betroffene können wiederum das Wissen, die Erfahrungen, Haltungen und Meinungen der Professionellen annehmen und für sich verwerten.

Beide Beispiele, die für diese Gruppe des vom SpD betreuten Personenkreises stehen, deuten darauf hin, was in vielen Fällen auf unterschiedlichem Niveau in der Auseinandersetzung mit der Erkrankung gelingen kann. Sie zeigen aber auch, wie immer wieder Verunsicherung und Zweifel auf dem Weg der Integration der psychischen Erkrankung ins tägliche Leben entstehen, die begleitet und bearbeitet werden müssen.

8.3.6.2. Unsicherer Umgang mit der psychischen Erkrankung

Im Unterschied zur ersten Kategorie besteht in dieser Gruppe vermehrt Unsicherheit im Umgang mit der Erkrankung und deren Verständnis gekoppelt mit Phasen, in denen latente Krisensituationen zu bewältigen sind. Dadurch sind kontinuierlichere Begleitung und größere Aufmerksamkeit sowie enger geführte Absprachen und Vereinbarungen erforderlich. Wie in der ersten Kategorie gilt auch hier für die Arbeit das übergreifende Ziel, mehr Verständnis, Sicherheit, Auseinandersetzungsvermögen und Eigenkompetenz im Umgang mit der Erkrankung zu erwerben. In dieser Gruppe, die zahlenmäßig einen großen Teil des gesamten Personenkreises ausmacht wie auch in den nächsten, ist die Vermeidung von akuten Krisensituationen ein wichtiger Faktor in der Arbeit des SpDs. Daraus ergeben sich für diese Gruppe in der Arbeit des SpDs folgende Ziele:

- Vermeidung von akuten Krisensituationen
- Früherkennung von Symptomen der Erkrankung und Erarbeitung der entsprechenden Umgangsformen
- Bearbeitung innerer und äußerer Konflikte, um die Erkrankung besser verstehen zu lernen

Vermeidung von akuten Krisensituationen

Akute Krisensituationen bedeuten für die drei Fallbeispiele stellvertretend für die Klientel des SpDs schwere Leidenszustände und unangenehme Erinnerungen im Umgang mit der Umgebung und deren Betroffenheit. Oft entstehen im Rückblick Schamgefühle bezüglich der Vorfälle während der akuten Phase. Dazu kommen häufige und oft lange stationäre, unerwünschte Aufenthalte. Unschwer ist nachzuvollziehen, dass derartige Krisenphasen und deren Begleitumstände eigentlich vermieden werden wollen. Frau C. (8.3.2.) beschreibt anschaulich, wie sich akute Krisen in der Vergangenheit aufschaukelten, mit großem Leidensdruck einhergingen, bis sie schließlich in die psychiatrische Klinik eingewiesen wurde und wie alles von großer Angst begleitet war. Bei Herrn B. (8.2.3.) gehen akute Krisenphasen mit der Gefährdung der Familie und sozialer Verrandständigung einher, während bei Herrn N. (8.3.2.) akute Krisen sich weniger in Vordergrund schieben. Bei ihm besteht ein permanenter Leidensdruck. Ausführlicher wird von Frau W. in der Fallstudie (7.3.2.) dieser Prozess geschildert.

Nicht das Durchleben der akuten Krise im Unterschied zur Unterdrückung von Symptomen, wie von manchen Strömungen innerhalb der Psychiatrieerfahrenenbewegung gefordert wird, steht hier zur Diskussion. Wenn dies in der Tradition der englischen Antipsychiatrie über das Soteria Projekt (»Theoretische Grundlagen«: 6.2. und MOSHER/BURTI 1992) bis hin zu den Erwartungen und Forderungen der Betroffenenbewegung für viele Einzelfälle auch geeignet und richtig ist, trifft dies für die Arbeit des SpDs mit Versorgungsverpflichtung nicht zu. Frau C. wie Frau W. erläutern, stellvertretend für einen großen Teil der Klientel des SpDs, dass sie diese Angstzustände in Verbindung mit Depressionen, Suizidalität und Schamgefühlen weder zu Hause, geschweige denn in der stationären Psychiatrie noch einmal er- und durchleben möchten. Herr B. ist im Hinblick auf die Bearbeitung der Thematik nicht zu erreichen und kann wenig damit anfangen. Für ihn stellt sich die reflexive Diskussion der Frage nicht. Für seine Familie stellen akute Krisenphasen, die vor der Betreuung durch den SpD des Öfteren durchschritten und -litten werden mussten, bei allem Verständnis seiner Frau für die psychische Erkrankung, angsterfüllte Zeiten dar, die sie nicht mehr erleben möchte (Gefährdung, Schulden, existenzielle Bedrohung).

Deshalb steht hier im Vordergrund der Arbeit des SpDs die Vermeidung akuter Krisensituationen. Gleichwohl heißt Vermeidung akuter Krisenphasen in der Arbeit des SpDs nicht deren einseitige und abrupte, rein medikamentöse Unterdrückung. Selbstverständlich geht es darum, mit weniger Medikamenten auch während einer Krisenphase zurechtzukommen, wie es z. B. im Fall von Frau S. (8.4.3.1.) geschildert wurde. Die Dosierung der Medikamente wurde so weit reduziert, dass die Folgen der Symptomatik für sie und die Umgebung gerade noch zu ertragen waren, sie aber trotz relativ akutem Zustand ihr Lebensgefühl wiederherstellen und aufrechterhalten konnte. Des Weiteren belegen wieder stellvertretend für viele weitere Fälle im SpD – Frau C., oder Frau D., Frau P. und Herr W. –, dass relativ akute Krisenphasen zuhause und im Gemeinwesen begleitet werden können. In den folgenden Gruppen und Kategorien werden sie Gegenstand der Diskussion. Sie zeigen aber auch die Grenzen der inneren und äußeren Rahmenbedingungen der ambulanten Begleitung durch den SpD und das Umfeld auf. Dabei wird immer wieder versucht, die Rahmenbedingungen der sozialpsychiatrischen Arbeit sukzessive zu erweitern sowie vorsichtig und schrittweise die Partizipationsmöglichkeiten des Umfeldes und damit die Grenzen der Normalität auszudehnen; z. B. bei der Familie von Herrn B. oder bei den Nachbarn von Frau P. in Verbindung mit der Einrichtung einer gesetzlichen Betreuung oder bei der Umgebung von Frau S.

Die **Vermeidung von akuten Krisensituationen** stellt einen weiteren wichtigen Aspekt in der Arbeit des SpDs dar. Welche Möglichkeiten dazu bestehen, hängt wiederum von den Ressourcen des SpDs, von den Gestaltungsmöglichkeiten des Kontextes sowie von der inneren Befindlichkeit der Betroffenen ab. Auch hier muss wieder darauf verwiesen werden, dass sich der SpD »seine Fälle« nicht heraussuchen kann, sondern die Versorgungsverpflichtung für seine Region innehat.

Die Aufgabe des SpDs liegt auf der Hand: Im Unterschied zur vorherigen Kategorie ist hinsichtlich des Umgangs mit der psychischen Erkrankung eine engere und kontinuierlichere Begleitung erforderlich. Genaueres Hinschauen in Verbindung mit mäßiger (offene und transparente) Kontrolle des gesundheitlichen Befindens und der Medikamenteneinnahme gehört hier zur Alltagsarbeit des SpDs. Fallbezogen werden Gelegenheiten gesucht sowie Vereinbarungen und Absprachen getroffen, wie mit der Unsicherheit und der brüchigen Akzeptanz umzugehen ist. Wie diese akuten Krisensituationen vermieden werden können, wird im nächsten Ziel erläutert.

Früherkennung von Symptomen der Erkrankung und Erarbeitung der entsprechenden Umgangsformen

Wesentliches Element in der Vermeidung akuter Krisensituationen ist die **Erkennung, Feststellung und Bearbeitung erster Anzeichen von Symptomen**, die zur Manifestation der Erkrankung führen können (Sekundärprävention). Daneben gibt es noch weitere Faktoren, die zur Vermeidung akuter Krisen beitragen können, wie z. B. die in der ersten Gruppe genannten präventiven Hilfestellungen.

In Bezug auf die Erkennung der ersten Anzeichen muss mit den Betroffenen (und deren Umfeld, sofern möglich) herausgefunden werden, wie die Manifestation der Erkrankung beginnt. Häufig sind es die gleichen Vorzeichen von Symptomen, die zur (Wieder-)Erkrankung führen, wenn sie nicht beachtet und nicht bearbeitet werden. Oder es geht darum, bestimmten Auslösersituationen, z. B. Reizüberflutung durch zu viele Menschen oder kontinuierlicher Rückzug, aus dem Weg zu gehen und diese zu meiden. In jedem Einzelfall bestehen solche besonderen Anzeichen und Hinweise. Fallübergreifend gilt, dass die Wiedererkrankung nicht »vom Himmel fällt«, sondern einzelfallbezogen meist bestimmten Abläufen folgt, die feststellbar und zu beeinflussen sind.

Diesen Vorgang, den Ablauf der ersten Anzeichen herauszufinden, gemeinsam mit dem/der Betroffenen und dem Umfeld, abzusprechen und zu klären, wer was wie tut, ist die zentrale Aufgabe in dieser Phase. Der Prozess kann vor allem in den Zeiten festgelegt und abgestimmt werden, in denen Distanz zur Erkrankung besteht. Bei Frau C. sind es z. B. zunehmende Schlaflosigkeit, vermehrte innere Unruhe, erste Beziehungsideen, wenn sie sich unter Menschen in der Fußgängerzone bewegt, was zur Folge hat, dass sie das Haus wiederum nur noch selten verlässt. Frau P. spricht am Beginn des Ausbruchs ihrer Erkrankung ein gespreiztes Hochdeutsch, während sie sonst breites Schwäbisch spricht. Bei Herrn B. ist dessen Frau eng miteinbezogen. Sie meldet sich, wenn ihr Mann beginnt, die Medikamente wegzulassen, dadurch wieder schlechter schläft und innerlich unruhiger und angespannter wird.

Mit Frau C. wurde abgesprochen, dass wir regelmäßig in Kontakt bleiben und besonders achtsam sind, wenn sie einen Termin absagt. Häufig geht sie dann schon nicht mehr aus dem Haus und findet einen Grund für die Absage. In dieser Phase werden bei ihr Hausbesuche in Verbindung mit einer kurzfristigen leichten Erhöhung der Medikation erforderlich. Zwischenzeitlich führte der erfolgreiche Lernprozess zusammen mit der Erfahrung, dass die Eskalation akuter Krisen auch ambulant aufgefangen und bewältigt werden kann bei Frau C. zu einer Haltung, sich selbst beim SpD oder bei ihrer Nervenärztin zu melden, wenn es ihr wieder schlechter geht. Trotz allem wird nach wie vor, auch wenn es ihr gut geht, krisenprophylaktisch ein regelmäßiger Kontakt (einmal monatlich) vereinbart. Mit Herrn und Frau B. wird ebenso der regelmäßige Kontakt gepflegt. In guten Phasen erfolgt einmal monatlich ein Telefonat oder ein Besuch im SpD. Dazwischen – so die Absprache – können sich beide bei irgendwelchen Angelegenheiten oder Vorkommnissen an den SpD wenden. Während es anfangs einige Male Frau B. war, die sich meldete, war es als Ergebnis der kontinuierlichen Beziehungspflege Herr B. selbst, der zunehmend direkt auf uns zukam.

Bei Frau P. wurde mit dem gesetzlichen Betreuer und ihrem Arzt eine Vereinbarung getroffen, dass sich Letzterer umgehend an uns wendet, wenn sie nicht in die Praxis kommt, um die monatliche Depotspritze zu erhalten. Weil das Verbleiben in ihrer Wohnung und in ihrem Lebensraum durch akute Krisen und deren Folgen des Öfteren auf der Kippe stand, wurde in Abstimmung mit ihr diese eindeutige Form der Kontrolle vereinbart. Das umgehende Handeln durch den SpD erfordert einen Hausbesuch mit Überzeugungsarbeit für den gemeinsamen Arztbesuch. Bislang war dies nur einmal nötig. Die außengeleitete, direkte Kontrolle ist Ausdruck dafür, bisher keine adäquateren, verständigungsorientierteren und demokratischeren Kommunikationsregeln gefunden zu haben. Solche Situationen sind innerhalb des Spektrums der Arbeit des SpDs eindeutig in der Minderheit. Aber sie kommen vor und dürfen nicht ausgeblendet werden.

Bei Herrn N. steht weniger das Erkennen erster Krisensymptome im Vordergrund als vielmehr zu versuchen, in der kontinuierlichen Begleitung mit Zurückhaltung einen konstruktiven Einfluss auf seine eigenwilligen, für ihn jedoch alltagserhaltenden Interpretationen und Handlungen bezüglich der Erkrankung auszuüben.

An dieser Stelle könnten die Beispiele beliebig fortgesetzt werden, wie erste Anzeichen und Hinweise, die zur Manifestation der Erkrankung führen können, vom SpD mit dem Betroffenen gemeinsam erkannt werden und der Umgang damit festgelegt wird. Jedoch vollzieht sich trotz der fallbezogenen Besonderheit der Ablauf immer nach dem ähnlichen Muster, sodass die zitierten Beispiele ausreichen: In der praktischen Arbeit gilt es, eine Gelegenheit zu finden und zu inszenieren, um über die Erkrankung und deren Auslöser mit den Betroffenen ins Gespräch zu kommen. Des Weiteren muss ein Konsens darüber hergestellt werden, dass akute Krisensituationen vermieden werden sollen. Gemeinsam ist festzustellen, um welche Vorboten es sich dabei handelt. Anschließend werden konkrete Absprachen darüber getroffen, wer sie feststellt, wie sie festzustellen sind und was dann zu tun ist. Geht dieser Weg z. B. nur mit den Angehörigen, und ist der/die Betroffene damit einverstanden? Oder ist er/sie in der Lage, sich bei den ersten Anzeichen selbst zu melden? Oder muss der SpD die beobachtende und kontrollierende Funktion übernehmen, weil der/die Betroffene damit Schwierigkeit hat und/oder keine Angehörigen vorhanden sind oder die Beziehungen zu ihnen eine derartige Kooperation nicht zulassen? Für das weitere Vorgehen muss geklärt werden: Genügt eine schnelle und kurzfristige, leichte Erhöhung der Medikation in Rücksprache mit dem Arzt? Oder reicht es aus, die Lage zu beobachten und gleichzeitig die Kontakte und Gespräche zu intensivieren? Oder genügt es, die vorher identifizierten krisenfördernden Auslösersituationen zu vermeiden?[66] Diese Phase kann unterschiedlich lange dauern. Die Begleitung gestaltet sich dabei enger mit intensiverer Beobachtung und den entsprechenden Handlungsanforderungen.

Bearbeitung innerer und äußerer Konflikte

Das Erkennen und Bearbeiten der ersten Anzeichen und damit die Vermeidung akuter Krisensituationen ist primär zielgerichtet und explizit handlungsorientiert. Jedoch reicht dieses Vorgehen nicht aus, wenn eine technokratische, über die Betroffenen und deren Umfeld hinweggehende Behandlung vermieden werden soll. Vielmehr sollte ein **Verständnis förderndes und verständigungsorientiertes Vorgehen mit der entsprechenden Haltung** gleichrangig im Mittelpunkt der Handlung stehen. Das Erkennen der ersten Anzeichen und die Vermeidung von akuten Krisen heißt deswegen mit den Betroffenen gleichzeitig mehr Verstehen und Verständnis im Umgang mit der Erkrankung zu entwickeln. Gleichzeitig wirkt die verständnisfördernde Arbeit wiederum krisenprophylaktisch und beeinflusst den eigenverantwortlichen Umgang mit der Erkrankung positiv. Deswegen wird hier wie in der ersten Gruppe in diese Richtung gearbeitet:

Mit Frau C. konnten nach und nach die Grundkonflikte ausfindig gemacht werden. Gleichzeitig mussten wir aber feststellen, dass sie aktuell nicht aufzulösen sind. Ihr selbst ist diese Ambivalenz bewusst und klar. Ohne etwas ändern zu können, wurde sie dadurch trotzdem sicherer und eigenverantwortlicher im Umgang mit der Erkrankung. Eine der-

---

66 Dieser Prozess kann z. B. bei Frau C. gut veranschaulicht werden, indem gemeinsam abgesprochen wird, wie oft sie pro Woche und zu welcher Tageszeit aus dem Haus geht.

artige Entwicklung setzt eine kontinuierliche, lange und vertrauensvolle Beziehung voraus, die über Jahre hinweg durch krisenprophylaktische Arbeit mit geduldigem und permanentem »Dran-Bleiben« entstand. Gleichzeitig wurde die Entwicklung der Vertrauensbeziehung unterstützt und bestärkt durch den Erfolg der Arbeit. Trotz latenter bis hin zu akuten Krisen musste sie nicht mehr in stationäre Behandlung. Sie konnte Vertrauen in den SpD und dessen Hilfe entwickeln, was ihr gleichzeitig ermöglichte, Persönliches und Intimes, das sie belastete, anzusprechen und zu bearbeiten. Wie bei Frau W. (7.5.1.) zeigt auch das Beispiel von Frau C., dass mit psychotisch erkrankten Menschen behutsam und vorsichtig innere Zusammenhänge und Verbindungen zwischen der Erkrankung und der aktuellen Lebenslage »gelüftet« und bearbeitet (weniger im ursächlichen Sinne) werden können. Dies widerspricht der traditionellen psychiatrischen Lehrmeinung, mit psychotisch erkrankten Menschen nicht psychotherapeutisch arbeiten zu können. In der Fachdiskussion selbst geht man schon längere Zeit davon aus, dass auch mit chronisch psychotisch erkrankten Menschen psychotherapeutisch in einem weitergehenden Verständnis gearbeitet werden kann, wie dies z. B. bei GRAWE (1994) und vom Fachausschuss der DGSP »Psychotherapie und Psychiatrie« (DGSP Rundbrief 3/1997, S. 46 ff.) formuliert ist und gefordert wird.

Im Unterschied dazu verweist das Beispiel von Herrn B. auf die Tatsache, dass das Erkennen von Zusammenhängen zwischen Biografie, Erkrankung und Lebenslage mehr seiner Frau und unserem Verständnis der Situation hilfreicher ist als ihm selbst. Deswegen steht hier die Bearbeitung der äußeren Konflikte und die Stabilisierung der Gesamtsituation, verbunden mit der Klärung, ob diese Form der Arbeit ihm und der Familie ausreicht, im Mittelpunkt der Arbeit des SpDs. In allen anderen Fällen müssen jeweils fallbezogen der Stand und die Möglichkeiten herausgefunden werden, was im Hinblick auf das Ziel der Bearbeitung innerer und äußerer Konflikte in Richtung eines größeren Verständnisses möglich ist. Aber es sind auch Ansprüche zurückzunehmen, wenn die Betroffenen nicht können oder auch nicht wollen. Ein falscher therapeutischer Ehrgeiz würde hier mehr schaden als nützen.

8.3.6.3. Wechselnde Einsichten und sich verändernde Umgangsformen

Im Unterschied zur vorherigen besteht in dieser Gruppe in manchen Phasen der Erkrankung eine brüchige bis fehlende Akzeptanz. Damit gehen akute Krisensituationen einher. Trotz länger andauernder gesunder Phasen liegen weniger Sicherheiten, Eigenverantwortung und Klarheit im Umgang mit der Erkrankung vor. Dies hat entsprechende Konsequenzen für die Arbeit des SpDs. So bedeutet weniger selbstverantwortliches Handeln im Umgang mit der Erkrankung mehr diesbezügliche Aufmerksamkeit und Kontrolle durch den SpD.

Folgende Ziele bestimmen die Arbeit des SpDs in dieser Gruppe:
- Erhaltung der Lebensgrundlagen im Gemeinwesen
- Arbeit gegen die Ablehnung und Lebenlernen mit der Erkrankung

Für die Umsetzung der Ziele wird folgendes Handlungsrepertoire benötigt:

Erhaltung der Lebensgrundlagen im Gemeinwesen

Ein grundlegende Aufgabe sozialpsychiatrischen Handelns im Gemeinwesen besteht in der **Herstellung, Gewährleistung und Aufrechterhaltung der materiellen Lebensgrundlagen**, wie sie in den nächsten Kapiteln diskutiert werden.

In beiden Fällen (Frau D. und Frau P.) führt die zeitweise fehlende Akzeptanz der psychischen Erkrankung zur Infragestellung und Gefährdung der materiellen und sozialen Grundlagen, um weiterhin im Gemeinwesen leben zu können. Beide Male gerät die Wohnung und damit der Lebensraum in Gefahr, wodurch eine Unterbringung außerhalb Stuttgarts oder Wohnungslosigkeit droht. Im nächsten Abschnitt (8.4.) wird diese Thematik ausführlich behandelt. Hier interessiert in erster Linie der Zusammenhang mit der psychischen Erkrankung.

Aufgrund der zeitweise fehlenden inneren Auseinandersetzung und Akzeptanz der Erkrankung werden vom **SpD in diesen Situationen entsprechende Voraussetzungen** formuliert. Die weitere Unterstützung und damit das Verbleiben in der Wohnung wird an die Akzeptanz und die Einnahme von Medikamenten (Neuroleptika) und deren Kontrolle geknüpft. Das Absetzen und die Ablehnung der Einnahme hatte zuvor immer wieder zu akuten Krisensituationen, Beziehungsabbrüchen zum SpD und zum behandelnden Nervenarzt sowie zur akuten Gefährdung der Wohnung geführt. Während generell die Notwendigkeit einer zeitweisen oder auch längeren Phase der Medikamentenkontrolle in solchen Situationen gegeben ist, leitet sich deren Modalität aus dem jeweiligen Einzelfall ab. Ausgangspunkt waren eindeutige **Wenn-Dann-Sätze**. Im Hinblick auf die Zielerreichung blieb kein anderer Ausweg, als einseitig und dominant zu formulieren: »Wenn Sie das nicht tun (medikamentöse Behandlung), dann können wir Ihnen aufgrund der vorliegenden Erfahrungen bei der Aufrechterhaltung der Wohnung nicht behilflich sein.« Zum jeweiligen Zeitpunkt standen keine anderen Handlungsweisen zur Verfügung oder wurden von den Betroffenen nicht akzeptiert. Die Begründung für uns ergab sich in beiden Beispielen aus der Tatsache, dass nur über diesen Weg die Wohnung erhalten werden konnte. Beide Frauen ließen sich ohne Widerstand auf die von uns vorgegebene Voraussetzung ein. In der Kürze der Zeit (Kündigungen mit entsprechenden zeitlichen Vorgaben, innerhalb derer reagiert werden musste) konnte kein innengeleiteter, auf einem verständigungsorientierten Konsens gründender Kompromiss mit den Betroffenen erzielt werden.

Bei Frau D. genügte nach Abklingen der akuter gewordenen psychotischen Krise die Vereinbarung mit ihr und ihrem Arzt, nachzuhaken und nachzufragen, ob sie regelmäßige Kontakte mit ihrem Arzt wahrnimmt und ob sie noch Medikamente einnimmt. Vor allem musste immer wieder vorsichtig nachgefragt werden, wie sie die Medikamente verträgt, ob die Dosierung für sie so stimmig ist, wie sie mit den Nebenwirkungen zurechtkommt und ob sie sich in ihrem Lebensgefühl beeinträchtigt fühlt. Während gesunder Phasen ist bei ihr eine innere – wenn auch ambivalente – Akzeptanz und Auseinandersetzung mit der psychischen Erkrankung vorhanden.

Mit Frau P. wurde hingegen aufgrund der schwierigeren Ausgangsbedingungen eine gesetzliche Betreuung als zusätzliches Element eingerichtet, um der fast schon aussichtslos scheinenden Zielerreichung doch noch näher zu kommen. Jede weitere Krise während dieser Zeit hätte unweigerlich den Verlust der Wohnung und die Unterbringung außerhalb Stuttgarts zur Folge gehabt. Die eindeutigere und sichtbarere Machtausübung im

Vergleich zu Frau D. bestand darin, dass ihr von Rechts wegen für die Bereiche Geld und Aufenthaltsbestimmung ein gesetzlicher Betreuer an die Seite gestellt wurde. Die Vereinbarung, dass sich ihr Arzt umgehend beim SpD oder dem gesetzlichen Betreuer melden würde, wenn sie nicht zum vereinbarten Termin erscheint, wurde von ihr nolens volens akzeptiert und funktioniert immerhin schon seit Beginn 1996.

Bei allen Bemühungen, als Professioneller den Prozess **verstehen zu lernen**, wird bei dieser Gruppe ein **höheres Maß an äußerer Kontrolle und Absprachen** nötig. Wenn auch Offenheit gegenüber den Betroffenen zum Standard der SpD-Arbeit gehören, handelt es sich trotzdem um einen Akt der Kontrolle, unabhängig von den mit den Betroffenen zuvor gemeinsam abgesteckten Zielen. Dies trifft insbesondere auf die Situation von Frau P. zu. Das von uns in die Wege geleitete Vorgehen und die damit einhergehende Einschränkung des Handlungs- und Entscheidungsspielraums bis hin zur Eingrenzung der Bürgerrechte (Vermögens- und Aufenthaltsbetreuung bei Frau P.) steht der »Freiheit« gegenüber, sich als Betroffene in schwierigste, existenziell bedrohliche individuelle und soziale Lebenslagen zu bringen. In den folgenden Kategorien kommt dies noch deutlicher zum Ausdruck. Die **Form sowie die Art und Weise unseres Vorgehens**, verbunden mit einer intensiveren Betreuung und/oder einer stärkeren Miteinbeziehung und Nutzung weiterer Ressourcen, ist erst dann gerechtfertigt bzw. angezeigt, wenn andere Mittel und Möglichkeiten ausgeschöpft sind. Als Ausnahmen müssen sie im Team immer wieder in Richtung Reduktion äußerer Kontrolle und Einflussnahme hinterfragt und diskutiert werden. Der Erfolg gibt uns bislang in beiden Fällen Recht. Die Lebensgrundlagen im Gemeinwesen konnten erhalten werden.

Arbeit gegen die Ablehnung und Lebenlernen mit der Erkrankung
Die Sicherung der Existenzgrundlage ist die eine Aufgabe. Die weitere Aufgabe besteht in der Arbeit gegen die Ablehnung der Erkrankung mit dem Ziel, diese vermehrt als Teil von sich selbst anzunehmen und damit im Gemeinwesen leben zu lernen. Beide Aufgaben sind nicht voneinander zu trennen. Im vorherigen Abschnitt wurde schon erläutert, weswegen in beiden Beispielen als Repräsentanten dieser Gruppe eine innere Bearbeitung begrenzt ist.

Bei Frau D. ist es das »Hadern mit der Erkrankung« und die Eingrenzung ihrer Lebensfreude, während bei Frau P. die enormen Nebenwirkungen der Medikamente und die damit verbundene Einschränkung ihres Lebensgefühls einer inneren Akzeptanz Grenzen setzen. In gesundheitlich guten Phasen besteht bei beiden Frauen die Möglichkeit aufgrund der Distanz zur Erkrankung, den **Umgang mit ihr zu thematisieren und zu bearbeiten**. Damit ist allerdings nicht gewährleistet, dass sich die »andere Seite« nicht wieder einmal meldet, obwohl beide ausdrücklich betonen, dass sie mit der jetzigen Lebensform zufrieden sind. Vor allem mit Frau D. ist in diesen Phasen eine latente innere Bearbeitung möglich. Es finden Gespräche über ihre Psychose statt, wie sie diese erlebt, woher sie kommen könnte, wo sie Verbindungslinien sieht zwischen den Entstehungsbedingungen und der aktuellen Lebensform. Weiter kann besprochen werden, dass die akute Krisenphase im Nachhinein bewertet für sie unerträglich ist, aber auch (unbewusste) Gründe vorliegen, die ein erneutes Abrutschen in die Erkrankung nicht ausschließen. **Verstehende und analysierende Gespräche** versuchen zu erfassen, woran diese Schwankungen liegen, um einen **Beitrag zu einem eigenverantwortlicheren Umgang** im Alltag zu leisten. Es geht aber auch um die Suche nach konkreten Veränderungen, z. B. um andere Medikamente, die weniger Nebenwirkungen und auch weniger Gefühlsbeeinträchtigungen verursachen. Dies wiederum verlangt die enge Abstimmung mit dem behandelnden Arzt (Frau P.).

Da aber häufiger und offener als in der ersten Gruppe die **Ambivalenz** (Akzeptanz und Ablehnung der Erkrankung) zutage tritt, ist dadurch die Unsicherheit mit dem eigenverantwortlichen Umgang größer. Die Konsequenz für den SpD besteht darin, diese **Ambivalenz offen und eindeutig** zu thematisieren und zu bearbeiten. Der Inhalt der Gespräche besteht vorrangig in der Abwägung, was ihnen die jetzige Lebensform im Unterschied zu den Zeiten des häufigen Hin- und Herpendelns zwischen Psychose und »Normalzustand« in Verbindung mit häufigen, auch zwangsweisen stationären Unterbringungen, bedeutet. Diese Thematik ist nicht der einzige Gesprächsgegenstand, sondern wird situationsabhängig immer mal wieder in das Gespräch eingeflochten mit Vorsicht und ohne Penetranz, aber mit Kontinuität. Nicht vergessen werden sollte die Tatsache, dass diese Personen zunehmend in die Räumlichkeiten des SpDs kommen und sich mit anderen KlientInnen im Tageszentrum über psychische Erkrankung auseinander setzen. Dabei geht es u. a. darum, wie die Krankheit erlebt wird und welche Erfahrungen mit welchen Medikamenten vorliegen. Das Ziel unserer Arbeit, die Stabilisierung und Verlängerung der jetzigen Phase findet in der Auseinandersetzung mit anderen KlientInnen eine wichtige Ergänzung. In beiden Fällen bemühten wir uns, sie zur Teilnahme an den Aktivitäten der Psychiatrieerfahrenen zu bewegen. Eine kontinuierliche Beteiligung kam allerdings nicht zustande.

Das Erkennen erster Anzeichen der Erkrankung und der Umgang damit, wie es in der vorherigen Gruppe schon erläutert wurde, ist auch in dieser Gruppe ein wichtiger Gegenstand der Arbeit. Die Handlungsweise des SpDs ist bestimmt durch die Förderung des eigenverantwortlichen Umgangs, um erste Symptome frühzeitig wahrzunehmen und die nötigen Schritte so selbstständig wie möglich einzuleiten. In beiden Beispielen wird dies kaum sichtbar. Die Wahrnehmung erster Symptome liegt hier noch vorrangig beim SpD. Das mit beiden Frauen abgesprochene Vorgehen und die Vereinbarungen sind repräsentativ für die gesamte Gruppe. Mit Frau D. wurden kontinuierliche Kontakte vereinbart. Ihr ist es wichtig, von mir zu hören, wie ich sie gerade einschätze, wie sie aussieht, wie sie sich verhält, wie ihre Stimme klingt. Aus diesen Merkmalen können wir gemeinsam ableiten, wie es ihr geht. Darin spiegelt sich wiederum ein hohes Maß an Vertrauen und Kenntnis des SpDs und umgekehrt. Sie akzeptiert, dass sich ihr Arzt an uns wenden kann, wenn sie die Termine bei ihm nicht mehr einhält.

Frau P. erscheint regelmäßig mehrmals wöchentlich im SpD und nimmt an dessen Angeboten teil. Wenn sie einige Tage fehlt, wird auch von KlientInnen und nicht nur von den MitarbeiterInnen nachgefragt, warum Frau P. nicht da ist, ob es ihr schlecht geht, ob sie vielleicht im Krankenhaus sein könnte. Im Hintergrund besteht die Absprache mit ihrem Arzt und Betreuer bezüglich der Kontrolle der Medikamenteneinnahme.

Trotz des **höheren Maßes an Kontrolle** im Unterschied zu den beiden vorherigen Gruppen können sich die Betroffenen dem Kontakt entziehen und auch die Kontrolle umgehen (siehe Frau D.). Bei Frau P. ist die Freiheit der Entscheidung allerdings eingeschränkt. Bei Abbruch des Kontaktes zum SpD und Absetzung der Medikamente wäre eine frühere Einweisung im Rahmen des BGB möglich. Bislang wurde dies noch nicht erforderlich. Die Freiheit zur Ablehnung der Betreuung und Behandlung ist deshalb trügerisch. Aufgrund der Vorerfahrungen entsteht bei Frau P. das Risiko des Wohnungsverlustes und der Unterbringung in einem Heim. Bei Frau D. können Schulden und ebenfalls der Wohnungsverlust und damit die Straße oder der Strafvollzug die Konsequenz sein. Deshalb können wir die Einschränkungen rechtfertigen, die allerdings offen mit den Betroffenen anzusprechen und – wenn möglich – auszuhandeln sind.

8.3.6.4. Menschen mit »chronifizierten Wahngebäuden« und »Systemsprenger«

Die beiden Gruppen werden hier zusammengefasst, da die relevanten Merkmale und damit die Anforderungen an den SpD sich gleichen und keine größeren Unterschiede festzustellen sind. Ansonsten entstünde eine künstliche Trennung, die zu unnötigen Wiederholungen führen würde.

Die Menschen dieser Gruppe unterscheiden sich von der vorherigen im Umgang mit der Erkrankung durch folgende Merkmale: Die einen befinden sich fast nur noch ›in ihrer Krankheit‹ und weisen kaum noch Zeiten auf, in denen sie sich von den Wahnideen distanzieren. Bei den Menschen mit schweren Persönlichkeitsstörungen ist es das dogmatische Verharren in den eigenen Sichtweisen. Dies ist untrennbar verbunden mit einem einseitigen und eindimensionalen Kampf gegen die Außenwelt. Diese Kämpfe dominieren das Alltagsleben. In Abgrenzung dazu konnten bei der vorherigen Kategorie längere Phasen der Distanzierung und Auseinandersetzung mit der Erkrankung auf dem Weg zu eigenständigerem Lebenlernen mit den gesundheitlich bedingten Einschränkungen festgestellt werden. Die psychische Erkrankung wird in beiden hier angesprochenen Gruppen als solche kaum noch wahrgenommen. Medikamentöse Behandlung findet kaum noch statt und hat demzufolge keine Auswirkungen auf den Umgang mit der Erkrankung. Selbst in der stationären Behandlung zeichnen sich trotz der dort kontinuierlich realisierten medikamentösen Behandlung wenig Perspektiven und Arrangements für ein Leben im Gemeinwesen ab.

Die gemeindenahe Beratung und Begleitung des SpDs und der anderen Bausteine gemeindepsychiatrischer Hilfen geraten hier eindeutig an ihre Grenzen, wie ausführlich und deutlich geschildert wurde. Sowohl die Ziele und Leitlinien als auch das methodische Herangehen werden nicht nur in besonderem Maße herausgefordert und führen zur Verunsicherung, sondern werden im Einzelfall sogar in Frage gestellt (z. B. geschlossene Unterbringung außerhalb Stuttgarts). Bei beiden Personengruppen ist im Unterschied zur vorherigen Kategorie eine deutlich reduzierte Alltagskompetenz in wechselseitiger Abhängigkeit mit der Erkrankung festzustellen. Das Leben im Gemeinwesen ist eindeutig erschwert und im Einzelfall auch über längere Zeiten hinweg unmöglich.

Für die Arbeit des SpDs leiten sich daraus folgende Ziele ab:
- (Wieder-)Herstellung und Aufrechterhaltung des Kontaktes und der Beziehung
- (Wieder-)Herstellung und Absicherung der Existenzgrundlagen
- Entwicklung einer ambulanten Perspektive und notdürftigster Arrangements

Folgende Hilfestellungen und Unterstützung sind für die Umsetzung der Ziele erforderlich:

(Wieder-)Herstellung und Aufrechterhaltung des Kontaktes und der Beziehung
Die **Arbeit mit psychisch kranken Menschen setzt das Vorhandensein einer Beziehung** voraus, auch wenn sie sich auf äußerst distanziertem, brüchigem und diskontinuierlichem Niveau bewegt. Die Umsetzung dieser Voraussetzung gestaltet sich bei beiden Gruppen schwierig. In manchen Situationen ist sie über längere Phasen hinweg nicht möglich.
Die Gründe dafür liegen in der psychischen Erkrankung selbst: Misstrauen, Verfolgungs- und Beziehungsideen, Halluzinationen etc. Die damit einhergehenden Erlebnisse und Wahrnehmungen sind für die Betroffenen real und oft unumstößlich. Sie stehen in wechselseitiger Verbindung mit den Erfahrungen und der Geschichte, die mit dem Umfeld gemacht wurden. Der Widerstand gegen psychiatrische Einrichtungen und die Ablehnung psychiatrischer Hilfestellungen gehören dazu, da »man/frau nicht psychisch krank ist«. Psychiatrie, Ämter, Behörden etc. werden vorrangig bevormundend und kontrollierend erlebt. Diese **Haltung lässt die Betroffenen häufig den Kontakt zum SpD in Zweifel ziehen**, indem sie sich z. B. fragen:»Für was brauche ich eine psychiatrische Einrichtung, wenn ich nicht psychisch krank?« Dies kann in Beziehungsabbrüchen enden in Verbindung mit der Androhung von gewalttätigen Übergriffen, wenn dem Abbruch von unserer Seite aus widersprochen wird.
Was kann und muss der SpD in solchen Phasen tun, um den Kontakt und eine wie auch immer geartete Beziehung aufrechtzuerhalten?
Meist wäre **mehr Kontakt und Hilfestellung** nötig als von den KlientInnen erlaubt wird. Dies bedeutet, dass abgeklärt sein muss, ob der Kontakt »an der langen Leine und auf Sparflamme« oder sogar dessen Unterbrechung zu verantworten ist und dies angesichts nicht unerheblicher Selbst- oder Fremdgefährdung. Oder es besteht am anderen Ende des Kontinuums die Anforderung, weniger Kontakt und mehr Abgrenzung zu gewährleisten als der/die Betroffene erzwingen will. Herr W. (8.3.4.) steht exemplarisch dafür, dass wir immer wieder abklären müssen, ob der Kontakt und die Beziehung auf »Sparflamme« verantwortet werden kann und der Balanceakt immer wieder neu mit den beteiligten Akteuren zu definieren ist.
Bei Herrn H. (8.3.5.) hingegen ist eher darauf zu achten, dass die Beziehung nicht zu eng und zu nahe wird, um keine zu hohen Erwartungen nach persönlichen Kontakten entstehen zu lassen, die zu äußerst schwierigen Auseinandersetzungen führen können. Das Gleiche gilt für Frau H. (8.3.5.).
Herr D. (8.3.5.) hielt den Kontakt mit dem SpD und den MitarbeiterInnen der Wohngemeinschaft nur so lange aufrecht, wie keine Anforderungen an ihn gestellt wurden, die mit der Beeinflussung seiner Erkrankung zu tun haben. Sobald die notwendige medikamentöse Behandlung zur Forderung erhoben wurde – z. B., dass er aufgrund der krankheitsbedingten Gefährdung der Mitbewohner Medikamente nehmen müsse – brach er den Kontakt bis zur nächsten Zwangseinweisung ab, was u. a. zur dauerhaften Unterbringung mit einigen Unterbrechungen seit mittlerweile drei Jahren geführt hat. In der Klinik konnte der Kontakt vom SpD immer wieder von neuem hergestellt werden.
Daraus lassen sich **allgemeine Anforderungen an das Handlungsrepertoire** formulieren. Die Schwierigkeiten, Kontakte herzustellen und/oder aufrechtzuerhalten verlangen vor dem Hintergrund schwerer psychischer Erkrankungen und deren Folgen ein hohes **professionelles Maß an Fingerspitzengefühl**. Auf der einen Seite kommt es bei einem

Teil dieses Personenkreises darauf an, größte Vorsicht und Zurückhaltung mit einem Kontakt auf »Sparflamme« walten zu lassen oder sogar einen Abbruch des Kontaktes zu verantworten, obwohl aus Sicht des SpDs mehr Unterstützung nötig wäre. Dies kann nur unter der Voraussetzung erfolgen, dass Selbst- oder Fremdgefährdung abgeklärt sind (Näheres dazu siehe »Anfangssituationen«: 8.2.4.1.). Auf der anderen Seite gibt es Menschen in beiden Gruppen, bei denen verstärkte Ab- und Begrenzung der Kontaktangebote von Seiten des SpDs aus erfolgen müssen, um keine zu enge Beziehung mit falschen Erwartungen und Sehnsüchten nach menschlicher Nähe zu erzeugen. Diesen Wünschen kann die Institution SpD per definitionem und aus fachlicher Sicht nicht nachkommen.

(Wieder-)Herstellung und Absicherung der materiellen Existenzgrundlage
Der Blick auf die **materielle Grundlage des von uns betreuten Personenkreises** zieht sich wie ein roter Faden durch die gesamte Arbeit des SpDs und taucht deswegen an vielen Stellen dieser Studie auf. Noch mehr als bei allen anderen geht bei den beiden hier beschriebenen Gruppen der Verlauf der psychischen Erkrankung Hand in Hand mit der Infragestellung und dem Verlust materieller und sozialer Grundlagen. Der **SpD muss weiterer sozialer und materieller Verelendung entgegensteuern und auf niedrigem Niveau eine Absicherung herstellen**. Wegen des inadäquaten Umgangs mit der Erkrankung ist dies nur schwer zu realisieren. Divergierende und gegensätzliche Vorstellungen und Interpretationen der Realität führen zu Konflikten mit den Alltagsregeln und ins gesellschaftliche Abseits. Die Einflussnahme des SpDs auf diese Entwicklung ist sehr gering. Diese Haltung und das entsprechende Verhalten der Betroffenen beider Gruppen betrifft die gesamten Bereiche materieller und sozialer Grundlagen: Bei Herrn W. und Herrn H. sind es die Probleme mit der Wohnsituation und Wohnungslosigkeit sowie Schulden in Verbindung mit häufiger Mittellosigkeit und soziale Isolierung. Fehlende Wohnfähigkeit mit latenter, oft krankheitsbedingter Gewaltbereitschaft, Mittellosigkeit und Alleinsein bedeuten für Herrn D. seit über 15 Jahren eine Psychiatriekarriere mit langen stationären Unterbringungen ohne eigene Wohnung. Die gesetzliche Betreuung schützt Frau H. zwar vor Mittellosigkeit und unterstützt ein nicht einfaches Zurechtkommen mit der Sozialhilfe. Ihr Verhalten führt aber zum Verlust sozialer Kontakte und in die Einsamkeit. Kontinuierliche private Kontakte bestehen wie bei den anderen Repräsentanten der beiden Gruppen schon lange nicht mehr. Deswegen kommt es immer wieder darauf an, zumindest Anknüpfungspunkte mit anderen Diensten und Einrichtungen zu finden, die sie zeitweise nutzen kann, damit sie nicht völlig vereinsamt. Vom SpD wird sie außerhalb seiner Räumlichkeiten betreut, da sie aufgrund ihres schwierigen Verhaltens nicht mehr in die Räume des SpDs kommen kann. **Der SpD** muss in diesen Fällen durch sein Handeln die **fehlende** bzw. durch die nicht **vorhandene Wahrnehmung der Erkrankung verschüttete Kompetenzen ausgleichen**, um die materielle und soziale Randständigkeit in Verbindung mit existenzieller Bedrohung in Grenzen halten zu können. Erschwert wird diese Arbeit als Fundament für weitere Hilfestellungen durch die vorher diskutierte Problematik, überhaupt einen Kontakt und eine Beziehung – wenn auch auf minimalem Niveau – herstellen und aufrechterhalten zu können. In der täglichen Arbeit muss die **Kombination von klassischer Sozialarbeit** mit den entsprechenden sozialrechtlichen Kenntnissen und der im vorherigen Abschnitt dargelegten **Haltung und Handlung mit Fingerspitzengefühl die notwendige Balance** herstellen. Und trotzdem können vereinzelt

Situationen von Wohnungslosigkeit, ein Leben auf der Straße oder geschlossene Dauerunterbringung nicht verhindert werden.

Entwicklung einer ambulanten Perspektive und notdürftigste Arrangements mit begrenzter professioneller Reichweite
Eine **Auseinandersetzung mit der psychischen Erkrankung** in Verbindung mit einer positiven Auswirkung auf Alltagskompetenzen, die wiederum Voraussetzung für weitere Perspektiven sind, findet nicht mehr oder noch nicht statt. Die Wechselwirkung von Einflüssen der Erkrankung auf das soziale Leben und umgekehrt sowie das Defizit, sich damit zurechtzufinden, führt zur beträchtlichen Reduktion der Alltagskompetenzen. Dies kann aufgrund zeitweilig vorhandener Ablehnung von Hilfe oder einer kaum ausgeprägten realitätsbezogenen Vorstellung, wie Hilfe aussehen könnte, über längere Zeiträume hinweg nur schwer bis gar nicht ausgeglichen werden. Die Entwicklung ambulanter Perspektiven oder zumindest notdürftigster Arrangements ist damit sehr eingeschränkt, manchmal sogar unmöglich. Allein bei Frau H. ist im Unterschied zu den anderen Beispielen ein großer Teil ihrer Alltagskompetenzen noch intakt. Bei ihr steht eindeutig die Beziehungs- und Kommunikationsunfähigkeit und -losigkeit im Zentrum, wodurch die Belastbarkeit und die Zumutung für die Umgebung in den Mittelpunkt der Auseinandersetzung rückt.

Eine wesentliche Aufgabe besteht in solchen Fällen zunächst einmal darin, dass sich **alle Beteiligten zusammenfinden**, um gemeinsam schwierige Bedingungen auszuhalten und die Betroffenen nicht aufzugeben. Es geht darum, ein gemeinsames Verantwortungsgefühl zu entwickeln und gemeinsam nach Wegen zu suchen, damit die Situation für alle Beteiligten einigermaßen erträglich gestaltet werden kann. Dahinter steht die Haltung, dass es keine hoffnungslosen Fälle gibt, sondern auch Perspektivlosigkeit zeitlich befristet ist. Die Beispiele zeigen in verschiedenen Richtungen und in unterschiedlichen Dimensionen, dass **Änderungen** möglich sind (Herr H.), aber auch **Stillstände** (Herr D.) oder **Verschlechterungen** (Frau H.) ausgehalten und ertragen werden müssen. Bei Herrn W. muss akzeptiert werden, dass er sich immer wieder entzieht und riskiert, auf der Straße zu leben. Mit Herrn H. wurde die »Achterbahnfahrt« am deutlichsten: Zuerst der Weg in die Perspektivlosigkeit mit der Folge, ihn fast schon aufzugeben. Nach langer Zeit konnten wir mit ihm unter bestimmten Konstellationen einen Weg zurück in die Gesellschaft entwickeln, das hieß für ihn, nach langer Zeit wieder außerhalb der Klinik zu leben. In seinem Beispiel bestätigt sich die Haltung, niemanden aufzugeben. Weiterhin wird sichtbar, dass Entwicklungen nach beiden Seiten möglich sind und beide ihre zeitliche Begrenzung haben können. Im Beispiel von Herrn D. war es wichtig, nicht nur das Negative, das Defizitäre zu sehen und sich davon bestimmen zu lassen, sondern zu prüfen ob eine Chance im ambulanten Feld entwickelt werden kann, so gering sie auch sein mochte. Klare Voraussetzungen und entsprechende Vorgaben waren dafür allerdings unabdingbar Bei Frau H. muss aufgrund des Verlustes positiver Gefühle ihr gegenüber die Haltung und das Vorgehen auf rein sachlich-rationales Handeln begrenzt werden, um auch ihr ein Arrangement im Gemeinwesen aufrechtzuerhalten.

Das **Anspruchsniveau der Perspektiven und Arrangements** geht von abzuklärender Selbst- oder Fremdgefährdung aus und sucht nach einem Weg, der für die Umgebung und die Betroffenen verträglich und aushaltbar gestaltet werden kann: Bei Herrn W. kommen wir nicht umhin, seinen Weg wider besseres Wissen aus der Sicht des Professionellen zu akzeptieren. Er gab aus für ihn verständlichen Gründen seine Wohnung auf, zog in ein Wohnungslosenasyl mit der Konsequenz, dass er hin und wieder auf der Straße lebt. Bei Herrn H. funktionierte die Odyssee durch die Hotels nicht mehr. Er zog sich in die psychiatrische Klinik zurück. Der über einen längeren Zeitraum hinweg mit ihm erarbeitete Weg in eine eigene Wohnung entwickelte sich wider Erwarten über ein notdürftiges Arrangement hinaus zu einer ambulanten Perspektive. Eine rechtliche Auflage und klare Vorgaben, wie das Arrangement aussehen soll, können für Herrn D. eine Perspektive eröffnen, wieder in das Gemeinwesen zurückzukehren. Im Falle von Frau H. war es über einen längeren Zeitraum hinweg notwendig, Arrangements von Tag zu Tag, von Woche zu Woche zu treffen, um die extreme Störung auszuhalten und gleichzeitig Vorgehensweisen zu erarbeiten, die Störung zu reduzieren und die Lage zu beruhigen.

In diesen Situationen muss die **Begrenzung bis hin zur Infragestellung der professionellen Kompetenz** akzeptiert und gleichsam als **Herausforderung** genutzt werden. Sowohl die stark eingeschränkte Entwicklung von Perspektiven als auch die Infragestellung und der zeitweilige Abbruch von Kontakten beinhalten gleichzeitig eine Verunsicherung professioneller Kompetenz, aber auch den notwendigen Verzicht auf eine Selbstrechtfertigung, die darauf hinausläuft, diesen Zustand resignativ zu akzeptieren und sich von beiden Gruppen innerlich und äußerlich zu distanzieren und sie auszugrenzen. Die Herausforderung anzunehmen trotz eingeschränkter Aussicht auf Lösungswege erwächst aus der Beobachtung, dass der **Status dieser beiden Gruppen kein endgültiger** und nicht die letzte Sprosse der Leiter nach unten bleiben muss, sondern eine Zeitdimension beinhaltet, deren Dauer von inneren und äußeren und damit auch von Faktoren abhängt, die von professioneller Seite aus zu beeinflussen sind. Deutlich zeigt sich dies bei Herrn H. Aber auch in den anderen Beispielen zeichnen sich, wenn auch langsam und mit Vorsicht zu bewerten, eine Beruhigung der Lage und notdürftige Arrangements am Horizont ab. Die Nähe und Verbindung zur **Justiz und Forensik** ist aufgrund der Frage nach krankheitsbedingt verminderter Schuldfähigkeit unumgänglich und wird bewusst und offen mit dem Betroffenen – wenn nur irgend möglich – thematisiert sowie im Team und mit Kooperationspartnern reflektiert.

Die **Ziele sozialpsychiatrischer Arbeit** bleiben trotz der Verunsicherung als tägliche Herausforderung unverändert. Es geht weiterhin um die Verringerung von Gewalt sowohl gegenüber den Betroffenen als auch der Betroffenen gegenüber der Umgebung, von Verrandständigung und endgültiger Ausgrenzung. Auf einem mühseligen und kleinschrittigen Weg in Richtung der (Wieder-)Herstellung von Selbsthilfefähigkeiten kann der Verbleib oder die Rückkehr in das Gemeinwesen ermöglicht werden. Die Beispiele belegen dies deutlich.

Abschließende Hinweise für die Handlungsweise des SpDs im »Umgang mit der psychischen Erkrankung«:
- Übergreifendes **Ziel in allen Kategorien ist die Bemühung**, mit den Betroffenen (und dem Umfeld) einen **eigenverantwortlicheren Umgang** mit der **psychischen Erkrankung** – wenn auch auf unterschiedlichstem Niveau – anzustreben, ohne die schwierigsten Menschen ausgrenzen zu wollen und zu können.
- Der SpD erkennt und akzeptiert die Existenz psychischer Erkrankungen, welche

jedoch nur dann einen Hilfebedarf erfordern, wenn die Betroffenen mit sich selbst und/oder mit ihrer Umgebung und umgekehrt Probleme und Konflikte haben.
- Die Arbeit des SpDs bestimmt sich durch die Förderung des emanzipativen, eigenverantwortlichen Umgangs mit der psychischen Erkrankung und nicht deren ursächliche Beseitigung. Dabei orientiert sie sich am Umgang mit den schwierigsten Menschen.
- Der **Alltag, die Lebenswelt und die existenzielle Grundlage** rücken umso stärker in den Mittelpunkt der Handlung und weniger die (alleinige) Auseinandersetzung mit der Erkrankung, je mehr sich die Betroffenen mit der Wahrnehmung und Akzeptanz der Erkrankung schwer tun. Schließlich bestimmt das Auftun **notdürftiger Arrangements** im Alltag bei den schwierigsten Menschen die Arbeit des SpDs.
- Deutlich und prägnant zeigt sich die **Verbindung von Lebenswelt als übergreifendem und vorrangigem Element** und dem medizinisch-psychiatrischen Handeln in der Arbeit des SpDs.

8.4. Erhaltung und Gestaltung des Wohnraums sowie die Erweiterung des Lebensraumes – Die Strukturierung des Raumes

Sowohl in der Alltagstheorie als auch in den sozialpsychiatrischen Ansätzen ist die Strukturierung des Raumes von wesentlicher Bedeutung. Es geht um das Wohnen, d. h. die Wohnung, die Wohnlage und den weiteren Lebensraum, dessen Strukturierung und Systematisierung in Richtung eines gelingenderen Alltags. Wohnen wird als ein Grundbedürfnis des Menschen betrachtet. Dazu gehört nicht allein die Verfügung über einen Wohnraum als Teil der existenziellen Grundsicherung, sondern auch dessen Gestaltung im je eigenen Kontext.

Für den SpD bestimmt sich diesbezüglich die Arbeit durch drei Ziele:
- Die Erhaltung der Wohnung – falls dies nicht mehr möglich ist durch die Suche nach Alternativen
- Die Gestaltung des Wohnraums – orientiert an den Bedürfnissen und Vorstellungen der Betroffenen
- Die Erweiterung des Lebensraumes – über die Wohnung hinaus

Im Folgenden geht es um die Beschreibung und Diskussion dieser drei Leitlinien. Es wird wieder ausgegangen vom einfachen hin zum schwierigen Fall, von der unproblematischen Situation bis hin zum Verlust der Wohnung und dem Leben auf der Straße. Auch hier wird auf schon bekannte und ausführlich beschriebene Beispiele zurückgegriffen. Dadurch kann direkt auf die Fragestellung Bezug genommen werden, ohne den gesamten Kontext des Falles rekonstruieren zu müssen.

8.4.1. Erhalt, Gestaltung der Wohnung und Erweiterung des Lebensraumes entwickeln sich positiv

Die Fallstudie zu Frau W. vermittelt in Kap. 7.5.2.: **(Die Bedeutung ihrer Wohnung und des Wohnumfeldes: Von der Wohnung als Heimat und Ort des Rückzugs bis nach Wien (die sukzessive Erweiterung ihres Lebensraumes Entwicklung von der krankheitsbedingten Infragestellung der Wohnung hin zur Nutzung und Erweiterung des**

Lebensraumes.) Bezogen auf die oben genannten Leitlinien lassen sich hinsichtlich des Erhalts der Wohnung folgende Merkmale und Kriterien zusammenfassend festhalten:
- Die Haltung des SpDs bestand darin, selbst in schwierigen, fast hoffnungslosen Zeiten nicht aufzugeben und Frau W. dieses Gefühl zu vermitteln, wenngleich parallel dazu mit ihr realitätsbezogen in Richtung Alten- und Pflegeheim gearbeitet oder zumindest eine solche Unterbringung mit ihr in Erwägung gezogen wurde.
- Die Regulierung und Sicherung der notwendigen Rahmenbedingungen. Dazu gehörte die Absicherung der Mietzahlungen, die Gestaltung des Haushaltes, die Versorgung zu Hause und der Blick auf die Nachbarn. Immer wieder musste abgeklärt und abgestimmt werden, ob der Verbleib zu Hause in der eigenen Wohnung aus gesundheitlichen Gründen noch zu verantworten und welche Unterstützung und Hilfe dafür jeweils erforderlich war.
- Durch intensive Pflege und Unterstützung konnte letztlich die Versorgung zu Hause gewährleistet werden. Sie war durch die geschilderten Beschwerden extrem in Frage gestellt. Erst im Verlauf einiger Jahre nahm – mitbedingt durch die Arbeit des SpDs – die Dringlichkeit der Frage nach der Aufrechterhaltung der Wohnung kontinuierlich ab, bis sie unbedeutend wurde.

Die Gestaltung der Wohnung nahm im Fall von Frau W. bisher wenig Raum ein. Entsprechend unserer Haltung, dass die Gestaltung und das Aussehen der Wohnung Angelegenheit des/der Betroffenen ist, konnten wir uns bei Frau W. aufgrund ihrer Kompetenzen ohne weiteres heraushalten. Tendenzen zur Verwahrlosung, die in Richtung Gesundheitsgefährdung gehen und das einzige Kriterium darstellen, bei dem der SpD auch gegen den Willen der Betroffenen tätig werden muss, lagen nicht vor. Wünsche und Anfragen, ihr bei der Einrichtung und Gestaltung behilflich zu sein, tauchen selten auf. Wenn dies der Fall ist, werden ihre Wünsche angenommen und gemeinsam mit ihr durchgeführt, z. B. das Festkleben der Deckenplatten, das Auswechseln der Glühbirnen oder die Entrümpelung von Speicher und Keller. Ansonsten geht es bei Frau W. wie in vielen anderen Fällen eher darum, die Besonderheit, wie sie ihren Wohnraum gestaltet, ihr gegenüber positiv herauszustellen und sie darin zu bestärken.

Bezüglich der Erweiterung des Lebensraumes konnte bei Frau W. sehr genau dargestellt werden, wie es ihr auf der Grundlage des Erhalts ihrer Wohnung gelang, diese wieder zu verlassen und sich Schritt für Schritt – alltagsbezogen und an ihren Bedürfnissen orientiert – wieder in ihren Stadtteil hinauszubewegen. Darauf aufbauend wurde es ihr wieder möglich, sich in Bad Cannstatt und der gesamten Stadt zu bewegen. Schließlich gelang es ihr, wieder längere Reisen außerhalb Stuttgarts zu unternehmen.

Darüber wird die Bedeutung und Funktion des SpDs deutlich. Wichtig sind das Einfühlungsvermögen sowie die situationsadäquate Auseinandersetzung mit Frau W. und die Bereitstellung alltagspraktischer Hilfen, z. B. Fahrdienste und materielle Unterstützung wie die Finanzierung der Reisen über Spenden.

8.4.2. Erhalt und Gestaltung der Wohnung als ständige Herausforderung – Die Erweiterung des Lebensraumes tritt in den Hintergrund

Im Unterschied zur vorherigen Kategorie geht es in dieser zahlenmäßig relativ großen Gruppe vorrangig um die Erhaltung der Wohnung, z. T. mit aber auch ohne den Blick auf die Gestaltung des Wohnraumes. Die Wohnung wird durch verschiedene Gründe in Fra-

ge stellt: Extreme, oft gesundheitsgefährdende Verwahrlosung, Lärm, Störungen und/
oder das Ausbleiben der Mietzahlungen. Dementsprechend bestimmt sich die Arbeit des
SpDs. Um die Wohnung zu erhalten, sind Verhandlungen um den Ausgleich der rückständigen Mietzahlungen notwendig oder die Auseinandersetzung mit dem Umfeld und dem
Vermieter wegen der zunehmend verwahrlosten Wohnung, oder es kommt des öfteren zur
Konfrontation mit allen Beteiligten wegen nächtlicher Ruhestörungen. Zur Erläuterung
dieses Sachverhaltes habe ich zwei Beispiele herausgegriffen, die schon in anderem Zusammenhang erörtert wurden.

Frau P. – Die Verwahrlosung der Wohnung und die Ruhestörung werden unzumutbar
Im Kapitel Umgang mit der Erkrankung (8.3.3.) wurde geschildert, wie **Frau P. selbst und ihre Wohnung in akuter werdenden psychotischen Phasen zunehmend verwahrlosen**. Die Erkrankung tritt dann immer mehr in den Vordergrund, während die Handlungskompetenz, ihren Alltag zu bewältigen zunehmend abnimmt. Frau P. ist dann vollständig überfordert, irgendetwas in ihrer Wohnung zu tun. Sie scheint die Notwendigkeit dafür nicht mehr wahrzunehmen. Gleichzeitig lehnt sie in der akuter werdenden psychotischen Phase jegliche Hilfe ab. Diese **Spirale nach unten** setzte sich über Jahre hinweg fort. Während in der Anfangszeit der Betreuung durch den SpD die Abstände zwischen den akuten Phasen und damit auch den Klinikaufenthalten noch größer waren, wurden die Abstände zwischen den Klinikaufenthalten zunehmend kürzer. Die Wohnung glich – ohne Übertreibung – einem Trümmerfeld. Gebrauchte und zerfetzte Kleidungsstücke lagen zwischen kaputten Möbeln und verschimmelten Essensresten in der ganzen Wohnung, verteilt auf dem Boden, auf dem Tisch, in der Spüle, in der Toilette und Dusche. Die Wohnung war eigentlich nicht mehr bewohnbar. Nur auf dem Sofa im Wohnzimmer hatte sie noch etwas Raum zum Schlafen.
Schließlich konnte diese Situation von uns nicht mehr verantwortet werden. Die vorliegende krankheitsbedingte Gesundheitsgefährdung war in Verbindung mit einem sichtbaren Leidensdruck, wenn er auch nicht direkt von ihr formuliert wurde, nicht mehr zu akzeptieren. Gleichzeitig ging damit die Zunahme des Widerstandes der Nachbarn einher und endete in der Wohnungskündigung durch den Vermieter (Stadt Stuttgart). Frau P. wollte jedoch unbedingt in der Wohnung bleiben und an ihrem Leben im Stadtteil festhalten. Trotz der **Übereinstimmung dieses Zieles zwischen ihr und uns** schlugen sämtliche gütlichen, auf sachlich-pädagogische Verständigung angelegten Versuche fehl. Schließlich blieb uns keine andere Wahl, als direktiv vorzugehen. Entweder sie konnte sich auf unsere Bedingungen einlassen, oder die Wohnung hätte nicht mehr aufrechterhalten werden können. Letzteres war gekoppelt mit dem Risiko einer geschlossenen Unterbringung. Sie musste der Kontrolle der medikamentösen Behandlung zustimmen und die kontinuierliche Betreuung durch den SpD in Verbindung mit der Bereitstellung einer Putzhilfe akzeptieren. Nur darüber konnte ermöglicht werden, die oben beschriebene Spirale aufzuhalten, d. h. auch die Kündigung wieder rückgängig machen zu können. Unter diesen Voraussetzungen war die Stadt bereit, den Mietvertrag zu verlängern. Um diese Vorgaben erfüllen zu können, beantragten wir eine gesetzliche Betreuung, welche die Vermögensangelegenheiten und die Aufenthaltsbestimmung umfassen sollte. Die damit verbundene Hypothese war, dass Frau P. durch einen offiziellen und formal-rechtlichen Schritt eher in der Lage war, die Vorgaben zu

erfüllen und eine stationäre Einweisung über eine Aufenthaltsbestimmung schneller realisieren zu können, um einer Verwahrlosung der Wohnung wieder zuvorzukommen. Die Hypothese konnte bestätigt werden. **Ihr Wunsch, weiter in dieser Wohnung zu leben, konnte realisiert werden.** Seit über zweieinhalb Jahren lebt Frau P. in ihrer Wohnung ohne stationäre Aufenthalte, wenn das Aussehen und die Gestaltung der Wohnung auch zu wünschen übrig lässt. Die Erweiterung des Wohn- und Lebensraumes gestaltet sie ohne Zutun durch den SpD. Frau P. organisiert dies ohne Schwierigkeiten auf ihre Weise.

Das beschriebene Vorgehen des SpDs ergibt sich aus den Zwängen des Alltags heraus. Es ist einseitig und direktiv. Die Bedingungen werden eindeutig von uns gestellt. Es fand keine Verhandlung mehr statt. Frau P. konnte nur noch zustimmen oder einen Weg antreten, den sie wiederum nicht wollte.

Derartige konflikthafte und kritische Konstellationen werden uns auch in Zukunft nicht erspart bleiben, wenn Menschen wie Frau P. unbedingt ihre Wohnungen erhalten wollen, sämtliche pädagogischen Verhandlungsinstrumente für die Umsetzung dieses Wunsches aber ausgeschöpft sind und nicht mehr oder noch nicht fruchten. Jedoch war der Erhalt der Wohnung zum aktuellen Zeitpunkt nicht mehr anders zu bewerkstelligen. Bei der großen Mehrheit der Klientel gestaltet sich die Erhaltung der Wohnung einfacher und ist über einen Verständigungs- und Verhandlungsprozess zu erreichen. Die Frage, ob zu einem früheren Zeitpunkt durchgeführte Interventionen mehr Erfolg gehabt hätten, kann nicht beantwortet werden. In den Fallkonferenzen zu Frau P. fanden wir zu keinem anderen Vorgehen. Bei Frau P. handelt es sich um **ein schwieriges Beispiel mit Haltungen, Bedingungen und Vorgaben unsererseits**, die nur dann zur Anwendung gelangen, wenn alle anderen Möglichkeiten ausgeschöpft sind.

Das **Aussehen und die Gestaltung der Wohnung** bleiben unverändert ein Dauerproblem. Des Öfteren müssen wir pragmatisch und flexibel nach Putzhilfen suchen, deren Finanzierung gegenüber dem kritisch nachfragenden Sozialamt nach deren Notwendigkeit absichern und die zunehmende Beteiligung von Frau P. an der Reinigung ihrer Wohnung thematisieren.

Frau D. – Erhalt der Wohnung zwischen »freier Entscheidung« zur Wohnungslosigkeit und das Handeln gegen den Willen der Betroffenen

Frau D. wurde im Kapitel »Umgang mit der Erkrankung« ebenfalls schon erörtert (8.3.3.). Auch bei Frau D. nimmt der Erhalt der Wohnung in der Arbeit mit ihr einen wesentlichen Raum ein.

Die Auseinandersetzung um die Aufrechterhaltung der Wohnung ist bei Frau D. von zwei Problembereichen bestimmt: Rückständige Mietzahlungen sowie Lärm, Ruhestörung im Haus und Reibereien mit den Nachbarn.

Diese Konflikte entstehen immer nur in Verbindung mit einem **akuter werdenden Zustand ihrer psychotischen Erkrankung**. Sie hört zunehmend Stimmen, die sie bedrohen und beschimpfen. Sie legt sich mit den Stimmen lauthals an und schmeißt Türen. Sie hört laut Musik, um die Stimmen zu übertönen und bekommt dadurch Probleme mit den Nachbarn.

Frau D. fällt es in diesem Zustand sehr schwer, mit dem ohnehin wenigen Geld zurechtzukommen. Sie überweist z. B. die Miete nicht mehr, weil sie das Geld für andere

Dinge ausgibt. Briefe, die entsprechende Aufforderungen zur Zahlung der Miete beinhalten, werden von ihr nicht mehr geöffnet. In ihrem Leben hat sich dies schon öfters ereignet, wodurch sie auch schon die Wohnung verloren hat und sich auf der Straße oder im Strafvollzug wiederfand.

Seit sie sich in **Betreuung des SpDs befindet (sechs Jahre), konnte die Wohnung jedoch erhalten werden**. Weiter vorne wurde ausführlich geschildert, wie seit dieser Zeit über eine konsequente krisenprophylaktische Arbeit des SpDs eine Eskalation ihrer Erkrankung verhindert werden konnte. Frau D. kommt frühzeitig zu Gesprächen in den SpD, wenn sie noch verhandlungsfähig ist und sich auf eine medikamentöse Behandlung einlassen kann.

Seit sie von uns betreut wird, lagen jedoch zweimal, jeweils zu **Beginn einer akuten Krise Räumungsklagen und Schulden** vor, die zu heftigen Auseinandersetzungen mit ihr führten. Unsere Arbeit bestand darin, zu verhandeln, zwischen allen Beteiligten zu vermitteln und zu handeln: Bei dem Vermieter ging es um die Zahlung der Mietrückstände und um Beschwichtigung, da er von den Mitbewohnern wegen des Verhaltens von Frau D. unter Druck gesetzt wurde. So mussten Nachbarn beruhigt und bei ihnen um Verständnis für Frau D. geworben werden. Mit dem Sozialamt wurde die Zahlung der Miete vereinbart. Frau D. wurde von uns offen damit konfrontiert. Ihr wurde vermittelt, dass sie am Beginn der akuten Phase der Erkrankung noch in der Lage ist, sich an uns oder an ihren Nervenarzt zu wenden, um einer Eskalation der Situation zuvorzukommen, während im Verlauf der akuten Phase ihre Geschäftsfähigkeit eingeschränkt ist.

Nach der **letzten kritischen Phase**, die gerade noch ohne entsprechende Folgen abgewendet werden konnte, teilten wir ihr unmissverständlich mit, dass wir uns beim nächsten Mal anders verhalten würden. Wir würden sie für verantwortlich genug halten, zu Beginn einer psychotischen Krise adäquat zu handeln bzw. durch kontinuierliche Behandlung und Betreuung erst gar nicht in eine akute psychotische Krise abzugleiten. Wenn nicht, müsse sie damit rechnen, dass sie von uns nicht mehr die Rückendeckung wie bisher erhalten würde, indem wir für sie handeln, sie nach allen Seiten absichern, um damit ihre Wohnung durch unsere Aktivitäten zu retten. Wir würden stattdessen einen Antrag auf Einrichtung einer gesetzlichen Betreuung (Vermögen und Aufenthaltsbestimmung) stellen. Im äußersten Notfall müsse sie auch das Leben auf der Straße in Kauf nehmen. In dieser Haltung besteht das Risiko einer weiteren Verelendung. Dieses Risiko mussten wir jedoch in Kauf nehmen, um ein anderes Handlungsmuster zu unterlaufen. Dabei handelt es sich um folgenden Mechanismus: Der SpD würde die Situation von Frau D. im Extremfall »schon richten«, für sie handeln und ihr die Verantwortung abnehmen mit der Folge, dass sich Frau D. daran gewöhnt. Wir würden damit letztlich ihrem ohne Zweifel vorhandenen selbstverantwortlichen Handeln schaden.

Um mit dieser **Ambivalenz umgehen zu lernen**, kommt es auch in gesundheitlich guten Zeiten darauf an, ihr Handeln und ihren Umgang mit der Erkrankung zu thematisieren. Der selbstverantwortliche Umgang muss gefördert und sie darin positiv bestärkt werden. Der Zusammenhang ihrer psychischen Erkrankung mit dem Erhalt ihrer Wohnung muss für sie erkennbar und integrierbar dargestellt werden. Zumindest gelingt es, sie einmal im Monat zu einem Gesprächstermin zu bewegen, um die anstehenden Fragen und Probleme zu erörtern.

Die **Gestaltung der Wohnung und die Erweiterung** des Lebensraumes nehmen in der Arbeit mit Frau D. keine Bedeutung ein, da sie dabei keine Hilfen benötigt, sondern über genügend eigene Kompetenzen verfügt.

Auffällig ist bei Frau D., dass nur **einer von den drei Bereichen betroffen und für die Intervention des SpDs** von Relevanz ist und auch nur dann, wenn sie in eine akute psychotische Krise hineinschliddert. Dabei taucht die Frage auf, warum sich dieses Geschehen schon des Öfteren abspielte, obwohl sie sich in gesundheitlich guten Zeiten davon distanziert und von der Notwendigkeit der Aufrechterhaltung ihrer Wohnung überzeugt ist. Diese Frage ist nicht einfach zu beantworten. Noch schwerer – wenn überhaupt – wäre deren ursächliche Bearbeitung. Eine Hypothese könnte z. B. darin bestehen, dass sie unbewusst immer wieder ausbrechen und sich räumlich nicht festlegen will. Sie bestätigt derartige Anteile und Wünsche, ohne jedoch eine anderen produktiveren Umgang damit finden zu können. Da sie immer wieder betont, wie wichtig ihr die Aufrechterhaltung der Wohnung ist, haben wir deshalb unsere Arbeit und Haltung daran zu orientieren, auch wenn wir der verborgenen (anderen) Seite nicht nachgehen können.

Das Gelingen einer krisenprophylaktischen Intervention baut auf einer gemeinsam getroffenen Übereinkunft auf, die ein hohes Maß an selbstverantwortlichem Handeln in ihrer Hand belässt. Schwieriger wird jedoch die Legitimation unseres Handelns, wenn im **äußersten Notfall die Straße**, wenn auch nur vorübergehend, von uns ins Kalkül miteinbezogen und dies ihr gegenüber auch so vertreten wird. Obwohl es den Leitlinien unserer Arbeit nicht entspricht, wollen wir andererseits ihr die Verantwortung aufgrund der vorliegenden Erfahrungen nicht entziehen. Natürlich würden wir vor dem Eintreten der Wohnungslosigkeit nach anderen, weicheren Alternativen suchen. So würde z. B. die Einrichtung einer gesetzlichen Betreuung als kleineres Übel in Erwägung gezogen werden, um durch den rechtlichen Entzug der Verantwortung für den Aufenthalt den Verlust der Wohnung zu verhindern. Aber auch dagegen würde sie sich sträuben.

Zu diesen schwierigen und widersprüchlichen Situationen taucht immer wieder das gleiche Spannungsfeld auf. Auf der einen Seite steht der Respekt vor der Haltung, dem (oft krankheitsbedingten) Handeln der Betroffenen und ihrer Autonomie. Auf der anderen Seite ist im Einzelfall aus Fürsorgepflicht nicht zu umgehen, gegen den Willen des Betroffenen zu handeln.

8.4.3. Verlust der Wohnung – Was dann?

Selten aber doch ab und an kommt es in der Arbeit des SpDs vor, dass ein Betroffener seine Wohnung tatsächlich verliert. In dieser Kategorie kann zwischen zwei Gruppen unterschieden werden. In der einen handelt es sich um Menschen, bei denen der Verlust vom SpD aus verschiedenen Gründen mitgetragen und unter Umständen sogar arrangiert wird, um tragfähige oder zumindest verantwortbare Alternativen erarbeiten zu können. In der zweiten Gruppe geht es um Menschen, bei denen die Einflussmöglichkeiten gering sind und der Erhalt der Wohnung nicht (mehr) vom SpD mitgesteuert werden kann.

8.4.3.1. Der Verlust der Wohnung wird vom SpD mitgetragen

Frau S.: Ein Problem für die Nachbarn – Für beide Seiten entwickelt sich ein positiver Neubeginn

Frau S. ist 48 Jahre alt, erkrankte vor ca. 20 Jahren an einer **schizophrenen Psychose in Verbindung mit Alkoholproblemen**. Sie war insgesamt zwölfmal in stationärer psychiatrischer Behandlung mit einer kumulierten Behandlungsdauer von sechseinhalb Monaten. Seit Beginn der Betreuung durch den SpD (1989) musste sie noch einmal für drei Wochen stationär behandelt werden. Frau S. lebt von Sozialhilfe allein in einer Mietwohnung.

Problemlage: Frau S. betonte immer wieder, dass sie »hauptsächlich dann lebt, unterschiedliche Gefühle wahrnimmt und keine Antriebsprobleme hat, wenn sie keine oder nur eine geringe Dosis an Neuroleptika einnimmt«. Hingegen wird sie sichtbar antriebslos, zusehends depressiv und nimmt deutlich an Gewicht zu, wenn sie eine Dosis erhält, die Symptomfreiheit bedeutet. Eine zu geringe Dosis oder keine Neuroleptika bedeutet, sich mit Stimmen lautstark tagsüber und nachts in der Wohnung auseinander zu setzen. Die Stimmen beinhalten Männerstimmen, die sie bedrohen und sexuell belästigen.

Seit ca. 15 Jahren lief dieser Mechanismus auf die Art und Weise ab. Die Nachbarn und ihre Eltern, die allerdings nicht in ihrer Nähe wohnen, hatten Lärm, »Geschimpfe«, Ruhestörungen und skurriles Verhalten zu ertragen. Immer wieder wurde von den Nachbarn versucht, Frau S. aus der Wohnung herauszuklagen. Immer wieder besorgte sich Frau S. in einer solchen Lage von ihrem Nervenarzt eine Bescheinigung, dass sie aus gesundheitlichen Gründen nicht räumungsfähig sei. Vom Sozialamt wurde den Nachbarn versprochen, Frau S. eine andere Wohnung zu besorgen. All dies geschah ohne Konsequenzen. Ein Wohnungsangebot kam nicht zustande und wenn eine Räumungsklage anstand, besorgte sich Frau S. wieder die notwendige Bescheinigung von ihrem Nervenarzt. Dies alles spielte sich noch vor der Betreuung durch den SpD ab. Die Nachbarn wussten nicht mehr, was sie noch tun sollten. Sie waren hilflos und der Situation ausgeliefert. Resigniert meinten sie, dass man nur entsprechend verrückt sein müsse, um die Rechte auf seiner Seite zu haben und dadurch (fast) unangreifbar zu werden.

Aufgabe, Haltung und Handeln des SpDs im Umgang mit der Wohnsituation
Unsere Position war nach allen Seiten hin eindeutig. Wenn Frau S. weiterhin in einer Mietwohnung leben wollte, hat sie die **gleichen Rechte und Pflichten wie ihre Nachbarn zu erfüllen**. Das bedeutete: Wenn sie wegen ihres Lebensgefühls gänzlich ohne oder nur mit einer geringen Dosis an Neuroleptika leben will, was zweifelsohne gut zu verstehen ist, dann muss sie auch die Konsequenzen einer Wohnungsräumung ohne unseren Schutz in Kauf nehmen. Eine fragwürdige und höchst ambivalent zu bewertende krankheitsbedingte Geschäftsunfähigkeit, die ihr vom Arzt ausgestellt wurde, konnte von uns nicht unterstützt werden. Dadurch würden wir Frau S. wieder als Objekt von Behandlung und Krankheit betrachten. Vielmehr vertraten wir allen Beteiligten gegenüber die Haltung, dass sie sich den jeweils gültigen Spielregeln des Alltags wenn auch auf niedrigem aber doch für die Umgebung noch erträglichen Niveau anzupassen hat. Damit – so unsere Meinung – nahmen wir sie in ihrem Verhalten als Sub-

jekt wieder wahr und ernst. **Unsere Aufgabe bestand schließlich darin**, zwischen dem Recht von Frau S., draußen zu leben und mit den Medikamenten so umzugehen, wie sie diese am besten verträgt und dem Recht der Nachbarn, nachts und auch tagsüber nicht durch lautes Schimpfen und Schreien gestört zu werden, auszugleichen. Eine **Bewältigungsstrategie** zur Berücksichtigung gleichberechtigter Interessen sahen wir darin, den Nachbarn mitzuteilen und zu bestätigen, dass wir ihre Interessen unterstützen würden. Das hieß aber auch, bei einer Räumungsklage dafür Sorge zu tragen, dass Frau S. nicht wieder krankheitsbedingt in ihrer Wohnung verbleiben konnte. Mit dieser klaren und eindeutigen Position konnte bei den Nachbarn wieder einiges an Kredit zurückgewonnen werden, der vor unserer Betreuung durch den oben beschriebenen Mechanismus verspielt wurde. Gegenüber Frau S. vertraten wir die Meinung, dass einerseits ihre Einstellung zu Medikamenten in Verbindung mit den Auswirkungen auf ihr Gefühlsleben zu verstehen ist und dass sie ein Recht auf ein Leben im Gemeinwesen hat. Andererseits vermittelten wir ihr aber auch, dass sie auf diese Weise ihre Wohnung verlieren und wir die Wohnung nicht mehr darüber retten würden, indem sie von uns als psychisch krank und geschäftsunfähig eingeschätzt wird. Parallel zur Räumungsklage, die von den Nachbarn und dem Vermieter weiter vorangetrieben wurde, sorgten wir dafür, dass Frau S. über das Amt für Wohnungswesen eine andere Wohnung zur Verfügung gestellt wurde und sie nicht der Wohnungslosigkeit anheimfiel. Zu erwähnen sind in diesem Zusammenhang unsere weitere intensive Unterstützung im Alltag: Haushalt, freiwillige Geldverwaltung, sozialanwaltliche Hilfen, regelmäßige Beratungsgespräche. Diese bildete das Fundament der gesamten Betreuung seit nunmehr acht Jahren einer stabilen Vertrauensbeziehung.

Aktueller Stand

Frau S. erhielt eine neue Wohnung, nachdem gütlich mit allen Beteiligten der Räumungstermin ausgehandelt wurde. Wider Erwarten überstand sie den Umzug sehr gut, obwohl in dieser Zeit auch noch ihre Mutter verstarb. Im Gegenteil. Ab dem Zeitpunkt des Räumungstermins wurde sie sukzessive realitätsbezogener. Nach wie vor hört sie Stimmen, geht aber regelmäßig zum Nervenarzt und akzeptiert eine für sie und die neue Umgebung erträgliche Dosis an Neuroleptika. In der neuen Wohnung hat sie sich eingelebt, ohne lautstark mit den Stimmen kämpfen zu müssen. Unsere Kontakte mit den ehemaligen Nachbarn zu Frau S. sind nach wie vor gut. Dies ist deshalb wichtig, da im gleichen Haus ohne unser Zutun eine psychisch kranke Frau einzog, die ebenfalls von uns betreut wird und vor allem in der Anfangszeit erhebliche Störungen verursachte.

Die Aufgabe der Wohnung und die notwendigen Hilfen ergaben sich aus folgenden Gründen:

- **Die Situation im Hause von Frau S. war überreizt**, der Bogen überspannt und kein Spielraum mehr vorhanden. Frau S. konnte sich in ihrer Wohnung und der Umgebung kaum noch bewegen, ohne dass dies von den Nachbarn entsprechend registriert wurde.
- **Die Belange und Bedürfnisse der Nachbarn** waren aufgrund gleichberechtigter Interessen gleichermaßen und gleichrangig zu berücksichtigen und zu behandeln. Sie erforderten einen adäquaten Lösungsweg. Obwohl der Kontakt mit der Umgebung durch offenes Vorgehen und Ernstnehmen schon zu einer ersten Entspannung

der eskalierten Situation beitrug, konnte kein Konsens erzielt werden, die Wohnung für Frau S. zu erhalten. Es war zu viel vorgefallen.
- Dessen ungeachtet waren wir uns sicher, dass Frau S. weiterhin wohnfähig war und deshalb eine neue Wohnung gesucht werden konnte. Entscheidend war, dass ein anderer Kontext ausreichte im Unterschied zu Frau P. Aufgrund dieser Gewissheit war die Herausnahme von Frau S. aus der Wohnung und die Beendigung des Mietverhältnisses für alle Beteiligten der vorteilhafteste Weg.
- Die Vorbereitung und Durchführung des Umzugs war mit Frau S. eng abzustimmen und benötigte viel Beratung und Klärung mit ihr und der Umgebung.

Herr K: Räumungsklage und -termin werden vom SpD mitgesteuert
Im Unterschied zu Frau S. verlief die Akzeptanz und das **Mittragen der Räumungsklage und damit der Verlust der Wohnung bei Herrn K.** durch den SpD (8.2.2.3.) unter anderen Vorzeichen:

Zu Frau S. bestand schon eine lange Vertrauensbeziehung, während zu Herrn K. erst ein kurzer und damit noch kein stabiler und vertrauensvoller Kontakt aufgebaut war. Die Einschätzung und Bewertung der Situation konnte noch nicht so sicher wie bei Frau S. getroffen werden. Gleichwohl musste eine Entscheidung herbeigeführt werden, da Herr K. gegenüber dem Erhalt der Wohnung oder ihrer Aufgabe selbst ambivalent war. Einerseits wollte er unbedingt ausziehen, da er sich von den Nachbarn verfolgt und vor ihnen nicht mehr sicher fühlte. Zudem ergaben sich ab und zu Reibereien mit den Vermietern wegen zu spät eingegangener Mietzahlungen oder nicht erledigter Kehrwoche. Andererseits hatte er große Bedenken gegenüber einer Räumungsklage, da er nichts mit dem Gericht zu tun haben wollte. Des Weiteren schätzte er seine Möglichkeiten, selbst eine ihm entsprechende Wohnung in seiner Lage zu finden als schwierig ein. Unser Vorgehen war deshalb nicht ganz einfach. Nur mittels einer Kündigung mit Räumungsklage bestand eine Möglichkeit, über die Stelle zur Verhinderung von Obdachlosigkeit eine Wohnung über die Stadt zu erhalten. Der private Wohnungsmarkt schied vorrangig aus Kostengründen aus. Die Bewilligung eines Wohnberechtigungsscheins durch das Amt für Wohnungswesen und die Aufnahme in die Notfallkartei der Stadt Stuttgart als Berechtigung, eine städtische Wohnung zu erhalten, gestaltete sich aufgrund der vorliegenden Fakten (finanzielle Lage und Kündigung der Wohnung) unproblematisch.

Uns blieb keine andere Wahl, als den rechtlichen Weg zu beschreiten und dies auch den Vermietern zu empfehlen, in aller Offenheit mit Herrn K. darüber zu sprechen und die Gründe offen zu legen, weswegen der SpD (fast) gegen die Interessen des Betroffenen handeln musste. Die Vermieter scheuten den rechtlichen Weg. Sie wollten Herrn K. ein solches Vorgehen nicht antun trotz der Konflikte und dem Wunsch, ihn gerne aus der Wohnung haben zu wollen. Herr K. sprach sich zwar auch gegen rechtliche Schritte aus, stimmte aber letztlich unserem Vorgehen zu, weil auch er aus der Wohnung ausziehen wollte. Meines Erachtens ging er auch davon aus, ohne unsere Hilfe und Unterstützung kaum eine andere Alternative zu finden. Aufgrund der noch unsicheren Beziehung zu ihm wurde diese Vermutung nur angedeutet und nicht offen thematisiert. Wir wollten in der Anfangszeit nicht seinen Widerstand verstärken, von einer psychiatrischen Einrichtung Hilfe anzunehmen, obwohl er sich nicht psychisch krank fühlte.

Gleichzeitig versuchten wir vorsichtig und mit Zurückhaltung, aber mit Klarheit und Bestimmtheit, Herrn K. und seinem Vater davon abzuraten, dass er vorübergehend wieder zu seinem Vater in dessen enge Wohnung zieht. Dort war es früher schon des Öfteren zu heftigen bis hin zu körperlichen Auseinandersetzungen gekommen.

Wir empfahlen Herrn K. nach Eingang der Ladung zur Verhandlung der Räumungsklage einen Rechtsanwalt, der auf diesem Gebiet spezialisiert ist und auch aus Überzeugung, arme und sog. randständige Menschen berät und vor Gericht vertritt. Dadurch konnten wir auf die Teilnahme an der Verhandlung verzichten. Es war davon auszugehen, dass ein für alle Beteiligten verträglicher Vergleich entsteht. Ein solches Ergebnis konnte dann auch erzielt werden. Der Vergleich beinhaltete einen Räumungstermin, der genügend Zeit ließ, um mit der Stelle zur Verhinderung von Obdachlosigkeit eine geeignete Wohnung für Herrn K. zu finden. Gemeinsam führten wir mit Herrn K. den Umzug in die neue Wohnung durch.

Damit war für alle Beteiligten ein erträglicher Kompromiss gefunden, bei dem der SpD die Räumungsklage förderte, mittrug und mitsteuerte.

8.4.3.2. Der SpD mit geringem Einfluss auf die Erhaltung des Wohnraums: Die Straße als letzte Instanz

Herr W.: Auf der Schwelle zur Straße – Die Einflussnahme des SpDs ist begrenzt

Im Kapitel »Umgang mit der psychischen Erkrankung« (8.3.4.) wurde die Situation von Herrn W. dahingehend beschrieben, dass ein chronifiziertes Wahngebäude und akute Krisen in Verbindung mit einer – von einigen Ausnahmen abgesehen – fehlenden Auseinandersetzung mit der Erkrankung immer wieder zu Problemsituationen mit der Wohnung führte. Dies ging mit einem zeitweiligen Leben auf der Straße, im Wohnungslosenasyl oder in anderen Ländern einher.

Herrn W. wurde trotz der enormen Probleme mit den Nachbarn (Beschimpfungen und Bedrohungen) und der Verwahrlosung seiner Wohnung (auch als Folge der chronifizierten psychotischen Erkrankung) nie gekündigt. Aufgrund der Dramatik der Ereignisse, die zeitweilig zu Hause ablief, drängt sich die Frage auf, weswegen ihm die **Wohnung nie gekündigt** wurde. Immerhin wohnte er fast 15 Jahre in der gleichen Wohnung in einem sozialen Brennpunkt. Als Erstes spielt dabei der Brennpunkt als Rahmenbedingung selbst eine Rolle. Wie in anderen Beispielen ebenfalls zum Ausdruck kommt, ist auch im Fall von Herrn W. in schwierigen äußeren Verhältnissen eine höhere Toleranz unter den Bewohnern gegenüber problematischem Verhalten Einzelner anzutreffen. Diesbezüglich besteht ein wechselseitiges Aufeinanderangewiesensein. Hinzukam, dass sich Herr W. – (unbewusst) geschickt und clever – immer **rechtzeitig aus der Affäre** zog. Entweder ging er in stationäre psychiatrische Behandlung oder er unternahm eine seiner häufigeren Fluchten ins Ausland, um sich sicherer zu fühlen. Nach seiner Rückkehr entschuldigte er sich regelmäßig bei den Personen, die er vorher beschimpft und bedroht hatte. Er warb um Verständnis für seine schwierige Situation mit der Bemerkung, »dass er ja alles nicht so meinen würde«. So kam niemand auf die Idee, eine Kündigung oder womöglich eine Räumungsklage anzustrengen, wenn dies auch während der akuten Krisensituation bei den Nachbarn und der Stadt als Vermieter überlegt wurde. Obwohl dies so war, gab er seine Wohnung auf und zog ins Wohnungslosenasyl in ein 4-Bett-Zimmer. Eine Antwort darauf ist schwer zu finden.

Unsere Haltung zielte auf den Verbleib in der Wohnung trotz des zur Verwahrlosung neigenden Zustandes seiner Wohnung, der Konflikte mit den Nachbarn und seiner Einsamkeit. Wir **favorisierten ihm gegenüber den Erhalt der Wohnung gegenüber der Unterbringung im Wohnungslosenasyl**. Vergeblich versuchten wir ihm zu vermitteln, dass eine eigene Wohnung ein wichtiges Element in der Gestaltung und Bewältigung seines schwierigen Alltags sei. Außerdem befürchteten wir im Wohnungslosenasyl erneute Konflikte und auch den Verlust dieser Wohnmöglichkeit. Dies trat dann auch ein. Am Ende fand er sich auf der Straße wieder.

Aus unserer Sicht war er durch die Ablehnung einer medikamentösen Behandlung selbst bei einer sehr geringen Dosis **permanent psychotisch**. Er litt fast ununterbrochen unter Ängsten, entführt und umgebracht zu werden. Die Angst verstärkte sich durch den Zustrom von Menschen aus Osteuropa nach dem Fall des »Eisernen Vorhangs«, die vermehrt auch in die Wohnungen um ihn herum einzogen (billige städtische Einfachstwohnungen). Dahinter vermutete er ein System. Er fühlte sich »umzingelt« und seines Lebens nicht mehr sicher. **Gleichzeitig klagte er immer häufiger über seine Einsamkeit und Isolierung** in seiner Wohnung und der Umgebung, die er nicht mehr ertragen wollte und konnte. Im **Wohnungslosenasyl** erwartete er, in Ruhe gelassen zu werden und trotzdem Menschen aus seiner Szene um sich herum zu haben, die ihm von seinen vielen Reisen und vom Leben auf der Straße bekannt und vertraut sind. Er scheint sich unter diesen Menschen nicht unwohl zu fühlen. Wir hatten zwar **Verständnis für seinen Wunsch nicht mehr alleine zu sein**, akzeptierten seine Vorstellungen und konnten bzw. mussten sein Unterfangen mittragen. Wir wussten aber auch, dass über kurz oder lang Probleme entstehen werden, wenn er die Vorgaben des Wohnungslosenasyls nicht mehr einhalten würde.

Nach einer längeren Zeit des **Wohlbefindens im Heim begann er wieder psychotischer zu werden**, indem er sich von seiner Umgebung verfolgt fühlte. Er äußerte die Angst, dass einige Mitbewohner ihm etwas anhaben wollten. Schließlich lehnte er die Medikamenteneinnahme ab. Beim Einzug war dies als Voraussetzung schriftlich festgehalten worden. Nach einem Eklat, bei dem er der Schwester die Medikamente aus der Hand schlug und sie vehement bedrohte, wurde er nach Rücksprache mit uns und seinem Betreuer umgehend entlassen und in die psychiatrische Klinik eingewiesen. Aus unserer Sicht hielt er die **Enge und Nähe** eines 4-Bett-Zimmers auf Dauer nicht aus und konnte die Vorgaben (Betreuung durch uns, medikamentöse Behandlung und die Einhaltung der Hausordnung) nicht mehr ertragen, da sie für ihn mehr und mehr zur Bevormundung wurden. Aus der psychiatrischen Klinik wurde er in ein »Hotel« entlassen, welches wir ihm besorgten. Dort fühlte er sich wohl und war über ein Jahr zufrieden, obwohl er für die Miete seine Rente einsetzen musste. Ähnliche Probleme wie im Wohnungslosenasyl – Verwahrlosung des Zimmers sowie lautstarke Auseinandersetzungen, Beschimpfungen der Mitbewohner und des Hausmeisters in Verbindung mit massivem Alkoholmissbrauch zur »Bekämpfung der Ängste« – führten zum Verlust des Hotelzimmers.

Zudem lehnte er **nach und nach die rechtliche Betreuung und auch die sozialpsychiatrische Begleitung** und Unterstützung ab und ging zum Notar, um die Vermögensbetreuung rückgängig zu machen. Er fühlte sich nicht psychisch krank. Herr W. wollte sich nach Hamburg absetzen. Er hoffte, dort in Erinnerung an »frühere, alte

Seemannszeiten« besser verstanden und aufgenommen zu werden als bei den Schwaben.

Im Team entschieden wir zusammen mit dem Vermögensbetreuer, sein **Vorhaben zu akzeptieren** und keine Schritte gegen seinen Willen zu unternehmen. Aufgrund langjähriger Erfahrungen konnten wir seiner Entscheidung zustimmen, da er sich schon öfters in ähnliche Situationen (Leben in der Wohnungslosenszene und auf der Straße) begab und immer wieder bewies, dass er über genügend Alltagskompetenzen verfügte, um sich »durchzuschlagen«. Die Selbstgefährdung konnte deshalb als minimal eingestuft werden. Diese Erkenntnis zählte mehr als die Herausforderung, ihn nicht der Straße auszusetzen. Dabei wussten wir, dass es eine krankheitsbedingte Entscheidung seinerseits war: Die Angst, dass ihn Mitbewohner des Hotels verfolgen und umbringen wollten, bewog ihn zu diesem Schritt.

Die Situation unterscheidet sich insofern von anderen, als Herr W. die Wohnung selbst aufgab, also weder gekündigt noch geräumt wurde. Vielleicht kam er letztlich einem solchen Vorgehen zuvor, wenn man berücksichtigt, dass er (krankheitsbedingt) die Wohnmöglichkeit im Wohnungslosenasyl und auch anschließend im »Hotel« wieder durch Kündigung verlor. Den beiden Kündigungen hatte er zugestimmt bzw. selbst mit dafür gesorgt, da er mit den jeweiligen Bedingungen nicht mehr einverstanden war.

Der SpD musste gemeinsam mit dem Vermögensbetreuer abklären und abwägen, ob sein Vorgehen vermieden werden sollte; wenn nicht, zu verstehen, zu akzeptieren und ihm auf seinem Weg zu helfen. Ein Arzt spielte zu diesem Zeitpunkt schon längst keine Rolle mehr. Er ging nicht in eine Praxis und eine alltagsorientierte, ambulant-aufsuchende, flexible ärztliche Behandlung steht nicht zur Verfügung.

Unser Vorgehen und dessen Begründung gestaltete sich nicht einfach: So lange es irgendwie ging, wurde bei allem Verständnis für das Erleben von Herrn W. versucht, seinem Vorhaben entgegenzusteuern. Erst als alle Versuche nichts mehr fruchteten und der Verzicht auf die Wohnung in Richtung Wohnungslosenszene von allen Beteiligten mitgetragen werden konnte, wurde dem Vorhaben nicht nur zugestimmt, sondern so weit es möglich war, wurde es durch alltagspraktische und beratende Hilfen unterstützt.

Herr M.: Die Einschaltung des SpDs kam zu spät – Sozialpsychiatrische Begleitung während des Lebens auf der Straße

Herr M. taucht in den »Anfangssituationen« als Beispiel für die Vermittlung aus der psychiatrischen Klinik auf (8.2.2.1.). Kündigung und Räumung seiner Wohnung waren zu diesem Zeitpunkt schon beschlossene Sache.

Als wir Herrn M. in der Klinik kennen lernten, lief schon eine **Räumungsklage, die nicht mehr rückgängig** zu machen war. Zu viel war vorgefallen. Lärm und nächtliche Ruhestörungen, Bedrohungen und körperliche Auseinandersetzungen mit Nachbarn führten trotz der von ihm akzeptierten ambulanten Betreuung durch den SpD und der medikamentösen Behandlung zu einem »point of no return«. Erschwerend kam noch hinzu, dass sein Vater als Hausverwalter bei der Wohnungsgesellschaft angestellt war, bei der Herr M. in Miete wohnte. Herr M. hatte früher schon einmal aus ähnlichen Gründen die Wohnung verloren. Sein Vater konnte damals ein gutes Wort bei der Wohnungsgesellschaft einlegen, sodass er woanders noch einmal eine neue Wohnung bekam. Dies war nun nicht mehr möglich. Sein Vater konnte und wollte sich nicht mehr dafür verkämpfen.

Eine Wohnung konnte aufgrund der damals bestehenden **schwierigen Wohnungsmarktlage** in Stuttgart nicht gefunden werden. Eine »Hotelunterbringung« lehnte er ohne Angaben von Gründen ab. Kurzfristig konnten wir ihn nach dem Räumungstermin in einem betreuten Sozialhotel unterbringen. Dies musste er während einer kurzen psychotischen Phase wieder verlassen, nachdem er den Fernseher und weiteres Mobiliar teilweise demoliert hatte. Seine restlichen Möbel, Papiere etc. konnte er im Keller des SpDs unterstellen.

Da der Winter bevorstand, konnten wir ihn in einer **Notunterkunft eines §-72 BSHG Wohnheimes**, mit dem wir eng kooperierten, unterbringen. Voraussetzung dafür war, dass wir ihn vollständig weiter betreuten. Die Notunterkunft hatte nur während des Winters geöffnet, sodass Herr M. im Frühjahr wieder wohnungslos war. Er entschied sich für ein Leben auf der Straße, ohne allzu lange darüber nachzudenken, wollte aber weiterhin von uns betreut werden und sich auch ärztlich behandeln lassen; eine Konstellation, die in ähnlich gelagerten Fällen eher unüblich ist. Herr M. erschien jeden Morgen nach Öffnung des Dienstes bei uns, duschte sich, wechselte die Kleidung, frühstückte anschließend und hielt sich den größten Teil des Tages im SpD auf, bevor er abends wieder loszog und sich einen Schlafplatz suchte. Den Kontakt zu seinem Vater und Bruder hielt er aufrecht. Beide wollten ihn jedoch aufgrund der vorliegenden Erfahrungen nicht bei sich aufnehmen, was von uns ohne Wenn und Aber akzeptiert wurde. Über die Anmeldung im o.g. **§ 72 BSHG** Wohnheim erhielt er nach einem halben Jahr auf der Straße ein Einzelzimmer. Dies erfolgte nur unter der Voraussetzung, dass wir die Fallverantwortung übernehmen würden. Nach weiteren zwei Jahren konnte er in eine **Außenwohngruppe** des Wohnheimes ziehen. Zwischenzeitlich fand er auch wieder Arbeit in seinem Beruf, der er bis heute nachgeht. Nach weiteren zwei Jahren kaufte sein Vater eine Eigentumswohnung. Herr M. renovierte sie gemeinsam mit seinem Vater und seinem Bruder und konnte dort einziehen. Er bezahlt Miete an seinen Vater. Damit zahlt er den Kredit zurück, den sein Vater für die Finanzierung der Wohnung aufnahm. Nach der Rückzahlung soll Herr M. die **Wohnung** auf seinen Namen überschrieben bekommen. So lauten die bisherigen Pläne.

Bei Herrn M. war die **Räumungsklage nicht mehr zu steuern**. Zumindest konnte der Termin für die Räumung von uns noch mitbestimmt werden. Der Wohnungsmarkt war zu diesem Zeitpunkt völlig überlastet. Eine erschwingliche Wohnung konnte weder über den privaten Wohnungsmarkt noch über die Notfallkartei der Stadt gefunden werden. Die **Begleitung und Betreuung** von Herrn M. erfolgte über **sämtliche Wohn- und Lebensformen** dieses Zeitraumes hinweg: Im Wohnheim für den Personenkreis nach § 72 BSHG wurde zu Recht die Betreuung durch den SpD zur Voraussetzung für die Aufnahme erhoben. Diese Wohnheime sind keine Einrichtungen für psychisch kranke Menschen, wenngleich nicht wenige darin wohnen.

Als Herr M. auf der Straße lebte, war es unbedingt angebracht, ihn zu betreuen und den SpD als tägliche Anlaufstelle anzubieten. Er zog den SpD den Tagesstätten der Wohnungslosenszene vor, da er sich dort als psychisch kranker Mensch nicht wohl fühlte. Herr M. war während der Zeit auf der Straße allein und isoliert. Trotzdem mussten wir die **Straße als Aufenthaltsort akzeptieren**. Er entschied sich dafür trotz mehrfacher Gespräche und

Versuche unsererseits, ihn in einem Hotel unterzubringen. Die Entscheidung wurde von ihm in einem zweifellos geschäftsfähigen Zustand getroffen. Jenseits abgestufter Behandlungsmaßnahmen und -pläne, auf welche Betreuungsverträge und -aufträge sich Herr M. einlassen hätte können oder auch nicht, stand hier lapidar, dafür aber umso wichtiger das »Für-ihn-da-Sein« seitens des SpDs im Mittelpunkt, d. h. ohne Ansprüche einfach mit der Aufmerksamkeit und den Angeboten für ihn ansprechbar zu sein. Basaglia formulierte dieses wichtige Vorgehen in der sozialpsychiatrischen Arbeit als »esserci« (»Das-bei-den-Leuten-Sein«, BASAGLIA in: HARTUNG 1980, S. 131).
Kontinuierliche Begleitung und Betreuung durch den SpD, die Akzeptanz der medikamentösen Behandlung, die flexible und kooperative Haltung des § 72 BSHG Wohnheims und vor allem das Engagement seines Vaters ermöglichte Herrn M. eine sukzessive **Rückkehr in das gesellschaftliche Leben** bis hin zur Wohnung, in der er zwischenzeitlich lebt.

Herr H.: Eine (fast) endlose Odyssee des Wohnens mit aktuell akzeptablem Ausgang

Die Situation von Herrn H. wurde ausführlich diskutiert in der Auseinandersetzung mit den so genannten Systemsprengern. Das Wohnen in Verbindung mit einem inadäquaten Umgang mit der psychischen Erkrankung war ein wesentliches Element dieser Kategorie. Fehlende oder mangelnde Alltagskompetenz in wechselseitiger Abhängigkeit mit der Erkrankung führten zu einer fast endlosen Kette von einer Einrichtung am Rande der Wohnungslosigkeit zur nächsten. Dazwischen befanden sich Phasen, in denen er auf der Straße lebte. Während dieser Zeiten war ein Einwirken von unserer Seite aus nur sehr schwer möglich.

Seit 1980 lebt Herr H. in Stuttgart und verfügte bis Ende 1997 **nie über eine eigene Wohnung**. Zu Beginn wurde er in einem Wohnheim für Personen nach § 72 BSHG aufgenommen, aus dem er wegen **körperlicher Übergriffe gegenüber Mitarbeitern und Bewohnern** wieder ausziehen musste. Anschließend wurde er in einem anderen Wohnheim nach § 72 BSHG des gleichen Trägers untergebracht, in dem wir ihn kennen lernten. Trotz des Aufbaus einer intensiven und von Vertrauen geprägten Betreuung konnte das Wohnproblem nicht bewältigt werden.

Nach Verwahrlosung des Zimmers, in dem er mit weiteren vier Männern lebte, und körperlichen Übergriffen gegenüber einem Mitarbeiter musste er auch dort fristlos ausziehen. Zum ersten Mal erfolgte die **Unterbringung in einem »Hotelzimmer«**, welches wir ihm besorgten. Gleichzeitig verfolgten wir das gemeinsame Ziel, eine eigene Wohnung oder eine Wohngemeinschaft zu suchen. Auch in den »Hotels« kam es zu ähnlichen Auseinandersetzungen mit den Mitbewohnern auf engstem Raum (Alkohol, Geruch, Schmutz, Streitereien), die oft mit der Faust »geklärt« wurden. Trotz Vermittlungsversuchen unsererseits »wanderte er von Hotel zu Hotel«, war zwischendurch hin und wieder auf der Straße, ohne dass die Betreuung durch uns unterbrochen wurde.

So besaß er zumindest noch eine **Anlaufstelle, einen Rückhalt und eine Unterstützung zur Sicherstellung seiner Existenz**, bis ein Platz in einer **Wohngemeinschaft für psychisch kranke Menschen** für ihn frei wurde. Es wurde eine Zeit, in der er einiges an sozialen Kompetenzen, auch im Zusammenleben mit anderen Menschen lernte. Die Probleme für die Mitbewohner blieben allerdings unverändert: Sein dominantes Auftreten und die Tätlichkeiten gegenüber Mitbewohnern und einem Betreuer der

Wohngemeinschaft in Verbindung mit der ihm eigenen Gestaltung des Wohnraums führten auch hier wieder zu Auszug und Wohnungslosigkeit.

Der Fehler unsererseits lag m. E. darin, ihn wegen seiner zahlreichen Tätlichkeiten nicht angezeigt und zur Rechenschaft gezogen zu haben. Dies geschah allerdings in einer Zeit (Anfangs der 80er Jahre), in der solche Haltungen von Seiten der MitarbeiterInnen als noch nicht vertretbar galten. Jahrelange Erfahrungen haben diese Haltung geändert. Körperliche Übergriffe führen unvermittelt zur Anzeige (Realitätsprinzip). Klare und rechtlich festgelegte Grenzen, die ihm das Einhalten der Regeln hätten erleichtern können, hätten vielleicht auch Einfluss auf das Wohnen nehmen können.

Im Unterschied dazu begann die **Odyssee durch die »Hotels«** von neuem mit Zwischenstationen auf der Straße, einem längeren Aufenthalt in einem Wohnheim nach § 72 BSHG, bis er nach Verlust der Heimat im SpD in der psychiatrischen Klinik eine »neue Heimat« fand. In der Situation des Systemsprengers schien ambulantes Wohnen nicht mehr möglich. Kaum war er draußen, war er schon wieder in der Klinik.

Unsere **Position** wurde bereits beschrieben: Zwischen Wohnheim für psychisch kranke Menschen und einer eigenen Wohnung entscheiden zu können und jenes Angebot anzunehmen, welches als Erstes umgesetzt werden konnte. Dies kann zum einen als pädagogische Maßnahme betrachtet werden, Herrn H. den Druck vor endgültigen Festlegungen und Entscheidungen wegzunehmen und ihm eine Hintertür offen zu halten. Sie war andererseits auch Ausdruck der Hilflosigkeit und beginnender Resignation der beteiligten Professionellen im ambulanten und stationären Bereich. Die Entscheidung für die Einfachstwohnung korrespondierte mit unserer Haltung ihm gegenüber, diese Wohnmöglichkeit als einen Versuch zu werten. Beim Scheitern wäre immer noch die Aufnahme ins Wohnheim möglich gewesen. Vermutlich war es genau diese ursprünglich nicht intendierte abwartende und eher lockere Haltung in Verbindung mit den Wünschen von Herrn H., endlich einmal über eine eigene Wohnung zu verfügen und zwischen zwei Möglichkeiten entscheiden zu können. Dies erlaubte ihm nach 17 Jahren unsicherer Wohnverhältnisse ein Leben in einer eigenen Wohnung, wenn auch mit einigen, von allen Beteiligten zu verantwortenden und wenig beunruhigenden kurzen Behandlungen in der Klinik.

Auffällig im Unterschied zu den beiden anderen Beispielen ist, dass Herr H. in Stuttgart nie über eine eigene Wohnung verfügte, sondern immer nur improvisiert wohnte: Wohnheim nach § 72 BSHG, Straße, »Hotels«, Wohngemeinschaft. Sein Verhalten, vor allem seine Neigung zur Gewalttätigkeit führte in Verbindung mit der psychischen Erkrankung immer wieder zur Ausgrenzung und den Verlust der jeweiligen Wohnmöglichkeit. Gleichzeitig war es trotz kontinuierlichen Kontaktes schwierig, mit ihm zusammenzuarbeiten. Mitverantwortung für seine Misere lehnte er kategorisch ab und projizierte die Verantwortung auf seine Umgebung. Er träumte immer von Wohnmöglichkeiten, die nicht realisierbar waren. Dafür waren allerdings die anderen (und damit auch wir) verantwortlich. Nach der Phase der Gewalt gegen andere, kam die Zeit, in der er Aggressionen gegen sich selbst richtete und die Erkrankung mehr Raum in seinem Leben einnahm. Dadurch verlagerte sich sein Wohnort in Zusammenhang mit dem Verlust der Heimat im SpD mehr und mehr in die Klinik. Erst das Vorliegen zweier Angebote in Verbindung mit einer von uns praktizierten Zurückhaltung ermöglichte das Leben in der eigenen Wohnung.

8.4.4. Methodische Schlussfolgerungen für den Bereich Wohnen

Die methodischen Schlussfolgerungen für sozialpsychiatrisches Handeln im Bereich Wohnen beziehen sich auf drei übergreifende Ziele, die für dieses Feld gültig sind:
- Erhalt des Wohnraums
- Gestaltung des Wohnraums
- Verlust des Wohnraums

Mit der Strukturierung des Raumes wird einer weiteren zentralen Aufgabe und Kategorie alltagsorientierten professionellen Handelns Rechnung getragen (siehe auch »Theoretische Grundlagen«: 6.2.3.). In den vorangegangenen Abschnitten wurde über die Beispiele und deren Diskussion das Spektrum der Arbeit des SpDs in diesem Feld dargestellt. Dadurch werden die erforderlichen Handlungsweisen vermittelt.

Erhalt des Wohnraums

Eine zentrale Aufgabe lebensweltorientierter Arbeit besteht in der Aufrechterhaltung des Wohnraums. Dies schließt nicht aus, dass in Einzelfällen ein Leben auf der Straße immer zu vermeiden ist. Die Zusammenarbeit mit den Diensten der Wohnungslosenhilfe gewinnt dann an besonderer Bedeutung. Wenn diese Aufgabe auch ungleich schwieriger wird, gehört sie zum Aufgabenkatalog eines SpDs. Es ging darum, obdachlos gewordene psychisch kranke Menschen nicht auszugrenzen und zu vergessen, sondern nach Wegen der Lebensgestaltung und der Rückkehr in eine Wohnung oder zumindest nach einer Unterkunft zu suchen (Institut für Kommunale Psychiatrie 1996).

Bezüglich des Erhalts des Wohnraums stellen sich folgende Fragen: Soll die Wohnung erhalten werden? Was spricht dagegen? Wer verhält sich wie dazu? Wie werden die Entscheidungen gefällt?

Für die Erhaltung des Wohnraums, aber auch für den Verlust der Wohnung, wenn er nicht verhindert werden kann, gelten folgende Handlungsregeln:

- **Kontakt und Beziehung zum Betroffenen stellen eine unabdingbare Voraussetzung dar, um Einfluss nehmen zu können.** Dies spiegelt sich in allen Beispielen wieder, wenn auch in unterschiedlicher Form und Intensität.
  Es zeigt sich deutlich, dass die Aufrechterhaltung des Wohnraums einfacher umzusetzen ist, wenn wie z. B. bei Frau W. (7.5.2.1.) eine kontinuierliche und enge Vertrauensbeziehung besteht. Sie wird umso schwieriger, je unsicherer und labiler der Kontakt in akuten Krankheitsphasen wird, wie z. B. bei Frau P., Frau S. und Frau D. bzw., wenn der Kontakt noch nicht in genügendem Maße entwickelt ist wie bei Herrn K. und Herrn M. Das Handlungsspektrum reicht von eigenständigem Handeln des Betroffenen, bei dem die Beratung durch den SpD ausreicht, bis hin zur Übernahme der Verantwortung, in dem für die Betroffenen gehandelt wird, damit die Wohnung erhalten werden kann (Frau P. und Frau D.). Aber auch im gleichen Fall kann die Gestaltung des eigenständigen Handelns in Richtung Übernahme der Verantwortung durch den SpD in unterschiedlichen Phasen des Gesundheitszustandes und der Beziehung unterschiedlich sein, wie dies vor allem bei Frau D., Herrn M. und Herrn K. deutlich zum Ausdruck kommt. Es kommt darauf an, immer wieder die jeweils richtige Dosierung der Handlungsintensität zu finden, abhängig vom Stand der Beziehung.

Alle Beispiele verdeutlichen, dass klare Absprachen, Offenheit und Transparenz im Umgang mit der Möglichkeit der Erhaltung des Wohnraums, aber auch dessen Infragestellung und Verlust das Vorgehen bestimmen, um damit das jeweils erforderliche Verhältnis auf dem Kontinuum zwischen Nähe und Distanz zu erreichen. So ist bei Frau W. eine vertrautere Nähe möglich als z. B. bei Herrn W. Bei ihm ist aufgrund des permanent bestehenden Misstrauens im Rahmen seines dauerhaften Wahngebäudes ein eher distanzierter und zurückhaltender Kontakt nötig.

- Des Weiteren haben der **Kontakt und die Zusammenarbeit mit dem Umfeld** eine wichtige Funktion: Was halten die Nachbarn oder die Angehörigen noch aus? Was ist ihnen noch zuzumuten? Worin benötigen sie Unterstützung, damit der Erhalt des Wohnraums gesichert werden kann? Aber auch: Ab wann geht es nicht mehr und die Auflösung der Wohnung und Herausnahme des/der Betroffenen werden unumgänglich? Vor allem in den Beispielen von Frau D., Frau P., Frau S. und Herrn K. werden die verschiedenen Facetten und Ebenen geschildert, was, wie und wann mit den Nachbarn besprochen werden muss. Welche Entlastung und Unterstützung benötigen sie, aber auch die Klärung, was ihnen zugemutet werden kann? Ab wann ist z. B. mit den Vermietern Kontakt aufzunehmen und welche Funktion übernimmt darin der SpD?

Der Kontakt mit dem direkten Umfeld ist oft eine Gratwanderung: Auf der einen Seite geht es darum, zu informieren, für Verständnis zu werben und aufzuklären, dass der/die Betroffene erkrankt ist und in den akuten Phasen die Nachbarn nicht absichtlich stört oder ängstigt. Auf der anderen Seite muss die Privatsphäre der Betroffenen geschützt werden. Es wird abgewogen, wie viel Information jeweils preisgegeben werden kann, um mehr Verständnis zu erreichen, auch wenn die Betroffenen ihr Einverständnis zum Gespräch mit den Nachbarn gegeben haben (vgle. vor allem Frau S., 8.4.3.1.). Hier kommt es darauf an, ein professionelles, im Team reflektiertes und erarbeitetes und durch langjährige Erfahrung verfeinertes Fingerspitzengefühl zu erwerben und anzuwenden.

- In der Absicherung der Wohnung aber auch im Falle der Infragestellung und des Verlustes wird die **Kooperation und enge Zusammenarbeit mit anderen Einrichtungen, Diensten und vor allem mit Behörden** zu einem weiteren Bestandteil der sozialpsychiatrischen Arbeit. Es handelt sich vor allem um Elemente »klassischer Sozialarbeit«: Sozialanwaltliche Hilfen wie Anträge stellen, Formulare ausfüllen, ärztliche Bescheinigungen »organisieren«, sowie Verhandlungen mit Ämtern führen und vermittelndes und ausgleichendes Eingreifen zwischen den »verschiedenen Seiten«. Dadurch entsteht ein breites Anforderungsspektrum. Rechtliche Kenntnisse (BSHG, Wohnrecht, Schuldentilgung, Unterbringungsgesetz etc.) werden ebenso benötigt wie Verhandlungsgeschick und diplomatisches Vorgehen. Es kommt darauf an, die verschiedenen Facetten zu verfolgen, zu einem Gesamt zusammenzufügen, dabei die Übersicht nicht zu verlieren und die Koordination der Hilfen zu gewährleisten. Diese Anforderungen tauchen in allen beschriebenen Beispielen auf, unabhängig davon, ob der Wohnraum erhalten werden kann oder verloren geht.

Weiter wird der »sozialpädagogische Blick« darauf gerichtet und davon bestimmt, in welcher Art und Weise der/die Betroffene auf dem Kontinuum zwischen eigenständigem Handeln und der Übernahme der Verantwortung durch den SpD miteinbezogen wird. Der Handlungsbogen reicht von Information, Vermittlung von Klarheit und Offenheit gegenüber den Betroffenen über unser Vorgehen (Frau P.), indem wir aufgrund der akuten Erkrankungsphase kurzfristig die Verantwortung übernehmen, bis hin zur Beratung des/der Betroffenen, was er/sie jeweils zu erledigen hat. Zum Beispiel genügen bei Herrn K. und Frau D. in gesundheitlich guten Phasen Rücksprachen und Absicherungen ihres Vorgehens, was selbstverständlich nicht nur für den hier beschriebenen Bereich gilt. Immer wieder ist es wichtig, den jeweiligen Stand mit den Betroffenen und im Team zu überlegen und aktuell anzupassen.

- Die Feststellung der **Grenze, ab welchem Zeitpunkt der Erhalt der Wohnung nicht mehr verantwortet werden kann**, ergibt sich aus der jeweiligen Fallsituation und deren Kontext. Die **Infragestellung** bestimmt sich entweder aus den Konflikten und der **Auseinandersetzung mit der direkten Umgebung** oder aus dem **nicht mehr verantwortbaren, gesundheitsgefährdenden Zustand** der Wohnung. Ein Grund dafür ist, dass z. B. der/die Betroffene die Versorgung in der Wohnung und die Organisation des Haushaltes krankheitsbedingt nicht mehr aufrechterhalten kann. Bei Frau W. hat dieser Umstand fast zur Aufgabe des Wohnraums und zur Unterbringung in einem Pflegeheim geführt. Ähnlich verlief die Wohnungsaufgabe bei Herrn W., der sich krankheitsbedingt von der Nachbarschaft bedroht sah und den Weg ins Wohnungslosenasyl der eigenen Wohnung vorzog. In den Beispielen von Frau D., Herrn K., Herrn M. und Frau S. führten die meist krankheitsbedingten Auseinandersetzungen und Reibereien mit der Nachbarschaft zur Infragestellung der Wohnung, während bei Frau P. eine gesundheitsgefährdende Verwahrlosung fast zum Verlust führte. In allen Fällen bestand die Aufgabe und die Arbeit des SpDs im Versuch, den Wohnraum gemeinsam mit den Betroffenen und der Umgebung aufrechtzuerhalten, aber auch klar und eindeutig mit ihnen und dem Umfeld zu erarbeiten und festzuhalten, wo die jeweiligen Grenzen liegen (Frau D., Frau P.) und ab wann die Wohnung nicht mehr gehalten werden kann (Frau S. und Herr K.).
Als Vorteil erweist sich, wenn die Aufgabe der Wohnung mit den Betroffenen geplant und gemeinsam arrangiert werden kann. Dadurch erleichtert sich sowohl die Suche nach einer neuen Wohnung als auch die Begleitung und Betreuung der Betroffenen, wie dies bei Frau S. und Herrn K. der Fall war. Schwieriger wird die Mitgestaltung und Einflussnahme des weiteren Weges und das Auftun einer (Wohn-)Perspektive bei Herrn M. und Herrn H. In beiden Fällen war die Beziehung noch nicht stabil genug. Ebenfalls deutlich erschwert und begrenzt wurde sie bei Herrn W., da die ausgeprägten paranoiden Vorstellungen wesentlich sein Verhalten mitbestimmten.
Selbstverständlich setzt der SpD den Kontakt und die Arbeit mit den Menschen fort, welche die Wohnung verloren oder von selbst aufgegeben haben. Wie die Rückkehr aussehen kann und was der SpD dabei zu tun hat, wird am Beispiel von Herrn H. veranschaulicht. Entscheidend für die Handlungsweise des SpDs ist, **weiterhin zuständig zu sein, den Kontakt aufrechtzuerhalten und zu pflegen** und unabhängig von der Wohnform mit KollegInnen anderer Dienste die Rückkehr nicht aus dem Auge zu verlieren.
- Die Interventionen des SpDs bestimmen sich auch hier in Notsituationen mehrheit-

lich durch **direkte Wenn-Dann Vorgaben**. Demokratisches verständigungsorientiertes, pädagogisches Handeln als wesentliche Leitlinie tritt zeitweise in den Hintergrund gegenüber einem einseitig definierten Vorgehen, da in Ausnahmesituationen die gemeinsam vereinbarten Ziele nur so weiterverfolgt werden können. Offenheit, Transparenz, Eindeutigkeit, Ernstnehmen als pädagogische Prinzipien werden zwar weitgehend eingehalten. Eine gemeinsam erarbeitete Übereinkunft hinsichtlich des Vorgehens ist jedoch nicht mehr möglich. Der SpD definiert die Situation: Entweder können sich die Betroffenen auf unsere Vorgaben einlassen, oder wir können den Erhalt der Wohnung nicht mehr mittragen und letztlich nicht mehr »retten«. Aufgrund fehlender alternativer Instrumente bleibt uns im Notfall keine andere Wahl, als zu diesen Interventionsformen zu greifen, wenn sie auch gegen unsere eigenen Prinzipien (z. B. verhandeln statt behandeln) verstoßen. Derartige Vorgehensweisen können nur die letzte Konsequenz im Repertoire unseres Handelns bleiben, verbunden mit dem Ziel, die **Zahl dieser Situationen zu verringern**.

Gestaltung des Wohnraums
Auf der Grundlage der Erhaltung des Wohnraums aufbauend, oft zeitlich parallel dazu, besteht die Aufgabe, mit den KlientInnen zusammen deren Wohnraum zu gestalten. Dabei gilt der Grundsatz, dass jeder Mensch wohnen soll und kann, wie er es möchte und für richtig hält. Das Aussehen und die Gestaltung der Wohnung ist Angelegenheit der Bedürfnisse und Vorstellungen der KlientInnen und bestimmt sich nicht durch die Vorstellungen und Wünsche der MitarbeiterInnen des SpDs. Die Aussage ist deshalb so unmissverständlich voranzustellen, weil immer wieder das Risiko besteht, gerade im Aussehen und in der Gestaltung des Wohnraums unzulässigerweise Einfluss auszuüben, auch wenn die jeweilige Wohnung aus unserer Sicht oder aus Sicht des Umfeldes noch so »putz- und aufräumungsbedürftig« ist oder renoviert werden sollte.
Die Arbeit des SpDs teilt sich auf in ein **so genanntes »Pflicht- und Kürprogramm«**. Als Erstes zur **Pflicht**: In das Aussehen und die Gestaltung der Wohnung als SpD einzugreifen, kommt erst dann in Frage, wenn **gesundheitsgefährdende Verwahrlosung** besteht oder Auflagen von außen vorliegen, z. B. die berechtigte Forderung nach Wohnungsrenovierung seitens des Vermieters, die von den Betroffenen nicht beachtet wird. Dies bedeutet, dass aus Gründen der Erkrankung ein Zustand in der Wohnung entsteht, der zur Gesundheitsgefährdung führt. Dabei entsteht eine eindeutige Grenze, wodurch Handlungsbedarf für den SpD vorliegt. Ausführlich ist dieser Weg im Beispiel von Frau P. geschildert. Hier wie in allen anderen diesbezüglichen Beispielen klärt der SpD ab, wie die Eigenkompetenz der Betroffenen, Hilfe zu organisieren ausreicht oder inwieweit Hilfe und Unterstützung von außen erforderlich werden. Lange vor dem Eintreten einer gesundheitsgefährdenden Lage wird darauf hingewirkt, einer Verwahrlosung der Wohnung entgegenzusteuern, vorsichtig, mit Zurückhaltung, aber auch offen und direkt in Verbindung mit der Ankündigung, dass bei beginnender Gefährdung eingeschritten werden muss. Ist der/die Betroffene unter Anleitung selbst dazu in der Lage, wie dies zumindest in begrenztem Maße bei Frau W. (7.5.2.) der Fall ist? Oder muss ein Reinigungsbetrieb organisiert werden, wie dies bei Frau P. erforderlich wurde? Oder können Bekannte, Nachbarn oder die Nachbarschaftshilfe gewonnen werden, wie dies ebenfalls bei Frau P. möglich war? Oder

muss der SpD aufgrund der gesundheitlichen Befindlichkeit der Betroffenen selbst mit den Betroffenen gemeinsam »Hand anlegen«, wie z. B. bei Frau S., über längere Zeit bei Frau P. oder bei Herrn W.

Wie aus allen Beispielen abzulesen ist, definiert der **jeweilige Stand der Situation das Ausmaß der Hilfe**, immer mit dem Ziel vor Augen, die Betroffenen so weit wie möglich im Rahmen ihrer Eigenkompetenzen miteinzubeziehen. Dabei bestimmen nicht die diesbezüglichen Bedürfnisse der MitarbeiterInnen, des Teams oder des Umfeldes das Vorgehen, sondern die Art und Weise, wie die Betroffenen in ihrer Wohnung leben wollen.

Der so genannte **»Kürteil« in der Arbeit** bezieht sich darauf, wie die Wohnung aussieht und der/die BewohnerIn sich darin wohlfühlt. Der SpD übernimmt darin die Funktion des Beraters und Mitgestalters, wie die Wohnung bedürfnisorientierter und schöner gestaltet werden kann. Die verschiedenen Ebenen der Unterstützung sehen, abhängig vom jeweiligen Grad der Eigenkompetenz der Betroffenen, wie folgt aus:

In einigen Beispielen wird deutlich, dass **Beratung** der Betroffenen ausreicht, z. B. bei der Suche nach Möbeln oder bei der Auswahl der Tapeten, beim Teppichboden; oder was und wie renoviert werden soll; wo die Möbel und weitere Gegenstände günstig erstanden werden können und was immer mal wieder zu entrümpeln ist. Auf einer zweiten Stufe geht es um **Beratung und Mithilfe** bei der Gestaltung und Pflege der Wohnung. Dabei handelt es sich auch um Aufräumen, Putzen, Entrümpeln oder darum, gemeinsam Möbel oder Haushaltsbedarf beim Sozialamt zu beantragen und einzukaufen. Bei der dritten Stufe steht das **direkte Mithelfen und »Anpacken« des SpDs** im Vordergrund. Entweder liegt dies daran, dass aufgrund des Gesundheitszustandes keine fremde Person zugelassen wird und nur der SpD in Aktion treten kann, wie bei Frau S. (Reinigung der Wohnung), Frau P. (Haushalt, Aufräumen und Putzen) oder Herrn W. (Aufräumen und Putzen) festzustellen ist. Oder es ist aus pädagogischen Gründen zumindest zeitweilig erforderlich und sinnvoll, durch gemeinsames Tun, den Kontakt, die Beziehung und das notwendige Vertrauen zu schaffen, zu stabilisieren und weiterzuentwickeln, wie dies ausführlich bei Frau W. geschildert wird.

Umgang mit dem Verlust des Wohnraums
Das Ziel der Erweiterung des Lebensraums stellt eine weitere wichtige Dimension sozialpsychiatrischen Handelns dar. Durch den Schwerpunkt auf die beschriebenen und diskutierten Hilfen und Maßnahmen, die der Grundsicherung dienen, wird dieses hier zweitrangig. Bei dem schwierigeren Personenkreis geht es in erster Linie um die Sicherung der Existenzgrundlagen. Der Verlust des Wohnraums und der Umgang damit stehen im Blickpunkt des professionellen Handelns.

Im Unterschied dazu gelingt es, in der **Mehrzahl der Fälle**, den **Lebensraum zu erweitern**, wie dies bei Frau W. beschrieben ist. Sie steht exemplarisch für die große Zahl der KlientInnen, bei denen Schritte über die Existenzsicherung der Wohnung hinaus möglich und wirksam sind. Bei ihr wird deutlich, wie es ihr nach und nach gelingt, die Wohnung wieder zu verlassen, den sie umgebenden Lebensraum Schritt für Schritt sich neu oder wieder erschließt und welche Funktion und Unterstützung darin der SpD übernimmt (Frau W., 7.5.2.2.).

Das Ziel der Erweiterung des Lebensraumes überschneidet sich mit der Kategorie »Kontakte und Beziehungen« und wird dort vorrangig bearbeitet (8.6.). Der Umgang mit dem

Verlust der Wohnung konzentriert sich für den SpD demgegenüber auf die drei Aufgaben:
- Möglichkeiten und Aktivitäten, um dem Verlust des Wohnraums entgegenwirken zu können,
- den Verlust nolens volens zu akzeptieren, verbunden mit der Suche nach einem Ausweg und
- die weitere Begleitung und Unterstützung des/der Betroffenen, wenn keine Wohnung mehr vorhanden ist und er/sie z. B. auf der Straße lebt.

In den Beispielen von Herrn W. und Herrn M. wird im Rahmen der psychischen Erkrankung aus Sicht der Betroffenen ein Ausweg gesucht. Aus professioneller Distanz heraus betrachtet, wird der Lebensraum deutlich eingeschränkt und eingegrenzt. Eindeutig steht die Erkrankung mit der Aufgabe und dem Verlust der Wohnung in Verbindung und führt zu einem Leben auf der Straße, welches in beiden Beispielen einsam und isoliert von anderen wohnungslosen Menschen verläuft. Die Arbeit des SpDs besteht dabei in der Begleitung der Betroffenen. Mit nachfragen, durchsprechen und offen legen von Handlungen, Reaktionen und Konsequenzen wird der Aufgabe und dem Verlust der Wohnung entgegengewirkt. Letztlich muss u. U. der Verlust der Wohnung akzeptiert werden. In der Begleitung und Unterstützung von Menschen ohne Wohnung wie z. B. bei Herrn S. besteht die Arbeit des SpDs nur noch darin, den Kontakt zu erhalten, ihn in der Klinik oder im Hotel zu besuchen und ihm zu vermitteln, dass wir ihn nicht aufgeben. Thema im Hintergrund für uns und ihn blieb die Frage und die Suche nach Alternativen zur Veränderung der eklatanten Einschränkung seines Lebensraumes, der über eine längere Zeit hinweg fast nur noch auf die Klinik begrenzt war.

Vor diesem Hintergrund steht **Wohnungslosigkeit der Erweiterung des Lebensraumes entgegen**. Das Leben auf der Straße in Verbindung mit der Erkrankung ist keine Erweiterung des Lebensraumes im intendierten Sinne. Es ist vielmehr die ungewollte Alternative zur nicht mehr tragbaren Wohnsituation. Die **Erweiterung des Lebensraums** als positive Kategorie durch die Anregung von Möglichkeiten und die Förderung von Lebensqualität geht von der **Verfügung über Wohnraum** aus, wenn im Einzelfall das Leben auf der Straße, wie z. B. bei Herrn H. zumindest zeitweise – und krankheitsbedingt – als ein adäquater Lösungsweg erscheint und die Begleitung des Lebens auf der Straße nötig ist und praktiziert wird.

In allen anderen Beispielen wird deutlich, dass bei Vorhandensein einer Wohnung das »Hinausgehen«, das Verlassen der Wohnung und die »(Wieder-) Eroberung« der Umgebung mit der Erweiterung des Lebensraumes einhergehen und vom SpD deswegen motiviert, gefördert und unterstützt werden.

8.5. Tätigsein, Arbeit, Beschäftigung, Tages- und Wochengestaltung – Die Strukturierung der Zeit

Ein weiteres zentrales Standbein in beiden theoretischen Ansätzen ist die Bedeutung des Tätigseins als Element der Zeitstrukturierung und der Sinnstiftung für den Menschen. Sowohl in den lebensweltorientierten Ansätzen wie in der Sozialpsychiatrie geht es darum, wie die Zeit, d. h. der Tag, die Woche etc. durch und über Tätigsein strukturiert wird und welche sinnstiftenden Elemente darin wirksam sind. In beiden Ansätzen wird dabei die Bedeutung von Tätigsein für die Identität und das Selbstwertgefühl des Menschen hervorgehoben (»Theoretische Grundlagen«: 6.2.3.7., 6.2.2.4 und 6.3.).

Umso schwieriger wird es, wenn Brüche im Lebensentwurf entstehen, Arbeit und Tätigsein verloren gehen, wenn nur noch wenig vorhanden ist, mit dem sich die Zeit strukturieren und ausfüllen lässt. In den lebensweltorientierten Ansätzen finden sich diese Gedanken u. a. bei Thiersch (THIERSCH 1986, 1993, 1995), während sie in der Sozialpsychiatrie u. a. bei Dörner (DÖRNER 1998, S. 261 ff.), Ciompi (CIOMPI 1992) und Rotelli (ROTELLI 1994) ausgeführt sind. Sowohl Unterbrechungen des Tätigseins, der Beschäftigung, der Arbeit, als auch ungenügende und nicht zufrieden stellende Tätigkeiten, sowie der Mangel an Arbeit bis hin zum vollständigen Verlust beeinträchtigen die Möglichkeiten sinnstiftender Zeitstrukturierung.

Seelische Erkrankung kann sowohl Ursache als auch Folge des Verlustes von Arbeit und sinnstiftender Beschäftigung sein. In ihrem weiteren Verlauf verstärken sich Arbeitslosigkeit und seelische Erkrankung gegenseitig. Hinzu kommt, dass die Auswirkungen der Erkrankung und der Medikamente den Großteil des Personenkreises daran hindert, den Alltag so zu strukturieren und zu gestalten, dass mehr Lebensqualität in Form eigener Betätigung und darin enthaltener Wiedererkennung mit Zeitstrukturierung und Sinnstiftung entsteht. Oft ist das Gegenteil ist der Fall. Langzeitarbeitslosigkeit und Erwerbsunfähigkeit einerseits, Rückzug, Antriebsminderung, Schwierigkeiten, einen Sinn zu finden und/ oder sich zu bestätigen andererseits, umreißen und bestimmen das Profil der von uns betreuten Menschen. Der Bereich des Tätigseins und der Zeitstrukturierung ist deshalb im Arbeitsansatz des SpDs von großer Bedeutung.

In den folgenden Ausführungen dazu kann zum großen Teil auf die schon geschilderten Beispiele zurückgegriffen werden. Vor allem das Beispiel von Frau W. zeigt in diesem Bereich einen positiv verlaufenden Weg (7.5.3.).

Methodisch wird das Spektrum der Arbeit des SpDs vervollständigt, indem wieder von »einfachen zu schwierigen Fällen« fortgeschritten wird. Abschließend erfolgt für die Kategorie »Tätigsein und Strukturierung der Zeit« die Diskussion der methodischen Schlussfolgerungen für den SpD.

8.5.1. »Normale« Erwerbstätigkeit als Grundlage für die Strukturierung der Zeit

Über 90 % der vom SpD betreuten Menschen sind langfristig arbeitslos und erwerbsunfähig und verfügen kaum über Rückkehrchancen in den Arbeitsmarkt. Dies hat zur Folge, dass der Bereich des ersten Arbeitsmarktes nur von geringer Relevanz ist. Wenn auch das Ziel des Verbleibs oder die Rückkehr dorthin im Einzelfall besteht und angestrebt wird, handelt es sich nur um wenige Menschen, die hier die Hilfe des SpDs benötigen.

> Bei Herrn M., der sich selbst über eine Leihfirma wieder eine Arbeit besorgte, geht es hin und wieder um Beratung bei Fragen, die sich auf den Arbeitsplatz beziehen. Herr M. kommt bei Bedarf dabei auf uns zu.

In anderen Fällen wird der psychosoziale Dienst (PSD) eingeschaltet, zu dem eine enge Kooperation besteht. Dieser Dienst übernimmt die Begleitung am Arbeitsplatz und ist für alle diesbezüglichen Fragen und Probleme zuständig.

Die Suche nach einem Arbeitsplatz kommt im Handlungsspektrum des SpDs schon eher vor:

Herr St. (Mitte 30) ist seit fast zwei Jahren arbeitslos und war wegen einer schweren depressiven Erkrankung über neun Monate in klinischer Behandlung. Über die Tagesklinik versuchte er gegen Ende der teilstationären Behandlung wieder Kontakt mit der Arbeitswelt zu knüpfen. Er ging auf Anraten des Kliniksozialdienstes auf den FEB (Fachberatung zur Eingliederung Behinderter) und den SpD zu, um die nötigen Schritte einzuleiten. Mit dem Kollegen des FEB geht es vorrangig um die Frage, wo und wie er sich bewerben und wie er sich im Vorstellungsgespräch verhalten sollte. In den regelmäßigen Paargesprächen im SpD mit ihm und seiner Frau stehen seine Versagensängste, Enttäuschungen, Schuldgefühle gegenüber seiner Frau und Suizidgedanken im Vordergrund. Als Hauptursache hierfür sieht er, dass er in seinem Alter weder über einen Beruf noch über eine Arbeit verfügt und mit wenig Geld und Schulden leben muss. Hinzu kommen Beziehungsprobleme. Seine Frau wirft ihm vor, zu wenig für einen Arbeitsplatz zu tun und sich hinter seiner Erkrankung zu verstecken.

Es geht in dieser Konstellation überwiegend um Beratung der Betroffenen und ihres Umfeldes. Themen sind die Einschätzung der eigenen Leistungsfähigkeit, Beeinträchtigungen durch die Erkrankung, Art und Umfang einer geeigneten Erwerbstätigkeit, passender Zeitpunkt der Arbeitsaufnahme etc. Eventuell ist zunächst ein Arbeitsversuch in Verbindung mit einem stufenweisen Einstieg und der schrittweisen Erhöhung der Arbeitszeit angesagt, was bei Herrn St. insofern nicht möglich ist, weil er noch keinen Arbeitsplatz hat.

Anders verhielt sich dies bei Frau Ko. Nach einem langen Krankenhausaufenthalt von über einem Jahr wollte sie langsam wieder in ihren Beruf als Krankenschwester an ihren Arbeitsplatz zurückkehren. In Absprache mit ihrer Nervenärztin und der Stationsleitung wurde ein stufenweiser Einstieg geplant und durchgeführt. Insgesamt dauerte die Rückkehr an den Arbeitsplatz fast neun Monate, indem in enger Rücksprache und Beratung mit ihr die tägliche Arbeitszeit stufenweise erhöht wurde, bis sie schließlich wieder die Vollzeitstelle ausfüllen konnte.

In allen Fällen wird in enger Abstimmung mit dem PSD oder dem FEB, dem Arbeitsamt und weiteren Kooperationspartnern gehandelt. Aufgrund der vorhandenen Kompetenz der Betroffenen geht es vorrangig um beratende Begleitung. Die Gänge zu den verschiedenen Ämtern, Diensten und Firmen können in der Regel selbstständig erledigt werden. Jedoch sind die Arbeit und die Bedingungen am Arbeitsplatz regelmäßig Thema bei den Kontaktgesprächen, um etwaigen Stress und Überforderung frühzeitig zu erkennen und entsprechend entgegenzuwirken. Die Strukturierung der Zeit, d. h. die Tages- und Wochengestaltung, wird durch die Halb- oder Ganztagesbeschäftigung bestimmt. Ebenso kann die Verfügung über eine Arbeit auf dem ersten Arbeitsmarkt zur Stabilisierung des Gesundheitszustandes beitragen. Dies war bei Frau Ko. zeitweise überhaupt nicht der Fall:

Stress und Überforderung durch Konkurrenz und Mobbing kennzeichneten über längere Zeit hinweg die Arbeitsplatzsituation von Frau Ko. Während dieser Phase wurde in den Beratungsgesprächen mit ihr ernsthaft in Erwägung gezogen, den Arbeitsplatz aufzugeben, falls sich die Bedingungen nicht ändern sollten. Zunehmend litt sie wieder unter Symptomen ihrer psychischen Erkrankung, sodass der Zustand am Arbeitsplatz verändert werden musste. Nach einem Gespräch mit der Pflegedienstleitung und entsprechenden organisatorischen Veränderungen auf der Station besserten sich die Situation am Arbeitsplatz und vor allem die Atmosphäre zusehends. Frau Ko. wurde mit ihrer Arbeit und dem Arbeitsplatz zufriedener und geht inzwischen wieder angstfrei und sogar gerne zur Arbeit. Ihr gesundheitliches Befinden hat sich dadurch wieder stabilisiert.

In der Arbeit des SpDs steht angesichts der Rahmenbedingungen – kaum Chancen für den Personenkreis, überhaupt noch im ersten Arbeitsmarkt Fuß zu fassen – die Auseinandersetzung mit dem ersten Arbeitsmarkt am Rande des Geschehens. Überwiegend geht es um die Suche nach Alternativen jenseits des ersten Arbeitsmarktes.

8.5.2. Abkoppelung vom ersten Arbeitsmarkt: »Alternativen« und erste Konflikte mit der Tages- und Wochengestaltung

Im Vergleich zur vorherigen hat diese Gruppe schon quantitativ eine erheblichere Bedeutung für die Arbeit des SpDs. Diese Menschen sind weitgehend und langfristig vom erstem Arbeitsmarkt abgekoppelt. In Verbindung mit der psychischen Erkrankung entstehen und verstärken sich Sinnkrisen. Versagensgefühle nehmen zu, und erste nicht unerhebliche Probleme mit der Tages- und Wochengestaltung treten auf trotz der teilweise noch vorhandenen Beschäftigung im zweiten Arbeitsmarkt. Es geht um Beschreibungen des langsamen Ausstiegs, aber auch um ein Beispiel mit einer Rückkehrperspektive.

Herr N.: Sukzessiver Rückzug aus der Arbeit – Wachsende Probleme mit der Tages- und Wochengestaltung

Herr N. wurde schon im Umgang mit der psychischen Erkrankung geschildert (8.3.2.). Zum Zeitpunkt der Kontaktaufnahme war er schon **längere Zeit krankgeschrieben**. Er kehrte auch nach der Klinikentlassung **nicht mehr an seinen Arbeitsplatz** als Elektromechaniker zurück. In den ersten Monaten der Betreuung stand demzufolge das Thema Arbeit und Arbeitsplatz im Mittelpunkt der Gespräche. Er hatte große Angst vor der Rückkehr, nicht wegen der Tätigkeit selbst, da er sich diese weiterhin zugetraut hätte. Vielmehr waren es die **Bedingungen am Arbeitsplatz**, die ihn davon abhielten. Immer wieder sprach er von Mobbing, das mit ihm betrieben worden wäre und ihn in die psychische Erkrankung getrieben habe. Wir vermuteten eine Verknüpfung tatsächlicher Vorkommnisse und paranoider Verkennungen und Beziehungsideen am Arbeitsplatz. Später konnten wir in den gemeinsamen Gesprächen mit Herrn N., seinem ehemaligen Meister und der Personalverwaltung der Firma feststellen, dass unsere Vermutung zutraf.

Aufgrund der **Ausgangsbedingungen** (Atmosphäre am Arbeitsplatz, eingeschränkte Arbeitsfähigkeit, Antriebsminderung in Verbindung mit einer hohen Vulnerabilität) wogen wir zunächst mit ihm die Vor- und Nachteile sowohl der Rückkehr an den Arbeitsplatz als auch dessen Aufgabe ab. Erst nachdem wir gemeinsam zum Ergebnis kamen, dass er erleichtert und von einem **großen Druck befreit wäre, wenn er nicht mehr in die Firma zurückkehren** müsste, vereinbarten wir mit der Personalverwaltung einen Termin. Die Firma hatte ihm zwischenzeitlich über zwei Jahre Zeit eingeräumt, drängte dann aber auf eine Entscheidung. Relativ schnell einigte man sich auf eine Auflösung des Beschäftigungsverhältnisses. Herrn N. wurde ein unbegrenztes Wohnrecht im Personalwohnheim der Firma eingeräumt, was ihn sehr beruhigte. Die Angst vor dem Verlust seines Zimmers, in dem er schon seit Jahren wohnt und das für ihn der Ort des Rückzugs ist, schien zeitweise größer als die Aufgabe des Arbeitsplatzes.

Zwischenzeitlich hatte sich Herr N. auf anraten unsererseits dazu durchgerungen, **Erwerbsunfähigkeitsrente zu beantragen** und in einer **beschützten Werkstatt für psychisch kranke Menschen** zu arbeiten. Als die Erwerbsunfähigkeitsrente bewilligt war und wir mit ihm sein Einkommen (Rente und Verdienst in der Werkstatt) durchgerechnet hatten und er feststellen konnte, dass er finanziell über die Runden käme, war er sichtlich erleichtert. Die Last »fiel wie ein großer Stein von seinen Schultern«, wie er einmal formulierte.

Die **Arbeit in der Werkstatt** gestaltete sich für ihn als Facharbeiter **monoton** und **verhältnismäßig uninteressant**, während die Arbeitsbedingungen seinen psychisch bedingten Einschränkungen entgegenkamen. Nach und nach verstärkten sich aber die Konflikte mit dem Meister in der Werkstatt, der ihn mit aus seiner Sicht forschen und autoritären Auftreten erschreckte und an seinen früheren Arbeitsplatz erinnerte, sodass er sich mehr und mehr krank meldete und zurückzog. Gleichzeitig lag ihm und uns einiges daran, zumindest diese **Arbeitsmöglichkeit aufrechtzuerhalten**, da er häufig über Langeweile und zu viel Zeit, die nicht vorbeigehe, klagte, wenn er zu Hause war. Dies bedeutete für uns, dass die Arbeit in der Werkstatt für Herrn N. zu einem wichtigen Bezugspunkt in der Gestaltung des Tages und der Woche geworden war. Die **aktuellen Probleme** in der Werkstatt in Verbindung mit einer **deutlich feststellbaren Antriebsminderung** bewogen uns, mit ihm und der Werkstatt zu verhandeln, dass er zunächst noch halbtags und später einfach so kommen konnte, wie es ihm jeweils möglich war. Inzwischen arbeitet er durchschnittlich drei halbe Tage pro Woche in der Werkstatt. Durch die **viele freie Zeit** beklagt er sich allerdings wieder mehr über **Langeweile** und **Einsamkeit**. Mittel und Wege dagegen konnten bislang mit ihm nicht gefunden werden. Etwas Abhilfe schafft die Miteinbeziehung eines ehrenamtlich Tätigen, der Herr N. einmal in der Woche besucht und etwas mit ihm unternimmt.

Rückzug und Ausstieg aus der Arbeit bedeuten für Herrn N. eine innere Entlastung. Erkrankungsbedingte Antriebsminderung und Kontaktschwierigkeiten müssen vom SpD bei der Entscheidungsfindung ins Feld geführt und berücksichtigt werden. Sie tragen mit zum eingeschlagenen Lösungsweg bei. Gleichzeitig wächst mit der Zunahme frei verfügbarer Zeit das Problem der Gestaltung des Tages und der Woche und erschwert die Aufgabe, mit seinem Alltag zurechtzukommen. Die Aufgabe des SpDs konzentriert sich dabei auf die Begleitung, Beratung, Information, Unterstützung und Kooperation. Es gilt einerseits, inneren Druck abzubauen, andererseits neues Tätigsein zu vermitteln und hinsichtlich der Gestaltung der vermehrten Freizeit zu beraten und zu unterstützen.

Herr V.: Langsamer Einstieg als Perspektive – Gegen die Langeweile des Zuhausebleibens

Herr V. wurde schon in der Schilderung der Anfangssituationen erörtert (8.2.2.2.). Er hat seit seinem Aufenthalt in der BRD (ca. zwei Jahre) noch **nicht kontinuierlich gearbeitet**. Mehrere Versuche nach der Entlassung aus der Klinik scheiterten nach einigen Tagen, da er aus gesundheitlichen Gründen den Belastungen noch nicht standhalten konnte. Aus unserer Sicht war eine Arbeit im ersten Arbeitsmarkt noch zu früh, was wir ihm und seiner Frau in den gemeinsamen Gesprächen vermittelten. Gleichzeitig unterstützten wir ihn darin, eine Perspektive in Richtung Arbeit zu finden. Für ihn gestaltete sich das Nichtstun und der Aufenthalt zu Hause nicht nur wegen der Langeweile und der Monotonie zusehends schwierig. Hinzukam die Kränkung, als (italienischer) Mann zu Hause zu bleiben und sich im Haushalt zu engagieren, während seine Frau zur Arbeit ging. Für uns stellte sich die **Aufgabe**, mit ihm und seiner Frau zu klären (in Absprache mit seiner Nervenärztin), **was stattdessen für ihn in Frage kommen könnte**. Da eine Arbeit auf dem ersten Arbeitsmarkt noch zu früh für ihn war, musste ein anderer Einstieg gefunden werden. Diesen sahen wir in der Nutzung eines BSHG 19 Arbeitsplatzes (Arbeit statt Sozialhilfe) bei der Neuen Arbeit GmbH.[67] In einem gemeinsamen Termin vereinbarten wir einen **stundenweisen Einstieg** (drei Stunden täglich) als Arbeitsversuch über drei Wochen mit der Option, übernommen zu werden, falls der Versuch klappen sollte. Der Arbeitsversuch verlief für ihn und die Firma positiv, obwohl enorme Sprachprobleme bestanden. Vor allem die Tatsache, wieder zur **Arbeit gehen zu können und nicht mehr die Zeit zu Hause abzusitzen**, beflügelten ihn in seiner Absicht, in ein reguläres Arbeitsverhältnis übernommen zu werden. Es wurde vereinbart, im ersten Monat mit vier Stunden zu beginnen und danach je nach Lage auf sechs oder acht Stunden täglich zu erhöhen.

Bei Herrn V. wird deutlich, dass ein behutsamer Einstieg bei seinem etwas sprunghaften, noch mit der psychischen Erkrankung in Zusammenhang stehenden Verhalten wichtig ist. Es war notwendig, ihm seine Leistungseinschränkung bewusst zu machen und ihn davor zu bewahren, sich »auf die Schnelle eine Arbeit zu besorgen«, die er höchstwahrscheinlich nach kurzer Zeit wegen Überforderung wieder hätte aufgeben müssen. Dies hätte wiederum zu weiterem Motivationsverlust geführt. Gleichzeitig wird aber auch deutlich, wie wichtig es ist, sich mit ihm über das Thema Arbeit auseinander zu setzen. Langeweile, Defizite in der Tages- und Wochengestaltung in Verbindung mit Rollenkonflikten erfordern vom SpD, mit ihm eine realistische Perspektive zu entwickeln und die Überwindung von Arbeitslosigkeit und Sozialhilfe trotz der Hindernisse und Ambivalenzen anzugehen. Angesichts der schwierigen Bedingungen auf dem ersten Arbeitsmarkt für psychisch kranke Menschen ist die Umsetzung jedoch kein einfaches Unterfangen. Hinzu kommen bei Herrn V. die Sprachprobleme. Trotzdem konnte mit ihm über das Programm »Arbeit statt Sozialhilfe« (nach § 19 BSHG) ein gangbarer Weg organisiert werden.

8.5.3. Tätigsein und Strukturierung des Tages werden zum Problem

Im Unterschied zur vorherigen Gruppe besteht in der folgenden keine kontinuierliche Arbeit und Beschäftigung mehr. Die Strukturierung der Zeit in Verbindung mit der Frage nach dem Sinn des Lebens wird zu einem größeren Problem. Rückzug und weitere Abkoppelung aus Alltagsbezügen verstärken sich. Sozialhilfe oder eine kleine Erwerbsunfähigkeitsrente bedeuten materielle Zugangsbeschränkungen zum »normalen« gesellschaftlichen Alltag. Diese Gruppe stellt mit der Folgenden (8.5.4.) zahlenmäßig den Hauptteil des gesamten Personenkreises dar.

Die Aufgabe des SpDs besteht hier darin, gemeinsam mit den Betroffenen eine Tages- und Wochengestaltung in Verbindung mit Zuverdienstmöglichkeiten aufzutun.

Frau W. (Kap. 7) ist schon lange berentet und ohne bezahlte Beschäftigung. Bevor sie

---

67 Bei diesen Arbeitsplätzen steht zwar die Orientierung am ersten Arbeitsmarkt im Vordergrund. Jedoch haben sie trotzdem einen beschützten Charakter und erlauben im Einzelfall einen Einstieg über beschäftigungstherapeutische Möglichkeiten.

dem SpD bekannt wurde, hatte sie ihre Mutter gepflegt und betreut trotz ihrer akuten Krankheitsphasen, die dazwischen immer wieder auftraten. Seit der Kontaktaufnahme mit dem SpD durchlebte sie zu Beginn eine fast drei Jahre andauernde Phase krankheitsbedingten Rückzugs. Während dieser Zeit war sie aus gesundheitlichen Gründen kaum in der Lage, ihren Haushalt zu führen, was für sie mit vehementen Krisen und Verzweiflung einherging. Vor allem im Kapitel 7.5.3. wurde eingehend dargelegt, wie sie mit Hilfe des SpDs wieder schrittweise begonnen hat, in ihrem Sinne tätig zu werden und entsprechend ihren Fähigkeiten die Zeit zu strukturieren. Es wurde der Weg beschrieben, wie erfolgreich im Einzelfall die Arbeit des SpDs sein kann und ein Rad ins andere greift, eine Stufe auf die nächste folgt, bis sich ein relativ zufriedenes Lebensgefühl und eine für sie wahrnehmbare Lebensqualität einstellt und weiterentwickelt.

Gleichermaßen zeigt sich der **Zusammenhang von Strukturierung der Zeit und gesundheitlicher Stabilisierung bei Frau P.** Je weniger sie ihre Zeit mit und in der Psychose verbrachte, umso mehr Zeit war vorhanden, die brach lag und die sie zu bewältigen hatte. Der verwahrloste Haushalt von Frau P. bot sich von außen gesehen als weites und sinnvolles Tätigkeitsfeld an. Bemühungen, Frau P. über die Arbeit im Haushalt eine Tages- und Wochenstruktur zu vermitteln, scheiterten jedoch, da sie dafür keinerlei Motivation aufbrachte. Dagegen gelang nach und nach eine regelmäßige, zeitstrukturierende Einbindung in die Angebote des SpDs. Wir unterstützen Frau P. u. a. deshalb intensiv in der aktiven Teilnahme und Nutzung der Angebote des SpDs, weil sie sonst zu häufig dem Risiko ausgesetzt ist, mit ihren Bekannten, die erhebliche Suchtprobleme aufweisen, in der Wohnung »herumzusitzen« und in Alkoholmissbrauch abzugleiten. So können mit dem Arbeitsangebot im SpD zwei Problemkomplexe besser bewältigt werden. Zum einen gestaltet sich ihr Tag zufrieden stellender. Sie hat zusätzlich mehr Geld zur Verfügung und erlebt Erfolge. Zum anderen kann sie dadurch mehr mit ihrer Zeit anfangen, wodurch dem Risiko einer Suchtgefährdung entgegengesteuert wird. Frau P. erlangt über die Arbeit und die Teilnahme an weiteren Angeboten im SpD eindeutig mehr Selbstbewusstsein und gesundheitliche Stabilität.

Bei Frau P. steht im Vordergrund der SpD Arbeit, sie darin zu motivieren, die Angebote des Dienstes zu nutzen. Im Gegensatz zu Frau W. sind bei ihr andere Ansatzpunkte der Zeitstrukturierung von Bedeutung und entsprechend zu berücksichtigen, da ihr Wohnung und Haushalt nicht besonders wichtig sind. Indem der SpD diese Konstellation akzeptiert und sich darauf einlässt, kann er eher zur Problembewältigung beitragen.

Gleichsam ein Paradebeispiel für die **gelingende Rückkehr in eine befriedigende Strukturierung der Zeit** über und durch die Angebote des SpDs ist **Frau Z.** Frau Z. ist 44 Jahre alt. Sie hört schon seit ihrer Jugend quälende Stimmen verbunden mit Suizidgedanken. Vor ca. 23 Jahren kam sie erstmals in stationäre psychiatrische Behandlung. Es folgten bis 1989 ca. zehn weitere Aufenthalte stets gekoppelt mit Suizidversuchen. Ein Aufenthalt erstreckte sich sogar auf zwei Jahre. Sie ist seit Beginn der Arbeit des SpDs in unserer Betreuung. Seither war sie in der Anfangszeit der Betreuung noch einmal für neun Wochen in der Klinik. Trotz ihrer schweren Erkrankung arbeitete sie zunächst als Erzieherin, musste dann aber krankheitsbedingt im Alter von 31 Jahren Erwerbsunfähigkeitsrente beantragen.

Mit Hilfe intensiver ambulanter Unterstützung konnten weitere Krisen in der Wohnung bzw. im SpD ohne Klinikaufenthalt aufgefangen werden, was ihr besonders wichtig ist. Vor einer erneuten Einweisung in die psychiatrische Klinik fürchtet sie sich aufgrund bisheriger Erfahrungen außerordentlich.

Sie hat wöchentliche Gesprächstermine im SpD und nimmt an den stundenweisen Arbeitshilfen sowie an diversen Gruppenangeboten teil. Außerdem werden ihr täglich die Medikamente im SpD ausgegeben und einmal pro Monat ein Hausbesuch durchgeführt. Die Kooperation mit dem behandelnden Haus- und ihrem Nervenarzt, sowie die Beratung von Angehörigen und Nachbarn sind ein weiterer fester Bestandteil der Betreuung. Frau Z. hält sich täglich mehrere Stunden im SpD auf, weil sie u. a. auf diese Weise die quälenden Gedanken und Stimmen leichter erträgt. Sie bezeichnete unlängst in einem Interview den Dienst als »Krisenstützpunkt für kaputte Seelen und als ihre zweite Heimat«. Frau Z. hat schrittweise **viele Arbeiten im SpD übernommen** und sich so einen **geregelten Tages- und Wochenablauf** eingerichtet, während sie sich zuvor zurückgezogen, eintönig und isoliert vornehmlich in ihrer Wohnung oder in der stationären Psychiatrie aufhielt. Sie arbeitet im Cafébetrieb des Dienstes, putzt einmal in der Woche die Räumlichkeiten, übernimmt auch Aufträge von KlientInnen, z. B. putzen und einkaufen, selbstverständlich immer gegen adäquate Bezahlung, was bei ihr allerdings nicht an erster Stelle steht. Gebrauchtwerden, Aufgaben übernehmen, etwas wert sein und die Zeit sinnvoll strukturieren sind ihr wichtiger. Das Beispiel verweist aber auch auf eine einseitige Abhängigkeit vom SpD trotz einiger von uns mit angestoßener und unterstützter Bezugspunkte außerhalb des SpDs, z. B. private Treffen und Aktivitäten mit KlientInnen des SpDs.

Der Ansatzpunkt des SpDs bestand bislang darin, Frau Z. entsprechend ihren Fähigkeiten und Möglichkeiten zu mehr Arbeit, Gestaltungsmöglichkeiten der Zeit und zu mehr Heimat zu verhelfen. Dieser Arbeitsansatz sowie die Kooperation mit den weiteren beteiligten Personen und Einrichtungen haben sie bisher daran gehindert, sich das Leben zu nehmen. Das Thema Suizid nimmt für Frau Z. unverändert vor allem nachts einen erheblichen bis äußerst kritischen Raum ein. Gleichzeitig entstand durch diese intensive Arbeit mit ihr eine sehr **enge Bindung und Beziehung (Abhängigkeit?)** zu den MitarbeiterInnen und den Angeboten des SpDs. Immer wieder wird sie von uns ermuntert und angeregt, **Aktivitäten und Arbeit außerhalb** des SpDs zu suchen, anzunehmen und auszuprobieren. Sämtliche vorsichtigen Versuche, sie in der Außenorientierung zu bestärken, sind sehr schwierig. Sie gehen mit intensiveren Krisen und gesundheitlicher Verschlechterung einher, wenn unsere Haltung ihr gegenüber auch nur ansatzweise in die Richtung zeigte, wieder selbständiger und unabhängiger von uns werden zu können. In gleichem Maße vermitteln wir ihr jedoch, dass sie uneingeschränkt in den SpD kommen kann und ihre zweite Heimat nicht aufzugeben braucht, auch wenn es ihr durch mehr Außenorientierung besser gehen und sie den SpD nicht mehr in dieser Intensität brauchen sollte. Immerhin ist es ihr zwischenzeitlich gelungen, außerhalb des SpDs engagiert an einem Theaterprojekt für psychisch kranke Menschen teilzunehmen. In den Teamsitzungen des SpDs steht immer wieder zur Diskussion, ob und inwieweit wir durch unsere Angebote und intensive Zuwendung noch weiter zur Chronifizierung von Frau Z. beitragen. Allerdings sehen wir bislang zu unserem Vorgehen keine praktikable Alternative. Vielmehr ist bei ihr im Bereich der Zeitstrukturierung sehr deutlich die Arbeit des SpDs und die Wirksamkeit seiner Angebote festzustellen. Sie verbringt die Zeit aus ihrer Sicht **sinnvoll und sinnstiftend**.

Weitere stationäre Behandlungen und vor allem ein erfolgreicher Suizid konnten über viele Jahre vermieden werden.

In der Arbeit mit **Herrn J.** geht es vorrangig um die Strukturierung der Zeit außerhalb des SpDs und seiner Angebote. Wie kann er außerhalb der Psychiatrieszene mit der Zeit zurechtzukommen und sich zurechtfinden.

Herr J., 38 Jahre alt, lebt seit drei Jahren von einer kleinen Erwerbsunfähigkeitsrente und ist seit der Anfangszeit des SpDs bei uns ins Betreuung. Vor über 20 Jahren erkrankte er an einer drogeninduzierten halluzinatorischen Psychose. Deswegen war er insgesamt zehnmal in stationärer Behandlung, davon ein Jahr in der forensischen Psychiatrie wegen krimineller Delikte im Zustand verminderter Schuldfähigkeit. Seit über zehn Jahren musste er sich jedoch keiner weiteren stationären Behandlung mehr unterziehen. Er hat über die Jahre hinweg mit seiner Nervenärztin und dem SpD die psychotische Erkrankung in Griff bekommen und einen sehr eigenverantwortlichen Umgang damit entwickelt.

Bis vor zwei Jahren lebte er zusammen mit den Eltern in deren Wohnung. Nach dem Tod seines Vaters ist er in eine eigene Wohnung gezogen, ohne den engen Kontakt mit seiner Mutter aufzugeben, die er immer noch mehrmals wöchentlich besucht.

Seiner Ausbildung zum Elektromechaniker noch vor der Drogenkarriere mit anschließender psychotischer Erkrankung folgte keine kontinuierliche Arbeit im Beruf. Verschiedenste Arbeitsversuche, Rehabilitations- und Weiterqualifizierungsmaßnahmen musste er krankheitsbedingt abbrechen. Überlastung und Überforderung drückten sich zum Schluss in somatischen Erkrankungen und Beschwerden aus: Bronchitis, heftige und dauerhafte Schmerzen in den Beinen etc. Über eine längere Zeit hinweg klärten wir mit ihm, ob die Beantragung einer Erwerbsunfähigkeitsrente für die Gestaltung seines weiteren Lebens und der gesundheitlichen Befindlichkeit nicht angemessener wäre. Schließlich konnte er sich trotz seines geringen Alters (35 Jahre) dazu durchringen. Seit der Bewilligung der Rente lebt er erleichtert, ohne inneren und äußeren Druck und leidet kaum noch unter somatischen Beschwerden.

Herr J. hatte immer Kontakte zu einigen Bekannten, wenn diese zwischenzeitlich auch (fast) alle aus der Psychiatrieszene stammen, womit er sich abgefunden hat. In Beziehungen zu Frauen hat er immer wieder Enttäuschungen erlebt, die oft akute psychotische Phasen mitauslösten. Aufgrund der erhöhten Verletzbarkeit verhält er sich äußerst zurückhaltend und hat sich vom Traum einer eigenen Familie verabschiedet. Trotzdem ist dieser Themenbereich immer wieder Gegenstand der Beratungsgespräche mit ihm. Trotz des eigenverantwortlichen Umgangs mit der Erkrankung, einer eigenen Wohnung und Kontakten entstand ein **Problem mit der vielen Zeit**, die er seit der Berentung zur Verfügung hat. So lag er z. B. nach der Berentung mangels Aktivitäten und Perspektiven bis mittags im Bett, was ihn unzufrieden werden ließ. Eine intensivere Einbindung in die Angebote des SpDs wollte er nicht, weil er trotz seiner Vorgeschichte immer noch den Anspruch verfolgt, sein Leben weitgehend außerhalb der Psychiatrie zu organisieren. Der Inhalt der regelmäßigen Gespräche mit ihm bezog sich deswegen vorrangig auf die sinnvolle **Gestaltung seiner Zeit**. Verschiedene Ansatzpunkte, die wir gemeinsam erörterten, konnte er umsetzen. Zum einen handelte es sich um zeitlich begrenzte Aktivitäten wie 630 DM-Jobs, die Weinlese im Herbst bei seinem Bruder, die Einrichtung der Wohnung etc. Nach Beendigung dieser **zeitlich begrenzten**

Aktivitäten tauchte das Problem mit der Gestaltung der Zeit allerdings wieder von neuem auf. Deswegen suchten wir mit ihm parallel dazu nach **dauerhaften Bezugspunkten, Tätigkeiten und Freizeitbeschäftigungen.**

Seit er in der eigenen Wohnung lebt, ist die Führung des Haushalts zu einem Bezugspunkt geworden, wenn diese Tätigkeit für ihn auch beschwerlich und unbeliebt ist, der er sich nicht sonderlich gern zuwendet und die er hin und wieder auch »hängen lässt«. Des Weiteren nehmen die regelmäßigen Kontakte zu seiner Mutter einen wichtigen Stellenwert ein. Außerdem hat er seit geraumer Zeit wieder ein früheres Hobby aufgegriffen, indem er zweimal pro Woche abends in einer Band Gitarre spielt. Außerdem sprechen wir mit ihm die regelmäßigen Kontakte zu seinen Bekannten durch. Es gibt Phasen, in denen er sich mehr zurückzieht und ihn die Kontakte belasten. Diese wechseln sich ab mit Zeiten, in denen er geradezu Kontakte und Beziehungen sucht. Es geht darum, mit ihm immer wieder auszutarieren, ob er gerade zu viel Zeit hat, unter Langeweile leidet und zu viel Zeit im Bett verbringt, oder ob er sich zu viel vornimmt, zu viel Kontakte und Termine hat, unruhig wird und beginnt, schlechter zu schlafen. Wenig und unregelmäßiger Schlaf waren früher Mitauslöser für akute Erkrankungsphasen. Die Gestaltung der Zeit und sinnvolle Tätigkeit werden auch in Zukunft wesentlicher Bestandteil der Arbeit mit Herrn J. bleiben.

Im Unterschied zu den beiden vorhergehenden Beispielen steht in der Arbeit mit Herrn J. die **Beratung und Unterstützung bezüglich der Gestaltung der Zeit außerhalb des SpDs im Vordergrund**. Bei ihm kommt es darauf an, immer wieder neu zu thematisieren und zu klären, ob die jeweilige Gestaltung der Zeit und die Art der Tätigkeiten und Aktivitäten seinen Bedürfnissen und Vorstellungen nahe kommt und er für sich ein zufriedeneres Lebensgefühl entwickelt. Da eine langjährige Vertrauensbeziehung besteht, ist es mir möglich, die eigene Meinung und Bedenken äußern zu können und so als mitdenkendes, neutrales Korrektiv zu wirken. Damit sind wir in der Lage, Ausreißer nach der einen wie nach der anderen Seite hin mit ihm feststellen und ausgleichen zu können.

8.5.4. Strukturierung der Zeit, Tätigsein und Sinnfindung als ständiges Problem

Die folgende, zahlenmäßig ebenfalls beachtliche Gruppe im SpD unterscheidet sich von den anderen dadurch, dass die Gestaltung des Tages und das Auftun sinnstiftender Tätigkeit über Jahre hinweg ein Dauerproblem für den SpD und die Umgebung der Betroffenen ist, während die KlientInnen dies oft nicht in demselben Maße empfinden. Von wenigen Ausnahmen abgesehen, gehört der dauerhafte Aufenthalt in der Wohnung, ohne diese zu verlassen, zur Tagesordnung. Es kann bei einigen Menschen vorkommen, dass sie über einen längeren Zeitraum hinweg ihr Leben bis zu 24 Stunden am Tag im Bett verbringen. Für den SpD besteht hier die Aufgabe und die Herausforderung, mit einem Spagat umzugehen und ihn irgendwie zu bewältigen: Auf der einen Seite geht es um Akzeptanz, Respekt und Toleranz des »So-Seins« in Verbindung damit, die Begrenzung der eigenen pädagogisch-therapeutischen Hilfsmöglichkeiten anzuerkennen. Auf der anderen Seite geht es darum, das Ziel zu verfolgen, kleinste Schritte von Veränderungen nicht aus den professionellen Augen zu verlieren, auch wenn die Umsetzung wenig aussichtsreich erscheint.

Herr T. wird seit sechs Jahren vom SpD betreut. Er ist 63 Jahre alt, lebt von einer kleinen Erwerbsunfähigkeitsrente in der Wohnung seiner verstorbenen Eltern inmitten eines sozialen Brennpunkts. Er leidet an einer chronifizierten Psychose mit Coenästhesien.

Herr T. bringt die Körpermissempfindungen mit selbst zu verantwortender Schuld in Verbindung, die er seines Erachtens durch moralisch verwerfliche Handlungen in jungen Jahren auf sich geladen habe. Dafür müsse er jetzt leiden und ist zudem davon überzeugt, dass er krebskrank sei und elend sterben müsse. Ärztliche Behandlung lehnt er ab, »weil die Ärzte sowieso nichts wüssten und ihm auch nicht helfen könnten«. Wegen der psychischen Erkrankung wurde er vor über 15 Jahren wegen Erwerbsunfähigkeit berentet. Davor war er in verschiedenen Betrieben auf dem Bau als Arbeiter beschäftigt.

Eine eigene Familie war für ihn nie ein Thema. Zur Herkunftsfamilie nimmt er eine ambivalente bis ablehnende Haltung ein. Er spricht oft davon, dass man seinen Eltern hätte verbieten müssen, Kinder in die Welt zu setzen. »Dann müsste er jetzt nicht leiden, weil er gar nicht auf der Welt wäre.«

Kontakte zu Menschen außerhalb der Wohnung hat er keine mehr. Seit Jahren lebt er völlig zurückgezogen im Unterschied zu früher. Er berichtet, dass er als junger Erwachsener sehr aktiv und eigentlich immer auf Achse gewesen sei. Dabei wäre es des Öfteren zu leichteren kriminellen Handlungen (vor allem Diebstahl) gekommen, die ihn ab und zu ins Gefängnis brachten.

Er verbringt **24 Stunden am Tag im Bett**, hat ständig das Radio an und sieht gleichzeitig fern. Er liest höchstens hin und wieder die Bildzeitung und macht sonst überhaupt nichts. Das Essen nimmt er am Fenstersims im Stehen zu sich.

Herr T. hat über Jahre hinweg überhaupt **keine Körperpflege** mehr betrieben und wechselte von sich aus weder die Kleider noch die Bettwäsche. Die Wohnung hat er ebenfalls nicht mehr verlassen. Schließlich war ein nicht mehr zu verantwortender Zustand von Verwahrlosung entstanden. Seine **»erste Rettung«** fand er in einem Bekannten aus früherer Zeit, der mit seiner Freundin am Rande der Wohnungslosigkeit lebte und dringend eine Wohnmöglichkeit benötigte. Er traf mit beiden die Vereinbarung, dass er den Hauptteil der Miete übernähme, wenn sie ihn mit dem Nötigsten versorgen würden. Seit dieser Zeit kümmern sich beide um ihn. Vor allem ist es die Frau, die sich selbst in Betreuung des SpDs befindet und an einer psychotischen Erkrankung leidet, die ihm das Essen bringt, die Bettwäsche wechselt, sämtliche Haushaltstätigkeiten übernimmt und auch die sozialanwaltlichen Angelegenheiten regelt. Bis auf die Körperpflege haben sie seine Versorgung vollständig übernommen. Die **»zweite Rettung«** tauchte mit dem SpD auf. Wir lernten ihn während eines stationären psychiatrischen Aufenthaltes kennen. Die beiden Bekannten waren völlig überlastet und benötigten dringend Unterstützung. Seither besteht unsere Arbeit in folgenden Tätigkeiten:

- Er wird von uns einmal in der Woche gebadet. Die Kleider werden mit ihm gewechselt sowie Haare, Bart und Fingernägel geschnitten, obwohl er sich immer noch dagegen wehrt. Zwischenzeitlich konnte eine Friseuse engagiert werden, die Hausbesuche durchführt und ihm die Haare regelmäßig schneidet.
- Die Gewährleistung der Fußpflege und des Haareschneidens erfolgt durch uns. Mit beiden MitbewohnerInnen wird immer wieder die aktuelle Lage besprochen und zusammen mit der Kollegin, welche die Bekannte von Herrn T. betreut, werden Konflikte im Zusammenleben bewältigt.
- Im Notfall wird von uns ein Arzt organisiert, da Herr T. sich weigert, in eine Praxis mitzugehen. Dies war z. B. nötig, als ein Magengeschwür aufbrach.

- Immer wieder wird mit ihm auf die unterschiedlichste Art und Weise thematisiert, ob er diesen Zustand so bis zu seinem Lebensende aufrechterhalten will und wie er zumindest kleine Aktivitäten übernehmen könnte, wie z. B. das Waschen des Intimbereiches oder beim Kleider wechseln das Auf- und Zuknöpfen der Hemdknöpfe oder den Bart und die Haare fönen.
- Wir reden nebenher mit ihm über »Gott und die Welt«, da er über die aktuelle Weltlage sehr gut informiert ist und ein großes Mitteilungsbedürfnis hat. Andere Personen oder Einrichtungen, die ihn kontinuierlich betreuen sollten, hat er abgelehnt, abgesehen von unserem psychiatrischen Pflegedienst. Oder diese Dienste haben sich selbst wegen der komplizierten Lage wieder zurückgezogen. Wenn wir nicht auf dem Kontakt insistiert hätten, wäre es uns ähnlich ergangen. Zwischenzeitlich rechnet er mit unseren Besuchen und verlässt sich darauf.

In diesem Beispiel zeigt sich aufs Neue, dass **menschliche Lebenswege und -entwürfe extrem individuell ablaufen und auch vom SpD als solche zu akzeptieren** sind. Pädagogisch-therapeutische Ansprüche und Absichten, selbst wenn sie sich auf äußerst kleine Schritte beschränken, finden hier eine eindeutige Zäsur und Begrenzung. Hinzu kommt, dass der von Herrn T. formulierte und wahrnehmbare Leidensdruck eine Form annimmt, die schwer zu beeinflussen ist. Trotz der umfassenden und intensiven Tätigkeit mit ihm wurde bislang eine andere Strukturierung der Zeit und des Tätigseins aufgrund seiner Fixierung auf die ihm eigene Wahrnehmung und dem daraus folgenden Umgang mit der Erkrankung nicht erreicht. Zweifelsohne besteht eine bestimmte Form von Zeitstrukturierung durch fernsehen, Zeitung lesen, Radio hören, Besuche durch den SpD etc, auch wenn fast alles vom Bett aus stattfindet. Trotzdem steht außer Frage, dass Herrn T. weiterhin vom SpD betreut und mitversorgt wird, unabhängig davon, wie er sich verhält, wie er seine Erkrankung definiert und damit umgeht.

Im Unterschied zu Herrn T. handelt es sich im **folgenden Beispiel um einen Mann**, der noch in der Familie wohnt, ebenfalls sehr antriebsgemindert ist, von seiner Frau gepflegt und versorgt wird. Auch hier geht es um die **Akzeptanz der Nicht-Veränderung**.

Herr U., 65 Jahre alt, wird seit Beginn der Arbeit des SpDs (1989) von uns betreut. Er lebt zusammen mit seiner Frau und dem jüngeren Sohn in einer kleinen Mietwohnung. Der ältere Sohn ist vor zwei Jahren in eine eigene Wohnung gezogen.

Vor 20 Jahren wurde Herr U. im Zuge einer paranoid halluzinatorischen Psychose in Verbindung mit Alkoholproblemen erwerbsunfähigkeitsberentet. Inzwischen ist diese Rente in eine Altersrente übergegangen. Bis zur Berentung arbeitete er als Schreiner in einer großen Kücheneinrichtungsfirma. Nach Auskunft seiner Frau war die Belastung am Arbeitsplatz zur Überforderung geworden und hat mit zur Auslösung der psychischen Erkrankung beigetragen. Er selbst äußert dazu überhaupt nichts. Im Verlauf der zurückliegenden 20 Jahre erfolgten bis vor 1992 zehn stationäre Einweisungen mit einer kumulierten Aufenthaltsdauer von 15 Monaten.

Die Beratung der Ehefrau durch uns, die enge Zusammenarbeit mit dem behandelnden Nervenarzt sowie eine klare Haltung und Position ihm gegenüber trugen mit dazu bei, dass seither weitere stationäre Aufenthalte verhindert werden konnten. So akzeptiert er zwischenzeitlich ohne Kommentar die Einnahme von Medikamenten, die ihm seine Frau gibt, wodurch die psychotische Symptomatik kaum noch von Bedeutung ist. Allerdings hat sich Herr U. im Verlauf der letzten 15–20 Jahre völlig in die Wohnung zurückgezogen. Er verlässt die Wohnung nur noch widerwillig zu Arztbesuchen auf Drängen seiner Frau, die ihn hinfahren muss. In der Wohnung tut er nichts mehr, sitzt immer auf dem gleichen Platz auf der Couch im Wohnzimmer oder steht in der Küche. Hinzukommt, dass Herr U. äußerst wenig spricht. Während er früher bis zu drei Schachteln Zigaretten am Tag rauchte, hörte er mit dem Rauchen nach einem Allgemeinkrankenhausaufenthalt vor zwei Jahren auf. Als Ersatz dafür trinkt er täglich bis zu sechs Liter Leitungswasser.

Herr U. lässt sich vollständig von seiner Frau versorgen. Sie muss ihm intensiv bei der Körperpflege helfen. Sie legt ihm die Kleider zum wechseln hin und muss ihn zu all diesen Tätigkeiten drängen und auffordern. Von sich aus trägt er nichts dazu bei. Die Frage nach den Entstehungsbedingungen und Hintergründen dieser symbiotischen Beziehung stellt sich nicht mehr. Fakt ist, dass Frau U. nach und nach in die Rolle der Versorgerin und Pflegerin schlüpfte (schlüpfen musste) und er sie wiederum nach und nach (unabsichtlich) in diese Rolle hineindrängte. Da sie sich als Ehefrau ihm gegenüber verantwortlich und moralisch verpflichtet fühlt, hat sie die Rolle und Funktion der pflegenden Angehörigen übernommen. Konflikte gibt es hin und wieder mit dem Sohn, der noch mit in der kleinen Wohnung lebt. Er akzeptiert das Verhalten des Vaters nicht immer und schimpft mit ihm lauthals, wenn Herr U. z. B. in der Wohnung »herum- und ihm im Wege steht« oder Herr U. immer dann penetrant auf die Toilette will, wenn sie gerade von seinem Sohn besetzt ist.

Schwierig ist, sein Verhalten zu verstehen und nachvollziehen zu können, da eine Verständigung mit ihm wegen seiner Sprachlosigkeit kaum möglich ist. Auf entsprechende Beiträge und Fragen antwortet er stereotyp, dass er eigentlich alles selber mache und keine Probleme habe. Entgegnen wir ihm, dass dies nach Auskunft seiner Frau nicht zutreffe, bleibt er stumm. Wenn ich ihn frage, warum er z. B. die Wohnung nicht verlässt, meint er, dass er morgen einen Spaziergang machen werde, was er wiederum nicht einhalten kann. Auf die Frage nach dem Sinn, in der Wohnung zu bleiben, kommt keine Antwort. Ich interpretiere sein Verhalten so, dass der vollständige Rollenverlust als Mann und Vater zu einem Autismus nahe kommenden Rückzug geführt hat. Angesichts seiner hoffnungslosen und perspektivelosen Lage ohne Rollenidentität außer der eines kranken Menschen und des von der Familie nicht mehr gleichberechtigten und ernst genommenen Mitglieds schützt ihn der äußere und innere Rückzug vor einem Suizid oder tätlichen Übergriffen gegenüber seiner Frau, wie das in der Anfangszeit der Erkrankung in akuten Phasen hin und wieder der Fall war.

Die Frage, mit der wir uns schon seit Jahren befassen müssen, lautet, wie wir damit umgehen und die Situation begleiten. Viele, sehr unterschiedliche Versuche mit Herrn U. zu irgendwelchen Aktivitäten zu gelangen, sind gescheitert. Wir nehmen zwischenzeitlich die Haltung ein, ihn in Ruhe zu lassen, keinen Druck auszuüben, ihn höchstens einmal dergestalt zu provozieren, dass wir ihm deutlich mitteilen, keine Erwartungen mehr an ihn zu haben. Die Hauptarbeit besteht in der Beratung und Unterstützung seiner Frau. Vorrangig geht es dabei um zwei Fragen. Was kann sie angesichts der vorliegenden Situation für sich tun und wie lange ist sie noch bereit und in der Lage, diese Konstellation zu ertragen? Zumindest hatte sie früher durch die mindestens einmal jährlich stattfindenden stationären psychiatrischen Behandlungen einen bis zwei Monate Zeit zum ausatmen und regenerieren. Dies fällt seit sechs Jahren weg, da keine stationären Behandlungen mehr erforderlich waren. Deswegen konnten wir sie nach einem längeren Prozess der Beratung, Motivation und Unterstützung davon überzeugen, stundenweise täglich zu arbeiten und ihren Mann ohne Sorge und schlechtes Gewissen einige Stunden am Tag alleine zu lassen. Des Weiteren ist es seit zwei Jahren möglich, ihn einmal jährlich für einen Monat in stationärer Kurzzeitpflege in einem Alten- und Pflegeheim unterzubringen. Dadurch erlebt sie reale Entlastung und die Abschwächung moralischer Bedenken. Sie stellt fest, für sich etwas tun zu können, ohne dass ihrem Mann zu Hause etwas zustößt und die belastende häusliche Lage so für sie erträglicher gestaltet und fortgesetzt werden kann.

Als SpD kommen wir nicht umhin, den **häuslichen Hospitalismus** und die zugrunde liegende symbiotische Beziehung zu **akzeptieren, ohne die Hoffnung auf kleinste Schritte völlig aufzugeben**. Der Arbeitsansatz des SpDs besteht bei Herrn U. einerseits darin, keinen Druck mehr auf ihn auszuüben und ihn so lassen zu können. Anderseits wird viel Zeit und Geduld eingeplant, um über »aktives Zuwarten« Gelegenheiten und Zufälle für kleinste Schritte zu nützen. Vorrangig ist die Beratung und Unterstützung der Ehefrau von Herrn U., damit sie ihre schwierige häusliche Situation als pflegende Angehörige – und nicht mehr in der ursprünglichen Rolle als Ehefrau – aushaltbar gestalten kann. Gleichzeitig ist mit beiden zu thematisieren, dass sie letztlich bestimmt und es von ihr abhängt, wie lange die Situation auf diese Weise noch aufrechterhalten wird.

Im **dritten Beispiel** geht es um eine allein stehende, ältere Frau, die völlig allein und zurückgezogen lebt, sich fast nur noch im Bett aufhält und im Unterschied zu den beiden vorhergehenden Beispielen weder Angehörige noch Bekannte hat.

Frau V. ist 77 Jahre alt, lebt allein in einer kleinen Mietwohnung von einer kleinen Alters- und Witwenrente. Sie kam mit 35 Jahren kam Frau V. auf der Suche nach Arbeit von Norddeutschland nach Stuttgart. Hier arbeitete sie lange Zeit als Putzfrau im Hotelgewerbe. Ihren Mann lernte sie beim Tanz kennen. Frau V. hat mit ca. 45 Jahren geheiratet. Kinder wollten sie und ihr Mann in diesem Alter keine mehr. Im Unterschied zu den letzten zehn Jahren schildert Frau V., dass sie früher schon aktiver und lebhafter gewesen sei und mit ihrem Mann des Öfteren ausgegangen wäre. Warum sich dies im Verlauf ihres Lebens so grundlegend geändert hat, kann sie sich überhaupt nicht erklären.

Wir lernten sie vor sieben Jahren in der psychiatrischen Klinik kennen, als sie an einer schizoaffektiven Psychose erkrankte und sich deswegen das einzige Mal in stationärer psychiatrischer Behandlung befand. Seit dieser Zeit liegt sie vorrangig im Bett, kann nichts tun, verlässt die Wohnung auf Aufforderung und Drängen unsererseits nur in Begleitung und **leidet** sichtbar unter der **enormen Antriebslosigkeit**. Zu Beginn der Betreuung lag Frau V. nur im Bett. Im Verlauf von einigen Jahren gelang es mit Verhaltenstherapie ähnlichen Handlungsschritten des SpDs Frau V. zumindest für einige Stunden am Tag »aus dem Bett zu holen«. Sie sitzt dann vor dem Fernsehgerät und schaut sich Unterhaltungssendungen an.

Bekannte, Angehörige oder Nachbarn, gibt es keine. Besuche und Kontakte lehnt sie ab. Sie will das nicht, weil sie meint, sich in diesem Zustand schämen zu müssen.

Ihre **Körperpflege** führt sie zwar noch selbständig durch, jedoch mit einigen Defiziten, sodass sie unangenehm riecht. Aus Schamgründen hat sie bislang diesbezügliche Unterstützung vehement abgelehnt.

Die **Ernährung** ist sehr einseitig. Sie nimmt nur kalte Speisen zu sich und weigert sich aus nicht zu eruierenden Gründen, das Angebot anzunehmen, mit ihr warme Gerichte zu kochen. Jedoch isst sie genügend Obst und nimmt auch genügend Flüssigkeit zu sich. Selbstverständlich muss bei den Besuchen darauf ein »Auge geworfen werden«, ohne zu aufdringlich werden zu müssen.

Die **Wohnungsreinigung** wird von der Nachbarschaftshilfe durchgeführt. Der Einkauf erfolgt über den ZdI des SpDs.

Frau V. **beklagt stereotyp**, dass sie nichts mehr tun könne und im Kopf sehr durcheinander sei, ohne dies auch nur annähernd konkreter beschreiben zu können. Sie hat jedoch keine Idee zu Entstehung ihrer Erkrankung und der damit einhergehenden Beschwerden. Zumindest könnte sie sich und wir sie dadurch vielleicht besser verstehen. Wir bringen die Entstehung und den Ausbruch ihrer psychischen Erkrankung mit der Beziehung zu ihrem Mann in Verbindung. Darüber äußert sie sich allerdings überhaupt nicht. Ihr Mann war im alkoholisierten Zustand impulsiv und hat Frau V. nach Informationen von Nachbarn ab und zu auch geschlagen, was sie selbst abstreitet. In nüchternem Zustand war er freundlich, ihr zugewandt und verantwortungsbewusst. Aus unserer Sicht hatte sie Angst vor ihm und war unterdrückt, ohne dies so wahrzunehmen. Sie verschaffte sich u. E. in der einmaligen manischen Phase Luft, indem sie die Wohnung verwüstete und ihren Mann körperlich in Schach hielt, obwohl sie äußerst klein und zierlich ist. Bis vor vier Jahren lebte sie mit ihrem Mann zusammen, der an den Folgen seiner Alkoholkrankheit verstarb. Aus unserer Sicht wirkte sie danach eher erleichtert. Dieser Sichtweise widerspricht sie allerdings vehement. Es handelt sich dabei ausschließlich um **unsere Interpretation**. Mit ihr konnte darüber in Richtung mehr Verständnis und Bearbeitung bislang nicht nachgedacht werden. Diese Interpretation dient allein unserem Verständnis.

Die Arbeit des SpDs besteht vorrangig in der intensiven Begleitung und Unterstützung von Frau V. sowie in der Koordination der Hilfen. Ich gehe vierzehntägig bei ihr vorbei, um mit ihr aktuelle Angelegenheiten zu besprechen und zu regeln sowie zeitlich begrenzt ihr Klagen und Jammern über ihre Befindlichkeit anzuhören. Nach einer langen Phase, in der wir sie zu ihrer Nervenärztin begleiten mussten, nimmt sie nach kontinuierlicher Beratungs- und Überzeugungsarbeit die Arztbesuche seit ca. drei Jahren selbstständig wahr. Weiter muss einerseits darauf geachtet werden, ob der Stand der Versorgung und Unterstützung jeweils ausreicht und die Situation von Frau V. noch verantwortet werden kann. Andererseits wird immer wieder versucht, sie in die Gestaltung der alltäglichen Versorgung miteinzubeziehen. Dabei handelt es sich um sehr kleine, aber nicht unwichtige Schritte. Zum Beispiel gelingt es zwischenzeitlich nach langer und zäher Kleinarbeit, sie zum Einkauf in den Supermarkt mitzunehmen, obwohl sie sich lange heftig und erfolgreich dagegen wehrte. Geduld und nicht nachlassendes Insistieren auf unserer Haltung, dass sie mit für ihre Angelegenheiten verantwortlich sei, führten zum Erfolg. Inzwischen weiß sie, wo sich die verschiedenen Lebensmittel in den Regalen befinden. Sie beteiligt sich am Einkauf, während sie sich zu Beginn die ganze Zeit über ängstlich am Einkaufswagen festgehalten hat. Trotz allem hält sie sich fast nur in der Wohnung auf und liegt die meiste Zeit über im Bett, um – wie sie sagt – »die Decke über den Kopf zu ziehen und vor sich hinzudösen, damit sie ihren schwierigen Lebensbedingungen und ihrer Krankheit zumindest etwas entfliehen kann«.

Unsere Arbeit mit Frau V. zielt darauf ab, sie einerseits in **Ruhe lassen** zu können, ihrer Antriebslosigkeit Rechnung zu tragen und zu **akzeptieren**, dass sie ihre Zeit fast nur im Bett verbringt und **völlig isoliert** lebt. Andererseits geht es immer wieder darum, **Anknüpfungspunkte** zu finden, so klein sie auch jeweils sein mögen, um Frau V. in **Tätigkeiten zu verwickeln**. Im Unterschied zu den anderen Beispielen lebt Frau V. nicht nur zurückgezogen und leidet sichtbar unter der enormen Antriebslosigkeit. Hinzu kommt, dass sie niemanden mehr hat. Die Kontakte zum SpD, zur behandelnden Ärztin und zur Nachbarschaftshilfe sind tatsächlich die einzigen Außenkontakte. Die Akzeptanz, sie **»so« leben zu lassen**, da sie auch nicht ins Pflegeheim will, bedarf besonderer Beobachtung und regelmäßiger Überprüfung in der Teambesprechung.

8.5.5. Methodische Schlussfolgerungen für den Bereich Tätigsein, Arbeit, Beschäftigung, Tages- und Wochengestaltung

Drei Ziele bestimmen die Arbeitsweise des SpDs im Feld der »Strukturierung des Tätigseins und der Zeit«, das eine weitere zentrale Kategorie alltagsorientierter Theorien und sozialpsychiatrischer Ansätze darstellt:
- Arbeit und Beschäftigung gestalten und strukturieren die Zeit
  (KlientInnen mit Beschäftigungsverhältnis)
- Suchen und erarbeiten von Gestaltungsmöglichkeiten und -wegen
  (KlientInnen, die sich nach Verlust der Arbeit neu orientieren müssen)
- Strukturieren der Zeit und des Tätigseins als Dauerproblem und -aufgabe
  (KlientInnen mit fast vollständigem Rückzug von der Außenwelt)

Arbeit und Beschäftigung gestalten und strukturieren die Zeit
Die ganztägige Beschäftigung von Menschen im ersten Arbeitsmarkt nimmt in der Arbeit des SpDs nur eine geringe Bedeutung ein. Die Zahl dieser Menschen nahm in den letzten Jahren immer mehr ab (siehe Kap. 3: »Lebenslage chronisch psychisch kranker Menschen«). Ähnliches gilt für die Werkstatt für Behinderte, aber auch für »Arbeit statt Sozialhilfe« nach § 19 BSHG. Wenn eine sozialversicherungspflichtige Beschäftigung im Einzelfall vorhanden ist oder aufgetan werden kann, stehen der Erhalt des Arbeitsplatzes und die Arbeit auszuhalten im Vordergrund. Dabei kommt es in der Vorgehensweise des SpDs auf folgende Schwerpunkte an, die in den kurz gefassten Beispielen auftauchen (8.5.1.):
- Beratende und stützende Gespräche im Rahmen alltagsbezogener Begleitung mit den Themen,
  - wie die Arbeit ausgehalten und gestaltet werden kann,
  - wie der Arbeitsplatz und die -bedingungen aussehen,
  - ob Konflikte mit ArbeitskollegInnen und Überlastungen auftauchen, die bearbeitet werden müssen.
  - Es ist aber auch abzuklären und auszuloten, ab wann die Arbeit zu einer Überforderung wird, sich krankheitsfördernd auswirkt und die Aufgabe des Arbeitsplatzes eventuell die sinnvollere Alternative ist.
- Kooperation und Koordination der Hilfen mit dem »Psychosozialen Begleitdienst am Arbeitsplatz« (PSD) sowie anderen Diensten und Einrichtungen wie z. B. das Arbeitsamt und die Sozialdienste der Betriebe.

- Die direkte Kontaktaufnahme mit dem Arbeitsplatz, falls die Situation dies erfordert und der Betroffene damit einverstanden ist. Dabei können alle Ebenen der Betriebshierarchie angesprochen sein. Vorrangig sind diese Aufgaben jedoch beim PSD angesiedelt, mit dem in derartigen Situationen eng kooperiert wird.
- Die Gestaltung der Freizeit.

Gestaltungsmöglichkeiten und -wege außerhalb des ersten und zweiten Arbeitsmarktes suchen und erarbeiten

Für die hier angesprochene zahlenmäßig große Gruppe des SpDs sind der erste und auch der zweite Arbeitsmarkt außerhalb der Reichweite. Es geht darum, in beschützten Arbeits- oder geringfügigen Beschäftigungsverhältnissen unterzukommen und beschäftigt zu werden. Vielfach bleibt mehr freie Zeit zur Verfügung. Über den Zusammenhang von Langzeitarbeitslosigkeit und viel Zeit zu haben werden vermehrt Versagenszustände und Krisen ausgelöst, die es zu bewältigen gilt. Erste schwerwiegendere Probleme mit der Strukturierung der Zeit und des Tätigseins treten auf, wenn auch Berentung häufig zu einer Entlastung vom Druck des ersten Arbeitsmarktes führt. Hinzu kommen die oft antriebsmindernden Folgen der psychischen Erkrankung in Verbindung mit den Nebenwirkungen der klassischen Neuroleptika.

Der SpD ist hier intensiver in der **Begleitung, Beratung und Unterstützung** gefordert. Es gilt, mit den Betroffenen und – sofern vorhanden – dem Umfeld nach **Perspektiven zu suchen** und damit zusammenhängende, **innere Konflikte und Ängste anzugehen und Bewältigungsstrategien** zu entwickeln. Deutlich nachzuvollziehen ist dieser Prozess gleichermaßen sowohl beim Ausstieg aus dem Arbeitsprozess (Herr N. 8.5.2.) als auch beim versuchten Wiedereinstieg (Herr St. 8.5.1. und Herr V. 8.5.2.).

Der Arbeitsansatz des SpDs besteht darin,
- in Beratungsgesprächen für **Entlastung** zu »sorgen«. Versagensängste, Kränkungen, langfristig aus der Arbeitsgesellschaft herauszufallen, nehmen einen breiten Raum in der inneren und äußeren Bewältigung der Lage ein. Die Normen der Arbeitsgesellschaft sind weitgehend auch vom Personenkreis des SpDs verinnerlicht;
- mit Behutsamkeit und Geduld das **Zutrauen in die eigenen Fähigkeiten** zu unterstützen und zu fördern. Dies bezieht sich sowohl auf den Umgang mit dem Ausstieg aus der Arbeit bei Herrn N. als auch auf die Bewältigung der Ängste von Herrn V. und seiner Frau sowie bei Herrn St. bei der Planung des Einstiegs in die Arbeit;
- nach **neuen Tätigkeitsfeldern und Aufgaben zu suchen**. Vor allem bei Herrn N. wird beispielhaft deutlich, wie die Beratung und Unterstützung aussieht und wie vor allem die anwachsende freie Zeit gestaltet und bewältigt werden kann.

Analoges gilt für die große Zahl der Menschen, die langfristig aus dem System versicherungspflichtiger Beschäftigung herausgefallen sind. Für sie wird die Strukturierung der Zeit ohne regelmäßige Arbeit zu einem ernsthaften Problem. Die Anforderungen an die Handlungsweise des SpDs sind ähnlich wie die eben beschriebenen:
- **Äußere und innere Begleitung und Verarbeitung des »Abstiegs«.** So ging es z. B. bei Frau Z. und Herrn J. neben der äußeren Zeitstrukturierung auch um die Auseinandersetzung damit, nicht mehr zum »normalen« Alltag zu gehören, sondern am Rande des gesellschaftlichen Lebens zu stehen und damit leben zu lernen.

- **Erhaltung des Zutrauens** in die eigenen Fähigkeiten oder dessen **Wiederherstellung** auch ohne Arbeit. Es geht um Motivation, Beratung und Unterstützung, wie z. B. bei Frau P., die Freizeitangebote und das Arbeitsprojekt des Dienstes zu nutzen und parallel dazu wieder Zutrauen in ihre eigenen Fähigkeiten zu gewinnen oder bei Herrn J., sich nach der Berentung um eine 630 DM-Arbeit zu bemühen.
- Es geht darum, **verschiedenste Wege aufzutun** und dabei **Fantasie** und **Kreativität** walten zu lassen. Ich erinnere z. B. an die kulturellen Aktivitäten von Frau W. (7.5.6.) oder an die Tätigkeiten von Frau Z. im SpD und außerhalb oder an Herrn J., der mit dem Ausgraben alter Hobbys seine freie Zeit für sich wieder gestalten lernt.
- Weiter kommt es darauf an, das richtige **Timing** zu finden, wenn eine Tätigkeit oder ein Projekt stimmig ist und umgesetzt werden kann. Vor allem bei Herrn J. aber auch bei Herrn V. wird deutlich, wie Unter- oder Überforderung immer wieder aufs Neue situationsbezogen abgestimmt und geklärt werden müssen.
- Die Einbindung in die **Angebote des SpDs** wird zunehmend wichtiger. Des Öfteren wird mit KlientInnen und im Team überlegt, wie die Angebote und Ressourcen des Dienstes ausgeweitet werden können. Beispielhaft wird auf Frau Z. verwiesen. Die Begrenzung der Ressourcen ergibt sich durch die finanziellen und personellen Einschränkungen, die Auftragslage im Arbeitsprojekt etc. Gleichzeitig wird immer wieder die Orientierung nach draußen angestrebt und gesucht. Zum Beispiel werden bei Frau Z. trotz der intensiven Einbindung in den SpD immer wieder kleine Schritte nach draußen gesucht und gefördert.

Die **Strukturierung und Gestaltung der Zeit sind ein wesentlicher Bestandteil** der Arbeit des Dienstes, wie sich dies fast schon idealtypisch bei Frau W. (7.5.3.) entwickelt: Ein Rad greift ins andere, eine Stufe folgt auf die nächste mit einer Haltung, die geprägt ist durch Geduld und Behutsamkeit auf der einen Seite und nicht nachzulassen, aufzugeben oder die »Hände in den Schoß zu legen« auf der anderen Seite.

Strukturieren der Zeit und des Tätigseins als Dauerproblem und -aufgabe
Im Problemaufriss zu diesem Bereich wurde auf die wesentlichen Merkmale einer weiteren großen Gruppe im SpD hinweisen, die erhebliche Anforderungen an das Handlungsrepertoire der MitarbeiterInnen stellen. Diese Menschen leben zurückgezogen, halten sich vorrangig im Bett auf, leben allein wie Frau V., mit Angehörigen wie Herr U. oder mit Bekannten wie Herr T.

Der SpD wird mit Situationen konfrontiert, in denen sich scheinbar nichts mehr bewegt. Er handelt wieder in einem Grenzbereich, ähnlich dem, der schon in der Diskussion über den Umgang mit der psychischen Erkrankung bei »Menschen mit chronifizierten Wahngebäuden« und sogenannten »Systemsprengern« erörtert wurde (8.3.5.). Die pädagogischen Prinzipien Schleiermachers in der pädagogischen Diskussion (SCHLEIERMACHER 1966, S. 58) **»behüten, unterstützen und gegenwirken«** ebenso wie Basaglias (BASAGLIA in: Hartung 1980, S. 131) Leitlinie des **»esserci«** (Das-bei-den-Leuten-Sein) in den sozialpsychiatrischen Ansätzen sind hier hilfreich und richtungsweisend. Sie stellen einen Bezugsrahmen her, der die Legitimation des »Nichtstuns« verhindert und eine dialektische Spannung erzeugt:

- **Behüten** und »So-lassen-Können«, die Akzeptanz des »So-Seins« in Verbindung mit kleinsten Schritten heißt gleichzeitig auch, minimale Eigenkompetenzen zu fördern und dabei diese Aufgabe nie aus den Augen zu verlieren (z. B. bei Herrn T.).

- **»Aktives Zuwarten« und Zufälle** bewusst mit einkalkulieren und dafür sensibel sein, **Geduld aufbringen** und **aufmerksames Beobachten und Begleiten** bedeutet, dass auch in eingefahrenen und über lange Zeit unveränderbar erscheinende Situationen potentielle Schritte in der Zukunft nicht aus dem Blickfeld verloren werden (Frau V. und Herr T.).
- **Unterstützung der begleitenden, unterstützenden und pflegenden Umgebung.** Deutlich wird dieser Bereich des Handlungsansatzes vor allem bei Herrn U. Er leidet u. E. eindeutig an einer Fehlwahrnehmung seiner Situation. Das Leiden der Familienmitglieder, vor allem das seiner Frau, bedingt durch sein Verhalten kann er nicht sehen und ist verwundert, wenn dies so thematisiert wird. Die Arbeit des SpDs besteht in solchen Situationen in erster Linie darin, die symbiotische Beziehung zwischen dem psychisch kranken Menschen und den Angehörigen zu akzeptieren, damit ein Leben zu Hause weiterhin möglich ist. Vor allem ist darauf zu achten, dass die Angehörigen dahingehend unterstützt werden, auf ihre eigenen Bedürfnisse zu schauen, während bei den Betroffenen die Aufmerksamkeit auf kleine Ansatzpunkte und Gelegenheiten zu richten ist, die gegebenenfalls auch provoziert werden müssen.
- **Die Sensibilität für kleinste Schritte und Veränderungen:** Bei Frau V., Herrn T. und Herrn U. wird diese Handlungsanforderung stellvertretend für viele andere Situationen beschrieben. Es wird nicht nur auf kleinste Schritte und Veränderungen geachtet und darauf hingearbeitet, sondern in nicht unerheblichem Maße auch darauf, die Verschlechterung der jeweiligen Lage zu vermeiden. Mehr Autonomie und Eigenkompetenzen sind auch hier langfristige Ziele in der Verbindung der Prinzipien »behüten und fördern«. Bei **Herrn T.** verdeutlicht sich die Anstrengung im mühseligen Versuch, ihn bei der Körperpflege und beim Kleiderwechsel in kleinen Schritten miteinzubeziehen. Bei **Herrn U.** ist zu bemerken, dass er schon seit über fünf Jahren nicht mehr in stationärer Behandlung war, nicht mehr so viel im Bett liegt wie früher und des Öfteren etwas spricht. Außerdem begrüßt und verabschiedet er mich und erhebt sich sogar von seinem Lieblingsplatz auf der Couch, was früher nicht der Fall war. Auch bei **Frau V.** sind kleine Schritte unübersehbar. Sie liegt nicht mehr wie noch vor Jahren die ganze Zeit über im Bett. Ihre Arztbesuche regelt sie zwischenzeitlich nach langer Auseinandersetzung mit uns wieder selbstständig. Des Weiteren beteiligt sie sich am Einkauf, woran früher ebenfalls nicht zu denken war.

Zusammenfassend ist festzuhalten, dass in allen Beispielen im **Zentrum der Arbeit** steht, **den Menschen »So-sein-Lassen«** zu können, ohne die Arbeit in Richtung **kleinster Veränderungen und Förderung von Eigenkompetenz** aufzugeben und dahingehend tätig zu sein.

8.6. Kontakte, Kommunikation und soziales Gefüge: Die Strukturierung der Beziehungen

Kontakte, Beziehungen und die Einbettung in ein soziales Gefüge stellen in der Arbeit des SpDs und in beiden theoretischen Ansätzen, auf die hier Bezug genommen wird, eine weitere zentrale Kategorie dar (»Theoretische Grundlagen«: 6.2.). Im Gegensatz dazu stehen Isolation, Einsamkeit und Alleinsein als geradezu bestimmendes Merkmal bei der Mehrzahl des vom SpD betreuten Personenkreises im Vordergrund. 54 % dieser Menschen leben allein und sind ledig, geschieden oder verwitwet. In der Regel handelt es sich dabei nicht um ein freiwillig ausgesuchtes Single-Dasein. Isolierung und Alleinleben stehen in enger Verbindung mit der psychischen Erkrankung und Ausgrenzung (siehe Kap. 3: »Lebenslage chronisch psychisch kranker Menschen«). Gleichzeitig ist der Rückzug in die soziale Isolation oft der Versuch, auf diese Weise unaushaltbaren Konflikten mit Nähe und Distanz, mit Sehnsucht nach und Angst vor Beziehungen (unbewusst) auszuweichen Das »Sich-einrichten-in-der-Einsamkeit« wird so zu einer brüchigen und ambivalenten Überlebensstrategie.

Der Ansatz des SpDs besteht darin, Kontakte, Kommunikation und Beziehungen zu fördern, zu stabilisieren und soziales Gefüge (wieder-)herzustellen. Die Arbeit reicht von der Unterstützung und Beratung in »normalen« Alltagsbezügen bis dahin, völlige Zurückgezogenheit zu akzeptieren, ohne das Ziel aufzugeben, auch in diesem Rahmen nach kleinen Schritten zu suchen, welche die Isolierung vorsichtig aufbrechen oder zumindest erträglicher gestalten lässt.

Im Bereich »Kontakte und Kommunikation« lassen sich folgende unterschiedliche Problemgruppen mit den entsprechenden Zielen in der Arbeit des SpDs feststellen:
- Kontakte und Beziehungen im Lebensfeld sind noch oder wieder von Bedeutung.
- Kontakte und Beziehungen sind auf die Psychiatrieszene begrenzt.
- Kontakte und Beziehungen sind vorrangig auf (psychiatrisch) professionell Tätige beschränkt.

Die Arbeit des SpDs reicht auch hier wieder von völlig unproblematischen Situationen, die kaum Interventionen erfordern, bis hin zur (fast) vollständigen Isolierung ohne Kontakte, Beziehungen und soziales Gefüge. Das Spektrum wird mit Beispielen ausgeleuchtet, um danach zu methodischen Schlussfolgerungen für die Handlungsweise des SpDs in diesem Bereich zu gelangen. Bei den Beispielen wird größtenteils wieder auf Fallsituationen zurückgegriffen, die in den vorherigen Kapiteln schon in anderen Zusammenhängen erörtert wurden.

8.6.1. Kontakte und Beziehungen im Lebensfeld sind noch oder wieder von Bedeutung

Diese Gruppe verfügt noch oder wieder über Kontakte im Lebensfeld und innerhalb des SpDs. Menschen, die nur Kontakte außerhalb haben, sind die Ausnahme. Ziel der Tätigkeit ist die Stabilisierung und Erweiterung der Kontakte in »normalen« Alltagsbezügen. Dabei handelt es sich um verschiedene Felder:
- Das erste wichtige Feld stellen die **Kontakte zu den Angehörigen** dar. Immerhin leben 33 % des Personenkreises bei Angehörigen (Eltern, Kindern oder [Ehe-](Partnern). Nicht wenige stehen noch in Kontakt mit Angehörigen, wenn sie auch alleine oder in betreuten Wohnformen wohnen. Oft handelt es dabei um schwierige

Beziehungen (siehe z. B. bei **Herrn Z.**). Bei **Frau W.** (7.5.5.) wird aufgezeigt, wie die Kontakte zu den Angehörigen mit der Besserung ihres Gesundheitszustands wieder stabiler und von uns unterstützt und gefördert wurden.

In den erörterten Beispielen (vgle. vor allem auch die Beispiele im Kapitel »**Anfangssituationen – Anfragen von Privatpersonen«: 8.2.2.3.**) zeigt sich, dass die Beziehungen der Betroffenen zu ihren Angehörigen von großer Bedeutung sind. Dementsprechend sind Kontakte und Gespräche mit Angehörigen fester Bestandteil unseres professionellen Handelns. Das Spektrum reicht von der konkreten Unterstützung, Begleitung und Beratung innerhalb der Familie bis zur Motivation beider Seiten, sich voneinander zu lösen und eine Trennung zumindest in Erwägung zu ziehen. Vor allem psychoedukative und -informative Ansätze nehmen in der Arbeit mit Angehörigen eine zunehmende Bedeutung ein (WIENBERG 1997). Vorrangig stehen darin Erwachsenwerden und Selbstständigkeit auf der einen Seite, Abhängigkeit und der Verlauf der Erkrankung auf der anderen Seite im Blickfeld dieser Arbeit. In vielen Fällen und Situationen erweist sich die Angehörigenselbsthilfegruppe beim SpD zusätzlich als äußerst hilfreich und entlastend für Angehörige. Beispielhaft wurde dies bei Herrn Z. dargestellt.

Im Beispiel von **Frau C.** (8.3.2.) ist es trotz des aus unserer Sicht hohen Bedarfs nicht gelungen, ihren Mann zu Kontakten und Gesprächen zu bewegen. Obwohl sich ihr Mann Gesprächen zur psychischen Erkrankung seiner Frau entzieht und eher mit Unverständnis reagiert, kann sie sich eine Trennung von ihrem Mann nicht vorstellen. Das Alleinsein ängstigt sie mehr als das Zusammenleben mit dem eher kalt und indifferent erlebten Ehemann. Sie leidet sehr unter seiner Gleichgültigkeit. Dies ist des Öfteren Gegenstand der Gespräche mit ihr.

- Der Arbeitsansatz des SpDs zielt als zweites darauf ab, **Kontakte und Beziehungen zum »normalen« Umfeld zu knüpfen, zu stabilisieren und weiterzuentwickeln**. Konkret heißt dies Beratung, Begleitung, Ermunterung und Verstärkung, aber auch konkrete alltagspraktische Unterstützung und Vermittlung. Kontakte und Beziehungen zu Freunden und Bekannten nehmen darin eine wichtige Bedeutung ein.

  Bei **Herrn J.** wird deutlich, dass er Kontakte und Beziehungen zu Bekannten und Freunden unterhält, ohne auf die Angebote des SpDs angewiesen zu sein und darauf zurückgreifen zu müssen. Er hat regelmäßig Kontakt zu einigen Bekannten, die aber fast ausschließlich aus der Psychiatrieszene stammen, von einigen ehemaligen Schulfreunden und Bekannten abgesehen, die er über gemeinsames Musikmachen kennen gelernt hat. Das Ziel unserer Arbeit besteht darin, mit ihm zu beraten, wie er die Beziehungen aufrechterhalten kann und wie es ihm innerhalb der einzelnen Beziehungen geht. Es besteht bei ihm das Risiko, sich zu sehr der Probleme und Konflikte seiner Bekannten anzunehmen, was ihn wiederum schwächt und verunsichert. Der Blick auf Quantität und Qualität der Kontakte und auf das soziale Gefüges nimmt einen wesentlichen Raum in der Arbeit mit Herrn J. ein. Die Aufgabe besteht vor allem darin, als SpD die Rolle eines überlegenden und kritisch-solidarischen Korrektivs einzunehmen: Herr J. interessiert sich für meine Meinung und Haltung. Es erfolgt dabei der Austausch darüber, wie er die Kontakte gestaltet, ob sie seiner aktuellen Befindlichkeit entsprechen oder Korrekturen vorzunehmen sind.

  Frau P. kann hier als weiteres Beispiel herangezogen werden. Sie nimmt dank ihrer sukzessiven gesundheitlichen Stabilisierung, wie weiter vorne näher erörtert wurde, nach und nach ihre Angelegenheiten wieder selbstständiger in die Hand. Dazu gehören auch Kontakte und Beziehungen. Immerhin konnte sie zeitweilig eine enge Beziehung zu einem Mann aufbauen. Parallel dazu entstanden einige Kontakte zu Bekannten ihres ehemaligen Freundes, die Frau P. weiterhin besuchen. Jedoch muss aus unserer Sicht einschränkend hinzugefügt werden, dass es sich dabei fast ausnahmslos um Menschen mit Alkoholproblemen handelt. Dies bedeutet, dass bei den Besuchen nicht wenig Alkohol getrunken wird. Einerseits sind wir froh über die Kontakte und Beziehungen, die Frau P. darüber knüpfen konnte, weil es für sie wichtig ist. Sie leidet unter ständigem Alleinsein und freut sich über die Besuche ihrer Bekannten. Andererseits müssen wir mit ihr und den Bekannten regelmäßig den Alkoholkonsum ansprechen, damit Frau P. selbst nicht in einen Alkoholmissbrauch abrutscht, der den momentanen Stand wieder gefährden würde. Zusätzlich würde durch die Einnahme von Neuroleptika in Verbindung mit Alkoholmissbrauch ein weiteres gesundheitliches Risiko entstehen. Bislang konnte die Gratwanderung noch zufrieden stellend gestaltet werden. Die Kontakte und Beziehungen wirken sich positiv auf Frau P. aus. Der Alkoholkonsum hält sich bisher in Grenzen.

- Drittens treten häufiger Beziehungen und Kontakte zu Kirchengemeinden auf oder zu Einrichtungen anderer sozialer Träger mit ähnlicher Funktion, wie z. B. die Begegnungsstätten.

Ein Beispiel dafür ist **Frau W.** (7.5.5.5.). Dabei wird gleichzeitig die Bedeutung des SpDs deutlich, in dem er diese Beziehungen unterstützt, begleitet und fördert.
Ein weiteres Beispiel ist **Frau T.**:
Sie ist 73 Jahre alt, leidet seit über 25 Jahren an einer paranoid-halluzinatorischen Psychose, lebt von einer Altersrente allein in einer Mietwohnung und wird von uns seit drei Jahren betreut. Zwischenzeitlich leidet sie unter beginnender zeitlicher und örtlicher Desorientierung. Schon deshalb sind die täglichen Kontakte zur Begegnungsstätte der Arbeiterwohlfahrt, die sich gegenüber ihrer Wohnung befindet, von enormer Bedeutung. Sie isst dort täglich zu Mittag, hat in der Begegnungsstätte ihren festen Anlaufpunkt und gute Kontakte zu den BesucherInnen und den MitarbeiterInnen, die sich bei kritischen Anzeichen sofort mit uns in Verbindung setzen. Die Beziehungen zur Begegnungsstätte sind für Frau T. doppelt wichtig. Zum einen sind sie ein wichtiger Bezugspunkt in der Strukturierung ihrer Zeit. Zum anderen bedeuten sie regelmäßige Kontakte und in geringem Maße auch ein soziales Gefüge neben den Kontakten zu zwei Nachbarinnen, die in der letzten Zeit entstanden sind. Bei ihr wie auch in anderen Fällen gehen diese Kontakte und Beziehungen zu Kirchengemeinden oder Begegnungsstätten einher mit professionellen und nachbarschaftlichen Hilfen.

- Kontakte und Einbindung in »**normale**« **Vereine** als vierter Bereich sind selten und spielen nur eine untergeordnete Rolle. In den bisherigen Beispielen kommt diese Möglichkeit nicht vor. In den wenigen Fällen, in denen Kontakte in Vereinen bestehen, geht es in unserer Arbeit darum, diese Kontakte aufrechtzuerhalten.

Herr P. ist ein Beispiel dafür:
Er ist 38 Jahre alt, lebt bei seiner Mutter, ist ohne Beruf und bezieht eine Erwerbsunfähigkeitsrente. Herr P. leidet seit 20 Jahren an einer schizophrenen Psychose, war schon häufig in stationärer Behandlung und wird seit neun Jahren vom SpD betreut.

Herr P. pflegt immer noch Kontakt zu einem Schachclub. Er spielt dort mindestens einmal pro Woche und nimmt hin und wieder mit dem Verein an Turnieren teil. Diese Kontakte und Aktivitäten stellen einen wichtigen, nach außen gerichteten Bezugspunkt in seinem Leben dar, welches sonst vorrangig geprägt ist von Kontakten mit seiner Mutter, Bekannten, die er im SpD kennen lernt, zu den MitarbeiterInnen des SpDs und zu verschiedenen Ärzten.

Unsere Arbeit besteht hier darin, nicht aufdringlich, aber kontinuierlich darauf zu achten, dass Herr P. den Kontakt zum Schachclub nicht abbricht.

8.6.2. Kontakte und Beziehungen sind auf die Psychiatrieszene begrenzt

Im Unterschied zur vorherigen Gruppe bestehen hier (fast) keine regelmäßigen Kontakte und Beziehungen mehr zu Nachbarn, Freunden oder Verwandten. Kontakte sind (fast) ausnahmslos auf die Psychiatrieszene begrenzt, d. h. auf psychisch kranke Menschen, die im SpD, in der Klinik oder über Bekannte kennen gelernt wurden. Nach Durchsicht der KlientInnen des SpDs ist festzuhalten, dass es sich um die zahlenmäßig größte Gruppe handelt.

Das Ziel der Arbeit des SpDs besteht zunächst darin, vielfältige Kontakte und gemeinsame Aktionen innerhalb des Dienstes und der Psychiatrieszene zu ermöglichen und zu fördern. Soweit irgend möglich geht es im Weiteren auch darum, Kontakte nach außerhalb anzuregen und zu unterstützen. An den Beispielen von Frau Z. und Herrn I. soll dies aufgezeigt werden.

Frau Z. verfügt nur noch über Kontakte und Beziehungen innerhalb der Psychiatrieszene, zum SpD und zu ihrer Ärztin. Durch diese Kontakte hat sie ein soziales Gefüge entwickelt, welches sie mit am Leben hält. Zu Frau Sch. und zu Herrn I. hat sie eine engere Beziehung aufgebaut, die sie in Krisenzeiten allerdings durch Rückzug vernachlässigt. Außerdem ist zur Mutter von Herrn I. ein kontinuierlicher Kontakt entstanden. Der Kontakt zu den BesucherInnen und zu den MitarbeiterInnen des SpDs wie auch zur Institution SpD intensivierte sich über die Jahre zusehends. Dies fasste Frau Z. in einem Fernsehinterview so zusammen, dass der SpD für sie zur zweiten Heimat geworden sei.

Die **Ambivalenz der Entwicklung** besteht darin, dass sich ihre Kontakte und Beziehungen einerseits nur noch auf die Psychiatrieszene beschränken und sie sich von »normalen« Alltagsbezügen eher entfernt. Andererseits haben sie dieser Kontakt und die darin bestehenden Beziehungen bisher vor einem Suizid bewahrt. Sie stellen insofern einen Fortschritt dar, als sie dadurch wieder kontinuierliche Kontakte und Beziehungen eingehen konnte im Gegensatz zur früheren Isolation. Es ist ihr darüber hinaus gelungen, sich der Theatergruppe der psychiatrischen Klinik anzuschließen. Sie spielt dort unter ihresgleichen in der Öffentlichkeit Theater, hat unabhängig vom SpD Kontakte und verstärkt damit ihr brüchiges Selbstwertgefühl. Den **Schutz der Psychiatrieszene** möchte sie nicht verlassen, wie sie immer wieder betont. Sie kann darin so sein, wie sie ist und muss nicht eine sie überfordernde und sie unter Druck setzende Rolle einnehmen.

In der kontinuierlichen und intensiven Arbeit mit ihr ist darauf zu achten, dass **Kontakte und Beziehungen erhalten bleiben**, die **Beziehungen zu anderen KlientInnen** für beide Seiten zufrieden stellend gestaltet werden, der **enge Kontakt mit den Professionel-**

len immer wieder überprüft und neu bestimmt wird. Die **Sensibilität** unsererseits für die mögliche Erweiterung der Kontakte nach außerhalb darf dabei nicht verloren gehen.

Ähnlich verhält es sich mit **Herrn I.** Es besteht allerdings der Unterschied, dass er nach vielen Jahren psychischer Erkrankung immer noch **damit hadert, nur noch mit Menschen aus der Psychiatrieszene Kontakte und Beziehungen** zu pflegen. Gleichzeitig weist er jedoch darauf hin, dass er selbst auch kein interessanter und attraktiver Gesprächspartner mehr sei. Er müsse damit zufrieden sein, nach Jahren leidvoller Antriebslosigkeit und Rückzug überhaupt noch stabile und enge Kontakte und Beziehungen mit Menschen zu haben. Er sieht ein, dass er sich letztlich nicht dem Druck aussetzen will, »normal funktionieren zu müssen«. Immerhin hat er über seine Psychiatriekontakte eine Frau kennen gelernt, die seine Freundin geworden ist. Obwohl er einerseits froh ist, nach der langen Zeit der Antriebslosigkeit überhaupt wieder eine Freundin zu haben, regt sich andererseits nach und nach Unzufriedenheit in ihm, weil ihn zwischenzeitlich wieder eine gesündere und attraktivere Frau mehr anziehen würde.

Auch bei Herrn I. stellen wir fest, ähnlich wie bei Frau Z., dass *kontinuierliche Beratung und vertrauensbildende Maßnahmen* neben anderen Faktoren aus einem extremen Zustand von Einsamkeit und Antriebslosigkeit herausgeführt haben. Diese Entwicklung bedeutet gleichzeitig mehr Selbstwertgefühl sowie ab und an auch von außen wahrnehmbare Lebensfreude in Verbindung mit einer Offenheit, auf andere Menschen zuzugehen, ohne aber den Sprung in »normale« Alltagsbezüge zu schaffen. In der Zeit seiner **Einsamkeit** und **Isolierung** kam es in **unserer Arbeit** mit Herrn I. darauf an, ihn ohne besondere Erwartungen zu begleiten. Unsere Haltung hat ihn nach seinen Worten gestützt und den Leidensdruck eher ertragen lassen. Einerseits war es wichtig, ihn **»So-sein-lassen-zu-Können«** und ihn dadurch von einem inneren Druck zu entlasten. Andererseits war von uns darauf zu achten, **Chancen und Wege für die Zukunft nicht zu verschließen** und ihm gegenüber die oben erwähnte Haltung des »aktiven Zuwartens« einzunehmen. Sanft und diskret wurde von uns gelegentlich auf die Vergangenheit verwiesen, in der er aktiv war, in der sich Phasen von Rückzug und Isolierung einerseits mit Aktivitäten und Kontakte andererseits abwechselten und deswegen auch die Zukunft nicht festgelegt sei. Diese Haltung, die wir ihm gegenüber vertraten und mit seiner Nervenärztin abstimmten, hat sich schließlich bestätigt.

Kontinuierliche Begleitung, Beratung, Austausch unserer Meinungen und Haltungen standen in der Arbeit mit Herrn I. sowohl in Zeiten von Rückzug und Depression als auch in aktiveren Zeiten im Vordergrund. Ähnlich wie bei Frau Z. bestand der Inhalt der Arbeit in einer **Kombination aus der Bearbeitung innerer Prozesse und konkreten alltagsbezogenen Hinweisen und Anregungen, auch in der Suche nach entsprechenden Kontakt- und Begegnungsmöglichkeiten**.

Ein einmaliges Ereignis innerhalb dieser Gruppe, Wege »nach draußen« zu gehen, die Beziehungen mit den Beteiligten zu intensivieren und darüber auch Kontakte mit Außenstehenden einzugehen, war die selbstorganisierte zehntägige Urlaubsreise von vier Klienten nach Tunesien, die von uns intensiv unterstützt wurde. Der Urlaub verlief ohne Komplikationen. Alle kamen wohlbehalten zurück. Umso bemerkenswerter ist dieses Ereignis, als es sich bei zwei Klienten um schon seit sehr langer Zeit erkrankte Menschen handelt. Einer der beiden wurde noch bis kurz vor der Reise intensiv betreut, da erhebliche Antriebsprobleme bestanden. Dabei handelt es sich um eine weitere von uns geförderte Möglichkeit, sich in der Gruppe nach draußen zu bewegen und Außenkontakte zu knüpfen. Selbstverständlich existieren viele kleinere, weniger spektakuläre Beispiele, die in diese Richtung zielen und von uns unterstützt werden. Jedoch sticht die Reise von vier chronisch psychisch kranken Menschen nach Tunesien dabei klar heraus.

8.6.3. Kontakte und Beziehungen sind vorrangig auf (psychiatrisch) Professionelle beschränkt

Während in der vorherigen Gruppe noch oder wieder Kontakte und Beziehungen zu einem Umfeld bestehen, welches sich aus psychisch kranken Menschen und deren Angehörigen zusammensetzt, handelt es sich bei der folgenden Gruppe um Menschen, die keine Kontakte mehr zu privaten Personen haben. Zahlenmäßig geht es um keine allzu große Gruppe. Jedoch nimmt sie in der Arbeit des SpDs einen breiten Raum ein. Schließlich haben die Betroffenen keine (regelmäßigen) Kontakte mehr zu anderen Menschen, wodurch für den SpD mehr Verantwortung entsteht. Außerdem steht die Auseinandersetzung mit der Frage im Raum, wie mit engen Beziehungen und den darin ablaufenden Übertragungs- und Gegenübertragungsphänomenen umzugehen ist.

Die Ziele der Arbeit des SpDs bestehen darin, einerseits die Situation, so wie sie vorliegt, zu akzeptieren, sowie den gewonnenen Kontakt zu pflegen und zu stabilisieren. Andererseits ist immer wieder im Team und mit den Betroffenen darüber nachzudenken, ob und wie Isolierung und Vereinsamung zumindest in kleinen Schritten aufgebrochen werden können.

Frau V. repräsentiert diese Gruppe sehr charakteristisch. Im Kapitel »Tätigsein ...« (Kapitel 8.5.4.) wurde sie unter dem Blickwinkel fehlender Aktivitäten und mangelnder Zeitstrukturierung erörtert. Darüber wurde deutlich, wie einsam und zurückgezogen sie lebt. Es bestehen bei ihr **weder Kontakte zu Nachbarn noch zu anderen Personen oder Einrichtungen**. Frau V. zog sich schon in der Zeit von der Außenwelt zurück, als ihr Mann noch lebte. Auch dessen Tod führte zu keiner Veränderung; höchstens, dass sie sich noch mehr abkapselte. Ihre Kontakte beziehen sich auf folgende Einrichtungen: Einmal pro Woche kommt die **Nachbarschaftshilfe**, um ihre Wohnung zu putzen, ohne dass Frau V. mit der Nachbarschaftshelferin in einen engeren Kontakt tritt. Des Weiteren hat Frau V. einmal im Monat einen Termin bei ihrer **Nervenärztin**. Dies bedeutet, dass der **SpD den engsten Kontakt und die stabilste Beziehung** zu Frau V. pflegt. Der SpD organisiert und koordiniert die Hilfen. Er trägt die Hauptverantwortung dafür, zusammen mit Frau V. ihre Lebenslage erträglich zu gestalten. Mindestens einmal pro Woche wird ein Hausbesuch durchgeführt, bei dem mit ihr Aktuelles (z. B. Bankgeschäfte, Post erledigen etc.) geklärt, die Versorgungslage und ihre gesundheitliche Befindlichkeit thematisiert und kontrolliert werden. Einmal in der Woche kommt zusätzlich der ZdI des SpD vorbei und organisiert mit ihr den Einkauf.

Über die vielen Jahre hinweg, in denen wir Frau V. betreut haben, ist eine enge Beziehung entstanden, ohne dass es uns trotz verschiedenster Versuche gelungen wäre, ihre Kontakte über die genannten hinaus auszuweiten. Anstrengungen, sie z. B. vorsichtig an den SpD anzubinden, um dort eventuell Kontaktmöglichkeiten zu finden, sind bislang eindeutig gescheitert.

Aktuell muss von unserer Seite aus **akzeptiert werden, dass nur professionelle Kon-**

takte und Beziehungen bestehen und dabei das **Schwergewicht auf dem SpD** liegt. Wenn auch das Ziel nach darüber hinausgehenden Kontaktmöglichkeiten nicht aufgegeben wird, muss realistischerweise festgehalten werden, dass die Chancen selbst auf geringe Veränderungen sehr begrenzt sind. Alles andere würde bedeuten, sich unrealistische Vorstellungen zu machen. Mit Frau V. liegt eine Situation vor, in der trotz vielfältiger Überlegungen und Versuche keine Änderung in Sicht ist und häusliche Hospitalisierung und Chronifizierung bislang akzeptiert werden müssen.

Innerhalb dieser Gruppe kann auch wieder auf **Herrn T.** Bezug genommen werden, gleichwohl er mit zwei Bekannten zusammenwohnt. Zum einen sind die Kontakte und die Kommunikation mit ihnen auf die Versorgung begrenzt. Zum anderen bestehen sonst, abgesehen vom SpD, absolut keine Kontakte mehr zur Außenwelt. Unsere **Beziehung zu Herrn T.** ist eng, kontinuierlich und gleichförmig. Es handelt sich bei den einmal pro Woche durchgeführten Hausbesuchen immer wieder um die gleichen Geschichten, die er erzählt. Ebenso wiederholt sich das Baderitual in unveränderter Form. Es ist schwierig, mit ihm über die **Art des Kontaktes** zu sprechen. Dafür fehlt ihm vermutlich das Interesse oder auch der Zugang. Zumindest reagiert er auf derartige Fragen nicht. Des Weiteren ist es schwierig, einzuschätzen, wie er die Beziehung zu uns definiert und bewertet. Während Frau V. im Unterschied zu ihm verunsichert und ängstlich auf Terminverschiebungen reagiert und aufgeregt mit Briefen, die sie erhält, bei den Besuchen auf uns zukommt, macht es Herrn T. anscheinend wenig aus, wenn ich Termine verschiebe. Gleichwohl fragt er nach, warum es nicht geht und verhält sich bei den Besuchen in der Regel kooperativ und zugewandt. Diesen Hinweisen kann entnommen werden, dass ihm der Kontakt und die Beziehung nicht unangenehm und unwichtig sind.

Allerdings ist sowohl bei **Herrn T.** als auch bei **Frau V.** die Vorstellung **weiterer Kontakte außerhalb der Wohnung aktuell illusorisch**. Die Miteinbeziehung eines ehrenamtlichen Helfers wird mittlerweile zwar angedacht, obwohl sie uns ambivalent scheint. Einerseits könnte eine neue Qualität durch den Kontakt entstehen vor allem in Richtung größere Offenheit gegenüber der Außenwelt. Andererseits würde dadurch häuslicher Hospitalisierung Vorschub geleistet werden. Die Absprache mit ihm zu treffen, dass die Orientierung nach außen ein Ziel im Kontakt mit dem ehrenamtlichen Helfer wäre, interessiert ihn nicht, da er nach seiner Krankheitsinterpretation die Wohnung nicht verlassen kann. Der Versuch mit einer psychiatrischen Fachpflegekraft vom Pflegedienst über zwei Jahre hinweg in diese Richtung mit ihm zu arbeiten, brachte keinen Erfolg, sodass er wieder eingestellt wurde.

Der SpD ist in seinen Handlungen darauf angewiesen, die **Situation zu begleiten, zu strukturieren, zu koordinieren, die Form des Kontaktes zu akzeptieren, sie im Team zu überprüfen und gegebenenfalls zu korrigieren**.

Ein drittes Beispiel in dieser Gruppe ist **Herr A.** Bei ihm handelt es sich um die auffälligste Form der **Ausschließlichkeit des Kontaktes zum SpD**. Seit neun Jahren befindet er sich in Betreuung des SpDs. Er ist 38 Jahre alt, lebt von Sozialhilfe in einer Mietwohnung inmitten eines sozialen Brennpunktes. Seit dem Tod seiner Mutter vor ca. zwei Jahren wohnt er allein.

Vor 18 Jahren erkrankte Herr A. an einer Paranoia mit starken depressiven Stimmungsschwankungen. Einige kurze Krankenhausaufenthalte brachten wenig Erfolg. Eine berufliche Ausbildung war krankheitsbedingt nicht möglich. Ebenso wenig konnte er einer versicherungspflichtigen Beschäftigung nachgehen. Verschiedene Rehabilitationsversuche führten ebenfalls nicht weiter.

Er ist das jüngste von drei Geschwistern. Sein Bruder und seine Schwester führen mit ihren Familien seinen Angaben und meinen Erfahrungen zufolge ein unauffälliges und normales Leben.

Als jüngster Sohn wurde er von seiner Mutter verwöhnt und überfürsorglich behandelt, was von ihm nicht widersprochen und von den Geschwistern bestätigt wird. Herr A. und seine Mutter waren besonders beeinträchtigt durch die alkoholbedingten Wutausbrüche seines Vaters, der an den Folgen der Alkoholerkrankung starb, als Herr A. 14 Jahre alt war. Dadurch und durch den Auszug der beiden Geschwister wurde das Verhältnis zwischen Mutter und Sohn noch intensiver. Die symbiotische Beziehung verfestigte sich mehr und mehr bis zum Tod der Mutter.

Aus meiner Sicht liegt ein nicht unbeträchtlicher Teil der psychischen Erkrankung und seiner aktuellen Lebenslage in den Familienkonstellationen begründet; eine Sichtweise, die er nicht teilen kann. Er bringt die psychische Erkrankung mit organischen Ursachen und auch – zumindest teilweise – mit seiner Lebenslage und der biografischen Entwicklung in Verbindung.

Die **aktuelle Lebenslage** sieht folgendermaßen aus: Er hat **keine Ausbildung, keine Arbeit, lebt von Sozialhilfe**, was ihn moralisch belastet. Vor allem lebt er **vollständig ohne private Kontakte und Beziehungen**. Professionelle Kontakte hat er zu seinem Nervenarzt, bei dem er einmal in zwei Monaten die Medikamente holt und zum Mitarbeiter des SpDs, den er einmal in der Woche oder vierzehntägig konsultiert. Zu den Geschwistern nimmt er nur Kontakt auf, wenn es sich nicht vermeiden lässt. Mit den Nachbarn liegt er in einem halb realen, halb imaginären Streit. Die Nachbarn möchten Herrn A. gerne aus der Hausgemeinschaft draußen haben. Des Öfteren störte er in der Vergangenheit die Nachtruhe. Er war alkoholisiert und hörte sehr laut Musik, klopfte mit dem Hammer auf den Fußboden und schlug Türen. Dies waren aus seiner Sicht Reaktionen auf den »Terror«, welchen die Nachbarn ihm gegenüber ausüben. Die Klopf- und anderen Geräusche in einem hellhörigen Haus interpretiert er eindeutig und mit Nachdruck als Provokation der Nachbarn, um ihn zu Gegenreaktionen herauszufordern, die wiederum als Anlass herangezogen werden können, um ihn loszuwerden. In der Tat verhält er sich dadurch so, dass er Kündigung und Räumungsklage riskiert, worin er sich wiederum in seiner Interpretation des Verhaltens der Nachbarn bestätigt sieht. Diese kurze Schilderung wirft nicht nur einen Blick auf die mögliche Entstehung und auf die Verstärkung seiner paranoiden Haltung, sondern verweist gleichzeitig darauf, warum er im Haus alleine ist und keine Kontakte mit den Nachbarn möglich sind.

Viele Termine ob beim Arbeitsamt, im Kaufhaus, bei der Bank oder bei einem Schreibmaschinenkurs mussten mit ihm zusammen durchgeführt werden. Darüber konnte er durch gezieltes Training einiges lernen, was ihm zumindest den Einkauf etwas erleichtert. Er ist in diesem Bereich stabiler geworden. Allerdings benötigt er des öfteren die Wirkung des Alkohols, um genügend Mut zu haben, sich der Öffentlichkeit auszusetzen. Auf Versuche, ihn gemeinsam mit seinem Nervenarzt in gezielte Selbstsicherheitstrainings auf der Basis verhaltenstherapeutischer Methoden zu vermitteln, konnte er sich nie einlassen. Der Plan, in eine betreute Wohngemeinschaft zu ziehen, wurde von uns in die Wege geleitet und von ihm mitgetragen und -verfolgt. Die Umsetzung musste kurz vor dem Einzug abgebrochen werden. Herr A. hielt den Kontakt zu den zukünftigen Mitbewohnern nicht aus. **Unsicherheit, Misstrauen und Vorsicht in Verbindung mit extremer Schüchternheit bedeuten erhebliche Kommunikationsstörungen.** Mit fremden Menschen Kontakt aufnehmen, ob im Kaufladen, auf der Straße oder im SpD ist für ihn eine Qual. **Massive Selbstwertprobleme und -unsicherheit** führten trotz einiger positiver Entwicklungen in den vergangenen neun Jahren zur (fast) vollständigen **Isolierung**.

Einen Bereich hat **Herr A. für sich allein entwickelt und ausgebaut**: Autodidaktisch brachte er sich die Arbeit am PC bei. Inzwischen ist er so weit, dass er selbst programmieren kann. Diese Arbeiten führt er vorrangig nachts aus, weil er sich da am wenigsten gestört fühlt. Er schläft tagsüber. Herr A. hat Erstaunliches produziert, ohne die Produkte absetzen zu können. Dafür müsste er mit der Außenwelt in Kontakt treten und Beziehungen aufnehmen. Immer noch träumt Herr A. davon, darüber seinen Lebensunterhalt bestreiten zu können, was aus meiner Sicht zumindest mittelfristig aufgrund der Kommunikationsstörungen unrealistisch ist. Einerseits verschaffen ihm die Computerwelt und das Internet Anregungen und Kontakte in einer virtuellen Realität. Andererseits verringert sich darüber der Druck und die Chance nach draußen gehen zu müssen. Rückzug und Isolierung werden dadurch eher verstärkt.

Funktion und Arbeit des SpDs definieren sich aus dieser völligen Kontaktlosigkeit und leiten sich daraus ab: Wir sind (vorrangig in meiner Person) **Anlaufstelle für alle Probleme und Fragen**, die ihn beschäftigen und bedrängen. Trotz heftiger Auseinandersetzungen und zeitweiliger, kurzer Beziehungsabbrüche entstand eine enge und intensive **Vertrauensbeziehung**, was ihm ermöglichte, Hemmungen und Ängste mir gegenüber abzulegen. Wir sind zur **wesentlichen Stütze** in seinem nicht gerade einfachen Alltag geworden, der durch den Tod seiner Mutter noch schwieriger wurde. Bei ihm geht es in erster Linie nicht darum, einen zufrieden stellenden Alltag anzustreben, sondern Wege zu finden, damit er ihn überhaupt bewältigen kann und sich nicht das Leben nehmen muss, was immer als Thema mitschwingt und des Öfteren Gegenstand der Gespräche ist. Wir sind für ihn zu einem zentralen **Wegbegleiter in seiner Einsamkeit** und das stützende Geländer geworden, damit er nicht abstürzt. Zweifellos liegt hier eine gewisse Einseitigkeit vor. Alle bisherigen Versuche, ihn parallel zu unserer Begleitung in andere Zusammenhänge oder Kontakte zu vermitteln, sind gescheitert, obwohl er sich dies zumindest als Idee immer wieder vornimmt. Selbst im SpD, wenn er kurz auf den Gesprächstermin warten muss, hält er sich abseits in einer ruhigen Ecke auf, um nicht angesprochen zu werden.

Trotzdem besteht ein **wichtiges Ziel** in der Arbeit mit Herrn A. darin, **diese Lage zu verändern**. Immer wieder wird es zum Gegenstand der Gespräche, was er vielleicht hinsichtlich einer Kontaktaufnahme tun könnte. Sein Traum besteht nach wie vor in der Beziehung zu einer Frau, die ihn so akzeptiert, wie er ist und auch noch Interesse an Computertätigkeiten hat. Oft bleibt es jedoch beim »Darüber-Reden«. In diese Richtung aktiv zu werden, fällt ihm außerordentlich schwer. Aktuell wird vorsichtig und behutsam ein Kontakt mit einer anderen Klientin des SpDs vorbereitet, die einen PC-Kurs belegt. Sie bekundete Interesse, ihn kennen zu lernen und würde ihre PC-Kenntnisse gerne mit ihm vertiefen. Herr A. möchte den Kontaktversuch auf jeden Fall wahrnehmen.

8.6.4. Methodische Schlussfolgerungen für den Bereich »Kontakte, Kommunikation und soziales Gefüge«

Die Arbeit des SpDs wird auch hier durch zwei Pole bestimmt, zwischen denen sich das Handlungsfeld erstreckt. Der eine Pol ist die Förderung und Weiterentwicklung von Kontakten im »normalen« Lebensfeld. Der andere besteht im Erhalt des Kontaktes und der Beziehung zum(r) KlientenIn überhaupt. Das Handlungsfeld wird durch folgende Ziele bestimmt:
- Erhalt und Förderung von Kontakten und Beziehungen im »normalen« Lebensfeld
- Erhalt und Förderung der Kontakte und Beziehungen zur Psychiatrieszene und deren Überschreitung
- Erhalt und Akzeptanz des Kontaktes zum SpD (und anderen Professionellen) und dessen vorsichtige Überschreitung

Erhalt und Förderung von Kontakten und Beziehungen im »normalen« Lebensfeld
Bei der Förderung von Kontakten und Beziehungen im »normalen« Lebensfeld handelt es sich um die zahlenmäßig kleinste Gruppe im SpD. Die Absicht, mit den Menschen in diese Richtung zu arbeiten, ergibt sich zum einen aus der täglichen Arbeit mit dem Personenkreis. Zum anderen wirkt die sozialpsychiatrische Diskussion zur (Primär-)Prävention (CAPLAN 1964, ARMBRUSTER/OBERT et al. 1987) nach, die mit der Forderung verknüpft war, auf Sonderstrukturen zu verzichten und die Integration im normalen Lebensfeld zu vollziehen, wie dies z. B. die SpDs in Stuttgart in den ersten Jahren ihrer Arbeit mit großem Engagement aber geringem Erfolg versuchten (Jahresberichte 1982 und 1983). Heute hat die Diskussion in der damals geführten Einseitigkeit kaum noch Bedeutung. Vielmehr geht es pragmatisch um die **Kombination von Kontakten im »normalen« Lebensfeld unter gleichzeitiger Förderung von Beziehungen und des sozialen Gefüges über die Strukturen des gemeindepsychiatrischen Netzes**.

Als Erstes wird über die Beispiele die **Auffächerung und Differenzierung des Lebensfeldes** deutlich. Verschiedene Bereiche und Felder werden sichtbar und haben ihre unterschiedlichen Strukturen. Damit entsteht ein erster Hinweis für den Handlungsansatz des SpDs: Welche Bereiche bestehen im Lebensfeld? Welche sind für die Betroffenen jeweils wichtig? Welche sind realistisch und entwicklungsfähig, ohne die Betroffenen und/oder das Lebensfeld jeweils zu überfordern.
- Für jeden Menschen, ob psychisch krank oder nicht, bedeuten Kontakte, Beziehungen und die Einbettung in ein soziales Gefüge mehr Lebensqualität. Allerdings gibt es nur **wenige KlientInnen, die vorrangig Kontakte und Beziehungen im privaten Umkreis jenseits der Psychiatrieszene haben**. Zu einseitig und zu ausschließlich fand für den Großteil eine langjährige Sozialisation in der Psychiatrie und deren Umfeld statt. Umso wichtiger ist es für den SpD tätig zu werden, wenn noch Kontakte vorhanden sind oder in die Wege geleitet werden können. Auch hier liegt der ähnliche Verlauf (und damit auch die Anforderungen an den SpD) wie in den folgenden Feldern vor: Ermunterung, Beratung, Unterstützung, Vermittlung, Ausgleich zwischen den verschiedenen Interessen bei Verknotungen und Missverständnissen, aber auch die Unterbrechung des Kontaktes, falls Überforderungen auftauchen. Die verschiedenen Handlungsanforderungen werden in beiden Beispie-

len von Herrn J. und Frau P. deutlich sichtbar und stehen stellvertretend für diese Gruppe.
- Analoge Handlungsanforderungen und -weisen für den SpD gelten für die Kontakte und Beziehungen zu den Angehörigen, wenn darin auch andere Dynamiken wirksam sind.

Die Arbeit des SpDs besteht darin,
- die Kontakte zwischen den Betroffenen und ihren Angehörigen verstehen zu lernen, vermittelnd einzugreifen und zu fördern, wie dies u. a. bei Frau W. (7.5.5.3.), Herrn B., Herrn M., Herrn C. erörtert wurde. Allerdings verweist das Beispiel von Frau C. auf die seltener vorkommenden Situationen, in denen der Angehörige aus welchen Gründen auch immer vermeidet, sowohl den Kontakt mit dem kranken Angehörigen zu thematisieren und zu fördern als auch dem SpD zu begegnen;
- den Kontakt zwischen den Angehörigen und dem SpD – mit Wissen des/der Betroffenen – zu suchen und zu fördern, wie dies in vielen Beispielen zum Ausdruck kommt (Herr U., Herr Z., Herr B., Herr M., Herr I., Herr V., etc.). Je nach Situation finden Beratungsgespräche mit allen Beteiligten, aber auch mit Angehörigen allein statt (Herr Z., Herr B., Herr K., etc.);
- den Kontakt zwischen Angehörigen und der Angehörigengruppe einzufädeln und zu fördern, besonders in Situationen, in denen ein enormer Leidensdruck bei den Angehörigen besteht. Oder es geht um die Vermittlung und Bearbeitung problematischer Themen und Fragen, die durch Mitbetroffene oft adäquater angegangen werden können als durch Professionelle. Oder es stehen einfach nur Informations- und Erfahrungsaustausch sowie das Eingebundensein in eine Gruppe von Mitbetroffenen im Mittelpunkt. Dies lässt die eigene Situation leichter ertragen und den Blick auf persönliche Bedürfnisse wieder mehr in den Vordergrund rücken. Diese verschiedenen Funktionen und Bedeutungen tauchen bei der Mutter von Herrn Z. und von Herrn I. stellvertretend für viele andere Beispiele auf.
- Am anspruchsvollsten ist die **Einbindung in »normale« Vereine und/oder der Erhalt des Kontaktes**. Diese Aufgabe wird am Beispiel von Herrn P. allerdings nicht sichtbar, da er seine Kontakte im Schachclub selbstständig organisiert. Vermittlung von unserer Seite aus ist bei ihm nicht nötig. Im Einzelfall kann es selbstverständlich vorkommen, dass der SpD ausgleichend und vermittelnd tätig werden muss zwischen verschiedenen Interessen mit dem Ziel, den Kontakt und die Beziehung zu erhalten, zu fördern und sich als SpD wieder herausziehen zu können. Im Einzelfall jedoch kann der Kontakt auch beendet werden, wenn beide Seiten überfordert sind und die Beziehung mehr schadet als nutzt.
- **Soziale und semiprofessionelle Organisationen, Dienste und Einrichtungen, die Kontakt- und Beziehungsangebote** vorhalten, können einfacher und öfters genutzt werden (z. B. Kirchengemeinden, Begegnungsstätten, Treffs, Clubs etc.). Für den Personenkreis des SpDs sind diese Dienste und Organisationen von größerer Bedeutung, da es sich im Unterschied zu »normalen« Vereinen um ein abgefedertes, latent beschütztes und trotzdem nichtpsychiatrisches Feld handelt. Für die Außenkontakte, Beziehungen und das soziale Gefüge des Personenkreises hat dieses Feld

eine wichtige Funktion. Dadurch wird die Begrenzung der Kontakte und Beziehungen auf die Psychiatrieszene oft aufgelockert.

In der Regel ist seitens der Kirchengemeinde Bereitschaft und Engagement vorhanden, die Angebote für unseren Personenkreis zu öffnen, wie dies z. B. bei Frau W. zu sehen ist (7.5.5.5.). Bei Frau T. zeigt sich die Wichtigkeit des Kontakt- und Beziehungsangebotes in Verbindung mit der räumlichen Nähe trotz der bestehenden Schwierigkeiten. Der SpD arbeitet dabei in zweifacher Richtung. Er ermuntert, berät und begleitet die Betroffenen, damit die Angebote genutzt und Kontakte aufgenommen, erhalten und stabilisiert werden. Gleichzeitig wird für die Entwicklung einer konstruktiven Beziehung und deren Pflege zur jeweiligen Kirchengemeinde oder zur Begegnungsstätte einiges getan. Wichtig sind dabei nicht nur die konkreten Kontakte, Kooperationsgespräche, Absprachen und Informationen, sondern vor allem bereit und präsent zu sein, wenn Probleme auftauchen, wie z. B. bei Frau T. Kurzzeitig bestand nach einem sie verwirrenden Aufenthalt in einem Allgemeinkrankenhaus (wegen eines Armbruches) eine erhebliche zeitliche und örtliche Desorientierung. Die Kooperation zwischen Begegnungsstätte und dem SpD musste sehr eng gestaltet werden. Zum Beispiel war sie nicht in der Lage, selbstständig zu den Öffnungs- und Essenszeiten zu erscheinen. Wenn die Kollegen anriefen und uns mitteilten, dass Frau T. nicht aufgetaucht war, sorgten wir dafür, dass sie in die Begegnungsstätte gebracht wurde.

Auch hier wird wieder die gemeinsame Einschätzung und Bewertung wichtig, die – wenn möglich – mit allen Beteiligten abzuklären ist, ab wann der Kontakt für eine Seite zur Überforderung wird und eine Beendigung in Betracht gezogen werden muss, was im Falle einer älteren Dame nötig wurde. Sie erschien völlig unregelmäßig und in der kalten Jahreszeit viel zu leicht bekleidet zum Essen, sodass wir gezwungen waren, ihr das Essen nach Hause bringen zu lassen und mehr Kontrolle auszuüben. In Kooperation mit einem privaten Pflegedienst musste sie drei bis fünf Stunden täglich betreut wurden.

Erhalt und Förderung der Kontakte und Beziehungen zur Psychiatrieszene und deren Überschreitung
Bekannte und schon erörterte Handlungsweisen und -regeln für den SpD wiederholen sich auch in dieser Kategorie. Unterschiede im Vergleich zu den vorherigen Gruppen bestehen in der Funktion und Bedeutung der Beziehungen für die Betroffenen. In der Arbeit des SpDs gelten folgende Aspekte und Regeln:
- Es geht darum, wie in den anderen Bereichen der SpD Arbeit auch, nicht nur **äußere organisatorische und alltagspraktische Hilfestellungen** zu vermitteln und zu geben, sondern in einem weiter gefassten psychotherapeutischen Begriff gleichzeitig die **innere Dynamik und biografische Faktoren mitzuberücksichtigen und zu bearbeiten**. Dies wird vor allem deutlich im Beispiel von Herrn I. und Frau Z. Mit beiden kann konstruktiv und offen über die Zusammenhänge gesprochen werden mit dem Ziel, besser zu verstehen, warum die Kontakte auf die Psychiatrieszene begrenzt sind. Es kann bearbeitet werden, welche Schwierigkeiten bestehen und wie dieser Zustand vielleicht überschritten werden kann, aber auch, warum dies aktuell (noch) nicht möglich ist.

- Der SpD achtet darauf, dass die **Kontakte aufrechterhalten und gestaltet werden**. Schließlich bedeutet es für viele KlientInnen einen enormen inneren Aufwand und Fortschritt, überhaupt Kontakte zu knüpfen und sie aufrechtzuerhalten, wie dies vor allem bei Herrn I., Herrn A. und bei Frau Z. – stellvertretend für fast alle über eine längere Zeit hinweg betreuten chronisch psychisch kranken Menschen – deutlich zum Ausdruck kommt. Im Hinblick darauf, dass nicht wenige KlientInnen keinerlei Kontakte zu Privatpersonen aus dem »normalen« Umfeld haben, muss der Umstand, über derartige Beziehungen zu verfügen, vom SpD unbedingt unterstützt und gefördert werden.

Die **Suche nach Wegen, wie die Festlegung von Kontakten auf die Psychiatrieszene** überschritten werden kann, ist trotzdem bei den SpD-MitarbeiterInnen präsent. Die Sensibilität dafür wird gewahrt, um Gelegenheiten nicht zu versäumen, wie z. B. die Unterstützung der Tunesienreise einer kleinen Gruppe (8.6.2.) oder die Bearbeitung der Ambivalenz und Unzufriedenheit von Herrn I. wegen seiner ausschließlichen Kontakte zur Psychiatrieszene. Die Aufmerksamkeit der SpD-MitarbeiterInnen gegenüber der Erhaltung von Außenkontakten bedeutet, sich gleichzeitig mit der Tatsache auseinander zu setzen, dass viele KlientInnen den Schutzraum der Psychiatrieszene suchen und darin leben wollen, wenn dies auch mit Gefühlen von Versagen und Resignation einhergeht. Sie wollen und können sich nicht mehr oder noch nicht dem Druck des Kontaktes mit »normalen Menschen« aussetzen. In der Psychiatrieszene besteht eher ein Gefühl und eine Haltung, so sein zu können, wie man/frau ist und mehr Verständnis entgegengebracht zu bekommen, was von innerem Druck und Ängsten entlastet. In beiden Beispielen (Herr I. und Frau Z.) ist dieser Aspekt des öfteren Gegenstand in den Beratungsgesprächen. Gleichwohl findet damit ein Rückzug in einen Schutzraum statt und die Entfernung von Kontakten im nichtpsychiatrischen Lebensfeld, deren Wiederaufnahme dadurch eher erschwert wird, was z. B. von Herrn I. bedauert wird. Beide Möglichkeiten – die Offenheit gegenüber Außenkontakten jenseits des psychiatrischen Schutzraums mit dem Risiko der Überforderung und der Rückzug in den Schonraum mit dem Risiko des subtilen Ghettos – sind grundsätzlich zu bedenken und müssen von den SpD-MitarbeiterInnen in der täglichen Arbeit mitbedacht werden.

Erhaltung und Akzeptanz des Kontaktes zum SpD und dessen vorsichtige Überschreitung

Kontakte und Beziehungen in dieser Gruppe beschränken sich (fast) ausschließlich auf den SpD bzw. auf den/die jeweilige MitarbeiterIn. Das anspruchsvolle Ziel, Kontakte im »normalen« Lebensfeld zu unterhalten, liegt hier nicht nur in weiter Ferne. Es muss vielmehr über längere Zeiträume hinweg in den Hintergrund gerückt werden, ohne es aber vollständig aus den Augen zu verlieren. Funktion und Arbeit des SpDs definieren und bestimmen sich durch die Kontaktlosigkeit der Betroffenen mit der Außenwelt. Dabei gelten folgende Handlungsweisen und -regeln:
- Zunächst geht es für den SpD in dieser Gruppe **grundsätzlich darum, den Kontakt und die Beziehung überhaupt aufrechtzuerhalten**, wie in den beiden Beispielen von Herrn A. und Frau V., vor allem aber auch im Kapitel »Umgang mit der psychischen Erkrankung« am Beispiel der »Systemsprenger« (8.3.5.) ausführ-

lich erörtert wurde. Nicht nur der Erhalt und die Gestaltung des Kontaktes und der Beziehung als Grundlage für die Betreuung bestimmen die Arbeit (vgle. »Anfangssituationen«: 8.2.4.). Vielmehr muss mit noch größerer Aufmerksamkeit und Verantwortung auf die gesamte Situation der Betroffenen geachtet werden, da sonst niemand mehr mit dem SpD Verantwortung und Arbeitsaufwand teilt. Das gesamte Spektrum des Alltags verlangt Beachtung und Bearbeitung (Frau V., Herr A., Herr W., um nur einige zu nennen). Die alltägliche Grundversorgung – wenn auch auf niedrigem Niveau – wird vom SpD sichergestellt und koordiniert, wofür die Aufrechterhaltung des Kontaktes von vorrangiger Bedeutung ist.

- Auf der Ebene der **Haltung, Einstellung und Motivation wird die Begrenzung des Kontaktes auf den/die MitarbeiterIn akzeptiert**. Die Akzeptanz ist keine notdürftige in Verbindung mit einem schlechten therapeutischen Gewissen. Ein solcher Zustand läuft derartigen Ansprüchen zuwider, da z. B. schon die Ausrichtung auf das »normale« Lebensfeld eindeutige Grenzen aufweist. Wenn eine solche Haltung gegenüber Frau V. oder Herrn A. bestünde, wäre die Ausgrenzung dieser Personengruppe durch den SpD vorprogrammiert, weil es trotz aller Anstrengungen nicht möglich ist, die Begrenzung des Kontaktes auf den SpD-Mitarbeiter zu überschreiten.
- Dabei sind vier Punkte in der konkreten Arbeit zu berücksichtigen:
  1. Die Bearbeitung der **Übertragungs- und Gegenübertragungsphänomene**, die durch den sehr engen und oft auf das intime, häusliche Milieu der Betroffenen fixierten Kontakt von nicht unerheblicher Bedeutung sind. Die direkte Bearbeitung mit den Betroffenen weist klare Grenzen auf, erfolgt jedoch im Einzelfall ansatzweise wie bei Herrn I. oder Frau Z. Vor allem findet die Auseinandersetzung damit in den Fallkonferenzen und der Supervision statt.
  2. Mit **non-direktiven**, aber auch – falls erforderlich – **direktiven Vorgehensweisen** soll den Betroffenen vermittelt werden, dass die Situation von uns so akzeptiert wird, jedoch eine Entwicklung in Richtung mehr Unabhängigkeit durch Außenkontakte dadurch wenig gefördert wird. Sowohl bei Frau V. wie bei Herrn A. wurden verschiedene Varianten, auch paradoxe Interventionsformen angewandt, ohne jedoch einen Erfolg verzeichnen zu können.
  3. Die ständige **Sensibilität für »innere und äußere Wege«** versucht, die Fixierung auf den SpD zumindest gedanklich aufzubrechen. Bei Frau V. sollen sich durch den vorgenommenen Betreuerwechsel (vorsichtig) neue Möglichkeiten eröffnen. Bei Herrn A. geht es im Gespräch des Öfteren um die Frage, wo und wie Kontakte geknüpft werden können. Das Interesse an der PC-Arbeit und die darüber erworbenen Fähigkeiten stellen einen Rahmen her, über den vielleicht ein Außenkontakt entwickelt werden kann.
  4. Die **Möglichkeit des Betreuerwechsels**, wenn die Beziehung zu sehr chronifiziert und in eine Sackgasse mündet und der/die MitarbeiterIn und/oder der/die Betroffene entlastet werden muss. Schließlich dauern die Betreuungskontakte auch in dieser Konstellation oft über Jahre. Bei Frau Z. wurde nach längerer und reiflicher Überlegung ein Wechsel vollzogen. Für die Mitarbeiterin wurde die seither nicht veränderte innere Lage von Frau Z. – die ständige suizidale Haltung in Verbindung mit Suizidversuchen, kontinuierliches Stim

men hören trotz hoher Medikation, Magersucht nahe kommendem Verhalten in Verbindung mit unrealistischen Versorgungswünschen – trotz der beschriebenen positiven äußeren Veränderungen zu belastend. Gleichzeitig können mit einem neuen Kollegen eventuell wieder neue Wege eröffnet werden.

Das **Fazit für die SpD Arbeit** in dieser Kategorie lässt sich wie folgt umreißen: Die Tatsache, dass möglicherweise über eine längere Zeit hinweg keine Außenkontakte und Beziehungen bestehen, muss ausgehalten werden. Es ist zu akzeptieren, dass der SpD auch über einen längeren Zeitraum hinweg die einzige Stelle ist, zu der Kontakt und auch Vertrauen besteht. Ohne zu drängen und unnötigen Druck zu erzeugen, da sich die Betroffenen in der Regel selbst schon genug unter Druck setzen, werden trotzdem Gelegenheiten und Ideen aufgegriffen, die Wege in Richtung Kontakte und Beziehungen jenseits des SpDs ermöglichen. Zeitweise müssen wir uns wie z. B. bei Herrn A. damit zufrieden geben, über seinen Traum (Kontakte und die Beziehung zu einer Frau) zu sprechen und theoretisch Wege zu erörtern, damit er den größten Druck etwas verringern kann. Dadurch konnte, wie schon erwähnt, mit großer Wahrscheinlichkeit bisher verhindert werden, dass er sich das Leben nimmt. Die Erfahrungen belegen die **zeitliche Begrenzung der jeweiligen Phase** in die eine wie in die andere Richtung. Dies bedeutet, dass die Rückkehr in andere Kontakt- und Beziehungsebenen möglich ist, schließt aber auch den Weg in die andere Richtung nicht aus trotz der Begleitung und Betreuung durch den SpD. Damit ist nicht ein passives und nicht beeinflussbares Ertragen der Situation und das »Sich-damit-Abfinden« gemeint, was sämtliche Beispiele und die darin angewandten Handlungsweisen des SpDs in diesem Feld zu zeigen versuchen.

Nur die Kontakte und Beziehungen im »normalen« Lebensfeld im Blick zu haben, führt in die Sackgasse von Überforderung und Rückzug. Ebenso können »in Watte packen« und »Abschottung von der Normalität« aus Gründen der Rücksichtnahme gegenüber der psychischen Erkrankung und ihrer Folgen unnötig Chronifizierung, Hospitalisierung und Kontaktlosigkeit fördern. Es kommt darauf an, mit **einem offenen Ausgang und der Ambivalenz leben und umgehen zu lernen**.

8.7. Der Umgang mit Geld – ein schwieriges Thema

Geld bedeutet im gesellschaftlichen Alltag materielle Unabhängigkeit, Freiheit und Teilnahme am gesellschaftlichen Leben. Für Frau W. z. B. ist das Geld aber auch »ein ewiger Kampf ums Dasein, eine unglückliche Liebe und immer zu wenig vorhanden« (7.5.4.). Die Mehrzahl der chronisch psychisch kranken Menschen ist, von einigen Ausnahmen abgesehen, durchweg materiell arm. In Kapitel 3 »Lebenslagen chronisch psychisch kranker Menschen« ist nachzulesen, dass nur 8 % der Klientel des SpDs das Einkommen über eine sozialversicherungspflichtige Beschäftigung bestreitet. Die große Mehrheit der betreuten Menschen lebt entweder von Sozialhilfe, einer kleinen Erwerbsunfähigkeitsrente, Altersrente oder ist finanziell abhängig von Angehörigen. Gleichwohl wird damit nicht behauptet, dass allein die Verbesserung der materiellen Lage die Probleme lösen oder die psychische Erkrankung beseitigen könnte.[68] Jedoch stellt das Verfügen über Geld ein zen-

---

68 Der Armutsbegriff ist vielschichtiger, differenzierter und bezieht mehrere, sich gegenseitig

trales Fundament dar, um am Leben in einer letztlich auf Geld aufbauenden und darüber definierten Gesellschaft teilnehmen und einen entsprechenden Status einnehmen zu können. Geld ist, wie aus sämtlichen Beispielen deutlich hervorgeht, die objektive Grundlage und eine zentrale Rahmenbedingung für die Entwicklung von Lebensqualität.

Die Bedeutung des Geldes nimmt in der Arbeit des SpDs seit jeher eine wichtige Funktion ein. Dies zeigt sich schon darin, dass durchschnittlich 25 freiwillige Geldverwaltungen vom SpD übernommen werden und die Thematik in vielen Beratungsgesprächen eine nicht unwichtige Rolle spielt. Sowohl die Haltung, dass Geld und Therapie auseinander gehalten werden sollten als auch die (pädagogisch-therapeutisch) unreflektierte Vergabe und Auszahlung von Geld sind zu einfache Positionen, die der Realität nicht gerecht werden. Der Umgang mit dem wenigen Geld und dessen Einteilung führt in vielen Fällen zu enormen Schwierigkeiten, z. B. wenn jemand nach der ersten Hälfte des Monats schon mittellos ist. Des Öfteren kommt noch hinzu, dass der Umgang mit dem Geld grundsätzlich große Probleme bereitet, unabhängig davon, wie viel Geld zur Verfügung steht, was i. d. R. mit tieferliegenden, innerseelischen Prozessen zusammenhängt. Ein weiteres, wichtiges Feld im Umgang mit Geld stellt die Beratung in Schuldenangelegenheiten und deren Regulierung dar.

Die Arbeit des SpDs orientiert sich am vorrangigen Ziel, dass die Betroffenen selbstständiger und selbstverantwortlicher mit ihrem Geld umgehen lernen. Erstrebenswert ist, letztlich ohne die Hilfe des SpDs mit dem Geld zurechtzukommen. Der in vielen Fällen lange Weg dahin beginnt jedoch oft mit der Notwendigkeit, das Geld mit dem Betroffenen täglich einzuteilen. Zwischen diesen beiden Polen liegt die gesamte Palette des sozialpsychiatrischen Handelns in diesem Feld.

Die Arbeit des SpDs lässt sich dabei in folgende Kategorien gruppieren:
- Beratung und Unterstützung in Geldangelegenheiten und bei Schulden
- Freiwillige Geldverwaltung durch den SpD
- (Un-)freiwillige Geldverwaltung mit Vermögensbetreuung
- Ständige Probleme mit Geld, ob mit oder ohne Vermögensbetreuung.

8.7.1. Beratung und Unterstützung in Geldangelegenheiten und bei Schulden

Aufgrund der materiellen Lage des betreuten Personenkreises findet bei einem großen Teil der von uns betreuten Menschen Beratung und Hilfe in Geldangelegenheiten statt. In der folgenden Gruppe reichen Beratung und Unterstützung bei einem sonst noch relativ selbstverantwortlichen Umgang mit Geld und Schulden aus.

> Bei **Herrn N.** (8.3.2.) muss ich regelmäßig nachfragen, ob er seine Schulden auf dem Konto seiner Bank abbaut oder immer noch über dem von der Bank eingeräumten Überziehungskredit liegt. Die Aufnahme von Krediten konnte bisher verhindert werden. Ich verfolge diese Strategie deshalb, weil er einen Kredit mit entsprechenden Zinsen bei der geringen Erwerbsunfähigkeitsrente und eines in Zukunft nicht mehr zu erwartenden höheren Einkommens nicht zurückzahlen könnte. Die Verringerung der Schulden schiebt er vor sich her und antwortet, dass er dies schon in den Griff bekomme, wenn er wolle. So kauft er sich immer wieder Zubehör für seinen PC oder Bücher. Dadurch

---

beeinflussende Dimensionen mit ein (vgle. dazu: HONNETH 1994, S. 100 ff.; Caritas 93/1992, S. 441-471; und Landeshauptstadt Stuttgart 1990, S. 35 ff.)

nimmt er zwar Einschränkungen bei den Ausgaben für die Ernährung in Kauf. An seiner enormen Kontoüberziehung ändert sich jedoch nichts. Grundsätzlich ist gegen sein Verhalten und seine Lage nichts einzuwenden, da bislang weder unmittelbare Verarmung noch eine nicht mehr zu beeinflussende Überschuldung drohen. Ich versuche ihn allerdings zum Nachdenken anzuregen, damit er darauf achtet, was er dringend benötigt und auf was er vorläufig auch verzichten könnte. Ich möchte ihn vor allem davon abhalten, Kredite aufzunehmen, wodurch er in eine nicht mehr aufzuhaltende Schuldenspirale hineingeraten würde.

Frau E., 60 Jahre alt, lebt von einer Erwerbsunfähigkeitsrente knapp über der Sozialhilfegrenze. Sie lebt allein, isoliert und zurückgezogen, leidet erheblich unter Zwangsgedanken und -handlungen, die sie noch mehr von der Umgebung abschotten. Sie kann und will sich mit ihrem materiell desolaten Status nicht abfinden und pflegt kulturelle Interessen wie Museen besuchen, lesen, Gedichte schreiben etc. Sie steht zu ihren Interessen und will sie nicht in Frage stellen, da sie sich dadurch innerlich vom Status des Sozialhilfeempfängers abheben will und muss, auch wenn dies zeitweise ihre finanziellen Möglichkeiten übersteigt. Sie klagt permanent, dass das Geld nie und nimmer für das Nötigste ausreiche, womit sie sich nicht abfinden will, ohne jedoch eine Alternative auftun zu können. Aufgrund ihrer anspruchsvollen Haltung befindet sie sich ständig in Geldnöten und spart z. B. beim Essen, indem sie sich zeitweise gegen Ende des Monats, wenn das Geld ausgegangen ist, nur noch von Reis und Kartoffeln ernährt. Gelegentliche Spenden, die wir ihr z. B. für den Kauf von Büchern oder den Besuch von Museen organisieren, bewältigen das kurz angedeutete tiefersitzende Problem nicht. Sie sind immer nur der berühmte Tropfen auf den heißen Stein. Es ist zumindest möglich, mit ihr in den Beratungsgesprächen Zusammenhänge zwischen ihrer Biografie, ihrem Selbstbild, dem damit einhergehenden Lebensentwurf und der defizitären materiellen und sozialen Lage herzustellen. Dadurch lernt sie sich besser verstehen und kann den größten inneren Druck im Gespräch loswerden. Für mich bedeutet dies, regelmäßig mit ihr durchzusprechen, für was sie wie viel Geld ausgibt, wo und wie sie nach günstigen Angeboten suchen kann. Ich rate ihr, ein Haushaltsbuch zu führen, um kontrollieren zu können, für welche Dinge sie das Geld ausgibt. Es verlangt einiges an Fingerspitzengefühl, Frau E. in diese Richtung zu beraten. Aufgrund ihrer Haltung fällt es ihr schwer, sich damit auseinander setzen und sich den Spiegel von mir als einem jüngeren Menschen vorhalten lassen zu müssen, nachdem sie sich vor Jahren mit ihrer Tochter überworfen hat und seither kein Kontakt mehr besteht.

Frau B., Ende 30, lebt allein von Sozialhilfe in einer kleinen Wohnung in einem sozialen Brennpunkt. Ihre vier Kinder sind in Pflegefamilien untergebracht. Obwohl sie ab und zu direkt, mehr jedoch verschlüsselt über psychotische Symptome darunter leidet, akzeptiert sie diesen Tatbestand, weil sie sich der Aufgabe aufgrund ihres Lebenswandels nicht gewachsen fühlt, so meine Interpretation, die kaum mit ihr anzusprechen ist.

Frau B. befindet sich über lange Zeiträume hinweg in einer dauerhaften und chronifizierten wahnhaften Phase. Sie ist davon überzeugt, dass man ihr nachstellt, sie vergiften und »totspritzen« will.

Unabhängig davon, wie intensiv jeweils die Ängste und Befürchtungen sind, kommt sie mit der Sozialhilfe nicht zurecht. Sie gibt Geld aus, wenn sie welches hat, ohne es einzuteilen. Wenn sie keines mehr hat, schlägt sie sich durch, nimmt Entbehrungen in Kauf oder lässt sich von Männern für entsprechende sexuelle Gegenleistungen aushalten.

Versuche einer Praktikantin unseres Dienstes, mit ihr zu beraten und zu klären, was sie einkauft, wo und wie sie preisgünstig einkaufen kann, waren nur von kurzem Erfolg beschieden. Sie bedeuteten für Frau B. zu viel Einschränkung und Bevormundung. Wenn größere Anschaffungen anstehen, z. B. Möbel- oder Waschmaschinenkauf, wird sie von uns nicht nur beraten, sondern akzeptiert auch, dass wir den Geldbetrag vom Sozialamt erhalten und mit ihr einkaufen gehen. Da vor der Betreuung durch den SpD nicht wenig Geld von ihr zweckentfremdet ausgegeben wurde, blieb ihr keine Alternative, als diese Vorgabe zu akzeptieren.

Die Beratung und Unterstützung in Geldangelegenheiten haben bei Frau B. jedoch nur eine begrenzte Reichweite, da sie über die Ausweichmöglichkeit verfügt, sich in Notzeiten von Männern aushalten zu lassen. Wir können ihr nur vermitteln und verdeutlichen, dass dies ihre Entscheidung sei, sie darüber einen Zuverdienst erwirtschafte, den sie dem Sozialamt mitteilen müsse und sich zudem in einem Milieu bewege, welches ihren oben erwähnten Ängsten förderlich sei.

Frau B. ist zwischenzeitlich in der Lage, unabhängig von der jeweiligen Intensität der psychischen Erkrankung, sich bei Geldproblemen, z. B. bei Forderungen von Gläubigern an uns zu wenden, um die Angelegenheit gemeinsam zu bewältigen. Eine freiwillige Geldverwaltung oder eine Vermögensbetreuung konnten bislang vermieden werden, wenn dies in kritischen Phasen mit ihr und im Team auch schon Gegenstand der Beratung war.

Bei **Herrn B.** (8.2.3.) standen konkrete Beratung und Regulierung von Schulden im Vordergrund, die krankheitsbedingt entstanden waren. Beratung und Hilfestellung im täglichen Umgang mit Geld sind nicht erforderlich, da seine Frau dafür die Verantwortung mit übernimmt.

Analoges ist bei **Herrn St.** (8.5.1.) zu verzeichnen: Mit ihm und seiner Frau wurden sämtliche Schulden zusammengestellt, überlegt und beraten, was an Raten bezahlt werden kann. Mit der Schuldnerberatung wurde das Vorgehen abgestimmt und mit den Gläubigern entsprechend verhandelt.

Eine ausführliche Erörterung, auf was es in der Schuldenberatung und -regulierung ankommt, was dabei zu bedenken und zu tun ist, wie gelernt werden kann, mit Schulden zu leben, erfolgt in der Fallstudie bei Frau W. (7.4.3. und 7.5.4.).

Blickt man zusammenfassend auf diese Fallbeispiele, ist Folgendes festzuhalten: Obwohl sich in allen Situationen zeigt, dass der Umgang mit Geld und Schulden problematisch ist und Hilfe benötigt wird, liegen in der Tätigkeit des SpDs unterschiedliche Schwerpunkte vor.

Bei **Herrn N.** geht es darum, den aktuellen Stand und das Niveau seiner Lebensqualität zu erhalten. Es geht darum, ihn gelegentlich auf den Boden der Tatsachen zurückzuholen und dort zu halten, was seine geldlichen Angelegenheiten betrifft. Es wird mit ihm verhandelt, nichts Unnötiges zu kaufen, keine Kredite aufzunehmen. Er wird ermahnt, den Überziehungskredit nicht aus dem Blick zu verlieren und sich nichts vorzumachen, dass er diesen so einfach abbauen könne.

Im Unterschied dazu bewegt sich die Auseinandersetzung mit der Realität bei **Frau E.**

auf einer anderen Ebene. Bei ihr steht mehr die anspruchsvolle Haltung im Vordergrund. Sie braucht deswegen mehr Geld, als sie zur Verfügung hat, wozu sie sich statusbedingt bekennt. Es geht darum, Frau E. unsere Meinung zu vermitteln und ihr zu verdeutlichen, wie die Konsequenzen ihres Verhaltens und ihrer Haltung aussehen können und mit ihr die inneren Abläufe zu thematisieren. Dabei legen wir Wert darauf, ihr zu vermitteln, dass wir einerseits ihre Haltung aufgrund ihrer Biografie und Persönlichkeit verstehen können, ihr Verhalten aber andererseits Konsequenzen hat, die sie in Kauf nehmen muss wie Abstriche in der Grundversorgung oder im Fortbestehen der Schulden, die sie belasten. Gleichzeitig wird mit ihr vorsichtig bearbeitet, dass aufgrund ihrer Haltung mehr Geld an der permanenten Geldnot kaum etwas ändern würde.

Die Arbeit mit **Frau B.** bezieht sich vorrangig darauf,
- sie konkret im Umgang mit Geld zu beraten und zu unterstützen, um die Grundversorgung zu gewährleisten,
- die Verantwortung bei größeren Anschaffungen und Beträgen auf Bitte des Sozialamtes hin zu übernehmen, da früher des Öfteren größere Geldbeträge von ihr zweckentfremdet verwendet wurden,
- weniger aus moralischen oder ethischen Bedenken heraus der subtilen und eher verdeckten Prostitution entgegenzuwirken, um die Ausbeutung durch Männer zu begrenzen und Konflikten mit dem Sozialamt und anderen Behörden vorzubeugen.

In den **Beispielen zum Umgang mit Schulden** wie auch in der ausführlichen Fallstudie werden die Anforderungen deutlich, die an das Handlungsrepertoire des SpD gestellt werden: Offen legen aller Schulden, die jeweiligen Möglichkeiten auskundschaften und beraten, Rücksprachen mit der Schuldnerberatung treffen, aushandeln, verhandeln, Kompromisse suchen, Schulden regulieren, aber auch mit Schulden leben lernen, wenn eine Regulierung nicht mehr im Bereich des Möglichen liegt.

8.7.2. Freiwillige Geldverwaltung durch den SpD

Beratung und Unterstützung in Geldangelegenheiten reichen in den folgenden Fällen nicht mehr aus. Deutlich zeigt sich, dass ein selbstverantwortlicher Umgang mit Geld nicht mehr möglich ist und häufiger Mittellosigkeit und andere Probleme, wie z. B. Schulden, Verschenken des Geldes, Verlust des Überblicks über Geldangelegenheiten auftreten. In allen SpDs in Stuttgart hat sich dadurch in diesen Fällen sukzessive die Praxis freiwilliger Geldverwaltungen durchgesetzt. Durchschnittlich bestehen ca. 25 freiwillige Geldverwaltungen im SpD Bad Cannstatt. Es geht bei der Geldverwaltung darum, mit den Betroffenen auszuhandeln, wie das Geld eingeteilt und ausbezahlt werden soll. Die Geldverwaltung beruht auf Freiwilligkeit. Sie ist auf Konsens und Kompromissbildung angelegt, gleichwohl die Freiwilligkeit durch das Aufzeigen möglicher Konsequenzen eingeschränkt wird und deshalb auch unter Druck hergestellt werden kann. Für viele Menschen wird dadurch die Einrichtung einer Vermögensbetreuung vermieden, die trotz der Reformierung des alten Vormundschaftsrechtes immer noch einen Eingriff in die Bürgerrechte bedeutet.

Geldverwaltung heißt auch und vor allem, mit dem wenigen Geld auszukommen und damit umzugehen, wenn auch die Selbstverantwortung und Selbstständigkeit im Unterschied zur vorherigen Gruppe mehr eingeschränkt werden. Freiwillige Geldverwaltung setzt bei den Betroffenen immerhin soviel Eigenverantwortung voraus, dass sie mit dem zur Verfügung stehenden monatlichen Geldbetrag auskommen wollen. Auf dieser Grundlage ist es möglich, sie bei der Einteilung des Geldes und beim Umgang damit zu unterstützen und einen Lernprozess in Gang zu setzen, der sie aus der Geldverwaltung wieder herausführt.

Sehr detailliert sind **Gründe, Ziele, Vorgehensweise und Wirkung einer freiwilligen Geldverwaltung durch den SpD bei Frau W. in der Fallstudie** erörtert (7.5.4.). Die Darstellung des Verlaufs wie auch die Wahrnehmung der Geldverwaltung durch Frau W. steht für viele anderen positiv verlaufenden Geldverwaltungen. Selbstverständlich gibt es auch sehr schwierig verlaufende Prozesse, wie sie z. B. bei Frau P. in der nächsten Kategorie beschrieben werden. Bei ihr griff die Geldverwaltung nicht mehr, da sie uns den dazu nötigen Konsens entzog.

Als weiteres Beispiel wird auf **Frau T.** (8.6.1.) eingegangen. Auch hier verläuft die Geldverwaltung unproblematisch. Jedoch lag ein völlig anderer Beweggrund für die Einrichtung der Geldverwaltung vor in Verbindung mit einer risikoreichen Aktion des SpDs:

Frau T. hob mehrmals pro Woche ihr Geld bei der Sparkasse ab, um es am gleichen Tag wieder einzuzahlen. Sie wollte damit überprüfen, ob ihr Geld noch vorhanden war. Frau T. fixierte sich in ihrem Wahngebäude auf die Vorstellung, dass zwei lesbische Frauen aus der Nachbarschaft Zugang zu ihrem Konto bei der Bank hätten und die Beschäftigten mit den Frauen »unter einer Decke stünden«. Sie musste diesen Vorgang des Öfteren wiederholen, da die Stimmen der beiden Frauen ihr mitteilten, dass sie wieder bei der Bank gewesen wären und Geld von ihrem Konto abgehoben hätten. Die Beschäftigten der Bank wurden zunehmend hilflos, standen dem Verhalten von Frau T. ohnmächtig gegenüber und wollten ihr das Konto kündigen. Die Nervenärztin von Frau T. erfuhr von ihr die Geschichte, setzte sich umgehend mit uns in Verbindung mit der Bitte, uns doch der Geldangelegenheiten von Frau T. anzunehmen. Frau T. ließ sich auf den Kontakt mit uns ein und hoffte, dass wir in der Lage sein könnten, ihr Geld zu sichern.

Nach längerer Überlegung entschieden wir uns dazu, ihr Geld über den SpD zu verwalten. Zweifellos blieben uns Bedenken und die Befürchtung, irgendwann selbst in den Strudel ihrer Wahnvorstellungen hineingezogen zu werden. Jedoch blieb uns keine andere Möglichkeit. Nach Absprache mit ihrer Nervenärztin, die auch keinen anderen Lösungsweg wusste, boten wir Frau T. dieses Vorgehen an. Der Versicherung, dass das Konto des Trägers sicher sei und niemand Unbefugtes herankomme, schenkte sie Glauben und ließ sich darauf ein. Ich ging mit Frau T. zur Bank. Wir lösten das Konto und die Daueraufträge auf und richteten beim SpD ein Personenkonto ein. Seit nunmehr drei Jahren hat Frau T. beim SpD ein Personenkonto, über das ihre Geldangelegenheiten geregelt werden. Sie kommt einmal pro Woche zum Geld abholen in den SpD und ist mit der Geldverwaltung vollständig zufrieden. Sie fühlt sich sicher und kann uns vertrauen. Stimmen in die von uns befürchtete Richtung hörte sie bislang nie. Im Gegenteil. Durch die kontinuierliche Arbeit und den Kontakt mit ihr nahmen die Stimmen sukzessive ab, ohne dass an der Medikation etwas geändert wurde. Durch die Kontinuität des Kontaktes entstand zwischen Frau T. und der Verwaltungsfachkraft, welche die Geldauszahlungen vornimmt sowie zu mir und zum psychiatrischen Pflegedienst, der sie vor allem bei der Körperpflege unterstützt, eine kooperative und vertrauensvolle Beziehung. Wir erklären uns das Gelingen des Vorgehens so, dass die

Einbindung in den SpD, kontinuierliche Kontakte und das Ernstnehmen ihrer Ängste sowie die Auseinandersetzung damit in Verbindung mit konkreten Hilfestellungen (Geldverwaltung, kleine Unterstützungen im Haushalt und Fahrdienste, falls erforderlich) dazu geführt haben, uns nicht in ihr Wahngebäude einbauen zu müssen. Allerdings sind bislang sämtliche Versuche fehlgeschlagen, sich mit ihr über die psychische Erkrankung in aufklärender Weise zu unterhalten.

Beide Fälle vermitteln exemplarisch **positiv verlaufende Geldverwaltungen**. Sie werden von den Betroffenen auch so erlebt und wahrgenommen. Sie stehen beispielhaft für die Arbeit bei dieser Gruppe von KlientInnen. Es zeigt sich, wie sinnvoll und hilfreich Geldverwaltungen sind auf der Grundlage einer Übereinkunft zur Auszahlungsmodalität, die im Gespräch erarbeitet wird. Im Falle von Frau T. geschieht dies unabhängig davon, dass sie keine Einsicht in ihre Erkrankung hat, sondern ihr dauerhaftes Wahngebäude trotz neuroleptischer Behandlung mit kleinen Schwankungen weiterbesteht.

8.7.3. (Un-)Freiwillige Geldverwaltung mit Vermögensbetreuung

Im Unterschied zur vorherigen handelt es sich hier um eine Gruppe, bei der zunehmend Schwierigkeiten und Konflikte in der Geldverwaltung auftreten. Die Geldverwaltung ist nicht mehr freiwillig möglich. Diese KlientInnen lassen sich über einen längeren Zeitraum hinweg nicht mehr auf freiwillige Absprachen ein, obwohl enorme Probleme im Umgang mit dem Geld und mit Schulden vorhanden sind. Sie fordern, dass ihr Geld unmittelbar ausbezahlt wird bzw. dann, wenn es ihnen ausgegangen ist und berufen sich zurecht auf die Tatsache, dass es ihr Geld ist und sie der Geldverwaltung freiwillig zugestimmt haben. Die Ergebnisse des Aushandelns lassen sich dann nur noch über sehr kurze Zeitspannen umsetzen. Der Einstellung der Geldverwaltung durch den SpD und eine Rückgabe der Verantwortung an die Betroffenen kann aber wegen der öfters auftretenden, auch krankheitsbedingten Mittellosigkeit und Schulden nicht zugestimmt werden. Deswegen wird in solchen Situationen die Einrichtung von Vermögensbetreuungen mit zwei Optionen ins Auge gefasst. Entweder erfolgt die Geldverwaltung durch den SpD in Rücksprache mit dem Vermögensbetreuer, was in dieser Kategorie die Mehrzahl der Fälle ausmacht, oder die Geldverwaltung wird direkt vom Vermögensbetreuer übernommen unter gleichzeitiger Fortsetzung der sozialpsychiatrischen Betreuung durch den SpD. Hinsichtlich der ersten Möglichkeit wird auf Frau P. verwiesen (8.3.3.):

Frau P. befand sich permanent in Geldnöten und tauchte des Öfteren mittellos beim Sozialamt auf. Wegen der zunehmenden Mittellosigkeit vereinbaren wir mit dem Sozialamt und Frau P. eine freiwillige Geldverwaltung. Damit konnte über das Geld gleichzeitig eine weitere Zugangsmöglichkeit geschaffen werden, da sich Frau P. immer wieder dem Kontakt mit uns entzog, womit wiederum vermehrt akute Krisen und stationäre Aufenthalte einhergingen. Die Stabilisierung des Kontaktes mit ihr sowie der Umgang und die Einteilung des Geldes gelang jedoch nur noch über eine kurze Zeit. Die Spirale nach unten ging unaufhaltsam weiter. Frau P. hielt sich nicht mehr an die Absprachen und teilte uns unmissverständlich mit, dass es sich um ihr Geld handle, welches wir ihr auszuzahlen hätten, ohne sie bevormunden zu können. Mittellosigkeit und Klinikaufenthalte nahmen unverändert zu, weswegen wir schließlich die gesetzliche Betreuung beantragten. Aus unserer Sicht bestand dazu keine Alternative, um ihr die Wohnung und damit das Weiterleben im Gemeinwesen zu erhalten sowie ihre finanzielle Lage abzusichern. Einige Monate erfolgte die Geldeinteilung durch den SpD in Absprache mit dem Betreuer und ihr. Nachdem sie sich nach ca. einem halben Jahr stabilisiert hatte, richtete der Betreuer Frau P. wieder ein Konto ein, auf das er seither zweimal monatlich die Hilfe zum Lebensunterhalt überweist. (Zu wenig) Geld ist hin und wieder Thema bei Hausbesuchen verbunden mit der Frage, wie sie besser damit zurechtkommen könnte. Wenn das Geld einmal verspätet eintrifft, erhält sie von uns einen Vorschuss für einen oder zwei Tage, den sie umgehend und zuverlässig zurückzahlt. Hinzukommt der Zuverdienst über das Arbeitsprojekt im SpD, was zusätzlich dazu beiträgt, mit dem Geld zurechtzukommen. Frau P., ihr Vermögensbetreuer und der SpD stimmen sich jeweils ab. Seit der Einrichtung der Betreuung mit den klaren Vorgaben bestehen im Umgang mit dem Geld kaum noch Probleme. Kompromisse sind zur Zufriedenheit von Frau P. bislang immer möglich gewesen. Sie kommt mit dieser Regelung seither gut zurecht und ist damit einverstanden.

Während bei Frau P. die Verbindung von Geldverwaltung, Vermögensbetreuung und Begleitung durch den SpD realisiert und wieder ein verhältnismäßig selbstverantwortlicher Umgang mit dem Geld erreicht werden konnte, zeigt das folgende Beispiel, wie schwierig und langwierig ohne momentane Aussicht auf Besserung ein solcher Verlauf sein kann:

Frau U., 63 Jahre alt, erkrankte vor über 30 Jahren an einer schizoaffektiven Psychose und befand sich innerhalb dieses Zeitraums insgesamt über zehn Jahre in stationärer Behandlung. Sie lebt allein in einer kleinen Mietwohnung von Sozialhilfe. Frau U. wird intensiv betreut und kontrolliert, da sie sich in latent suizidaler Absicht gegen die Dialysebehandlung wehrt, der sie sich seit über einem Jahr dreimal pro Woche unterziehen muss.

Der Umgang mit dem Geld stellt für Frau U. schon seit langem ein großes Problem dar. Nie reichte ihr das Geld, ohne sich allerdings auf eine unproblematische Verwaltung einlassen zu können. Die Vermögensbetreuung hat hier nur eine begrenzte Reichweite. Auch beim Vermögensbetreuer setzt sie sich über die Absprachen hinweg. Die Folgen davon sind häufige Streitereien und Auseinandersetzungen mit Frau U. Die Einflussmöglichkeiten sind begrenzt, da sie sich nicht bevormunden lassen will, ohne allerdings eine realitätsorientierte und verantwortliche Haltung entwickeln zu können. Es muss hinzugefügt werden, dass es Frau U. grundsätzlich schwer fällt, Verantwortung für ihr Leben zu übernehmen.

Die Verwaltungsfachkraft, der Mitarbeiter des SpDs, der psychiatrische Pflegedienst und der Vermögensbetreuer müssen sich ständig absprechen, um mit Frau U. einen einheitlichen Umgangsmodus bezüglich der Geldeinteilung zu finden. Sie unterläuft klare und direkte Absprachen, indem sie lautstark mit entsprechenden Ausdrücken, (teilweise obszönen) Beleidigungen unter Androhung von Gewalt Geld möchte. Es gelingt äußerst selten, ihr zu verdeutlichen, dass sie z. B. in der Mitte des Monats kein Geld mehr hätte, wenn wir es nach ihren Forderungen auszahlen würden. Pädagogisch-therapeutische Absichten mit dem Ziel, dass Frau U. mehr Verantwortung übernimmt, müssen bei ihr sehr weit unten angesetzt werden. Es geht darum, **Mittellosigkeit zu verhüten, ihrem unrealistischen Umgang mit Geld entgegenzuwirken und sie im Alltag in der Einteilung des Geldes zu unterstützen.** Dies sind, so weit sie umgesetzt werden können, die bestimmenden Handlungsweisen. Zudem wird zunehmend fragwürdiger, wie lange der ambulante Weg noch verantwortet werden kann. Die fehlende Übernahme von Verantwortung (in noch so bescheidenem Maße) für ihr Leben insgesamt und nicht nur in Bezug auf ihr Geld zeigt sich in der wenig verlässlichen Kooperation bei der Dialysebehandlung und führt immer wieder zu lebensbedrohlichen Zuständen. Wenn hier keine Verlässlichkeit hergestellt werden kann, kommen wir nicht umhin, sie im stationär betreuten Wohnen in Stuttgart unterzubringen. Dort kann die Dialysebehandlung aufgrund der personellen Ressourcen gewährleistet werden (Rund-um-die-Uhr-Versorgung).

Das dritte Beispiel unterscheidet sich von den vorhergehenden dadurch, dass zwischen der Begleitung und Unterstützung durch den SpD und der Geldverwaltung durch den Vermögensbetreuer bewusst eine Trennung vollzogen wird.

Herr W. wurde schon im Kapitel »Menschen mit dauerhaften Wahngebäuden« diskutiert (8.3.4.). Es wurde u. a. deutlich, dass der Umgang mit Geld und dessen Einteilung eine wichtige Bedeutung in der Betreuung von Herrn W. einnimmt. Trotz einer verhältnismäßig guten Rente hatte er Schulden und war des Öfteren mittellos.

In den ersten Jahren der Betreuung führten wir mit ihm eine **Schuldenregulierung** durch, die anschließend nach der Einrichtung der Vermögensbetreuung vom Betreuer zu Ende geführt wurde. Die Regulierung der Schulden löste jedoch nicht die Probleme der täglichen Geldeinteilung. Eine **freiwillige Geldverwaltung** über uns gelang nur über eine begrenzte Zeit hinweg, bis er sich in Verbindung mit den stärker werdenden, dauerhaften Wahnvorstellungen nichts mehr vorschreiben ließ. Er entwickelte u. a. Angst vor zu viel Nähe und wachsender Macht des SpDs über ihn. In Verbindung mit heftigen und bedrohlichen Reaktionen uns gegenüber beendete er die freiwillige Geldverwaltung. In einer ruhigen, weniger akuten Phase konnte ich ihm in Zusammenarbeit mit einer Nervenärztin, die er gelegentlich aufsuchte, erfolgreich nahe legen, unabhängig vom SpD beim Notariat eine **freiwillige Vermögensbetreuung zu beantragen**. Diese sollte zwei Ziele beinhalten. Erstens sollte er schuldenfrei bleiben und zweitens mit einer neutraleren Person (in diesem Fall der Vermögensbetreuer), die sonst keinerlei Aufgaben und Aufträge ihm gegenüber innehaben sollte, sein Geld einteilen. Zu unserer Überraschung stimmte er dem Vorschlag zu und organisierte selbstständig über das zuständige Notariat die freiwillige Vermögensbetreuung. Auf seinen Wunsch hin sollte ich ihm bei der Suche nach einem Vermögensbetreuer behilflich sein. Mit der fachlich gebotenen Zurückhaltung verdeutlichten wir ihm, dass er uns nicht dafür verantwortlich machen könne, falls das Unterfangen schief laufen sollte. Ich empfahl Herrn W. einen Vermögensbetreuer, der gleichzeitig Sozialarbeiter ist und psychiatrische Erfahrungen aufweist. Herr W. und der von uns empfohlene Betreuer kamen miteinander überein und vereinbarten entsprechende Regelungen und Absprachen. **Die Aufteilung der Aufgaben und Funktionen auf verschiedene Personen in verschiedenen Einrichtungen** schien ihn zu erleichtern. Er war dadurch nicht in allen Bereichen, in denen er Hilfe benötigte, auf eine Stelle angewiesen. So lautete unsere Interpretation, die allerdings aufgrund seiner Art und Weise des Umgangs mit der psychischen Erkrankung mit ihm nicht erörtert werden konnte.

Jedoch wurde ihm auch dieser aufgeteilte Betreuungsrahmen zu viel, zu bevormundend und zu eng. Er entwickelte in Zusammenhang damit vermehrt Verfolgungsängste, unterbrach den Kontakt zu uns und zum Vermögensbetreuer und setzte sich in eine andere Großstadt ab. Nach mehrmonatigem Aufenthalt auf der Straße kehrte er rechtzeitig vor dem Winter wieder nach Stuttgart zurück. Umgehend nahm Herr W. wieder Kontakt mit uns auf, suchte Hilfe und Unterstützung. Vor allem wollte er mit unserer Unterstützung eine Unterkunft in der Nähe des SpDs, was auch gelang. Eine Vermögensbetreuung wollte er zu diesem Zeitpunkt keine. Herr W. versucht, mit dem Geld alleine zurechtzukommen.

In dieser Kategorie wird deutlich, dass der SpD im Einzelfall nicht umhin kommt, wie z. B. bei Frau P. eine **Vermögensbetreuung zu beantragen** oder dem Betroffenen eine **Betreuung nahe zu legen**, wie dies bei Herrn W. der Fall war. Der rechtliche Rahmen einer Betreuung schränkt zwar die Selbstständigkeit im Umgang mit dem Geld ein, wirkt aber einem weiteren materiellen und sozialen Abstieg entgegen. Das Beispiel von Frau P. belegt zudem, dass durch die Einrichtung der Betreuung Veränderungen in positiver Richtung möglich sind, obwohl die gesamte Lage bei Frau P. äußerst prekär war. Durch den Rückhalt der Vermögensbetreuung in Verbindung mit der Begleitung durch den SpD konnte ihr Verbleiben im Gemeinwesen gesichert und ihr gesundheitlicher Zustand stabilisiert werden.

Des Weiteren weisen individuell erforderliche Alternativen auf die Flexibilität der Handlungsweise hin. Es werden **Geldverwaltungen vom SpD mit der Vermögensbetreuung im Hintergrund** durchgeführt, um der Weigerung der Betroffenen (Frau U.) Verantwortung für sich selbst zu übernehmen, entgegenzutreten und das Defizit auf diese Weise zu kompensieren. Außerdem können Geldverwaltung und sozialpsychiatrische Betreuung getrennt voneinander umgesetzt werden, indem die Verwaltung und Einteilung des Geldes durch den Vermögensbetreuer direkt praktiziert wird. Dadurch werden wie bei Herrn W. die Funktionen und verschiedenen Aufträge getrennt und auf verschiedene Personen in verschiedenen Einrichtungen aufgeteilt, was zu einer Entspannung der Situation – zumindest über einen längeren Zeitraum hinweg – beigetragen hat.

8.7.4. Schwieriger Umgang mit Geld, ob mit oder ohne Vermögensbetreuung

In dieser Kategorie wird der Umgang mit dem Geld besonders schwierig, unabhängig davon, ob eine Vermögensbetreuung besteht oder nicht. Die davon betroffenen Menschen verfügen während dieser Phase nicht nur über geringe Fähigkeiten im Umgang mit Geld. Sie sind gleichzeitig davon überzeugt, damit kein Problem zu haben. Es besteht kein Bewusstsein darüber, dass es mit an ihnen selbst liegt, wenn sie nicht mit dem Geld zurechtkommen. Auch die Folgeprobleme werden nicht mit sich selbst in Zusammenhang gebracht. Ebenso besteht ein (teilweise krankheitsbedingter) Widerstand gegenüber Versuchen, realitätsbezogene Haltungen mit dem entsprechenden Verhalten zu entwickeln. Der SpD steht vor schwierigen Situationen, da damit u. a. die Grenzen des Verbleibs im Gemeinwesen erreicht werden.

> **Herr F.**, 40 Jahre alt, ist Sozialhilfeempfänger und lebt seit neun Jahren durch unsere Vermittlung im Wohnungslosenasyl, in dem er auch bleiben möchte. Während der Schulzeit erkrankte er an einer schizoaffektiven Psychose in Verbindung mit exzessivem Missbrauch legaler und illegaler Drogen (Koppelung von psychischer Erkrankung und Suchterkrankung). Hinzu kam, dass er während der Schulzeit bewusst mit Schlafentzug experimentierte oder tagelang nichts aß und nur Alkohol trank, um einfach zu sehen, was dann passiert. Ein solches Verhalten kann Psychose fördernd wirken. Nach dem Ausschluss aus der Schule, den er absichtlich betrieb, beschrieb er eine steile

Karriere nach unten: Klinikaufenthalte, Strafvollzug, Straße und »Hotels«. Er hat weder gearbeitet noch eine Berufsausbildung, lebte immer von Sozialhilfe und betont, dass er nicht arbeiten und auch keine berufliche Ausbildung machen wollte.

Auf Anfrage des Amtes für öffentliche Ordnung lernten wir ihn vor neun Jahren in einem Hotelzimmer kennen, vor einem Kasten Bier sitzend, wovon er sich ernährte. Die gesamte Sozialhilfe gab er für Alkohol, Kaffee und Zigaretten aus. Die früher bestehende latente Gewalttätigkeit und Anspannung, über die er auf Nachfrage berichtete und die uns auch fremdanamnestisch bekannt wurde, hatte sich hinter dem lethargischen, langsam zu Tode trinken verloren. Es waren kaum noch produktive psychotische Symptome feststellbar. Die Verlangsamung seiner vitalen Funktionen und Antriebslosigkeit standen im Vordergrund seines Verhaltens. Langsam und kontinuierlich bauten wir eine Beziehung zu Herrn F. auf. Dies gelang über die Suche nach einer anderen Wohngelegenheit und die Möglichkeit, sich tagsüber im SpD aufzuhalten, regelmäßig über seine Lage zu sprechen und für wenig Geld Kaffee trinken zu können. Sein Lebensziel war damals das Gleiche wie heute: So viel Bier und Kaffee trinken wie nur möglich, sich irgendwo aufhalten können und in Ruhe gelassen werden. Wir konnten ihm zumindest den Aufenthalt, relative Ruhe und Kaffee bieten.

Die Strukturierung der Zeit und der Beschäftigung wurden zum zentralen Bestandteil der Arbeit mit ihm.

Einen für das Alltagsleben bedeutsamen Zusammenhang von psychischer Erkrankung, problematischem Verhalten und dessen Konsequenzen kann er nicht erkennen.

Die biografischen Anmerkungen in Verbindung mit der Erkrankung und unserer Arbeit stehen in engem Zusammenhang mit der Art und Weise, wie Herr F. sein Geld einteilt. Das sofortige Umsetzen von Geld in Bier und Kaffee, betteln und kleine Gelegenheitsdiebstähle, wenn er mittellos war und sich die Gelegenheit dazu bot, führte bei uns zur folgenden Reaktion: Wir vereinbarten mit ihm und dem Wohnungslosenasyl, dass die Auszahlung des Taschengeldes von dort erfolgt, während die Einteilung des Zuverdienstes durch uns vorgenommen wird. Der Betrag für das Essen wird vom Wohnheim von der Sozialhilfe einbehalten, sodass er zumindest einmal täglich eine warme Mahlzeit erhält, die er auch zu sich nimmt.

Er erlebt das Gegenteil eines freien und selbstständigen Umgangs mit seinem Geld. Wir nehmen eine klare und eindeutige Einschränkung seiner Handlungsmöglichkeiten vor. Jedoch sahen wir uns gezwungen, so zu handeln. Wir befürchteten, dass er sich sonst zu Tode trinken würde. Entsprechende in diese Richtung weisende Situationen haben wir mit ihm schon erlebt. Durch die rigide Einschränkung entziehen wir ihm aber auch die Möglichkeit, in diesem Feld selbstverantwortlicher handeln zu lernen. Allerdings konnten wir einen Erfolg verbuchen, auf dem aufgebaut werden kann: Während wir ihm in den ersten Jahren der Betreuung die Jahreskarte für die öffentlichen Verkehrsmittel kauften, lernte er nach und nach, sich die Fahrkarte wieder selbstständig zu besorgen: Zuerst hatte der Zdl des SpDs das Geld in der Tasche und kaufte die Karte. Herr F. begleitete ihn nur. Anschließend erhielt er das Geld vom Zdl direkt am Schalter, während die nächste Stufe darin bestand, ihm das Geld schon im SpD auszuhändigen und er vom Zdl begleitet wurde. Nach einer langen Übungszeit trauten wir ihm zu, allein mit dem Geld loszugehen und die Fahrkarte selbstständig zu kaufen, was auch gelang. Herr F. wurde intensiv auf die einzelnen Stufen vorbereitet.

Unseres Erachtens haben das Vertrauen, welches wir in ihn setzten und das kleinschrittige Vorgehen dazu geführt, dass Herr F. zumindest während der kurzen Zeit des Fahrkartenkaufs verantwortlich handeln kann.

Bei Herrn F. steht die **Ambivalenz** im Vordergrund, ihm weitgehend die Verantwortung für den Umgang mit Geld zu entziehen. Damit wurden zwar massive gesundheitliche Schäden bis hin zu lebensbedrohlichen Zuständen in Grenzen gehalten bzw. vermieden. Gleichzeitig wurde damit aber auch die Lernmöglichkeit für ihn begrenzt.

Im folgenden Beispiel geht es im Unterschied zu Herrn F. um einen Umgang mit Geld, der vom SpD kaum zu beeinflussen war.

Herr H. war schon im Kapitel »Systemsprenger« (8.3.5.) und in »Erhalt des Wohnraums« (8.4.3.2.) im Blickpunkt der Erörterungen. Auch im Umgang mit Geld und dessen Einteilung weist Herr H. enorme Defizite auf, mit denen der SpD konfrontiert ist. Die Ausprägung dieser Defizite korrelieren jedoch nicht damit, wie er seine psychische Erkrankung sieht und bewertet und stehen auch nicht in Zusammenhang mit dem Verlauf seiner stationären psychiatrischen Aufenthalte. Lange schon vor der Zeit der stationären Einweisungen waren die Auseinandersetzungen mit dem Geld zu einem festen Bestandteil der Arbeit mit ihm geworden. Seine Position und unverrückbare Haltung bestand darin, dass er zu wenig Geld habe, ihm das nie reichen könne und deswegen die Probleme mit der Geldeinteilung nicht bei ihm lägen. Somit lehnte er eine freiwillige Geldeinteilung stets vehement als bevormundend ab. Dies sei nicht sein Problem. Vielmehr sei die Gesellschaft dafür verantwortlich, weil sie ihm mehr Geld und Arbeit verweigere und er zwangsläufig mit dem wenigen Geld nicht auskommen könne. Er versuchte mit allen Mitteln und bei allen Personen im SpD, ob MitarbeiterInnen oder KlientInnen, Geld auszuleihen mit dem Versprechen, es auch wieder zurückzuzahlen, was nur in den seltensten Fällen klappte. Eine Realitätsüberprüfung seiner Rückzahlungsvorstellungen lehnte er ebenfalls ab. Wenn er kein Geld erhielt, »arbeitete« er penetrant daran bis zu Androhung von Gewalt vor allem gegenüber KlientInnen. Die Einrichtung einer Vermögensbetreuung lehnte er ab und verwahrte sich dagegen. Im Nachhinein betrachtet, hätten wir diesbezüglich früher handeln sollen. Gleichwohl hätte das Risiko bestanden, dass sich das Problem nur verschoben hätte. Der Vermögensbetreuer hätte trotz rechtlichem Rahmen die gleiche Auseinandersetzung mit ihm führen müssen. Der gesetzliche Hintergrund hätte ihn wenig beeindruckt. Mit gleicher Penetranz wäre er regelmäßig beim Vermögensbetreuer aufgetaucht, um an Geld heranzukommen. Der Konflikt wäre somit von uns auf den Vermögensbetreuer verlagert worden. Zwischenzeitlich führte die Änderung seines Verhaltens weg vom fremdaggressiven hin zum autoaggressiven Handeln zu einer Entspannung. Mittellosigkeit versucht er nicht mehr mit Androhung von Gewalt zu bewältigen. Außerdem trug die Frühberentung zu einer leichten Steigerung seines Selbstwertgefühls bei. Er bestreitet sein Einkommen damit zu einem Teil aus eigener Arbeit, die er in der Vergangenheit geleistet hat. Dadurch ist er nicht mehr allein vom Sozialamt abhängig, was für sein Selbstbild immer sehr kränkend war. Durch diese Entspannung scheint er mit dem Geld etwas besser zurechtzukommen, zumindest insoweit, als die Auseinandersetzungen mit dem SpD und KlientInnen nur noch eine untergeordnete Rolle spielen.

Im letzten Beispiel zeigt sich, dass sowohl freiwillige Geldverwaltung als auch eine Vermögensbetreuung trotz großer Bedenken unsererseits nicht mehr greifen und Absprachen erforderlich werden, die sich auf die Sicherung der existenziellen Grundlagen beziehen.

Herr Y., 40 Jahre alt, vor 20 Jahren an einer schizophrenen Psychose erkrankt in Verbindung mit einer massiven Suchtproblematik, lebt seit vielen Jahren abwechselnd in »Hotels«, § 72 BSHG Einrichtungen und betreuten Wohngemeinschaften. Extremer Alkoholmissbrauch und Konflikte im Umgang mit Geld führten immer wieder zu Abbrüchen (Verwahrlosung des Zimmers und Auflehnung gegen die Hausordnung). Er weigerte sich zunächst, eine Geldverwaltung zu akzeptieren, obwohl er des Öfteren mittellos war.

Im Unterschied dazu konnte er seine psychische Erkrankung für sich akzeptieren. Er begibt sich regelmäßig in nervenärztliche Behandlung und erhält eine geringe Dosis eines Depot Neuroleptikums. Die eher außengeleitete Akzeptanz der Erkrankung und der Behandlung übten aber keinen Einfluss auf einen verantwortlicheren Umgang mit Geld und Alkohol aus.

Während einer Phase, in der Herr Y. in einer betreuten Wohngemeinschaft lebte, stimmte er nolens volens der Einrichtung einer freiwilligen Vermögensbetreuung mit Geldverwaltung und -einteilung zu, um das gesamte Geld nicht für Alkohol auszugeben und nicht immer wieder mittellos zu sein. Bis zum Erhalt einer beträchtlichen Erbschaft nach dem Tod seiner Eltern, verlief die Geldverwaltung mit Vermögensbetreuung in einigermaßen zufrieden stellenden Bahnen. Danach lehnte er beides kategorisch ab. Er wollte verständlicherweise etwas von seinem Erbe haben und sich hin und wieder etwas Besonderes leisten. Nach jahrzehntelangem Sozialhilfestatus wollte er das Geld selbstständig verwalten, ausgeben und sich beweisen, dass er diesen Status überwunden hat. Wegen der massiven Probleme mit dem Alkohol bestanden bei uns jedoch größte Bedenken. Geldeinteilung und -verwaltung waren gerade wegen des Erbes aus unserer Sicht unbedingt erforderlich. Aufgrund der psychischen Erkrankung in Verbindung mit den massiven Alkoholproblemen befürchteten wir, dass a) ihm aufgrund seiner freigiebigen Haltung in der Szene, in der er sich bewegt, das Geld aus der Tasche gezogen wird und b) er sich im wahrsten Sinne des Wortes zu Tode trinkt. Herr Y. beantragte die Auflösung der Vermögensbetreuung beim Notar, der trotz Bedenken der beteiligten Professionellen dem Antrag stattgab. Eine freiwillige Geldverwaltung durch den SpD lehnte Herr Y. weiterhin ab. Daraufhin zog er aus der Wohngemeinschaft aus und mietete sich in einem »Hotel« ein.

Es bleibt uns nichts anderes übrig, als ihn nicht aus den Augen zu verlieren, an einschlägigen Plätzen nach ihm zu schauen, hin und wieder Kontakt mit dem Hotel aufzunehmen, in dem er sich eingemietet hat. Falls sich die gesundheitliche Situation zuspitzen sollte und aus unserer Sicht nicht mehr zu verantworten wäre, d. h. krankheitsbedingte Selbstgefährdung vorläge, würden wir wieder einen Antrag auf Vermögensbetreuung und – falls erforderlich – eine Unterbringung nach dem Unterbringungsgesetz stellen. Augenblicklich wacht ein Onkel über das Erbe von Herrn Y. und zahlt ihm einmal monatlich einen Geldbetrag aus, der über dem Sozialhilfesatz liegt. Bislang ist Herr Y. damit zufrieden und kommt mit dem Geld und dem Alkohol einigermaßen zurecht.

Alle drei Beispiele zeichnen sich dadurch aus, dass **eklatante Probleme im Umgang mit Geld** bestehen, ohne dass gesetzliche Betreuungen wirksam zur Lösung beigetragen hätten.

Bei Herrn Y. bestand zwar eine freiwillige Vermögensbetreuung, die er jedoch nach Erhalt der Erbschaft gegen unseren Willen aufheben ließ. Sowohl bei Herrn Y. als auch bei Herrn F. übernimmt der Alkohol eine zentrale Rolle im Umgang mit Geld, während er bei Herrn H. für seine Geldprobleme keine Bedeutung hatte, obwohl auch er eine Suchtproblematik aufweist. Bei Herrn F. kamen wir nicht umhin, lebensbedrohlichen Zuständen mit der Entscheidung zuvorzukommen, sein Geld nicht nur täglich auszuzahlen und zu reglementieren. Es wurde ihm vielmehr nur ein Taschengeld zur Verfügung gestellt, um der Umsetzung des gesamten Geldes in Alkohol auf diese Weise entgegenzuwirken. Dadurch begaben wir uns **bewusst in die Ambivalenz**, ihm einerseits nicht die Möglichkeit zu geben, sich zu Tode zu trinken. Andererseits nahmen wir ihm die Verantwortung für sich selbst ab und entzogen ihm damit die Chance, mit Geld und Alkohol zumindest in Ansätzen umgehen zu lernen. Bei Herrn Y. bestand ebenfalls ein lebensgefährdendes Risiko. Er betrieb mit Macht und Erfolg die Aufhebung der Vermögensbetreuung, um von seinem Erbe etwas zu haben und davon leben zu können, wie er es sich vorstellte. Schließlich blieb uns nichts anderes übrig, als die Aufhebung zu akzeptieren und ihn nicht aus den Augen zu verlieren. Im Unterschied dazu schiebt Herr H. mit seiner »Outlaw Haltung« seine Probleme auf die Umwelt und war für einen Lernprozess bislang nicht zu gewinnen. Ständige, harte Kämpfe waren die Folge. Nur selten konnte ein für beide Seiten zufrieden stellender Weg gefunden werden. In Verbindung mit der Veränderung seines Verhaltens in Richtung autoaggressiven Handelns und durch die Frühberentung hat sich die Situation hinsichtlich des Umgangs mit Geld leicht entspannt und beruhigt.

8.7.5. Methodische Schlussfolgerungen für den Bereich Umgang mit Geld

Das Ziel im Umgang mit Geld und Schulden besteht in einem **selbstverantwortlicheren Umgang** in Verbindung mit dem langfristig angelegten Anspruch, diesbezüglich keine Hilfe mehr vom SpD zu benötigen. Die **Skala** der Arbeit des SpDs reicht vom **selbstverantwortlichen Umgang bis dahin, Mittellosigkeit zu verhüten, die materiellen Grundlagen zu sichern und lebensbedrohlichen Zuständen entgegenzuwirken**. Dies bedeutet z. B. tägliche Einteilung und Kontrolle des Geldes durch uns, ohne dabei das Ziel eines selbstverantwortlicheren Umgangs aus den Augen zu verlieren. Zwischen diesen Polen verläuft die Skala sozialpsychiatrischen Handeln, die sich in vier Kategorien einteilen lässt:

- Eigenverantwortlicher Umgang mit Geld – Beratung und Unterstützung genügt
- Freiwillige Geldverwaltung durch den SpD – ein Konsensmodell
- Vermögensbetreuung und Geldverwaltung
- Ständige Probleme mit Geld, ob mit oder ohne Vermögensbetreuung

In den verschiedenen Kategorien gelten die gleichen Ziele. Zunächst steht die **Stabilisierung der jeweiligen Stufe** im Vordergrund der Arbeit gegen weiteres Abrutschen nach unten unter gleichzeitiger **Orientierung an eigenverantwortlicherem Umgang mit Geld und Schulden**. Während in der **ersten Kategorie** die Stabilisierung und Förderung des verantwortlichen Umgangs im Vordergrund steht in Verbindung mit dem Ziel, ohne Hilfe auszukommen, geht es in der **zweiten Kategorie** vorrangig darum, rechtliche Einschränkungen (z. B. Vermögensbetreuung oder eine eidesstattliche Versicherung) zu vermeiden und einen Konsens (freiwillige Geldverwaltung durch den SpD) auszuhandeln. In der **dritten Kategorie** wird versucht, unter Anwendung rechtlicher Maßnahmen einem weiteren materiellen und sozialen Abstieg entgegenzuwirken sowie Kompromisse und Übereinstimmung durch aus- und verhandeln anzustreben. Die vierte Kategorie kennzeichnet sich dadurch, notdürftigste Arrangements zu erarbeiten und lebensbedrohliche Situationen zu verhüten.

In der **ersten Kategorie »Eigenverantwortlicher Umgang mit Geld – Beratung und Unterstützung genügt«** findet sich ein großer Teil des sozialpädagogischen Handlungsrepertoires als Handlungsregeln wieder. Sie wiederholen sich in den folgenden Stufen in unterschiedlicher Intensität und verschiedenen Dimensionen. Dort kommen noch weitere, (eher) kontrollierende hinzu, welche die traditionellen, auf Verstehen und Verständnis hin orientierten pädagogischen Prinzipien eher einschränken.

Realitätsbezogenheit und -orientierung bilden in allen Beispielen die Grundlage des Handelns. Wenn das Realitätsprinzip auch in allen Bereichen unserer Arbeit ein zentrales Grundgerüst darstellt, verdichtet es sich in der Auseinandersetzung mit Geld aufgrund seiner gesellschaftlichen Bedeutung und Rolle für jeden Einzelnen noch einmal in besonderer Form. **Unterstützung** und **Beratung**, wie mit dem Geld und Schulden umgegangen und wie es eingeteilt werden kann, zeigt sich deutlich bei Frau B. und Herrn N., wie mit wenig Geld leben gelernt werden muss, was vor allem Frau E. sehr schwer fällt (8.7.1.). **Verhandeln** und **Aushandeln** von Kompromissen und Vorgehensweisen werden vor allem bei Frau B. und Frau E. sichtbar. Es werden ihr die Fakten und Folgen aufgezeigt, wofür z. B. das Geld noch ausreicht, wenn etwas erstanden werden möchte, was sie zum Leben nicht unbedingt braucht, oder wie viel für den Rest des Monats noch übrig bleibt, wenn es zu Beginn nicht eingeteilt, nicht nach Sonderangeboten geschaut und kein Haushaltsbuch geführt wird. Das Aufzeigen und Vermitteln der harten Fakten und der Grenzen gekoppelt mit **Verständnis** und **Empathie**, aber auch mit **Offenheit** und **Klarheit** kennzeichnen des Öfteren die Auseinandersetzung mit Frau E. Stellvertretend für viele andere Menschen zeigt sich in dieser Auseinandersetzung auch, dass das Verfügen über mehr Geld nicht zwangsläufig eine adäquatere Einteilung und ein zufriedenstellenderes Auskommen nach sich zieht. Es steht mit inneren Dynamiken in Verbindung, welche nicht allein durch mehr Geld zu bearbeiten und auszugleichen sind. Gleichwohl besteht ein **Grundprinzip sozialpädagogischen Handelns** darin, die **materielle Grundversorgung zu gewährleisten, die gesetzlich verbrieften finanziellen Ressourcen** auszuschöpfen und zu organisieren in Verbindung damit, fallbezogen definiert und legitimiert, Spenden aufzutun. Wenn verständnisorientiertes und auf rationale Einsicht angelegtes Handeln nicht mehr ausreicht, wie dies bei Herr N. und auch bei Frau B. gelegentlich festzustellen ist, kann vorkommen, dass in der Vermittlung des Realitätsprinzips **mahnende Worte** an die **Verantwortung** des/der Betroffenen gerichtet werden. Trotzdem wird versucht, moralisierende Appelle weitgehend zu vermeiden. Bei Herrn N. geht es um die Auseinandersetzung mit der Überziehung seines Kontos, bei Frau B. um ihre hin und wieder unkontrollierten Ausgaben und Einkommensanteile über latente Prostitution.

In der **zweiten Kategorie »Freiwillige Geldverwaltung durch den SpD – ein Konsensmodell«** wiederholen sich die Handlungsregeln aus der ersten Kategorie in veränderter Form und Intensität. Hinzu kommen mehr Kontrolle und Einengungen, die auf dem **Konsensmodell der freiwilligen Geldverwaltung** beruhen. Sowohl bei Frau W. (7.5.4.) als auch bei Frau T. (8.7.2.) kommt zu den oben beschriebenen Handlungsweisen die Akzeptanz einer freiwilligen Geldverwaltung hinzu. Überzeugungsarbeit leisten und Kompromisse aushandeln schieben sich in den Mittelpunkt sowie die Überprüfung der Auszahlungsmodalität, ob sie gerade stimmig ist oder einer Veränderung bedarf. Es wird abgewogen, ob eine engere Führung der Geldverwaltung erforderlich ist – z. B. bei Frau T. z. B. aufgrund zunehmender zeitlicher und örtlicher Desorientierung – oder ob das Gegenteil eintritt wie z. B. bei Frau W., wo die Verwaltung und Einteilung des Geldes wieder mehr und mehr an die Betroffene zurückgegeben wird. **Verhandeln und Aushandeln von Absprachen und Vereinbarungen** müssen immer wieder an sich verändernde Situationen angepasst werden. Die Voraussetzung dafür bleibt die Akzeptanz der Geldverwaltung durch die Betroffenen. Mit verschiedenen Mitteln und Methoden wird sie immer wieder hergestellt, wenn sie in Frage gestellt wird. Dies geschieht vor allem dadurch, indem die Folgen und Konsequenzen aufgezeigt werden. Weder bei Frau T. noch bei Frau W. taucht diese Auseinandersetzung auf, da beide die Geldverwaltung nicht in Frage stellen. In der Arbeit mit Frau P. kann dieser Prozess nachvollzogen werden. Dort wird die Grenze dieser Kategorie erreicht, als die Freiwilligkeit von ihr aufgekündigt wurde und keine Absprachen mehr möglich waren.

Damit befinden wir uns am Übergang zur **dritten Kategorie: »Geldverwaltung und Vermögensbetreuung«** durch den SpD und/oder die Vermögensbetreuung. Wegen häufiger Mittellosigkeit und/oder nicht mehr kontrollier- und verantwortbarer Verschuldung in Verbindung mit der Aufkündigung von Absprachen und der davon ausgehenden Gefährdung des Alltagslebens der Betroffenen, ist die Einrichtung von Vermögensbetreuungen nicht mehr zu vermeiden. Zunächst wird versucht, eine freiwillige Vermögensbetreuung ohne Einwilligungsvorbehalt zu beantragen. Diese kann der Betroffene selbstständig beim Notariat beantragen. Dafür ist zumindest eine minimale Einsicht in das Problem erforderlich, wie dies bei Herrn W. der Fall ist. Wenn diese Stufe nicht mehr greift, wird eine Vermögensbetreuung gegen den Willen der Betroffenen beantragt, wie dies bei Frau P. und bei Frau U. aufgrund der beschriebenen Notsituationen durchgeführt wurde. Auch hier treffen die in der ersten Kategorie genannten Handlungsweisen zu, wenn auch die **kontrollierenden und direktiven Maßnahmen** einen größeren Raum einnehmen. Eine Betreuung zu beantragen und umzusetzen, erfolgt in einer offenen, eindeutigen, klaren und oft auch harten Auseinandersetzung mit den Betroffenen, wie dies z. B. bei Frau U. oder auch bei Herrn W. des Öfteren vorkommt. Das damit verbundene Risiko des Vertrauensbruchs oder gar der Beendigung der Beziehung muss wegen der Dringlichkeit der jeweiligen Situation eingegangen werden, was sowohl bei Frau P. wie bei Frau U. dargestellt wurde. Jedoch sprechen die bisherigen Erfahrungen für das Vorgehen, da nur in ganz wenigen Fällen ein (zeitweiliger) Abbruch der Beziehung die Folge war.

Die **vierte Kategorie »Schwieriger Umgang mit Geld, ob mit oder ohne Vermögensbetreuung«** unterscheidet sich von den anderen dadurch, indem notdürftigste Arrangements eingerichtet werden. Es kommt auch hier bei den schwierigen Fällen zunächst einmal darauf an, **Leben zu erhalten, die Beziehung aufrechtzuerhalten, und die materiellen Grundlagen zu sichern**, wie dies bei Herrn Y. und bei Herrn F. beschrieben wurde. Harte Auseinandersetzungen und Reibereien gehen einher mit Aushandeln und Verhandeln (Herr H.), vor allem aber mit deutlichen Eingrenzungen und Reglementierungen (Herr F.). Auch in dieser Kategorie offenbaren sich die Grenzen sozialpsychiatrisch-sozialpädagogischen Handelns: Das Vorgehen von Herrn Y. und die von ihm und vom Notariat getroffenen Entscheidungen müssen trotz besseren Wissens und einer impliziten

Infragestellung unserer Kompetenz akzeptiert werden. Die Konsequenzen für den SpD bestehen darin, zu beobachten und zu kontrollieren, den/die Betroffenen nicht aus den Augen zu verlieren, um entsprechend handeln zu können, falls Selbst- oder Fremdgefährdung entsteht. Um solchen Maßnahmen gegenzusteuern, wird daran gearbeitet, den Kontakt und die Beziehung aufrechtzuerhalten und zu stabilisieren, wie dies bei Herrn Y. beschrieben wird.

Das **Spektrum des Handelns im Umgang mit Geld** ist heikel und vorsichtig zu gestalten. Für erwachsene Menschen führen Einschränkung und Eingrenzung, Infragestellung und Entzug von Verantwortung beim Umgang mit Geld oft zu tief gehenden und -sitzenden Kränkungen und rufen Widerstand hervor, was die diskutierten Beispiele ebenfalls aufzeigen. Unser Handeln ist hier oft weniger erwünscht und willkommen als in anderen Bereichen des täglichen Lebens. Trotzdem besteht dazu aufgrund der realen Gegebenheiten der Betroffenen für den SpD keine Alternative. Wie in allen anderen Feldern der Arbeit gelten auch hier die üblichen Kommunikationsregeln des menschlichen Zusammenlebens wie Höflichkeit, Respekt vor der Würde des Gegenüber, Toleranz, Offenheit, Verständnis und Verstehen, aber auch das Aufzeigen von Folgen, kontrollierende und eingrenzende Unterstützung zu praktizieren bis hin zur Akzeptanz der Grenzen unseres eigenen Handlungsrepertoires.

8.8. Alltagspraktische Hilfen: Konkrete Unterstützung im Alltag – Die Strukturierung des Banalen

Die beiden folgenden Kapitel (8.8. und 8.9.) unterscheiden sich in ihrer Funktion und Bedeutung von den vorhergehenden (8.2. bis 8.7). »Alltagspraktische Hilfen« und »Erschließen von Ressourcen ...« finden quer über alle anderen und in allen Lebensfeldern statt, die als die zentralen Kategorien lebensweltorientierten Handelns bezeichnet werden (»Theoretische Grundlagen«: 6.2.2.3. und 6.2.3.2.). In den beiden folgenden Bereichen handelt es sich um Querschnittskategorien. Sie sind der infrastrukturelle Rahmen der darüber liegenden, zentralen Kategorien sozialpsychiatrischen Handelns. Dies bedeutet, dass sie nicht die gleiche Ebene der erörterten Kategorien einnehmen, sondern in diesen vielfältig und -schichtig vorkommen.

Banale Unterstützungen im Alltagsleben, konkrete Handreichungen, d. h. alltagspraktische Hilfen wirken auf den ersten Blick unscheinbar und unbedeutend. Dass dem nicht so ist, belegt die tägliche Arbeit des SpDs. Alltagspraktische Unterstützung und konkrete Hilfe in allen Bereichen des täglichen Lebens gehören zum unverzichtbaren Bestandteil lebensweltorientierten, sozialpsychiatrischen Handelns:

> »Sich auf den Alltag einlassen aber bedeutet, die in diesen Instrumenten liegende Selektion in Problemsicht und Handlungsrepertoire auch zu überspringen und sich auf die gleichsam banaleren ... Bedürfnisse und Aufgaben im Alltag einzulassen ... Für solche Tätigkeiten sich nicht zu schade zu sein und sie in ihrer Wichtigkeit zu vertreten, ist gegenüber dem eigenen professionellen Anspruch, dem Arbeitgeber und nicht zuletzt der Öffentlichkeit schwer.« (THIERSCH 1986, S. 45)

Alltagspraktische Hilfe findet statt und Platz innerhalb den bisher erörterten zentralen

Kategorien einer alltagstheoretisch verankerten Arbeit, wie sie in den Kapiteln 8.2. bis 8.6. ausführlich dargestellt und diskutiert wurde.

Alltagspraktische Hilfen werden von **zwei Zielen** bestimmt, welche die Bedeutung des Leistungsspektrums unterstreichen:
- Alltagspraktische Hilfe heißt konkrete Hilfestellung und Unterstützung in sämtlichen Feldern des Alltagslebens.
- Alltagspraktische Unterstützung ist oft Voraussetzung dafür, dass Kontakte, Beziehungen und Vertrauen entstehen und stabil werden.[69]

Die **Umsetzung** der zwei Ziele und die **Bedeutung der Kategorie** wurden in der ausführlichen **Fallstudie** in den verschiedenen Feldern entwickelt und dargestellt (7.5.6.). Über die Fallstudie wird annähernd das gesamte Spektrum der Arbeit des SpDs in diesem Bereich wiedergegeben. Dadurch kann darauf verzichtet werden, nach dem bisher angewandten Vorgehen vom »leichten zum schwierigen Fall« vorzugehen, weitere Beispiele in die Kategorien und Typologien einzufügen. Die Tätigkeiten des SpDs ändern sich allein in der Abstufung des jeweiligen Grades der Unterstützung von der selbstverantwortlichen Eigentätigkeit der Betroffenen auf der einen Seite bis hin zum (fürsorglichen) aktiven Eingreifen des SpDs auf der anderen Seite.

Folgende Tätigkeiten treten in den verschiedenen Feldern der Fallstudie auf und bestimmen die Handlungsweise des SpDs, wie sie in Kapitel 7.5.6. beschrieben sind. Die Tätigkeiten reichen im **gesundheitlichen Bereich** von der Begleitung und Fahrdiensten zum Arzt, um die ärztliche Behandlung sicherzustellen, bis zur Hilfe und Unterstützung bei der Gewährleistung der Körperpflege.

In der **Teilnahme an Außenaktivitäten** geht es vorrangig um Fahr- und Begleitdienste zu Angehörigen, zu Veranstaltungen der Kirchengemeinde, der Diakoniestation etc. in Zeiten, in denen Frau W. aus gesundheitlichen Gründen noch nicht in der Lage war, alleine die öffentlichen Verkehrsmittel zu benutzen. Ebenfalls eine wichtige Bedeutung hat der Fahrdienst zu kulturellen Aktivitäten ins Rathaus. Des Weiteren wurde mit ihr die Beratung, Organisation und Finanzierung von Reisen vorgenommen, die sie sukzessive unternehmen konnte.

Den Haushalt zu bewältigen, aufrechtzuerhalten und zu gestalten, umfasst den größten Anteil alltagspraktischer Hilfen: Die Unterstützung beim Wäsche waschen, bei der Durchführung der Kehrwoche und dem Treppe putzen, wenn der Zdl der Nachbarschaftshilfe ausfällt; kleine Handreichungen wie Glühbirnen austauschen, die Wanduhr aufziehen, herunterhängende Deckenplatten wieder befestigen. Dabei handelt es sich um Tätigkeiten, die sie wegen kreislaufbedingter Schwindelgefühle nicht selbstständig durchführen kann, weil dazu eine Leiter benötigt wird; den Radiator wieder in Gang bringen und dessen Funktionsweise erklären; Lebensmittel einkaufen und vorbeibringen, Briefe mitnehmen etc. etc.

Deutlich kommt in der Fallstudie aber auch zum Ausdruck, dass die alltagspraktischen

---

69 Bezüglich der Entstehung und Entwicklung von kontinuierlichen Betreuungsbeziehungen verweise ich auf das Kapitel »Anfangssituationen‹ (8.2.) und dort vor allem auf den Bereich »Anbahnung eines Kontaktes« (8.2.4.2.) und »Entstehen einer Beziehung ...« (8.2.4.3.).
Darin sind die Faktoren und Bedingungen aufgeführt, welche der SpD berücksichtigen muss, um das Ziel der Herstellung von Beziehungen und Vertrauen zu erreichen.

Hilfen und Handreichungen nicht »einfach so« realisiert werden. Es handelt sich nie ausschließlich um Begleitdienste. Sie weisen immer darüber hinaus. Viele kleine Handreichungen werden in den Betreuungskontakt eingebaut, »laufen so nebenher mit«. Sie sind hinsichtlich der eingangs erwähnten Ziele gleichermaßen wichtig und werden von Frau W. nach und nach wieder selbstständig übernommen. Sowohl mit Frau W. als auch im Team wird überlegt, weswegen eine Tätigkeit von uns übernommen wird und von ihr nicht durchgeführt werden kann, in welcher Weise sie wieder sukzessive miteinbezogen werden, einzelne Tätigkeiten wieder selbstständig verrichten kann und/oder von anderen Diensten über die Vermittlung und Koordination durch den SpD übernommen werden. Dies bedeutet, dass in der konkreten Handlung das darüber hinausgehende Element jeweils eingelassen ist, d. h. die Perspektive, wie sie welche Bereiche und Tätigkeiten wieder selbstständig ausführen kann oder diese von nichtpsychiatrischen Hilfen übernommen werden. Alltagspraktische Hilfen und die Strukturierung so genannter banaler Tätigkeiten werden so zum gleichberechtigten Bestandteil der gesamten Hilfeplanung mit Frau W. Deutlich wird aufgezeigt, dass Frau W. über bestimmte Zeiträume hinweg in fast allen Bereichen alltagspraktische Hilfen und Unterstützungen benötigte. Mit der sukzessiven Rückkehr in den gesellschaftlichen Alltag konnte sie nach und nach Vieles wieder alleine übernehmen. Des Weiteren werden durch die alltagspraktischen Hilfen (neben der konkreten Wirkung des Tuns) der Kontakt stabilisiert, die Vertrauensbeziehung vertieft und Gespräche möglich, die in einer Beratungssituation allein nicht zustande gekommen wären und für die Förderung der Gesundheit und Lebensqualität bei Frau W. von Bedeutung sind.

Werden **methodische Schlussfolgerungen** für den Bereich gezogen, ergeben sich folgende Handlungsanforderungen, die sich am eingangs erwähnten Ziel der abgestuften Verselbstständigung der Betroffenen orientieren:

Auf der ersten Stufe organisiert der/die Betroffene die **alltagspraktischen Hilfen selbstständig**. Von Seiten des SpDs stehen Handlungselemente im Vordergrund, die beratend, unterstützend, ermutigend und ermunternd sind (positive Verstärkung) und Informationen zur Verfügung stellen, wie welche Schritte und Vorgänge ablaufen sollten. Der SpD handelt hier noch nicht durch »konkretes Mitanpacken«, sondern übernimmt eine beratende Funktion und Aufgabe.

Diese Aufgabe wird aufgezeigt in der ausführlichen Fallstudie (7.5.6.):
- Bei den Fahrten ins Rathaus und wie Frau W. die Rückfahrt wieder selbstständig organisieren kann,
- bei der Organisation und Durchführung der Reisen, welche Vorbereitungen dabei zu treffen sind und auf was sie achten muss,
- beim Wäsche waschen, wie sie ihre Waschmaschine wieder selbstständig unter dem Tisch hervorholt und bedient,
- beim Einkauf, den sie nach und nach wieder vollständig alleine übernimmt etc. etc.

In den verschiedenen Tätigkeiten wird der Prozess offen gelegt, der vom fürsorglichen Handeln des SpDs zum selbstverantwortlichen Vorgehen der Betroffenen geführt hat.

Bei der zweiten Stufe (Ebene) steht im Blickpunkt, wie das Umfeld miteinbezogen werden kann. Auch hier berät, ermutigt und informiert der SpD. Hinzukommt die Abklärung, wer was mit welcher Intention tut und ob die eine oder die andere Seite jeweils überfordert wird. Der SpD steht dabei als Vermittler zur Verfügung, wenn es für eine der beiden Seiten zu schwierig wird:

- Aufgezeigt werden die Handlungsweisen des SpDs in der Wohnungsrenovierung durch Angehörige: Was können diese tun? Auf was müssen sie Rücksicht nehmen? Was übernimmt Frau W.? Wo kann sie miteinbezogen werden? Außerdem muss der SpD mit dem Sozialamt klären, wie die Renovierung finanziert wird.
- Es wird mit den Nachbarn gesprochen, die während der gesundheitlich schwierigen Zeit des Öfteren warmes Essen vorbeibrachten und von uns die Dankbarkeit erfuhren, welche sie nicht von Frau W. aufgrund ihrer Einstellung gegenüber den ausländischen Nachbarn direkt erhielten.
- Frau W. wird während der Phase der Schuldenregulierung von uns ein Steuerberater vermittelt, der ihr und uns beratend zur Seite steht.

Die dritte Stufe (Ebene) beinhaltet, **alltagspraktische Hilfen und Dienste durch und über nichtpsychiatrische Hilfen zu organisieren**. Auch hier werden vom SpD gleiche Hilfeformen umgesetzt, wie sie in den beiden vorhergehenden Stufen beschrieben wurden. Hinzu kommt die Abklärung und die Koordination der Hilfen durch den SpD:

- Die Kirchengemeinde wird darin unterstützt, sie auf ihre Tagesreisen mitzunehmen oder zu klären, wer sie nach dem Gottesdienst nach Hause begleiten konnte während den Phasen, in denen sie dazu noch nicht alleine in der Lage war.
- Es muss mit der Diakoniestation abgeklärt und koordiniert werden, dass diese die Körperpflege weiterhin übernimmt und sich bei Schwierigkeiten mit dem SpD in Verbindung setzt. Des Weiteren wird geklärt, dass der Zdl der Diakoniestation die Kehrwoche und weitere kleine Tätigkeiten im Haushalt durchführt und uns mitteilt, wenn wir »einspringen« müssen.
- Als weitere Aufgabe kommt hinzu, dass der SpD die alltagspraktischen Hilfen organisiert und koordiniert.

Auf der vierten Stufe (Ebene) wird die **praktische Unterstützung durch den SpD (psychiatrische Hilfen)** selbst erforderlich. Zum einen kann die Brisanz und Schwierigkeit der Situation dazu führen, dass nichtpsychiatrische Hilfen überfordert sind, weswegen der SpD direkt gefragt ist. Zum anderen können über konkrete Handreichungen und Dienstleistungen der Kontakt angebahnt, die Beziehung stabilisiert und das Vertrauen gestärkt und gefördert werden.

Sowohl die verschiedenen Tätigkeiten als auch die Integration der beiden Ziele werden in der ausführlichen Fallstudie dargestellt (7.4.5. und 7.5.6.). Die vierte Stufe nimmt in schwierigen Phasen bei Frau W. und in anderen Fallsituationen ein größeres Gewicht und Bedeutung ein als die vorhergehenden Ebenen. Dies bedeutet aber auch, dass der SpD immer wieder überprüft, was er aufgrund der Lage (Brisanz und Überforderung der beteiligten Akteure oder Herstellung, Förderung und Stabilisierung des Kontaktes) selbst an alltagspraktischen Hilfen übernimmt und wie er den Zugang zu und in die anderen Stufen fördert. In der Fallstudie wurden sowohl Prozess und Verlauf dieses Weges als auch das Ineinandergreifen der verschiedenen Handlungs- und Reflexionsschritte detailliert erörtert. Dies zeigt auf, dass die vierte Stufe häufig mit Krisensituationen und -interventionen verbunden ist.

Sozialpsychiatrisches Handeln findet sich (auch hier) wieder im **Spagat** zwischen dem organisieren von Ressourcen, diese zu delegieren und zu vernetzen (Casemanagement) und selbst konkrete Hilfestellung zu leisten und dabei aktiv im Alltag der Betroffenen tätig und sich dafür »nicht zu schade zu sein«. Dieser Spagat muss jeweils konkret bestimmt und bewältigt werden. Er darf weder nach der einen noch der anderen Seite hin vernachlässigt oder aufgegeben werden.

8.9. Die Erschließung, Aufrechterhaltung und Koordination von Ressourcen

In Zeiten der (ökonomisch und politisch bedingten und gesteuerten) Verknappung von Ressourcen haben Forderungen nach Konzepten zur Vernetzung und zum Casemanagement Hochkonjunktur. Es ist modern, davon zu sprechen und dabei zu riskieren, den Blick auf die Ausdünnung der Ressourcen zu vernachlässigen. Die Vernetzung von Hilfen und die daraus zu erwartenden synergetischen Effekte in Verbindung mit Casemanagement sind (nicht nur) in der Sozialarbeit zu einer Modeströmung geworden (WENDT 1997). Dabei hat der Themenkomplex Vernetzung/Casemanagement in der Geschichte der Sozialarbeit eine lange Tradition und nimmt auch in der Sozialpsychiatrie von Beginn an eine wichtige Rolle ein.

Beide Ansätze können für sich reklamieren, dass Ressourcen zu erschließen, Zusammenarbeit zu fördern und professionelle Hilfen zu vernetzen (Casework und Casemanagement) zum genuinen Bestandteil einer lebenswelt- und gemeinwesenorientierten Arbeit gehören. Sachse (SACHSE in: RAUSCHENBACH 1993, S. 29 ff.) verweist in seinem Beitrag zur »Berufsgeschichte und Berufsidentität« auf die Entstehung von Casework in den USA zu Beginn dieses Jahrhunderts. Vor allem das Konzept von Richmond (RICHMOND 1922) als der Protagonistin des »Social casework« enthielt u. a. die Mobilisierung der vorhandenen Ressourcen bei den AdressatInnen und die Koordination der professionellen und nichtprofessionellen Hilfen im Lebensfeld. Auch die Sozialpsychiatrie ist untrennbar mit Ressourcenorientierung und der Aufgabe der Koordination der Hilfen vor Ort verbunden. Sie ist festgehalten als eine zentrale Forderung in der Psychiatrie-Enquête (Bundesminister für Jugend, Familie und Gesundheit 1976, S. 311 ff.) und im Bericht der Expertenkommission der Bundesregierung (Bundesminister für Jugend, Familie, Frauen und Gesundheit 1988, S. 295 ff. und 315 ff.). Diese Aufgabe findet ihren Ursprung in den Vorläufern der sozialpsychiatrischen Bewegung (DÖRNER 1975). Wie bei der vorhergehenden Kategorie handelt es sich auch hier wieder um eine Querschnittsaufgabe. Das angesprochene Thema ist in allen Kategorien der Arbeit des SpDs gleichermaßen enthalten und durchzieht alle Lebensfelder.

Die Ziele bestehen darin, die Hilfen zu organisieren, zu strukturieren und dabei zu klären,
- über welche Ressourcen der/die Betreffende selbst verfügt,
- wie diese weiterentwickelt werden können,
- welche Ressourcen im direkten Umfeld (Angehörige, Nachbarn, Bekannte etc.) bestehen,
- welche professionellen, nichtpsychiatrischen Hilfen vorhanden sind,
- welche Hilfen und Unterstützung der SpD zu übernehmen hat und wie diese zu bündeln und zu vernetzen sind und
- wie fallbezogene Hilfeverbünde (Netze) aufgebaut und koordiniert werden immer unter der Leitidee, Selbsttätigkeit zu fördern, so gering diese auch sein mag.

Schließlich konstituiert sich lebenswelt- und gemeinwesenorientierte Sozialarbeit/-pädagogik u. a. durch den Rückgriff auf bestehende und funktionierende Ressourcen.

»Sich auf den Alltag der Betroffenen einlassen, bedeutet zunächst, die gegebenen Ressourcen, die Traditionen und Kommunikationsmuster, die sozialpolitischen Initiativen und sozialen Netze sehen und akzeptieren und wo es nachgefragt wird, sie in ihren eigenen Möglichkeiten beraten und unterstützen. Es bedeutet auch, den Ansatz zur eigenen Arbeit von den gegebenen Alltagsnöten her zu sehen, das eigene Engagement also da zu investieren, wo Aufgaben üblicherweise unzulänglich angegangen werden, aber dringlich sind.« (THIERSCH 1986, S. 44)

In der aktuellen sozialpsychiatrischen Diskussion findet sich nach inzwischen 25 Jahren ein in der Fachöffentlichkeit anerkanntes Ergebnis wieder, welches im Schaubild der »Aktion Psychisch Kranke« (KAUDER 1997, S. 16), das von mir an einigen Stellen verändert wurde, zusammengefasst ist.

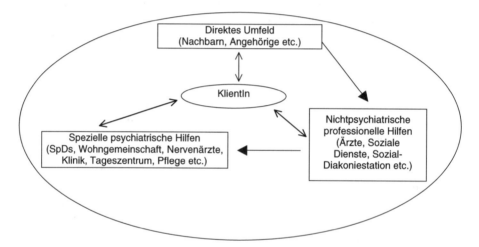

Die Abbildung ist im Uhrzeigersinn von oben nach links unten zu lesen. Damit wird verdeutlicht, dass zuerst mit den Ressourcen in der Umgebung der Betroffenen begonnen werden soll, um dann sukzessive zu den spezifischen psychiatrischen Hilfen zu gelangen, wenn alle weiteren Hilfen ausgeschöpft sind.

Eine weitere diesbezügliche fachpolitische Festlegung findet sich im Konzept des Landes Baden-Württemberg zum Gemeindepsychiatrischen Verbund, in dem die Funktion des SpDs als Koordinator der Hilfen festgeschrieben ist (Ministerium für Arbeit, Gesundheit und Sozialordnung, 1994).

Das Spektrum der Arbeit des SpDs in diesem Feld wird in der ausführlichen Fallstudie (7.5.7.) beschrieben. Das Beispiel von Frau W. ist hinsichtlich der Aktivitäten des SpDs verallgemeinerungsfähig. Obwohl es sich um ein positiv verlaufendes Beispiel handelt, wird doch deutlich, dass in schwierigen Phasen die Aktivitäten des SpDs zunehmen, Absprachen und Koordination der Hilfen intensiviert und des Öfteren neu bestimmt werden müssen. Analoges gilt für sehr schwierig verlaufende Fälle (z. B. bei Frau H. und Herrn H.), in denen Absprachen, Koordination und Zusammenarbeit des Öfteren zu klären sind.

Methodische Schlussfolgerungen
In der Fallstudie wurde die Arbeit des SpDs analog zum obigen Schaubild beschrieben, sodass an dieser Stelle unmittelbar zu den methodischen Schlussfolgerungen übergegangen werden kann. In allen Ebenen und quer über alle Felder und Netze hinweg ist die Vernetzung, Kooperation und Koordination der Hilfen erforderlich, sodass sie nicht gesondert erörtert zu werden brauchen.

Die folgenden Ebenen können in der praktischen Arbeit nicht getrennt voneinander betrachtet werden. Ihre Gewichtung und Bedeutung ist von Fall zu Fall verschieden. Sie sind beim Großteil der Fälle in unterschiedlicher Intensität vorhanden und verlangen eine entsprechende Koordination innerhalb und zwischen den verschiedenen Ebenen:

Ressourcen im Umfeld der Betroffenen zu erschließen, aufrechtzuerhalten und zu vernetzen sieht quantitativ und qualitativ von Fall zu Fall verschieden aus. Vorrangig geht es darum, zu prüfen, welche Tragfähigkeit ein natürliches Netz aufweist und wie sie gefördert werden kann. Vor allem im Beispiel von Frau S. (8.4.3.1.) wird aufgezeigt, wie ein Netz durch das Verhalten der Betroffenen überspannt werden kann und der SpD den Bedürfnissen des Umfeldes Rechnung tragen muss. Oft halten natürliche Netze viel aus, wie z. B. die Nachbarn von Frau S. oder die Mutter von Herrn Z. Immer wieder ist es notwendig, das Umfeld zu entlasten und das Netz zu entspannen, um die Tragfähigkeit zu stärken, wie z. B. bei Herrn U. (8.5.4.) durch seine Frau und bei Frau A. (8.2.3.) durch die Nachbarn deutlich sichtbar ist. Auch bei Frau B. (8.7.1.) sind regelmäßig ausgleichende und vermittelnde Gespräche und Beratungen mit den Nachbarn erforderlich, um z. B. zu klären, was sie gegen die von Frau B. verursachten nächtlichen Ruhestörungen unternehmen können. Von uns wird empfohlen, die Vorkommnisse dem städtischen Vermieter mitzuteilen, der sich mit einem offiziellen Auftrag an uns und Frau B. wenden kann mit der Bitte um Wiederherstellung der Nachtruhe. Damit können wir mit klarem Auftrag auf Frau B. zugehen, die sich bisher – krankheitsbedingt – überhaupt nicht um die Klagen kümmert. Für die Nachbarn war es wiederum wichtig, von mir versichert zu bekommen, dass Frau B. ihre Wohnung durch dieses Vorgehen nicht verliert, was sie keinesfalls wollten. Allerdings war klar, dass sich auf Dauer das Verhalten von Frau B. in Richtung vermehrter Nachtruhe und weniger Ruhestörung ändern musste.

Um soziale Netze zu stabilisieren und zu fördern, liegt die Aufgabe des SpDs weniger in moralischen Appellen an die Solidarität der Nachbarn oder der Angehörigen etc. Sie besteht vielmehr darin, auszugleichen, zu entlasten, zu vermitteln, konkrete Hilfen anzubieten, für gegenseitiges Verstehen zu werben, wie in den zitierten Beispielen zum Ausdruck kommt. Trotz der konzeptionell gebotenen kritischen Solidarität gegenüber den Betroffenen und der Anstrengung, die Netze zu stärken und zu koordinieren, wird vom SpD nicht außer Acht gelassen, dass das Netz überspannt sein kann, der/die Betroffene herausgenommen und mit ihm/ihr eine Alternative gesucht werden muss, wie dies z. B. bei Frau S., Herrn K. und Herrn M. der Fall war.

Die **Haltung des SpDs** bewegt sich dabei zwischen **kontinuierlicher und intensiver Einmischung und Koordination** wie z. B. bei Frau S. und **Zurückhaltung** bis hin zum **Rückzug**, falls es die Situation erlaubt, wie dies bei Herrn M. und Frau W. nach gesundheitlicher Stabilisierung möglich und fachlich geboten war.

Ressourcen über professionelle nichtpsychiatrische Hilfen und deren Koordination nehmen parallel zu den natürlichen Netzen einen wichtigen Platz ein, wenn es darum geht so viel nichtpsychiatrische Hilfen wie möglich im Lebensfeld zu aktivieren. Ihr Gewicht und ihre Intensität nehmen zu, wenn die natürlichen Netze abnehmen oder kaum noch vorhanden sind.

In der ausführlichen Fallstudie (7.5.7.) tritt deutlich hervor, wie die Dosierung und Gestaltung dieser Ressourcen vom jeweiligen gesundheitlichen Zustand abhängen. In gesundheitlich schlechten und schwierigen Phasen werden verschiedene professionelle Dienste und Einrichtungen miteinbezogen. Die Abstimmung erfolgt durch den SpD. Frau W. steht stellvertretend für viele weitere Beispiele während akuten oder dauerhaften Erkrankungsphasen, in denen die Betroffenen nicht in der Lage sind, sich selbst das Netz zu spinnen und die damit verbundenen Ressourcen zu erschließen. Schuldenberatung und -regulierung sowie weitere Bereiche wie die Beobachtung der gesundheitlichen Situation von Frau W., die Kontrolle der Medikamente, die Stabilisierung der Wohnsituation und Kontakte wurden von uns übernommen. Gleichzeitig wurden Diakoniestation und Nachbarschaftshilfe organisiert und die Behandlung durch den Nervenarzt und den Allgemeinarzt gewährleistet. Im Unterschied zu anderen Beispielen (z. B. »Menschen mit chronifizierten Wahngebäuden« oder »Systemsprenger«) kann Frau W. die verschiedenen Hilfen aufgrund ihrer Bereitschaft und Fähigkeit zur Kooperation völlig problemlos akzeptieren. Die Kirchengemeinde unterstützt sie bei Veranstaltungen. Die Diakoniestation übernimmt Bereiche der Körperpflege. Der Zdl der Nachbarschaftshilfe führt die Kehrwoche und grobe Putzarbeiten aus. Die Allgemeinärztin kümmert sich um ihre körperliche Befindlichkeit. Ähnliches geschieht bei Frau T. (8.6.1.). Neben der Alltagsbetreuung gewährleisten wir die Arztbesuche, die Termine bei der Krankengymnastik, das tägliche Mittagessen in der Begegnungsstätte und die Kontakte mit den Nachbarn. Wie viel der SpD übernimmt, was er wieder abgeben kann, bestimmt sich durch den jeweiligen Fall und muss dementsprechend immer wieder angepasst werden.

Die Koordination nichtpsychiatrischer Hilfen durch den SpD tritt in schwierigen Phasen oder bei schwierigen Fällen in den Vordergrund. Vor allem zeigt sich dies bei Frau U. Bei ihr nimmt die eindeutige Abstimmung aufgrund ihrer lebensbedrohlichen Erkrankung eine besondere Bedeutung ein. Es werden präzise Absprachen getroffen, wer was tut und für was verantwortlich ist. Der SpD koordiniert gemeinsam mit dem psychiatrischen Pflegedienst die Arbeit. Die Dialysestation ruft an, wenn sie nicht zum Termin erscheint, oder das Taxiunternehmen meldet sich, wenn Frau U. nicht zu Hause oder nicht bereit ist, zur Dialysestation mitzufahren. Nach Rücksprache mit dem Betreuer und der behandelnden Nervenärztin entscheiden wir, ob wir sie zwangsweise von der Polizei zur Dialysestation bringen lassen, was bislang einmal der Fall war. Immer wieder geht es bei Frau U. um austarieren und abklären, was in der jeweiligen Situation noch zu verantworten ist, welche Konflikte noch auszugleichen und zu vermitteln sind. Auch bei Frau W. (7.5.1.) stellte sich die Frage, ob und wie lange die Situation mit den vorhandenen Hilfen noch zu verantworten war.

Um die Hilfen vor Ort adäquat miteinbeziehen, nutzen und koordinieren zu können, muss der SpD über die Dienste und Einrichtungen und deren Qualität vor Ort umfassend Bescheid wissen und sie genau kennen. Der SpD ist darauf angewiesen, kontinuierlich weitere Kontakte zu knüpfen, aufrechtzuerhalten und ständig zu aktualisieren, z. B. über die Stadtteilrunden oder spezifische fallbezogene (Kooperations-)Erfahrungen.

Ressourcen über psychiatrische Hilfen und deren Vernetzung: Nicht selten kommt es vor, dass keine natürlichen und professionellen Netze und Ressourcen im Umfeld der Betroffenen mehr vorhanden sind. Die Gründe dafür liegen i. d. R. in den Schwierigkeiten des Personenkreises und seiner Beziehung zum sozialen Kontext. Krankheitsbedingt werden Kontakte und Hilfsangebote abgelehnt in Verbindung mit Rückzug und Isolierung. Man könnte auch sagen, dass es bislang noch nicht in ausreichendem Maße gelungen ist, bedarfsorientierte Zugangswege und Vorgehensweisen zu entwickeln.

Natürliche Netze und professionelle, nichtpsychiatrische Hilfen sind in solchen Situationen häufig überfordert. Die gesamte Arbeit wird dann über längere Zeiträume hinweg vom SpD übernommen. Dies kommt zum Ausdruck bei Frau A. (8.2.3.) nach Akzeptanz des Kontaktes oder bei Herrn W. (8.3.4.), als er noch in der eigenen Wohnung lebte und gerne Kontakt mit anderen Menschen gehabt hätte. Aufgrund seiner starken paranoiden Ängste konnte er trotz Bemühungen unsererseits diesen Wunsch nicht umsetzen.

Obwohl der SpD in der Anfangssituation die erforderlichen Hilfen zur Verfügung stellt, besteht von Beginn an das Ziel, so schnell wie möglich andere Dienste oder auch Personen des Umfeldes miteinzubeziehen. Es kann allerdings längere Zeit dauern, bis auf andere Netze zurückgegriffen werden kann. Dazu gehören die weiteren Bausteine der gemeindepsychiatrischen Hilfen, die miteinzubeziehen sind. Diese müssen sich aufgrund der Zuständigkeit und Kompetenz mit den Situationen auseinander setzen. Bei Frau A. ist es der psychiatrische Pflegedienst und die Hinführung zur nervenärztlichen Behandlung. Bis auf das ihr bekannte Ehepaar, welches uns tatkräftig unterstützte, unter der Voraussetzung, von uns beraten zu werden, war über längere Zeit hinweg niemand mit in die Arbeit mit ihr eingebunden. Analoges ist bei Herrn A. und bei Herrn T. zu beobachten. Aufgrund der hohen Sensitivität von Herrn A. war es bis vor kurzem nicht möglich, Dienste oder Privatpersonen miteinzubeziehen. Wir geben uns aber damit nicht zufrieden. Es wird weiter überlegt und »ausprobiert«, wie ein solcher Zustand gelockert und verändert werden kann. Gerade bei Herrn A. scheint die Strategie Erfolg zu haben. Die vom SpD eingefädelte Begegnung mit einer anderen Klientin, die jemand sucht, der ihr PC-Kenntnisse vermittelt, beflügelt ihn und ermöglicht ihm eine leichte und vorsichtige Öffnung. So konnte er die Kehrwoche nach unserer Vermittlung mit der Nachbarschaftshilfe selbstständig organisieren, was bis vor kurzem noch nicht möglich gewesen wäre. Bei Herrn T. erfolgt schon seit langem die Übernahme verschiedener Tätigkeiten durch den SpD, unterstützt durch das Paar, welches bei ihm wohnt. Dieses wird von uns beraten und erfährt dadurch Rückhalt.

Im Unterschied zu diesen Beispielen, in denen über lange Zeit hinweg die beschriebenen Möglichkeiten umgesetzt werden konnten, haben bei Frau P. nur noch psychiatrische Hilfen Zugang. In akuten Krisensituationen sind es nur noch der/die MitarbeiterIn des SpDs, das Amt für öffentliche Ordnung und die psychiatrische Klinik. Nach Abklingen der Krise kann das Umfeld wieder miteinbezogen werden, so z. B. die Putzhilfen für die Reinigung der Wohnung und die Angebote im SpD (Stundenweise Arbeitshilfen, Tageszentrumsaktivitäten), die sie seit Stabilisierung ihrer gesundheitlichen Lage kontinuierlich nutzt. Frau P. steht hier stellvertretend für ähnliche, schwierige Situationen, mit denen der SpD konfrontiert ist.

8.10. Fortsetzung, Pausierung oder Beendigung der Betreuung

Die Betreuungsbeziehung folgt ihrem eigenen Rhythmus. Sie trägt u. a. zur Strukturierung von Zeit, Raum und sozialem Gefüge bei. Sie bedeutet Kontinuität, Verlässlichkeit und Vertrautheit. Dabei handelt es sich um zentrale, bekannte und anerkannte Kategorien, Merkmale und Standards sozialpsychiatrischer, lebensweltorientierter Arbeit. Dennoch muss in der professionellen Reflexion die Frage gestellt und beantwortet werden, warum und unter welchen Bedingungen eine Beziehung fortgesetzt, beendet oder eine Beziehungspause eingelegt wird.

Die Frage gewinnt bei einem Personenkreis, der als chronisch krank definiert wird, eine besondere Brisanz und Bedeutung. Der Begriff chronisch oder Chronizität assoziiert eine lang andauernde Erkrankung, womöglich bis ans Lebensende (»Theoretische Grundlagen«: 6.2.2.1. und »Lebenslage ...«: Kap. 3). Mit einer lang andauernden Erkrankung geht in der Regel ein ebenso lang andauernder, wenn auch in der Intensität wechselnder Hilfebedarf und eine lang andauernde (professionelle) Begleitung und Betreuung einher. Dieser Schluss kann ohne weiteres gezogen werden. Blicken wir auf die Psychiatriegeschichte zurück, zumindest bis zum Beginn der sozialpsychiatrischen Bewegung, fällt auf, dass für chronisch psychisch kranke Menschen, von einigen Ausnahmen abgesehen, keine ambulanten Hilfen vorgehalten wurden. Der Personenkreis war unter dem wissenschaftlichen Etikett der chronischen Erkrankung dauerhaft in Anstalten untergebracht, da anscheinend keine Rehabilitations- und Wiedereingliederungschancen mehr bestanden. Einzig die Verwahrung unter Aufsicht schien die einzige Alternative zu sein, die vom vorherrschenden normativen Prinzip der Ausgrenzung und Aussonderung des Andersseins gestützt wurde. Zwangsläufig leitet sich daraus die Fragestellung ab, ob die gleichen Menschen, wenn sie wieder im Gemeinwesen auftauchen oder erst gar nicht eine längere Anstaltskarriere beschreiben eine ebenso lange ambulante psychiatrische Begleitung und Betreuung benötigen, wie ihnen in der Anstalt aufgezwungen wurde.

Die Beantwortung der Frage ist nicht einfach und verlangt eine differenzierte Betrachtung.

Zunächst ist jede(r) sozialpsychiatrisch Tätige zufrieden, mit Menschen Kontakt hergestellt, Vertrauen gewonnen und Kontinuität aufgebaut zu haben, bei denen ein solches Unterfangen ausgewiesenermaßen nicht einfach ist. Es scheint deshalb widersinnig, eine solche, oft mühsam erarbeitete und über Jahre hinweg entstandene Beziehung wieder in Frage zu stellen oder abzubrechen, so einfach dies in der Regel mit dem Personenkreis auch wäre.

Auf der anderen Seite stellt sich die Frage nach der Chronifizierung und der Gewöhnung an die Beziehung, die in wenig reflektierte, borniert Routine übergehen und zur ambulanten Hospitalisierung führen kann. Es entsteht das Risiko, dass sich bei der Diagnose chronisch psychisch krank bei den MitarbeiterInnen selbst eine chronifizierende Haltung und Auffassung ausbreitet, welche entwicklungshemmend sein kann. Anstaltsartefakte kennen wir zwischenzeitlich nicht mehr nur aus der stationären Arbeit.

Folgende Optionen kommen deshalb in dieser Kategorie für die Arbeit des SpDs in Betracht:

- Fortsetzung des Kontaktes und der Betreuung
- Betreuungspause

- Beendigung der Betreuung

Es handelt sich hier um eine Kategorie sozialpsychiatrischen Handelns, die mit der Kategorie »Anfangssituationen« (8.2. und 8.2.4.) zu vergleichen ist.

Für die Arbeit des SpDs ergibt sich folgende Frage und Problemstellung: Wann entscheidet sich der SpD für welche Option aufgrund welcher Handlungsanforderungen, Kriterien und Merkmale? Die Ziele für den SpD, wie mit einer Betreuung verfahren werden kann, ergeben sich aus den jeweiligen Optionen. Daraus leiten sich wiederum die Kriterien ab, weswegen sich der SpD für die eine oder andere Option entscheidet oder die Entscheidung von den Betroffenen aus getroffen wird und wie der SpD zu handeln hat. Die methodischen Schlussfolgerungen können auch hier unmittelbar aus den Beispielen abgeleitet werden.

8.10.1. Fortsetzung des Kontaktes und der Betreuung

Die Zahlen und Fakten sprechen eine deutliche Sprache. In der Mehrzahl der Fälle handelt es sich um lang andauernde Betreuungen. Aus der Statistik (5.6.2.) geht hervor, dass die durchschnittliche Betreuungszeit der KlientInnen des SpDs bei der untersuchten Population durchschnittlich 3,8 Jahre pro KlientIn beträgt. Außerdem befanden sich Ende 1996 noch 46 KlientInnen in Betreuung des SpDs, die seit Beginn der Einrichtung des SpDs (1989) in Betreuung sind. Ein weiterer Indikator dafür ist die Anzahl der Menschen, bei denen 1997 der Kontakt beendet wurde. Von den 213 KlientInnen, die 1997 in langfristiger Betreuung waren, wurden nur 25 beendet. Die Gründe für die Beendigung teilen sich wie folgt auf: Fünf Betreuungen wurden in beidseitigem Einvernehmen beendet. Neun Menschen sind in ein anderes Einzugsgebiet umgezogen, während drei KlientInnen in Alten- und Pflegeheimen untergebracht wurden. Drei KlientInnen sind eines natürlichen Todes gestorben. Fünf Menschen beendeten die Betreuung trotz eines aus unserer Sicht weiterhin existierenden Hilfebedarfes. Dies bedeutet, dass lange Betreuungszeiten bestehen, eine hohe Betreuungskontinuität realisiert wird und die Zahl der Abbrüche gering gehalten werden.

Für jeden Einzelfall ist trotzdem die Frage zu beantworten, weswegen die Betreuung fortgesetzt wird und die Kontinuität der Betreuung durch den SpD für die Betroffenen hilfreich und nützlich ist. Allgemein formuliert ergibt sich die Fortsetzung aus dem Hilfebedarf und den daraus abgeleiteten Zielen für die Arbeit. Es geht um einen gelingenderen Alltag, Stabilisierung und Förderung der Lebensqualität, um Beratung, konkrete Hilfe und Unterstützung in den verschiedenen Lebensfeldern, aber auch um Aspekte, die eher kontrollierenden Charakters sind, um z. B. Wiedererkrankungen zu vermeiden, ohne dass alltagspraktische Begleitung oder sozialanwaltliche Hilfen erforderlich sind. Es wäre kontraproduktiv und geradezu widersinnig, »mitten in der Arbeit« die Beziehung und Betreuung zur Disposition zu stellen. Die große Mehrheit der Fälle im SpD, die in den hier erörterten Fallbeispielen repräsentiert ist, benötigt einen längerfristigen Kontakt. Dieser ist hinsichtlich der Intensität immer wieder zu aktualisieren. Die Betreuung setzt die Zustimmung der Betroffenen voraus, gleichwohl diese mit mehr oder weniger subtilem Druck erzeugt werden kann und somit ständiger Überprüfung zu unterziehen ist.

Relevant wird die Fragestellung erst, wenn aus der Diskussion der MitarbeiterInnen und/oder von den Betroffenen selbst die Frage nach Sinn und Zweck der Fortsetzung der Betreuung gestellt wird.

Aus den Beispielen ergeben sich verallgemeinernd fünf Optionen mit den Problemstellungen, wer die Fortsetzung der Betreuung für notwendig erachtet, wie sie aussehen soll und wie der SpD handelt.

Konsens zwischen den Beteiligten
In der **Fallstudie** wird verdeutlicht, wie eine gemeinsame Absprache getroffen wird, um die Betreuung fortzusetzen, nachdem der SpD aufgrund der positiv verlaufenden gesundheitlichen Entwicklung von Frau W. die Frage nach der Notwendigkeit eines kontinuierlichen Kontaktes gestellt hat (7.6.). Unserer Vorstellung zufolge wäre Frau W. ohne weiteres in der Lage gewesen, sich bei dringenden Problemen oder Angelegenheiten an uns zu wenden, ohne regelmäßig mit ihr Termine zu vereinbaren. Die Haltung von Frau W. war jedoch eindeutig. Sie wollte die Beziehung, die damit verbundene Unterstützung und den Rückhalt nicht aufgeben und weiterhin regelmäßig Kontakt mit dem SpD haben. Aufgrund ihres früheren Umgangs mit der psychischen Erkrankung und ihres klar formulierten Wunsches nach Kontinuität war es fachlich ohne weiteres zu legitimieren, ihrem Bedürfnis nachzukommen. Dabei handelt es sich um die **einfachste und häufigste Regelung**: Zwischen **beiden Seiten wird eine Übereinkunft** vereinbart, welche die **Fortsetzung der Betreuung** enthält. Allerdings ist darauf zu achten, dass in entsprechenden Abständen der **Konsens überprüft** wird, ohne diese Handlung zu oft zu wiederholen. Dadurch entstünde bei den Betroffenen der Eindruck, durch ständiges Nachfragen und Überprüfen die Notwendigkeit des Kontaktes von unserer Seite aus zu relativieren und letztlich in Frage zu stellen. Dies würde die Betroffenen verunsichern, indem sie sich zu Recht fragen könnten, ob die Betreuung von Seiten des SpDs überhaupt noch gewünscht ist, wenn immer wieder danach gefragt wird, ob sie noch erforderlich ist.

Die Fortsetzung wird einseitig von uns gefordert
Ausgangspunkt ist der **Dissens**, dass der/die Betroffene davon überzeugt ist, den Kontakt mit dem SpD und dessen Unterstützung nicht zu benötigen, während wir dagegen davon ausgehen, dass Betreuung erforderlich ist. Mit verschiedenen Mitteln und Methoden versuchen wir, den/die Betroffene(n) zu überzeugen, dass es ihm/ihr nicht schadet, den Kontakt mit uns aufrechtzuerhalten.
Im Beispiel von **Frau P.** (8.3.3.) legen wir die Bedingungen fest, wie der Kontakt aussehen muss, damit Frau P. aufgrund der zurückliegenden Erfahrungen überhaupt wieder eine Gelegenheit erhält, weiterhin in ihrer Wohnung leben zu können. Ihre Alternativen waren äußerst beschränkt, sodass sie zustimmte, um weiterhin in ihrer Wohnung leben zu können. Längst beruht die Fortsetzung des Kontaktes auf einem von ihr anerkannten Konsens, sodass zwischenzeitlich nicht mehr von einer einseitigen Durchsetzung gesprochen werden kann. Bei **Herrn K.** (8.2.2.3.) wird zurückhaltender vorgegangen. Einerseits ist es uns wichtig, die Beziehung zu ihm aufrechtzuerhalten, da das Risiko droht, wieder in die Psychose abzugleiten mit entsprechenden negativen sozialen Konsequenzen. Andererseits gestaltet sich das Risiko weniger manifest und akut im Vergleich zu Frau P. Deswegen versuche ich immer wieder im Gespräch einen Konsens zu erzeugen, was ihm nicht leicht fällt, da er von der Psychiatrie unabhängig sein möchte. Jedoch bestätigte sich mein Gefühl, dass er sich bei Problemen nicht melden würde, nachdem ich nolens volens einer von ihm gewünschten Betreuungspause von drei Monaten zugestimmt hatte. Nach meh-

reren vergeblichen Einladungen erschien er zum Gespräch. Er erzählte mir, einige Tage in der psychiatrischen Klinik gewesen zu sein und davor einige Probleme gehabt zu haben. Nach dieser Erfahrung fiel es ihm leichter, sich zumindest auf einen monatlichen Termin einzulassen.

Es wird auf weitere Beispiele verwiesen, in denen in kritischen Zeiten von unserer Seite aus darauf insistiert wird, den Kontakt aufrechtzuerhalten und fortzusetzen:

- Bei **Frau C.** (8.3.2.), wenn sie sich in anbahnenden Krisensituationen zurückzieht und Termine von mir vorgegeben werden (vornehmlich Hausbesuche).
- Bei **Herrn W.** (8.3.4.), als er noch im Wohnungslosenasyl wohnte. Von den dortigen Kollegen wurde die Mitbetreuung durch den SpD zur Voraussetzung erhoben, damit er dort einziehen konnte.
- Bei **Frau D.** (8.3.3.) ebenfalls bei sich anbahnenden Krisen, obwohl sie den Kontakt zum SpD während dieser Zeit eher vermeiden will.

Falls der/die Betroffene absolut den Kontakt nicht fortsetzen möchte, gelten analoge Handlungsregeln, wie sie im Kapitel »Anfangssituationen: Ablehnungen ...« (8.2.3. und 8.2.4.1.) formuliert werden.

Es besteht keine Handhabe, den Betroffenen die Fortsetzung des Kontaktes aufzuzwingen, es sei denn, dass Selbst- oder Fremdgefährdung vorliegt oder eine Auflage zur Betreuung besteht (z. B. nach der Entlassung aus der forensischen Psychiatrie mit der rechtlichen Auflage vom SpD betreut zu werden). In allen Beispielen gilt verallgemeinernd, dass die **Fortsetzung der Betreuung auf Dauer** nur gelingt, wenn die **Betroffenen** irgendwann von der **Notwendigkeit des Kontaktes überzeugt** werden können, so gering die Akzeptanz im Einzelfall auch sein mag.

Das Interesse geht nur von den Betroffenen aus

Hier handelt es sich um eine kleine Gruppe. Die darin vertretenen Menschen gehören de facto nur bedingt zur klassischen Klientel des SpDs. Von unserer Seite aus wird eine kontinuierliche Betreuung nicht mehr als unbedingt nötig erachtet. Eine Absprache, sich bei Problemen zu melden, würde u. E., von einigen Ausnahmen und zeitlich befristeten Phasen abgesehen, genügen. Damit sind die angesprochenen Menschen jedoch nur schwer zufrieden zu stellen. Während Menschen mit psychotischen Erkrankungen weniger in der Lage sind (sein wollen), die Fortsetzung des Kontaktes gegen unsere Haltung durchzusetzen, wenn wir den Kontakt als nicht mehr als erforderlich erachten, erkämpft und erzwingt sich die kleine Gruppe häufig die Kontinuität der Betreuung. Diagnostisch betrachtet geht es vorrangig um Menschen mit chronifizierten, neurotischen Erkrankungen oft in Verbindung mit Persönlichkeitsstörungen. Dabei handelt es sich um Menschen, die in ihrer Vergangenheit häufiger traumatisierende Vernachlässigungen in der Aufmerksamkeit und Zuwendung durch Erziehungspersonen erlitten haben. Sie sind immer noch auf der Suche, diese sich existenziell bedrohlich auswirkende Entsagung zu kompensieren, allerdings ohne Aussicht auf entsprechenden Erfolg, was wiederum die Grundlage für die Spannung mit dem SpD herstellt.

Deutlichstes und schwierigstes Beispiel dafür ist **Frau H.** (8.3.5.). Verschiedene Gründe, die beschrieben wurden, führten zu einer Entwicklung, innerhalb der wir den Kontakt eindeutig eingrenzen mussten, ohne die Betreuung selbst jedoch in Frage zu stellen. Wir konnten der Dynamik nicht entgehen, dass Frau H. umso mehr negative Aufmerksamkeit auf sich ziehen musste, je stärker wir den Kontakt begrenzen mussten, obwohl uns dieser Mechanismus bewusst war. Mit Macht versuchte sie, eine intensivere Fortsetzung zu erzwingen, ohne dass wir bislang eine adäquate konstruktive Antwort mit ihr erarbeiten konnten.

Analog verhält es sich mit einer weiteren von uns betreuten Frau, die an einer massiven Borderline-Störung leidet. Die Beziehung kann für diese Frau aufgrund der zugrunde liegenden Dynamik nicht intensiv genug sein, um sie umgehend wieder in Frage stellen zu müssen. Die Betreuung konzentriert sich wie bei Frau H. auf klare und eindeutige Absprachen, ihr eher weniger Beratung und Hilfe anzubieten und sich ihr gegenüber sachlich-zurückhaltend mit der gebotenen Distanz zu verhalten. Vorrangiges Ziel in der Arbeit ist, den Blick auf die gesamte Lebenslage zu erhalten und darauf zu achten, dass der/die Betroffene den Alltag, wenn auch auf noch so niedrigem Niveau, bewältigt und die Umgebung damit zurechtkommt. Ähnliches trifft auf **Frau E.** (8.7.1.) zu. Auch bei ihr gehören Versagungen zur Betreuung mit der Folge, dass sie uns mit äußerst kritischen, bis zur Beleidigung reichenden Äußerungen konfrontiert und wir uns so sachlich und neutral wie möglich zur Wehr setzen müssen.

Bei der zahlenmäßig kleinen Gruppe kommt es vornehmlich darauf an, den Kontakt auf »Sparflamme« zu erhalten, den Verführungen nach intensiveren Kontakten zu »widerstehen«, um emotionale Verstrickungen zu vermeiden. Dafür müssen persönliche Beleidigungen und die Infragestellung der professionellen Kompetenz in Kauf genommen werden, was nicht heißt, sich nicht dagegen abzugrenzen und zur Wehr zu setzen. Entsprechende rechtliche Schritte wie z. B. bei Frau H. dürfen nicht ausbleiben, um die Betroffenen ernst zu nehmen, ihnen Grenzen zu setzen, sie der gesellschaftlichen Realität mit ihren Regeln und Konventionen auszusetzen und ihnen nicht im Namen der Erkrankung eine Befreiung davon zu erteilen. Die Arbeit konzentriert sich auf das Notwendigste, um das Leben im Gemeinwesen aufrechtzuerhalten. Sie geht einher mit der immer wieder zu erörternden Frage, was und wem die Fortsetzung des Kontaktes nutzt und warum eine Fortsetzung legitimiert werden kann.

Die Fortsetzung wird vom SpD entschieden – gegen die Gleichgültigkeit der KlientInnen

Bei vielen KlientInnen gehen mit dem Verlauf der psychischen Erkrankung und der sozialen Ausgrenzung Antriebslosigkeit und Gleichgültigkeit gegenüber der Umwelt und auch gegenüber sich selbst einher. In der Fachöffentlichkeit wird ein solches Verhalten mit der entsprechenden Haltung als Bestandteil des chronischen Verlaufs einer psychischen Erkrankung definiert, wenn deren Entstehung von verschiedenen Schulen auch sehr unterschiedlich gesehen wird. Unabhängig davon stellt die Gleichgültigkeit in der Arbeit des SpDs ein Faktum dar, mit dem es sich auseinander zu setzen gilt. Gerade bezüglich der Fragestellung, ob die Betreuung fortgesetzt, wie sie aussehen, in welchem Rhythmus die Termine gestaltet werden sollen und welche Ziele vereinbart werden, gewinnen Antriebslosigkeit und Indifferenz an Bedeutung. Werden die Betroffenen direkt gefragt, kommt oft die Antwort: »Eigentlich ist die Betreuung gar nicht nötig« oder: »Es ist egal, ob wir kommen oder nicht« oder: »Entscheiden Sie« oder: »Wenn Sie meinen, kommen Sie halt«, oder es kommt gar keine Antwort. Der SpD muss die Entscheidung selbst treffen, eventuell noch zusammen mit Angehörigen oder anderen Beteiligten, sofern ein Umfeld vorhanden ist.

Verschiedene Beispiele belegen, dass der SpD einseitig die Entscheidung zur Fortsetzung der Betreuung trifft. Die Verantwortung dafür liegt eindeutig beim Dienst:
Frau U. (8.7.3.) würde sich immer noch nicht von sich aus an uns wenden. Sie wäre nicht in der Lage, selbstständig adäquate Hilfe anzufordern. Häufigkeit und Intensität der Begleitung werden von uns vorgegeben. Sie wehrt sich nicht dagegen und äußert auch nicht, ob ihr die Betreuung und deren Gestaltung so genügt oder nicht. Vergleiche mit anderen, ähnlichen Situationen und so genannten nebensächlichen Äußerungen von Frau U. bestimmen dabei unser Vorgehen.

Die Übernahme von Verantwortung für die Art und Weise der Fortsetzung des Kontaktes ist auch bei **Frau T.** (8.6.1.) erforderlich. Sie ist krankheitsbedingt nicht mehr in der Lage, den Überblick für die Bewältigung ihres Alltags zu bewahren und benötigt eine enge Führung und Leitung. Bei ihr spiegelt sich die besondere Verantwortung der Arbeit des SpDs wieder, da sie ohne Widerspruch allen Überlegungen und Ratschlägen zustimmt und ihnen folgt.

Bei **Frau B.** (8.7.1.) gestaltet sich die Durchsetzung der Betreuung etwas anders. Auch sie würde sich nur in extremen Situationen an uns wenden. Ohne kontinuierlichen Kontakt würden wir sie in der psychiatrischen Klinik wiedertreffen. Die Kontinuität und damit die Fortsetzung des Kontaktes wird immer wieder von uns hergestellt. Freundliches, geduldiges, aber auch konsequentes »Sich-Aufdrängen« gehören dazu. Sie akzeptiert die Fortsetzung auf diese Art, ohne sich zu sehr bedrängt zu fühlen. Sozialanwaltliche Probleme und Konflikte mit der Umgebung aufgrund ihrer Erkrankung erfordern einen kontinuierlichen Kontakt, der allerdings nicht von ihr ausgeht. Sie akzeptiert jedoch den von uns auf diese Weise gestalteten Kontakt.

Auch **Herr U.** und **Herr T.** (beide in Kapitel 8.5.4.) würden aufgrund ihrer Antriebsprobleme keinen Kontakt von sich aus aufnehmen und pflegen. Hier kann sich der SpD auf die Angehörigen bzw. die Bekannten verlassen, die sich mit für die Fortsetzung der Betreuung verantwortlich fühlen.

Der **SpD** übernimmt bei der zahlenmäßig nicht kleinen Gruppe **viel Verantwortung** und benötigt entsprechendes **Fingerspitzengefühl** bis hin zu **nachdrücklichem Insistieren**, um die Betreuung fortzusetzen. Die dafür erforderlichen Handlungsregeln werden in der Zusammenfassung formuliert (Kap. 9).

Präventiv-kontrollierende Gründe als Legitimation für die Fortsetzung
Bei einer weiteren Gruppe, die zur Kernklientel gehört und wo zumindest phasenweise wenig zu tun ist, kommt es darauf an, den Kontakt aufrechtzuerhalten und nicht versanden zu lassen. Diese Menschen haben über einen längeren Zeitraum hinweg einen selbstverantwortlichen Umgang mit der psychischen Erkrankung entwickelt. Ihre soziale und individuelle Lebenslage gestaltet sich zumindest während stabiler Phasen ohne größere Zwischenfälle. Die Arbeit besteht vorrangig darin, prophylaktisch die Vertrauensbeziehung für Zeiten aufrechtzuerhalten, in denen eine intensive Krisenbegleitung erforderlich wird und den Kontakt auf »Sparflamme fortzusetzen«. Die krisenprophylaktische Arbeit orientiert sich am Einzelfall entlang biografischen und alltagsorientierten Themen. Hinzu kommt die immer wiederkehrende und vertiefende Reflexion von Vorwarnzeichen für eventuell sich anbahnende Krisen.

Ein typisches Beispiel dafür ist **Herr J.** (8.5.3.). Von Anfang an stand dieser Bereich der

Arbeit mit ihm im Blickpunkt. Es genügt ein Termin pro Monat. Mehrere Krisen konnten dadurch im Anfangsstadium in Zusammenarbeit mit seiner behandelnden Nervenärztin aufgefangen werden. Außerdem besteht aufgrund der Absprache das sichere Gefühl, dass er sich bei Konflikten zwischen den Terminen an uns wendet. Zwischenzeitlich liegen diesbezüglich positive Erfahrungen mit Herrn J. vor, welche unsere Einschätzung bestätigen.

Krisenprophylaktische Arbeit in Verbindung mit kontrollierenden Aspekten sind Gegenstand kurzer Kontakte. Dabei genügen längere Abstände zwischen den einzelnen Terminen. Sie setzen gegenseitiges Vertrauen, selbstverantwortlichen Umgang mit der Erkrankung und die Gewissheit voraus, dass sich der/die Betroffene zwischen den Terminen an uns wendet, wenn Probleme und Konflikte auftauchen. Nicht nur Herr J., auch andere Beispiele bestätigen diesen Teil der Arbeit, bei dem mit relativ geringem Aufwand der Kontakt fortgesetzt und durch Krisenprophylaxe eine positive Wirkung erzielt wird: Sowohl bei Frau C. (8.3.2.) als auch bei **Herrn B.** (8.2.3.) genügen – stellvertretend für viele weitere Beispiele – in gesundheitlich stabilen Phasen kurze Kontakte, in denen der Alltag und darin liegende potenzielle Krisenherde »durchgecheckt« werden. Während bei Frau C. der Kontakt durch die Initiative unsererseits fortgesetzt wird, reicht bei Herrn B. der telefonische Kontakt aus, da seine Frau bei irgendwelchen Konflikten auf uns zukommt, falls er es nicht schaffen sollte. Wenn sich innerhalb von vier Wochen niemand gemeldet hat, geht das monatliche Telefonat von uns aus und wird von Herrn und Frau B. ohne weiteres akzeptiert. Wir teilen Herrn B. und Frau C. offen und direkt mit, dass in der Fortsetzung des Kontaktes kontrollierende Elemente enthalten sind, um Eskalationen, die sich früher regelmäßig aufschaukelten und zu (zwangsweisen) stationären Unterbringungen führten, zu vermeiden.

Bei dieser Gruppe wird der Kontakt ohne Konflikte erhalten und fortgesetzt. Beiden Seiten ist klar, weswegen und mit welchem Ziel die Betreuung fortgeführt wird.

8.10.2. Betreuungspause – die zeitlich befristete Unterbrechung des Kontaktes

Die unendliche Fortsetzung der Betreuung einerseits oder deren Beendigung andererseits als einzig mögliche Alternativen sind apodiktisch und schränken die Spielräume zwischen den Beteiligten ein. Die Möglichkeit zwischen den beiden Polen eine begründete, abgesprochene und abgesicherte, zeitlich begrenzte Betreuungspause einzulegen, kann entspannen, erleichtern und neue Chancen in der Beziehungsgestaltung eröffnen. Das Element einer Pause bringt Endlichkeit und Absehbarkeit in die Beziehung und ermöglicht die Aufrechterhaltung von Betreuungen, die z. B. zu eng, eingefahren und chronifiziert sind und damit auch brüchig werden können. Eine Betreuungspause dient dazu – so die dahinter stehende Absicht – sowohl ambulante Hospitalisierung als auch Verwahrlosung zu vermeiden. Es handelt sich hier um eine kleine Gruppe. Die Betreuungspause stellt jedoch für diese Menschen einen Lösungsweg her, um den Kontakt zum SpD aufrechtzuerhalten.

Dafür sind verschiedene Voraussetzungen zu erfüllen und Fragen zu klären:
- Von wem geht die Frage nach Unterbrechung des Kontaktes aus?
- Wie sieht die Absprache aus und wie ist sie begründet?
- Was ist jeweils zu beachten?
- Wer meldet sich in welchen Situationen?

Für die Einleitung und Umsetzung einer Betreuungspause bestehen folgende drei Möglichkeiten.

Der Vorschlag erfolgt vom SpD
Im Falle von **Frau W.** (7.6.) wurde unser Vorschlag von ihr nicht angenommen, da sie weiterhin den Kontakt aufrechterhalten wollte. Diesem Bedürfnis wurde entsprochen. Bei **Herrn St.** (8.5.1.) erfolgte die Anregung ebenfalls von uns, nachdem er einige Termine nacheinander absagte und unsere Frage nach einer Pause von ihm bejaht wurde. Die Rechtfertigung für das Vorgehen wurde aus dem Stand der Betreuung heraus abgeleitet. Herr St. arbeitete aktiv und kooperativ an seiner Lebenslage. Aktuell war für den SpD wenig zu tun. Nach Rücksprache mit uns konnte er vieles selbstständig erledigen. Zudem beteiligte sich seine Frau regelmäßig an den Gesprächen. Sie war an der Entwicklung verständlicherweise sehr interessiert und hätte sich bei Konflikten gemeldet. Das Risiko des Rückzugs und der Verschlechterung der gesundheitlichen und sozialen Lage konnte deshalb als gering eingestuft werden. Unser Vorgehen bestätigte sich. Herr St. stellte den Kontakt nach einer Pause von ca. drei Monaten wieder her. Seine psychische Befindlichkeit und Stimmung hatten sich verschlechtert. Er wollte wieder regelmäßig (einmal dreiwöchentlich) zu Gesprächen kommen.

Der Vorschlag erfolgt über die KlientInnen
Die Beziehung zu **Herrn N.** (8.3.2.) hatte sich festgefahren und war chronifiziert. Es wurde zunehmend schwierig, mit ihm Absprachen und Vereinbarungen über die Ziele der Betreuung und die nächsten Arbeitsschritte festzulegen. Selbst eine Verabredung, sich regelmäßig zu treffen mit dem Ziel, die Betreuung aus krisenprophylaktischen Gründen aufrechtzuerhalten, konnte nicht getroffen werden. Des Öfteren erschien er nicht zum Termin, wofür er sich hinterher entschuldigte, ohne m. E. besondere Gründe angeben zu können. Als die Versäumnisse zunahmen, riet ich ihm, darüber nachzudenken, was er z. Z. von der Betreuung wolle, benötige und was sie ihm bringe. Nach einiger Bedenkzeit schlug er vor, eine Betreuungspause einzulegen und sich – falls erforderlich – an uns zu wenden. Ich konnte seinen Vorschlag annehmen, weil sich der von uns vermittelte ehrenamtlich Tätige einmal pro Woche mit ihm trifft. Mit Herrn N. und dem ehrenamtlich Tätigen wurde zuvor die Absprache getroffen, dass sich dieser mit uns in Verbindung setzen kann, falls ihm etwas schwierig und klärungsbedürftig erscheint. Des weiteren geht Herr N. drei- bis viermal wöchentlich für einige Stunden zur Arbeit in die Werkstatt für Behinderte. Außerdem kommt Herr N. ab und zu ins Tageszentrum des SpDs, sodass mittelbar Kontakt zu ihm besteht. Aufgrund seiner krankheitsbedingten Antriebsminderung, Isolierung und seines Rückzugs wäre ohne diese Stützen und Geländer eine Betreuungspause nicht so ohne weiteres zu verantworten. Herr N. hätte allein und isoliert enorme Schwierigkeiten in der Bewältigung seines Alltags.

Die Betreuungspause als Ausweg, um den Kontakt aufrechtzuerhalten
Die dritte Möglichkeit zur Betreuungspause bedeutet nichts anderes als einer Beendigung oder dem Abbruch des Kontaktes durch den/die Betroffene(n) zuvorzukommen. Mit dem Vorschlag unsererseits, eine Pause einzulegen wird versucht, eine neue Perspektive zu eröffnen. Dies soll den Betroffenen ermöglichen, die tendenziell skeptische bis ablehnende

Haltung uns gegenüber zu überdenken und ihnen mehr Handlungsspielraum und Unabhängigkeit eröffnen. Dadurch soll u. a. die Beendigung des Kontaktes vermieden werden. Aus unserer Sicht ist die Fortsetzung des jeweiligen Kontaktes aufgrund des vorliegenden Hilfebedarfes jedoch (dringend) erforderlich. Die Betreuungspause stellt demzufolge das kleinere Übel dar, welches eher zu verantworten ist als den Kontakt beenden zu müssen. Auch hier müssen die Kriterien und Handlungsanforderungen an den SpD abgeklärt werden, wie sie im Kapitel »Ablehnung des Kontaktes« (8.2.3. und 8.2.4.1.) formuliert wurden, um die Pause legitimieren zu können.

Wie bei allen Kontakten, bei denen längere Abstände vereinbart werden, weist der SpD auch hier auf die Möglichkeit hin, dass sich der/die KlientIn jederzeit an uns wenden kann. Diese Einladung an die Betroffenen dient jedoch mehr der eigenen Beruhigung, da die Pause aus fachlichen Gründen nicht so leicht akzeptiert werden kann, als dass wirklich zu erwarten wäre, dass das Angebot genutzt wird.

Herr W. stellt die Pausen durch seine wahnbedingten Fluchten selbst her. Die Anregung zu einer Pause braucht demzufolge nicht von uns eingebracht werden. Die Erfahrung zeigt aber, dass er – ohne medikamentöse Behandlung – für eine bestimmte Zeit die Distanz benötigt, um sich danach wieder auf einen kontinuierlichen Kontakt einlassen zu können. Ein Abbruch der Beziehung konnte dadurch aus unserer Sicht bisher vermieden werden. Herr W. kommt immer wieder zurück und stellt den Kontakt von sich aus wieder her. Bei **Herrn K.** wollten wir den Kontakt mit ihm fortsetzen, während er keine kontinuierliche Betreuung mehr wollte. Es blieb uns keine andere Wahl, als ihm die Pause vorzuschlagen, worauf er sich einlassen konnte.

Beide Beispiele zeigen, dass diese Möglichkeit Unsicherheiten in sich birgt, die mit einer Verschlechterung der Lebenslage der Betroffenen einhergeht und auch sukzessive in eine Beendigung des Kontaktes aufgrund der Ablehnung des Kontaktes durch die Betroffenen übergehen kann, obwohl beides aus unserer Sicht vermieden werden sollte.

Aufmerksam sein, »Nicht-aus-den-Augen-Verlieren«, Absprachen einhalten, zurückhaltend nachfragen und vorsichtig auf einen losen Kontakt insistieren sowie mögliche Selbst- oder Fremdgefährdung überprüfen, stehen hier im Vordergrund unseres Handelns.

8.10.3. Die Beendigung des Kontaktes

Die Beendigung des Kontaktes und damit der Betreuung kann eine im Konsens erzielte Vereinbarung sein. Sie kann aber auch eine von den KlientInnen ausgehende einseitige Entscheidung sein, die entsprechendes Handeln vom SpD verlangt. Grundlegendes wurde dazu in Kapitel »Ablehnung des Kontaktes« (8.2.3.) erörtert: Wann ist die einseitige Beendigung, die mit einer Ablehnung der Betreuung gleichzusetzen ist, vom SpD zu verantworten? Ab wann kann sie nicht mehr verantwortet werden? Und was ist dann zu tun? Im vorherigen Abschnitt wurde mit der »Betreuungspause...« (8.10.2.) die Vorstufe zur Beendigung des Kontaktes beschrieben. Die Beendigung des Kontaktes durch die Betroffenen unterscheidet sich im Wesentlichen nur dadurch vom Einlegen einer Zwangspause, dass über keine zeitliche Befristung gesprochen wird. Für die Betroffenen ist die Beendigung des Kontaktes zum Zeitpunkt der Trennung zumindest auf der bewussten Ebene unbegrenzt. Folgende Kategorien kommen in der »Beendigung des Kontaktes« vor und sind im Handlungsrepertoire des SpDs zu berücksichtigen:

- Beendigung als Konsens zwischen Betroffenen und SpD
- Einseitige Beendigung durch den SpD
- Einseitige Beendigung durch den/die Betroffene(n)

Beendigung als Konsens zwischen Betroffenen und SpD
Die Gruppe der Menschen, mit denen in beidseitigem Einvernehmen eine Beendigung der Betreuung vereinbart wird, ist klein. Bei der großen Mehrheit des Personenkreises der chronisch psychisch kranken Menschen liegen die Bedingungen für die Rechtfertigung einer Beendigung nicht vor.

Der unsichere Umgang mit der psychischen Erkrankung (8.3.2.) in Verbindung mit der brüchigen sozialen Lage (Kap. 3) und der schwierigen Beziehungsgestaltung (8.6.) zur Umwelt riskiert bei Beendigung der Betreuung Erkrankungsrückfälle und in eine Lebenslage abzugleiten, bei der wieder von vorne begonnen werden muss. Nur selten ist deswegen eine Beendigung mit gutem fachlichem Gewissen und von beiden Seiten gleichermaßen erwünscht anzustreben.[70]

Für die »Beendigung des Kontaktes« müssen folgende Bedingungen erfüllt sein:
- **Ein relativ selbstverantwortlicher Umgang mit der psychischen Erkrankung,**
- **eine einigermaßen zufrieden stellende materielle und soziale Absicherung,**
- **einige stabile und tragfähige Kontakte und Beziehungen.**

Damit in Zusammenhang steht bei den Betroffenen eine Handlungskompetenz, sich bei Problemen an uns zu wenden, wenn die eigenen Fähigkeiten zur Bewältigung nicht mehr ausreichen.

Vorstellbar ist dieses Vorgehen bei **Herrn St**, wenn er einen Arbeitsplatz gefunden und sich an die Arbeit wieder gewöhnt hat. Die weiteren Rahmenbedingungen stimmen mit der Möglichkeit zur Beendigung überein. Jedoch gehört Herr St. nicht zur »klassischen« Klientel des SpDs, sondern zählt eher zum »oberen Rand«. Das heißt, er befindet sich, was die Zuständigkeit betrifft, zwischen Beratungsstellen und dem Sozialpsychiatrischen Dienst.

Falls sich die Frage in Richtung Beendigung des Kontaktes stellt, wird im SpD zunächst einer zeitlich befristeten Beendigung den Vorzug gegeben (vgle. 8.10.2.). Oder es wird versucht, die Beziehung mit größeren Abständen zu gestalten, wobei in Einzelfällen auch der telefonische Kontakt zumindest während einer stabilen und ausgeglichenen Phase (z. B. bei Herrn B.) ausreicht.

Mit der Haltung des SpDs, die Frage nach der Beendigung eher enger (d. h. für die Aufrechterhaltung des Kontaktes) zu fassen, verbindet sich das Thema von Chronifizierung und Unendlichkeit des Kontaktes. Es gibt dafür keine allgemein gültigen, rezeptartigen Antworten. Sie sind jeweils fallbezogen in der Reflexion im Team zu klären und zu entscheiden.

---

70 Unter bestimmten Veränderungen der Rahmenbedingungen des Versorgungssystems (z. B. Behandlungsrecht in den SpDs und 24 Stunden Präsenz) könnte das Thema der Beendigung aktiver und offensiver angegangen werden, da dadurch flexiblere Handlungsspielräume für den SpD vorhanden wären. Dies ist allerdings aktuell nicht der Fall.

Einseitige Beendigung durch den SpD – eine theoretische Kategorie
Die Kategorie wird der Vollständigkeit halber erwähnt, obwohl sie in der Alltagsarbeit kaum eine Rolle spielt. Es ist widersprüchlich, wenn nicht sogar kontraindiziert, dass der SpD eine Beendigung gegen den Willen der Betroffenen durchsetzt. Dies wäre ein Widerspruch in sich, bei Menschen, die zum Personenkreis gehören, für den der SpD zuständig ist, zunächst vieles dafür zu tun, um einen Kontakt und eine Beziehung herzustellen (vgle. »Anfangssituationen ...«: 8.2.), der wieder einseitig vom SpD beendet wird. Falls der SpD aus fachlichen Gründen von der Beendigung überzeugt ist, muss die Anstrengung daraufhin ausgerichtet sein, eine Übereinkunft mit dem/der Betroffenen zu erzielen. Auch hier gilt, dass eher eine Beziehung mit längeren Abständen zwischen den einzelnen Terminen oder eine Betreuungspause eingelegt wird als sie zu beenden. Menschen, die sich am Rande der Zuständigkeit des SpDs befinden oder zwischenzeitlich große Fortschritte erzielt haben, werden in andere adäquatere Angebote vermittelt oder die Beendigung wird intensiver diskutiert. Allerdings wird sie nicht gegen den Willen der Betroffenen hergestellt und durchgesetzt.

Einseitige Beendigung der Betreuung durch den/die Betroffene(n)
Die Kategorie »Einseitige Beendigung der Betreuung durch die Betroffenen« konstituiert sich durch die gleiche Ausgangsbedingung, wie sie bei »Ablehnungen des Kontaktes« (8.2.3.) und »Betreuungspause ...« (8.10.2.), um den Kontakt aufrechtzuerhalten vorliegt: Es besteht ein Dissens zwischen dem SpD (dem Umfeld) und den Betroffenen. Wir halten den Kontakt und die Beziehung unverändert für erforderlich, während die Betroffenen aus verschiedenen Gründen den Kontakt nicht für nötig erachten. Zumindest in dieser Phase, die unterschiedlich lange dauern kann, ist kein Konsens zu erzielen.
Gerade deshalb muss als vorrangiges Ziel ein modus vivendi gefunden werden, damit die Situation nicht weiter eskaliert. Es ist ein Vorgehen mit den erforderlichen Handlungsschritten festzulegen, wenn für die Betroffenen und/oder die Umgebung Risiken in Richtung Selbst- oder Fremdgefährdung entstehen. Das weitergehende Ziel besteht darin, den Kontakt und die Betreuung wiederherzustellen.
Die Handlungsanforderungen für den SpD sind größtenteils mit denen identisch, die in den Kategorien »Ablehnungen des Kontaktes« (8.2.3.) und »Betreuungspause, um den Kontakt aufrechtzuerhalten« (8.10.2.) das Handeln des SpDs bestimmen. Vor allem im Kapitel »Ablehnungen des Kontaktes« wurden verschiedene Beispiele ausführlich beschrieben und diskutiert. Der einzige wichtige Unterschied zur Ablehnung in der Anfangssituation besteht darin, dass hier Kontakte, Arbeitsbündnisse und Vertrauensbeziehungen oft schon über einen langen Zeitraum hinweg bestanden haben. Deswegen stellt sich zwangsläufig die Frage, warum und wozu der Kontakt von Seiten der Betroffenen beendet wird, welche Gründe dafür ausschlaggebend sind und wie die Beziehung wiederhergestellt oder die Beendigung akzeptiert werden kann.
Es handelt sich bei dieser **Kategorie um eine kleine Gruppe**. Von den 25 Menschen, bei denen 1997 die Betreuung endete, brachen *nur fünf* Menschen den Kontakt von sich aus zum SpD ab. Diese kleine Gruppe teilt sich wiederum auf in jene Menschen, die aktiv den Kontakt zum SpD ablehnen und beenden und jene, die sich u. a. als Folge der Antriebsminderung passiv zurückziehen und isolieren.
Folgende Beispiele sind für diese Kategorie von Bedeutung:

Herr L. (8.2.3.) repräsentiert die kleine Gruppe der Menschen im SpD, bei der die Ablehnung und die Beendigung des Kontaktes über einen längeren Zeitraum hinweg andauert und von ihm vollzogen wurde. Die Gründe dafür liegen in der wahnhaften Verarbeitung der Realität in Verbindung damit, dass ihm die Beziehung zu uns zu nahe wurde, obwohl wir dieses Risiko mit ihm thematisierten. Das Angebot einer Betreuungspause oder Termine in längeren zeitlichen Abständen mit uns zu vereinbaren oder sich nur bei Konflikten an uns zu wenden, kann und will er nicht wahrnehmen. Bis auf flüchtige Begegnungen auf der Straße besteht kein weiterer Kontakt mit Herrn L. Jedoch wandten sich bislang weder die Nachbarn, noch die Polizei, noch das Amt für öffentliche Ordnung wegen irgendwelcher Vorkommnisse an uns, sodass die Situation aktuell so verantwortet werden kann.

Auch **Herr Y.** (8.7.4.) entzieht sich über eine längere Zeit hinweg einem kontinuierlichen Kontakt. Immerhin kommt er in größeren Abständen im Tageszentrum des SpDs vorbei, sodass wir zumindest hin und wieder einen »Blick auf seine Befindlichkeit werfen können«. Er zieht sich eher aus Desinteresse und Antriebsproblemen vom SpD zurück und kann deswegen nicht wahrnehmen, dass die Beziehung hilfreich sein könnte. So verliert er den SpD aus seinem Blickfeld.

Frau P. kann als typisches Beispiel für die von den Betroffenen ausgehende Beendigung herangezogen werden. Während den akuten Phasen, in denen sie häufig in die psychiatrische Klinik eingewiesen wurde, verweigerte sie krankheitsbedingt den Kontakt zum SpD. Nach der Einweisung und unter medikamentöser Behandlung in der Klinik konnte sie ohne weiteres die Beziehung zum SpD wieder akzeptieren und aufnehmen.

Analoges trifft auf **Frau B.** zu. Auch sie durchlebt Phasen, in denen sie den SpD in ihre Verfolgungsängste einbaut und den Kontakt aufkündigt. Sozialanwaltliche Probleme, z. B. Mittellosigkeit und Schulden, oder der Druck des Vermieters wegen der Klagen aus der Nachbarschaft über die nächtlichen Ruhestörungen führen trotz ihrer Ängste und Fantasien dazu, dass sie von sich aus die Beziehung zum SpD wieder aufnimmt.

Wenn heftigere Konflikte mit sich und der Umwelt entstehen, auftauchen und der/die Betroffene auffällig wird und kein Kontakt zum SpD (mehr) vorhanden ist, entsteht eine Situation, wie sie in der Kategorie »Ablehnung des Kontaktes« erörtert wurde: Entweder gelingt es, den Kontakt mit den Betroffenen (wieder-)herzustellen, wie dies bei Frau A. der Fall ist. Oder die Situation kann wegen Selbst- oder Fremdgefährdung nicht mehr verantwortet werden, wie dies bei **Herrn B.** beschrieben wurde. Der Kontakt wird – wenn möglich – zuerst über das Amt für öffentliche Ordnung wieder aufgenommen, indem den Betroffenen die ambulante Betreuung und Behandlung vom Amt für öffentliche Ordnung zur Auflage gemacht wird. Damit kann eine stationäre, zwangsweise Unterbringung umgangen werden, wie dies bei **Herrn R.** der Fall war. Wenn dies nicht gelingt und eine stationäre Behandlung nicht zu vermeiden ist, wird der Kontakt in der Klinik (wieder) neu aufgenommen, wie dies bei **Herrn B.** und **Frau P.** vorkam. Darüber wird deutlich, dass **Beendigungen des Kontaktes durch Ablehnungen seitens der Betroffenen i. d. R. zeitlich begrenzt sind**.

Eher selten treten **Situationen** auf, in denen sich jemand **zurückzieht, was von niemandem bemerkt wird und gleichzeitig Risiken für die Betroffenen** und/oder die Umgebung entstehen. Einem solchen Risiko kann entgegengewirkt werden, indem die angesprochenen Menschen bei den MitarbeiterInnen des SpDs nicht in Vergessenheit geraten und aus den Augen verloren werden. Da keine Rückmeldungen oder Lebenszeichen auf sie aufmerksam machen, muss eine entsprechende Regelung getroffen werden. So bestehen z. B. regionale Fallkonferenzen/Subteams im SpD, in denen u. a. darauf geachtet wird, dass niemand aus dem Blickfeld gerät und »verloren geht«. Als Beispiel dafür kann auf **Frau O.** verwiesen werden. Hier sind wir auf Anrufe des Vermieters angewiesen, der sich bei irgendwelchen Vorkommnissen an uns wendet. Gleichzeitig müssen wir Gelegenheiten (er-)finden, um den Kontakt nicht gänzlich versanden zu lassen. Zum Beispiel schreiben wir ihr Geburtstags- oder Weihnachtsgrüße oder teilen ihr aufgrund unseres Umzugs die neue Adresse und Telefonnummer des SpDs mit. Ab und zu wird mit solchen Gelegenheiten die Ankündigung eines Hausbesuchs verbunden. Wenn sie keinen Besuch durch den SpD wünscht, schreibt Frau O. einen ausführlich begründeten Antwortbrief, weswegen sie keinen Hausbesuch von uns möchte. Darüber verfügen wir zumindest wieder über ein Lebenszeichen von ihr. In Verbindung mit der Vereinbarung, die wir mit dem Vermieter getroffen haben, kann die Situation damit weiterhin verantwortet werden, ohne Frau O. regelmäßig zu sehen.

Ähnlich **passive Rückzugstendenzen** von der Umgebung und dem SpD sind bei **Herrn N.** (8.3.2.) und **Herrn T.** (8.5.4.) zu beobachten. Damit ist das Risiko verbunden, auch vom SpD in Vergessenheit und aus dem Blickfeld zu geraten. Beide leugnen nicht die Notwendigkeit der Beziehung zum SpD. Sie wären aber nicht in der Lage, ihren Alltag mit den darin bestehenden Konflikten und deren Bewältigung mit der Hilfe und Unterstützung durch den SpD in Verbindung zu bringen. So würde sie auch nicht von sich aus den Kontakt herstellen und aufrechterhalten. Mit ziemlich großer Wahrscheinlichkeit wären sie vollständig isoliert, wenn sie keine Bezugspersonen im Umfeld hätten, die wiederum ›Garanten‹ für den Kontakt zum SpD sind: Allein durch den ehrenamtlich Tätigen bei Herrn N. und die Bekannten von Herrn T. kann die jeweilige Situation verantwortet werden. Der Kontakt und die Beziehung werden darüber gewährleistet, wodurch einer wahrscheinlich werdenden Verwahrlosung und Verelendung entgegengewirkt werden kann.

Damit ist wieder das Thema Kontrolle und Fürsorge, Aufmerksamkeit und subtile Abhängigkeit tangiert: Auf der einen Seite besteht das Risiko, dass es sich für einige KlientInnen schwierig gestaltet, dem Netz der (gemeinde-)psychiatrischen Hilfen zu »entrinnen«. Bei problematischem, für sich und die Umgebung riskantem Verhalten erfolgt die Wiedereinbindung in den psychiatrischen Kreislauf, auch wenn über einen längeren Zeitraum hinweg von den Betroffenen aus ein Abstand gewahrt werden konnte. Auf der anderen Seite hat der SpD fürsorglich zu handeln, wenn gesundheitsgefährdende Situationen für die Betroffenen und die Umgebung vorliegen sowie die vehemente Ablehnung des Kontaktes durch die Betroffenen nicht einfach unter dem Deckmantel von Freiheit, Freizügigkeit und Selbstbestimmung außer Acht gelassen werden kann.

Dies bedeutet, dass mit schwierigen Menschen in selbst- oder fremdgefährdenden Situationen und/oder bei nicht zu akzeptierenden Ablehnungen ein Weg gefunden werden muss, ohne sich als sozialpsychiatrisch Tätiger herausziehen und ohne sich der Verantwortung entledigen zu können. Für den Fall, dass keine anderen Mittel und Wege mehr zur Verfügung stehen, können im Einzelfall Zwangsmaßnahmen nicht verhindert werden. Gleichwohl bewegt sich sozialpsychiatrische Arbeit dabei auf widersprüchlichem Terrain. Auf der einen Seite besteht das Risiko, mit dem Argument der gesundheitlich bedingten Einschränkung die Entscheidung aus der Sicht des Experten gegen die Haltung des/der Betroffenen zu treffen (vgle. u. a. Kap. 8.2.3. und 8.3.5.). Auf der anderen Seite besteht das Risiko, den Äußerungen und Wünschen der Betroffenen auf dem Hintergrund einer zu einseitig verstandenen Subjektorientierung in der Sozialpsychiatrie zu sehr zu folgen und dabei die notwendige professionelle Distanz, Übersicht und den Blick fürs Ganze zu vernachlässigen.

In dieser Kategorie wird deutlich, dass auch die Beendigung des Kontaktes durch die Betroffenen für den SpD mit einer **Kette von Handlungsschritten** verbunden ist: Wenn der/die Betroffene den Kontakt und die Beziehung zum SpD beendet und ein Rückzug vom SpD stattfindet, muss vorher geklärt sein, ob Nachbarn, Angehörige, Bekannte, andere Dienste, Ärzte etc. vorhanden sind und sich in kritisch werdenden Situationen an uns wenden. So lange von der Umgebung oder von der Polizei, dem Amt für öffentliche Ordnung oder anderen Behörden keine Anfragen und Meldungen an uns herangetragen werden, ist die Ablehnung zu verantworten. Es ist dann davon auszugehen, dass der/die Betroffene einigermaßen mit dem Alltag und seiner Umgebung zurechtkommt, wovon wir z. B. bei **Herrn L.** ausgehen.

Falls dies nicht der Fall ist und keinerlei Kontakte mehr zur Umgebung bestehen, müssen die notwendigen Handlungsschritte, wie oben erwähnt, eingeleitet und umgesetzt werden. Dadurch werden Beendigungen des Kontaktes zum SpD, die von den Betroffenen ausgehen, in der Mehrzahl der Fälle zu zeitlich begrenzten Ablehnungen. Das heißt, wenn die Betroffenen die Betreuung von sich aus beenden, ist von unserer Seite aus anzustreben, dass die Beendigungen zeitlich begrenzt werden und der Kontakt wieder aufgenommen wird, sofern es die Gegebenheiten erfordern. Diese Beendigungen unterscheiden sich dann wenig von Betreuungspausen, die eingelegt wurden, um den Kontakt letztlich aufrechterhalten zu können.

D Zusammenfassung

9. Ergebnisse der qualitativen Untersuchung

9.1. Alltags- und lebensweltorientierte, sozialpsychiatrische Handlungsregeln

In den Kapiteln 7 und 8 wurde die Hypothese untersucht, ob und wie die alltags- und lebensweltorientierte Handlungsweise des SpDs einen gelingenderen Alltag und damit die Lebensqualität seiner Klientel fördert und vorrangig dazu beiträgt, den Verbleib im Gemeinwesen zu gewährleisten. Die damit verbundene Aufgabe in der Arbeit des SpDs besteht darin, ein in den zentralen Kategorien alltags- und lebensweltorientierter Ansätze verankertes, sozialpsychiatrisches Handeln umzusetzen. Daraus werden methodische Schlussfolgerungen abgeleitet. Im Folgenden werden diese in Handlungsregeln für die verschiedenen Felder (Kategorien) zusammengefasst. Bei den Feldern (Kategorien) handelt es sich um die zentralen Kategorien der alltags- und lebensweltorientierten Ansätze mit zusätzlichen Bereichen, die in der sozialpsychiatrischen Arbeit von Bedeutung sind. Die Formulierung der Handlungsregeln folgt bestimmten Abläufen und Optionen, die in der konkreten Fallsituation jeweils zu berücksichtigen sind. Die Hilfeformen, die über alle Kategorien hinweg erforderlich sind, um die jeweiligen Anforderungen an das Handeln umzusetzen und die jeweiligen Ziele zu erreichen, umfassen das gesamte, fallbezogene Spektrum der Handlungsweisen des SpDs (Orientierung an einer lebensweltbezogenen Ganzheitlichkeit des Handelns).

9.1.1. Handlungsregeln für Anfrage- und Anfangssituationen (8.2.4.)[71]

In den **Anfragesituationen kommt es als Erstes darauf an**, den Inhalt und die Lage einzuschätzen und festzustellen.
Dabei sind folgende Fragen dringend abzuklären:
- Was steht im Vordergrund der Anfrage?
- Ist die Information klar, diffus oder widersprüchlich?
- Taucht der Inhalt der geschilderten Situation zum ersten Mal auf, oder ist die Situation schon des Öfteren in dieser Art und Weise vorgefallen?
- Konnte die Situation ambulant aufgefangen werden oder war eine stationäre Behandlung erforderlich?
- Besteht aktuell noch eine ärztliche Behandlung oder ein Kontakt zu einer anderen Einrichtung oder einer anderen professionellen Hilfe?
- Gibt es noch weitere Beteiligte in der Situation? Welche Rolle und Funktion haben sie? Gibt es noch Vertrauenspersonen?

---

[71] Die Zahl in der Klammer bezieht sich auf die methodischen Schlussfolgerungen des jeweiligen Bereiches in Kapitel 8. Das Gleiche gilt für die Überschriften von 9.1.2. bis 9.1.6. (8.2.4.-8.10.).

- Kommt die Umgebung mit der Situation noch zurecht oder ist sie überfordert?
- Ist mit der anfragenden Person eine Absprache möglich?
- Kann aus den Informationen geschlossen werden, ob Selbst- oder Fremdgefährdung besteht?

Mit der **Abklärung dieser Fragen** kann ein erstes Bild der Situation festgestellt werden (**verstehen, erfassen, einschätzen**), welches die **ersten Handlungsschritte** bestimmt:

- Muss sofort und umgehend gehandelt werden, oder besteht noch Zeit (Anpassung an die Situation)?
- Kann der SpD alleine handeln, oder sind weitere Dienste und Einrichtungen miteinzubeziehen (Arzt, Polizei, Amt für öffentliche Ordnung, Allgemeiner Sozialdienst etc.)?
- Kann das soziale Umfeld (wenn ja wie) miteinbezogen werden?
- Kann der/die MitarbeiterIn die Anfrage alleine abklären, oder ist der erste Kontakt zu zweit durchzuführen?
- Kann die Anfragesituation zumindest informell mit einer(m) KollegIn abgeklärt, oder muss – mangels Gelegenheit – alleine vor Ort entschieden werden, was zu tun ist?
- Was sagt mir während und am Ende der Anfragesituation mein Gefühl und meine Intuition bezüglich der Einschätzung der Lage und der Einleitung der ersten Handlungsschritte?
- Zuständigkeitsabklärung: Ist der SpD für die weitere Betreuung zuständig, oder kann weitervermittelt werden? Oder ist die Abklärung noch nicht möglich?

Hinsichtlich der **Beantwortung dieser Fragen** gilt folgende **Regel**:

- Je weniger Informationen vorliegen,
- je seltener oder wenn die vorliegende Situation noch nie aufgetaucht ist,
- je widersprüchlicher und diffuser die Informationen sind,
- je angespannter der/die Betroffene und latent aggressiv sein/ihr Verhalten ist,
- je weniger Beteiligte es gibt, die noch Kontakt zum/r Betroffenen haben,
- je geringer die Absprachefähigkeit mit dem/der Betroffenen ist,
- je weniger die Grundregeln zur Abklärung suizidalen Verhaltens erfüllt sind,
- je weniger auf andere Personen (Fachleute oder Laien) zurückgegriffen werden kann und die Entscheidung alleine vor Ort getroffen werden muss,
- je überforderter die Umgebung wirkt,
- je weniger Vergleichsmöglichkeiten mit ähnlichen Situationen bestehen,
- je unsicherer mein Gefühl ist, die vorliegende Situation so wie sie ist, lassen zu können,

umso **akuter und kritischer ist die Lage und umso dringlicher ist der Handlungsbedarf.** Dies bedeutet, dass **sofortiges Handeln in Verbindung mit einem Arzt und – falls erforderlich – unter Einbeziehung der Polizei** (wenn die Gefahr für Leib und Leben für den/die Betroffene(n) oder die Umgebung nicht mehr ausgeschlossen werden kann) angezeigt ist.

Je zahlreicher die o. g. Merkmale erfüllt sind, umso mehr reduziert sich die Akuität und Dringlichkeit. Dies bedeutet, dass dann nicht sofort gehandelt werden muss.

Grundregel: In unklaren und kritischen Situationen lieber einmal mehr und schneller handeln als einmal zu wenig.

Wenn der **Kontakt durch den/die Betroffene(n) abgelehnt wird**, ist Folgendes zu beachten:
Als Erstes ist abzuklären, ob **Selbst- oder Fremdgefährdung besteht**: Reichen z. B. die vorliegenden Informationen aus dem Umfeld und deren Bewertung durch das Team des SpDs in Abstimmung mit dem Arzt aus, um die Ablehnung des Kontaktes verantworten zu können? Aus dieser Abklärung muss sich ergeben, dass Selbst- oder Fremdgefährdung weitgehend ausgeschlossen werden können.
Wenn der SpD die **Ablehnung akzeptiert,** ist die Absprache eines Vorgehens mit dem (professionellen und nichtprofessionellen) Umfeld erforderlich, wer sich bei schwieriger und kritischer werdenden Lage beim SpD meldet. Das heißt, es sind Vereinbarungen über spezifische, erste Krisenanzeichen zu treffen. Wenn der SpD die **Ablehnung nicht akzeptiert,** ist im Notfall eine zwangsweise Unterbringung mit einem Arzt oder dem Amt für öffentliche Ordnung und der Polizei einzuleiten in Verbindung mit der Überprüfung, ob ein Antrag auf eine gesetzliche Betreuung gestellt werden muss.
Bei beiden Optionen erfolgt die Information der Betroffenen über das jeweilige Vorgehen durch den SpD (Transparenz und Eindeutigkeit). Ansonsten gilt bezüglich der weiteren Abklärung das gleiche Vorgehen wie bei der Anfragesituation (s. o.).
Nach **Abklärung der Anfragesituation** geht es darum, einen kontinuierlichen Kontakt, letztlich eine Vertrauensbeziehung aufzubauen. Dabei ist Folgendes zu beachten:

- Vorsichtiges Herantasten und empathisches Vorgehen fördern den Kontakt. Dies kann aber auch durch eindeutige Aufträge von außen erfolgen.
- Feststellung des konkreten Hilfebedarfs und erste Bewältigung dringender materieller, sozialer und gesundheitlicher Probleme: Sozialanwaltliche, alltagspraktische und gesundheitliche Hilfen. Konkrete Hilfestellung wird für die Betroffenen erfahrbar, was wiederum der Förderung des Kontaktes und des Vertrauens dient.
- Sichten, ordnen und strukturieren der komplexen Problemlage: Mit den Betroffenen Prioritäten setzen (bei Existenzgefährdung notfalls auch gegen ihren Willen).
- Betroffene und Umgebung können damit näher kennen gelernt und verstanden werden: Wo und wie lebt die jeweilige Person, wie sieht ihre biografische Entwicklung in Zusammenhang mit der aktuellen Lage aus? Gleichzeitig stellt sich der SpD vor und gibt sich mit seinen Angeboten zu erkennen (Klarheit, Offenheit und Gegenseitigkeit).

Schon in der Anfangssituation ist darauf zu achten, wie das **Verhältnis von Autonomie und Übernahme der Verantwortung** und das von **Freiwilligkeit und Kontrolle** durch den SpD gestaltet wird. Leitlinie des professionellen Handelns ist dabei die größtmöglichst zu verantwortende Selbstständigkeit der Betroffenen auch in der Phase der Entstehung des Kontaktes mit dem Risiko, dass sie sich lange hinziehen kann.
Die Arbeit des SpDs reicht vom Motivieren zum selbstverantwortlichen Handeln der Betroffenen, dieses zu unterstützen und zu begleiten bis hin zur Übernahme der Verantwortung. Dies kann in der Anfangssituation alle Lebensbereiche umfassen, z. B. die Sicherung des Wohnraums, die Absicherung des Haushalts, die Gewährleistung der Ernährung etc. Im Einzelfall kann die Übernahme der Verantwortung durch den SpD bis zur Einleitung einer Zwangsunterbringung reichen, bei der die Eigenverantwortung der Betroffenen am stärksten eingeschränkt wird.
Die Entstehung eines Kontaktes und die Entwicklung von Vertrauen ist nicht davon ab-

hängig, ob die Verantwortung beim/bei der Betroffenen belassen werden kann oder ob sie durch den SpD eingeschränkt werden muss. Dies bedeutet, dass eine zwangsweise Unterbringung im Einzelfall auch zur Entstehung eines Kontaktes beitragen kann; allerdings erst dann, wenn die Akuität der Erkrankung bei den Betroffenen etwas abgeklungen ist und wieder adäquatere Kommunikationsbereitschaft und -fähigkeit vorhanden ist.

Um die Anfangssituation beenden zu können, d. h. um einen kontinuierlichen Kontakt herzustellen und Vertrauen aufzubauen, werden vom SpD folgende Hilfeformen angewandt.

Beratende Gespräche
Diese beinhalten zuhören, nachfragen, »nachhaken«, verstehen, sich auf das Gegenüber einlassen sowie sichten, ordnen, strukturieren, informieren und aufklären. Dabei handelt es sich um unabdingbare Elemente der Gespräche, die beim Betroffenen zu Hause, im SpD oder wo auch immer geführt werden. **Beratende Gespräche** sind ein **Katalysator** und ein wichtiges **Instrument**, um **Kontakte, Beziehungen und Vertrauen** herzustellen.

Sozialanwaltliche Hilfen
Entsprechende Unterstützung und Begleitung ist aufgrund der Lebenslage in der Mehrzahl der »Fälle« dringend erforderlich. Es geht um die Sicherung der materiellen und sozialen Existenz bis hin zur Sicherung des Überlebens. Themen dabei sind: Wohnen, Beschäftigung, Tätigsein, Gesundheit, Geld, Krankenversicherung etc. **Konkret erfahrbare und flexible Hilfe und Unterstützung** fördern Beziehung und Vertrauen und sind häufig die Hebamme von Kontakten, Beziehungen und Vertrauen.

Alltagspraktische Hilfen
Hier gilt das Gleiche wie bei den sozialanwaltlichen Hilfen. Alltagspraktische Hilfen bedeuten konkrete Unterstützung und sind ein Instrument, um Beziehung und Vertrauen zu fördern: Unterstützung bei der Aufrechterhaltung des Haushalts, der Ernährung, beim Einkauf und der Körperpflege.

Nutzung von Ressourcen
a) **bei den Betroffenen**
   Es ist abzuklären,
   - über welche Ressourcen der Betroffene noch verfügt,
   - welche Bereiche deutlich eingeschränkt sind,
   - was er/sie noch selbstständig, mit Beratung, mit Unterstützung, unter Anleitung tun kann und
   - zumindest zeitweise die Verantwortung gerade in der Anfangsphase vollständig vom SpD übernommen werden muss.

   Ressourcen aufzuspüren und daran anzusetzen fördert die Beziehung und das Vertrauen. Die Übernahme der Verantwortung durch den SpD gegen den Willen der Betroffenen schließt jedoch selbst in der Anfangssituation die Entstehung eines Kontaktes und einer Beziehung nicht aus.
b) **bei den Angehörigen und dem sozialen Umfeld**

Es ist abzuklären, mit welchen Ressourcen Angehörige und das direkte Umfeld einbezogen werden oder ob beide eher Entlastung benötigen. Ist es z. B. angezeigt, Angehörige und/oder das Umfeld zumindest für eine kurze Zeitspanne durch die Herausnahme des/der Betroffenen aus seiner Umgebung zu entlasten?

c) **bei nichtpsychiatrischen Hilfen**
Es ist abzuklären, welche professionellen, nichtpsychiatrischen Hilfen schon vorhanden sind, welche Einrichtungen und Dienste Entlastung benötigen und welche zusätzlich miteinbezogen werden müssen. Es muss weiter abgeklärt werden, welche Informationen und Aufklärung erforderlich sind, um die Dienste in ein effektives Hilfenetz einzubinden. Die Informationen aus diesen Einrichtungen und Diensten dienen in erster Linie einer adäquateren Einschätzung der Anfrage-/Anfangssituation und nur sekundär dem Aufbau einer Beziehung zum Betroffenen.

d) **bei psychiatrischen Hilfen**
Hier gelten die gleichen Regeln wie bei den nichtpsychiatrischen Hilfen. Allerdings wird im Hinblick auf das Ziel der Normalisierung zuerst die Miteinbeziehung nichtpsychiatrischer Dienste und Einrichtungen abgeklärt. Je akuter die Situation bei Vorliegen einer psychischen Erkrankung ist, umso mehr müssen die psychiatrischen Hilfen in die Verantwortung miteingebunden werden.

Kooperation und Vernetzung der Hilfen

Wenn der SpD mit der anfragenden Stelle und mit weiteren Einrichtungen kooperiert, müssen die Betroffenen darüber informiert und – wenn möglich – miteinbezogen werden. Wenn z. B. der Kontakt mit den Betroffenen aufgenommen wird, müssen diese wissen, wer die Anfrage an uns gerichtet hat und wer wir sind. Schon in der Phase der Entstehung von Kontakten und Beziehungen müssen situations- und kontextbezogen verbindliche Kooperationen und Vernetzungen mit anderen Diensten und Einrichtungen eingegangen und geknüpft werden. Es muss geklärt werden, wer was tut und wer für was die Verantwortung übernimmt. Dies ist immer verbunden mit dem Ziel, die größtmögliche Verantwortung bei den Betroffenen zu belassen.

9.1.2. Handlungsregeln für den Umgang mit der psychischen Erkrankung im Alltag der Betroffenen (8.3.6.)

Die psychische Erkrankung und ihre Folgen sind i. d. R. der Anlass für die Entstehung eines Kontaktes und einer Betreuung. Das **Ziel des Handelns** besteht darin, einen selbstverantwortlicheren und eigenständigeren Umgang mit der eigenen psychischen Erkrankung zu erreichen, d. h. damit, wie er/sie die Erkrankung erlebt, wahrnimmt, interpretiert und mit ihr umgeht. Ein realitätsorientierterer Umgang der Betroffenen mit der Erkrankung im Alltag soll zur Reduktion von Konflikten und zur (gesundheitlichen) Stabilisierung im Lebensfeld beitragen. Der Umgang der Betroffenen mit der Erkrankung reicht vom selbstverantwortlichen Umgang bis zur fehlenden Wahrnehmung und Akzeptanz. Diese Bandbreite gilt gleichermaßen für die Anfangszeit wie für die Zeit der kontinuierlichen Begleitung und auch für die Phase, in der über die Fortsetzung oder Beendigung des Kontaktes verhandelt wird.

In der **Anfangsphase** des Kontaktes kann die Erkrankung in einigen Fällen nicht thematisiert werden. Dies kann so weit reichen, dass die psychische Erkrankung nicht zum Thema gemacht werden darf, um den Kontakt nicht zu verhindern. In Einzelfällen kann sie jedoch Einstiegsthema und Gegenstand der Bearbeitung sein. Allerdings ist dann Vorsicht angezeigt. Eine zu intensive und tiefer gehende Auseinandersetzung zu Beginn des Kontaktes kann für den/die Betroffene(n) zu einer für ihn/sie bedrohlichen Nähe werden, da noch keine kontinuierliche und verlässliche (Vertrauens-)Beziehung besteht. Das entsprechend notwendige Maß herauszufinden oder auszutarieren, wenn die Erkrankung nicht zum Thema gemacht werden kann, verlangt ein hohes Maß an Fingerspitzengefühl.

Wenn der **Kontakt durch den/die Betroffene(n) abgelehnt** wird, aufgrund der inadäquaten oder mangelnden Wahrnehmung der psychischen Erkrankung, gilt Folgendes: Es muss versucht werden, über andere, für den/die Betroffene(n) einsichtige Themen, auf die er/sie sich einlassen kann, den Kontakt herzustellen. Wenn die Ablehnung des Kontaktes trotzdem nicht zu verhindern ist, muss abgeklärt werden, ob Selbst- oder Fremdgefährdung droht oder bereits vorliegt und die Folgen der psychischen Erkrankung zu weiterer sozialer Verrandständigung führen. Das dann erforderliche Handeln entspricht dem der Ablehnung des Kontaktes in der Anfragesituation.

Wenn **Kontakt entsteht und kontinuierliche Betreuung** möglich ist, gilt Folgendes:

a) »**Selbstverantwortlicher Umgang« und »unsicherer Umgang mit der psychischen Erkrankung«**.
- Es können innere und äußere Konflikte und deren Zusammenhang thematisiert und bearbeitet werden.
- Die Auseinandersetzung mit der psychischen Erkrankung wird in diesen Situationen gefördert und ermöglicht eine adäquatere Gestaltung der Lebenslage, die mit der psychischen Erkrankung und ihren Folgen zusammenhängt.
- Biografische Elemente und aktuelle Lebenslage werden behutsam thematisiert, bearbeitet und führen zu mehr Verständnis bei den Betroffenen und den Professionellen.
- Es wird thematisiert, welche die ersten Anzeichen der Erkrankung sind, wann und in welchen Situationen sie auftreten. Krankheitsfördernde Situationen können so gemeinsam ausgekundschaftet, verstanden und angegangen werden. Damit kann ihnen präventiv entgegengewirkt werden. Dabei werden Absprachen und Vereinbarungen getroffen, was zu tun ist und wer was tut, wenn die ersten Krankheitssymptome auftreten.
- Dazu gehört die Bearbeitung der Bedeutung, die Medikamente einnehmen, d. h. wie sie von den Betroffenen eingeschätzt und bewertet werden in Verbindung mit der Beobachtung von Nebenwirkungen und möglichen Spätfolgen sowie die Auseinandersetzung damit.
- Weiter geht es darum, die Auseinandersetzung der Betroffenen untereinander anzuregen und zu fördern; sie z. B. zu ermuntern, an Psychoseseminaren teilzunehmen, ihnen Informationen über das Verständnis von Erkrankungen und der psychiatrischen Versorgung zu vermitteln und sich als Professioneller darüber mit den Betroffenen auseinander zu setzen (**verhandeln statt behandeln**).

b) **Geringe bis fehlende Akzeptanz der psychischen Erkrankung** durch die Betroffenen.

Erstes Ziel des Handelns ist die Vermeidung von akuten und dauerhaften Krisensituationen. Wenn dies nicht möglich ist, geht es darum, Arrangements zu treffen, damit zumindest der Kontakt aufrechterhalten wird. Im Einzelfall geschieht dies in Verbindung mit Auflagen und Aufträgen von außen.

- In diesen Situationen sind mehr Kontrolle und Absprachen erforderlich, z. B. auch die der Medikamenteneinnahme (offenes und eindeutiges Vorgehen gegenüber den Betroffenen).
- Wenn dies erreicht ist, geht es mit den Betroffenen (und dem Umfeld) anschließend um eine begrenzte und eingeschränkte Erarbeitung der Früherkennung von Symptomen sowie um die Absprache des Vorgehens bei ersten Anzeichen und wie damit umzugehen ist.
- Abhängig vom Grad der Selbst- oder Fremdgefährdung wird vom SpD mehr Verantwortung übernommen und die Selbstverantwortlichkeit der Betroffenen eingeschränkt.

Damit wird ein Umgang mit der fehlenden Akzeptanz der Erkrankung möglich. Dies ist mit dem Ziel verbunden, kleinschrittig und kontinuierlich mit den Betroffenen gegen die Leugnung der psychischen Erkrankung zu arbeiten, die Ansprüche nicht zu hoch anzusetzen, Geduld walten zu lassen und vor allem die Beziehung aufrechtzuerhalten.

Um diesen **Ablauf umsetzen zu können**, sind über die verschiedenen Stufen hinweg **folgende Hilfeformen** erforderlich.

Beratende Gespräche

Bei **Akzeptanz der Erkrankung** durch den/die Betroffene(n) gilt Folgendes: Beratende Gespräche übernehmen auch hier eine wichtige Rolle. Die Gespräche verfolgen das Ziel, die Akzeptanz der psychischen Erkrankung bei den Betroffenen zu fördern und zu stabilisieren. Die Gespräche enthalten kognitive und emotionale Elemente. Sie orientieren sich im Wesentlichen an den bekannten Methoden der Gesprächsführung. Bei **fehlender Akzeptanz der Erkrankung** durch die Betroffenen geht es in den Gesprächen vor allem darum, den Kontakt aufrechtzuerhalten. Es gilt aber auch zu akzeptieren, wenn der Kontakt trotz intensivem Hilfebedarf vom/von der Betroffenen selbst auf ein Minimum beschränkt wird.

Sozialanwaltliche Hilfen

Bei **Akzeptanz der Erkrankung**: Orientiert am sozialanwaltlichen Hilfebedarf und am Grad der Handlungskompetenz der Betroffenen wird Unterstützung, Beratung und Begleitung in sozialanwaltlichen Angelegenheiten zur Verfügung gestellt. Bei **fehlender Akzeptanz der Erkrankung** sind sozialanwaltliche Hilfen vor allem dann von Bedeutung, wenn die Auseinandersetzung mit der psychischen Erkrankung nicht möglich ist, um einen Kontakt herzustellen oder eine Beziehung aufrechtzuerhalten. Selbstverständlich muss ein Hilfebedarf in sozialanwaltlichen Angelegenheiten vorliegen. Nicht selten geht es dabei um die Gewährleistung und Aufrechterhaltung der materiellen Grundlagen und um die Herstellung notdürftigster Arrangements im Alltag. Dies gilt vor allem dann, wenn eine fehlende Auseinandersetzung mit der Erkrankung durch die Betroffenen ihre Alltagskompetenz verringert.

Alltagspraktische Hilfen
Hier gilt Gleiches wie bei den sozialanwaltlichen Hilfen, vor allem in jenen Situationen, in denen es um die Herstellung notdürftigster Arrangements im Alltag geht.

Nutzung von Ressourcen
a) **bei den Betroffenen**
Bei **Akzeptanz der Erkrankung** durch die Betroffenen wird die Auseinandersetzung damit zu einer Ressource, die zu eigenverantwortlicherem Umgang mit der Erkrankung und zu weiterer Verselbstständigung beiträgt. Bei **fehlender Akzeptanz** der psychischen Erkrankung ist dies nicht möglich.
Die Beratung, Information und Aufklärung hinsichtlich psychischer Erkrankungen mit dem Ziel des eigenverantwortlicheren Umgangs gilt für die Betroffenen wie für die Angehörigen und das direkte soziale Umfeld gleichermaßen.
b) **bei den Angehörigen und dem sozialen Umfeld**
Die Beratung der Angehörigen und des Umfeldes zur Entlastung, Abgrenzung und zum Recht auf eigene Bedürfnisse steht im Blickpunkt. Dies schließt die situationsabhängige, adäquate Einbeziehung in das Geschehen mit ein. Ein weiterer wichtiger Bestandteil ist die Beratung hinsichtlich der psychischen Erkrankung (s. o.).
c) **bei nichtpsychiatrischen Hilfen**
Beratung, Miteinbeziehung und Qualifizierung nichtpsychiatrischer Hilfen im Umgang mit psychischen Erkrankungen, aber auch deren Entlastung durch die Übernahme der Fallverantwortung seitens der psychiatrischen Dienste und Einrichtungen bestimmen hier das Feld des sozialpsychiatrischen Handelns.
d) **bei psychiatrischen Hilfen**
Hinführung der Betroffenen zur ärztlichen Behandlung sowie die Miteinbeziehung weiterer Dienste und Einrichtungen zur Planung, Gestaltung und Umsetzung der Hilfen stehen hier im Blickpunkt der Arbeit. Dabei sind gemeinsame Absprachen und Vereinbarungen mit Nervenärzten, psychiatrischen Kliniken und weiteren psychiatrischen Diensten und Einrichtungen in Rücksprache mit den Betroffenen erforderlich, abgesehen von jenen Ausnahmesituationen, in denen z. B. sofortiges und fürsorgliches Handeln durch akute Selbst- oder Fremdgefährdung nötig ist.

Kooperation und Vernetzung der Hilfen
Mit den beteiligten Diensten und Einrichtungen besteht eine enge Zusammenarbeit zur Förderung des eigenverantwortlichen Umgangs der Betroffenen mit ihrer Erkrankung. Zum Beispiel geht es um den Austausch zwischen Einrichtungen über unterschiedliche Ansätze im Umgang mit der psychischen Erkrankung und ihrer Behandlung. Dies gilt auch dann, wenn kaum eine Auseinandersetzung mit der Erkrankung seitens der Betroffenen vorliegt und eher die direkten Folgen der Erkrankung im Blickfeld des Handelns stehen. Bei fehlender Akzeptanz der Erkrankung seitens der Betroffenen geht es mit den Kooperationspartnern vorrangig darum, Ressourcen aufzuspüren, diese zu fördern und zu aktivieren. Ziel dabei ist, mit den Betroffenen ein notdürftiges Arrangement in sehr schwierigen Lebenslagen zu erarbeiten und diese zu bewältigen. Kooperation und Koordination zielen hier vorrangig auf das Zurechtkommen der Betroffenen mit ihrem Alltag und weniger auf die eigenverantwortliche und erhellende Auseinandersetzung mit der psychischen Erkrankung.

In sehr schwierigen und akuten Situationen, die sofortiges Handeln erfordern, ist die Information/Miteinbeziehung des/der Betroffenen im Einzelfall nicht möglich, da die Betroffenen während einer solchen Phase zu einem sachlichen, rationalen Dialog kaum in der Lage sind. Das Handeln des SpDs während der akuten Phase ist jedoch nach deren Abklingen mit den Betroffenen noch einmal durchzuarbeiten und zu begründen. Damit ist u. a. das Ziel verbunden, den selbstverantwortlichen Umgang der Betroffenen mit sich und der psychischen Erkrankung zu fördern.

9.1.3. Handlungsregeln für die Strukturierung des Raumes: Erhalt und Gestaltung der Wohnung sowie die Erweiterung des Lebensraumes (8.4.4.)

Ziel des Handelns sind:
1. der Erhalt des Wohnraums,
2. die Gestaltung des Wohnraums und
3. die Erweiterung des Lebensraumes.

Der **Erhalt der Wohnung** ist vorrangiges Ziel des Handelns. Der Verlust der Wohnung – aus welchen Gründen auch immer – z. B. durch Verwahrlosung der Wohnung, ständige Ruhestörung und Beeinträchtigung der Sicherheit der anderen Mietparteien im Haus, Nichtbezahlung der Miete, verlangt die Abklärung, ob der Verlust zu verantworten ist oder eine gesundheitliche Gefährdung für die Betroffenen oder die Umgebung vorliegt und vom SpD nicht (mehr) mitgetragen werden kann.

Wenn der Verlust der Wohnung aus gesundheitlichen Gründen nicht verantwortet werden kann, kommt es zur Einschränkung der Autonomie und Handlungsfreiheit der Betroffenen durch klare und eindeutige Auflagen, die vom SpD vorgegeben werden. Es ist als Erstes abzuklären, ob ambulant betreutes Wohnen angezeigt ist. Wenn dies nicht mehr ausreicht, geht es darum, zu überprüfen, ob stationäres Wohnen (Wohnheim) benötigt wird. Damit wird die Autonomie der Betroffenen im Vergleich zum ambulant betreuten Wohnen eingegrenzt. Die Selbstständigkeit des/der Betroffenen wird im Extremfall durch die Einleitung einer zwangsweisen Unterbringung in die psychiatrische Klinik am meisten eingeschränkt. Eine stationäre Behandlung unterbricht jedoch nicht die Suche nach einem geeigneten Platz im ambulant oder stationär betreuten Wohnen.

Wenn der Verlust der Wohnung hingegen akzeptiert werden kann, geht es darum, den/die Betroffene(n) in enger Kooperation mit den KollegInnen aus der Wohnungslosenhilfe im »Hotel« oder in einer Wohnungslosenunterkunft oder im Einzelfall beim »Leben auf der Straße« zu begleiten und zu unterstützen.

Die **Gestaltung der Wohnung** und die **Erweiterung des Lebensraums** gewinnen im Handeln des SpDs erst dann an Bedeutung, wenn der Erhalt des Wohnraums gesichert ist. Im Einzelfall müssen diese Ziele zeitlich parallel bearbeitet werden, z. B. dann, wenn sich die Wohnung in einem gesundheitsgefährdenden Zustand befindet.

Bei allen drei Zielen fördert die Bearbeitung konkreter Probleme die Entstehung oder den Erhalt des Kontaktes, der Beziehung und von Vertrauen.

Um die Ziele in der beschriebenen Weise umsetzen zu können, müssen die Hilfeformen wie folgt beachtet werden:

Beratende Gespräche
Als Erstes muss nachvollzogen werden können, weshalb der Erhalt der Wohnung zu einem Problem geworden ist. Der Inhalt der weiteren Gespräche besteht darin, mit den Betroffenen die Voraussetzungen dafür zu erarbeiten, damit die Wohnung aufrechterhalten werden kann. Wenn dies erreicht ist, geht es anschließend darum, zu ermuntern und positiv zu verstärken, (sofern erforderlich), wieder nach draußen zu gehen und sich die Umgebung wieder anzueignen, gleichzeitig aber auch die Wohnung als Rückzugsmöglichkeit zu nutzen. Bei Nichtverlassen der Wohnung sowie intensivem und länger andauerndem Rückzug kommt es darauf an, in den Gesprächen Ängste und Fantasien verstehen zu lernen und zu bearbeiten, aber auch zu akzeptieren, wenn dieses Verhalten des/der Betroffenen nicht zu thematisieren ist. Mit dem Umfeld und dem Vermieter ist in schwierigen Fällen offen anzusprechen, ob und wo eventuell Schwierigkeiten im Haus auftreten können. Dies geschieht selbstverständlich unter Einbeziehung und Information der Betroffenen. Auch hier führt Offenheit und Klarheit für alle Beteiligten zu einem zufriedenstellenderen Ergebnis im Unterschied zur Bagatellisierung oder Verheimlichung entsprechender Vorerfahrungen. Gleichwohl ist es ein brisantes Feld und verlangt ein hohes Maß an Fingerspitzengefühl seitens der SpD MitarbeiterInnen, um nicht zu viel an persönlichen Informationen über die Betroffenen preiszugeben.

Sozialanwaltliche Hilfen
Beratung, Begleitung und Unterstützung bei Behördengängen stehen im Blickpunkt des Handelns. Im Einzelfall ist die Angelegenheit vom SpD selbst zu regeln, wenn der/die Betroffene dazu zeitweise krankheitsbedingt nicht in der Lage ist. Das Gleiche gilt für das Ausfüllen von Formularen und Antragstellungen sowie den Umgang mit Wohnungskündigungen und Räumungsklagen. Analoges trifft bei der Gestaltung der Wohnung und der Erweiterung des Lebensraumes zu.

Alltagspraktische Hilfen
Anregen, motivieren und anleiten zum Aufräumen, Putzen und Gestalten der Wohnung, zum Kauf von Möbeln, zum Einrichten der Wohnung, aber auch als SpD selbst »mitanpacken« beim Putzen, Aufräumen und Gestalten der Wohnung und sich dafür »nicht zu schade zu sein«, sind hier die wichtigsten Handlungsweisen.

Nutzung von Ressourcen
a) **bei den Betroffenen**
Es geht vor allem um abwägen und abklären, welche Ressourcen noch vorhanden sind und ob der Verlust oder das Aussehen der Wohnung akzeptiert werden können oder krankheitsbedingte Defizite durch den SpD ausgeglichen werden müssen.
b) **bei den Angehörigen und dem sozialen Umfeld**
Im Vordergrund steht zunächst die Abklärung, ob die Angehörigen und/oder das soziale Umfeld mit in die Wohnungssuche, die Gestaltung der Wohnung oder die Erweiterung des Lebensraumes einbezogen werden können. Oder kommt es eher darauf an, Angehörige und/oder das Umfeld aufgrund von Überlastung und Überforderung dahingehend zu ermuntern und zu beraten, sich auch distanzieren und erholen zu können und zu dürfen? Allgemein formuliert hört sich dieses Verhalten

selbstverständlich an. In der praktischen Arbeit ist es oft heikel und brisant. Schließlich kann es für einen Angehörigen darum gehen, mit Unterstützung und Begleitung des SpDs ertragen zu lernen, dass das kranke Familienmitglied zumindest zeitweise auf der Straße lebt.

c) **bei nichtpsychiatrischen Hilfen**
In allen Bereichen, die das Wohnen und damit die Strukturierung des Raumes betreffen, wird die Miteinbeziehung und Hilfe verschiedenster Behörden, Dienste und Einrichtungen benötigt.
Bei der Suche nach Wohnraum ist der SpD z. B. auf das Amt für Wohnungswesen, auf die Stelle zur Verhinderung von Obdachlosigkeit und das Sozialamt angewiesen. Bei der Gestaltung des Wohnraums kommt es z. B. darauf an, die Nachbarschaftshilfe zum Aufräumen und Putzen miteinzubeziehen oder einen Antrag auf die Einrichtung der Wohnung mit den Betroffenen beim Sozialamt zu stellen etc., etc.
Bei der Erweiterung des Lebensraumes arbeitet der SpD mit verschiedensten Einrichtungen im Stadtteil zusammen, die Angebote zur Verfügung stellen, welche für die Betroffenen von Interesse und Bedeutung sein können.

d) **bei psychiatrischen Hilfen**
Hier kommt es darauf an, mit Kliniken und Nervenärzten Absprachen und Wege zu finden, um z. B. den Wohnraum erhalten zu können, aber auch gemeinsam – d. h. mit den Betroffenen sofern möglich – abzustimmen und zu entscheiden, ab wann und weshalb der Verlust des Wohnraums und ein »Leben auf der Straße« akzeptiert werden, wenn keine andere Wohnmöglichkeit gefunden werden kann oder diese vom Betroffenen abgelehnt wird. Zuvor ist mit den Einrichtungen des betreuten Wohnens und dem dafür zuständigen Aufnahmegremium nach einer Alternative zu suchen, wenn der Wohnraum nicht mehr zu halten und die Aufnahme in eine Einrichtung des (ambulant oder stationär) betreuten Wohnens angezeigt ist.

Kooperation und Vernetzung der Hilfen
Mit Angehörigen, Nachbarn, Bekannten, Diensten, Behörden sowie ambulanten und stationären Einrichtungen ist eine enge Zusammenarbeit mit verbindlichen Absprachen und Vereinbarungen unter Beteiligung der Betroffenen, so weit dies möglich ist, erforderlich. Der SpD übernimmt dabei wie auch bei den anderen Kategorien die Funktion des Casemanagers.

9.1.4. Handlungsregeln für die Strukturierung der Zeit: Tätigsein, Arbeit, Beschäftigung, Tages- und Wochengestaltung (8.5.5.)

Ziele des Handelns sind:
1. Unterstützung und Begleitung zur Aufrechterhaltung von sozialversicherungspflichtiger Arbeit und Beschäftigung
2. Gestaltungsmöglichkeiten und -wege zur Strukturierung der Zeit mit den Betroffenen suchen und erarbeiten
3. Strukturierung der Zeit und des Tätigseins werden zum Dauerproblem und zur ständigen Aufgabe

Zu **Beginn eines Kontaktes** kann die Thematisierung von Beschäftigung, Arbeit, Strukturierung des Tages und der Woche, »Tätigsein an sich« zu einem wichtigen Instrument werden, um Kontakt herzustellen und Vertrauen aufzubauen. Diesbezügliche Hilfe, Unterstützung und Begleitung durch den SpD unterstützen den Aufbau einer Beziehung und fördern Vertrauen.

Im Hinblick auf das **eigenverantwortliche Handeln der Betroffenen und der Übernahme von Verantwortung** durch den SpD nimmt Letztere im Vergleich zu anderen Bereichen (z. B. Erhalt des Wohnraums oder Umgang mit der Erkrankung) einen geringeren Raum ein. So fördern z. B. die »stundenweisen Arbeitshilfen« in Verbindung mit einem Zuverdienst die Eigenständigkeit der Betroffenen und stärken das Selbstbewusstsein wie auch die Rolle in der Gesellschaft und stabilisieren die gesundheitliche Befindlichkeit. Der Grad der Übernahme von Verantwortung durch den SpD kann deswegen gering gehalten werden.

Im Einzelfall wird **fehlende Strukturierung von Zeit und Tätigsein** akzeptiert, sofern keine Selbst- oder Fremdgefährdung daraus erwächst. Die Anforderung an die MitarbeiterInnen besteht dann vor allem darin, »das Nichtstun« zu akzeptieren (»aktives Zuwarten«), Geduld walten zu lassen, Zufälle zu inszenieren und dranzubleiben.

Um die Bandbreite des Handelns von der Unterstützung bei sozialversicherungspflichtiger Beschäftigung bis zum (fast) vollständigen Rückzug in die eigene Wohnung mit mangelnder bis fehlender Strukturierung der Zeit abdecken zu können, stehen bei den Hilfeformen folgende Anforderungen im Blickfeld:

Beratende Gespräche
Sie übernehmen eine wichtige Aufgabe in Bezug auf verstehen lernen, Informationen vermitteln, aufklären, beraten, aktivieren, motivieren und herausfinden, welche jeweiligen Möglichkeiten und Ressourcen bestehen, welche verdeckt und nur verschüttet sind. Es handelt sich dabei vorrangig um die Klärung folgender Fragen:
Welche Arbeit oder Tätigkeit kommt realistischerweise in Frage?
Wie kann die jeweilige Arbeit ausgehalten und gestaltet werden?
Ab wann wird die Arbeit zur Überforderung?
Welche Konflikte sind dabei zu bearbeiten?
Bei (dauerhaftem) Verlust sozialversicherungspflichtiger Beschäftigung, wovon die große Mehrheit des vom SpD betreuten Personenkreises betroffen ist, kommt es auf Folgendes an:
- »Äußere und innere Begleitung und Verarbeitung des gesellschaftlichen Abstiegs«. Vor allem geht es darum, Kränkungen, Versagensängste und -gefühle zu thematisieren und zu bearbeiten.
- Vertrauen und Zutrauen in die eigenen Fähigkeiten unterstützen und stärken sowie gemeinsam nach neuen Tätigkeitsfeldern, Aufgaben und Inhalten zur Strukturierung der Zeit suchen,
- mit Phantasie, Fingerspitzengefühl und Kreativität das richtige timing herausfinden, was wann möglich und umsetzbar ist.

Sozialanwaltliche Hilfen
Hier stehen im Vordergrund:
- Unterstützung, Begleitung und Beratung im Umgang mit Behörden (v. a. Arbeits- und Sozialamt),

- Beratung und Unterstützung beim ausfüllen von Formularen und bei Antragsstellungen,
- Beratung in sozialhilfe- und arbeitsrechtlichen Angelegenheiten in Kooperation mit
- anderen (Spezial-)Diensten sowie
- die Vermittlung von Informationen, welche Möglichkeiten und Gelegenheiten jeweils vorhanden sind.

Dieses Handeln bezieht sich vorrangig auf Situationen, bei denen sozialversicherungspflichtige Beschäftigung in irgendeiner Form eine Perspektive darstellt.

Bei tages- und wochengestaltenden Hilfen geht es in erster Linie um die Unterstützung bei Anträgen, die sich auf die Sozialhilfe beziehen (z. B. BSHG § 39: Eingliederung zur Teilnahme am gesellschaftlichen Leben).

Alltagspraktische Hilfen

Bei mangelnder bis fehlender Strukturierung der Zeit gilt Folgendes: Hilfe, Anleitung und Unterstützung beim Aufstehen, bei der Körperpflege, der Gestaltung des Haushaltes, beim Einkauf und bei der Ernährung. Dies ist mit dem Ziel verbunden, die eigene Zeit im Rahmen der Möglichkeiten strukturieren zu lernen.

Wenn die Wohnung (wieder) verlassen werden kann, kommt es darauf an, Fahrdienste und/oder Begleitung zu (regelmäßig) stattfindenden Angeboten im SpD, in Kirchengemeinden, im Stadtteil etc. zu organisieren. Wenn eigenständiges Handeln außerhalb der Wohnung (wieder) möglich ist, muss beraten, motiviert, aktiviert, organisiert und es müssen Voraussetzungen dafür bereitgestellt werden, die für diese Tätigkeiten und Aktivitäten erforderlich sind.

Nutzung von Ressourcen

a) **bei den Betroffenen**

Herausfinden, einschätzen und bewerten der jeweils vorhandenen individuellen Ressourcen durch beobachten, Gespräche und ausprobieren sowie durch Informationen von außen. Das Niveau der Ressourcen muss immer wieder von neuem eruiert werden, unabhängig davon, welche Stufe jeweils vorliegt. Es kommt aber auch darauf an, »zu behüten und So-lassen-zu-Können«. Dies bedeutet, den jeweiligen Stand als Professioneller akzeptieren zu lernen in Verbindung mit aufmerksamer Beobachtung und Sensibilität für kleinste Schritte und Veränderungen.

b) **bei Angehörigen und dem sozialen Umfeld**

Je geringer die Fähigkeiten zur Strukturierung der Zeit bei den Betroffenen sind, umso wichtiger und bedeutsamer wird für die Arbeit des SpDs die Miteinbeziehung der Angehörigen und des sozialen Umfelds. Sie benötigen Beratung, Unterstützung, Hilfe und Entlastung, um ihre Ressourcen für die Betroffenen und für sich selbst effektiv einzubringen und zu nutzen.

c) **bei den nichtpsychiatrischen Hilfen**

Verschiedenste Einrichtungen in den unterschiedlichsten Feldern werden miteinbezogen wie z. B. Arbeitsplätze nach § 19 BSHG (Arbeit statt Sozialhilfe), Sozialstationen, Nachbarschaftshilfe, Begegnungsstätten etc. Dabei ist mit den Betroffenen und der jeweiligen Einrichtung gemeinsam herauszufinden, welche Hilfe und Unterstützung benötigt wird und hinsichtlich ihrer Umsetzung realistisch ist.

d) **bei den psychiatrischen Hilfen**
Analoges gilt für diesen Bereich, wenn die nichtpsychiatrischen Hilfen ausgeschöpft oder nicht vorhanden sind. Es geht darum, abzuklären, zu prüfen, abzuschätzen und zu beraten, was jeweils erforderlich ist, z. B. die tagesgestaltenden Hilfen in den SpDs oder der psychiatrische Pflegedienst oder im Bereich der Arbeit die stundenweisen Arbeitshilfen, der PSD (Psychosozialer Begleitdienst im Arbeitsleben) oder die WfB (Werkstatt für Behinderte).

Kooperation und Vernetzung der Hilfen
Aufgrund der zahlreichen Kooperationspartner in diesem Feld (s. o.) besteht ein hohes Maß an Kooperations- und Vernetzungsbedarf. Dieser Bedarf muss vom SpD umgesetzt und koordiniert werden.

9.1.5. Handlungsregeln für die Strukturierung der Kontakte, Beziehungen, Kommunikation und des sozialen Gefüges (8.6.4.)

Ziele des Handelns sind:
1. Erhalt und Förderung von Kontakten und Beziehungen im normalen Lebensfeld
2. Erhalt und Förderung von Kontakten und Beziehungen zur Psychiatrieszene
3. Erhalt des Kontaktes zum SpD als Grundlage weiterer Schritte

Isolierung, Alleinsein und Rückzug sind in der Mehrzahl der vom SpD betreuten Menschen ein grundlegender Bestandteil und eine Folge der (chronischen) psychischen Erkrankung. Für den SpD stellt dieses Feld deswegen ein weiteres, zentrales Aufgabenspektrum dar, innerhalb dessen angestrebt wird, die o. g. Ziele zu erreichen. Wie in den anderen Bereichen arbeitet der SpD auch hier in Richtung eigenverantwortlicherem und selbstständigerem Handeln seitens der Betroffenen. Ziel ist wie in den anderen Kategorien die Überschreitung der jeweils bestehenden Stufe. Es gilt aber auch in gleicher Weise, das Alleinsein und den Rückzug der Betroffenen von Kontakten und Beziehungen zu akzeptieren. Zum Beispiel wird die Begrenzung des Kontaktes auf den/die Mitarbeiter/-in des SpDs zur Aufrechterhaltung des Kontaktes und der Beziehung akzeptiert. Im Einzelfall wird auch der völlige Rückzug hingenommen, wenn Selbst- oder Fremdgefährdung ausgeschlossen werden können und die notwendigen Absprachen und Vereinbarungen mit den Betroffenen und dem Umfeld bestehen. Für den professionell Tätigen heißt dies, damit zurechtzukommen, dass der SpD über einen längeren Zeitraum hinweg der einzige Kontakt dieser Menschen zur sozialen Realität überhaupt ist.
Die Hilfeformen sehen hier wie folgt aus:

Beratende Gespräche
Sie sind ein wesentlicher Faktor und Katalysator für die Umsetzung der Hilfen. Beraten, begleiten, motivieren, informieren, aber auch akzeptieren, wenn keine handlungs- und kontakterweiternde Stufe seitens der Betroffenen erreicht werden kann (oder werden will). Dies gilt vor allem dann, wenn Rückzug und Isolierung zunehmen und das Leben der Betroffenen dominieren. Wichtig dabei ist – vor allem im Falle von sehr engen und (fast) ausschließlichen Kontakten zum SpD –, die Motive und Gründe sowie die Übertragung der Betroffenen und die Gegenübertragung der MitarbeiterInnen verstehen zu lernen. In

den Gesprächen geht es darum, die Sensibilität für innere und äußere Wege zu fördern, die Betroffenen darin zu bestärken und diese Sensibilität aufrechtzuerhalten. Im Einzelfall könnten und sollten – so weit es möglich ist –, diese inneren und äußeren Wege bearbeitet werden. Über die Klärung der Bedeutung, Rolle und Funktion von Kontakten und Beziehungen für die Betroffenen werden gemeinsam Zusammenhänge aufgedeckt, z. B. welche Hoffnungen, Fantasien und Ängste bestehen sowohl bezüglich weiterreichender Kontakte ins normale Lebensfeld hinein als auch hinsichtlich Rückzug, Alleinsein und Isolierung. Dabei kommt es darauf an, mit den Betroffenen herauszufinden, welche Folgen sich für das Alltagsleben jeweils ergeben und diese – wenn möglich – in den Gesprächen zu bearbeiten.

Wie in den anderen Bereichen auch können beratende Gespräche non-direktive und direktive Interventionsformen bis hin zu paradoxen Interventionen enthalten. Im Einzelfall ist auch die Möglichkeit des Betreuerwechsels in Erwägung zu ziehen, wenn z. B. über längere Zeit hinweg der Kontakt zum(r) gleichen Mitarbeiter/-in des SpDs besteht und die Beziehung chronifiziert und festgefahren ist.

Sozialanwaltliche Hilfen
Sozialanwaltliche Hilfen nehmen in diesem Bereich im Handeln des SpDs nur eine geringe Bedeutung ein. Es sind – wenn überhaupt – Anträge über § 39 BSHG zu stellen (Eingliederungshilfe zur Teilnahme am gesellschaftlichen Leben).

Alltagspraktische Hilfen
In den kontakt- und beziehungsfähigeren Fallgruppen sind nur wenige Aktivitäten erforderlich im Unterschied zu den zurückgezogen und isoliert lebenden Menschen. Dort sind z. B. Fahrdienste zu Aktivitäten und Veranstaltungen (welcher Art auch immer) nötig. Häufig steht zunächst die Bereitstellung und Umsetzung grundlegender Hilfen als Voraussetzung im Vordergrund, um Kontakte, Beziehungen und soziales Gefüge erschließen zu können, z. B. motivieren, aktivieren und unterstützen beim Aufstehen, bei der Körperpflege und beim Verlassen der Wohnung.

Nutzung von Ressourcen
a) **bei den Betroffenen**

Auf dem jeweiligen Niveau der Kontakte und Beziehungen gilt es herauszufinden, welche Ressourcen vorhanden sind und welche aktiviert werden können. Damit soll das Spektrum der Kontakte und Beziehungen erweitert werden. In gleichem Maße gilt aber auch, zu entlasten, zu verstehen und Verständnis dafür aufzubringen, wenn ein individueller Rückzug stattfindet und Ressourcen bezüglich Kontakte und Beziehungen abnehmen und versanden.

b) **bei den Angehörigen und dem sozialen Umfeld**
- **Kontakte** und **Beziehungen** zwischen **Betroffenen** und **Angehörigen** werden gefördert und gestützt. Es kann im Einzelfall aber auch darum gehen, zwischen Betroffenen und Angehörigen zu entlasten, zu entspannen, zu entflechten und falls erforderlich, Abgrenzung, Ablösung und Distanz zu fördern und zu unterstützen. Dies setzt seitens des SpDs ein Verständnis der Beziehungsdynamik zwischen den Familienmitgliedern voraus.

- Kontakte zwischen **Angehörigen** und dem **SpD** sind ein wichtiger Bestandteil in der Arbeit eines SpDs. Angehörige werden in die Arbeit des SpDs mit einer kritisch-solidarischen Haltung einbezogen unter der Voraussetzung der Zustimmung durch die Betroffenen.
- Des Weiteren werden **Kontakte** und **Beziehungen** der **Angehörigen untereinander** gefördert und unterstützt. Dies geschieht durch das Angebot, den Angehörigen die Angehörigenselbsthilfegruppe nahe zu bringen, die eng mit dem SpD zusammenarbeitet.
- Das **soziale Umfeld** hat in dieser Kategorie eine besondere Bedeutung. Es geht darum, herauszufinden, ob und wo es geeignete (auch private) Kontaktmöglichkeiten gibt, die vom SpD vermittelt und – falls erforderlich – zwischen wechselseitiger Zumutung und Überforderung der Beteiligten begleitet und ausgeglichen werden müssen.
- Als ein weiteres Standbein ist auf die einzelfall- und gruppenorientierte **Miteinbeziehung von ehrenamtlich Tätigen** hinzuweisen, welches einen wichtigen Bestandteil von Normalität im Kontakt verkörpert. Die Anleitung und Begleitung der ehrenamtlich Tätigen erfolgt durch den SpD.
- Die Begrenzung der **Kontakte** und **Beziehungen** auf die **Psychiatrieszene** ist in einem Fall ein Ziel, welches über motivieren, aktivieren, informieren und ausprobieren erreicht und erhalten wird. Im anderen Fall ist es das Sprungbrett (mit Rückhalt im SpD), ohne Überforderung die Psychiatrieszene zu überschreiten oder ein vertrauter und überschaubarer Rahmen, wenn Beziehungen in der Normalität überfordern und scheitern.

c) **bei den nichtpsychiatrischen Hilfen**
Im Einzelfall können diese Dienste und Einrichtungen als Informationsquellen, Vermittler oder Anbieter für spezifische Kontaktmöglichkeiten miteinbezogen werden. Auch hier ist die Kenntnis der Ressourcen, Strukturen und Gegebenheiten vor Ort seitens des SpDs eine wichtige Voraussetzung, um die Hilfe einleiten und umsetzen zu können.

c) **bei den psychiatrischen Hilfen**
Wenn die Gelegenheiten zu Kontakten und Beziehungen im Umfeld und bei den nichtpsychiatrischen Hilfen ausgeschöpft, noch nicht oder nicht mehr möglich sind, werden die spezifischen psychiatrischen Hilfen herangezogen. So geht es z. B. um die Vermittlung in die tagesgestaltenden Hilfen oder in die stundenweisen Arbeitshilfen im SpD oder in die ambulante psychiatrische Pflege oder um die Vermittlung in eine Wohngruppe etc. Mit der Nutzung dieser Hilfen können in einem Schonraum des gesellschaftlichen Alltags behutsam Kontakte geknüpft, Isolierung und Beziehungslosigkeit vorsichtig aufgebrochen oder zumindest in Frage gestellt oder schrittweise aus einer symbiotischen Familienbeziehung herausgetreten werden. Oder es erfolgt die Vermittlung in einen Kontaktclub für psychisch kranke Menschen, der von ehrenamtlich Tätigen organisiert und geleitet wird. Dort können Kontakte geknüpft werden. Dadurch kann gleichzeitig zur Strukturierung der Zeit beigetragen werden. In weiter vorangeschrittenen Einzelfällen wird versucht, zur Teilnahme an den Aktivitäten des Verbandes der Psychiatrieerfahrenen zu motivieren, u. a. mit dem Ziel, private und soziale Kontakte zu knüpfen.

Kooperation und Vernetzung der Hilfen

Auch in diesem Feld gehören Kooperation und Vernetzung der Hilfen und Angebote zu einem zentralen Bestandteil des Handlungsrepertoires eines SpDs. Sie sind stufenunabhängig und treffen im Einzelfall sowohl bei jenen Betroffenen genauso zu, die völlig isoliert leben und z. B. nur einen ehrenamtlich Tätigen akzeptieren, wie bei den Personen, die einen Verein aufsuchen und der SpD dabei die Rolle der Vermittlung, Beratung, des Ausgleichs unterschiedlicher Interessen und der Koordination dieser und weiterer Angebote und Hilfen übernimmt.

9.1.6. Handlungsregeln für die Fortsetzung, Pausierung oder Beendigung des Kontaktes zwischen SpD und Betroffenen (8.10.)

Die **Ziele des Handelns** finden sich in den weiter unten beschriebenen Optionen (Punkte 1–6) wieder. Wie in den »Anfrage- und Anfangssituationen« (9.1.1.) besteht in der Kategorie »Fortsetzung, Pausierung oder Beendigung des Kontaktes und der Betreuung« eine ähnliche Interventionshierarchie. Diese meint eine stringente, logisch aufeinander aufbauende Abfolge von Handlungsschritten. Dabei erfolgt der jeweils nächste Schritt, wenn der vorgehende nicht mehr realisiert werden kann oder muss. Die Hierarchie der Handlungsschritte beginnt beim maximal möglichen eigenverantwortlichen Handeln und endet bei der Übernahme der Verantwortung durch den SpD, im Einzelfall gegen den Willen des/der Betroffenen.

Die aufeinander folgenden Optionen und Handlungsschritte hinsichtlich »Fortsetzung, Pausierung oder Beendigung des Kontaktes« sehen wie folgt aus:

1. Die Fortsetzung der Betreuung geschieht in beidseitigem Einvernehmen. Ziele, Hilfeplanung und ihre Umsetzung werden partnerschaftlich und kooperativ ausgehandelt, vereinbart und umgesetzt.
2. Eine zeitlich begrenzte Unterbrechung der Betreuung (Pausierung) erfolgt in beidseitigem Einvernehmen. Dafür werden Vorkehrungen, Absprachen und Vorsichtsmaßnahmen zur spontanen oder geplanten Wiederaufnahme des Kontaktes gemeinsam vereinbart.
3. Eine zeitlich unbefristete Beendigung der Betreuung erfolgt in beidseitigem Einvernehmen. Absprachen und Vorsichtsmaßnahmen werden gemeinsam mit den Betroffenen und dem nichtprofessionellen und professionellen Umfeld erarbeitet, festgehalten und vereinbart.
4. Die Fortsetzung der Betreuung wird einseitig vom SpD durchgesetzt. Vorerfahrungen und die aktuelle Lebenslage in Verbindung mit zu erwartenden negativen Folgen erfordern eine einseitige Durchsetzung, die vom Betroffenen eher aufgrund äußerer Faktoren (fehlende Alternativen) als aus innerer Überzeugung akzeptiert wird. Ziel des Handelns bleibt, zu einer innengeleiteten Akzeptanz des Kontaktes bei den Betroffenen zu gelangen. Wenn dies nicht gelingt, ist immer wieder zu prüfen und abzuwägen, ob eine Pausierung oder Beendigung verantwortet werden kann.
5. Eine zeitlich befristete Beendigung (Pausierung) wird vom SpD als Reaktion auf das Verhalten des/der Betroffenen akzeptiert. Damit soll einer einseitig von den Betroffenen ausgehenden Beendigung entgegengewirkt bzw. zuvorgekommen werden. Die Begründung dafür ist z. B. eine (wieder-)entstehende Selbst- oder

Fremdgefährdung, wie dies zuvor des Öfteren schon der Fall gewesen ist. Absprachen mit dem/der Betroffenen und dem Umfeld werden offen und eindeutig verhandelt. Es wird vereinbart, wer was tut, falls sich die Lage (wieder) in Richtung Selbst- oder Fremdgefährdung bewegen sollte.
6. Eine von den Betroffenen einseitig vollzogene Beendigung der Betreuung, die zumindest zum Zeitpunkt des Abbruchs von den Betroffenen i. d. R. als zeitlich unbefristet betrachtet wird, muss vom SpD zunächst akzeptiert werden. Es gilt hier das gleiche Vorgehen wie bei Punkt 5. Falls die Beendigung vom SpD aufgrund bestehender Selbst- oder Fremdgefährdung nicht mehr akzeptiert werden kann, ist das weitere Vorgehen mit dem Amt für öffentliche Ordnung abzuklären. Der/die Betroffene wird über das Vorgehen informiert und wenn irgend möglich miteinbezogen. Dies ist immer mit dem Ziel verbunden, eine freiwillig akzeptierte Wiederaufnahme des Kontaktes und der Betreuung durch den SpD zu erreichen.

Die Ablehnung oder der Abbruch des Kontaktes durch die Betroffenen tritt in der Arbeit des SpDs eher selten auf. In der großen Mehrzahl der Fälle wird gemeinsam eine Entscheidung zur Fortsetzung oder Beendigung getroffen und vereinbart. Da sich ein SpD mit Versorgungsverpflichtung im Falle des Betreuungsabbruchs nicht der Verantwortung entziehen kann, gehört der Umgang damit zu seinem Handlungsrepertoire. Analog zum Verlauf der oben genannten Optionen geht die Abnahme von Autonomie und Freiwilligkeit für die Betroffenen mit weniger gemeinsam getroffenen Entscheidungen einher. Das Handeln des SpDs ist dann eher direkt, bestimmend und er übernimmt mehr Verantwortung. Autonomie und Freiwilligkeit erreichen hingegen i. d. R. dann einen relativ hohen Grad, wenn Entscheidungen gemeinsam ausgehandelt und getroffen werden.

Allerdings kann auch die einseitig vorgenommene Beendigung der Betreuung durch die Betroffenen mit der Aufrechterhaltung von Autonomie und Freiwilligkeit einhergehen. Dies gilt auch dann, wenn die Beendigung vom SpD aufgrund des bestehenden Hilfebedarfs nur schwer akzeptiert und verantwortet werden kann.

Die Hilfeformen gestalten sich wie folgt:

Beratende Gespräche
Sie reichen von non-direktiv, einfühlsam und empathisch bis zu direktivem, bestimmendem, einschränkendem und eingrenzendem Vorgehen. Die letztgenannte Position und Haltung des SpDs tritt umso mehr in Vordergrund, je geringer die Compliance bei den Betroffenen ausgeprägt ist. Sie geht einher mit dem Aufzeigen bestehender Grenzen und der Handlungsschritte des SpDs mit den möglichen Konsequenzen, die daraus folgen. Bei vehementer Ablehnung und dem Abbruch des Kontaktes sind keine beratenden Gespräche mehr möglich.

Sozialanwaltliche Hilfen
In diesem Feld ist kaum noch ein Handeln erforderlich, abgesehen von »instrumentellem Handeln«, um einen einseitigen Kontaktabbruch vermeiden zu können. Jedoch geht es dabei nicht um verwöhnende, einseitige Zugeständnisse, um den Kontakt aufrechtzuerhalten. Diese Handlungsvariante wird nur vereinzelt und gezielt eingesetzt.

Alltagspraktische Hilfen
Hier gelten die gleichen Schlussfolgerungen wie bei den sozialanwaltlichen Hilfen.

Nutzung von Ressourcen
a) **bei den Betroffenen**
Suchen, aktivieren und erweitern der Ressourcen ist bei der Beendigung eines Kontaktes von wesentlicher Bedeutung. Die Betroffenen sollen ihre Ressourcen kennen, um sie einschätzen, bewerten, nutzen und anwenden zu können. Es ist von Seiten des SpDs zu prüfen und abzuwägen, ob die vorhandenen Ressourcen des/der Betroffenen ohne professionelle Hilfe zur Bewältigung des Alltags ausreichen und Defizite damit kompensiert werden können.

b) **bei den Angehörigen und dem sozialen Umfeld**
Die Begleitung, Beratung und Unterstützung der Angehörigen sowie des weiteren Umfeldes mit den jeweiligen Ressourcen im Umgang mit den Betroffenen steht hier im Vordergrund der Arbeit des SpDs. Es sind Absprachen und Vereinbarungen zu treffen, in welchen Situationen und ab wann sich Angehörige oder das Umfeld an den SpD wenden. Dies gilt vor allem dann, wenn äußerst kritische Vorerfahrungen vorliegen. Das Vorgehen erfolgt in Rücksprache mit den Betroffenen und ihrer Zustimmung. Falls der/die Betroffene nicht zustimmt, muss er/sie zumindest darüber informiert werden, wenn die Situation vom SpD, so wie sie ist, nicht mehr verantwortet und belassen werden kann.

c) **bei den nichtpsychiatrischen Hilfen**
Hier gelten die analogen Vorgehensweisen wie unter Punkt b. Jedoch können professionelle Hilfen mit ihren Ressourcen und Möglichkeiten im Unterschied zu den Angehörigen oder dem Umfeld zur Zusammenarbeit verpflichtet werden.

d) **bei den psychiatrischen Hilfen**
Hier gilt das Gleiche wie bei den nichtpsychiatrischen Hilfen. Psychiatrische Dienste und Einrichtungen können jedoch aufgrund der Zuständigkeit für den Personenkreis der chronisch psychisch kranken Menschen noch verbindlicher als nichtpsychiatrische Hilfen in die Pflicht genommen werden (Versorgungsverpflichtung). Bei einseitiger Beendigung der Betreuung durch die Betroffenen ist anzustreben, dass es noch eine professionelle oder auch nichtprofessionelle Stelle oder Person gibt, die noch Zugang zum/zur Betroffenen hat.

Kooperation und Vernetzung der Hilfen
Alle Stufen und Optionen erfordern eine enge und verbindlich geregelte Zusammenarbeit mit den jeweils erforderlichen Personen, Stellen, Einrichtungen und Diensten. Selbstverständlich ist der/die Betroffene miteinzubeziehen, zumindest jedoch über die Kooperation mit anderen Personen und Stellen zu informieren. Wenn der/die Betroffene die Kooperation untersagt, jedoch Selbst- oder Fremdgefährdung besteht, die Information oder Miteinbeziehung nicht möglich ist und die Lage sich verschlimmert, muss aus Fürsorgepflicht im Einzelfall trotzdem kooperiert und gehandelt werden.

9.2. Übergreifende Handlungsweisen und Haltungen

Sowohl über die verschiedenen Stufen (Typologien) innerhalb der einzelnen Kategorien als auch über die Kategorien hinweg können allgemeine Handlungsweisen und Haltungen in der Arbeit des SpDs festgehalten werden, die für das alltagsorientierte, sozialpsychiatrische Handeln bestimmend und richtungsweisend sind. Dabei handelt es sich um verallgemeinernde Schlussfolgerungen, die sich aus den Fallerörterungen, ihren methodischen Schlussfolgerungen und den in den vorherigen Abschnitten formulierten Handlungsregeln ergeben.

Die Verhaltensweisen und Haltungen bewegen sich auf Kontinuen, an deren gegenüberliegendem Ende sich die Positionen jeweils gegenüberstehen (können). Diese reichen von weitgehender Selbstständigkeit und eigenverantwortlichem Handeln der Betroffenen bis zu weitgehender Einschränkung und Eingrenzung der Autonomie durch den SpD, indem dieser in seinem Handeln die Verantwortung für die jeweilige Situation übernimmt.

Offenheit, Flexibilität, Klarheit, Eindeutigkeit und Transparenz gelten übergreifend als Haltung und für das Handeln in allen Handlungsfeldern gleichermaßen. Dagegen kann nur »verstoßen« werden, wenn aufgrund akuter Selbst- oder Fremdgefährdung die Fürsorgepflicht das Handeln bestimmt und der/die Betroffene nicht mehr informiert werden kann. Damit geht einher die Verdeutlichung und Vermittlung der Doppelfunktion von Hilfe und Kontrolle, von institutionellem Kontakt und menschlicher Beziehung, von Öffentlichem und Privatem (**Doppelfunktion von Hilfe und Kontrolle**).

Das **Individuum** steht im Zentrum des Handelns:

Dies bedeutet Wahrung von Respekt und Achtung seiner Würde gegenüber den Betroffenen und dem Umfeld auch in schwierigsten Situationen.

aber auch: Kontinuierliche und enge Miteinbeziehung des Umfeldes sowie professioneller Dienste und Einrichtungen: Dies bedeutet, Ressourcen zu erschließen, aufrechtzuerhalten und zu vernetzen sowie Zusammenarbeit und Koordination **(Vernetzung und Kooperation, Casemanagement)**.

Verantwortung so weit wie möglich bei den Betroffenen belassen: Dies bedeutet, immer wieder Kompromisse auszuhandeln und im Einzelfall wieder von neuem zu beginnen **(verhandeln statt behandeln)**.

aber auch: Klare und eindeutige Übernahme von Verantwortung, falls Selbst- oder Fremdgefährdung vorliegt oder nicht mehr ausgeschlossen werden kann **(Grenzen partnerschaftlichen Aushandelns)**.

Die Realität des/der Betroffenen und wie er/sie diese wahrnimmt, deutet und interpretiert, ist »seine/ihre Realität«, die nicht als Ausdruck der Krankheit oder als pathologisch ausgeredet oder abgewertet wird. Sie ist seine/ihre Wahrnehmung und hat für ihn/sie Gültigkeit. Dies ist ihm/ihr gegenüber auch so zu vermitteln und zu bestätigen. Die Förderung des eigenverantwortlichen Umgangs mit der psychischen Erkrankung basiert auf dieser Vorgabe und beinhaltet, sich auf das Gegenüber mit professioneller Distanz und Eindeutigkeit einzulassen **(Subjektorientierung)**.

aber auch: Klarheit und Eindeutigkeit herstellen: Wir haben eine andere Wahrnehmung und teilen dies den Betroffenen so mit. Sowohl die eigene Haltung und Meinung ruhig, offen und sachlich einbringen als auch das Zeigen von Gefühlen gehören zum Ernstnehmen des Gegenüber. Sachlichkeit und Neutralität allein würden erneut zur Objektivierung der Betroffenen führen. Dies bedeutet keine einseitige Parteinnahme **(kritische Solidarität)**.

Beobachten, zuhören, »geduldiges Mitgehen«, verstehen lernen und empathisch vorgehen: Dies bedeutet, die gesamte Situation und den ganzen Menschen im Blick zu haben und entsprechend zu handeln **(Ganzheitlichkeit, Feststellung des Hilfebedarfs und Planung der Hilfen)**.

aber auch: Zeitliche, räumliche und situative Grenzen setzen und durchsetzen **(Wahren von Gegenseitigkeit)**.

(Wieder-)Herstellung und Sicherstellung der materiellen Existenzgrundlage – im Einzelfall Überwindung lebensbedrohender Zustände – und damit der »gesell-

aber auch: Keine undifferenzierte, einseitige und vorschnelle Vergabe von materiellen und sozialen Ressourcen. Das Recht des Anspruchs darauf geht einher mit dem Einüben von realitätsbezogenen Umgangsfor-

schaftlichen Vertragsfähigkeit« **(Sozialanwaltliche Tätigkeiten und alltagspraktische Hilfen)**.

men mit Geld, Wohnung, Wohnungseinrichtung etc. **(Realitäts- und alltagsorientierter Umgang mit den materiellen Voraussetzungen und Rahmenbedingungen)**.

Intensive Aufmerksamkeit, Sorgfalt und Ernsthaftigkeit dem Gegenüber als Subjekt und seiner Umgebung entgegenbringen;
Gestaltung einer offenen, positiven und die Beziehung fördernde Atmosphäre;
Verhältnis von Nähe und Distanz immer wieder neu bestimmen;
Inhalte der Symptome nachvollziehen und verstehen lernen, d. h. Zusammenhänge herstellen in Verbindung mit der Aufarbeitung von biografischen Begebenheiten. Dies bedeutet respektvolles, den Menschen in seiner Würde anerkennendes und Vorgehen **(Verstehen und Entstehen von Vertrauen)**.

aber auch: Alltagsorientierung und -strukturierung grenzen eine unkontrollierte und schwer steuerbare Assoziation ein **(strukturierte Offenheit)**. Zum Beispiel ist im Notfall schnelles und umgehendes Handeln, d. h. ein aktives Eingreifen erforderlich, u. U. auch gegen den Willen der Betroffenen. Im Extremfall kann dies mit der Einleitung und Durchführung einer Zwangseinweisung mit dem Amt für öffentliche Ordnung einhergehen.

Ermuntern, fördern und animieren. Dies geht einher mit suchen und aktivieren von Ressourcen und Fähigkeiten sowie deren Unterstützung und dem Anknüpfen an den jeweiligen Möglichkeiten **(Flexibilität, Offenheit und Ressourcenorientierung)**.

aber auch: Nichtveränderung akzeptieren, Stagnation aushalten und Geduld für die Situation entwickeln. Dies bedeutet auch, Defizite und Beeinträchtigungen festzustellen und zu bearbeiten, damit Überforderungen vermieden werden können. Der Umgang mit den pathologischen, defizitären Anteilen kann nicht vernachlässigt werden, wenn auch Ressourcenorientierung eindeutig Vorrang hat (»**Politik der kleinen Schritte**«).

9.3. Schaubild: Alltagsorientiertes, sozialpsychiatrisches Handeln im gesellschaftlichen Kontext

Alltags- und lebensweltorientierte Begleitung, Betreuung und Unterstützung

Haltung und Menschenbild
(Ganzes) Individuum in seiner Lebenswelt

Gesundheits-/Krankheitsbegriff
Zusammenwirken von bio-psycho-sozialen Faktoren in Verbindung mit erhöhter Vulnerabilität

Strukturen
Ambulante psychiatrische Dienste und Einrichtungen im Gemeinwesen und für die verschiedenen Lebensfelder in enger Vernetzung mit der Aufgabe der regionalen Versorgungsverpflichtung (Gemeindepsychiatrischer Verbund)

Gesellschaftliche Dimension
- Ausweitung der Grenzen der Normalität
- Gesellschaftliches Mandat von Hilfe und Kontrolle
- Lebensqualität und Partizipation im Gemeinwesen als kulturelle Aufgabe

Methodisches Handeln
- Kontaktanbahnung und Vertrauensbeziehung
- Flexibilität und strukturierte Offenheit
- Ressourcenorientierung, ohne Defizite zu vernachlässigen
- Kontinuum von minimaler Selbständigkeit bis zum eigenverantwortlichen Handeln gestalten
- Strukturieren und organisieren, einmischen, (er-) finden von Gelegenheiten
- Beobachten, verstehen, einschätzen mit Zuversicht und Geduld
- Grenzen setzen, wahren von Gegenseitigkeit, Umgang mit Doppelfunktion von Hilfe und Kontrolle
- Absicherung existentieller Grundlagen: Materielle Lage, Wohnen, Tätigsein, Beziehungen, Umgang mit der psychischen Erkrankung

Individuelle Lebenslage

Allgemeine Lebenslagen (Alltag und Lebenswelt)

Gesellschaftliche Rahmenbedingungen
Ökonomische, politische u. kulturelle Bedingungen

Schwierige und unzulängliche Lebenslagen/-bedingungen

Individuelle Bedingungen
Somatisch-genetische Voraussetzungen
Intra- u. innerpsychische Ausgangslage
Materielle, soziale, interaktionelle und kommunikative Bedingungen

(Chronisch) psychisch kranker Mensch mit unzulänglichen Bewältigungsmustern zur Erledigung der Alltagsaufgaben in seiner Lebenswelt

Wirkung und Ergebnis der Hilfen
- Verbleib und Partizipation im Gemeinwesen
- Förderung und Stabilisierung der gesellschaftlichen Vertragsfähigkeit in den verschiedenen Lebensfeldern
- Förderung von Lebensqualität
- Adäquatere Bewältigungsmuster für den Alltag und im Umgang mit der psychischen Erkrankung (gelingender Alltag)
- Förderung der Handlungskompetenz

E Anhang

10. Literatur

Arbeitsamtbezirk Stuttgart: Informationen. Stuttgart 3/1999
ARMBRUSTER, J./OBERT, K.: Riforma psichiatrica in una città della BRD. In: fogli di informazione. Pistoia, März 1985, S. 34–45
ARMBRUSTER, J./FAHR, S./HOHLOCH, F./ OBERT, K.: Zwischen Sozialtechnologie und Entinstitutionalisierung – Prävention in der Sozialpsychiatrie. In: Widersprüche – Zeitschrift für sozialistische Politik im Bildungs-, Gesundheits- und Sozialbereich. Heft 25/1987, S. 33–42
ARMBRUSTER, J./OBERT, K.: Esperienze di psichiatria ambulatoriale sul territorio di Stoccarda. In: fogli di informazione. Pistoia, Dezember 1988, S. 41–50
ARBTER, P./ARMBRUSTER, J./BAUR, J./DROST, J./MENZLER-FRÖHLICH, K.-H./REIN, G.: Entwicklung von Lebensläufen bei BewohnerInnen der Wohngemeinschaften des Sozialpsychiatrischen Dienstes Stuttgart-Freiberg – Auswertung einer Untersuchung. Unveröffentlichtes Manuskript 1993
ARMBRUSTER, J./BEUTEL, H./ OBERT, K.: Soziale Marktwirtschaft in der Psychiatrie? In: Kerbe – Fachzeitschrift der Sozialpsychiatrie. Stuttgart 1/1994, S. 6–9
ARMBRUSTER, J./BEUTEL, H./OBERT, K.: Der Mensch als Mittelpunkt der Qualitätssicherung Sozialpsychiatrischer Dienste. In: Kerbe – Fachzeitschrift der Sozialpsychiatrie. 3/1994, S. 21–24
ARMBRUSTER, J./ MÖHRLE, R./ OBERT, K.: Der Gemeindepsychiatrische Verbund. In: Kerbe – Die Fachzeitschrift der Sozialpsychiatrie. Stuttgart 1997, S. 11–14
ARMBRUSTER, J.: Praxisreflexion und Selbstevaluation in der Sozialpsychiatrie. Freiburg im Breisgau 1998
AYME J.: Die institutionelle Psychotherapie – Geschichte, Entwicklung und Gegenwart. In: KRISOR M. (Hrsg.): Dem Menschen begegnen – Zur Wiederentdeckung des Subjekts in der Psychiatrie. Regensburg 1994, S. 31–52
BASAGLIA. F.: Die negierte Institution oder die Gemeinschaft der Ausgeschlossenen. Frankfurt/M. 1973
BASAGLIA, F.: Interventi. In: ONNIS, L./LO RUSSO, G.: Dove va la psichiatria. Mailand 1980, S. 37 ff.
BASAGLIA, F./GIANNICHEDDA, M.G.: Die Transformation der Psychiatrie. In: SIMON, T. (Hrsg.): Absage an die Anstalt: Programm und Realität der demokratischen Psychiatrie in Italien. Frankfurt/M./New York 1980, S. 23–42
BASAGLIA, F./ONGARO-BASAGLIA, F. (Hrsg.): Befriedungsverbrechen – Über die Dienstbarkeit der Intellektuellen. Frankfurt/M. 1980
BASAGLIA, F.: scritti 1 und 2 (a cura di Ongaro-Basaglia, F.). Turin 1981
BASAGLIA, F.: Als Einleitung ein Gespräch mit Franco Basaglia. In: ZEHENTBAUER, J.: Die Auflösung der Irrenhäuser oder: Die neue Psychiatrie in Italien. München 1983, S. 9–22
BASAGLIA-ONGARO, F.: Gesundheit – Krankheit. Das Elend der Medizin. Frankfurt/M. 1985
BAUER, M./BERGER, H.: Kommunale Psychiatrie auf dem Prüfstand. Stuttgart 1988
BAUMANN, K./LÜRßEN, M.: Lebensraum Familie – Situation von Angehörigen. In: BOCK, T./ WEIGAND, H. (Hrsg.): Hand-werks-buch Psychiatrie. Bonn 1991, S. 173–195
BENNETT, D.: Netzwerke und kommunale psychiatrische Versorgung. In: KRISOR, M. (Hrsg.): Dem Menschen begegnen – Zur Wiederentdeckung des Subjekts in der Psychiatrie. Regensburg 1994, S. 53–69

BEUTEL, H./KNÄPPLE, A.: Mehr Ökonomisierung: Chance für die Sozialpsychiatrie. In: Kerbe – Fachzeitschrift der Sozialpsychiatrie. 3/1993, S. 5–8
BINNEBERG, K.: Pädagogische Fallstudien. In: Zeitschrift für Pädagogik. 1979, S. 395–402
BLASIUS, D.: Der verwaltete Wahnsinn – Eine Sozialgeschichte des Irrenhauses. Frankfurt/M. 1980
BLOCH, E.: Das Prinzip Hoffnung, Band 1. Frankfurt/M. 1959
BÖHNISCH, L./SCHEFOLD, W.: Lebensbewältigung. Weinheim und München 1985
BÖHNISCH, L.: Gespaltene Normalität – Lebensbewältigung und Sozialpädagogik an den Grenzen der Wohlfahrtsgesellschaft. Weinheim und München 1994
BRILL, K.E.: Grundrecht Wohnen : »Ein Bett ist keine Wohnung.« In: BOCK, T./WEIGAND, H. (Hrsg.): Hand-werks-buch Psychiatrie. Bonn 1991, S. 101–132
Bundesministerium für Jugend, Familie und Gesundheit: Bericht über die Lage der Psychiatrie in der Bundesrepublik Deutschland – Zur psychiatrischen und psychotherapeutisch/psychosomatischen Versorgung der Bevölkerung. Bonn 1975
Bundesminister für Jugend, Familie, Frauen und Gesundheit: Empfehlungen der Expertenkommission der Bundesregierung zur Reform der Versorgung im psychiatrischen und psychotherapeutisch/psychosomatischen Bereich. Bonn 1988
Bundesminister für Jugend, Familie, Frauen und Gesundheit: Achter Jugendbericht – Bericht über Bestrebungen und Leistungen der Jugendhilfe. Bonn, 1990
Bundesminister für Gesundheit (Hrsg.): Die psychiatrische Versorgung chronisch psychisch Kranker – Daten, Fakten, Analysen. Baden Baden 1996
Bundesministerium für Gesundheit (Hrsg.): Von institutions- zu personenzentrierten Hilfen in der psychiatrischen Versorgung. Band I: Bericht zum Forschungsprojekt des Bundesministeriums für Gesundheit »Personalbemessung im komplementären Bereich der psychiatrischen Versorgung«. Baden-Baden 1999
Bundesministerium für Gesundheit (Hrsg.): Ambulante Soziotherapie: Evaluation und analytische Auswertung des Modellprojektes »Ambulante Rehabilitation psychisch Kranker« der Spitzenverbände der gesetzlichen Krankenkassen (Band 115). Baden Baden 1999
CAPLAN, G.: Principles of Preventive Psychiatry. Basic books. New York 1964
Caritasverband f. Stuttgart e.V./Evangelische Gesellschaft Stuttgart e.V./Gesundheitsamt der Stadt Stuttgart: Jahresberichte der Sozialpsychiatrischen Dienste/Gemeindepsychiatrische Hilfen von 1986–1998. (Beim Verfasser erhältlich)
CASTEL, R.: Die psychiatrische Ordnung. Frankfurt/M. 1979
CIOMPI, L.: Affektlogik. Stuttgart 1982
CIOMPI, L.: Moderne Sozial- und Gemeindepsychiatrie – Aktuelle in- und ausländische Nutzen-Kosten-Untersuchungen. In: Neue Züricher Zeitung, 22./23.11.1992
CIOMPI, L.: Sozialpsychiatrie heute – was ist das? Versuch einer Klärung. In: FINZEN, A./ HOFFMANN-RICHTER, U. (Hrsg.): Was ist Sozialpsychiatrie? Bonn 1995, S. 203–218
CREPET, P./DE PLATO, G./ DE SALVIA, D./GIANNICHEDDA, M.G. (Hrsg.): Fra regole e utopia. Rom 1982
CREPET, P./PROSPERI, L.: Ipotesi die Pericolosità. Rom 1982
DAUWALDER, J.P./CIOMPI, L.: Cost-effectiveness over ten years. A study of community-based social psychiatric care in the eighties. In: Zeitschrift: Social Psychiatric Epidemiology 30, 1995, S. 171–184
DE LEONARDIS, O.: Dopo il Manicomio – L' esperienza psichiatrica di Arezzo. Rom 1981
DE SALVIA, D./CREPET, P. (Hrsg.): Psichiatria senza manicomio. Mailand 1982
DE SALVIA, D.: Epidemiologia della deistituzionalizzazione in Italia. In: DEBERNARDI, A. (Hrsg.): Salute mentale – Pragmatica e Complessità. Triest 1992, S. 359–395
DELL' ACQUA, G.: Zwanzig Jahre nach Triest – Von der Kritik an den Institutionen der Psychiat-

rie zu den Institutionen der seelischen Gesundheit. In: Caritas Zeitschrift für Caritasarbeit und Caritaswissenschaft Heft 5, Mai 1996, S. 209–217

Deutscher Caritasverband: Arme unter uns. Der Deutsche Caritasverband bezieht Position. In: Caritas 93/1993, S. 441–471

Deutscher Caritasverband: Unser Standpunkt 17: Hilfe für psychisch Kranke und psychisch Behinderte. Freiburg im Breisgau Heft 4, Dezember 1995

DÖRNER, K./PLOG, U. (Hrsg.): Sozialpsychiatrie. Neuwied und Berlin 2. Auflage, 1973

DÖRNER, K.: Bürger und Irre. Frankfurt/M. 1975

DÖRNER, K./PLOG, U.: Irren ist menschlich – oder: Lehrbuch der Psychiatrie/Psychotherapie. Wunstorf 1978

DÖRNER, K./EGETMEYER, A./KOENING, K.: Freispruch der Familie. Bonn 1. Auflage 1982 und völlig neu bearb. Auflage 1986

DÖRNER, K.: Brief an Klaus Obert, 10.10.1989 (unveröffentlicht)

DÖRNER, K.: Tödliches Mitleid. Gütersloh 1990

DÖRNER K.: Mosaiksteine für ein Menschen- und Gesellschaftsbild. In: BOCK, T./WEIGAND, H. (Hrsg.): Hand-werks-buch Psychiatrie. Bonn 1991, S. 38–46

DÖRNER, K.: Vernichten oder begegnen. In: AXTMANN H./BERNAUER U. (Hrsg.): Was gilt der Mensch? Anfragen an Geschichte und Gegenwart der Psychiatrie. Freiburg 1991, S. 13–29

DÖRNER, K.: Aus leeren Kassen Kapital schlagen. In: Soziale Psychiatrie (Rundbrief der Deutschen Gesellschaft für soziale Psychiatrie); 3/1993, S. 22–27

DÖRNER, K. (Hrsg.): Ende der Veranstaltung – Anfänge der Chronisch-Kranken-Psychiatrie. Gütersloh 1998

DULZ, B./SCHNEIDER A.: Borderline Störungen: Theorie und Therapie. Stuttgart 1995

EIKELMANN, B.: Gemeindenahe Psychiatrie – Tagesklinik und komplementäre Einrichtungen. München; Wien/Baltimore 1991

ELGETI, H.: Rahmenbedingungen gemeindepsychiatrischer Reformen in Italien, Deutschland und Großbritannien. In: Sozialpsychiatrische Informationen 3/1998, S. 2–6

ENGELS, F.: Die Lage der arbeitenden Klasse in England. München 1973

Falken Lexikon: Das Wissen unserer Zeit. Niedernhausen/Ts. 1993

FICHTER, M./QUADFLIEG, N./KONIARCZYK, M./GREIFENHAGEN, A./WOLZ, J./KOEGEL, P./ WITTCHEN, H.-U.: Psychische Erkrankung bei obdachlosen Männern und Frauen in München. In: Psychiatrische Praxis – Zeitschrift für Psychiatrie und Psychotherapie. März/1999, S. 76–84

FINK, F.: Ein Verfahren als Grundlage für eine Leistungsvereinbarung nach § 93 Abs. 2 BSHG. In: Nachrichtendienst des Deutschen Vereins. 75/1995, S. 279–284

FINK, F.: Wege zu einer bedarfsgerechten Leistung und einem leistungsgerechten Preis in der Eingliederungshilfe. In: Caritas 99/1998 a, S. 226–234

FINK, F.: Fachlichkeit – ja, aber nur, wenn sie nicht(s) mehr kostet? In: Caritas 99/1998 b, S. 300–306

FINK, F.: Die Umsetzung der §§ 93 ff. BSHG und die sozialpolitischen Konsequenzen. In: Caritas 100/1999, S. 104–106

FINZEN, A./HOFFMANN-RICHTER, U. (Hrsg.): Was ist Sozialpsychiatrie? Bonn 1995

FINZEN, A.: Das Pinelsche Pendel – Die Dimension des Sozialen im Zeitalter der biologischen Psychiatrie. Bonn 1998

FLICK, U./KARDORFF, E.v./KEUPP, H./ROSENSTIEL, L.v./WOLFF, S.: Handbuch qualitative Sozialforschung: Grundlagen, Konzepte, Methoden und Anwendungen. Weinheim 1995

FOUCAULT, M.: Wahnsinn und Gesellschaft. Frankfurt/M. 2. Auflage 1977

GALLIO, G./GIANNICHEDDA, M.G./DE LEONARDIS, O./MAURI, D.: La libertà è terapeutica? L'esperienza psichiatrica di Trieste. Mailand 1983

GOFMAN, E.: Asyle – Über die soziale Situation psychiatrischer Patienten und anderer Insassen. Frankfurt/M. Erste Auflage 1973

GÖPFERT-DIVIVIER, W.: Ambulante Pflege für psychisch kranke Menschen: Pilotphase der Sonderpflegedienste Bad Cannstatt und Reutlingen – Abschlussbericht der Wissenschaftlichen Begleitung. Saarbrücken und Stuttgart 1998

GRAWE, K./DONATI, R./BERNAUER, F.: Psychotherapie im Wandel – Von der Konfession zur Profession. Göttingen 1994

GREVE, N.: Vorstellung des Fachausschuss Psychotherapie in der DGSP. In: Soziale Psychiatrie (Rundbrief der Deutschen Gesellschaft für soziale Psychiatrie). 3/1997, S. 46–47

GROMANN – RICHTER, P. (Hrsg.): Was heißt hier Auflösung? Die Schließung der Klinik Blankenburg. Bonn 1991

HABERMAS, J.: Erkenntnis und Interesse. Frankfurt/M. 1968

HABERMAS, J.: Zur Logik der Sozialwissenschaften. Frankfurt/M. 1970

HABERMAS, J.: Der philosophische Diskurs der Moderne. Frankfurt/M. 4. Auflage 1993

HABERMAS, J.: Theorie des kommunikativen Handelns. Band 1 und 2. Frankfurt/M. Erste Auflage 1995

HARTUNG, K.: Die neuen Kleider der Psychiatrie – Vom antiinstitutionellen Kampf zum Kleinkrieg gegen die Misere – Berichte aus Triest. Berlin 1980

HASELBECK, H./MACHLEIDT W./STOFFELS, H./TROSTDORF, D.: Psychiatrie in Hannover – Strukturwandel und therapeutische Praxis in einem gemeindenahen Versorgungssystem. Stuttgart 1987

HELLER, A.: Theorie der Bedürfnisse bei Marx. Westberlin 1976

HELLER, A.: Das Alltagsleben – Versuch einer Erklärung der individuellen Reproduktion (herausgegeben von H. Joas). Frankfurt/M. Zweite Auflage 1981

HOFFMANN-RICHTER, U.: Sozialpsychiatrie – Spezialdisziplin oder Sichtweise? In: FINZEN, A./ HOFFMANN-RICHTER, U.: Was ist Sozialpsychiatrie? Bonn 1995, S. 11–28

HONNETH, A.: Kritik der Macht – Reflexionsstufen einer kritischen Gesellschaftstheorie. Frankfurt/M. 1989

HONNETH, A.: Die zerrissene Welt des Sozialen – Sozialphilosophische Aufsätze. Frankfurt/M. 1990, S. 37–44

HONNETH, A.: Desintegration – Bruchstücke einer soziologischen Zeitdiagnose. Frankfurt/M. 1994

HORKHEIMER, M./ADORNO, T.W.: Dialektik der Aufklärung. Frankfurt, 1971

HORKHEIMER, M.: Traditionelle und kritische Theorie – Fünf Aufsätze. Frankfurt/M. 1992

HUBSCHMIDT, T.: Die Rolle Angehöriger in der Behandlung. In: Psychosoziale Umschau 6/ 1991, S. 25–28

Institut für kommunale Psychiatrie (Hrsg.): Auf die Straße entlassen – obdachlos und psychisch krank. Bonn 1996

JAKOB, G./WENSIERSKI, H.J.v. (Hrsg.): Rekonstruktive Sozialpädagogik – Konzepte und Methoden sozialpädagogischen Verstehens in Forschung und Praxis. Weinheim und München 1997

JONTZA, T.: Sozialpsychiatrie in Frankreich. In: Gesundheitswesen 59/1997, S. 726–729

KARDORFF, E.v.(Hrsg.): Das Modellprogramm und die Folgen – Die Psychiatrie auf Reformkurs? Rehburg-Loccum 1985

KAUDER, V. (Aktion Psychisch Kranke; Hrsg.).: Personenzentrierte Hilfen in der psychiatrischen Versorgung. Psychosoziale Arbeitshilfen, Heft 11 Bonn, 1997

KELLER, Th. (Hrsg.): Sozialpsychiatrie und systemisches Denken. Bonn 1988

KONRAD, M./SCHMIDT, P.O.(Hrsg.): Psychiatrische Familienpflege – Geschichte, Praxis, Forschung. Bonn 1993

Kosik, K.: Die Dialektik des Konkreten – Eine Studie zur Problematik des Menschen und der Welt. Frankfurt/M., Erste Auflage 1986

Krieg, M./Widmann, I.: Im Spannungsfeld von asylärer Logik und dem Versuch ihrer Überwindung – Der Ambulante Sozialpsychiatrische Dienst für Stuttgart-Süd und Kaltental. Unveröffentlichte Diplomarbeit an der Evangelischen Fachhochschule für Sozialwesen in Reutlingen 1986

Krisor, M.: Auf dem Weg zur gewaltfreien Psychiatrie – Das Herner Modell im Gespräch. Bonn 1992

Krisor, M.(Hrsg.): Dem Menschen begegnen – Zur Wiederentdeckung des Subjektes in der Psychiatrie. Regensburg 1994

Krisor, M./Pfannkuch, H. (Hrsg.): Was du nicht willst, das man dir tut ... Gemeindepsychiatrie unter ethischen Aspekten. Regensburg 1997

Kuhlenkampf, C.: In: Finzen, A.: Das Pinelsche Pendel – Die Dimension des Sozialen im Zeitalter der biologischen Psychiatrie. Bonn 1998, S. 66

L' Espresso: I matti. Nella storia. Nell' Italia di oggi. Nelle case. Nelle cure. Nelle scandali ... Dossier sulla chiusura dei manicomi. In: L' Espresso, 14.11.1996

Lamnek, S.: Qualitative Sozialforschung. (Band 1 und 2) Weinheim 3. korrigierte Auflage 1995

Landesarbeitskreis Psychiatrie: Leistungsprofil für die Sozialpsychiatrischen Dienste. Landesarbeitskreis Psychiatrie, 11.11.1992

Landeshauptstadt Stuttgart (Sozial- und Schulreferat, Gesundheitsreferat): Weiterführung und Ausbau des Ambulanten Sozialpsychiatrischen Dienstes. Gemeinderatsdrucksache Nr.: 338/1986

Landeshauptstadt Stuttgart (Gesundheitsreferat): Sozialpsychiatrischer Dienst in Stuttgart. Gemeinderatsdrucksache Nr.: 320/1989

Landeshauptstadt Stuttgart (Gesundheitsreferat): Kooperationsvertrag über den sozialpsychiatrischen Dienst in Stuttgart. Anlage 4 zur Gemeinderatsdrucksache Nr.: 320/1989

Landeshauptstadt Stuttgart (Referat Wirtschaft und Krankenhäuser): Unsere Krankenhäuser. Stuttgart 1990;1993;1995;1996

Lepenies, W.: Aufstieg und Fall der Intellektuellen in Europa. Frankfurt/M./New York 1992

Liga der Freien Wohlfahrtspflege in Baden-Württemberg: Auswertung der Jahresberichte 1996 und 1997 der Sozialpsychiatrischen Dienste in Baden-Württemberg. Stuttgart, September 1998

Meier, W.: Die Psychiatrie von Triest. Neumünster 1992

Ministerium für Arbeit, Gesundheit, Familie und Sozialordnung (Bad.-Württ., Hrsg.): Memorandum Psychiatrie – Stellungnahme des Landesarbeitskreises Psychiatrie zur Weiterentwicklung der psychiatrischen Versorgung in Baden-Württemberg. Stuttgart 1989

Ministerium für Arbeit, Gesundheit, Familie und Frauen (Bad.-Württ.): Sozialpsychiatrische Dienste in Baden-Württemberg – Errichtung, Finanzierung, Ergebnisse. Gesundheitspolitik 16, Stuttgart 1991

Ministerium für Arbeit, Gesundheit, Familien und Frauen (Bad.-Württ.): Richtlinien des Sozialministeriums für die Förderung von Sozialpsychiatrischen Diensten (RL-SpDs). 8.2.1991, Az.: 53–8660

Ministerium für Arbeit, Gesundheit und Sozialordnung (Bad.-Württ.): Psychiatrische Tageskliniken in Baden-Württemberg. Gesundheitspolitik 27, Stuttgart 1994

Ministerium für Arbeit, Gesundheit und Sozialordnung (Bad.-Württ.): Konzept für einen Gemeindepsychiatrischen Verbund. Stuttgart, 24.10.1994

Mosher, L.R./Burti, L.: Psychiatrie in der Gemeinde – Grundlagen und Praxis. Bonn 1992

Obert, K.: Verwalten oder abschieben – ein Plädoyer für einen menschlichen Umgang mit psychisch kranken Menschen. In: Materialien zur Wohnungslosenhilfe, Heft 18, 1992, S. 39–54

OBERT, K.: Psychiatrieentwicklung und Visionen aus Sicht des ambulanten Bereiches. In: Caritas – Zeitschrift für Caritasarbeit und Caritaswissenschaft. Freiburg Heft 5/Mai 1997, S. 206–209

OBERT, K.: Rückblick – Stand – Ausblick. In: Jahresbericht 1998 Sozialpsychiatrische Dienste/ Gemeindepsychiatrische Hilfen. Stuttgart 1999, S. 4

PIRELLA, A.: Sozialisation der Ausgeschlossenen – Praxis einer neuen Psychiatrie. Hamburg 1975

PIRELLA, A.: Ein schwieriger Weg – Zwanzig Jahre Psychiatriereform in Italien (1978-1998). In: Sozialpsychiatrische Informationen 3/1998, S. 22–28

Prognos (Hrsg.): Modellprogramm Psychiatrie – Finanzierung von Einrichtungen und Diensten. Stuttgart 1984

Psychiatriearbeitskreis Stuttgart: Leitlinien für den Gemeindepsychiatrischen Verbund. Stuttgart 30.11.1994

Psychiatriearbeitskreis Stuttgart: Protokoll vom 03.02.1999

Psychosoziale Umschau: Berichte von Psychiatrieerfahrenen. 4/1992, S. 4–21

RAUSCHENBACH, Th./ ORTMANN, F./KARSTEN, M.E.: Der sozialpädagogische Blick – Lebensweltorientierte Methoden in der Sozialen Arbeit. Weinheim und München 1993

REBELL, Ch.: Sozialpsychiatrie in der Industriegesellschaft – Arbeitsbedingungen, psychische Erkrankungen und psychiatrische Versorgung. Frankfurt/M./New York 1976

REDLICH, F.C./FREEDMAN, D.X.: Theorie und Praxis der Psychiatrie (Band 1 und 2). Frankfurt/ M., Erste Auflage 1976

Referat für Soziales, Jugend und Gesundheit (Gesundheitsamt): Gesundheitsberichterstattung: Bestandserhebung Gemeindepsychiatrischer Verbund. Stuttgart 1997

REPNIK, F.: In: Stuttgarter Nachrichten, 20.04.1999

RICHMOND, M.E.: What is Social Case Work ? New York 1922

RÖSSLER, W./HÄFNER, H./MARTINI, H./AN DER HEIDEN, W./Jung, E./Löffler, W.: Landesprogramm zur Weiterentwicklung der außerstationären psychiatrischen Versorgung Baden-Württemberg – Analyse, Konzepte, Erfahrungen. Weinheim 1987

RÖSSLER, W./LÖFFLER, W./FÄTKENHEUER, B./RIECHER-RÖSSLER, A.: Does casemanagement reduce the rehospitalization rate ? In: Acta Psychiatr. Scand. 1992; 86, S. 445–449

RÖSSLER, W.: Sozialpsychiatrische Dienste in der Bundesrepublik Deutschland – ein Überblick. In: Gesundheitswesen 54/1992 a, S. 19–24

RÖSSLER, W.: Soziale Rehabilitation Schizophrener: Modell sozialpsychiatrischer Dienst. Stuttgart 1993

RÖSSLER, W./SALIZE, H.J.: Die psychiatrische Versorgung chronisch psychisch Kranker. Schriftenreihe des Bundesministeriums für Gesundheit; Band 77 Baden Baden 1996

ROTELLI, F.: Von der schlechten Verwaltung der Armut. In: Simons, Th. (Hrsg.): Absage an die Anstalt. Frankfurt/M./New York 1980, S. 77–81

ROTELLI, F.: L 'istituzione inventata. In: La pratica terapeutica – Tra modello clinico e riproduzione sociale. Herausgeber: Società Triveneta di Psichiatria democratica e dell' Associazione culturale Basaglia di Trieste. Udine 1987, S. 7–12

ROTELLI, F.: Per la normalità. Triest 1994

RUPP, M.: Nofall Seele – Methodik und Praxis der ambulanten psychiatrisch-psychotherapeutischen Notfall- und Krisenintervention. Stuttgart/New York 1996

SALIZE, H.J./RÖSSLER, W./ REINHARD, I.: Kostenermittlung in einem fragmentierten Versorgungssystem. In: Gesundheitswesen 58/1996 Sonderheft, S. 10–17

SCHLEIERMACHER, F.: Die Vorlesungen aus dem Jahr 1826. Hg. VON WENIGER, E. /SCHULZE, T.: Pädagogische Schriften Band 1, Die Vorlesungen aus dem Jahr 1826. Düsseldorf/München 1966

SCHULTE, U./TÖLLE, R.: Psychiatrie. Berlin 1975
SCHÜTZ, A./LUCKMANN, Th.: Strukturen der Lebenswelt. Frankfurt/M., Erste Auflage 1979
SCHÜTZ, A.: Der sinnhafte Aufbau der sozialen Welt: Eine Einleitung in die verstehende Soziologie. Frankfurt/M., 6. Auflage 1993
SCHWEITZER, J./SCHUMACHER, B.: Die unendliche und endliche Psychiatrie. Heidelberg 1995
SCULL, A.T.: Die Anstalten öffnen – Decarceration der Irren und Häftlinge. Frankfurt/M./New York 1980
SENNETT, R.: Der charakterlose Kapitalismus. In: Die Zeit Nr. 49 26.11.1998
SIMON, F.B./WEBER, G.: Das Invalidenmodell der Sozialpsychiatrie. Oder: Wie man jemanden dazu bringt, kleine Schritte zu machen statt aufrecht zu gehen. In: KELLER, T.S.: Sozialpsychiatrie und systemisches Denken. Bonn 1988, S. 58–64
SIMON, F.B.: Über die Nützlichkeit der sozialpsychiatrischen Theoriearmut. In: Sozialpsychiatrische Informationen 4/1992, S. 2–7
SIMONS, Th. (Hrsg.): Absage an die Anstalt: Programm und Realität der demokratischen Psychiatrie in Italien. Frankfurt/M./New York 1980
Soziale Psychiatrie: – Rundbrief der Deutschen Gesellschaft für soziale Psychiatrie. Zeitschrift (erscheint vierteljährlich im Psychiatrie-Verlag Bonn)
Sozialhilfebericht für die Stadt Stuttgart: Soziale Ungleichheit und Armut: Allgemeine Bestandsaufnahme und Diskussionsgrundlage für die weitere Arbeit. Stuttgart (Sozial- und Schulreferat) 1990
Sozialistisches Patientenkollektiv: Aus der Krankheit eine Waffe machen. München, 3. Auflage 1973
Sozialministerium Baden-Württemberg – Landesarbeitskreis Psychiatrie: Handreichung zur Konzeption eines Gemeindepsychiatrischen Verbundes (GPV). Stuttgart November 1996
Sozialpsychiatrische Informationen: Großbritannien, Italien und Deutschland – zum Stand gemeindepsychiatrischer Reformen. (Vierteljährlich erscheinende Zeitschrift) Bonn 3/1998
SPECHT, W.: Die gefährliche Straße. Jugendkonflikte und Stadtteilarbeit. Bielefeld 1987
STORR, P. (Hrsg.): Gesetze für Sozialwesen. Berlin-Bonn-Regensburg 1994 (Lieferung wird jährlich aktualisiert)
STOFFELS, H./KRUSE, G.: Der psychiatrische Hausbesuch – Hilfe oder Überfall? Bonn 1996
STÖRIG, H.J.: Kleine Philosophie der Weltgeschichte. Frankfurt/M. 1996
THIERSCH, H.: Die Erfahrung der Wirklichkeit: Perspektiven einer alltagsorientierten Sozialpädagogik. Weinheim und München 1986
THIERSCH, H.: Strukturierte Offenheit. Zur Methodenfrage einer lebensweltorientierten Sozialen Arbeit. In: RAUSCHENBACH, Th./ORTMANN, F./KARSTEN, M.E.: Der sozialpädagogische Blick: Lebensweltorientierte Methoden in der Sozialen Arbeit. Weinheim und München 1993, S. 11–28
THIERSCH, H.: Lebensweltorientierte Soziale Arbeit: Aufgaben der Praxis im sozialen Wandel. Weinheim und München 1995
THIERSCH, H.: Die Frage nach der Lebenswelt und problematische Bewältigungsmuster. Zum Verständnis von Sozialer Arbeit und Therapie. In: Nervenheilkunde – Zeitschrift für interdisziplinäre Fortbildung 3/1996, S. 122–126
VAUGHN, C.E./LEFF, J.P.: The influence of family and social factors on the course of psychiatric illness: a comparison of schizophrenic and depressed neurotic patients. In: British journal of Psychiatry 1976, S. 125–137
Verband evangelischer Einrichtungen für Menschen mit geistiger und seelischer Behinderung e.V. (VEEMB): Impulsbeiträge zur Erarbeitung von Grundsätzen und Leitzielen diakonischer Einrichtungen, Dienste und Hilfen für Menschen mit psychischer Erkrankung. Reutlingen 1994

WENDT, W.R.: Case Management im Sozial- und Gesundheitswesen. Freiburg im Breisgau 1997
WIENBERG, G. (Hrsg.): Schizophrenie zum Thema machen, Grundlagen und Praxis – Psychoedukative Gruppenarbeit mit schizophren und schizoaffektiv erkrankten Menschen. 2. bearbeitete und erweiterte Auflage. Bonn 1997
WING, J.K.: Bewertung und Kritik der Psychiatriereform in England. In: Empfehlungen der Expertenkommission der Bundesregierung zur Reform der Versorgung im psychiatrischen und psychotherapeutisch/psychosomatischen Bereich. Bonn 1988, S. 41–43
WOLTER-HENSELER, D.: Von der Nutzlosigkeit polemischer Begriffsschlamperei. In: Sozialpsychiatrische Informationen 3/1993, S. 18–26
WOOG, A.: Soziale Arbeit in Familien: Theoretische und empirische Ansätze zur Entwicklung einer pädagogischen Handlungslehre. Weinheim und München 1998
WULFF, E.: Psychisches Leiden und Politik: Ansichten der Psychiatrie. Frankfurt/M./New York 1981
ZECHERT, Ch.: Enthospitalisierung in Heime? Ergebnisse der DGSP Umfrage bei Ministerien und Landeswohlfahrtsverbänden. In: Soziale Psychiatrie 3/1996, S. 24-30
ZUBIN, J./SPRING, B.: Vulnerability – a new view of schizophrenia. In: Journal of Abnormal Psychology 86 1977, S. 103–126

11. Tabellen

Tabelle 6: Einteilung der Betreuungszeit

Jahr / Monate	KlientInnen
- 1	25
1 – 3	40
3/0 – 5/8	24
5/9 – 7–9	46

Tabelle 7: Stationäre Aufenthalte

- 2 Aufenthalte	58
2 – 5 Aufenthalte	36
6 – 10 Aufenthalte	20
> 10 Aufenthalte	21

Tabelle 8: Verteilung der Behandlungsdauer

	Personen	in Prozent
bis 3 Monate	49	36 %
3 Monate – 1 Jahr	52	39 %
1 – 3 Jahre	49	21 %
> 3 Jahre	5	4 %

Tabelle 9: Stationäre Aufenthalte bei verschiedenen Altersgruppen

Altersgruppe	Aufenthalte vor Behandlung	Aufenthalte nach Behandlung
A1	43	25
A2	203	177
A3	26	14

Tabelle 10: Stationäre Behandlungstage bei verschiedenen Altersgruppen

Altersgruppe	vor Behandlung	seit Behandlung
A1	1800	1103
A2	12762	5781
A3	1627	830

12. Soziodemographische Merkmale der Klientel des Sozialpsychiatrischen Dienstes

Die folgende Darstellung enthält die soziodemographischen Merkmale des langfristig betreuten Personenkreises:

Soziodemographische Merkmale der Klientel des Sozialpsychiatrischen Dienstes Bad Cannstatt 1996 und 1995 im Vergleich mit den anderen sieben SpDs in Stuttgart

Gesamtsumme der betreuten Personen:	1996	1995	alle 8 SpDs in Stgt.
Anzahl	392	382	2693
davon Erstbetreuungen	230 (58,7 %)	227	1632 (60,6 %)

Arten der Betreuung:	1996	1995	alle 8 SpDs in Stgt.
Kurzbetreuung	97 (24,7 %)	109	877 (32,6 %)
indirekte Betreuung	86 (22 %)	77	436 (16,2 %)
längerfristige Betreuung	209 (53,3 %)	196	1380 (51,2 %)

Die längerfristige Betreuung gliedert sich wie folgt:	1996	1995	alle 8 SpDs in Stgt.
5 – 10 Kontakte	54 (25,8 %)	59	363 (26,3 %)
11 – 20 Kontakte	63 (30,14 %)	44	395 (28,6 %)
21 – 40 Kontakte	55 (26,3 %)	63	349 (25,3 %)
über 40 Kontakte	37 (17,7 %)	30	273 (19,8 %)

Sozio-demographische Daten und Merkmale der Betreuung (nur für längerfristige Kontakte):

Alter:	1996	1995	alle 8 SpDs in Stgt.
bis 20 Jahre	1 (0,48 %)	–	12 (0,87 %)
21 – 30 Jahre	18 (8,61 %)	15 (7,6 %)	130 (9,42 %)
31 – 40 Jahre	46 (22 %)	41 (20,9 %)	347 (25,145 %)
41 – 50 Jahre	52 (24,9 %)	52 (26,5 %)	289 (20,94 %)
51 – 60 Jahre	42 (20,1 %)	42 (21,4 %)	291 (21,09 %)
61 – 70 Jahre	26 (12,44 %)	23 (11,7 %)	168 (12,17 %)
über 70 Jahre	24 (11,48 %)	23 (11,7 %)	143 (10,36 %)
Gesamtsumme	209	196	1380

Geschlecht:	1996	1995	alle 8 SpDs in Stgt.
männlich	91 (44 %)	85 (43,4 %)	549 (39,8 %)
weiblich	118 (56 %)	111 (56,6 %)	831 (60,2 %)
Gesamtsumme	209	196	1380

Familienstand:	1996	1995	alle 8 SpDs in Stgt.
ledig	110 (53 %)	98 (50 %)	742 (53,7 %)
verheiratet	30 (14 %)	29 (14,8 %)	205 (14,8 %)
verwitwet	23 (11 %)	23 (11,7 %)	126 (9,1 %)
getrennt lebend	3 (1,5 %)	4 (2 %)	39 (2,8 %)
geschieden	43 (20,5 %)	42 (21,4 %)	260 (18,8 %)
unbekannt	–	–	8 (0,6 %)
Gesamtsumme	209	196	1380

Lebensverhältnisse:	1996	1995	alle 8 SpDs in Stgt.
es leben alleine	124 (59,3 %)	118 (60,2 %)	802 (58,12 %)
es leben mit Eltern/Kindern Verwandten	40 (19,14 %)	29 (14,8 %)	230 (16,67 %)
es leben in privater Wohngem.	7 (3,35 %)	5 (2,5 %)	41 (2,97 %)
es leben mit (Ehe-) Partner/in	33 (15,79 %)	37 (18,9 %)	230 (16,67 %)
es leben in betreuter Wohnform	5 (2,4 %)	7 (3,6 %)	73 (5,29 %)
Lebensverhältnisse unbekannt	–	–	4 (0,29 %)
Gesamtsumme	209	196	1380

Finanzielle Situation (Überwiegende Einnahmequelle: keine Mehrfachnennung)	1996	1995	alle 8 SpDs in Stgt.
Erwerbs-/Berufstätigkeit	12 (5,7 %)	19 (9,7 %)	145 (10,5 %)
Gelegenheitsarbeiten	–	–	14 (1,01 %)
Unterhalt durch die Familie	13 (6,2 %)	9 (4,6 %)	80 (5,8 %)
Unterhalt durch den Ehepartner	6 (2,9 %)	4 (2 %)	75 (5,4 %)
Arbeitslosengeld	5 (2,4 %)	5 (2,6 %)	38 (2,75 %)
Arbeitslosenhilfe	17 (8,14 %)	11 (5,6 %)	66 (4,8 %)
Krankengeld	5 (2,4 %)	7 (3,6 %)	47 (3,4 %)
Altersrente/-pension/Witwenrente	35 (16,75 %)	33 (16,8 %)	222 (16,19 %)
Erwerbs-/Berufunfähigkeitsrente	57 (27,27 %)	55 (28,1 %)	343 (24,9 %)
Sozialhilfe	58 (27,75 %)	52 (26,5 %)	312 (22,6 %)
sonstige	1 (0,5 %)	1 (0,5 %)	23 (1,6 %)
unbekannt	–	–	15 (1,1 %)
Gesamtsumme	209	196	1380

Diagnosestruktur

Psychiatrische Hauptdiagnose	1996	1995	alle 8 SpDs in Stgt.
affektive Psychose	35 (16,75 %)	26 (13,3 %)	222 (16,1 %)
schizophrene Psychose	123 (58,9 %)	118 (60,2 %)	723 (52,4 %)
organische Psychose	5 (2 %)	4 (2 %)	32 (2,3 %)
Borderline	20 (9,6 %)	11 (5,6 %)	78 (5,6 %)
Neurosen, Persönlichkeitsstör. bzw. andere nicht psychotische Störungen	17 (8,14 %)	29 (14,8 %)	241 (17,4 %)
gerontopsychiatrische Erkrankung	7 (3 %)	8 (4,1 %)	24 (1,7 %)
Kurzfristige psychische Auffälligkeiten			
(Keine psychiatrische Diagnose)	–	–	26 (1,8 %)
sonstiges	–	–	20 (1,4 %)
unbekannt	2 (1 %)	–	14 (1 %)
Gesamtsumme	209	196	1380

Erweiterte Diagnosen

Gleichzeitig bestehende gravierende körperliche Erkrankung	1996	1995	alle 8 SpDs in Stgt.
Anzahl der KlientInnen	63 (30 %)	58 (28,6 %)	392 (28,4 %)
gleichzeitig bestehende Suchtproblematik:			
Anzahl der KlientInnen	51 (24 %)	48 (24,5)	239 (17,3 %)

Dauer und Verlauf der Erkrankung

Beginn medizinischer/psychiatrischer ambulanter Behandlung: (nur den Beginn regelmäßiger Behandlung angeben)	1996	1995	alle 8 SpDs in Stgt.
in den letzten 2 Jahren	38 (18,2 %)	23 (11,7 %)	179 (12,9 %)
vor über 2 Jahren	30 (14,4 %)	31 (15,8 %)	192 (13,9 %)
vor über 5 Jahren	41 (19,6 %)	36 (18,4 %)	273 (19,8 %)
vor über 10 Jahren	49 (23,5 %)	44 (22,4 %)	416 (30,1 %)
nicht in regelmäßiger Behandlung	50 (24 %)	58 (29,6 %)	277 (20,1 %)
unbekannt	1 (0,5 %)	4 (2,1 %)	43 (3,1 %)
Gesamtsumme	209	196	1380

Bekannte stationäre Aufenthalte vor und während der Betreuung:	1996	1995	alle 8 SpDs in Stgt.
bis 2 Aufenthalte	53 (25,4 %)	45 (23 %)	369 (26,7 %)
bis 5 Aufenthalte	70 (33,5 %)	54 (27,5 %)	432 (31,3 %)
bis 10 Aufenthalte	26 (12,4 &)	27 (13,8 %)	171 (12,4 %)
über 10 Aufenthalte	37 (17,7 %)	31 (15,8 %)	169 (12,25 %)
keine stationären Aufenthalte	21 (10 %)	30 (15,3 %)	189 (13,7 %)
unbekannt	2 (1 %)	9 (4,6 %)	50 (3,62 %)
Gesamtsumme	209	196	1380

Soziodemographische Merkmale der Klientel

Zuweisungswege: nur langfristig betreute Fälle im Berichtszeitraum 1996:	1996	1995	alle 8 SpDs in Stgt.
Psychiatrisches Krankenhaus	10 (21,3 %)	11	72 (18,9 %)
andere Klinik	2 (4,3 %)	1	6
Psychiatrische Ambulanz/niedergelassener Nervenarzt	4 (8,5 %)	6	24
Niedergelassener Arzt	–	–	15
Reha-Einrichtung	1 (2,1 %)	–	6
Allgemeiner Sozialdienst	–	–	13
Amt für öffentl. Ordnung/Gericht	1 (2,1 %)	–	17
Sozialamt	2 (4,3 %)	2	23
Gesundheitsamt	2 (4,3 %)	1	12
Sozialstation/Nachbarschaftshilfe	–	–	7
Beratungsstelle/Therapeut	–	3	10
Laienhelfer	–	–	1
Nachbarn/Angehörige	15 (31,9 %)	10	71
Eigeninitiative der Patienten	3 (6,4 %)	3	61
Berufskollge/Arbeitgeber	–	–	7
sonstige	7 (14,9 %)	4	35
Summe	47	41	380

Zusammenwirken verschiedener Hilfen	1996	1995	alle 8 SpDs in Stgt.
Keine ambulante ärztl. Behandlung	44 (21 %)	43 (22 %)	280 (20,3 %)
Insges. gleichzeitigte ärztl. Behandl.	165 (79 %)	153 (78 %)	1100 (79,7 %)
davon gleichzeitig bei niedergelassenem Nervenarzt	133 (63,6 %)	124	898
davon gleichzeitig bei sonstigen niedergelassenen Ärzten	80 (38,3 %)	76	674
Summe der längerfristig Betreuten	209	196	1380

Anzahl der Betreuungen nach/ während dem Klinikaufenthalt	1996	1995	alle 8 SpDs in Stgt.
Beginn der Betreuung direkt nach (teil-)stationärer Behandlung	12	8	72
dabei Kontaktaufnahme schon während des (teil-)stationären Aufenth.	11	7	58

Krisenintervention

Bei wie viel KlientInnen war während der Betreuung (im Berichtsjahr) eine Krisenintervention erforderlich?	1996	1995	alle 8 SpDs in Stgt.
Anzahl der Krisen	131	91	607
Anzahl der KlientInnen	91	67	421 (30,5 % von 1380)
Wieviel Krisen konnten ambulant aufgefangen werden?			
Anzahl	95 (72,52 %)	54	436 (71,8%)
Bei wie vielen war eine stationäre Behandlung erforderlich?			
Anzahl	36 (27,48 %)	37	171 (28,8 %)

13. Fallregister

Aus Gründen der Übersicht und der einfacheren Lesbarkeit wurde ein Fallregister erstellt. Die Fallschilderungen enthalten jeweils den veränderten Anfangsbuchstaben des Nachnamens. Jedem einzelnen ›Fall‹ wird die Seitenzahl zugeordnet, an der die Schilderung im Text zum ersten Mal erfolgt. Bis auf Frau W. (ausführliche Fallstudie = Kapitel 7) finden sich alle weiteren Fallschilderungen in Kapitel 8 wieder.

Name	Kapitel	Seite
1. Frau A.	8.2.3	S. 225
2. Frau B.	8.7.1.	S. 361
3. Frau C.	8.3.2.	S. 260
4. Frau D.	8.3.3.	S. 265
5. Frau E.	8.7.1.	S. 361
6. Frau G.	8.2.2.2.	S. 212
7. Frau H.	8.3.5.	S. 285
8. Frau Ko.	8.5.1.	S. 328
9. Frau O.	8.2.2.3.	S. 219
10. Frau P.	8.3.3.	S. 267
11. Frau S.	8.4.3.1.	S. 312
12. Frau Sch.	8.2.1.	S. 205
13. Frau T.	8.6.1.	S. 347
14. Frau U.	8.7.3.	S. 366
15. Frau V.	8.5.4.	S. 339
16. Frau W.	7. (Ausführliche Fallstudie)	S. 146
17. Frau X.	8.2.4.1.	S. 238
18. Frau Z.	8.5.3	S. 332
Frauen insgesamt	**18 Personen**	
1. Herr A.	8.6.3.	S. 351
2. Herr B.	8.2.3.	S. 232
3. Herr D.	8.3.5.	S. 283
4. Herr F.	8.7.4.	S. 368
5. Herr H.	8.3.5.	S. 277
6. Herr I.	8.3.1.	S. 257
7. Herr J.	8.5.3.	S. 334
8. Herr K.	8.2.2.3.	S. 222
9. Herr L.	8.2.3.	S. 231

10. Herr M.	8.2.2.1.	S. 207
11. Herr N.	8.3.2.	S. 263
12. Herr P.	8.6.1.	S. 347
13. Herr R.	8.2.2.2.	S. 210
14. Herr St.	8.5.1.	S. 328
15. Herr T.	8.5.4.	S. 335
16. Herr U.	8.5.4.	S. 337
17. Herr V.	8.2.2.2.	S. 210
18. Herr W.	8.3.4.	S. 272
19. Herr X.	8.2.2.2.	S. 212
20. Herr Y.	8.7.4.	S. 371
21. Herr Z.	8.2.2.3.	S. 213
Männer insgesamt	**21 Personen**	
Gesamtzahl (N)	**39 Personen**	